Québec

LA BELLE PROVINCE

Le Québec est une province splendide au sein d'un pays moderne et ouvert sur le monde. Une fois écartée l'image d'un territoire parsemé d'Amérindiens et d'Inuit, on s'ouvre à une réalité complexe et passionnante. Certes, les bûcherons et le sirop d'érable restent présents dans la culture québécoise. Et l'hiver est aussi impressionnant qu'on le dit, sans toutefois durer six mois (clin d'œil à certains reportages français…). Mais la culture québécoise est avant tout celle du Français d'Amérique. La langue joue un rôle primordial dans l'identité des Québécois, cernés par des millions d'anglophones. Ça se voit, ça s'entend et ça se ressent.

Le Québec – et c'est bien connu –, c'est aussi une nature immense, un véritable terrain de jeu pour les actifs comme les contemplatifs. Les activités de plein air y sont légion, été comme hiver, dans un décor majestueux où se côtoient les lacs, la mer, les plaines, les forêts denses et les massifs montagneux, ponctués d'un nombre incalculable de villages de charme. Du côté des sentiers battus, des centres urbains vibrants, particulièrement actifs sur les scènes gourmande et culturelle. On les retrouve d'un bout à l'autre de la province, même si Montréal et Québec restent les principales vedettes.

En résumé, c'est une province haute en couleur, riche de diversités humaines, historiques et territoriales. Si le Québec peut d'abord produire une impression de « chez soi » pour les Européens, il invite en réalité à un véritable dépaysement culturel.

OFFERT CE GUIDE au format numérique

Retrouvez cette offre en page 34

SOMMAIRE

© F11PHOTO - SHUTTERSTOCK.COM

Renard polaire, Park Omega © PAPARAZZZA - SHUTTERSTOCK.COM

8 INSPIRER

Pour vous tenter. Mieux, vous convaincre, avec les plus de la destination, des idées de séjour, les festivités à ne pas rater et des infos pratiques à gogo.

35 DÉCOUVRIR

Tout ce que vous avez toujours voulu savoir sur le Québec sans jamais oser le demander, de la traditionnelle cabane à sucre à la défense de la langue française.

117 MONTRÉAL

Ce sera fort probablement votre porte d'entrée au Québec. Un départ canon dans une métropole ultra dynamique où règne une joie de vivre permanente.

165 LAURENTIDES

Royaume du chalet, du ski alpin et des pourvoiries, c'est le terrain de jeu des habitants du Grand Montréal, pour le week-end comme pour les vacances.

195 OUTAOUAIS

Blottie à l'extrémité ouest de la province, la région offre plus de quiétude que sa voisine et permet même de faire un saut du côté de la capitale canadienne.

211 ABITIBI-TÉMISCAMINGUE

Flirtant avec le 50e parallèle nord, cette région est reconnue pour ses abondantes richesses naturelles et offre une expérience sympa hors des sentiers battus.

221 MONTÉRÉGIE

Surnommée « grenier du Québec », la Montérégie se fait résolument gourmande. Historique aussi, comme en témoignent les villages de la vallée du Richelieu.

235 CANTONS-DE-L'EST

C'est la Nouvelle-Angleterre du Québec, avec sa belle architecture d'influence anglo-saxonne. C'est aussi la Route des vins et le lieu de naissance du Ski-Doo.

255 CENTRE-DU-QUÉBEC

C'est une région fort appréciée des cyclistes mais aussi des amateurs d'antiquités et des passionnés d'ornithologie, voie migratoire d'importance à l'appui.

265 CHAUDIÈRE-APPALACHES

Le meilleur des deux mondes, que l'on ait envie de gravir les hauts sommets des Appalaches ou de se la couler douce sur les rives du Saint-Laurent.

279 BAS-SAINT-LAURENT

Porte d'entrée du Québec maritime, flanquée d'une route bucolique suivant le littoral, elle figure à l'itinéraire de vacances de bon nombre de Québécois.

293 GASPÉSIE

Une destination incontournable, mondialement connue pour son parc national Forillon, son fameux rocher Percé et son importante colonie de fous de Bassan.

329 ÎLES DE LA MADELEINE

Petit archipel dans le golfe du Saint-Laurent, c'est le pays des dunes, des lagunes et du vent. Tout y est coloré, des jolies maisons à l'accent des habitants.

343 LANAUDIÈRE

Une top destination pour les virées gourmandes, les séjours en chalet et les activités de plein air, le tout à quelques kilomètres seulement de Montréal.

© CAMIRAND PHOTO

CANADA
Québec
300 KM
Mer du Labrador
Baie d'UNgava
LABRADOR
NUNAVIK
George
Feuilles
Mélèse
Caniapiscau
Lac Minto
Baie d'UNgava
Nastapoca
Lacs des Loupd Marins
Smallwood Réservoir
Churchill
Eagle
Dyke Lake
Réservoir Canjapiscau
Lac Bienville
Grande-Baleine
Réservoir LG-4
Roundeyed Lake
Joseph Lake
Petit-Mécatina
Lac d'Auteuil

Golfe du St-Laurent
ÎLES DE LA MADELEINE
L'ETANG DU NORD
HAVRE AUX MAISONS
HAVRE-AUBERT
NOUVELLE-ECOSSE
NOUVEAU-BRUNSWICK
GASPÉ
PERCÉ
GASPÉSIE
Détroit d'Honguedo
SAINTE-ANNE-DES-MONTS
Réservoir Manicouagan
Manicouagan
Fleuve St-Laurent
LE BIC
CHARLEVOIX
LA MALBAIE
BAS-SAINT-LAURENT
KAMOURASKA
BAIE-SAINT-PAUL
SAINT-JEAN-PORT-JOLI
TADOUSSAC
SAINT-JEAN-PORT-JOLI
ÎLE D'ORLÉANS
CHAUDIÈRE-APPALACHES
CENTRE-DU-QUÉBEC
CANTONS-DE-L'EST
MONT-SAINT-HILAIRE
NORTH HATLEY
TROIS-RIVIÈRES
QUÉBEC
SAINT-MICHEL-DES-SAINTS
MONT-SAINT-HILAIRE
CHAMBLY
Lac Champlain
Outardes
Réservoir Outardes Quatre
Réservoir Pipmuacan
SAINTE-ROSE-DU-NORD
QUÉBEC
Lac St-Jean
RIVIÈRE-ÉTERNITÉ
L'ANSE-SAINT-JEAN
MAURICIE
GRANDES-PILES
SAINT-SAUVEUR
VAL-DAVID
MONTRÉAL
Lac Manouane
Lac Mistassini
SAGUENAY-LAC-SAINT-JEAN
St-Maurice
LANAUDIÈRE
SAINT-DONAT-DE-MONTCALM
MONT-TREMBLANT
LAURENTIDES
MONTEBELLO
St-Laurent
LAC-SUPÉRIEUR
Réservoir Baskatong
OUTAOUAIS
CHELSEA
Ottawa
Réservoir Opinaca
EEYOU ISTCHEE BAIE-JAMES
Lac Evans
ABITIBI-TÉMISCAMINGUE
Lac Kipawa
Lake Nipissing
Baie Géorgienne
Lac MAtagami
Kesagami Lake
Ramsay Lake
Moose
ONTARIO
Baie James

QUAND Y ALLER

JANVIER

-14° / -4°

IGLOOFEST
(MONTRÉAL)

© MEUNIERD-SHUTTERSTOCK.COM

Quatre week-ends de célébrations à l'extérieur au son des meilleurs DJ de la scène électro. Le site est bondé, même par -20 °C !

$ $

FÉVRIER

-13° / -2°

CARNAVAL DE QUÉBEC
(QUÉBEC)
Réputé pour être le plus gros carnaval d'hiver au monde, le Carnaval de Québec est une tradition festive à ne pas manquer !

GRAND PRIX SKI-DOO DE VALCOURT
(VALCOURT)
Une des plus grandes et plus prestigieuses compétitions de motoneiges au monde, dans la ville qui a vu naître le Ski-Doo.

$ $

MARS

-7° / 3°

CABANE PANACHE
(MONTRÉAL)
C'est le plus gros festival du temps des sucres à Montréal où les traditions bien québécoises et l'érable tiennent la vedette !

$

JUILLET

15° / 27°

FESTIVAL D'ÉTÉ DE QUÉBEC
(QUÉBEC)
S'il y a un festival de musique à voir cet été, c'est le FEQ ! Attention cependant, les *pass* s'envolent comme des petits pains...

LE FESTIF ! DE BAIE-SAINT-PAUL
(BAIE-SAINT-PAUL)
Pendant 4 jours, le village de Baie-Saint-Paul rassemble des milliers de festivaliers autour d'une programmation musicale éclatée.

$ $ $

AOÛT

14° / 26°

FIERTÉ MONTRÉAL
(MONTRÉAL)
Le drapeau arc-en-ciel s'affiche ici en figure de proue de cet événement qui célèbre fièrement la diversité sexuelle et de genre.

OSHEAGA
(MONTRÉAL)
Un festival de musique et d'arts qui attire la jeunesse mondiale. Des dizaines d'artistes chaque jour, en plein air sur une île.

$ $ $

SEPTEMBRE

10° / 22°

BIÈRES ET SAVEURS DE CHAMBLY
(CHAMBLY)
Grande fête en plein air qui rassemble pratiquement toute l'industrie brassicole québécoise. Un must pour les amateurs de bières !

FESTIVAL WESTERN DE ST-TITE
(SAINT-TITE)
Pour vivre la fièvre western à la nord-américaine, c'est à St-Tite qu'il faut venir. Préparez votre attirail de cowboy !

$ $ $

Qu'on se le dise, le Québec est magnifique en toute saison. Si l'hiver on s'empiffre de mets traditionnels bien caloriques en vue d'une expédition en motoneige ou en traîneau à chiens, l'été, quant à lui, devient un prétexte pour transformer les rues, esplanades et parcs en de véritables lieux de fêtes populaires à ciel ouvert. La féérie des couleurs en automne et la grande tradition gourmande de la cabane à sucre au printemps font également partie des coups de cœur des visiteurs.

AVRIL

0° / 12°

FESTIVAL QUÉBEC BD
(QUÉBEC)
C'est le plus grand rendez-vous dédié à la bande dessinée au Québec, avec plusieurs stars locales mais aussi d'ailleurs.

$

MAI

7° / 20°

CARREFOUR INTERNATIONAL DE THÉÂTRE
(QUÉBEC)
Grande fête du théâtre à Québec, elle présente des créations contemporaines mêlant différentes disciplines, formes et langages.

$ $

JUIN

13° / 26°

FESTIVAL DE LA CHANSON DE TADOUSSAC
(TADOUSSAC)
C'est le plus grand des petits festivals qui fait rayonner la chanson francophone, dans un cadre maritime absolument sublime.

FESTIVAL INTERNATIONAL DE JAZZ DE MONTREAL
Un événement phare synonyme de passion, d'audace et d'inclusion. 350 concerts à travers la ville avec une programmation de pointe.

$ $ $

OCTOBRE

4° / 14°

FESTIVAL DU NOUVEAU CINÉMA
(MONTRÉAL)
Un incontournable du cinéma d'auteur, de la vidéo indépendante et des nouveaux médias. Forum pour les professionnels également.

$ $

NOVEMBRE

-2° / 7°

MTL À TABLE
(MONTRÉAL)
Deux semaines durant lesquelles rayonne la gastronomie montréalaise, avec des menus à prix d'ami dans environ 100 restaurants.

RENCONTRES INTERNATIONALES DU DOCUMENTAIRE
(MONTRÉAL)
L'un des plus importants festivals de films documentaires du continent, avec plus de 150 films d'ici et des quatre coins du globe.

$

DÉCEMBRE

-9° / 0°

TOBOGGAN
(QUÉBEC)
Des célébrations hautement festives pour souligner les fêtes de fin d'année, le tout dans un cadre historique époustouflant.

SALON DES MÉTIERS D'ART DU QUÉBEC
(MONTRÉAL)
Les métiers d'art du Québec et d'ailleurs rayonnent ici pendant près de deux semaines. L'occasion en or pour (se) faire plaisir !

$ $

LES BONNES RAISONS D'Y ALLER

© ONFOKUS - ISTOCKPHOTO.COM

DES PLANS D'EAU, PARTOUT

Un eldorado pour les activités nautiques avec près de 3,6 millions de plans d'eau douce.

LE SPECTACLE GRANDIOSE DES BALEINES

Elles se donnent rendez-vous chaque année dans l'estuaire et le golfe, de mai à octobre.

© NETADEGANY - ISTOCKPHOTO.COM

© MARIDAV - ISTOCKPHOTO.COM

L'ÉRABLE SOUS TOUTES SES FORMES

En beurre, en sirop ou même en liqueur, c'est la vedette gourmande du Québec. Un *must* !

© PATRICKLAUZON PHOTOGRAPHE - SHUTTERSTOCK.COM

UN AUTOMNE FLAMBOYANT

Jaune, orange, rouge vif : le ballet de couleurs qu'offre l'automne est carrément sublime.

© MARIDAV - SHUTTERSTOCK.COM

DES FESTIVITÉS SANS TEMPS MORT

Province réputée pour ses nombreux festivals, on ne s'y ennuie jamais, même par -20 °C.

© MURZIKNATA - STOCK.ADOBE.COM

LA GASTRONOMIE BORÉALE LOCALE

Une tendance culinaire incontournable mettant en vedette les produits nordiques québécois.

© POTIFOR - SHUTTERSTOCK.COM

DES ACTIVITÉS DE PLEIN AIR À GOGO

Avec un terrain de jeu naturel aussi immense, les possibilités de plein air sont infinies.

LES BONNES RAISONS D'Y ALLER

UN DÉCOR FÉERIQUE EN HIVER

Pour certains, c'est la plus belle des saisons. Celle qui fait renaître l'enfant en nous.

© JUSTIN SCHONECK - ISTOCKPHOTO.COM

© KATE_SEPT2004 - ISTOCKPHOTO.COM

UN VÉRITABLE MELTING POT CULTUREL

Terre d'immigration, la diversité est au rendez-vous, notamment dans le Grand Montréal.

© DANIEL OUELLETTE - SHUTTERSTOCK.COM

DES VILLES FASCINANTES, VIBRANTES

Elles offrent à la fois le côté relax européen et la frénésie des villes nord-américaines.

LES 12 MOTS-CLÉS

#ACCENT

Attention, c'est un sujet hautement sensible ! Les Québécois, qui sont ici chez eux, considèrent que ce sont les Français qui ont un accent. On ne peut que leur donner raison sur ce point. Alors pour découvrir la gentillesse locale, la règle est simple : on laisse ses préjugés sur le parler québécois quand on récupère sa valise à l'aéroport.

#AUTOCHTONES

Ils sont répartis en onze nations distinctes, établies de la frontière sud jusqu'aux confins du Grand Nord québécois. Leur culture et leurs traditions sont d'une richesse inouïe, intimement liées à la Terre Mère qu'ils défendent bec et ongles. Pour plonger tête première au cœur du sujet, le tourisme autochtone s'avère une expérience mémorable.

© ALINA REYNBAKH - SHUTTERSTOCK.COM

#BIÈRE ARTISANALE

Les brasseries artisanales et microbrasseries poussent comme des champignons aux quatre coins de la province. Et les Québécois sont devenus de véritables *beer geeks*, comme en témoignent, par exemple, les files d'attente lors des fameux *bottle releases* (ventes de bières en édition limitée, directement à la brasserie). Un engouement qui perdure.

© VALÉRIE FORTIER

#CASSE-CROÛTE

Ils sont partout, en ville comme en région. Adulés des Québécois, ils font en quelque sorte partie du patrimoine local. On y mange sur le pouce toutes sortes de spécialités bien caloriques, comme les burgers, poutines, club sandwichs et autres du genre. Mais ce qui fait avant tout la réputation d'un bon casse-croûte, ce sont ses frites maison.

#DÉPANNEUR

Ces petits commerces québécois ouvrent très tard le soir et tous les jours de la semaine. Certains fonctionnent même jour et nuit. On y achète le journal, les cigarettes, la bière, du lait, des conserves, quelques produits frais, de la confiserie, etc. Les tarifs y sont plus élevés qu'au supermarché mais, comme leur nom l'indique, cela dépanne.

#ÉCUREUILS

C'est vrai qu'ils sont mignons. Vrai aussi qu'ils sont omniprésents, notamment à Montréal où leur taille peut parfois étonner. Il n'y a pas un seul touriste qui ne soit pas tenté de prendre un cliché de ces petites bêtes poilues. Peut-on leur donner tort ? Reste qu'on vous recommande de ne pas trop les approcher, une morsure étant vite arrivée.

#HOCKEY

C'est le sport national par excellence. Vous aimeriez voir jouer les Canadiens de Montréal ? Réservez bien à l'avance car certains duels sont hyper convoités, notamment contre Toronto, Boston ou encore Chicago. Et si vous tenez à la vie, on vous déconseille fortement de parader dans les rues avec le chandail des Bruins de Boston, l'ennemi juré.

#HUMOUR

Les Québécois sont de bons vivants et apprécient particulièrement l'humour. À tel point qu'une École nationale de l'humour fut fondée à Montréal en 1988. L'école a depuis diplômé plus de 700 créateurs, auteurs et humoristes, dont plusieurs grands noms contemporains de l'humour québécois. Certains ont même exporté leur talent jusqu'en Europe.

#LAÏCITÉ

Elle est sur toutes les lèvres, surtout depuis l'adoption de la *Loi sur la laïcité de l'État* promulguée avant la relâche estivale de 2019. On peut être pour ou contre, mais il n'empêche qu'elle tente de clore un débat de société qui perdure depuis trop longtemps déjà. Reste à voir les impacts à moyen terme de cette loi, notamment sur l'immigration.

#POURVOIRIE

Constitué de lacs et de rivières, c'est un grand domaine forestier détenu par une entreprise qui propose de l'hébergement et la pratique récréative de la pêche, de la chasse et du piégeage. Avec le temps, les pourvoiries sont devenues de véritables destinations de villégiature et offrent dorénavant une multitude d'autres activités de pleine nature.

© VALÉRIE FORTIER

#SAINT-LAURENT

Axe fluvial majeur et lien commercial vital, le Saint-Laurent est un fleuve, un estuaire et un golfe. Il relie les Grands Lacs à l'océan Atlantique sur quelques milliers de kilomètres. Le long de ses berges se concentre la majeure partie de la population. C'est aussi ici, de mai à octobre, que viennent se nourrir les nombreux mammifères marins.

© STÉPHANIE ALLARD

#TUTOIEMENT

Ce n'est pas un manque de respect. Au contraire, il fait partie des mœurs du Québec. Il s'établit en fonction de l'âge : les personnes de moins de 30 ans sont généralement tutoyées et ceux de même génération se tutoient aussi. Il n'est pas rare non plus qu'un employé du service public tutoie son interlocuteur, de même qu'un employé son employeur.

VOUS ÊTES D'ICI, SI...

▸ **Vous faites la file d'attente pour prendre les transports en commun.** Contrairement à la France, ici tout le monde se met à la queue leu-leu avant d'entrer dans le bus.

▸ **Vous n'oubliez pas le service au restaurant, dans les bars ou les taxis.** Si on l'appelle « tip », le pourboire fait ici partie intégrante du salaire. Un service correct mérite environ 15 % de pourboire, soit à peine plus que le montant des deux taxes cumulées qui est de 14,975 %.

▸ **Vous calculez les distances en nombre d'heures de route** et non en kilomètres, démesure québécoise oblige.

▸ **La météo est votre principal sujet de conversation.** Vous êtes d'ailleurs le premier à vous installer torse nu en terrasse dès que le mercure atteint 10 °C au printemps. Vous enfilez toutefois vos plus beaux lainages l'automne venu avec ces mêmes 10 °C...

▸ **Vous savez manier l'art du sacre** (jurons), sans en exagérer la prononciation ni l'intonation. Cela exige également une parfaite maîtrise de son utilisation selon le contexte.

MON QUÉBEC

Par Valérie Fortier, auteure du guide

© DR

Interview

Québécoise de souche, Valérie est passionnée de sa Belle Province. Depuis plus d'une quinzaine d'années, elle sillonne les régions du Québec pour le *Petit Futé* et d'autres médias touristiques afin de dénicher le meilleur de la région. Outre les grands incontournables, elle dévoile son coin de pays par le biais d'expériences uniques et de petites entreprises à taille humaine. Suivez le guide !

DISTANCES

TEMPS DE TRAJET

	BAIE-COMEAU	GASPÉ	GATINEAU	MONTRÉAL	MONT-TREMBLANT
BAIE-COMEAU		353 KM 6h15	852 KM 10h00	670 KM 8h15	783 KM 9h30
GASPÉ	353 KM 6h15		1107 KM 11h45 1j12h	917 KM 9h45 14h30	1037 KM 11h30 1j2h
GATINEAU	853 KM 9h45	1107 KM 12h00 23h45		203 KM 2h15 3h45	147 KM 2h15 8h15
MONTRÉAL	671 KM 8h15	917 KM 10h00 14h15	206 KM 2h30 4h15		132 KM 2h15 4h00
MONT-TREMBLANT	781 KM 9h15	1035 KM 11h30 22h30	146 KM 1h45 8h15	131 KM 1h30 5h15	
QUÉBEC	413 KM 5h30	694 KM 7h45 11h45	437 KM 4h30 8h30	255 KM 2h45 3h15	368 KM 3h45 7h45
RIMOUSKI	156 KM 3h45	382 KM 4h30 6h45	730 KM 7h15 14h15	540 KM 5h30 8h00	661 KM 6h45 12h45
ROUYN-NORANDA	1139 KM 12h45	1537 KM 16h30	526 KM 6h00	632 KM 7h15	502 KM 5h45
SAGUENAY	314 KM 3h45	659 KM 9h00	643 KM 6h30	462 KM 4h45 10h00	574 KM 5h45 1j2h
SHERBROOKE	650 KM 8h00	896 KM 9h30 23h30	353 KM 3h45 7h15	161 KM 2h00 4h00	298 KM 3h15 5h45
TADOUSSAC	200 KM 2h30	554 KM 8h00	653 KM 7h30	472 KM 6h00	584 KM 7h00
TROIS-RIVIÈRES	544 KM 6h45	804 KM 8h45 13h00	310 KM 3h15 5h45	141 KM 1h45 2h45	241 KM 2h30 6h00

Le Québec, c'est 1 667 712 km² de démesure. Nul besoin de préciser que les distances sont donc grandes entre les villes et les différentes destinations touristiques. Pour éviter de passer vos vacances en voiture, tenez-en bien compte lors de la création de votre itinéraire. Et sachez qu'en région, les routes n'ont souvent qu'une seule voie et sont très fréquentées par les poids lourds, ce qui peut considérablement vous ralentir. Pour planifier votre itinéraire : triptik.aaa.com

QUÉBEC	RIMOUSKI	ROUYN-NORANDA	SAGUENAY	SHERBROOKE	TADOUSSAC	TROIS-RIVIÈRES
413 KM 🚗 5h30	156 KM 🚗 3h45	1140 KM 🚗 12h45	315 KM 🚗 3h45	649 KM 🚗 8h00	200 KM 🚗 2h30 mn	544 KM 🚗 7h00
694 KM 🚗 7h45 🚌 11h45	382 KM 🚗 4h30 🚌 6h45	1538 KM 🚗 16h15	659 KM 🚗 9h00	895 KM 🚗 9h30 🚌 1j1h	554 KM 🚗 8h15	804 KM 🚗 8h45 🚌 13h00
438 KM 🚗 4h30 🚌 7h45	729 KM 🚗 7h15 🚌 22h30	524 KM 🚗 5h45	644 KM 🚗 6h30	369 KM 🚗 4h00	654 KM 🚗 7h30	311 KM 🚗 3h15 🚌 8h45
255 KM 🚗 2h45 🚌 3h15	539 KM 🚗 5h30 🚌 7h45	633 KM 🚗 7h15	461 KM 🚗 4h45 🚌 10h00	157 KM 🚗 2h00 🚌 3h00	473 KM 🚗 5h45	142 KM 🚗 2h00 🚌 2h00
366 KM 🚗 3h45 🚌 7h45	657 KM 🚗 6h30 🚌 11h15	503 KM 🚗 5h30	572 KM 🚗 5h45 🚌 12h45	297 KM 🚗 3h15 🚌 8h00	582 KM 🚗 6h45	239 KM 🚗 2h30 🚌 8h00
	316 KM 🚗 3h30 🚌 4h45	868 KM 🚗 9h15	210 KM 🚗 2h15	234 KM 🚗 2h30 🚌 6h00	215 KM 🚗 3h15	129 KM 🚗 1h30 🚌 1h45
317 KM 🚗 3h30 🚌 4h30		1161 KM 🚗 12h00	283 KM 🚗 4h45	519 KM 🚗 5h15 🚌 10h30	178 KM 🚗 3h45	428 KM 🚗 4h15 🚌 5h45
868 KM 🚗 9h15	1159 KM 🚗 12h00		826 KM 🚗 9h15	784 KM 🚗 8h45	951 KM 🚗 10h30	740 KM 🚗 8h00
211 KM 🚗 2h15	281 KM 🚗 4h45	826 KM 🚗 9h15		440 KM 🚗 4h30 🚌 12h30	126 KM 🚗 1h30	335 KM 🚗 3h30
235 KM 🚗 2h30 🚌 6h15	518 KM 🚗 5h15 🚌 15h45	784 KM 🚗 8h45	440 KM 🚗 4h30 🚌 12h45		452 KM 🚗 5h45	150 KM 🚗 1h45 🚌 4h15
215 KM 🚗 3h15	175 KM 🚗 3h45	951 KM 🚗 10h30	126 KM 🚗 1h30	450 KM 🚗 5h45		346 KM 🚗 4h45
129 KM 🚗 1h30 🚌 1h45	426 KM 🚗 4h15 🚌 5h30	741 KM 🚗 8h00	335 KM 🚗 3h30	156 KM 🚗 1h45 🚌 5h00	345 KM 🚗 4h30	

IDÉES DE SÉJOUR

Ce ne sont certainement pas les idées de séjour qui manqueront lorsque viendra le moment de planifier votre voyage, mais le temps. Et il faut le rappeler : le territoire du Québec est immense, vraiment immense. Une fois cette notion bien assimilée et les petites préférences de chacun bien déterminées, on s'approche de l'euphorie avec la conception de l'itinéraire tant convoité.

Il vaut la peine de consulter le site web de chacun des offices du tourisme régionaux. Ils mettent en avant de nombreuses idées de circuits, avec une offre particulièrement étoffée dans le domaine gourmand. On peut choisir d'autres thématiques comme celle des antiquaires, de la Nouvelle-France, du Chemin du Roy, des montagnes, des navigateurs, des phares ou des baleines. Voici également quelques suggestions afin de ne rien manquer de la destination, du court au long séjour, en passant par quelques thématiques incontournables.

LA RIVE NORD DU SAINT-LAURENT

Un circuit de deux semaines au cœur du massif laurentien, de la région de l'**Outaouais** ★★ (p.195) jusqu'à celle de la **Côte-Nord** ★★★ (p.485). Grands espaces naturels, faune et flore québécoises, expériences culturelles et virées urbaines sont notamment au rendez-vous.

› Jour 1. Montebello

Route en direction de **Montebello** ★★★ (p.207) en **Outaouais** ★★ (p.195). Visitez le **lieu historique du Manoir-Papineau** (p.207) et le Fairmont Le Château Montebello. Prenez ensuite la route vers le **Parc Oméga** (p.208) pour découvrir la faune d'Amérique du Nord grâce à un parcours de 12 km en voiture et plusieurs sentiers pédestres. Nuit au Parc Oméga (hébergement expérientiel) ou à Montebello.

Petite chapelle de Tadoussac et le Saint-Laurent.

› Jour 2. Gatineau et Ottawa

Départ le matin en direction de **Gatineau** ★★ (p.199) où vous passerez les deux prochaines nuits. Visitez le **Musée canadien de l'histoire** (p.200), un must absolu. Faites ensuite une petite virée dans la capitale canadienne, Ottawa, située juste en face de Gatineau. On conseille d'ailleurs de passer la soirée là, notamment dans le quartier du ByWard Market.

› Jour 3. Les Collines-de-l'Outaouais

Journée à **Chelsea** ★★★ (p.202) avec activités au choix : **parc de la Gatineau** (p.202) pour les actifs ou Nordik Spa Nature pour la détente. Plusieurs bons restaurants dans les environs pour le midi et/ou le soir. À quelques kilomètres au nord, le joli village de **Wakefield** ★★ (p.203) mérite aussi la visite.

› Jour 4. Mont-Tremblant

Route vers **Mont-Tremblant** ★★★ (p.187) dans la région des **Laurentides** ★★★ (p.165). Visitez le vieux village puis l'incontournable station de villégiature Tremblant. Les options de restauration et d'hébergement y sont hyper nombreuses.

› Jour 5. Lac-Supérieur

Prenez la route vers **Lac-Supérieur** ★★★ (p.184) afin de découvrir le réputé **parc national du Mont-Tremblant** (p.185), lequel offre une panoplie d'activités de plein air et des paysages à couper le souffle. Dîner et nuit à Lac-Supérieur pour ceux désirant éviter de refaire la route jusqu'à **Mont-Tremblant** ★★★ (p.187).

› Jour 6. Saint-Sauveur

Départ pour **Saint-Sauveur** ★★★ (p.177), village aux airs de vacances réputé pour son animation. À la station de montagne, le Sommet

Saint-Sauveur, de nombreuses activités sont offertes en toute saison (parc aquatique, hébertisme aérien, ski alpin, etc.).

› Jour 7. Trois-Rivières

Départ pour Trois-Rivières ★★★ (p.361), capitale de la région de la Mauricie ★★★ (p.357). En chemin, quittez l'autoroute 40 et suivez le Chemin du Roy. Visitez le Musée POP et la Vieille Prison (p.361) et arpentez ensuite le quartier historique, particulièrement la rue des Forges qui regorge de bonnes adresses pour prendre un verre et casser la croûte.

› Jour 8. Saint-Félicien

Départ pour Saint-Félicien ★★ (p.481) en remontant la route 155 vers la région du Saguenay-Lac-Saint-Jean ★★★ (p.457). Une fois arrivé à la route 169 qui ceinture le lac Saint-Jean, faites quelques arrêts de découverte, notamment au Village historique de Val-Jalbert (p.478) à Chambord ★★ (p.478), dans la communauté ilnue de Mashteuiatsh ★★ (p.480) et au Musée de la Vieille fromagerie Perron (p.481) à Saint-Prime (p.481).

› Jour 9. Saint-Félicien et Ville de Saguenay

Visitez le Zoo sauvage de St-Félicien (p.482) en matinée puis reprenez la route pour la ville de Saguenay ★★ (p.467) en après-midi. Au choix, visitez les arrondissements de la ville (Chicoutimi en tête de liste) ou encore offrez-vous une petite virée à Sainte-Rose-du-Nord ★★★ (p.472), magnifique village dans une baie en bordure du fjord du Saguenay. En famille, certains opteront plutôt pour le Parc Aventures Cap Jaseux à Saint-Fulgence ★★ (p.473). On recommande toutefois de revenir passer la nuit à Chicoutimi ou à La Baie.

› Jour 10. La rive sud du fjord du Saguenay

Route vers le Site de la Nouvelle-France à Saint-Félix-d'Otis ★ (p.466), un fascinant voyage dans le temps qui vous transportera au XVIIe siècle (réouverture en 2023). Ensuite, direction L'Anse-Saint-Jean ★★★ (p.463), membre de l'Association des plus beaux villages du Québec. Un gros coup de cœur !

› Jour 11. La rive sud du fjord et Charlevoix

Profitez du village de L'Anse-Saint-Jean ★★★ (p.463) et des possibilités d'activités de plein air : kayak de mer, croisière sur le fjord, randonnée au parc national du Fjord-du-Saguenay (p.466). Empruntez ensuite la route 170 qui mène jusqu'à Saint-Siméon (p.454) dans la région de Charlevoix ★★★ (p.435) et prenez la 138 Ouest jusqu'à La Malbaie ★★★ (p.449).

› Jour 12. Tadoussac

En reprenant la route 138 vers l'est, vous arriverez à Tadoussac ★★★ (p.490) (traversier gratuit pour rejoindre le village depuis la pointe de Charlevoix ★★★ (p.435)). Promenez-vous dans ses jolies rues et visitez le Centre d'interprétation des mammifères marins (p.491) avant de prendre le large pour une croisière d'observation des baleines.

Option pour prolonger le séjour : quittez le lendemain en suivant la route 138 Est jusqu'à Baie-Comeau (p.500) (on recommande des arrêts à Essipit ★★ (p.498), Les Escoumins ★★ (p.499) et Pointe-aux-Outardes ★ (p.500)). De là, vous pourrez rejoindre la Gaspésie ★★★★ (p.293) grâce au traversier qui relie la Côte-Nord ★★★ (p.485) à Matane ★ (p.300) sur la rive sud du fleuve. Ensuite, suivez notre itinéraire du circuit « La route des navigateurs et le tour de la Gaspésie » à partir du jour 3.

› Jour 13. L'Isle-aux-Coudres et Baie-Saint-Paul

Retour dans la région de Charlevoix ★★★ (p.435). Une fois à La Malbaie ★★★ (p.449), prenez la route 362 en direction de Saint-Joseph-de-la-Rive (p.444) afin de vous rendre au traversier pour L'Isle-aux-Coudres ★★ (p.444). Destination pittoresque et gourmande, il vaut la peine d'en faire le tour complet. De retour sur la côte, dirigez-vous vers Baie-Saint-Paul ★★★ (p.440), village reconnu pour son côté artistique assumé.

› Jour 14. Québec

Départ pour Québec ★★★★ (p.373). À l'arrivée, promenez-vous dans le Vieux-Québec et sur les plaines d'Abraham. D'autres préféreront découvrir les quartiers cool de la ville, comme le Faubourg Saint-Jean, Saint-Roch, le Vieux-Limoilou ou encore Saint-Sauveur.

› Jour 15. Fin du séjour

Profitez de vos derniers instants à Québec ★★★★ (p.373) pour aller voir de plus près la chute Montmorency (p.428) située à l'est du Vieux-Québec. Si vous avez assez de temps, faites un saut du côté de l'Île d'Orléans ★★★ (p.429) située juste en face.

LA ROUTE DES NAVIGATEURS ET LE TOUR DE LA GASPÉSIE

Un des plus beaux circuits de la province, où s'emplir les poumons d'air salin et ses yeux de paysages tout simplement grandioses. À noter que ce road trip est à réaliser de juin à fin septembre, nombreux attraits touristiques fermant hors saison.

› Jour 1. La Côte-du-Sud

Départ pour la région de Chaudière-Appalaches ★★ (p.265) sur la rive sud de Québec ★★★★ (p.373). Selon les intérêts de chacun, plusieurs découvertes sont possibles en cours de route : le lieu historique de la Grosse-Île-et-le-Mémorial-des-Irlandais (p.275), l'Isle-aux-Grues (p.276) ou encore le Musée maritime du Québec (p.276) à L'Islet ★★ (p.276). Les villages de la Côte-du-Sud sont parmi les plus beaux de la province, notamment celui où vous passerez la nuit, Saint-Jean-Port-Joli ★★★ (p.277), qui regorge en plus de bonnes adresses gourmandes et de points d'intérêt.

› Jour 2. Rimouski

Départ vers Rimouski ★★ (p.289) dans la région du Bas-Saint-Laurent ★★★ (p.279). En cours de route, vous pourrez aller faire une excursion en mer dans les Îles du Bas-Saint-Laurent ★★ (p.286), découvrir les merveilles naturelles du parc national du Bic (p.288) ou bien plonger au cœur de l'histoire maritime à Pointe-au-Père (p.291).

› Jour 3. La Côte

En matinée, dirigez-vous vers la Gaspésie ★★★★ (p.293) et faites absolument une pause à Sainte-Flavie ★ (p.298), ne serait-ce que pour son centre d'art (p.298), son hydromellerie (p.298) et ses cantines aux saveurs de la mer. Filez ensuite vers Grand-Métis ★★ (p.299) pour visiter les Jardins de Métis (p.299), une attraction phare de la région. Puis reprenez la route vers Sainte-Anne-des-Monts ★★★ (p.302) où se trouvent Exploramer (p.303) (découverte des différents écosystèmes marins du Saint-Laurent) et de belles auberges pour passer la nuit.

› Jour 4. Parc national de la Gaspésie

Journée entière consacrée à l'exploration du parc national de la Gaspésie (p.303) (le centre de services du parc est à environ 40 km au sud de Sainte-Anne-des-Monts ★★★ (p.302) via la route 299).

› Jour 5. Gaspé

Route pour Gaspé ★★★ (p.310) avec quelques arrêts possibles au choix le long de la côte, notamment le site historique de Pointe-à-la-Renommée (p.306), L'Anse-au-Griffon ★★ (p.307) et Cap-des-Rosiers ★★ (p.308). Arrivé à Gaspé, allez visiter le Site d'interprétation micmac de Gespeg (p.311) et/ou le Musée de la Gaspésie (p.310).

› Jour 6. Parc national Forillon et Percé

Visite du parc national Forillon (p.310) (possibilité de croisière aux baleines à Grande-Grave ★★ (p.309)) et route pour Percé ★★★ (p.313) en fin d'après-midi. Les hébergements, adresses gourmandes et boutiques se succèdent sans temps mort sur la route 132, au cœur du village.

› Jour 7. Percé

Deux activités incontournables au programme : une excursion en bateau pour visiter le parc national de l'Île-Bonaventure-et-du-Rocher-Percé (p.316) et la découverte du Géoparc de Percé (p.313), membre des géoparcs mondiaux UNESCO. Pour la soirée, on conseille de jeter un œil à la programmation des spectacles de La Vieille Usine de L'Anse-à-Beaufils ★★ (p.319).

› Jour 8. Baie des Chaleurs

Départ pour la baie des Chaleurs. En route, arrêt à L'Anse-à-Beaufils ★★ (p.319) pour le Magasin Général Historique Authentique (p.319), à Paspébiac ★ (p.322) pour le Site historique national de Paspébiac (p.322) et à New Carlisle (p.323) pour l'Espace René-Lévesque (p.323) dédié au fondateur du Parti québécois. Route vers Bonaventure ★★ (p.323) où passer la nuit.

Le rocher Percé en Gaspésie.

› Jour 9. Baie des Chaleurs

Visite du Bioparc de la Gaspésie (p.324) ou du Musée acadien du Québec (p.324). Autres possibilités : pêche en haute mer, activités de plein air à CIME Aventures. À ne pas rater : une descente en canot sur les eaux transparentes de la rivière Bonaventure. Départ pour Nouvelle et visite du parc national de Miguasha (p.325) et son lieu fossilifère, classé site naturel au patrimoine mondial de l'UNESCO. Soirée et nuit à Carleton-sur-Mer ★★ (p.325).

› Jour 10. Vallée de la Matapédia et Rivière-du-Loup

La boucle du tour de la Gaspésie ★★★★ (p.293) se termine aujourd'hui en traversant la vallée de la Matapédia. Route vers Rivière-du-Loup ★★ (p.284) dans la région du Bas-Saint-Laurent ★★★ (p.279) (comme vous reprendrez la route en sens inverse, c'est l'occasion parfaite de visiter certains points d'intérêt pour lesquels vous manquiez de temps à l'aller).

› Jour 11. Kamouraska et la Côte-du-Sud

En quittant Rivière-du-Loup ★★ (p.284), on recommande absolument un arrêt à Kamouraska ★★★ (p.282) et prévoyez du temps pour explorer toutes ses adresses gourmandes. Par la suite, soit vous terminez votre circuit aujourd'hui, soit vous ajoutez une nuit dans la Côte-du-Sud pour profiter une dernière fois des attraits de la région de Chaudière-Appalaches ★★ (p.265).

ESCAPADE GOURMANDE EN AUTOMNE

Cette escapade est particulièrement conseillée si vous séjournez au Québec en automne, car les couleurs changeantes des feuilles des arbres y sont spectaculaires. Si en plus vous y séjournez début septembre, vous aurez la chance d'assister à la Fête des vendanges Magog-Orford.

› Jour 1. La Montérégie

Route en direction de Chambly ★★★ (p.231) dans la vallée du Richelieu. Déjeunez dans une ambiance d'antan au restaurant Fourquet Fourchette qui met en vedette des bières artisanales et une gastronomie régionale à base de bière. À deux pas se trouve d'ailleurs le lieu historique du Fort-Chambly (p.232) pour revivre une page d'histoire de la Nouvelle-France. Prenez ensuite la route 112 vers Rougemont (p.231), capitale québécoise de la pomme où sont établis plusieurs vergers et cidreries. Puis, question de vous rapprocher de la route des vins, reprenez la route vers Dunham ★★ (p.241) et ses environs où vous passerez la nuit.

› Jour 2. La route des vins Brome-Missisquoi

Première journée dans les Cantons-de-l'Est ★★★ (p.235), conjugaison harmonieuse du charme anglo-saxon et de la joie de vivre québécoise. La route des vins propose de belles adresses à Dunham ★★ (p.241) et ses environs, dont Union Libre Cidre & Vin qui produit notamment le cidre de feu, un véritable délice. Non loin de là se trouve le Vignoble de l'Orpailleur et son restaurant Tire-Bouchon, une halte quasi obligatoire qui abrite en plus l'ÉCONOMUSÉE du vigneron. Selon vos intérêts, continuez de parcourir la route des vins ou rejoignez directement le charmant village de montagne de Sutton ★★ (p.242). On recommande de passer la nuit sur place ou alors dans l'une des auberges champêtres de Lac-Brome ★★ (p.243).

› Jour 3. Lac Memphrémagog

Départ pour Saint-Benoît-du-Lac ★ (p.244) afin de visiter l'abbaye bénédictine (p.244) du même nom, œuvre néogothique et monastère de vie contemplative où vivent quelques dizaines de moines. C'est ici que sont fabriqués de fameux fromages et cidres réputés au Québec. Puis reprenez la route pour Magog ★★ (p.246), une destination de villégiature prisée sur les rives du lac Memphrémagog. Les options pour occuper votre journée sont ici nombreuses : balade dans les rues du centre-ville, croisière avec Escapades Memphrémagog (p.246), agrotourisme chez Bleu Lavande (p.246) (les champs sont cependant en floraison au cœur de l'été), plein air au parc national du Mont-Orford (p.245), etc.

› Jour 4. North Hatley et Sherbrooke

Après avoir flâné encore un peu à Magog ★★ (p.246), direction North Hatley ★★★ (p.249). C'est ici qu'est établi le Manoir Hovey, Relais & Châteaux au charme et au standing indiscutables. Deux options s'offrent ici à vous : soit vous vivez l'expérience à fond du manoir, repas et nuitée compris, soit vous profitez un peu du cœur du village (faites une pause au Pilsen) avant de prendre la route pour Sherbrooke ★★ (p.250) (les bonnes adresses se succèdent sur la rue Wellington où vous passerez sûrement toute la soirée).

› Jour 5. Parc national du Mont-Mégantic

Prenez la route pour Notre-Dame-des-Bois ★★ (p.254). Que vous partiez de North Hatley ★★★ (p.249) ou Sherbrooke ★★ (p.250), pensez à marquer un arrêt à Lennoxville pour visiter la magnifique chapelle de l'Université Bishop.

Arrivé au parc national du Mont-Mégantic (p.254), vous aurez l'embarras du choix côté plein air, et ne ratez surtout pas une visite de l'ASTROLab, musée et centre d'activités en astronomie dédié au grand public. Retour à Montréal ★★★★ (p.117).

PLAISIRS D'HIVER

L'hiver au Québec, ça se vit en jouant dehors ! Et c'est ce qu'on vous propose, dans deux belles régions réputées pour leurs conditions d'enneigement et leur kyrielle d'activités de plein air proposées aux débutants comme aux plus aguerris.

› Jour 1. Saint-Paulin et Saint-Alexis-des-Monts

Route jusqu'à Saint-Paulin ★ (p.370) dans la région de la Mauricie ★★★ (p.357) pour un déjeuner aux saveurs du terroir au Baluchon Éco-villégiature. Reprenez ensuite la route jusqu'à Saint-Alexis-des-Monts ★★ (p.372) où se trouve une immense auberge en bois rond, l'Hôtel Sacacomie, en bordure du lac du même nom.

› Jour 2. Saint-Alexis-des-Monts

Journée entièrement dédiée aux activités de plein air qui s'offrent ici à foison : raquettes, ski de fond, patin à glace, motoneige, traîneau à chiens, tour d'hydraski, etc. Pour vous détendre après l'effort, profitez du GEOS SPA situé à même le complexe de villégiature.

› Jour 3. Saint-Michel-des-Saints

Départ en début d'après-midi pour Saint-Michel-des-Saints ★★★ (p.356), dans la région de Lanaudière ★★ (p.343). Arrivée à l'Auberge du Lac Taureau située dans un site des plus pittoresques, au cœur de la forêt et au bord d'un lac majestueux.

› Jour 4. Saint-Michel-des-Saints

Véritable terrain de jeu naturel, profitez des lieux pour vous emplir les poumons d'air pur. De nombreuses activités sont offertes sur le site de l'auberge, dont la randonnée du trappeur pour découvrir la faune et la flore locales. Pour un tourisme moins actif, les installations de détente (spas, saunas, etc.) et la massothérapie sont le bon plan.

› Jour 5. Notre-Dame-de-la-Merci

Départ en matinée vers un site d'hébergement en pleine nature qui saura ravir petits et grands : Kabania et ses jolies cabanes sur pilotis. Un site magnifique, avec son petit lac gelé, ses sentiers enneigés et ses paysages enivrants. Vous vous cuisinerez un délicieux dîner dans l'espace commun, à déguster devant un bon feu de bois.

› Jour 6. Saint-Donat-de-Montcalm

À quelques km au nord de Notre-Dame-de-la-Merci ★ (p.352) se trouve Saint-Donat ★★★ (p.353), une municipalité réputée pour sa nature généreuse et de multiples installations permettant la pratique d'à peu près toutes les activités de plein air possibles. C'est également l'une des portes d'entrée du parc national du Mont-Tremblant (p.185).

› Jour 7. Fin du séjour

Respirez une dernière fois l'air vivifiant de l'hiver québécois et profitez des paysages forestiers de Lanaudière ★★ (p.343) avant de regagner Montréal ★★★★ (p.117).

Abbaye de Saint-Benoît-du-Lac.

DE L'AÉROPORT AU CENTRE-VILLE

Deux aéroports accueillent les vols internationaux : Montréal (admtl.com) et Québec (aeroportdequebec.com). Plusieurs autres aéroports régionaux sont desservis par des compagnies aériennes effectuant des vols intérieurs au Québec (les tarifs sont cependant exorbitants).
Pour rejoindre le centre-ville de Montréal depuis l'aéroport international Montréal-Trudeau, le réseau de transport en commun exploite la navette 747 (11 CAN $, compter environ une heure de route), en opération 24h/24. Des navettes régionales relient également l'aéroport à différentes régions du Québec.
Depuis l'aéroport international Jean-Lesage de Québec, deux lignes de bus du réseau de transport en commun assurent la liaison avec le centre-ville : les lignes 76 et 80 (3,25 CAN $ le billet, 3,75 CAN $ en argent comptant).
Bien entendu, vous retrouverez également des taxis (y compris Eva et Uber), des limousines, des compagnies de location de voiture et des navettes d'hôtels dans les deux aéroports.

ARRIVÉE EN TRAIN

Si vous arrivez des provinces canadiennes situées à l'ouest du Québec ou encore des États-Unis, c'est sur le quai de la Gare Centrale de Montréal (garecentrale.ca) que vous poserez le pied. VIA Rail dessert tout le Canada d'est en ouest (viarail.ca) alors qu'Amtrak (francais.amtrak.com) permet de rallier les États-Unis, notamment New York. En revanche, si vous arrivez au Québec depuis les provinces maritimes, il est alors possible de descendre dans différentes gares, de la Gaspésie à Montréal via Québec.

ARRIVÉE EN BATEAU

Le Québec dispose d'un vaste réseau de traversiers (*ferries*), notamment pour traverser le fleuve Saint-Laurent. Si la plupart sont gérés par la Société des traversiers du Québec (traversiers.com), il existe d'autres compagnies indépendantes comme pour la traverse Rimouski-Forestville (traversier.com) et Trois-Pistoles-Les Escoumins (traversiercnb.ca), ainsi que les navettes maritimes desservant le Grand Montréal (navark.ca).

TRANSPORTS EN COMMUN

Bus interurbains. Outre le train VIA Rail qui dessert quelques régions du Québec, la province bénéficie d'un réseau de bus interurbains, quoique chers et peu fréquents, voire inexistants dans certaines municipalités. Les principales compagnies sont Orléans Express (orleansexpress.com), Intercar (intercar.ca) et Limocar (limocar.ca). Plusieurs autres compagnies assurent le transport régional et municipal aux quatre coins de la province. Depuis Montréal, il est possible de rejoindre l'Ontario avec Megabus (frca.megabus.com), Orléans Express et Rider Express (riderexpress.ca, liaison à venir sous peu) et les États-Unis avec la compagnie de bus Greyhound (greyhound.com).

Covoiturage. Pour faire des économies sur les trajets, il vaut également la peine de consulter les systèmes centralisés de covoiturage. Les deux compagnies les plus connues au Québec sont AmigoExpress (amigoexpress.com) et Covoiturage.ca (covoiturage.ca).

Transports urbains. La région métropolitaine de Montréal est la plus développée en termes de transports en commun. Le métro dessert Montréal, Laval et Longueuil, et chaque ville du Grand Montréal a son propre réseau de bus urbains. On retrouve également six lignes de trains de banlieue en partance de Montréal. Toute l'information se trouve sur le site web d'Exo (exo.quebec). À surveiller entre 2022 et 2024 : la mise en service graduelle du Réseau express métropolitain, un métro léger de 26 stations reliant Montréal à la banlieue (Montérégie, Laval et Laurentides) ainsi qu'à l'aéroport Montréal-Trudeau (rem.info).

© PATRICKLAUZON PHOTOGRAPHE - SHUTTERSTOCK.COM

VÉLO, TROTTINETTE & CO

Les vélos en libre-service sont pour la plupart concentrés dans les grandes villes. À Montréal, la compagnie BIXI met à disposition plus de 9 600 vélos dont de nombreux sont électriques (bixi.com, plusieurs forfaits disponibles, quelques stations également à Laval et à Longueuil). Du côté de Québec, un service de vélopartage à assistance électrique est aussi offert (rtcquebec.ca/informations-pratiques/services-complementaires/avelo, trajet unique et différents abonnements disponibles). D'autres villes et municipalités pourraient s'ajouter à la liste, le gouvernement québécois offrant un programme d'aide financière au développement de l'offre à travers la province. À savoir aussi qu'il n'y a plus de trottinettes en libre-service au Québec, les projets pilotes s'étant avérés chaotiques. Dans tous les cas, vous devrez télécharger l'appli pour utiliser l'un de ces services et sachez que le port du casque est obligatoire. Assurez-vous également de rendre le vélo dans les zones de service prédéfinies.

AVEC UN CHAUFFEUR

Il y a des taxis presque partout au Québec, même dans les villages. Les compagnies établies dans les grandes villes ont pour la plupart leur propre appli. Les services Eva (eva.coop) et Uber (uber.com/ca/fr-ca/ride) sont aussi possibles dans la province.

EN VOITURE

Toutes les régions du Québec - sauf les Îles de la Madeleine, le Nunavik et une partie de la Côte-Nord - sont reliées à l'ensemble de la province par le réseau routier. Les distances sont cependant très grandes. Les permis de conduire français, belges et suisses sont acceptés pour une période ne dépassant pas six mois ; le cas échéant, vous devrez vous munir du permis international. Si vous désirez louer une voiture au Québec, il faut être âgé de 21 ans, voire 25 ans pour certains modèles, et être en possession d'une carte de crédit. L'essence, qui se vend au litre, est moins chère qu'en Europe mais plus onéreuse que dans les provinces voisines, et son prix varie grandement d'un jour à l'autre et d'une compagnie à l'autre, au grand dam des Québécois.

Au niveau de la réglementation, la limitation de vitesse est de 100 km/h sur les autoroutes, de 90 km/h sur les routes régionales et de 50 km/h (parfois moins) en ville. Le port de la ceinture de sécurité est obligatoire pour tous les passagers et le siège-auto pour les plus jeunes. Le taux maximal d'alcoolémie toléré est de 0,08 g/l, la conduite avec des facultés amoindries menant à l'amende, voire plus (contrôles fréquents). Les pneus neige sont aussi obligatoire en hiver, du 1er décembre au 15 mars.

Le code de la route et la signalisation sont sensiblement les mêmes qu'en Europe, à quelques différences près. Les feux de circulation sont placés de l'autre côté de l'intersection des rues. Il n'y a pas de priorité à droite au Québec (la priorité échoit au premier arrivé) et il est permis de tourner à droite au feu rouge partout sauf à Montréal ou dans le cas où un panneau indique que c'est interdit. L'arrêt total est obligatoire lorsqu'on suit ou qu'on croise un bus scolaire (presque toujours jaune) arrêté dont les clignotants rouges fonctionnent.

Quant au stationnement, pas de problème en région. Mais en ville, notamment à Montréal et Québec, se garer est souvent difficile et, avant d'arrêter son véhicule, il faut lire parfois trois ou quatre panneaux pour savoir si l'on est sur le bon trottoir, dans la bonne tranche horaire et ainsi éviter la contravention ou, pire, la mise en fourrière ! Attention : il est formellement interdit de stationner devant une borne d'incendie. En cas d'erreur, soyez assuré que vous aurez, dans les 5 minutes suivantes, votre contravention. Aussi, sachez qu'on ne peut garer son véhicule que dans le sens de la circulation.

Finalement, il est à noter que toute grande ville comporte son lot de trafic et Montréal ne fait pas exception. Ajoutez à cela les immenses chantiers routiers dans la métropole qui devraient durer encore quelques années...

ACCESSIBILITÉ

Bien qu'il y ait encore du chemin à faire, le Québec se fait de plus en plus accessible aux personnes à capacité physique restreinte. Par exemple, de nombreux bus urbains sont adaptés pour les chaises roulantes, des rampes sont installées à l'entrée de divers commerces et attraits touristiques, et certaines stations du métro de Montréal sont désormais munies d'ascenseurs. Pour en savoir plus sur le tourisme accessible, consultez le site web de l'organisme Kéroul (keroul.qc.ca).

PRATIQUE

A VOIR / A FAIRE

HORAIRES

Il faut ici distinguer les centres urbains des régions. Dans les villes, les points d'intérêt sont généralement ouverts toute l'année, avec un horaire restreint hors saison estivale (ex. : fermeture le lundi). En région, ils sont souvent saisonniers avec une période d'ouverture qui va de mai à octobre. S'ils sont ouverts tous les jours en été, l'horaire est souvent réduit de la fête des Patriotes (lundi précédant le 25 mai) au 24 juin et de la fête du Travail (1er lundi de septembre) à l'Action de grâce (2e lundi d'octobre).

A RÉSERVER

Les réservations sont rarement nécessaires, hormis pour les visites guidées, les ateliers, les activités spéciales ou encore les spectacles immersifs. Cependant, suite à la pandémie, plusieurs attraits recommandent, voire exigent de réserver ses billets au préalable. À savoir aussi que certains points d'intérêt proposent en plus de l'hébergement à même le site, souvent expérientiel. Dans ce cas, il est fortement conseillé de réserver son forfait à l'avance.

BUDGET / BONS PLANS

Il faut généralement compter entre 10 et 30 CAN $ pour une entrée au tarif adulte. Des réductions sont pratiquement toujours offertes aux enfants, étudiants et seniors, voire même la gratuité. Par exemple, l'accès aux parcs et lieux historiques nationaux est toujours gratuit pour les moins de 18 ans. Plusieurs points d'intérêt sont également entièrement gratuits, certains demandant une contribution volontaire. Dans les villes, des pass combinant divers musées et attractions permettent de faire de belles économies, pour autant que l'on soit sur place pour au moins 2-3 jours.

LES ÉVÉNEMENTS

Des centaines de festivals se déroulent chaque année au Québec, avec des thématiques aussi variées que le western, la bière, la musique, l'humour ou les montgolfières. Parmi les principaux et les plus célèbres, notons en février le Carnaval de Québec (dans la ville de Québec) qui est l'un des plus grands carnavals d'hiver. En été, le Festival international de jazz de Montréal, le Festival d'été de Québec et Osheaga attirent les plus grands chanteurs et musiciens du globe. Le Québec est aussi un haut lieu des festivals de cinéma, non seulement à Montréal mais aussi en région (Saguenay, Gaspésie, Abitibi-Témiscamingue, etc.). On ne pourrait également passer sous silence la course de Formule 1 se déroulant au circuit Gilles-Villeneuve à Montréal.

VISITES GUIDÉES

Toutes sortes de visites guidées sont proposées au Québec, allant des traditionnels tours de ville en bus à l'excursion en zodiac pour l'observation des baleines. Des thématiques pour tous les goûts font également partie de l'offre : tournée des brasseries artisanales, arrêts gourmands dans un quartier émergent, découverte des fresques murales et graffitis, marche « hantée » à la lueur de lanternes, visite historique avec personnages en habits d'époque, randonnée du trappeur avec interprétation de la faune et de la flore, etc. Quelques villes québécoises sont aussi membres du réseau international Stroll Buddy (anciennement Greeter), dont Gaspé, Montréal et Mont-Tremblant (strollbuddy.com).

FUMEURS

Que ce soit lors d'une visite guidée ou dans un musée, il est interdit de fumer. Pour les points d'intérêt situés en plein air, comme les sites d'interprétation et les parcs nationaux, des aires pour fumeurs sont souvent aménagées.

LES ATTRAPE-TOURISTES

Si vous participez à une visite guidée à Montréal ou à Québec, assurez-vous que votre guide est bien accrédité et qu'il possède un permis de la ville (celui-ci doit toujours être visible pendant l'exercice de ses fonctions). Pour ces deux villes, les guides ont suivi un programme de formation obligatoire reconnu par le ministère du Tourisme et le ministère de l'Éducation du Québec. Cela permet d'assurer la qualité et la véracité des informations transmises au cours des visites.

SE RÉGALER

HORAIRES

Il n'existe pas d'horaires plus variables que ceux du monde de la restauration. Non seulement ils varient selon la saison, mais aussi plusieurs fois au cours d'une même saison. Les restaurants des grandes villes ont tendance à avoir un horaire relativement fixe à l'année, alors qu'en région, certains établissements ferment même leurs portes hors saison. Et comme partout, les week-ends et jours fériés sont synonymes de grande affluence, notamment pour le fameux brunch servi jusqu'à 14h ou 15h. À savoir également que les Québécois mangent plus tôt que les Européens. Par conséquent, les heures d'ouverture des cuisines ne sont pas très tardives, excepté pour les restaurants de type pub.

BUDGET / BONS PLANS

On peut aisément manger sur le pouce pour moins de 10-15 CAN $. Il faut compter au moins 20 CAN $ le midi et minimum 30 CAN $ le soir. Le menu du jour le midi et la table d'hôte le soir permettent de faire quelques économies et incluent l'entrée, le plat principal, le dessert et le café. Les restaurants plus haut de gamme proposent aussi souvent un menu dégustation se déclinant en plusieurs services. Son coût peut varier de 60 à 150 CAN $, voire plus, et un accord avec des vins sélectionnés est proposé en sus.
Tous les modes de paiement sont acceptés, mais les petits restaurants se limitent parfois à l'argent comptant et/ou carte de débit.
Au Québec, on peut aussi rapporter chez soi le reste de son repas ou encore apporter sa propre bouteille de vin - ou bière - au restaurant. Le concept « Apportez votre vin » est en effet assez répandu, d'autant plus qu'il n'y a pas de droit de bouchon à défrayer.

EN SUPPLÉMENT

Règle générale, les prix affichés sur les menus sont toujours hors taxes. Il faut non seulement y ajouter les taxes (14,975 %) mais aussi le service de 15 %. Pour savoir ce que l'on doit payer, il faut donc majorer les prix de près de 30 % !

C'EST TRÈS LOCAL

- **Manger une poutine à 3h du matin,** à la sortie des bars ou après une soirée arrosée entre amis à la maison. On trouve presque toujours un casse-croûte ouvert 24h/24 pour assouvir son envie, n'importe où dans la province.
- **Réserver une grande tablée dans une cabane à sucre** au printemps pour faire bombance jusqu'à plus faim.
- **S'habituer aux portions souvent gigantesques** à la nord-américaine, notamment dans les pubs et les brasseries sportives.

A ÉVITER

Ce n'est pas parce qu'on est en Amérique qu'il faut faire comme les Américains ! De grâce, évitez donc les grandes bannières de *fast food* et optez pour les tables locales afin de savourer le Québec.

ENFANTS

Vos marmots sont les bienvenus dans la majorité des restaurants, à l'exception des sections où un permis de bar s'applique. Chaises d'appoint sont souvent à disposition et plusieurs restaurants offrent un menu spécialement concocté pour les petits.

FUMEURS

Il est interdit de fumer dans les restaurants ainsi que sur leur terrasse. On doit également fumer à 9 mètres de la porte de l'établissement, bien que certains ne respectent pas cette distance.

LES ATTRAPE-TOURISTES

Dans les quartiers très prisés des visiteurs, prenez le temps de comparer les restaurants et les menus, plusieurs ayant tendance à *booster* leurs tarifs pour profiter de la manne touristique.

FAIRE UNE PAUSE

HORAIRES

Les commerces gourmands (pâtisseries, chocolateries, etc.), les cafés et les salons de thé sont généralement ouverts tous les jours, du matin jusqu'en milieu ou fin d'après-midi (certains peuvent être ouverts jusqu'en soirée, notamment les cafés). Il peut cependant y avoir des jours de relâche dans les plus petits commerces ou alors en région, habituellement en début de semaine. L'horaire peut également être réduit hors saison. Quant aux bars, ils sont nombreux à ouvrir leurs portes dès 11h ou midi, surtout en ville. Sinon, on peut s'attendre à une ouverture vers le milieu ou la fin d'après-midi au plus tard. L'heure de fermeture est généralement fixée à 3h du matin, mais certains ferment plus tôt (minuit ou 1h du matin) en début de semaine ou hors saison. S'ils ont tendance à être ouverts 7 jours sur 7, des jours de fermeture sont tout de même à prévoir (ex. : dimanche, lundi, mardi), notamment en région.

BUDGET / BONS PLANS

Le prix des pauses gourmandes et des consommations alcoolisées est relativement semblable à ce que l'on trouve en Europe, quoiqu'un peu plus cher même avec le taux de change. Pour faire des économies, des passeports vendus à petits prix permettent de visiter un nombre prédéterminé d'établissements participants au Québec et d'obtenir une dégustation ou une consommation gratuite (pourboire en sus). C'est le cas du passeport Je bois local (jeboislocal.ca) pour les microbrasseries et brasseries artisanales et du passeport Circuit des vignobles (circuitdesvignobles.com) pour les vignobles, cidreries et distilleries.

Il faut se rappeler que les prix affichés sont généralement hors taxes. Il faut non seulement y ajouter les taxes (14,975 %) mais aussi le service de 15 %. Tous les modes de paiement sont acceptés, mais les petits commerces se limitent parfois à l'argent comptant et/ou carte de débit.

À PARTIR DE QUEL ÂGE

Au Québec, l'âge légal pour consommer de l'alcool est 18 ans. Partout où un permis de bar s'applique, seules les personnes majeures y sont autorisées. Toutefois, certains lieux détiennent un permis différent (restaurant, production artisanale...) qui permet d'accueillir les mineurs. À noter que si vous avez l'air d'avoir moins de 25 ans, on vous demandera probablement une carte d'identité officielle avec photo.

C'EST TRÈS LOCAL

Dans les bars et brasseries se tient souvent en semaine le rituel du *happy hour*, appelé ici 5 à 7. Il se déroule habituellement de 16h ou 17h jusqu'à 19h, voire plus, et permet de faire des économies sur l'alcool et/ou la nourriture. Il va sans dire que l'affluence va de pair durant un 5 à 7...

ENFANTS

Les enfants sont acceptés partout où un permis de bar n'est pas en vigueur. Cependant, ils peuvent parfois être acceptés sur la terrasse d'un bar jusqu'en début de soirée.

FUMEURS

Il est interdit de fumer dans les commerces gourmands, les cafés, les salons de thé et les bars, ainsi que sur leur terrasse. On doit également fumer à 9 mètres de la porte de l'établissement, bien que certains ne respectent pas cette distance.

(SE) FAIRE PLAISIR

HORAIRES

Les commerces ouvrent habituellement du lundi au vendredi de 9h à 18h (jusqu'à 21h le jeudi et le vendredi), le samedi de 9h à 17h ou 18h, et le dimanche de 10h ou midi à 17h. Les horaires peuvent varier d'une ville à l'autre et sont souvent réduits hors saison, voire même carrément fermés (il est toutefois généralement possible de prendre rendez-vous). Dans les villes et petites municipalités, il peut également y avoir des jours de fermeture, la plupart du temps le dimanche et/ou lundi.

BUDGET / BONS PLANS

Le coût de la vie est moins élevé au Québec qu'en Europe. Certains produits sont en revanche plus onéreux, notamment dans le secteur gourmand (fromages, alcools...). Si le prix affiché peut sembler séduisant, il ne faut pas oublier que les taxes de vente ne sont jamais incluses, à moins d'un avis contraire. Il faut donc ajouter 14,975 % de taxes sur ses achats (certains produits bénéficient d'une exemption partielle ou totale des taxes comme les livres imprimés, la nourriture non-transformée, etc.). Les paiements par carte de débit ou de crédit sont généralement acceptés partout, même dans les régions plus éloignées. À noter qu'il n'y a plus de programme de remboursement des taxes aux visiteurs depuis de nombreuses années.

SOLDES

Les soldes sont une pratique courante au Québec, qu'elles soient généralisées à une certaine période (fin de saison) ou proposées ponctuellement dans un type de commerce spécialisé (les quincailleries et centres de rénovation lors de la période des déménagements du 1er juillet). Le Québec participe aussi aux grandes ventes que sont le Black Friday (vendredi suivant le Thanksgiving américain en novembre) et le Boxing Day (lendemain de Noël), mais la frénésie des consommateurs est bien moins palpable ici que chez son voisin américain.

C'EST TRÈS LOCAL

Il y a bien entendu quelques grands classiques à rapporter d'un séjour au Québec comme, par exemple, des vêtements ou accessoires à l'effigie de l'équipe de hockey Canadiens de Montréal, des produits de l'érable, des alcools typiques (notamment les liqueurs d'érable et le fameux Caribou), de l'artisanat autochtone, etc. Sachez toutefois que le marchandage n'est pas du tout une pratique courante dans la province.

LES ATTRAPE-TOURISTES

Les grands classiques à l'effigie de la destination ont toujours la cote auprès des visiteurs. Malheureusement très souvent remplies d'articles *made in China*, les boutiques de souvenirs sont omniprésentes dans les grandes villes et les destinations hautement touristiques. Il en va de même pour certaines boutiques d'artisanat. Assurez-vous donc d'acheter local et authentique afin d'encourager l'économie locale.

BUDGET / BONS PLANS

Il y a moyen de se dégourdir les jambes sans avoir à débourser un sou. Les mairies des villes et villages mettent à disposition des installations sportives variées, des piscines aux terrains de baseball. L'accès est généralement gratuit ou à prix dérisoire. Il y a aussi tout un réseau de sentiers multifonctionnels gratuits au Québec, tant pour les cyclistes que pour les randonneurs et les fondeurs. Quelques dollars sont par contre exigés dans les parcs nationaux et certaines réserves naturelles. Pour se lancer dans des aventures comme le canyoning, le rafting ou encore la motoneige, il faut toutefois prévoir un budget conséquent.

C'EST TRÈS LOCAL

En hiver, dans les parcs et autres terrains assez grands, les patinoires poussent comme des champignons. La plupart du temps, il faut fournir son propre équipement mais certaines patinoires proposent la location de patins à glace sur place. Et le tout est magnifiquement bien entretenu tout au long de la saison ! Autre particularité au Québec : les pourvoiries. Peu importe la saison, on y pratique toutes les activités de plein air possibles, à commencer par la chasse et la pêche, les deux grandes vedettes.

VOS PAPIERS SVP

Plusieurs activités demandent une certification ou un permis valide. C'est le cas si, par exemple, vous désirez vous aventurer seul en kayak ou en plongée dans le golfe du Saint-Laurent, ou pour simplement louer une embarcation nautique motorisée. Il en va de même pour la conduite d'une motoneige qui requiert que vous ayez sur vous votre permis de conduire. Bref renseignez-vous au préalable sur les exigences requises.

À RÉSERVER

Les places étant souvent limitées, il est recommandé, voire indispensable de réserver pour les sorties guidées en plein air, les excursions multi-activités, les raids (motoneige, traîneau à chiens…), les activités d'adrénaline (parachutisme, vol en chute libre en soufflerie, surf intérieur, bungee, etc.), les parties de golf ou encore les soins et massages proposés dans les spas. Il en va de même pour les matchs des équipes sportives professionnelles de Montréal, surtout lorsqu'il s'agit de hockey, le sport chéri des Québécois.

LES ÉVÉNEMENTS

Les événements sportifs de haut calibre sont nombreux au Québec, à commencer par les matchs des équipes sportives professionnelles de Montréal (Canadiens au hockey, Alouettes au football américain et CF Montréal au soccer), mais aussi ceux des ligues junior majeur ou universitaires qui font rayonner la relève. Il y a aussi l'Omnium Banque Nationale à Montréal qui accueille chaque an en août la crème du tennis mondial, les Grands Prix Cyclistes en septembre à Québec et Montréal, ou encore le Grand Prix Ski-Doo en février à Valcourt.
Certaines compétitions sont ouvertes au grand public, mais il faut néanmoins être bien préparé : le triathlon Ironman à Tremblant, les marathons de Montréal et Québec, les Traversées de la Gaspésie (randonnée en automne et raquette / ski de fond en hiver), la Traversée internationale du lac Saint-Jean (épreuve de natation), etc.
Pour faire le plein d'idées ou pour bouger un peu, des foires et festivals sont organisés dans la province et mettent en vedette le plein air (Festival NORR), la chasse et la pêche (Salon Plein Air, Chasse et Pêche), les activités hivernales (Carnaval de Québec, Festival d'hiver de Roberval), et plus encore.

LES ATTRAPE-TOURISTES

Lors de manifestations sportives, les revendeurs sont omniprésents dans les environs du lieu de l'événement. Même s'il est vrai qu'on peut économiser quelques dollars en s'approvisionnant auprès d'eux, il serait dommage de perdre son argent pour de faux billets d'entrée. Passez donc par les billetteries officielles.

HORAIRES

Principalement situées en ville, les boîtes de nuit sont généralement ouvertes du jeudi au samedi de 22h à 3h (plus tard pour les *afterhours*). Pour tout ce qui touche les activités entre amis (cinéma, billard, bowling, karting, jeux d'évasion, etc.), les horaires varient grandement selon le type d'établissement. Il y a également quelques casinos au Québec, lesquels proposent un horaire étendu, voire une ouverture 24 heures par jour. Pour les arts de la scène (musique, humour, théâtre, etc.), la programmation annuelle se concentre surtout hors saison estivale, en soirée la plupart du temps.

BUDGET / BONS PLANS

Sortir en boîte coûte généralement moins cher au Québec qu'en Europe (il faut dire que l'on n'y retrouve pas nécessairement le même standing non plus). Comme partout, l'entrée est souvent gratuite avant une certaine heure (habituellement 23h) ou encore en s'inscrivant sur la *guest list*. Les dames bénéficient également de la gratuité lors des *ladies night* (au moins un soir par semaine). Pour le cinéma, des rabais sont offerts pour les représentations en matinée et lors de la journée hebdomadaire à prix réduit (généralement le mardi). Bon plan pour les spectacles également : La Vitrine propose des offres spéciales et des tarifs avantageux sur les préventes pour toute sorte de spectacles et d'événements au Québec (lavitrine.com).
Il faut se rappeler que les prix affichés sont généralement hors taxes. Il faut non seulement y ajouter les taxes (14,975 %), mais aussi le service de 15 % lorsque applicable. Tous les modes de paiement sont acceptés, mais il peut arriver que le comptoir bar d'une salle de spectacles, par exemple, n'accepte que l'argent comptant et/ou la carte de débit.

A RÉSERVER

Pour s'assurer d'avoir une place, les réservations sont hautement recommandées pour les spectacles, voire obligatoires parfois. Dans le cas de certaines activités telles que le karting, les jeux d'évasion ou le paintball, la réservation est souvent impérative et un dépôt peut être exigé. Pour le reste, vous n'avez qu'à vous présenter sur place le jour même.

TRANSPORTS NOCTURNES

À Montréal, aucun problème pour rentrer chez soi à une heure tardive. Si le métro est en opération jusqu'entre 0h30 et 1h30 (selon la ligne de métro et le jour), plus d'une vingtaine de bus de nuit prennent ensuite la relève et couvrent l'ensemble de la métropole. Ailleurs au Québec, il n'y a pas de service de transport en commun de nuit, hormis pour les taxis, Eva et Uber. À savoir toutefois que plusieurs villes - et même des villages - ont des services de raccompagnement offerts toute l'année, mais il faut parfois être membre pour bénéficier de leurs services.

A PARTIR DE QUEL ÂGE

Au Québec, l'âge légal pour consommer de l'alcool est 18 ans. Partout où un permis de bar s'applique, seules les personnes majeures y sont autorisées. À noter que si vous avez l'air d'avoir moins de 25 ans, on vous demandera probablement une carte d'identité officielle avec photo. Sachez aussi que certains clubs peuvent exiger d'avoir 21 ou 25 ans pour les fréquenter.

C'EST TRÈS LOCAL

Rien de particulier de ce côté si ce n'est qu'un code vestimentaire est exigé dans la majorité des boîtes de nuit ainsi que dans les casinos.

FUMEURS

Il est interdit de fumer dans les clubs, salles de spectacles, casinos, ainsi que sur leur terrasse. Idem pour les salons de billard, les centres d'activités (karting, laser tag...), etc. On doit également fumer à 9 mètres de la porte de l'établissement, bien que certaines personnes ne respectent pas cette distance.

LES ATTRAPE-TOURISTES

Tout comme pour les manifestations sportives, la revente de billets de spectacles est omniprésente en ligne, et parfois même dans la rue. Même s'il est vrai qu'on peut économiser quelques dollars en s'approvisionnant auprès des revendeurs, il serait dommage de perdre son argent pour de faux billets d'entrée. Passez donc par les billetteries officielles.

SE LOGER

BUDGET / BONS PLANS

Bien évidemment, les tarifs varient grandement selon le type d'hébergement choisi. Il n'en coûtera donc pas le même prix si l'on opte pour un lit en dortoir dans une auberge de jeunesse plutôt qu'une suite dans un hôtel 5-étoiles. En basse saison, on peut dénicher une belle chambre dans une auberge ou un hôtel dans une fourchette de prix allant de 80 à 150 CAN $, tarif qui augmente - et qui peut même doubler dans les grandes villes - en haute saison ou lors d'événements majeurs.

Il faut se rappeler que les prix affichés sont généralement hors taxes. Il faut non seulement y ajouter les taxes de vente (14,975 %) mais aussi la taxe d'hébergement de 3,5 % du prix de la nuitée (3,50 CAN $ par nuit lorsque la location est offerte à/par un intermédiaire). Tous les modes de paiement sont acceptés, mais les petits établissements hôteliers se limitent parfois à l'argent comptant, les chèques de voyage et/ou la carte de débit.

À RÉSERVER

Destination populaire oblige, il est conseillé de réserver au Québec, surtout en été. Ne pas non plus attendre la dernière minute pour réserver si vous comptez assister à des événements majeurs comme le Grand Prix du Canada, le Festival international du blues de Tremblant ou le Carnaval de Québec, les établissements hôteliers affichant complet durant ces événements. Bien évidemment, il est plus facile d'obtenir une réservation de dernière minute en région qu'en ville, sauf quand il s'agit des grandes destinations touristiques comme Percé, Tadoussac ou Tremblant où les réservations ne sont pas un luxe.

C'EST TRÈS LOCAL

Le chalet est un véritable art de vivre au Québec et il y en a partout, que ce soit dans un parc national, sur une île ou dans un complexe privé en nature. Et les Québécois sont tout autant charmés par les chalets en bois rond (rondins) que les visiteurs qui rêvent de leur « cabane au Canada ». Il y a également les pourvoiries, ces camps de chasse, pêche et villégiature qui se comptent par centaines dans la province. Authentiques « tout inclus » d'expériences

© WARCHI - ISTOCKPHOTO.COM

pleine nature, on y dort en camping, en auberge, en chalet et même en hébergements insolites (maison-bateau, tipi amérindien, yourte, etc.).

POUR LES GOURMANDS

Le petit déjeuner est très souvent inclus dans le tarif (ou alors avec un léger supplément) et, en ville comme en région, les produits régionaux y sont légion. Multiples auberges et hôtels hébergent également des restaurants de renom mettant en vedette la cuisine locale, qu'elle soit traditionnelle ou contemporaine. Et avec de nombreuses communautés autochtones dans la province, on peut même s'offrir un séjour gourmand à saveur amérindienne.

FUMEURS

Il est interdit de fumer dans les établissements hôteliers, y compris sur les balcons des chambres et les terrasses des bars et restaurants de l'hôtel. On doit également fumer à 9 mètres de la porte de l'établissement, bien que certaines personnes ne respectent pas cette distance. Bien évidemment, selon le type d'hébergement, il peut y avoir des exceptions, comme celle de pouvoir fumer sur le balcon d'un chalet loué en pleine nature. Mais peu importe où vous dormirez, fumer à l'intérieur est strictement interdit.

ALLO ?

Sur un mobile, les appels à l'intérieur du pays sont gratuits, pour autant que vous ayez un numéro canadien ou que l'option internationale soit activée auprès de votre opérateur européen. Pour faire un appel, il faut toujours composer le code régional (3 chiffres) + les sept chiffres du numéro local. Les numéros de téléphone débutant par 1 800, 1 833, 1 844, 1 855, 1 866, 1 877 et 1 888 sont l'équivalent des numéros verts en France, donc gratuits. Pour les appels interurbains et outre-mer depuis le Québec, optez plutôt pour une carte d'appel prépayée. Vous les trouverez facilement (grands magasins, épiceries, pharmacies, dépanneurs, boutique de téléphonie mobile, etc.).

Au Québec, plusieurs compagnies de téléphone vendent des cartes SIM prépayées ou en forfait mensuel et vous obtiendrez alors un numéro de téléphone local. C'est l'option la plus économique si vous avez l'intention de vous servir de votre téléphone fréquemment et de passer des appels locaux. Sachez cependant qu'en règle générale, un téléphone acheté chez un opérateur français est « bloqué » et accepte uniquement les cartes SIM provenant de celui-ci. Vous devez faire la demande de déblocage auprès de votre opérateur avant le départ (ce qui n'est pas toujours possible).

ACCESSIBILITÉ

Bien qu'il y ait encore du chemin à faire, le Québec se fait de plus en plus accessible aux personnes à capacité physique restreinte. Par exemple, de nombreux bus urbains sont adaptés pour les chaises roulantes, des rampes sont installées à l'entrée de divers commerces et attraits touristiques, et certaines stations du métro de Montréal sont désormais munies d'ascenseurs. Pour en savoir plus sur le tourisme accessible, consultez le site web de l'organisme Kéroul (keroul.qc.ca).

SANTÉ

Toutes les régions du Québec ont des hôpitaux, des cliniques et des centres intégrés de santé et de services sociaux (CISSS et CIUSSS). Les centres spécialisés se trouvent dans les grandes villes. Vous trouverez la liste des installations de soins de santé sur le site web du ministère de la Santé et des Services sociaux du Québec (msss.gouv.qc.ca).

En ce qui concerne les médicaments, ils ne sont pas vendus prêts à l'emploi, dans des flacons étiquetés par les laboratoires, comme en Europe. Ici c'est le pharmacien qui se charge de la préparation du flacon, en le remplissant du nombre exact de comprimés prescrits par le médecin, et qui reporte la posologie de l'ordonnance (prescription) sur l'étiquette, ce qui évite le gaspillage et l'abus de médicaments. Si on pense avoir besoin de médicaments délivrés sur ordonnance, mieux vaut donc emporter l'ordonnance avec soi. Les pharmacies se présentent comme des supermarchés de parapharmacie, avec un comptoir « Prescriptions » tenu par un pharmacien. Quelques grandes chaînes au Québec : Familiprix, Jean Coutu, Pharmaprix, Uniprix. Les magasins à grande surface offrent également, dans la plupart des cas, un service de pharmacie sur place.

URGENCES SUR PLACE

Partout au Canada, le 911 est le numéro d'appel d'urgence pour contacter une ambulance, les pompiers ou la police. Ce numéro est gratuit, qu'il soit composé sur un téléphone fixe, un portable ou depuis une cabine téléphonique. Le 911 est accessible 24h/24.

SÉCURITÉ

L'indice de criminalité du Québec est considéré comme étant l'un des plus bas de toutes les provinces du Canada, voire d'Amérique du Nord. La notion de « quartier chaud » n'existe pas non plus au Québec, mais on doit admettre que certains quartiers de Montréal sont un peu moins accueillants. Il n'y a donc aucune inquiétude à avoir pour les femmes voyageant seule dans la province, ni même pour prendre le métro à Montréal tard en soirée.

LGBTQ

Les personnes lesbiennes, gaies, bisexuelles, transgenres, *queers* et bispirituelles (LGBTQ2) sont protégées contre la discrimination et le harcèlement basés sur le sexe, l'orientation sexuelle ou l'identité ou l'expression de genre. Qui plus est, le mariage entre conjoints de même sexe est légalisé au Canada depuis 2005.

Si le Québec est particulièrement *gay-friendly*, avec des quartiers aux couleurs de l'arc-en-ciel à Montréal et Québec, certains dérapages peuvent survenir sous forme d'agressions verbales et/ou physiques. Ce sont peut-être des cas isolés, mais ce seront toujours des cas de trop.

AMBASSADE ET CONSULATS

La France a deux consulats dans la province, un à Montréal (montreal.consulfrance.org) et l'autre à Québec (quebec.consulfrance.org). La Belgique (canada.diplomatie.belgium.be/fr/ambassade-et-consulats) et la Suisse (eda.admin.ch/countries/canada/fr/home.html) ont aussi un consulat général à Montréal ainsi qu'un consulat honoraire à Québec.

POSTE

Au 1er janvier 2023, affranchir une lettre normale (enveloppes format lettre et cartes postales, 30 grammes max) coûte 1,07 CAN $ pour l'intérieur du Canada, 1,30 CAN $ pour les États-Unis et 2,71 CAN $ pour l'international (compter environ 4-5 jours ouvrables pour l'Europe). Les bureaux de poste ouvrent habituellement en semaine de 8h à 17h. Certains magasins, telles les pharmacies, disposent de centres postaux ouverts généralement plus tard ainsi que le week-end.

MÉDIAS LOCAUX

Plusieurs quotidiens et hebdomadaires sont en vente dans les différentes régions du Québec. Au niveau provincial, les plus connus et lus sont *La Presse* (lapresse.ca - web seulement), *Le Devoir* (ledevoir.com) et le *Journal de Montréal* (journaldemontreal.com) ou *de Québec* (journaldequebec.com). Dans la langue de Shakespeare, le *Montreal Gazette* est recommandé (montrealgazette.com). Il y a également les gratuits, *24H* et *Métro*, tous deux distribués en semaine aux stations du métro de Montréal.

Certains magazines mensuels valent également la lecture, comme *L'Actualité* (plus grand mensuel francophone d'information générale hors de France - lactualite.com), *Nouveau Projet* (magazine culture et société avec des textes rédigés par des universitaires, auteur-es, artistes et autres penseurs de la société québécoise - atelier10.ca/nouveauprojet), *Fugues* (actualités et sorties pour la communauté LGBTQ2 - fugues.com) ou encore *ESPACES* (axé sur le plein air, la mise en forme, le voyage et l'aventure - espaces.ca). Quelques sites web sont aussi dignes de mention, comme *Sors-tu?* (webzine culturel - sorstu.ca), *Tastet* (média de découvertes gourmandes - tastet.ca) et *Milo* (guide des bonnes adresses de la province et magazine web - miloguide.com).

ICI Radio-Canada (ici.radio-canada.ca) et son penchant anglophone CBC (cbc.ca) sont les diffuseurs publics canadiens, tant à la télévision qu'à la radio. Au petit écran, les chaînes privées généralistes les plus populaires sont Noovo et TVA en français et CTV et Global en anglais. À noter que la chaîne TV5 (tv5unis.ca) retransmet une partie des émissions françaises, belges et suisses. Les journaux de France 2 y sont d'ailleurs retransmis.

Et comme partout, les médias communautaires (journal, radio, télévision, web) sont bien présents, notamment dans les villes.

DÉCOUVRIR

Province à l'hospitalité légendaire et bastion francophone d'Amérique du Nord, le Québec fait partie des destinations privilégiées, voire chouchou, des Européens francophones. Flanquée d'une nature immense et de villes vibrantes, elle conjugue à merveille la modernité nord-américaine et l'art de vivre à l'européenne. Elle abrite également un *melting-pot* culturel issu des différentes vagues d'immigration, sans oublier les Premiers Peuples qui habitent le territoire depuis des millénaires. Il faut également mentionner sa gastronomie qui ne se limite pas au sirop d'érable et à la poutine, son sport national - le hockey - qui fait office de véritable religion, ses artistes qui font rayonner la culture québécoise de par le monde, son climat qui peut pousser le mercure d'un extrême à l'autre ou encore son combat toujours très actuel pour assurer la pérennité du français pour les générations futures.

TRAÎNEAU À CHIENS : EN AVANT, MUSH

Destination hivernale par excellence, le Québec fait rêver sous son beau manteau blanc. On n'a alors qu'une seule envie : goûter à l'aventure nordique dans ce que le Québec a de plus authentique à offrir : le traîneau à chiens. Mode de transport traditionnel des Autochtones du Grand Nord devenu une activité parmi les plus populaires, il permet de parcourir des territoires enneigés autrement inaccessibles, dans un décor féerique où le silence est seulement rompu par le halètement de la meute. Comble de bonheur, les grands espaces sauvages abondent dans la province et les occasions de partir à l'aventure sont tout aussi nombreuses. Mais plus qu'une aventure, il se crée une complicité, voire un lien de confiance, entre l'Homme et ces magnifiques bêtes nordiques. Un moment à savourer pleinement, à condition d'être habillé chaudement. Retour sur l'histoire de ce mode de transport dont les origines remonteraient à plusieurs millénaires.

Une invention des peuples du Nord

Bien que non officiellement prouvé, il semblerait que les chiens d'attelage furent utilisés par les peuples autochtones du Nord pour se déplacer en hiver depuis une époque aussi lointaine que 6 000 ans av. J.-C. Il suffit de s'imaginer les conditions extrêmes des régions nordiques, avec leurs épaisses couches de neige – parfois durcies par le froid – et l'absence de chemins ou de pistes, pour saisir l'intérêt capital que revêtait ce moyen de transport. Les premiers explorateurs et trappeurs européens adoptèrent également le traîneau à chiens, un moyen des plus efficaces pour transporter hommes, denrées alimentaires et marchandises sur de grandes distances dans un territoire sauvage entièrement recouvert par la poudreuse et des lacs et rivières gelés. À la fin du XIXe siècle, dans la région du Klondike, au nord-ouest du Canada, les chiens de traîneau se montrèrent tout aussi utiles alors que la ruée vers l'or battait son plein. Les chercheurs d'or s'en servaient pour transporter leurs effets personnels, leur mobilier, les vivres ou encore le bois. C'était aussi le moyen privilégié pour la livraison du courrier, laquelle s'effectuait deux à trois fois par mois à Dawson City. Vu la forte demande, ce sont donc des milliers de chiens de traîneau qui arpentaient le territoire minier du Klondike. Plus récemment, au milieu du XXe siècle, ce fut au tour de la Gendarmerie royale du Canada (GRC) de découvrir les côtés pratiques de ce mode de transport pour ses déplacements dans le Grand Nord canadien. Mais si de nos jours le traîneau à chiens sert encore aux Autochtones, il ne figure plus au premier rang pour les déplacements, la motoneige ayant bien sûr pris le relais.

Il vaut ici la peine de mentionner un événement important de l'histoire du traîneau à chiens : en 1925, à Nome en Alaska, une épidémie de diphtérie a fait craindre le pire. Glace et blizzard empêchaient tout envoi de médicaments par avion ou par bateau. Les grosses bêtes poilues ont alors pris part à l'effort de sauvetage en acheminant le sérum salvateur jusqu'à la localité isolée. Le leader des chiens du dernier attelage, Balto, est depuis immortalisé en statues, l'une près du zoo de Central Park à New York, l'autre dans le centre-ville d'Anchorage en Alaska. À savoir qu'une course annuelle commémore cet exploit, l'Iditarod Trail Sled Dog Race, que l'on surnomme également « route du sérum » ou « course de la miséricorde ».

L'appel de la forêt

C'est lors de la ruée vers l'or (1896-1899) dans la région du Klondike, entre l'Alaska et le Yukon, que le traîneau à chiens se popularisa vraiment. Jack London, auteur américain épris d'aventure et de nature sauvage qui s'embarqua en 1897 sur la piste du Klondike, contribua à faire connaître cette épopée. Il arrive en Alaska par le passage intérieur entre la Colombie-Britannique et l'Alaska pour rejoindre Dyea et Skagway et, de là, Dawson City en passant par le lac Bennett. Arrivé à Dawson City à la fin de l'automne, il passe l'hiver sur place à écouter des histoires de chercheurs d'or qui lui inspireront ses romans les plus célèbres, comme *L'Appel de la forêt*, *Croc-Blanc*, *Les Enfants du froid*, *Belliou la fumée* ou *Le Fils du loup*. Entre réalité et fiction, ses livres permettent de se plonger dans cette époque fascinante qui a tant marqué le territoire du Yukon. Mais, entre tous, *L'Appel de la forêt* est sans conteste son plus grand succès. C'est dans la cabane de Louis Bond, au Yukon, que London rencontre le chien Jack, futur modèle de Buck, le héros de ce roman.

Traineau à chiens.

© DR

Portrait de Jack London.

Ancien chien domestique choyé sous le confortable soleil de Californie, la vie de Buck change du tout au tout lorsqu'il est vendu à un trafiquant de chiens de traîneau dans la région du Klondike. Il devra s'habituer à la rudesse du climat du Grand Nord et à celle des hommes perdus dans ce coin de territoire mais aussi à lutter contre le froid, les autres chiens, les hommes et la faim. Il trouve le réconfort auprès de son dernier maître, mais celui-ci est malheureusement assassiné par des Autochtones. Buck s'enfuit alors dans la forêt et cède à l'appel de la vie sauvage. *L'Appel de la forêt* a fait l'objet de multiples adaptations cinématographiques et télévisuelles depuis plus d'un siècle. La première adaptation est réalisée en 1908 tandis qu'en 2020 est sortie sur les écrans la version de Chris Sanders, qui met entre autres en vedette Harrison Ford et Omar Sy, et qui combine des prises de vue réelles et de l'animation.

Races de chiens et composition de l'attelage

Élevés par les peuples autochtones du Nord, les chiens de traîneau sont les descendants des loups domestiqués à des fins de transport et de chasse. Parmi les plus anciennes races de chiens de traîneau, on retrouve le malamute d'Alaska qui garde encore de nos jours sa grande cote de popularité. C'est un chien puissant, reconnu pour sa force et son endurance, tout comme le chien inuit du Canada, originaire du nord du pays, bien que ce dernier soit plus petit que son confrère le malamute. Tant le malamute que le chien inuit du Canada sont inscrits en tant que races pures auprès du Club canin canadien.

Au XIXe siècle et au début du XXe siècle, le commerce des fourrures et la ruée vers l'or dans le Klondike ont définitivement popularisé ce mode de transport. Pour répondre à la demande sans cesse croissante, des races mixtes ont vu le jour, notamment le Mackenzie River Husky, un chien puissant fort à l'aise dans la neige profonde. Avec l'avènement des courses de traîneaux à chiens au XXe siècle, un nouveau critère de sélection est entré en ligne de compte : la vitesse. Est ainsi introduit au Canada le husky de Sibérie, une race pure provenant de Russie qui donna aussi naissance au husky d'Alaska (ou Alaskan Husky), issu de croisements avec d'autres races de chiens de course tels que les lévriers, les setters et les braques.

La composition de l'attelage est tout aussi importante que la sélection des chiens et est divisée en quatre catégories. On retrouve toujours un ou deux chiens de tête, placés tout à l'avant et qui dirigent et guident l'attelage. Viennent ensuite les chiens de pointe qui servent essentiellement à encourager les chiens de tête. Les chiens qui obtiennent cette position sont très souvent de futurs chiens de tête en formation. La paire de l'attelage qui se trouve juste devant le traîneau est la plus puissante, celle dont la mission consiste à maintenir le traîneau sur la piste : ce sont les chiens de barre. Tous les autres chiens positionnés entre ceux de tête et ceux de barre sont les chiens du centre.

Les chiens de tête sont dirigés à la voix par le conducteur. Selon le parcours et les conditions météo, il peut se trouver à l'arrière sur le traîneau, à marcher devant l'attelage ou bien à courir à l'arrière. Quant au terme « musher » qui désigne le conducteur, il puise son origine dans un malentendu linguistique. Alors que les premiers conducteurs canadiens français criaient « Marche ! » à leur attelage, les explorateurs anglais entendaient « mush ». Voilà pour la petite histoire !

Courses

Devenu un loisir d'hiver hyper populaire, le traîneau à chiens a atteint le statut de discipline sportive. Plusieurs courses annuelles sont organisées, tant sur le sol canadien qu'en Alaska (en 1908, la All Alaska Sweepstakes fut la toute première course de traîneaux à chiens au monde) ou dans les États du nord des États-Unis, souvent programmées simultanément avec des carnavals d'hiver. De nombreux pays en dehors du continent nord-américain ont également joint le mouvement, comme le Groenland, la Scandinavie, la Russie et même la France. Si certaines courses visent davantage le divertissement, d'autres au contraire font partie d'un circuit professionnel où les gagnants empochent divers prix en plus d'accumuler des points au classement. Ces compétitions peuvent prendre la forme de *sprints*, c'est-à-dire des courses sur de courtes distances, ou alors carrément d'épreuves d'endurance s'étalant sur plusieurs jours durant lesquels les *mushers* parcourent des centaines de kilomètres chaque jour. Pour un repos bien mérité, voire obligatoire, le circuit des courses d'endurance est ponctué des fameux « checkpoints », lieux où l'on s'assure de la bonne santé de tous, chiens comme humains, et où l'on échange conseils et histoires de course.

Au Canada, la plus célèbre course d'endurance est sans conteste la Yukon Quest et son parcours de 1 600 km entre Fairbanks en Alaska et Whitehorse au Yukon. Dix à quatorze jours sont nécessaires pour la compléter, selon l'état de la piste et les conditions météo.

Des expériences à portée de main

Il est temps de passer à la pratique. Pour ce faire, la Belle Province met à disposition un large éventail de possibilités, allant de la balade d'une heure ou deux à l'expédition de plusieurs jours avec nuitées en tipi, en tente de prospecteur, en refuge ou en chalet. Peu importe l'option choisie, la visite du chenil est généralement incluse et il est possible de prêter main-forte au moment d'atteler les chiens ou encore de participer au service de leur repas lors des pauses. Si certains optent pour le confort relax du traîneau, d'autres préfèrent mettre la main à la pâte et conduire leur propre attelage, option privilégiée pour vivre pleinement l'expérience du traîneau à chiens. Et pour ne rien gâcher, prévoyez de vous emmitoufler de la tête aux pieds. Si vous n'avez pas le parfait attirail de l'aventurier hivernal, n'ayez crainte : accessoires et vêtements chauds peuvent être loués ou même prêtés sur place. Vérifiez toutefois si cela est possible au moment de votre réservation, pour ne pas être pris au dépourvu au moment venu.

Pour vivre cette aventure nordique des plus authentiques, rien de plus facile, les pourvoyeurs et les entreprises spécialisées dans le domaine sont présents dans pratiquement toutes les régions touristiques du Québec. Les pourvoiries et auberges de la forêt proposent généralement toutes cette activité lors de la saison froide, sans oublier les nombreuses entreprises de location de motoneige qui offrent bien souvent des excursions guidées, de quelques heures à quelques jours. On ne peut passer sous silence l'expérience ultime que constitue une excursion en traîneau à chiens dans la toundra arctique au Nunavik, dans le Grand Nord québécois. Un retour aux sources avec ce mode de transport hivernal, jumelé à un partage des connaissances avec le peuple inuit dont la présence dans ce territoire remonte à des millénaires. En plus du traîneau à chiens, les séjours vous permettent également de découvrir la faune et la flore locales, d'apprendre à construite votre propre igloo ou encore de faire l'expérience du fameux chant de gorge. Inoubliable ! Pour d'autres bons plans, consultez le site web de **Québec Aventure Plein Air** (p.543).

Chiens de traineaux.

LA LANGUE FRANÇAISE RÉSISTE

Plus de 400 ans séparent le Québec d'aujourd'hui de celui de l'époque de la colonisation française, des siècles durant lesquels des générations se sont battues pour faire du français la langue officielle de ce petit bout d'Amérique. Si les débuts de la vie française remontent au XVIe siècle avec la présence de pêcheurs français sur les côtes, les trois voyages de l'explorateur et navigateur Jacques Cartier ainsi que la tentative de colonisation de 1541, ce n'est qu'en 1608 qu'apparaîtra le premier établissement permanent, fondé par Champlain. Des familles immigreront dans la colonie, plus de 800 « Filles du Roy » y seront envoyées dans un effort de peuplement, des écoles y seront fondées, et des Acadiens déportés s'y réfugieront. En 1670, les Français établis à demeure seront officiellement nommés « Canadiens » ou « Français canadiens », et moins d'un siècle plus tard apparaîtra le tout premier glossaire consacré au français du Canada.

Un parcours du combattant

Avec les capitulations de Québec et de Montréal face aux Britanniques en 1759-60, la Nouvelle-France n'est plus. La Proclamation royale de 1763 déclarera donc l'anglais comme langue de pouvoir et de la justice. Mais dans un désir de s'allier à la population canadienne française de la Province de Québec afin d'éviter que l'agitation qui touche l'ensemble de ses colonies en Amérique du Nord ne s'y répande, la Couronne britannique promulguera – à contrecœur – l'Acte de Québec de 1774, lequel reconnaîtra officiellement la langue française et remettra en vigueur les lois civiles françaises. Mais à la même période, les francophones, sentant leur identité en danger devant l'afflux d'immigrants britanniques, déclenchèrent la « Revanche des berceaux ». Durant 200 ans, la population va croître à un rythme accéléré, avec jusqu'à 15 enfants par famille. Le début de la « Révolution tranquille » des années 1960 marquera toutefois un coup d'arrêt brutal à cette politique nataliste.

Louis Joseph Papineau.

Au XIXe siècle, alors qu'un projet d'union entre le Haut et le Bas-Canada vise à faire de l'anglais la langue officielle et à réduire le nombre de francophones à la Chambre d'assemblée, différentes initiatives sont mises en place pour défendre leurs droits, notamment linguistiques : la pétition en faveur du français de 1823, les 92 résolutions rédigées en 1834 par Louis-Joseph Papineau, la fondation d'une société d'entraide et de secours qui deviendra plus tard la Société Saint-Jean-Baptiste, la rébellion des Patriotes en 1837-38, l'adoption de la *Loi sur l'instruction publique* garantissant un réseau d'écoles de langue française, etc. Cela n'empêchera toutefois pas les francophones de devenir minoritaires en 1851.

Avec l'avènement de la Confédération canadienne en 1867, donnant au français et à l'anglais le statut de langues officielles, le combat se poursuit. Naîtront donc, entre autres, l'École littéraire de Montréal en 1895, la Société du parler français au Canada en 1902, la première loi québécoise à caractère linguistique en 1910 (1938 au niveau fédéral), la première station de radio francophone en 1922 (CKAC) et celle de télévision en 1952 (Radio-Canada), sans oublier la création de l'Office de la langue française en 1961.

Naissance d'une identité québécoise

La question linguistique est apparue dans les années 1960 avec la prise de conscience par les francophones de la fragilité de leur langue et de leur culture au sein d'un Canada anglophone. En effet, deux facteurs nouveaux étaient apparus : une forte poussée d'immigration internationale tendant à rejoindre la communauté anglophone et la baisse du taux de natalité chez les francophones. La question linguistique se pose

Panneau bilingue au Québec.

surtout en matière d'enseignement, à propos du rôle de l'école dans la transmission de la culture. Il est à noter qu'en 1967, les résolutions adoptées lors des États généraux du Canada français à Montréal confirment que les Canadiens français du Québec optent désormais pour le terme « Québécois ».

La scène culturelle aussi se pare d'une identité québécoise avec la chanson, le théâtre et l'essor du cinéma francophone. Le joual devient quant à lui un outil d'affirmation identitaire, comme dans *L'Osstidcho* (1968), un spectacle iconoclaste et multidisciplinaire qui « parle québécois », ou encore *Les Belles-sœurs* du dramaturge Michel Tremblay, pièce présentée pour la première fois au Théâtre du Rideau Vert en 1968.

La Loi 101

Plusieurs éléments mèneront à l'adoption de la Charte de la langue française (Loi 101). Déjà, en 1969, la Loi 63 (*Loi pour promouvoir la langue française au Québec*) vise les enfants scolarisés en anglais et les immigrants. La même année, la *Loi sur les langues officielles* est promulguée au Canada, obligeant toutes les institutions fédérales à offrir des services dans les deux langues. Suite au rapport de la Commission d'enquête sur la situation de la langue française et sur les droits linguistiques au Québec, la *Loi sur la langue officielle* (Loi 22) fait du français la langue officielle dans la province, notamment en imposant l'usage du français dans l'affichage public ou encore en limitant l'accès à l'école anglaise.

En 1977, le nouveau gouvernement péquiste (Parti québécois) fait passer la fameuse Loi 101, véritable charte définissant le statut de la langue française et son utilisation dans les domaines de la législation, de la justice, de l'administration, du commerce et de l'enseignement. Depuis les années 1980, l'application de la Loi 101 et les accords conclus avec le gouvernement fédéral, permettant entre autres au Québec de sélectionner la majorité de ses immigrants, ont infléchi la tendance en faveur de la francophonie. Toutefois, la Charte ayant été contestée à plusieurs reprises devant les tribunaux, plusieurs de ses dispositions initiales se sont vues assouplies, réduisant ainsi sa portée. Plusieurs lois ont suivi, dont une grande réforme entrée en vigueur le 1er juin 2022 sous le nom *Loi sur la langue officielle et commune du Québec, le français*, créant ainsi le nouveau ministère de la Langue française.

La langue au cœur de la politique d'immigration

Longtemps perçue comme servant les intérêts de peuplement du Canada anglais tout en contribuant au processus de minorisation des francophones, l'immigration n'avait pas la cote auprès de la population québécoise. Même si certains immigrants s'intégraient à la société francophone du Québec, la plupart d'entre eux apprenaient l'anglais et souvent même l'adoptaient à la deuxième génération. Ainsi, dès les années 1980, le gouvernement élabore un premier plan d'action à l'intention des communautés culturelles, *Autant de façons d'être Québécois*. Puis en 1990, l'Assemblée nationale du Québec adopte à l'unanimité l'*Énoncé de politique en matière d'immigration et d'intégration*. L'immigration étant un facteur de développement, elle doit contribuer à la pérennité du caractère français du Québec, réaffirmant avec force que le français est la langue publique de la société québécoise. Depuis, des consultations et des audiences publiques ont mené à la création d'autres plans d'action ayant comme points en commun l'intégration et la maîtrise de la langue française. Des programmes de francisation sont d'ailleurs mis à disposition des immigrants.

MA CABANE (À SUCRE) AU CANADA

Qualifié à juste titre de « seigneur des sirops », le sirop d'érable est une pure merveille du terroir québécois. Bien qu'il se savoure toute l'année, il est synonyme de cabane à sucre. Retour sur la petite histoire de l'érable et la fabrication du sirop. Ce sont les Premières Nations, il y a de cela plusieurs siècles, qui ont découvert la sève de l'érable sucrier, trouvaille gourmande qui fut ensuite transmise aux premiers colons à leur arrivée. Quant à son origine exacte, les légendes sont aussi nombreuses qu'il y a de nations amérindiennes. C'est au printemps, le temps des sucres, que les érables sucriers sortent de la torpeur de l'hiver pour produire une eau d'érable abondante, à haute teneur en sucre comestible. On fait ensuite bouillir l'eau d'érable (sève naturelle) pour obtenir le fameux sirop d'érable (sève bouillie débarrassée de son eau). À savoir qu'il faut 30 à 40 litres de sève pour faire un seul litre de sirop d'érable.

Le rituel de la cabane à sucre

Au début du printemps, alors que la nature sort doucement de son hibernation, débute la coulée de l'eau d'érable. Pour souligner en bonne et due forme le temps des récoltes, des « parties de sucre » sont organisées à travers la province. Moment privilégié en famille ou entre amis, une sortie à la cabane à sucre fait partie des traditions gourmandes et festives du Québec, un véritable rituel où l'on fait bombance jusqu'à plus faim. On déguste alors toutes sortes de mets cuits dans le sirop d'érable, on en arrose les crêpes et on verse du sirop très épaissi, encore bouillant, sur la neige, qui se transforme en une sorte de caramel que l'on enroule sur un bâtonnet : c'est la tire d'érable. On profite de l'occasion pour faire un repas de jambon fumé à l'érable, de saucisses, de pâtés à la viande, d'omelettes soufflées ou cuites au four, de fèves au lard (haricots cuits au four avec des lardons et de la mélasse), d'oreilles de crisse (croustilles grillées de lard très salé), de crêpes et de tartes au sucre, mets que l'on arrose généreusement de sirop d'érable.

Il y a un nombre impressionnant de cabanes à sucre au Québec – dont de nombreuses restent ouvertes toute l'année –, pour la plupart situées dans les régions des Laurentides, de Lanaudière, de la Montérégie, du Centre-du-Québec et de Chaudière-Appalaches. Pour avoir une bonne idée de ce qu'est la cabane à sucre traditionnelle, **La Cabane Arthur Raymond** (p.178) à Piedmont, la **Sucrerie de la Montagne** (p.225) à Rigaud et la **Cabane à sucre Chez Dany** (p.362) à Trois-Rivières sont des adresses chaudement recommandées. Pour la liste complète des cabanes à sucre au Québec : cabaneasucre.org

La tire d'érable.

La cabane nouveau genre

Indissociable du paysage culinaire québécois, la cabane à sucre traditionnelle persiste. Toutefois, une nouvelle génération de cabanes fait son apparition depuis plus d'une dizaine d'années, offrant une expérience gourmande revisitée, hors des sentiers battus, en ville comme en forêt.

Tout d'abord, les cabanes gastronomiques. Le mouvement fut lancé en 2009 par le chef Martin Picard du restaurant Au Pied de Cochon à Montréal. Il a ouvert sa propre cabane dans les Basses-Laurentides dans le but de proposer chaque année un festin gargantuesque élaboré autour des produits de l'érable. D'autres lui ont emboîté le pas depuis. C'est le cas de la **Tablée des Pionniers** (p.184) à Mont-Blanc qui propose une cuisine inspirée et inspirante, sous forme de tablée à partager, où les produits du terroir font bonne figure. La **Sucrerie du Domaine** (p.352) à Chertsey fait dans le même genre, mais avec une touche un peu plus copieuse et décadente, comme en témoigne sa tourtière AVC.

Pour ceux dont le régime exclut la viande, les produits laitiers et les autres sous-produits animaux, les cabanes à sucre ont pensé à vous. À Mont-Tremblant, par exemple, la **Cabane à Tuque** (p.188) se veut une alternative éco-végétalienne à la traditionnelle cabane à sucre. On y propose entre autres des cretons végétaliens, de la tourtière au millet et légumes, un temp'œuf aux légumes (tempeh maison, style omelette), des fèves au « pas de lard » ou encore des crêpes de sarrasin et épeautre avec compote de fruits. Pas de quoi donner envie de devenir carnivore !

Puis viennent les cabanes urbaines, car nul besoin dorénavant de quitter la ville pour aller s'empiffrer de bonnes spécialités à l'érable. À Montréal, l'avenue Wellington organise annuellement la plus grosse fête du temps des sucres en ville : Cabane Panache et Bois Rond. Des journées décidément festives et gourmandes où le folklore québécois est bien présent.

On ne peut passer sous silence les cabanes autochtones, la découverte du sirop d'érable étant attribuée aux Premières Nations. **La Maison des peuples autochtones** (p.229) à Mont-Saint-Hilaire est un bon exemple, offrant une série de plats aux saveurs amérindiennes sous le thème de l'érable.

Bref ce ne sont pas les options qui manquent pour se « sucrer le bec » autrement !

De la palette à la fourchette

L'érable se découvre sous de multiples formes, allant du sirop à la tire, en passant par le beurre, le sucre, les flocons et la gelée. Le sirop est de loin le plus populaire et se décline – pour ceux qui ne le savaient pas – en quatre catégories : doré au goût délicat, ambré au goût plus riche, foncé au goût robuste, et très foncé au goût prononcé. Pour ne pas vous retrouver avec du « sirop de poteau », un sirop d'érable de piètre qualité, quelquefois même

© COLIN WOODS-SHUTTERSTOCK

Processus d'ébullition de la sève pour fabriquer le sirop d'érable.

un succédané aromatisé à l'érable, assurez-vous qu'il soit 100 % pur et qu'il porte bien la mention « Canada Catégorie A ». L'érable s'apprête également à merveille en cuisine, relevant les mets de cette saveur si unique, que ce soit en entrée, en plat de résistance ou en dessert. Il réchauffe le cœur et les papilles sous forme de liqueurs et crèmes alcoolisées ou encore incorporé dans le brassage de certaines bières artisanales.

Pour voir l'artisan à l'œuvre, rendez-vous dans une érablière ou chez un producteur. La plupart vous expliqueront le procédé utilisé pour convertir la sève d'érable en sirop et vous feront voir les installations. Dans une petite bourgade du Bas-Saint-Laurent, à Auclair plus précisément, est établi le **Domaine Acer** (p.292), membre en règle du réseau Artisans à l'œuvre et représentant l'acériculture pour les boissons alcoolisées. Des visites commentées et dégustations y sont proposées pendant l'année. Vous découvrirez ainsi l'envers du décor ainsi que leur gamme de boissons alcoolisées à la sève d'érable et leurs produits fins (sirops, beurres, sucres, gelées et chocolats).

Bien évidemment, il serait dommage de ne pas rapporter quelques souvenirs sucrés de votre séjour au Québec. Le site web de la Fédération des producteurs et productrices acéricoles recense toutes les érablières ainsi que les producteurs de la province. De quoi vous donner amplement de bonnes adresses ! Sinon, vous pouvez également vous rendre à la boutique-bistro **Délices Érable & Cie** (p.156) (Montréal) de la coopérative de producteurs Citadelle. Les produits de l'érable y tiennent la vedette, mais aussi ceux à la canneberge ou au miel.

Pour tout savoir sur les producteurs, les produits de l'érable, les points de vente et même quelques idées de recettes : erabledici.ca et erableduquebec.ca

GÉOGRAPHIE

Plus vaste province du pays, s'étendant sur un peu plus du quart du territoire canadien, le Québec occupe une superficie de 1 667 712 km² – dont 22 % sont recouverts d'eau – et se situe entre le 45° et le 62°34' de latitude nord. Il partage une frontière terrestre avec quatre États du nord-est des États-Unis (New York, Vermont, New Hampshire et Maine) et trois provinces canadiennes (Ontario, Nouveau-Brunswick et Terre-Neuve-et-Labrador), ainsi qu'une frontière maritime avec le territoire inuit du Nunavut. Les forêts y sont omniprésentes, tout comme les ressources minérales et les innombrables lacs et cours d'eau. D'ailleurs, environ 10 % du territoire québécois sont consacrés aux aires protégées. La vallée du Saint-Laurent, laquelle héberge la majorité de la population, fait place à de grandes plaines très souvent agricoles, mais on retrouve également des massifs montagneux comme les Laurentides et les Appalaches.

Un immense territoire d'eau douce

Au-delà de ses forêts grandioses, le Québec est réputé pour l'étendue de ses réserves d'eau douce, lesquelles sont parmi les plus importantes au monde. En incluant les mares, les étangs et les lacs, il y a près de 3,6 millions de plans d'eau douce sur le territoire, pour la majorité (97 %) de très petites tailles (moins de 25 hectares). Une soixantaine est toutefois considérée comme immense (15 625 à 390 625 hectares), à commencer par le plus grand plan d'eau naturel, le lac Mistassini situé dans la région de la Baie-James. D'une superficie de 2 336 km², il est aussi long que la distance qui sépare Montréal de Trois-Rivières. À cela s'ajoute un réseau de dizaines de milliers de ruisseaux et rivières qui déversent leurs torrents dans l'Atlantique par le golfe du Saint-Laurent et dans l'océan Arctique par les baies James, d'Hudson et d'Ungava, sans oublier les eaux souterraines et les milieux humides qui recouvrent plus de 10 % du Québec.

Mais la grande star est le Saint-Laurent, à la fois fleuve, estuaire et golfe, reliant les Grands Lacs à l'océan Atlantique. Il fait partie du système hydrographique Saint-Laurent–Grands Lacs, l'une des plus importantes voies de navigation commerciale au monde. Ce système se classe même au 17e rang mondial pour sa longueur, soit 3 260 km du lac Supérieur jusqu'au détroit de Cabot.

Des régions bien distinctes

Le Québec, ce sont 20 régions touristiques, 17 régions administratives, 2 communautés métropolitaines, plus de 1 000 municipalités urbaines ou rurales, près d'une centaine de territoires non organisés et une soixantaine de communautés autochtones habitées par les membres des onze nations du Québec. La province se divise aussi en différentes zones géographiques ayant chacune leurs particularités :

- **Bouclier canadien.** Au nord du Québec, autour des baies James et d'Hudson, le Bouclier canadien occupe 80 % de la superficie totale de la province. Composée de granite et de gneiss, ayant subi pendant des milliards d'années un intense et constant travail d'érosion, cette immense surface a été recouverte d'eau, ensevelie sous d'épaisses couches de sédiments marins puis soumise à l'érosion glaciaire. La fonte de la calotte glaciaire a créé, dans le fond des vallées, des myriades de lacs. Les paysages du Bouclier sont constitués essentiellement de plateaux profondément entaillés de rivières et interrompus, par endroits, de massifs montagneux de 1 000 à 1 500 mètres d'altitude : monts Otish au centre, chaîne des monts Torngat à l'ouest, à la limite du Labrador, dont le mont D'Iberville (1 652 mètres) est le point culminant du Québec. Très peu peuplé, le Bouclier recèle d'énormes ressources naturelles. Il est recouvert d'une forêt gigantesque et possède un réseau hydrographique exceptionnel, constituant un énorme potentiel hydroélectrique : les réservoirs Caniapiscau, La Grande, Eastmain, Manicouagan (ancien cratère de météorite). Tout au nord, la péninsule d'Ungava, territoire des Inuit (Nunavik), est le domaine de l'Arctique, des aurores boréales et du sol gelé en permanence (pergélisol).
- **Plateau d'Abitibi.** Au sud de la baie James, ce plateau s'étend le long de la frontière avec l'Ontario, entre la rivière des Outaouais et la plaine d'Eastmain. Il est parcouru par de grands fleuves (Abitibi, Harricana). L'érosion glaciaire y a créé un paysage plat ponctué de collines témoignant d'une activité volcanique à l'époque précambrienne. Au sud, la boucle de la rivière des Outaouais délimite la région du Témiscamingue, où sont installées des fermes laitières au creux de collines couvertes d'épinettes. Les immenses forêts boréales d'Abitibi ont attiré jadis les marchands de fourrures, puis les compagnies forestières et les industries papetières.

Au XXe siècle, l'exploitation des mines de cuivre et d'or a été à l'origine de la naissance de villes pionnières comme Val-d'Or, Rouyn-Noranda et Témiscaming.

Laurentides. Au sud du plateau d'Abitibi, les Laurentides s'étendent entre les rivières des Outaouais et Saguenay. Constituées de crêtes arrondies s'élevant de 600 à 800 mètres et de vallées parcourues par des rivières d'orientation nord-sud se jetant dans le Saint-Laurent, elles offrent cependant quelques sommets plus élevés, comme le mont Tremblant (968 mètres) au nord de Montréal et le mont Raoul-Blanchard (1 161 mètres) dans le massif des Grands-Jardins. Les Laurentides finissent à l'estuaire du Saint-Laurent en un spectaculaire escarpement appelé la côte de Charlevoix.

Fjord du Saguenay et lac Saint-Jean. Dû à un affaissement tectonique, le lac Saint-Jean occupe une cuvette reliée à l'estuaire du Saint-Laurent par la rivière Saguenay. Véritable mer intérieure, ce lac occupe une superficie dépassant les 1 000 km². La basse vallée du Saguenay forme, à la hauteur de Tadoussac, un magnifique fjord qui a été creusé par les glaciers, le long de la zone de fracture des Laurentides. Les parois rocheuses forment de véritables canyons à certains endroits, comme au cap Éternité ou au cap Trinité. Les bateaux de haute mer peuvent remonter le fjord jusqu'à la ville de Saguenay où les effets de marée se font encore ressentir. Des centaines de baleines à fanons – notamment le rorqual commun, le rorqual à bosse et le petit rorqual – et à dents, comme le béluga, reviennent chaque été à l'entrée du fjord, à Tadoussac, pour faire leur plein de krill, particulièrement abondant dans cette zone.

Côte-Nord. De l'autre côté du fjord du Saguenay s'étend la Côte-Nord, rive nord du Saint-Laurent. Peu peuplée, battue par les vents, cette plaine côtière s'étire sur plus de 1 000 km jusqu'au Labrador, entaillée d'étroites vallées où s'engouffrent de puissantes rivières. De nombreux ouvrages hydrauliques s'y succèdent, tels que le fameux complexe Manic-Outardes, au nord de Baie-Comeau. Le **barrage Daniel-Johnson de la centrale Manic-5** (p.501) est d'ailleurs le plus grand barrage à voûtes multiples et à contreforts du monde. Au large de Havre-Saint-Pierre, la **réserve de parc national de l'Archipel-de-Mingan** (p.507), réputée pour ses îles et îlots granitiques sur lesquels trônent nombreux monolithes, offre des paysages spectaculaires, tout comme l'immense île sauvage d'Anticosti, importante réserve de chasse.

Sortie en kayak sur un des innombrables cours d'eau de la province.

Plaine du Saint-Laurent. Elle est comprise entre le Bouclier canadien au nord et les Appalaches au sud-est, entre Montréal et Québec, et s'élève progressivement vers le nord-est et la péninsule gaspésienne. À l'est, entre Montréal et les Appalaches, les collines montérégiennes ont une altitude inférieure à 500 mètres. Ce sont d'anciens culots volcaniques constitués de lave solidifiée. Les Basses-terres bénéficient d'un sol fertile et d'un climat plus clément : on y cultive le maïs, l'avoine, l'orge et le blé et on y pratique l'élevage laitier. La population urbaine se concentre essentiellement autour des grandes villes que sont Montréal et Québec, situées toutes deux sur la rive gauche du Saint-Laurent.

Appalaches et Basses-terres (Cantons-de-l'Est, Beauce). Séparées du Saint-Laurent par la faille Champlain, les Appalaches s'étendent au nord-est le long de la frontière américaine. Ces montagnes, de formation plus récente que le Bouclier canadien, ne dépassent pas une altitude moyenne de 500 mètres, les plus hauts sommets atteignant toutefois 1 200 mètres. Cette chaîne résulte du choc des plaques continentales américaine et eurasienne.

Les sommets rabotés par l'érosion ont engendré un paysage ondulé où alternent crêtes et vallées creusées par les rivières. Les hauteurs sont couvertes de feuillus (érables à sucre, chênes, hêtres), tandis que les plaines sont le domaine de l'agriculture mixte. Les Cantons-de-l'Est occupent la partie sud-ouest des Appalaches, le long de la frontière des États-Unis, à l'est de Montréal, et offrent des montagnes verdoyantes entaillées de vallées profondes. C'est le lieu de villégiature des Montréalais : sports nautiques en été, sports de glisse en hiver. La Beauce, quant à elle, s'étend de part et d'autre de la rivière Chaudière qui débouche du lac Mégantic pour se jeter dans le Saint-Laurent. Tout comme son homonyme français, la Beauce québécoise est une vaste étendue, plate et monotone, de terres fertiles. Vergers, vignobles, pâturages, fermes laitières caractérisent sa partie ouest, tandis que le reste du pays beauceron est occupé par la plus forte concentration d'érablières du Québec.

Bas-Saint-Laurent, Gaspésie et Îles de la Madeleine. Au nord des Basses-terres et des Appalaches, la chaîne des monts Sutton se prolonge par les monts Notre-Dame, dont les versants nord descendent sur une étroite bande de terre le long du Saint-Laurent, appelée Bas-Saint-Laurent. De l'autre côté de la rivière Matapédia débute la péninsule gaspésienne, comprise entre l'estuaire du Saint-Laurent, le Nouveau-Brunswick et le golfe du Saint-Laurent. Elle est dominée, au nord, par les monts Chic-Chocs, culminant au mont Jacques-Cartier (1 268 mètres) dont les versants sont couverts d'épaisses forêts boréales. La péninsule abrite plusieurs parcs naturels (**Gaspésie** (p.303), **Forillon** (p.310)) et réserves fauniques. À l'estuaire du Saint-Laurent, le littoral nord de la Gaspésie est parsemé de charmants villages de pêcheurs tandis que la pointe gaspésienne, tournée vers le golfe du Saint-Laurent, brossée par les vagues, est particulièrement sauvage et spectaculaire, notamment à Forillon et à Percé. Au sud de la péninsule, les Hautes-terres sont profondément entaillées par de nombreuses rivières qui se jettent toutes dans la baie des Chaleurs. Protégée des vents polaires, cette région bénéficie d'un microclimat qui lui a valu le nom de Québec méridional. Au large de la Gaspésie, dans le golfe du Saint-Laurent, on retrouve les Îles de la Madeleine, magnifique archipel isolé et battu par les vents, dont les plages de sable fin s'étirent à l'infini. L'hiver, le spectacle des blanchons (bébés phoques) sur la banquise est tout simplement magique.

Partir en exploration

Pour découvrir et admirer les beautés naturelles du Québec, les occasions ne manquent pas, à commencer par les parcs nationaux et les réserves fauniques. On y retrouve non seulement un volet éducatif, notamment lors des activités de découverte, mais on peut en plus pagayer sur d'immenses plans d'eau, faire de l'alpinisme et des expéditions dans l'arrière-pays, progresser sur des parois rocheuses en escalade ou dans un parcours de via ferrata, ou encore s'élancer dans un parcours de canyoning. Ces deux dernières ont acquis une grande popularité au Québec et de nombreuses entreprises en font leur spécialité, comme les **Palissades de Charlevoix** (p.454), **Arbraska** (p.350), **Canyoning-Québec** (p.433) ou **Eskamer Aventure** (p.304). Pour aller sous terre, on recommande la caverne Lusk située dans le **parc de la Gatineau** (p.202) en Outaouais et le **Parc le Trou de la Fée** (p.477) au Lac-Saint-Jean. À cela s'ajoutent des centres d'interprétation et musées régionaux pour le volet théorique.

NATURE

Réputé pour ses grands espaces sauvages et son immense territoire, il n'est pas étonnant que le Québec abrite une large variété d'espèces végétales et animales (près de 40 000) ainsi que d'habitats. Ces espèces sont réparties selon plusieurs facteurs naturels comme le climat, la géologie, la physiographie et l'hydrographie, et peuplent des milieux aussi variés que les zones urbaines, les terres agricoles, les marais, les tourbières, les lacs et les rivières, les milieux marins, les forêts de feuillus ou de conifères, ou encore la toundra arctique. Comme partout ailleurs sur le globe, ces espèces sont perturbées, voire menacées, par l'activité humaine. L'urbanisation, les coupes forestières, le drainage des milieux humides, les transports et, bien sûr, la pollution de l'air, de l'eau et du sol ont des conséquences désastreuses sur les habitats. C'est dans l'ouest et le sud de la province que les pressions humaines se font le plus sentir.

Les zones de végétation

Dans le sud du Québec, des Laurentides méridionales aux régions côtières de la Gaspésie, règne la forêt à feuilles caduques dominée par de nombreuses variétés d'érables, mais qui comprend aussi d'autres feuillus à bois dur comme le hêtre, le chêne, le frêne, le caryer, le tilleul d'Amérique auxquels s'ajoutent, plus au nord ou en altitude, le sapin baumier, le bouleau blanc et le bouleau jaune... Au moment de l'été indien, les arbres des forêts, et notamment les érables, se parent de couleurs flamboyantes.

Le vaste plateau d'Abitibi, la région du Saguenay–Lac-Saint-Jean et la Côte-Nord sont le domaine de l'épaisse forêt boréale continue, dominée par les résineux aux troncs droits et élancés, adaptés à une courte saison de croissance dont les principales espèces à bois tendre sont représentées par l'épinette noire, le sapin baumier, le pin gris et le pin de Banks, auxquels s'ajoutent de rares bouleaux. La forêt boréale occupe toute la partie sud du Bouclier canadien jusqu'au massif des Laurentides.

Entre les 49e et 58e parallèles commence la taïga (sous-zone de la zone boréale), formation boisée soumise au climat subarctique composée de bouquets d'épinettes noires, de mélèzes laricin et de bouleaux blancs, s'éclaircissant au nord pour céder la place à une végétation rabougrie puis rampante de lichens et de mousses, adaptée au climat arctique : c'est la toundra. Le dégel de l'été reste ici superficiel, car le sol, gelé en permanence (pergélisol), empêche les maigres précipitations de s'y infiltrer, créant une couche de terre mal drainée appelée « muskeg ». La croissance des arbres y est inexistante, et durant les longs jours de la brève saison estivale, la toundra herbeuse se pare de fleurs aux couleurs intenses de jaune et de rose et offre la cueillette de ses nombreuses baies nordiques.

DÉCOUVRIR

Les Laurentides en automne.

© KARINE PATRY - ISTOCKPHOTO.COM

À l'intérieur du Biodôme à Montréal.

Une faune préservée

Régions abritant le plus grand nombre d'espèces, le sud et le centre du Québec sont le royaume d'une faune diversifiée : orignal (ou élan), caribou, cerf de Virginie, carcajou (ou glouton), porc-épic, mouffette rayée, petits animaux à fourrure (marmotte, martre, loutre, castor, hermine, raton laveur), ours noir, loup, lynx, renard roux, oiseaux (geai bleu, grand pic, Grand-duc d'Amérique, aigle à tête blanche, faucon émerillon, buse, ainsi que toutes sortes de canards, comme le Huard à collier, et d'échassiers, comme le grand héron). Route migratoire oblige, on y aperçoit aussi la bernache du Canada et la Grande Oie des neiges. Si les rives du Saint-Laurent permettent l'observation d'oiseaux, les grandes vedettes sont sans conteste les baleines. De nombreux mammifères marins fréquentent les eaux du fleuve et du golfe lors de leurs migrations saisonnières : phoque, béluga, rorqual à bosse, rorqual commun, petit rorqual, etc. Mollusques et crustacés (crabe, homard, oursin vert...) peuplent également les eaux du golfe et de l'estuaire, et lacs et rivières abritent saumons, mais aussi achigans, dorés, brochets, esturgeons, perchaudes, etc.

La taïga et la toundra abritent des troupeaux de caribous dont le déclin est malheureusement alarmant depuis quelques années. Dans le secteur des monts Torngat (chaîne de montagnes à la frontière du Québec et du Labrador), le caribou est classé « en voie de disparition », c'est-à-dire dont la « disparition est imminente ». Les raisons qui perturbent son habitat sont nombreuses, allant du réchauffement climatique à la prospection minière. Au nord, dans la toundra, vivent l'ours polaire, le bœuf musqué, le lièvre arctique, le renard blanc, le faucon gerfaut et le harfang des neiges.

Les espèces menacées ou vulnérables

C'est en 1989 qu'est entrée en vigueur la *Loi sur les espèces menacées ou vulnérables* (LEMV), faisant du Québec la deuxième province du pays à adopter une telle loi visant la conservation de la biodiversité de la province. Puis, en 1992, la *Politique sur les espèces menacées ou vulnérables* fut adoptée par le gouvernement québécois afin de définir le cadre général d'application de la LEMV ainsi que le processus de désignation des espèces et des habitats à protéger dans la province. Bien entendu, lorsque des projets de développement ou d'aménagement du territoire sont proposés, ils sont évalués en fonction de ces espèces sensibles avant de voir le jour.

En date d'aujourd'hui, à l'échelle du Québec, 78 espèces de la flore sauvage et 38 espèces fauniques sont désignées menacées ou vulnérables, auxquelles s'ajoutent 115 autres espèces fauniques et environ un demi-millier d'espèces floristiques susceptibles d'être désignées dans un futur rapproché. Ces dernières sont d'ailleurs suivies par le Centre de données sur le patrimoine naturel du Québec (CDPNQ), comme c'est le cas pou les espèces déjà désignées. Cette liste doit être mise à jour périodiquement, la condition de certaines espèces s'étant améliorée, leur permettant ainsi d'être retirées de la liste, ou, au contraire, s'étant aggravée à un point tel qu'elles doivent dorénavant y figurer.

Lieux d'observation

Partout dans la province, des expériences d'interprétation et d'observation de la faune et de la flore du Québec sont à portée de main, notamment dans les parcs nationaux et réserves fauniques. Le **Musée de la biodiversité du Québec** (p.264) permet d'ailleurs d'explorer la richesse des écosystèmes québécois.

Pour partir à la rencontre des animaux de l'Amérique du Nord – et parfois aussi d'ailleurs –, le **Biodôme de Montréal** (p.134), le **Parc Oméga** (p.208), le **Refuge Pageau** (p.216), le **Zoo sauvage de Saint-Félicien** (p.482), la **Ferme 5 Étoiles** (p.490) et le **Miller Zoo** (p.270) sont des références en la matière, certains œuvrant également comme centres de réhabilitation de la faune. Les mammifères marins ont également la cote et des croisières d'observation sont entre autres offertes à partir de Tadoussac. Il est aussi possible d'en apprendre davantage sur ces mammifères ainsi que sur le milieu marin au **Musée du Fjord** (p.468), au **Centre d'interprétation des mammifères marins** (p.491), au **Centre de découverte du milieu marin** (p.499) ou encore au **Centre d'interprétation du phoque** (p.342). Pour les passionnés d'ornithologie, les rives du Saint-Laurent près de Montmagny et la **Réserve nationale de faune du Cap-Tourmente** (p.434) permettent l'observation des oiseaux migrateurs, dont la Grande Oie des neiges. À vos jumelles !

TOP 10

FAUNE

Pour la plupart bien connues des locaux comme des visiteurs, voici un petit répertoire imagé de dix espèces animales représentant à merveille la diversité de la faune québécoise. Si certaines espèces nous donnent envie de partir à leur rencontre, il faut toujours les observer à distance, tant pour notre propre sécurité que pour la leur.

OURS NOIR

C'est l'un des animaux sauvages les plus connus du continent. Sachez qu'il peut courir à une vitesse atteignant 55 km/h.

© GLASS AND NATURE - SHUTTERSTOCK.COM

BERNACHE DU CANADA

Connu également sous le nom d'« outarde », ce grand migrateur envahit le ciel québécois au printemps et à l'automne.

© GINETTE LECLAIR-SHUTTERSTOCK

CASTOR

Symbole national, ce sympathique rongeur et grand architecte des cours d'eau fut longtemps convoité pour sa fourrure.

© COULANGES-SHUTTERSTOCK

MACAREUX MOINE

Surnommé « perroquet de mer », cet oiseau au bec coloré fréquente le Québec maritime, notamment l'archipel de Mingan.

© GGW-SHUTTERSTOCK

BÉLUGA

Blanche comme neige, cette baleine arctique vit dans le Saint-Laurent à l'année. Sa population est toutefois en déclin.

© MATTHIAS BRIX-SHUTTERSTOCK

HARFANG DES NEIGES

Magnifique, timide et silencieux, l'oiseau emblématique du Québec peut supporter une température allant jusqu'à -50 °C.

© JIM CUMMING-SHUTTERSTOCK

RORQUAL COMMUN

Résident saisonnier du golfe et de l'estuaire, c'est celui que l'on aperçoit le plus lors des excursions aux baleines.

© ANNIE LEBLANC- SHUTTERSTOCK.COM

CARIBOU

Le renne vit au nord du 49e parallèle, mais on peut l'apercevoir ailleurs, comme dans le parc national de la Gaspésie.

© FOTOREQUEST-SHUTTERSTOCK

ORIGNAL

Un géant des forêts ! Le mâle adulte, doté de son panache complet, peut peser jusqu'à 600 kilos. Rien de moins.

© MARK BYER- SHUTTERSTOCK.COM

SAUMON ATLANTIQUE

C'est l'un des trophées de pêche les plus convoités, avec plus d'une soixantaine de rivières à saumon au Québec.

© OCEANFISHING-SHUTTERSTOCK

CLIMAT

Principal sujet de conversation au Québec, le climat ne semble jamais faire l'unanimité. « Maudit qui fait frette ! Y vas-tu finir l'hiver ! Chu tanné de la neige ! L'été vas-tu finir par arriver ? On crève de chaleur ! Encore de la pluie ! » : voilà quelques exemples de phrases-clés qui ne manquent jamais à l'appel dans tout bon échange entre amis ou même avec un inconnu. L'humeur des Québécois s'accorde d'ailleurs parfaitement à la tendance météo, fluctuant selon la température, les précipitations et les petits excès de Dame Nature. On peut les comprendre : déneiger sa voiture au lendemain de la millième tempête de la saison, ça casse un peu le moral. Bien que l'été soit beau et chaud dans de nombreuses régions, c'est l'hiver qui marque les esprits, notamment chez les visiteurs internationaux et les expatriés. Mais tout n'est pas si idyllique, le Québec – comme partout ailleurs – subissant les impacts des changements climatiques.

Le climat québécois

De par son étendue, sa latitude et sa position à l'extrémité orientale du continent nord-américain, le Québec est soumis à d'importants écarts de température : longs hivers rigoureux (jusqu'à -25 °C) et courts étés chauds (20-30 °C, voire plus), caractéristiques d'un climat continental à forte amplitude thermique. Cependant, les variations climatiques sont notables : les régions proches du Saint-Laurent jouissent d'un climat plus tempéré et plus humide, mais à mesure que l'on remonte vers le nord, les hivers deviennent glacés et les étés se rafraîchissent (climats subarctique et arctique), l'écart des températures entre les saisons subsistant toutefois (en territoire inuit : environ 11 °C de moyenne en juillet, environ -23 °C de moyenne en janvier).

L'hiver s'annonce dès le mois de novembre et dure jusqu'à fin mars ou début avril. Quand il neige, la température s'adoucit, mais quand le vent s'en mêle, il provoque l'effet contraire et soulève la neige poudreuse, créant des poudreries et formant des congères. La pluie et le verglas sont fréquents en saison froide, puis on passe tout aussi brutalement de l'hiver à l'été que de l'été à l'hiver, le printemps (dégel) et l'automne (gel) étant des saisons intermédiaires brèves. La saison estivale est courte (de juin à mi-septembre), mais chaude et humide, surtout dans le sud du Québec où le mercure monte souvent au-delà de 30 °C. Pendant le mois d'octobre, l'été indien offre parfois, après les premières gelées, quelques jours de répit et de beau temps chaud. C'est le dernier clin d'œil du soleil, une ambassade de l'été venue pavoiser avant l'arrivée des grands froids. Jadis, les Amérindiens profitaient de ces beaux jours pour aller à leurs dernières chasses en forêt avant l'hiver. C'était aussi l'époque où les premiers colons subissaient les ultimes attaques des Amérindiens avant les grands froids.

Les précipitations sont nettement plus abondantes sous le 51e parallèle, soit la région qui couvre la quasi-totalité de la zone habitée du Québec, du sud de la baie James jusqu'au golfe du Saint-Laurent. Pluie, neige et grêle totalisent en moyenne 1 000 mm annuellement, dont près des trois quarts sous forme de pluie. Le climat humide du sud du Saint-Laurent et de la frange atlantique se traduit, l'été, par une atmosphère lourde et moite et, l'hiver, par un fort enneigement, des brouillards et des tempêtes. À mesure que l'on monte vers le nord, les précipitations diminuent, atteignant seulement 500 mm annuellement dans le climat polaire de la toundra.

Refroidissement éolien et humidex : quésaco ?

Au Québec, vous verrez qu'il y a toujours deux températures : actuelle et ressentie. Mais qu'est-ce que cette fameuse « température ressentie » ? C'est en fait une sensation plutôt qu'une donnée mesurable. Elle tient compte de deux facteurs, soit le refroidissement éolien (FRE) en hiver et l'humidex en été.

Dans le cas du refroidissement éolien, il s'agit de la sensation de froid causée par le vent et ressentie sur la peau exposée. Quant à l'humidex, il prend en compte le taux d'humidité dans l'air. Dans un cas comme dans l'autre, ils servent à mesurer le niveau d'inconfort et les risques pour le corps.

Dans un avenir rapproché, ces deux indices pourraient toutefois être remplacés par l'indice universel du climat thermique (IUCT). Ne combinant pas la température à un autre facteur, il en intègre plutôt quatre : la température, l'humidité

© MARC BRUXELLE - SHUTTERSTOCK.COM

Marche pour le climat en septembre 2019 à Montréal.

de l'air, la vitesse du vent et l'ensoleillement, c'est-à-dire la quantité de radiation solaire que l'on reçoit.

Les impacts des changements climatiques au Québec

De 1950 à 2011, le sud de la province a vu ses températures annuelles moyennes hausser de 1 à 3 °C, une tendance qui s'accentuera dans les prochaines décennies. Les impacts qui en découlent sont nombreux, notamment sur la santé et la sécurité de la population (problèmes respiratoires et cardiovasculaires dus à l'augmentation du nombre et de la durée des vagues de chaleur ou à l'accroissement de la pollution atmosphérique). Certaines espèces animales et végétales pourraient disparaître et d'autres se déplacer plus au nord, alors que des espèces exotiques ou nuisibles ont déjà fait leur apparition, comme en témoigne la progression rapide de tiques porteuses de la maladie de Lyme dans le sud du Québec. La hausse du niveau marin, la diminution du couvert de glace, le dégel du pergélisol, les pluies diluviennes, l'augmentation des tempêtes et de la fréquence des cycles gel-dégel ont également des effets désastreux sur les infrastructures, mais aussi sur certains secteurs de l'économie tels que l'agriculture, la foresterie, les mines et le tourisme.

Catastrophes climatiques à la une

Elles ne datent pas d'aujourd'hui, mais elles se produisent plus fréquemment et avec une plus grande intensité. On n'a qu'à penser au grand déluge du Saguenay, en 1996, où des pluies torrentielles ont surchargé les bassins des barrages, causant des inondations majeures, notamment à Chicoutimi et à La Baie. En janvier 1998, la crise du verglas paralysa entièrement le sud-ouest du Québec avec une accumulation jusqu'à 100 mm de pluie verglaçante en l'espace de quelques jours, privant ainsi d'électricité près d'un million de personnes. Plus récemment, en septembre 2018, des tornades ont frappé la région d'Ottawa-Gatineau, détruisant des secteurs résidentiels entiers sur les deux côtés de la rivière des Outaouais, une première dans une zone aussi densément peuplée. Puis récemment les inondations printanières de 2017 et 2019 ont marqué les esprits.

Un plan d'action gouvernemental

Si la population et les autorités doivent s'adapter à ces bouleversements climatiques plus fréquents, le gouvernement doit aussi faire sa part. Le *Plan d'action 2013-2020 sur les changements climatiques* est arrivé à échéance, mais il aura tout de même vu plusieurs initiatives se concrétiser : accélération de l'électrification des transports et création d'entreprises dans ce domaine, soutien de la recherche et du développement dans le domaine des technologies propres, réduction de la consommation de combustibles fossiles, etc. En 2020 fut dévoilé le *Plan pour une économie verte 2030* lequel mise entre autres sur l'atteinte de la réduction des émissions de gaz à effet de serre du Québec pour 2030.

ENVIRONNEMENT

Succédant à près de dix ans de règne du Parti conservateur, le gouvernement libéral de Justin Trudeau promettait de sonner le glas des politiques anti-environnementales menées au Canada jusqu'ici. Mais après ses mandats terminés en 2019 et 2021, le bilan n'est pas si reluisant. « Canada is back », avait scandé le Premier ministre lors de la COP21 de 2015. Le pays s'était alors engagé à réduire de 30 %, d'ici à 2030, ses émissions de gaz à effet de serre, par rapport à 2005. Mais son objectif n'a pas été réalisé. De même, le Québec n'a pas rempli son objectif de réduire de 20 % ses émissions d'ici à 2020 par rapport à 1990. Et la province paie déjà le prix des dérèglements climatiques : érosion du littoral dans l'estuaire du Saint-Laurent, inondations répétées, vagues de canicule en été… Tous ces événements ont aiguisé la conscience écologique des Québécois, mais rappellent surtout qu'il y a urgence à se mettre au vert.

Des atouts naturels à protéger

Le Canada, troisième surface boisée de la planète, regorge d'espaces naturels. Nombre d'entre eux se trouvent au Québec. Au 31 mars 2022, la province comptait 271 612 km² d'aires protégées, soit 252 620 km² en milieu continental (16,70 % du territoire) et 18 991 km² en milieux marin et côtier (12,22 % du territoire). Ces aires protégées sont réparties en près de 5 000 sites de différentes formes : réserves écologiques, parcs marins, parcs nationaux et réserves de biodiversité notamment. Parmi les plus remarquables, citons le parc national Forillon (p.310) (244,8 km²), le parc national de la Mauricie (p.365) (536,7 km²), la réserve de parc national de l'Archipel-de-Mingan (p.507) (100 km²), le parc marin du Saguenay–Saint-Laurent (p.491) (1 245 km²), la réserve aquatique de l'Estuaire-de-la-Rivière-Bonaventure (1,8 km²) ou encore la réserve de biodiversité de la Moraine-d'Harricana (364 km²).

La vertèbre naturelle du Québec est le Saint-Laurent, à la fois fleuve, estuaire et golfe, reliant les Grands Lacs à l'océan Atlantique. Il fait partie du système hydrographique Saint-Laurent–Grands Lacs, l'une des plus importantes voies de navigation commerciale au monde. Ce système se classe même au 17e rang mondial pour sa longueur, soit 3 260 km du lac Supérieur jusqu'au détroit de Cabot. Cet écosystème a été fragilisé par les activités agricoles et industrielles à proximité du fleuve, ainsi que les rejets d'hydrocarbure liés à la circulation maritime. Mais son état s'est amélioré à partir des années 2000. Plusieurs sites des îles de Montréal et d'Orléans sont aujourd'hui propres à la baignade, tandis que d'autres secteurs, surtout près des zones urbaines, demeurent fortement pollués. Les préoccupations concernant la présence de métaux lourds (mercure, cadmium, plomb, zinc, cuivre) ont laissé place à celles concernant de nouveaux produits comme les PBDE (produits chimiques à base de brome). De plus, à cause des dérèglements climatiques, les eaux du Saint-Laurent s'appauvrissent en oxygène et se réchauffent. Parmi les nombreuses espèces impactées par ces différentes menaces, la situation des bélugas est particulièrement inquiétante. Il en reste moins de 900, contre 10 000 individus au début du XXe siècle. À partir de 2017, le gouvernement fédéral a limité la vitesse du transport maritime pour les protéger. Une des raisons qui peut expliquer cette hécatombe est notamment la réduction de leurs stocks de nourriture, à commencer par les harengs.

Le Québec, leader en bio

Le Canada est le 5e plus grand exportateur de produits agroalimentaires et de fruits de mer au monde : il assure environ 75 % de la production mondiale de sirop d'érable, et est leader dans des produits tels que les légumineuses et l'avoine. L'agriculture y est essentiellement intensive. L'emploi des OGM est autorisé et le Canada fait d'ailleurs partie des grands producteurs mondiaux de maïs et soja OGM. Toutefois, il y a une prise de conscience sur les effets des pesticides et l'intérêt du bio. Sur ce sujet, le Québec est en avance par rapport aux autres provinces. On compte plus de 2 200 entreprises agricoles bio réparties sur 85 000 hectares. La province s'est fixé un objectif de 98 000 hectares d'ici à 2025. Par ailleurs, en août 2021, la Ville de Montréal a annoncé qu'elle interdisait la vente et l'usage de 36 pesticides sur son territoire, dont le controversé glyphosate. Une première au Canada! Inspirera-t-elle d'autres municipalités, voire le gouvernement ?

Les Autochtones, premiers défenseurs de l'environnement

Selon les données du dernier recensement de Statistiques Canada (2021), 2,3 % de la population québécoise est d'origine autochtone. Les Autochtones du Québec comptent onze nations, divisées en trois grandes familles linguistiques : les Algonquins de la forêt boréale, les Iroquois de la plaine du Saint-Laurent et les Inuit du Nunavik. Bien qu'ayant été victimes d'une acculturation forcée et violente, certains ont réussi à maintenir une partie de leurs traditions. Une soixantaine de communautés autochtones sont dispersées sur l'ensemble du territoire du Québec, certaines comptant moins de 200 habitants, d'autres plus de 5 000. Le Canada a par ailleurs été le premier signataire de la Déclaration de Rio sur l'environnement et le développement, stipulant que les communautés autochtones « ont un rôle à jouer dans la gestion de l'environnement et le développement du fait de leurs connaissances du milieu et de leurs pratiques traditionnelles ». Mais ce n'est qu'à partir des années 2000, après plusieurs jugements, que cette consultation devient plus systématique. La considération du gouvernement à l'égard des Autochtones tend à évoluer. Ceux-ci s'organisent pour faire entendre leur voix. Leur lien avec la nature ainsi que leurs savoirs commencent doucement (enfin) à être pris au sérieux. La *Loi sur l'évaluation d'impact* adoptée en 2019, qui réforme le système d'évaluation de l'impact environnemental des grands projets d'énergie et de transport, inclut d'ailleurs une prise en compte du « savoir autochtone » plus claire.

Une nouvelle génération de militants écolos

L'un des gros faux pas de Trudeau selon les environnementalistes est d'avoir nationalisé le pipeline Trans Mountain, pour continuer à exploiter les sables bitumineux de la province de l'Alberta, un des pétroles les plus polluants du monde. Peu importe ses efforts pour réduire les émissions du pays, cette politique pro-pétrole reste en travers de la gorge de tous ceux qui ont une sensibilité écolo. Le Québec, de ce côté, s'en sort un peu mieux. La province a non seulement réussi à faire annuler un projet d'oléoduc, Énergie-Est, qui devait permettre d'acheminer le pétrole de l'Ouest canadien vers la côte Atlantique, mais elle vient aussi d'annoncer, en 2021, qu'elle mettra un terme à tous les projets d'exploration pétrolière et gazière sur son territoire. Il faut dire que les citoyens sont de plus en plus sensibles à ces sujets. Au Québec, plus de 300 municipalités, représentant près de 74 % de la population, ont déclaré « l'urgence climatique », s'engageant ainsi à accélérer leur transition écologique. Au printemps 2019, 150 000 étudiants québécois ont manifesté pour réclamer des actions pour le climat, dans la foulée de l'appel lancé par la militante suédoise Greta Thunberg. Parmi les associations à suivre pour s'informer et/ou s'engager sur ces sujets, Équiterre fait partie des plus influentes, avec environ 130 000 sympathisants et 25 000 membres. La Fondation David Suzuki, association pancanadienne incontournable, aide à la préservation de la biodiversité et des droits des populations autochtones. Enfin, une association qu'on ne présente plus, Greenpeace Canada, est également bien implantée.

Des transports collectifs à améliorer

Les émissions par habitant au Canada sont quatre fois plus importantes qu'en France. Cela est dû à l'exploitation d'hydrocarbure, mais aussi aux transports, responsables du quart des émissions du pays. Pour traverser les grandes distances du Québec, la voiture reste malheureusement le moyen le plus efficace, car les bus et les trains sont trop peu fréquents et ne desservent pas toutes les localités de la province. Toutefois, tant au niveau fédéral qu'à l'échelle de la province, des investissements sont faits pour améliorer les infrastructures et les transports en commun. Ainsi, le Réseau express métropolitain (REM), un nouveau mode de transport de type métro léger, verra le jour dans le Grand Montréal entre 2022 et 2024 (une phase 2 dans l'est de la ville est en cours de discussion). La mairesse de Montréal se démène de son côté pour qu'aboutisse le projet d'une nouvelle ligne de métro, « la ligne rose », mais il est pour l'instant sur la glace. Un projet de tramway est également au programme dans la ville de Québec et le tout devrait être complété en 2028. Par ailleurs, les Canadiens bénéficient désormais d'aide à l'achat de véhicules électriques.

© PIERRE LECLERC - SHUTTERSTOCK.COM

Lac Caribou dans le Parc national de la Mauricie.

DÉCOUVRIR

Les parcs nationaux : des espaces sauvages et harmonieux

Les parcs nationaux sont établis et gérés en vertu des mêmes standards que les parcs nationaux implantés partout dans le monde. Ils doivent ainsi répondre à deux grands objectifs : la protection permanente de milieux naturels et l'accessibilité du public à des fins éducatives et de pratique d'activités de plein air. Les 24 parcs nationaux du Québec sont gérés par la Société des établissements de plein air du Québec (Sépaq) et 3 autres sont gérés par Parcs Canada. Ils offrent tous une multitude d'activités déclinées le long des quatre saisons : baignade, canoë, chaloupe, kayak, pêche, plongée sous-marine, randonnée pédestre, vélo, ski de fond, raquette, etc.

L'un des plus prisés est le **parc national Forillon** (p.310), le principal attrait de Gaspé. Il a été conçu sur le thème de l'harmonie entre l'Homme, la terre et la mer en 1970. Outre la configuration de son paysage constitué de falaises abruptes, de plages de galets et de grottes, il offre le très grand attrait de sa faune et de sa flore. Le lynx, le castor, l'orignal, le renard roux et l'ours y vivent en harmonie avec la nature. On y observe d'importantes colonies d'oiseaux de mer ainsi que différentes espèces de phoques et de baleines dont le rorqual à bosse, le petit rorqual et le dauphin à flanc blanc. Également dans la péninsule gaspésienne se trouve le **parc national de l'Île-Bonaventure-et-du-Rocher-Percé** (p.316). Il abrite un refuge d'oiseaux migrateurs et accueille près de 185 000 animaux, dont les petits pingouins, les mouettes tridactyles, les guillemots marmettes, les macareux moines et la colonie de fous de Bassan la plus accessible au monde. À côté de la ville de Québec se trouve le **parc national de la Jacques-Cartier** (p.425), constitué d'un plateau fracturé par des vallées aux versants abrupts, couvert de conifères et de lacs. Sur la Côte-Nord, la **réserve de parc national de l'Archipel-de-Mingan** (p.507) est, elle, constituée d'une trentaine d'îles calcaires et de plus de mille îles et îlots granitiques. C'est la plus grande concentration de monolithes d'érosion au monde. À côté de Montréal, le **mont Saint-Hilaire** (p.230) est une réserve de biosphère de l'UNESCO. Son propriétaire, l'Université McGill, s'est engagé à préserver la montagne et effectuer des recherches. Des sentiers de randonnée permettent de gagner certains sommets du mont. C'est aussi un lieu idéal pour la pratique du ski de fond et de la raquette en hiver. Enfin, pour les adeptes de la démesure, la **Station Uapishka** (p.502) est à ne pas manquer. Créée conjointement par le Conseil des Innus de Pessamit et la Réserve mondiale de la biosphère Manicouagan-Uapishka, cette station œuvre sur trois volets : la recherche scientifique, l'hébergement et l'écotourisme. Elle sert de camp de base pour la randonnée dans les monts Groulx, découvrir la culture innue, observer les étoiles, les aurores boréales et les perséides en saison, visiter le cratère Manicouagan, pratiquer la pêche ou encore à la motoneige.

Parc national Forillon.

HISTOIRE

Berceau de la colonisation et de la civilisation françaises en Amérique du Nord, le Québec tient une place capitale dans l'histoire du Nouveau Monde. Il ne faut toutefois pas se limiter à sa découverte par les Européens. Le peuplement du continent américain s'est effectué il y a plus de 12 000 ans, à la fin de la période glaciaire, par des peuplades de chasseurs venues de Sibérie par le détroit de Béring, alors gelé. Elles se dispersèrent ensuite sur l'ensemble du continent. Ce sont ces autochtones que les premiers Européens, croyant être parvenus aux Indes, baptisèrent Indiens. Puis vinrent les Vikings qui visitèrent la Terre de Baffin, les côtes du Labrador et de Terre-Neuve. Ensuite il faudra attendre le XVe siècle et les progrès de la navigation pour que les Européens se lancent sur les océans à la recherche d'une nouvelle route vers les Indes. En 1534 accosta à Gaspé un certain Jacques Cartier, navigateur et explorateur français.

1534-FIN DU XVIE SIÈCLE

Le 24 juillet 1534, le Malouin Jacques Cartier quitte Saint-Malo avec trois bateaux : la *Grande Hermine*, la *Petite Hermine* et l'*Emerillon*. Il débarque à Gaspé, explore le golfe du Saint-Laurent, remonte le fleuve jusqu'à Hochelaga (Montréal) après s'être arrêté au village de Stadaconé (Québec), entre en contact avec les Iroquois, au cours de trois expéditions qui s'échelonnent jusqu'en 1542, et prend possession de tous ces territoires au nom du roi de France, François Ier. C'est lui qui donne son nom au Canada (de *Kanata*, signifiant « village »). Mais il est vite déçu par cette terre qu'il juge inhospitalière, glacée et dénuée d'intérêt. La France délaissera donc le Canada jusqu'à la fin du XVIe siècle.

VERS 1494-1554

Jacques Cartier

Né à Saint-Malo et surnommé « le découvreur du Canada », ce navigateur part à la recherche d'une nouvelle route vers les Indes et atteint en 1534 Terre-Neuve et la côte du Labrador (déjà découvertes par Jean Cabot en 1497), avant de débarquer à Gaspé pour prendre possession du Canada au nom du roi de France, François Ier. Il entreprendra encore deux autres voyages au Canada.

1599

À défaut d'épices, les Européens découvrent une autre richesse, celle des fourrures. La France décide alors de créer un vaste réseau de postes de traite (endroits où les Français faisaient du commerce avec les Amérindiens) sur les rives du Saint-Laurent. En 1599, le premier comptoir de commerce provisoire, dit tabagie, est installé à Tadoussac.

Le commerce des fourrures restera, durant tout le XVIIe siècle, la principale activité économique de la colonie, le monopole de ce commerce étant détenu par plusieurs compagnies – dont la Compagnie de la Nouvelle-France – qui, en échange, promettent au roi de France de peupler le pays, d'entretenir les missionnaires et d'assurer la défense du territoire.

1608

Pour organiser le commerce français des peaux, Samuel de Champlain accoste, le 3 juillet 1608, sur la rive nord du Saint-Laurent et fonde le premier poste de traite permanent, à *Kebek*, mot algonquin signifiant « endroit où le fleuve se rétrécit ». Un lent processus de colonisation commence alors.

VERS 1567-1635

© OSTILL IS FRANCK CAMHI - SHUTTERSTOCK.COM

Samuel de Champlain

Né à Brouage, en Saintonge, cet explorateur et colonisateur est envoyé par Louis XIII en 1603 en mission de reconnaissance au Canada où il explore le Saint-Laurent jusqu'aux rapides de Lachine. Lors d'un second voyage, il explore la côte atlantique du Canada (1604-1607), avant d'établir une colonie française à Québec en 1608, s'alliant aux Algonquins et aux Hurons contre les Iroquois. Durant son séjour au Canada, il explore une partie des Grands Lacs (lacs Nipissing, Huron, Ontario et Champlain) en 1615-1616, mais se consacre surtout à l'organisation de la colonie dont il est nommé lieutenant-gouverneur par le duc de Montmorency en 1619.

1629-1632

Les Anglais veulent ravir la nouvelle colonie des Amériques à la France. On assiste alors à la première conquête, menée par les frères Kirk. Ils occupent tout d'abord Tadoussac avant de dresser le siège devant Québec, poussant Champlain à capituler et à quitter la colonie. Ils occuperont Québec pendant trois ans jusqu'à la signature du traité de Saint-Germain-en-Laye entre les rois de France et d'Angleterre, qui rend la terre à la Couronne française.

1634

Fréquenté par divers peuples amérindiens et visité par Jacques Cartier, c'est Samuel de Champlain qui s'intéressera réellement à la position stratégique de Trois-Rivières, notamment pour le commerce de la fourrure. Il sera invité par le chef montagnais Capitanal à s'y établir de façon permanente et mandatera Laviolette pour cette mission. Le 4 juillet, ce dernier y débarque et fonde la première habitation française en ce lieu.

1612-1676

© CAGKAN SAYIN - SHUTTERSTOCK.COM

Paul de Chomedey de Maisonneuve

C'est à titre de mandataire de la Société de Notre-Dame que Paul de Chomedey, sieur de Maisonneuve, établit le 17 mai 1642 une première poignée de Français sur l'île de Montréal. Ce premier établissement, nommé Ville-Marie, fut créé dans le but avoué de convertir les indiens, ou « sauvages » comme on avait alors l'habitude de les appeler, au catholicisme. Ce qui allait devenir bien plus tard la métropole du Canada comptait, à ses débuts, une quarantaine de colons. Le fondateur de Montréal, debout, brandissant la bannière de la France, se dresse sur la place d'Armes, face à la basilique Notre-Dame, rendez-vous des touristes. Au pied de ce monument, chef-d'œuvre de Louis-Philippe Hébert, un guerrier iroquois, Jeanne Mance, Le Moyne et Lambert Closse, personnages historiques de Montréal, lui tiennent compagnie.

1648-1660 La rivalité entre Français et Anglais, notamment dans le commerce des fourrures, va accentuer l'inimitié entre Hurons et Iroquois, tribus établies autour des Grands Lacs. Regroupés en une puissante confédération des Cinq Nations, les Iroquois, alliés des Anglais, attaquent les Hurons, Montagnais, Algonquins, tous alliés des Français. Les Iroquois finissent par écraser les Hurons, qui s'enfuient vers Québec, avant de se retourner contre les Français, ruinant leurs récoltes, entraînant le déclin du commerce des fourrures et celui de la jeune colonie française.

1663 Sur décision de Louis XIV, la Neuve France, ou Nouvelle-France, devient province française rattachée au domaine royal : elle est administrée par un gouverneur, responsable des affaires militaires, un intendant, chargé de la justice et des finances, et des propriétaires terriens. Les paysans représentent alors 80 % de la population.

1663-1673 Comme il n'y a pas assez de femmes dans la colonie, Louis XIV envoie les Filles du Roy, de jeunes célibataires qui se marieront avec les colons pour fonder des familles. Elles seront des centaines à partir pour la Nouvelle-France pendant cette décennie.

1670 Fondation de la Compagnie de la Baie d'Hudson qui devient une importante rivale des trappeurs de la Nouvelle-France.

1701 Le 4 août, le traité de la Grande Paix de Montréal est signé par Louis-Hector de Callière et 39 nations amérindiennes afin de mettre un terme aux guerres intermittentes du XVIIe siècle et d'améliorer les relations franco-amérindiennes.

1713 Les conflits franco-britanniques en Europe ont des répercussions sur les colonies : le traité d'Utrecht, qui met fin à la guerre de Succession d'Espagne, permet aux Britanniques d'annexer les territoires de la baie d'Hudson, de Terre-Neuve et de l'Acadie rebaptisée Nouvelle-Écosse.
La guerre franco-britannique de 1741-1748 se terminera avec le traité d'Aix-la-Chapelle qui permettra le rétablissement du statu quo.

1755-1763 En 1755, le colonel britannique Sir Charles Lawrence ordonne la déportation des Acadiens, agriculteurs venus du Poitou, de Touraine et du Berry, implantés depuis 1604 autour de la baie de Fundy (Nouvelle-Écosse actuelle). À leur place, il a pour projet d'installer des fermiers anglais : le Grand Dérangement, qui a lieu de 1755 à 1763, touchera plus de 10 000 Acadiens. Beaucoup d'entre eux s'établiront éventuellement en Louisiane. Au Québec, ils se sont principalement installés aux Îles de la Madeleine et dans la région de la Basse-Côte-Nord.

1759-1760

Les Français, conduits par le général Montcalm, sont défaits devant Québec par les Britanniques du général Wolfe, à la bataille des plaines d'Abraham (1759), ce qui entraînera la reddition de la ville de Québec puis, en 1760, la capitulation de Montréal. La Nouvelle-France ne compte alors que 80 000 habitants de souche française, tandis que les Britanniques, au nombre de deux millions, n'ont qu'une idée : chasser les Français.

© HERVEY SMYTH (1734-1811) - WIKIMEDIAS COMMONS

Bataille des plaines d'Abraham.

1763

Le traité de Paris cède la Nouvelle-France à la Grande-Bretagne. La France a définitivement perdu ses possessions canadiennes, sauf l'archipel de Saint-Pierre-et-Miquelon. Le résultat de cette conquête militaire est que les Français, catholiques et sujets d'une monarchie absolue, se voient contraints de cohabiter avec les Anglais, protestants et sujets d'une monarchie constitutionnelle.

1774

L'Acte de Québec organise la nouvelle colonie britannique, le Québec. Il maintient les lois criminelles anglaises, rétablit les lois civiles françaises, et garantit aux Canadiens le libre exercice de leur religion.

1783

La Grande-Bretagne reconnaît l'indépendance des États-Unis, ses anciennes colonies américaines. Les premiers loyalistes américains, restés fidèles à la Couronne britannique, arrivent au Canada et se réfugient dans les Cantons de l'Est au Québec.

1791

L'Acte constitutionnel instituant un gouvernement représentatif partage le pays en deux provinces : le Haut-Canada anglophone (Ontario) et le Bas-Canada francophone (Québec).

1837-1838

Durant le XIXe siècle, le Parti des Canadiens français, dirigé par Louis-Joseph Papineau, est constamment confronté à l'autorité d'un gouverneur britannique et d'un Conseil législatif qui rejette, la plupart du temps, les lois présentées à la Chambre. La politique des Britanniques, aggravée par la crise sociale et l'exaspération des Canadiens français nationalistes, aboutit, en 1837-1838, à la Rébellion des Patriotes de la région de Montréal : la Constitution de 1791 est alors suspendue.

© POWEROFFOREVER - ISTOCKPHOTO.COM

Louis-Joseph Papineau.

1841

Pour tenter de rétablir la situation, le gouverneur général britannique Lord Durham propose l'union du Bas et du Haut-Canada, connue sous le nom d'Acte d'Union, créant le Canada-Uni.

1867

L'Acte de l'Amérique du Nord britannique crée la Confédération canadienne qui regroupe les provinces de l'Ontario, du Québec, du Nouveau-Brunswick et de la Nouvelle-Écosse. Le nouvel État, aussi appelé *Dominion canadien*, obtient la totale maîtrise de ses affaires étrangères. La Couronne britannique reste toutefois représentée, mais le Québec se voit garantir le maintien de sa particularité française et catholique.

1876

La Loi sur les Indiens, qui ne concerne que les Premières Nations, est introduite par le gouvernement fédéral et vise à éradiquer la culture des Amérindiens et à promouvoir leur assimilation dans la société eurocanadienne. C'est cette même loi, malheureusement encore en vigueur de nos jours, qui régit les réserves dans lesquelles ils vivent partout au pays.

Début du XXe siècle

Au début des années 1900, le débat sur l'autonomie du Canada et sur la langue française, menacée de régression (effective hors du Québec) par le développement commercial et l'industrialisation du pays, suscite un nouvel élan nationaliste sous l'impulsion du journaliste francophone Henri Bourassa. Celui-ci réclame une plus large autonomie à la fois du Canada à l'intérieur de l'Empire britannique et aussi des provinces au sein de la Confédération canadienne. De son côté, Lionel Groulx défend la triple identité du Canadien français : catholique, francophone et rural.

1944-1959

La Grande Noirceur correspond au second mandat du Premier ministre Maurice Duplessis. Fondateur et chef du parti politique Union nationale, il prône le conservatisme et les anciennes valeurs traditionnelles. Il est réputé pour son approche populiste et ses manœuvres douteuses, véritable épidémie au sein de son gouvernement.

DÉCOUVRIR

1948 Le Québec adopte son drapeau provincial. Bleu, à croix et fleurs de lys blanches, il témoigne de la souche française de la majorité des Québécois. Certains aimeraient bien troquer la fleur de lys (inexistante au Québec) contre l'iris versicolore, plus représentatif de la flore locale. La feuille d'érable, qui avait été l'emblème du Canada français au XIXe siècle, est devenue l'élément central du drapeau canadien en 1965.

1960 Début de la Révolution tranquille : le gouvernement du Québec prend d'importantes mesures économiques, sociales et culturelles.

1966-1969 Constitués de trois assises, les États généraux du Canada français se tiennent à Montréal. Ils décident d'une orientation vers l'autodétermination du peuple canadien-français sur le territoire du Québec et le rejet catégorique du fédéralisme canadien.

1967 Le général de Gaulle, alors en visite officielle au Québec, prononce le fameux « Vive le Québec libre ! » à la fin de son discours à Montréal, ce qui déclenche une crise politique entre le Canada et la France. Par contre, cela a aussi pour effet de faire connaître le Québec et sa situation politique aux quatre coins du globe, d'autant plus que l'Exposition universelle se déroule à Montréal du 28 avril au 29 octobre.

1968 Ancien député libéral, René Lévesque fonde le Parti québécois, une formation nationaliste d'inspiration sociale-démocrate issue du Mouvement Souveraineté-Association (MSA) et du Ralliement national (RN). On doit entre autres à ce parti la création de la Charte de la langue française. La même année, Pierre Elliott Trudeau, résolument hostile au séparatisme, devient Premier ministre du Canada.

1969 Les Autochtones obtiennent enfin le droit de vote au Québec grâce à la *Loi donnant le droit de vote aux Autochtones*. C'est malheureusement la dernière province canadienne à agir en ce sens.

RÉVOLUTION

« C'EST LE TEMPS QUE ÇA CHANGE »

Slogan officiel du Parti libéral de Jean Lesage lors de la campagne électorale de 1960, il en dit long sur l'état d'esprit des Québécois à cette période. On assiste en effet au dernier tour de piste de la période de la « Grande Noirceur », incarnée par Maurice Duplessis et son parti Union nationale qui gouvernent selon l'idéologie conservatrice en prônant, notamment, des valeurs traditionnelles dépassées. Avec l'émergence d'une classe moyenne sous son dernier mandat, celle-ci débutera la lutte pour avoir davantage de mainmise sur les ressources économiques du Québec, tout en exigeant de nombreuses réformes touchant divers aspects de la société. Les questions d'identité nationale et collective ainsi que le rôle des francophones du Canada seront plus que jamais d'actualité.

La « Révolution tranquille » (1960-1966)

Période de changements rapides vécus en quelques années seulement, elle prend place alors que le Québec se transforme en une société urbaine hautement industrialisée et tournée vers l'extérieur. Maurice Duplessis, Premier ministre du Québec depuis 1944, est défait lors des élections du 22 juin 1960 et le nouveau gouvernement libéral prend d'importantes mesures économiques, sociales et culturelles (révision complète du Code du travail, éducation, système de santé, régime de retraite…). C'est ce qu'on appelle la « Révolution tranquille » : elle a lieu sous Jean Lesage, Premier ministre du Québec de 1960 à 1966. Désormais, l'État prend la relève de l'Église et de la famille, car jusque-là, la province était régie par un clergé omniprésent (la religion était le pivot de la société) et par l'élite britannique qui contrôlait financièrement sa vie économique : « Maîtres chez nous », proclamaient les affiches. Une des plus grandes réussites de ce gouvernement libéral est sans doute la nationalisation des compagnies d'électricité privées, créant ainsi Hydro-Québec qui deviendra l'une des plus importantes sociétés d'État en Amérique du Nord. Lesage et ses troupes feront également des bénéfices auprès du gouvernement fédéral en se retirant d'une trentaine de programmes à coûts partagés et en étant dédommagés sur le plan fiscal. Tous ces changements créeront des tensions entre les gouvernements fédéral et provincial alors qu'au même moment, la montée du nationalisme et même de l'indépendantisme est en marche

La revendication souverainiste

Bientôt la souveraineté du Québec occupe le cœur des débats. Les partisans du fédéralisme, représentés par Pierre Elliott Trudeau, Premier ministre du Canada de 1968 à 1979 et de 1980 à 1984, s'opposent aux partisans de la souveraineté conduits par René Lévesque, chef du Parti québécois (fondé en 1968) et Premier ministre du Québec de 1976 à 1985. Mais le référendum de 1980 sur l'indépendance du Québec est un échec, une courte majorité des Québécois s'étant prononcée contre la séparation. Les tensions entre la province du Québec et le gouvernement fédéral vont encore s'aggraver avec le refus du Québec de signer la Constitution canadienne de 1982. En 1987, l'accord du lac Meech qui prévoit, pour le Québec, un statut spécial de société distincte n'aboutira pas, en raison de l'opposition du Manitoba et de Terre-Neuve. Le second référendum de 1995 sur la souveraineté du Québec, qui se solde par un « non » à une très courte majorité là encore, est un nouvel échec pour les indépendantistes. En 1997, la déclaration de Calgary reconnaît toutefois « le caractère unique de la société québécoise au sein du Canada », mais pas le Québec en tant que société distincte. Elle fut signée par les Premiers ministres et chefs de gouvernement des provinces et territoires du Canada, à l'exception, sans surprise, du Premier ministre du Québec de l'époque, Lucien Bouchard.

La souveraineté aujourd'hui

La question de la souveraineté du Québec ne semblait plus être au goût du jour depuis les élections législatives de 2003, Jean Charest et son Parti libéral, à la tête de la province jusqu'en 2012, se voulant favorables au fédéralisme canadien. Même si le Parti québécois, parti politique souverainiste, reprend le pouvoir la même année, la question de la souveraineté n'est pas une priorité. Cependant, l'élection de la Coalition Avenir Québec en 2018 a changé la donne, le parti s'affichant fièrement nationaliste (mais pas nécessairement séparatiste) et prônant la laïcité de l'État et une immigration davantage ciblée. Alors que partout dans le monde l'immigration et la religion créent des divisions profondes dans la société, on assiste tranquillement à une nouvelle montée du nationalisme et le Québec n'y échappe pas.

1970 Fondé au début des années 1960, le Front de libération du Québec – ou FLQ – est un mouvement clandestin œuvrant pour l'indépendance du Québec, souvent de manière violente. Il commet plusieurs actes terroristes dès 1963 et procédera même à des enlèvements en octobre 1970 : le commissaire commercial britannique James Richard Cross, libéré deux mois plus tard, et le vice-Premier ministre et ministre du Travail québécois, Pierre Laporte. Ce dernier sera retrouvé mort une semaine après son enlèvement. Ces événements sont connus sous le nom de crise d'Octobre.

1975 Alors qu'est confiée à Hydro-Québec l'exploitation de l'immense potentiel hydroélectrique des régions nordiques, les Cris de la baie James et les Inuit font valoir leurs revendications territoriales. En novembre est donc signée la Convention de la Baie-James et du Nord québécois, le tout premier accord portant sur le règlement des revendications territoriales des Autochtones au Canada. Par cette convention, les Amérindiens et Inuit renoncent à certains de leurs droits en échange d'avantages : droits exclusifs de chasse, pêche et piégeage dans des zones strictement délimitées, constitution de conseils autonomes de gestion dans les administrations régionales et municipales, participation aux décisions du projet d'aménagement hydroélectrique, sans oublier une substantielle compensation financière versée par les gouvernements du Canada et du Québec.

1976 Montréal est l'hôte des Jeux de la XXIe olympiade de l'ère moderne, du 17 juillet au 1er août. Le Canada fera une bien piètre performance en se classant au 27e rang (sur 37) avec 5 médailles d'argent et 6 de bronze… Les compétitions se tiennent sur 800 km, de Toronto à Québec, la plupart toutefois réparties dans un rayon de 10 km autour du Village olympique de Montréal.

Quelques mois plus tard, soit le 15 novembre, le Parti québécois remporte les élections provinciales et René Lévesque devient Premier ministre du Québec.

1977 Le gouvernement « péquiste » (de PQ, le Parti québécois) fait passer la fameuse loi 101 (Charte de la langue française), véritable charte définissant le statut de la langue française et son utilisation dans les domaines de la législation, de la justice, de l'administration, du commerce et de l'enseignement.

1980 Premier référendum sur la souveraineté du Québec, organisé à l'initiative du gouvernement péquiste. Le résultat se solde par un échec : 59,56 % votent non. C'est à ce moment, le soir du 20 mai, que René Lévesque déclare sa célèbre phrase : « Si je vous ai bien compris, vous êtes en train de nous dire à la prochaine fois ! ».

1982 Ayant été écarté des négociations, le Québec n'a jamais approuvé officiellement la *Loi constitutionnelle de 1982* qui a permis au Canada de finaliser son indépendance face au Royaume-Uni.

1985 Le Vieux-Québec devient le premier centre urbain nord-américain à être inscrit au patrimoine mondial de l'UNESCO.

© DENISTANGNEYJR - ISTOCKPHOTO.COM

Le Vieux-Québec.

1987-1990 Échec de l'accord du lac Meech : les provinces canadiennes refusant l'attribution d'un statut distinct pour le Québec, ce dernier maintient son refus d'adhérer à la Constitution de 1982.

1988 Création officielle du Nunavik, patrie des Inuit, à l'extrême nord de la province.

1990 Un projet immobilier et l'agrandissement d'un terrain de golf sur des terres en litige où se trouve un cimetière mohawk provoquent une crise d'ampleur opposant des manifestants mohawks à la police provinciale et l'armée canadienne : c'est la crise d'Oka. Le siège, qui durera 78 jours, se solde par un mort du côté des forces de l'ordre et l'annulation des projets en terres ancestrales.

1992 Montréal fête le 350e anniversaire de sa fondation.

1995 Le 30 octobre se tient le deuxième référendum sur la souveraineté du Québec. Le « non » l'emporte par quelques dizaines de milliers de voix seulement.

2004 Le scandale des commandites éclate au niveau fédéral. L'ancien et l'actuel gouvernement libéral sont accusés d'avoir détourné des fonds en vue de financer leur parti via des agences de communication devant redorer l'image du gouvernement fédéral au Québec, ce qui rend l'affaire doublement douloureuse pour les Québécois. C'est l'une des plus grandes affaires de corruption de l'histoire du pays.

2008 Québec célèbre en grande pompe le 400e anniversaire de sa fondation.

2011 La Commission Charbonneau est créée afin d'enquêter sur l'octroi et la gestion des contrats publics dans l'industrie de la construction depuis les 15 dernières années. Suite au rapport final remis 2015, des projets de loi, des directives et des mesures prises au public comme au privé tentent de favoriser la transparence et l'intégrité. Sans plus, malheureusement.

2012 Le Québec vit une véritable crise sociale qui débute avec la grève étudiante contre la hausse des frais de scolarité. On la surnomme le Printemps érable. Les images des manifestations font le tour du monde pendant plusieurs mois. S'ensuit l'établissement de la loi 12 (éventuellement abrogée par décret), une loi jugée répressive pour l'ensemble de la population (encadrement des manifestations, amendes, etc.), décriée par de nombreux organismes internationaux dont l'ONU. Des élections générales sont alors déclenchées, portant le Parti québécois au pouvoir. Pauline Marois devient ainsi la première femme Premier ministre de la province. Mais la soirée électorale se termine mal quand une fusillade et un incendie éclatent au Métropolis de Montréal, lieu de rassemblement des partisans du Parti québécois. Bilan : un mort et un blessé grave.

2017 Une année remplie de festivités alors que le Canada célèbre d'un océan à l'autre le 150e anniversaire de la Confédération et Montréal le 375e de sa fondation.

2018 Le 17 octobre, le Canada devient le deuxième pays au monde à légaliser et réglementer l'usage récréatif du cannabis. La vente légale du cannabis est assurée par la Société québécoise du cannabis (SQDC).

2019 Le nouveau gouvernement provincial, la Coalition Avenir Québec, met en œuvre deux projets de loi controversés : un visant la réforme du système d'immigration et l'autre sur la laïcité de l'État. Malgré la grogne populaire, la majorité des Québécois se montrent favorables à l'adoption des deux nouvelles lois.

2020 Le décès de Joyce Echaquan dans un hôpital de Joliette est la goutte d'eau qui fait déborder le vase. Avec son Facebook Live filmé avant sa mort et montrant le traitement que certains membres du personnel soignant lui réserve, cette jeune femme atikamekw braque les projecteurs sur le racisme systémique auquel sont confrontés les Autochtones. Une enquête publique a lieu l'année suivante et le rapport de la coroner affirme sans détour que le gouvernement Legault doit « reconnaître l'existence du racisme systémique » et prendre « l'engagement de contribuer à son élimination ». « Le racisme et les préjugés auxquels mme Echaquan a fait face ont certainement été contributifs à son décès ».

2022 À la fin janvier, Ottawa, la capitale canadienne, est assiégée pendant près d'un mois par le Convoi de la liberté, un mouvement de protestation contre les mesures sanitaires, notamment l'obligation vaccinale aux frontières pour les camionneurs. Les sièges s'étendront à plusieurs provinces, le mouvement trouvant écho presque partout au pays, et même à l'international.

À la fin mai, le fameux projet de loi 96 est adopté à l'Assemblée nationale, permettant ainsi la réforme de la Charte de la langue française. La *Loi sur la langue officielle et commune du Québec, le français* entre donc en vigueur le 1er juin, créant du même coup le nouveau ministère de la Langue française.

Du 24 au 29 juillet, le pape François se rend au Canada dans le cadre d'une réconciliation entre l'Église catholique et les peuples autochtones. Il se rend entre autres à Québec pour un bain de foule sur les plaines d'Abraham et préside une messe à la basilique Sainte-Anne-de-Beaupré.

À la fin septembre, la tempête Fiona frappe de plein fouet le Québec maritime et les provinces de l'Atlantique. Les dégâts sont considérables mais heureusement, seulement deux décès sont à déplorer. Au Québec, les Îles de la Madeleine sont l'endroit le plus touché.

TOP 10

PERSONNAGES HISTORIQUES

Ces dix personnalités ont marqué l'histoire du Québec chacun à leur manière. Outre les grandes figures fondatrices que sont Jacques Cartier, Samuel de Champlain et Paul de Chomedey de Maisonneuve, pour lesquels nous avons déjà fait un bref portrait, ceux sélectionnés ici sont autant des colons français que des Autochtones ou des enfants du pays.

LOUIS-JOSEPH PAPINEAU
Un des principaux chefs de la Rébellion des Patriotes, symbole du nationalisme québécois.

DONNACONA
Chef du village iroquoien Stadaconé et allié de Cartier. Ce dernier l'amène de force en France où il meurt en 1539.

© WIKIMEDIA COMMONS

KONDIARONK
Chef wendat de la nation des Pétuns, il joue un rôle fondamental auprès des artisans de la Grande Paix de Montréal de 1701.

© ROOK76 - SHUTTERSTOCK.COM

JEAN LESAGE
Premier ministre libéral du Québec de 1960 à 1966, il est considéré comme le père de la Révolution tranquille.

© BOUCHECL

MARIE ROLLET
Avec son mari Louis Hébert, ils sont officiellement les deux premiers colons français à s'établir en Nouvelle-France en 1616.

© JEANGAGNON

KATERI TEKAKWITHA
Figure importante de l'histoire catholique canadienne, c'est la première Autochtone d'Amérique du Nord à être canonisée.

© MEUNIERD - SHUTTERSTOCK.COM

RENÉ LÉVESQUE
Fondateur et chef du Parti québécois, on lui doit le premier gouvernement souverainiste et le fameux référendum de 1980.

© HARVEY MAJO

PIERRE DUGUA DE MONS
Lieutenant-général de la Nouvelle-France de 1603 à 1612, il finance la fondation de Québec pendant la période 1608-1613.

© MEUNIERD - SHUTTERSTOCK.COM

JEANNE MANCE
Pionnière de la Nouvelle-France et cofondatrice de Montréal, cette infirmière y a fondé et dirigé l'hôpital Hôtel-Dieu.

© BOBNOAH - SHUTTERSTOCK.COM

JACQUES PARIZEAU
Ministre des Finances puis Premier ministre, il est entre autres l'artisan du référendum sur la souveraineté de 1995.

© BOUCHECL

LES ENJEUX ACTUELS

Mère nourricière pour les Premiers Peuples, terre convoitée par les colonisateurs européens, le Québec base encore de nos jours une partie de son économie sur ses abondantes richesses naturelles. Virage vert oblige, la province sait toutefois s'adapter à l'énergie renouvelable, quoiqu'elle aurait intérêt à accélérer le pas dans ce domaine. Le Québec est également un terreau fertile dans les domaines des technologies de l'information, du multimédia et de l'aéronautique, par exemple. Si le contexte socio-économique se porte plutôt bien, tout n'est pas au beau fixe dans la province. La pénurie de main-d'œuvre, la loi sur la laïcité de l'État ou encore la réforme de la Charte de la langue française sont des sujets chauds qui retiennent définitivement l'attention et qui sont au cœur des débats de société actuels. À noter que chaque province possède son propre gouvernement qui dispose de compétences complémentaires à celles de l'État fédéral.

L'abondance des richesses naturelles

C'est l'abondance de ses ressources naturelles qui fait la force de l'économie québécoise. Le Québec dispose de vastes forêts, d'industries extractives, de terres agricoles riches, d'innombrables plans d'eau et, surtout, d'un énorme potentiel hydroélectrique.

Concernant l'industrie forestière, le Québec est responsable du tiers de la production de pâte à papier au Canada et en exporte une grande partie aux États-Unis, son plus grand partenaire commercial. Il y a près d'une dizaine d'années, ce secteur a toutefois connu plusieurs difficultés et des usines ont dû fermer, mettant ainsi à la porte des milliers de travailleurs dans la province. Certaines, comme AbitibiBowater devenue Produits forestiers Résolu, ont procédé à des restructurations bénéfiques leur permettant d'assurer leur pérennité.

Principalement concentrés sur les rives nord et sud du Saint-Laurent, les secteurs de l'agriculture et de l'élevage se portent aussi plutôt bien au Québec. En dix ans à peine, le produit intérieur brut associé à l'agriculture a enregistré une croissance de 29 %. La production laitière arrive en tête, mais ces régions agricoles produisent également porcs, bovins, volailles, céréales (maïs, orge, blé, avoine...), cultures maraîchère et fruitière (bleuets, pommes, fraises, framboises...). La pêche commerciale, quant à elle, se pratique essentiellement dans les régions maritimes du Québec (Bas-Saint-Laurent, Gaspésie, Îles de la Madeleine et Côte-Nord) où abondent la morue, le flétan, le hareng, le maquereau, le doré, l'esturgeon, le saumon, la truite et les crustacés et mollusques (crabe, homard, crevette, pétoncle...).

Le sous-sol du Québec renferme également de nombreux minéraux métalliques : or, argent, fer, cuivre, zinc, plomb et nickel. Sa part au niveau de la production canadienne devrait augmenter au cours des prochaines années grâce au Plan Nord du gouvernement provincial. Visant l'immense territoire quasi vierge au nord du 49e parallèle, ce projet de développement s'articule autour de son potentiel minier, énergétique, social, culturel et touristique.

Enfin, on ne peut passer sous silence l'hydroélectricité, principale ressource du Québec. Elle fournit l'énergie nécessaire à l'industrie du bois, à la pétrochimie et à l'électrométallurgie. Le plus récent projet d'Hydro-Québec (société d'État gérant le réseau hydroélectrique et son développement), La Romaine, s'est échelonné de 2009 à 2022 (avec quelques travaux de finition au complexe Romaine-4 qui seront complétés d'ici l'automne 2023). Composé de quatre centrales alimentées par des réservoirs, ce complexe offre une production annuelle moyenne de 8 TWh.

Créneaux et pôles d'excellence

Devenus de véritables images de marque à l'échelle planétaire pour les régions du Québec, les créneaux et pôles d'excellence ACCORD leur permettent de rayonner grâce au développement des technologies de pointe et des centres de recherche tout en bénéficiant d'une main-d'œuvre formée et qualifiée. Dans les régions de Montréal et Laval, des grappes industrielles regroupent des secteurs d'expertise bien précis. L'industrie des systèmes électroniques, l'optique-photonique et le transport terrestre font partie des pôles d'excellence, alors que des secteurs comme les ressources, sciences et technologies marines dans le Bas-Saint-Laurent, l'AgroBoréal au Saguenay–Lac-Saint-Jean, les bio-industries environnementales en Estrie ou encore le tourisme de villégiature quatre saisons dans les Laurentides sont des créneaux régionaux. Certaines régions du Québec ont aussi développé des compétences spécialisées dont la renommée dépasse les frontières de la province : l'extraction de minerais précieux en Abitibi ; les jeux vidéo, le multimédia, l'aérospatiale et la production cinématographique à Montréal ; l'aluminium au Saguenay, etc. Le Québec bénéficie d'autres secteurs d'excellence tels que la recherche et l'innovation, l'énergie, le design industriel ou la construction.

À savoir également que la province est un lieu propice pour les entreprises en démarrage (*startups*), ces dernières bénéficiant de tout un réseau via les ateliers de fabrication technologique (*fab labs*), les incubateurs et les accélérateurs d'entreprises, et les espaces de travail collaboratifs (*coworking*).

Une destination touristique prisée

Le tourisme semble être de retour au beau fixe au Québec depuis la réouverture des frontières. Même pendant la pandémie, plusieurs régions ont connu des saisons touristiques exceptionnelles, voire records, avec des taux d'occupation inégalés grâce au marché domestique. En temps normal, les trois régions touristiques les plus visitées au Québec sont, dans l'ordre, Montréal, la région de Québec et les Laurentides, mais des régions plus éloignées, comme la Gaspésie et la Côte-Nord, ont également le vent en poupe. En excluant les États-Unis, la France est le plus grand marché outre-mer du Québec.

Pour rassembler les acteurs de l'industrie tout en assurant le déploiement de campagnes de promotion, l'Alliance de l'industrie touristique du Québec a été créée en 2016 et vise à faire de la province une destination touristique de niveau mondial. À savoir que plus de 32 000 entreprises, dont plus des deux tiers se situent en dehors des régions de Montréal et Québec, œuvrent dans les secteurs associés au tourisme (hôtellerie, restauration, transport, etc.) pour un total d'environ 400 000 emplois. Cela représente près de 9 % de tous les emplois au Québec et des recettes touristiques de l'ordre de plus de 15 millions de dollars (données pré-pandémie).

Enjeux politiques et sociaux

Au cours de la dernière décennie, plusieurs enjeux politiques et sociaux ont fait couler beaucoup d'encre dans la province, à commencer par le Printemps érable en 2012, alimenté par le mouvement étudiant contre la hausse des frais de scolarité et la crise sociale qui s'en est suivie, ce qui a déclenché des élections générales l'automne suivant. Le Parti libéral du Québec est ainsi remplacé par le Parti québécois, toutefois minoritaire, mais qui remplit plusieurs de ses promesses dès les premiers jours de son mandat : remplacement de la hausse drastique des frais de scolarité par une indexation sur le coût de la vie, annonce de la fermeture définitive de la centrale nucléaire Gentilly, abrogation en majeure partie de la fameuse Loi 12 jugée répressive (obligation de dispenser l'enseignement et interdiction de l'entraver, encadrement strict du droit de manifester, amendes…), etc. Les députés libéraux et caquistes (parti Coalition Avenir Québec) se sont alors associés pour faire tomber le nouveau gouvernement, notamment suite au projet de loi sur la Charte des valeurs québécoises déposé en novembre 2013. Cette charte affirmait les valeurs de laïcité et de neutralité religieuse de l'État ainsi que l'égalité entre les femmes et les hommes, sans oublier l'encadrement des demandes d'accommodements raisonnables (compromis faits par une société par rapport aux exigences – surtout religieuses – des minorités culturelles qui la composent). Un projet décrié de part et d'autre, divisant le peuple sur la question de la religion au Québec. Il n'est finalement pas adopté et des élections générales sont déclenchées pour un scrutin le 7 avril 2014. Le Parti québécois perd la moitié de ses sièges, dont celui de la chef du parti, portant ainsi les Libéraux de Philippe Couillard au pouvoir.

© GABALEX-ISTOCKPHOTO.COM

Centrale hydroélectrique à Saint-Alban.

© MICHELGUENETTE - ISTOCKPHOTO.COM

Piège à homards au bord du Saint-Laurent.

Tout fraîchement élu, le Parti libéral du Québec décide alors que l'austérité sera le mot d'ordre de son gouvernement. Bien entendu, ces mesures n'ont jamais été annoncées lors de la campagne électorale du parti et elles touchent surtout les femmes, les jeunes, les plus défavorisés et les régions. Malgré les avertissements du FMI, sans oublier que le Québec fait partie des provinces canadiennes les moins endettées, le gouvernement se lance dans des coupes sans précédent. De plus, l'appui au développement gazier et pétrolier au Québec, avec des projets de règlements permettant les forages en milieux hydrique et terrestre à proximité de secteurs habités, d'écoles, d'aires protégées et de parcs nationaux, ne contribue pas à la popularité du gouvernement libéral de Philippe Couillard. Ainsi, le résultat des élections d'octobre 2018 a sonné le changement de cap. De « nouveaux » partis se sont distingués, portant au pouvoir la Coalition Avenir Québec (CAQ) de François Legault (parti fondé en 2011), tandis que le parti Québec Solidaire (QS), fondé en 2006 et représenté par les porte-parole Manon Massé et Gabriel Nadeau-Dubois, a également fait une belle percée passant de 3 à 10 députés. Le gouvernement majoritaire de François Legault met ainsi un terme à un demi-siècle d'alternance entre le Parti libéral du Québec (PLQ) et le Parti Québécois (PQ) qui ont essuyé une sévère défaite. L'exploit s'est renouvelé en octobre 2022 alors que la CAQ a remporté 90 des 125 sièges de l'Assemblée Nationale lors des élections générales. Sa gestion de la pandémie mais également de l'économie a clairement joué en sa faveur. Le gouvernement québécois fait toutefois face à de nombreux enjeux, notamment environnementaux, mais aussi diplomatiques, en particulier avec son voisin « direct » américain.

La campagne électorale de 2018 a accordé peu de place dans les débats à la question de l'environnement, laissant un goût amer aux groupes et citoyens mobilisés par ces enjeux. On a d'ailleurs pu observer plusieurs initiatives émanant de la société civile, comme le Sommet Énergie (événement annuel), mais aussi des grandes marches, telles que « La Planète s'invite au Parlement » en 2018 ou « La marche pour le climat » en 2019 avec en tête de cortège Greta Thunberg. Cela dit, le gouvernement caquiste semble changer son fusil d'épaule depuis peu, accordant davantage d'importance à la protection de l'environnement, au développement durable et à la transition énergétique. Il faut dire que ces sujets étaient à l'avant-plan de la campagne de 2022, l'électorat étant de plus en plus sensibilisé à cet enjeu majeur.

Autres sujets chauds : la laïcité et l'immigration. Dès les premiers mois de son mandat en 2018, le gouvernement caquiste a remis la laïcité de l'État au goût du jour avec une nouvelle loi adoptée juste avant la relâche estivale. Du même coup, il en a profité pour réformer le système d'immigration afin de l'arrimer davantage aux besoins économiques de la province qui vit actuellement une importante pénurie de main-d'œuvre. Malgré la grogne populaire, la majorité des Québécois se montrent favorables à l'adoption des deux nouvelles lois. Il faut aussi surveiller d'autres enjeux qui touchent le Québec – comme presque partout ailleurs –, soit les nouvelles technologiques (intelligence artificielle, *big data*, cryptomonnaies, etc.), l'antiféminisme, la discrimination systémique, les paradis fiscaux, la réforme du mode de scrutin, les *fake news*, la transformation des villes…

ARCHITECTURE

On associe souvent le Québec à de grands espaces abritant une nature vierge et sauvage, mais c'est oublier bien vite que cette province canadienne possède un patrimoine architectural très riche et intrinsèquement lié à son histoire. Des habitations des peuples nomades amérindiens, il ne reste guère de traces, et l'histoire architecturale du Québec commence véritablement avec l'arrivée des colons français. Ainsi, à partir du XVIIe siècle, le Québec va n'avoir de cesse de se transformer au gré des influences françaises, britanniques et américaines, tout en se cherchant un style propre, intimement lié aux conditions climatiques nordiques. Des maisons en bois aux gratte-ciel de ses métropoles, des étonnants édifices religieux aux innovations contemporaines tournées vers la protection de l'environnement, le Québec offre un patrimoine unique. Alors, embarquez sans plus tarder pour un voyage à travers l'architecture québécoise !

De l'influence française à la naissance d'une architecture vernaculaire

Entre 1660 et 1760, les colons français impriment leur marque sur le paysage québécois. Cherchant à tout prix à défendre ses positions stratégiques et à séparer de manière claire la ville des faubourgs, l'administration coloniale fait ériger de nombreuses fortifications, à l'image des remparts de la ville de Québec qui entourent la ville sur près de 5 km. À côté de ces ouvrages défensifs, les Français vont développer une architecture imprégnée de classicisme. Tout est recherche d'élégance et de raffinement dans le plus pur style « Grand Siècle ». Si le château Saint-Louis de Québec et son élégante symétrie classique ont aujourd'hui disparu, on peut encore admirer le baldaquin de l'église de Neuville (plus imposante pièce de mobilier de Nouvelle-France d'alors) ou le clocher du **Sanctuaire de Sainte-Anne-de-Beaupré** (p.431) avec son double tambour et ses coupoles. L'architecture religieuse prend dès cette période une grande importance et les plus vieux édifices de la province sont religieux. À Montréal, le Séminaire de Saint-Sulpice, dont l'édification commence en 1685, suit un plan de type palatial avec trois corps de logis entourant une cour d'honneur. La chapelle des Récollets à Québec a, elle, été édifiée en 1670 et propose un plan avec une abside carrée et une seule nef recouverte d'une fausse voûte en demi-cercle pour l'isoler du toit.

C'est en effet le climat qui va progressivement transformer l'architecture de la province et lui donner ainsi une identité propre. C'est dans l'évolution de l'habitat individuel que cela transparaît le plus clairement. En arrivant au Québec, les colons ne peuvent guère s'inspirer de l'habitat des peuples amérindiens nomades puisqu'ils cherchent au contraire à se sédentariser.

La Porte Dauphine de la ville de Québec.

© RICHARD CAVALLERI SHUTTERSTOCK.COM

Marché Bonsecours à Montréal.

Ils vont donc employer des styles qu'ils connaissent, d'où les premières habitations de style breton, normand ou occitan. Mais ces premières maisons en pierre ou mélange de pierre et de terre avec un toit de chaume et un sol en terre battue ne sont guère adaptées au rude climat du Québec. Dès lors, les colons vont s'inspirer des techniques de construction navale et privilégier le bois, les doubles cloisons et l'usage de matériaux isolants (mousses, chiffons…). Le solage est désormais en pierre et les toits sont très pentus pour éviter l'amoncellement de neige. Le climat a imposé la naissance d'une architecture intimement liée à la nature. Fin XVIIe et début XVIIIe siècle, un changement s'opère entre monde urbain et monde rural. Alors que les campagnes gardent cette architecture de bois, de nombreux incendies poussent les municipalités à se doter de lois d'aménagement urbain et à réglementer les constructions. Le bois est interdit et les maisons en pierre de taille sont privilégiées. La toiture à double pente est portée par une charpente plus légère et surtout amovible en cas d'incendie.

Classicisme britannique

De la conquête de 1760 au milieu du XIXe siècle, les Anglais marquent durablement le Québec, tant en termes de style architectural que d'urbanisme. Ils importent ainsi le style palladien très en vogue à l'époque. Inspiré de l'architecte du XVIe siècle Andrea Palladio, ce style classique fait la part belle aux frontons, pilastres et autres colonnes doriques et ioniques. En 1781, le gouverneur de la province se fait construire une incroyable villa sur les hauteurs de la chute Montmorency. Le Manoir Montmorency (p.428) porte la marque des villas palladiennes britanniques, mais aussi celle des maisons coloniales de plantations américaines avec ses galeries et son toit incurvé. L'Angleterre doit également s'imposer en matière religieuse. Pour asseoir le pouvoir de son Église, elle édifie l'étonnante cathédrale anglicane Holy Trinity à Québec. Ses lignes sobres et symétriques, son plan rectangulaire et ses trois nefs sous comble en font l'exemple de la version coloniale du style palladien. Les Anglais apportent aussi de nombreux changements en matière d'urbanisme. Les quartiers résidentiels avec maisons pour famille unique se multiplient, de grandes rues marchandes reliant la ville aux faubourgs apparaissent et les cœurs de ville sont transformés en centres institutionnels – comme à Québec où ont été construits, autour de la place d'Armes, la cathédrale et le palais de justice. C'est aussi aux Britanniques que l'on doit la Citadelle de Québec. Haute de près de 100 mètres, cette forteresse suit un plan d'enceinte polygonal à la Vauban… l'architecture défensive ou la fusion des influences coloniales !

Avènement des styles « néo »

Au XIXe siècle, le Québec recherche une identité, un style, sans pour autant faire l'impasse sur les apports passés. C'est en puisant ainsi aux sources de l'histoire et en s'appropriant ses codes que le Québec va produire une sorte de synthèse étonnante où les architectes créent au gré de leurs envies. Le style néoclassique est le premier à être beaucoup employé. S'inspirant de l'Antiquité, il prône ordre et rigueur et apporte un soin tout particulier à la décoration qu'elle soit intérieure ou extérieure. Avec son portique dorique et son dôme, le Marché Bonsecours dans le Vieux-Montréal en est un bel exemple. Tout comme l'église Plymouth Trinity de Sherbrooke qui présente des colonnes doriques et un portail comprenant deux colonnes en façade entre les prolongements du mur. À cette époque, l'architecture devient un art et une discipline enseignée dans les écoles d'art. Parmi les premiers grands architectes du Québec, on peut citer la famille Baillairgé, dont le fils Thomas dessina les plans de la plupart des édifices religieux de la province entre 1825 et 1845. Après le néoclassique, bien d'autres styles vont faire leur apparition. Le style Château avec son plus beau et célèbre représentant : le **Château Frontenac** (p.394) de l'architecte Bruce Price. Tourelles et créneaux doivent rappeler l'histoire et la grandeur de la province. H. H. Richardson, lui, dote Montréal d'un édifice néo-roman avec arcs en plein cintre, contreforts, colonnes et arcades : c'est la Gare Windsor. Le style Second Empire, tout en ornementations, va être popularisé par l'architecte Eugène-Étienne Taché, à qui l'on doit notamment l'**hôtel du Parlement** (p.387) à Québec. L'un des grands édifices Second Empire est la maison Shaughnessy à Montréal, double villa avec toit mansardé, fenêtres à linteaux cintrés et crêtes de toit en fer forgé. Elle accueille aujourd'hui le **Centre Canadien d'Architecture** (p.131). À Québec, un style purement américain va également faire son apparition, notamment dans le Faubourg Saint-Jean. L'alignement de maisons à toits plats est un emprunt direct à l'architecture « boomtown » qui se développe dans les villes champignons américaines où il faut construire vite en minimisant les pertes d'espace.

Le XIXe siècle est aussi le grand siècle de l'Église. C'est elle la garante des valeurs du Québec et c'est elle qui se charge de défendre les intérêts de la communauté francophone. Elle prend ainsi en main toutes les questions sociales importantes, comme la santé ou l'éducation. Les édifices religieux doivent souligner cette puissance. L'**église Saint-Jean-Baptiste** (p.387) à Québec, très largement inspirée de l'église de la Trinité à Paris, fut longtemps considérée comme le monument national des Canadiens français. Mais le grand témoin de cette hégémonie de l'Église est bien sûr la **basilique-cathédrale Marie-Reine-du-Monde** (p.131) à Montréal. C'est l'évêque lui-même qui la commanda à l'architecte Victor Bourgeau. Et son emplacement ne manque pas d'ironie : ce haut lieu de l'Église catholique romaine est construit en plein cœur de l'ancien bastion britannique et donc… anglican ! L'évêque souhaitait que la basilique soit en tout point similaire à la basilique Saint-Pierre-de-Rome. Symbole d'un style résolument néo-baroque, la basilique impressionne notamment par son baldaquin qui copie en tout point celui du Bernin à Rome. Dans les milieux ruraux, l'Église est aussi très présente et engendre une sorte d'urbanisme religieux organisé autour du complexe paroissial et qui se poursuit le long des routes avec les croix de chemin, calvaires et chapelles.

Entre tradition et modernité

Le début du XXe siècle va profondément bouleverser l'architecture québécoise. En incorporant le vocabulaire classique dans des constructions monumentales, le style Beaux-Arts impressionne. Les institutions culturelles et financières l'utilisent pour asseoir leur importance. C'est le cas de l'édifice Sun Life et du **Musée des beaux-arts de Montréal** (p.132) dont l'escalier monumental et le portique-colonnade témoignent d'un académisme certain. Le moine bénédictin et architecte Dom Paul Bellot introduit au Québec une forme de gothique moderne tendant vers le rationalisme. Il privilégie les briques polychromes et alterne entre arcs paraboliques et arcs polygonaux, comme à l'**abbaye de Saint-Benoît-du-Lac** (p.244) ou à l'**Oratoire Saint-Joseph du Mont-Royal** (p.136) à Montréal. On va retrouver ce rationalisme classique dans des édifices influencés par les architectes français de l'époque (Perret, Garnier), et auquel s'ajoute l'apport de l'Art déco dont les formes géométriques et l'élégante décoration transforment les premiers gratte-ciel de la province. Les édifices Aldred à Montréal et **Price** (p.382) à Québec en sont de beaux exemples. Face à cet élan de modernité, certains tentent de « résister » et d'imaginer un style régionaliste soulignant l'histoire du Québec. C'est le cas du Manoir du Saguenay à Jonquière qui célèbre la Normandie de Jacques Cartier, le grand découvreur de la province.

À partir des années 1950, le Québec se targue d'être une société progressiste et son architecture se fait fonctionnaliste. En 1967, dans le cadre de l'Expo 67 de Montréal, Moshe Safdie, jeune étudiant en architecture, présente son projet de fin d'études : **Habitat 67** (p.128), une réflexion sur les grands ensembles qui prend la forme de modules cubiques de béton préfabriqués empilables et montés en quinconce. Ce rendu, qui n'est pas sans rappeler le cubisme en peinture, se voulait une réponse originale à la monotonie habituelle des grands ensembles standardisés. C'est dans le cadre de cette même Expo 67 que l'Américain Buckminster Fuller crée l'étonnant **pavillon des USA** (p.129) : un dôme géodésique géant soutenu par une structure tubulaire arachnéenne. Cette architecture, comme en apesanteur, représente le rêve d'une enveloppe climatique qui serait totalement indépendante du monde extérieur. Au début des années 1970, c'est le célèbre architecte Ieoh Ming Pei qui repense la Place Ville Marie à Montréal. Son plan en croix, sa tour de bureaux aux lignes novatrices et à la façade en mur-rideau de verre et d'aluminium donnent à cette place des allures de cité américaine. À cette ville verticale répond l'étonnante ville souterraine de Montréal. 32 km de couloirs et passages piétonniers, il s'agit là du plus vaste réseau souterrain urbain au monde.

Château Frontenac.

En 1976 enfin, l'architecte français Roger Taillibert imagine le nouveau Stade olympique de Montréal. Sa forme elliptique rappelle celle d'un coquillage. Son ossature est faite de 34 consoles composées de 1 500 pièces montées et collées avec des porte-à-faux. Au total, il faut 300 000 m^3 de béton et 30 000 tonnes d'acier pour le réaliser. Son originalité ? Le velum amovible de 1 800 m^2 et 20 tonnes soutenu par une tour de 168 mètres de haut pour le protéger des intempéries.

Du post-modernisme à l'architecture de demain

À partir des années 1980, le Québec entre dans le post-modernisme architectural. On rejette alors le fonctionnalisme que l'on juge trop élitiste, et l'on cherche à singulariser les constructions par des emprunts aux symboles de l'histoire et un attachement fort au contexte local. En 1989, Montréal se dote d'un de ses gratte-ciel les plus emblématiques : le 1000 De La Gauchetière. Coiffé d'un couronnement triangulaire, tout en verre, marbre, granit et aluminium, il impose sa géométrie maniérée du haut de ses 205 mètres. En 1992, le cabinet Kohn-Pedersen-Fox réinvente le gratte-ciel avec le 1250 René Lévesque Ouest, qui joue tout à la fois sur les textures et sur les volumétries, donnant un rendu étonnant et changeant selon la lumière et les points de vue. L'artiste et architecte Melvin Charney imagine des « sculptures-maisons » pour les rues et places de Montréal, créant ainsi une sorte d'architecture-paysage parfaitement intégrée à son environnement. Notons, également à Montréal, l'élégant **site archéologique de Pointe-à-Callière** (p.130) dont la modernité sert d'écrin au passé le plus ancien de la ville. Parmi les constructions les plus récentes, il faut souligner la superbe Grande Bibliothèque à Montréal, dont l'habillage extérieur de verre dialogue avec un intérieur tout en bois clair, et le gratte-ciel l'Avenue qui culmine à 184 mètres. À Québec, un projet pharaonique a failli voir le jour : « le Phare de Québec », sorti de l'imagination d'un promoteur immobilier, était un projet de densification, c'est-à-dire un quartier vertical permettant d'accueillir des dizaines de milliers de personnes. Il se composait de 4 tours, dont une haute de 250 mètres. Toutefois, le projet fut abandonné et fera possiblement place à HUMANITI du promoteur montréalais COGIR Immobilier. Mais face à ces folies immobilières, une autre architecture s'imagine... ou plutôt le Québec revient à ses fondamentaux, à cette architecture liée à la nature et qui lui est propre depuis le XVIIe siècle. Il s'agit de construire dans le respect de la nature et de l'environnement. Nombreuses sont les écoconstructions à se multiplier, d'autant que le Québec est un grand producteur de matériaux pouvant être utilisés pour la construction (bois) ou l'isolation (lin, chanvre). En Gaspésie, la Maison ERE 132 des Jardins de Métis était la vitrine d'excellence de l'écoconstruction et prônait une architecture qui fait dialoguer économie, environnement et communauté. Dans la région de Lanaudière, l'**abbaye Val Notre-Dame** (p.351) est un superbe exemple d'architecture durable. La pureté de ses volumes s'intègre parfaitement à la nature environnante sur laquelle ouvrent d'ailleurs les cellules monastiques. Et le bâtiment a été pensé pour minimiser ses impacts énergétiques et environnementaux (énergie solaire, géothermie, récupération des eaux...). Au **parc national du Mont-Tremblant** (p.185), le Centre de découverte du secteur La Diable est une étonnante structure en bois, tout en finesse et légèreté qui a été, elle aussi, conçue pour minimiser l'impact sur l'environnement. Une architecture durable est possible et le Québec veut en être l'un des moteurs !

© JNNAULT - ISTOCKPHOTO.COM

Biosphère de Montréal.

BEAUX-ARTS

L'art au Québec est indissociable de l'histoire de ses peuples natifs. La présence continue d'Autochtones depuis l'ère glaciaire est toutefois marquée par la diversité, puisqu'on ne dénombre pas moins de huit groupes ethniques d'Inuit au pays. Les arts autochtones cohabitent désormais avec des pratiques contemporaines qui bien souvent ont une résonance internationale. Les peintures de la fin du XVIIIe siècle se sont inspirées de l'art du portrait et des représentations religieuses venues d'Europe, mais peu à peu le motif du paysage s'impose dans les pratiques artistiques de la première moitié du XXe siècle. Puis vient le temps des prises de position et des émancipations, surtout à l'encontre de la politique et de la religion, le Québec restant très conservateur avant la révolution dite « tranquille » des années 1960. Les arts ont alors joué un rôle d'importance dans le parcours historique et social du Québec.

L'art autochtone

La tradition artistique la plus ancienne se rencontre dans les nombreux sites d'art rupestre du Canada. Dans ces lieux rituels destinés à la communion entre les humains et les esprits, les pétroglyphes, incisions gravées, se partagent les parois avec les pictogrammes, peints sur la roche. Les Autochtones pratiquent aussi un art traditionnel depuis des temps immémoriaux. Mais les artistes ont su renouveler l'art traditionnel en employant d'autres matériaux et de nouveaux procédés artistiques, tout en continuant à puiser leur inspiration dans leur patrimoine culturel, inventant un nouveau langage dans la tradition des chamans. On assiste aujourd'hui à l'émergence d'un art amérindien d'avant-garde que l'on peut notamment admirer au Musée des beaux-arts de Montréal (p.132) ou lors de la Biennale d'art contemporain autochtone.

À l'origine de l'art québécois

L'ensemble de bâtiments dénommé « Habitation de Québec » est fondé en 1608 par Samuel de Champlain (vers 1567-1635) sur un site fréquenté par les Amérindiens depuis environ 3 000 ans. Lieu symbolique s'il en est, puisqu'il constitue le premier établissement français permanent en Amérique, et la première fondation de ce qui deviendra la ville de Québec. Plutôt que de se lancer dans des projets architecturaux novateurs, les premiers colons tentent de reproduire l'environnement architectural européen, en mettant en place un système de fortification utilisé en Europe depuis le Moyen Âge.

Dans le dernier tiers du XVIIe siècle, les peintures que l'on retrouve sur les terres de Nouvelle-France sont essentiellement destinées à des édifices religieux. Si le style hérite du baroque, ces peintures sont surtout des importations venues d'Europe. Il faut attendre 1670 et l'arrivée de Claude François (1614-1685), aussi connu de son de nom religieux « Frère Luc », pour assister à une activité plus florissante. Son séjour de quinze mois en Nouvelle-France se solde par de nombreuses réalisations religieuses, dont les plans du Séminaire de Québec, ensemble d'édifices dévolus à la formation des futurs prêtres. À son retour à Paris, Frère Luc assiste Nicolas Poussin pour la décoration du Louvre et acquiert le titre de « Peintre du roi ».

La conquête de la colonie du Canada par les Anglais en 1760 endommage de nombreux bâtiments, leur reconstruction toutefois présente peu d'évolutions d'un point de vue architectural. La peinture, en revanche, connaît une progression certaine, car les officiers anglais s'enthousiasment pour les vastes paysages canadiens. Il faut retenir, dans ce contexte, l'œuvre de Thomas Davies (1737-1812), soldat, naturaliste et peintre talentueux, qui, en plus d'être chargé de tracer les relevés du nouveau territoire britannique, laissera derrière lui parmi les plus belles aquarelles de Québec.

Renaissances québécoises

Perçu comme un âge d'or, le tournant du siècle voit s'intensifier les échanges de culture et de savoir-faire entre l'Europe et le Québec. Des artistes européens s'installent au Canada, apportant avec eux des objets d'art, des gravures et des tableaux, tandis que les marchands, les soldats et les membres du clergé se font portraiturer.

Toujours influencée par les conventions européennes, la peinture canadienne ne connaît pas d'évolution notable avant 1840. Cornelius Krieghoff (1815-1872) peint des scènes domestiques qui contrarient la bourgeoisie française, celle-ci voyant dans ses compositions une caricature de la vie du peuple. Il sera soutenu par les Canadiens anglais.

© BAKERJAVIS - SHUTTERSTOCK.COM

Musée des Beaux-Arts, Montréal.

La photographie n'est pas en reste. William Notman, venu d'Écosse, s'installe à Montréal en 1856 et ouvre son studio photographique. Il profite d'une notoriété internationale avec ses photographies de portraits, dont la pratique est très en vogue. Surtout, il contribue au développement du médium photographique lorsque est établie la ligne transcontinentale du Canadien Pacifique, qu'il documente tout du long. Deux ans plus tard, la reine Victoria, impressionnée par ses photographies, le désigne comme photographe personnel.

L'année 1880 marque la création de l'Académie royale des arts du Canada à Ottawa, dont le but est de promouvoir les arts visuels. Son premier président, Lucius Richard O'Brien (1832-1899), parcourt les territoires canadiens et peint des paysages majestueux, dont *Sunrise on the Saguenay* (1880) : l'aube éclatante de lumière qui accompagne la rivière Saquenay, en aval de la ville de Québec, semble promettre des lendemains radieux pour la peinture canadienne. La même année est fondé le Musée des beaux-arts du Canada à Ottawa.

Au début du XXe siècle, l'influence de l'École de Paris continue de se faire sentir chez les peintres québécois d'inspiration impressionniste comme Suzor-Côté (1869-1937), auteur de belles natures mortes, chez le fauve James Wilson Morrice (1865-1924) et chez le pointilliste Ozias Leduc (1864-1955), originaire de Mont-Saint-Hilaire (le **Musée des beaux-arts de Mont-Saint-Hilaire** (p.230) promeut d'ailleurs son héritage ainsi que celui de Jordi Bonet et de Paul-Émile Borduas, tous originaires de la région). Ozias Leduc est sans doute l'un des peintres les plus remarquables de l'histoire du Québec. Il décore tout d'abord des églises afin de subsister, notamment l'**église Saint-Hilaire** (p.229) entre 1894 et 1899, qui compte parmi ses grandes réussites. Dans un autre cadre, il réalise de nombreux portraits intimistes, des natures mortes et des paysages ruraux qui restent en rupture avec leur époque.

Pour faire pendant au célèbre Groupe des Sept, composé de paysagistes de Toronto (Harris, Jackson, Macdonald, Carmichael, Lismer, Varley, Johnston, auxquels on associe le précurseur Tom Thomson), qui se voulaient les seuls représentants d'un art véritablement canadien, les artistes montréalais se rassemblent autour de Marc-Aurèle Fortin (1888-1970) pour créer une école d'un art paysager purement québécois, complètement dégagé de l'influence européenne. Fortin peint des tableaux ayant pour sujets son Québec natal, en particulier le Saint-Laurent, la faune et la flore de la province, dans un style personnel influencé par l'Art déco. Une importante collection d'œuvres de Fortin est exposée au **Musée des beaux-arts de Montréal** (p.132).

Vue du Mont-Royal sur la fresque murale de Leonard Cohen, Montréal.

Une nouvelle ère pour les arts

La création de la revue *Le Nigog* est capitale dans le développement de l'art canadien. Fondée à Montréal en janvier 1918 par Fernand Préfontaine, Robert de Roquebrune et Léo-Pol Morin, la revue aspire à renouveler les préoccupations artistiques d'alors en s'inspirant des tendances parisiennes, et en s'ouvrant à l'art moderne. Plus précisément, *Le Nigog* défend l'autonomie de l'art par rapport à la politique ou à la religion, mais aussi la prédominance de la forme sur le contenu. Les débats que soulève la revue ont dépassé son cadre, car si elle rejette toute forme de récupération politique, son objectif a tout de même consisté à rendre ses titres de noblesse au Canada français à partir de l'art. La revue s'arrête après 12 numéros, en décembre de cette même année.

Un groupe d'artistes, les Automatistes, réunis autour de Paul-Émile Borduas (1905-1960), est créé en 1942. On y trouve des créateurs venus de disciplines diverses, des peintres bien sûr, mais aussi des écrivains, des danseurs et des designers. Le mouvement s'appuie sur des bases surréalistes et des outils psychanalytiques. À l'inverse du surréalisme cependant, il se révèle plus expérimental et moins formel. Le manifeste automatiste intitulé *Refus global* est publié en 1948. Il conteste les valeurs traditionnelles de la société québécoise, notamment son rapport à la religion, et vise à l'épanouissement des libertés individuelles. Les Automatistes se dispersent peu à peu vers 1954, chacun développant ses activités propres sans pour autant être radicalement séparé du groupe. La dissolution est effective en 1956.

Le mouvement des Plasticiens, dont le premier manifeste date de 1955, entreprend de revenir à des recherches visuelles plus affirmées. Défendant l'abstraction géométrique, les Plasticiens considèrent des notions d'équilibre, de construction et d'agencement dans leurs recherches formelles. Le mouvement se radicalise sous l'impulsion de Guido Molinari (1933-2004) et Claude Toussignant (né en 1932) à la fin des années 1950. Il s'agit d'une étape marquante de l'histoire de la peinture du Québec.

De la « Grande Noirceur » au street art

La « Grande Noirceur » renvoie à une période couvrant le second mandat de Maurice Duplessis (1890-1959), Premier ministre du Québec entre 1944 et 1959. Elle correspond à une ère de mutations profondes, le conservatisme social et religieux devant faire face à des revendications défendues par de nouvelles générations d'intellectuels, ce que laissait déjà entendre le texte *Refus Global* des Automatistes en 1948. La « Révolution tranquille », qui couvre la période suivante et correspond au changement de mandat en 1960, se fait très réformiste, tout comme le rôle des artistes dans ce grand chamboulement.

Les années 1970 sont marquées par des programmes d'acquisition bien structurés et

© MEUNIERD SHUTTERSTOCK.COM

Street art par Zilon dans les rues de Montréal.

appuyés par des budgets cohérents. Les institutions peuvent ainsi réunir un nombre significatif d'œuvres, ce qui leur permet également de produire une synthèse des mouvements artistiques des décennies qui précèdent. Les institutions ne se contentent pas seulement de consolider l'histoire de l'art récent, elles aspirent aussi à soutenir l'art en train de se faire, par exemple en développant de nombreuses commandes publiques. C'est dans ce contexte que les approches artistiques se renouvellent, se faisant multidisciplinaires avec l'introduction de la photographie, des installations ou de pratiques multimédias, de manière à résonner avec les préoccupations artistiques internationales. Parmi les artistes québécois qui comptent à cette époque, citons Serge Lemoyne, Micheline Beauchemin, Carole Simard-Laflamme, Louis Archambault ou Richard Purdy.

Le festival Mural consacré à l'art urbain international est créé en 2013 à Montréal. Particulièrement en vue, l'art urbain québécois prend de plus en plus de place dans l'espace public, à l'image de cette gigantesque peinture murale représentant Leonard Cohen sur la façade d'un immeuble de 21 étages. Réalisée par Gene Pendon et El Ma, l'œuvre est parrainée par l'organisme MU, pour « Musée à ciel ouvert », dans l'intention de lier l'art aux citoyens et d'offrir un hommage aux bâtisseurs culturels montréalais. De nombreuses autres manifestations voient le jour, comme celle des « Voix Insoumises : Convergence Anticolonialiste d'Artistes de Rue », biennale se consacrant aux artistes femmes autochtones et de couleur (3 éditions - 2014, 2015 et 2017). Ces diverses initiatives témoignent de la volonté de ne jamais faire table rase des cultures passées et elles invitent également à prendre son temps pour explorer l'espace urbain, celui de Montréal notamment.

TOP 10

ŒUVRES D'ART

Qu'est-ce qui est spécifique à l'art du Québec ? Incontestablement le besoin de s'interroger sur l'identité même du Québec, le lien avec son passé colonial, mais aussi, et toujours, la proximité avec le paysage. Cette sélection permet de revenir sur quelques étapes-clés de l'histoire de l'art du Québec.

LE FACE-À-FACE

Les formes épurées et le silence de *1910 Remembered* (1962) de Jean-Paul Lemieux nous frappe durablement.

NEIGE EN HIVER

Le Maréchal-ferrant (1871) de Cornélius Krieghoff mêle paysage hivernal et scène de genre.

SOUPER À L'HARMONICA

Ozias Leduc (1864-1955) a peint des personnages esseulés et mélancoliques, comme *L'Enfant au pain* (1892-1899).

CONCENTRIQUES

Tousignant est un ténor de l'abstraction géométrique québécoise, notamment avec *Le Cirque (version II)* (1971).

PAYSAGE TENDANCE

Avec *La Maison sur la colline* (1909), Marc-Aurèle de Foy Suzor-Côté illustre bien les tendances nationales.

PHOTO ARTY

Gabor Szilasi photographie *Le Vernissage de Claude Tousignant à la Galerie Sherbrooke* en 1969.

L'ANTIMATIÈRE

L'Étoile noire (1957) de Borduas est l'un de ses chefs-d'œuvre, et il a peint cette toile avant la découverte des trous noirs.

ARRIVÉE À BON PORT

James Wilson Morrice introduit l'art moderne au Canada, notamment avec *Le Ferry-Boat* (vers 1910).

EN TEMPS RÉEL

Bilateral Time Slice (2016) de Rafael Lozano-Hemmer mêle projections, robotique et même intelligence artificielle.

FLUX TRÈS TENDU

The Flux and the Puddle (2014) de David Altmejd fait le lien entre les cultures ancestrales et le monde d'aujourd'hui.

MUSIQUES ET SCÈNES

En 2006, Leonard Cohen avait indiqué à un journaliste : « Je me sens chez moi quand je suis à Montréal, d'une manière que je ne ressens nulle pas ailleurs. » Suite à son décès, deux gigantesques portraits muraux ont été peints en son honneur. On peut s'étonner de cet hommage à un chanteur et poète anglophone par une ville majoritairement francophone. En réalité, le Québec aime profondément la musique et ses artistes emblématiques sont particulièrement respectés. La province a construit une industrie musicale en grande partie indépendante du reste du pays. Car il s'agit d'une terre fertile, et toute jeune, avec une culture artistique moderne qui n'a guère plus d'un demi-siècle. Le Québec réussit donc l'exploit d'imposer son exception culturelle avec une chanson francophone particulièrement vivante et un *star system* autosuffisant, tout en proposant des artistes à l'avant-garde du marché de la musique indépendante internationale.

Du folklore à la chanson québécoise

Depuis le folklore oral à la musique actuelle, la chanson québécoise a évolué et s'est transformée depuis l'avènement des cabarets montréalais dans les années 1920. C'est une femme qui se trouve à l'origine de cette tradition : Mary Rose Anna Travers, dit La Bolduc. Très appréciée dans les années 1920-1930, cette grande artiste utilisait l'humour et les expressions populaires dans ses chansons et intégra, pour la première fois, une couleur québécoise à la chanson. Cette fameuse chanson québécoise est née du savant mélange de musique folklorique, de la poésie québécoise et de l'influence de compositeurs comme Léo Ferré ou Jacques Brel. Les chansonniers Félix Leclerc et Gilles Vigneault sont les premiers à en faire la synthèse. Félix Leclerc est le père de la chanson québécoise, lui qui fera le lien entre La Bolduc et les chansonniers des années 1960. Omniprésent sur la scène artistique aussi bien dans la chanson, la poésie, le théâtre ou encore le roman, sa trace est immense dans l'histoire culturelle et politique du Québec. On doit au second le célèbre refrain « *Mon pays, ce n'est pas un pays, c'est l'hiver* ». Ardent défenseur de la souveraineté du Québec, il s'est fait émissaire de sa culture aux quatre coins de la francophonie.

À mi-chemin entre les influences françaises et le désir de créer une tradition canadienne, les œuvres des chansonniers ont permis de mettre en avant la chanson folklorique. C'est ainsi qu'à la fin des années 1950, la chanson à texte a pris de plus en plus d'importance et que le besoin s'est fait sentir de créer des lieux propices à cette écoute. Jean-Pierre Ferland et Claude Léveillée ont conséquemment ouvert Chez Bozo, en mai 1959, rue Crescent à Montréal. Les deux créateurs sont rapidement rejoints par Clémence Desrochers, qui deviendra ensuite compositrice pour Édith Piaf ou encore Raymond Lévesque, encore presque inconnu. Ce collectif de chansonniers et d'artistes va adopter le nom du lieu où ils se produisent. Pour la première fois, une génération d'auteurs-compositeurs partageait une même vision et la chanson devenait un point de ralliement, au-delà des carrières individuelles. Dans les années qui ont suivi, une multitude de boîtes à chansons, calquées sur un modèle identique, ont vu le jour. À l'apogée de cette scène, le Québec en comptera jusqu'à deux cents. Quelques boîtes à chansons perpétuent encore aujourd'hui la tradition : Les Voûtes Napoléon (p.418) à Québec ou encore La P'tite Grenouille dans plusieurs villes de la province.

Hommage à Leonard Cohen.

DÉCOUVRIR

© CAGKAN SAYIN-SHUTTERSTOCK

Statue de Félix Leclerc dans le parc La Fontaine à Montréal.

L'impact de la pop music, le disco et la new wave

À la fin des années 1960, de nouveaux rythmes apparaissent et viennent bousculer la chanson québécoise. Robert Charlebois, auteur des succès *Lindberg*, *Ordinaire* ou *Je reviendrai à Montréal*, met en scène *L'Osstidcho* (1968), mélange de chansons, de monologues et de musique dissonante, le tout agrémenté d'improvisations. Un spectacle que ses créateurs eux-mêmes décrivent comme « une folie totale et musicale » et qui marque la naissance d'un certain rock francophone. Alors que se diffusent les sons anglo-saxons, plusieurs auteurs s'en inspirent pour transformer le folklore québécois. Tout un mouvement folk s'amorce alors autour de Plume Latraverse, un auteur-compositeur-interprète qui joue des ballades rock considérées comme « de véritables chroniques de la vie quotidienne de la jeunesse des années 1970 », ou encore Fabienne Thibeault, qui n'a même pas vingt ans lorsqu'elle commence sa carrière de chanteuse.

Harmonium fut l'un des rares groupes québécois des années 1970 à connaître un certain succès aux États-Unis, malgré des textes de chansons en français. Réputé pour son folk progressif, Harmonium s'est imposé avec seulement trois albums studio. À l'écart de la mode, Beau Dommage est également une référence de la musique de ces années-là. Formé en 1974, ce groupe québécois est notamment connu pour son tube *La Complainte du phoque en Alaska*, repris entre autres par Félix Leclerc et le groupe français Chanson Plus Bifluorée. Volontiers provocante, Diane Dufresne débute sur scène et propose ses premières chansons rock, pleines d'autodérision.

Dans les années 1970, le disco entre en scène au Québec, plus particulièrement à Montréal qui deviendra « la reine du disco ». Le club Lime Light de la rue Stanley était à Montréal ce que le Studio 54 était à New York, et nombre de personnalités ont foulé son *dance floor* comme Gloria Gaynor, James Brown et Freddie Mercury. Son DJ résident, Robert Ouimet, a d'ailleurs reçu les éloges des magazines *Rolling Stone* et *Billboard*. Puis, dans les années 1980, la florissante scène new wave montréalaise s'est fait connaître à l'international avec, entre autres, American Devices, Boys du Severe, Déjà Voodoo, Men Without Hats, les performances de Michel Lemieux, Monty Cantsin et son obscur sous-mouvement néoiste, Rational Youth, Red Shift et Trans-X.

Le renouveau musical depuis les années 1990

Depuis les années 1990, tous les styles musicaux sont représentés : le rock et la chanson bien sûr, mais aussi le rap, le métal, le funk ou encore le reggae. Les thèmes des décennies précédentes ont ressurgi avec force : la langue et l'identité du pays, l'exclusion sociale et l'injustice… Un groupe comme Les Colocs est devenu une référence, avec sa musique éclectique allant du rock au blues, du funk au reggae. Ses textes, quelquefois amusants, parfois engagés et souvent poignants, ont fait de ce groupe québécois un incontournable. Les Cowboys Fringants ont aussi apporté à la chanson québécoise cette conscience sociale avec leur rock nostalgique. Richard Desjardins, le Brel du Québec, est sorti de l'ombre en 1990 avec des chansons engagées, aux textes percutants pleins d'humour cynique et de tendresse écorchée. De son côté, le groupe de hip-hop Loco Locass a réactualisé, dans une écriture rythmée et sonore, le courant des chansons nationalistes.

Suivant les traces de Luc Plamondon et des comédies musicales *Starmania*, *Roméo et Juliette*, *Cindy* ou encore *Notre-Dame de Paris*, un courant musical s'est orienté sur des chansons plus francophones que québécoises. Les carrières de Diane Dufresne ou Fabienne Thibault doivent ainsi beaucoup à *Starmania*. La possibilité d'effectuer des tournées à l'étranger et le développement des médias de masse ont permis à de nombreux artistes québécois comme Roch Voisine, Garou, Isabelle Boulay, Linda Lemay ou Diane Tell de connaître un vrai succès populaire en France. Même si elle a ensuite connu une reconnaissance planétaire, Céline Dion est aussi d'abord une figure phare de la variété francophone. Elle a explosé les records de vente sur les marchés francophones et anglophones, mais elle ne renie pas ses origines et joue de la proximité avec son public, combinant une aura de star et une familiarité chaleureuse.

Toute une scène charnière va ensuite renouveler le genre : Pierre Lapointe et son amour du texte et de l'orchestration, les chanteuses et compositrices néo-folk Ariane Moffatt et Cœur de Pirate, ou encore le pianiste Chilly Gonzales et ses collaborations prestigieuses avec Daft Punk, Björk ou Placebo. C'est l'ensemble de la scène musicale de cette époque qui a influencé la musique pop qui se fait aujourd'hui au Québec, de Fanny Bloom à Hubert Lenoir, en passant par les sœurs Boulay ou Alex Nevsky.

Le succès du post-rock édité par le label indépendant montréalais Constellation Records, avec comme chefs de file Godspeed You! Black Emperor ou A Silver Mt. Zion, puis l'avènement planétaire du rock indie d'Arcade Fire ont montré qu'un succès international était possible pour les artistes locaux. Des espoirs décuplés par la proximité géographique de New York et du marché américain. La ville de Montréal a vu s'épanouir sa scène indépendante et une floraison d'artistes occupe désormais le devant de la scène : le pianiste Patrick Watson, le groupe Suuns, entre rock et musique électronique, l'électro pop de Men I Trust, Pottery et son rock garage, le folk-rock moderne de Half Moon Run, ou encore Kaytranada. Entre house et hip-hop, les mix de ce dernier sont devenus des références. Lui qui avait émergé grâce à Souncloud, il a obtenu le prix de meilleur album au Polaris Music Prize (équivalent des Victoires de la Musique au Canada) et a été sollicité par des références comme Mary J Blidge ou Gorillaz pour remixer leurs morceaux.

Les artistes autochtones sont aussi de plus en plus présents sur la scène musicale québécoise avec, notamment, les chanteurs/joueurs de tambour Black Bear réputés parmi les meilleurs du pays, l'auteure-compositrice-interprète inuite Elisapie Isaac, le rappeur et poète algonquin Samian, Shauit et son reggae innu, sans oublier les magnifiques chansons de l'auteur-compositeur-interprète innu Florent Vollant (anciennement du groupe Kashtin qu'il formait avec Claude McKenzie, le plus important groupe musical de l'histoire des Premières Nations).

La musique live

Les lieux où écouter de la musique sont pléthoriques à Québec comme à Montréal, mais aussi en région. Quelques lieux mythiques et/ou ultra populaires : La Casa del Popolo à Montréal, qui offre le meilleur de la scène musicale indépendante ; les Foufounes Électriques à Montréal, aussi célèbre par son nom que par sa programmation qui en fait un haut lieu de la culture underground, dans décor très spectaculaire; l'**Impérial Bel** (p.418)l à Québec, un des spots obligatoires pour les artistes émergents ; **L'Anti Bar & Spectacles** (p.417), diffuseur de musique underground dans le quartier Saint-Roch à Québec, lequel accueille des artistes en devenir et propose une sélection de la scène montante.

Si Montréal possède un grand orchestre symphonique, avec l'Orchestre symphonique de Montréal, la place de la musique classique dans la culture québécoise va en diminuant. Pourtant, avec la Maison symphonique de Montréal, la ville possède un équipement moderne de premier ordre, à l'acoustique et à la visibilité parfaites. Le lieu héberge également l'Orchestre Métropolitain et Les Violons du Roy.

DÉCOUVRIR

© LDPROD - SHUTTERSTOCK.COM

Magasin de vinyls.

Des concerts de jazz ou de musique pop y sont parfois proposés. La salle fait partie du plus grand complexe culturel de la métropole, la Place des Arts (p.163), qui réunit plusieurs autres scènes d'importance, comme le Théâtre Maisonneuve, le Théâtre Jean-Duceppe ou encore la Salle Wilfrid-Pelletier. Celle-ci fait office d'Opéra puisqu'elle héberge les compagnies des Grands Ballets Canadiens et l'Opéra de Montréal. C'est l'une des plus grandes salles de spectacles du pays et elle accueille aussi d'autres événements majeurs.

Puis viennent les innombrables festivals de musique. Le Festival international de Jazz de Montréal (p.9) aligne une programmation principalement orientée jazz avec quelque 500 concerts. Les Francos de Montréal (p.107) et Osheaga sont aussi des événements musicaux majeurs. Les rencontres du Festival d'été de Québec proposent leur lot de têtes d'affiche, mais veillent aussi à promouvoir la scène locale. Les régions du Québec ne sont pas en reste, avec des festivals de grande renommée comme le Festival de la chanson de Tadoussac, Le Festif! de Baie-Saint-Paul, Innu Nikamu qui met en vedette la musique et les arts autochtones, ou encore le Festival de musique émergente de l'Abitibi-Témiscamingue.

Et pour rapporter à la maison un peu de musique du Québec, rien ne vaut le vinyle, très en vogue depuis quelques années. Venir à Montréal ou Québec pour acheter ses disques de collection est donc le must. Oubliez New York ou Londres, ici les disquaires sont partout. S'approvisionnant souvent directement aux États-Unis, vous trouverez dans ces échoppes du collector des premiers pressages et d'autres pièces oubliées.

Le théâtre et l'humour

Si les premières traces théâtrales datent du XVIIe siècle avec *Théâtre de Neptune* de Marc Lescarbot, il faut attendre le XXe siècle pour voir l'apparition d'une dramaturgie québécoise avec Gratien Gélinas, l'auteur de *Tit-Coq*, la première pièce du répertoire québécois, dont la première a eu lieu en 1948. À partir des années 1950, le théâtre évolue pour devenir tour à tour révolté avec Marcel Dubé, social et artistique avec la première utilisation du joual, la forme populaire du français québécois dans *Les Belles-sœurs* de Michel Tremblay, explorateur avec Claude Gauvreau et sa pièce *La Charge de l'orignal épormyable*. Les années 1980 voient le retour en force d'une dramaturgie mettant l'accent sur l'esthétique, au détriment du volet social. Des grands noms apparaissent. Ainsi Robert Lepage met en scène *Vinci*, une réflexion sur le rapport à l'art, dont il est l'auteur et qu'il interprète seul sur scène. Pour ce monstre de la mise en scène, tout passe d'abord par l'image et l'esthétique, le texte devenant accessoire. On a beaucoup entendu parler de lui fin 2018, lorsqu'il est venu mettre en scène en France, avec la compagnie d'Ariane Mnouchkine, sa pièce *Kanata*. Il n'avait pu la monter dans son pays suite à une polémique lancée par un collectif autochtone qui lui reprochait de parler des souffrances des Premières Nations dans un spectacle joué par aucun acteur autochtone. Une scène qui se répète avec son autre projet, SLĀV.

Dans les années 2000, Wajdi Mouawad est aussi devenu une référence de la mise en scène avec sa tétralogie *Le Sang des promesses*. De façon originale, celui-ci choisit pour ses créations de laisser d'abord aux acteurs le loisir de s'exprimer, avant l'écriture de son texte définitif.

L'humour occupe aussi une grande place au Québec, à tel point qu'une École nationale de l'humour fut fondée à Montréal en 1988. L'école a depuis diplômé plus de 700 créateurs, auteurs et humoristes. Chaque année, le Gala Les Olivier (baptisé ainsi en l'honneur de l'humoriste Olivier Guimond) met en valeur le travail des humoristes en les récompensant pour leurs œuvres et en mettant en avant les artistes émergents. Montréal est aussi le lieu de naissance du plus grand festival dédié à l'humour au monde, le célèbre festival Juste pour Rire. Se déroule en parallèle le Zoofest, événement dédié aux nouveaux humoristes, dans une formule non conventionnelle et festive.

Le « nouveau cirque québécois »

Le Cirque du Soleil a prouvé qu'il était possible de faire sortir le cirque de sa léthargie en lui apportant sa part de modernité et de rêve. D'une créativité étonnante, et d'un raffinement certain, les numéros proposés par ce cirque d'un nouveau genre n'ont plus grand-chose à voir avec leurs glorieux ancêtres. Le spectacle offert est une expérience visuelle qui incite au rêve, avec des compositions originales qui surprennent par leur hardiesse dans ce spectacle millimétré. Fondé en 1984 au Québec par Guy Laliberté, le Cirque du Soleil a ainsi complètement bouleversé l'approche traditionnelle du cirque et propose désormais ses spectacles à travers le monde, à Las Vegas notamment où plusieurs de ses shows sont à l'affiche des plus grands hôtels et casinos. Les spectacles posent leurs valises au Québec quelques semaines chaque année. Profitez de votre passage pour voir un de ces shows, qui se déroulent le plus souvent sous chapiteau. D'autres compagnies québécoises, comme le Cirque Éloize ou Les 7 Doigts de la Main, très originales et multidisciplinaires elles aussi, sont reconnues dans le monde entier et font du cirque une véritable spécialité québécoise. À noter que Montréal est aussi l'hôte de l'École nationale de cirque, fondée en 1991 et réputée à travers le monde, sans oublier un festival entièrement dédié à la cause, Montréal Complètement Cirque.

LITTÉRATURE

Il y a trouble et enchantement devant une langue qui a évolué différemment en fonction des territoires et à la faveur des soubresauts historiques ou politiques. Nous partageons avec les Québécois le français, mais quel bonheur de découvrir en littérature à quel point ils ont su le transformer et en faire l'emblème de leur identité, après un combat de haute lutte qu'il fallut mener contre l'anglais, puis contre la tradition étouffante. Aujourd'hui, les vannes sont ouvertes et le lecteur français peut s'enrichir de la différence, se procurer sans peine les classiques (d'Émile Nelligan à Michel Tremblay), s'enthousiasmer de la verve de la nouvelle génération (*Querelle* de Kevin Lambert, au Nouvel Attila), goûter à tous les genres, du thriller (*Le Vide* de Patrick Sénécal, chez Alire) à la littérature jeunesse (*Super-Momo* d'Élise Gravel, aux 400 coups), et savourer un phrasé très recherché (*Nirliit* de Juliana Léveillé-Trudel, à La Peuplade).

La naissance d'un pays

La logique voudrait faire débuter l'histoire en 1608, date à laquelle Samuel de Champlain fonda la ville de Québec, mais voilà qui serait nier la valeur et l'intérêt des écrits des visiteurs de la Nouvelle-France, à l'instar de Jacques Cartier, navigateur français qui fut le premier à explorer le golfe du Saint-Laurent. Si nous lui devons la paternité du nom « Canada », certainement une déformation du mot iroquois « kanata », l'homme a également laissé à la postérité ses *Relations*. Bien que tous les manuscrits originaux aient été perdus, que certains n'aient été découverts que par le biais de traductions et qu'il y ait un doute sur la véritable identité de l'auteur de ces récits de voyage, ceux-ci n'en demeurent pas moins passionnants et se doivent de figurer dans la bibliothèque de tous les curieux qui trouveront leur bonheur aux précieuses éditions de la BNF qui publient également *Des sauvages* de Samuel de Champlain.

En ce XVIIe siècle, les préoccupations majeures sont bien loin de la littérature : l'implantation de la colonie est périlleuse, puis viendra au siècle suivant la Guerre de Sept Ans qui opposera, entre autres, les Français aux Anglais, et qui aura pour conséquence, de ce côté-ci de l'Atlantique, la signature en 1763 du traité de Paris par lequel les premiers céderont aux seconds le Canada. De cette longue période troublée, il est tout de même intéressant de retenir l'ample correspondance de Marie de l'Incarnation, une ursuline qui, en 1639, quitta Tours pour Québec. De vocation d'abord contrariée, la missionnaire est en effet mère, et c'est à son fils Claude, resté sur le Vieux Continent, qu'elle raconte ce qu'elle vit, jusqu'à son décès en 1672.

Samuel de Champlain.

La rencontre avec les peuples autochtones inspire aussi les chroniques, l'œuvre de l'anthropologue Louis-Armand de Lom d'Arce (1666-1716) fera sensation au XVIIIe siècle et rivalise d'intérêt avec celle de l'historien Pierre-François-Xavier de Charlevoix (1682-1761). Enfin, le célèbre Louis-Antoine de Bougainville a participé à la guerre de la Conquête contre la Nouvelle-Angleterre et même si, en sa qualité de bilingue, il eut à négocier la capitulation de son pays, ces épisodes figurent en bonne place dans ses *Mémoires*.

Un délicat équilibre

Le régime britannique tente alors, sans succès, une assimilation des colons franco-catholiques. Ce n'est que la première étape de la mise en place d'un fragile équilibre qui, au cours des ans, devra faire cohabiter deux langues, deux cultures et deux religions. Au-delà de l'aspect politique et de ses nombreux rebondissements, c'est bien de la langue française québécoise dont il est question, tout autant par les menaces dont elle sera l'objet que dans sa spécificité, elle qui désormais évoluera loin de l'influence parisienne.

Une lutte qui prend des accents patriotiques au cours de ce XIXe siècle qui débute par la publication de ce qu'il est d'usage de retenir comme le premier roman canadien français : *L'Influence d'un livre*, de Philippe Aubert de Gaspé fils (1814-1841), paru en 1837 puis réédité en 1864, après quelques coupes, par Henri-Raymond Casgrain sous le titre *Le Chercheur de trésors*. Notre bon censeur, qui était également homme d'Église, a beaucoup œuvré pour la sauvegarde de la littérature canadienne dont il fut précurseur dans l'approche critique. Sa rencontre avec Octave Crémazie (1827-1879), le « premier poète national québécois », par ailleurs libraire, fut décisive et entraîna la création de L'École littéraire (ou patriotique) de Québec. Ce mouvement, plutôt romantique et d'influence catholique, se réunit autour de deux publications : *Les Soirées canadiennes*, créée en 1861, puis *Le Foyer canadien*, en 1863. Des membres éminents de ce cénacle, nous retiendrons plus particulièrement Antoine Gérin-Lajoie (1824-1882), qui a signé le roman *Jean Rivard* et la chanson *Un Canadien errant*, et Hubert LaRue (1833-1881), médecin qui écrivait aussi pour d'autres revues, même si l'Abbé Casgrain ne minimisa jamais l'influence de leur aîné François-Xavier Garneau (1809-1866), célèbre pour *L'Histoire du Canada* qui est demeuré un classique, et dont il écrira la biographie. Henri-Raymond Casgrain se consacra ensuite aux voyages et certaines de ses œuvres furent couronnées par l'Académie française.

La flamme n'eut heureusement pas le temps de s'éteindre que déjà elle était alimentée par L'École littéraire de Montréal. Sur l'initiative du poète Jean Charbonneau et de son acolyte écrivain Paul de Martigny, la première séance se tient le 7 novembre 1895. Germain Beaulieu est alors président et Louvigny de Montigny apporte son aide. Les « exotistes » puisent leur inspiration dans l'ailleurs, bénéficient d'influences aussi diverses que le symbolisme ou les parnassiens français. En 1897, le cercle accueille un tout jeune homme, Émile Nelligan, comète fulgurante qui illuminera la poésie québécoise. Cet ardent admirateur de Baudelaire, romantique absolu dans tous les thèmes qu'il abordera, de la nostalgie de l'enfance à la beauté féminine, suscitera l'admiration de tous en déclamant *La Romance du vin* le 26 mai 1899. Il s'agissait là pourtant de son chant du cygne puisque peu de temps après, et alors qu'il n'avait pas 20 ans, il sera interné pour troubles mentaux et restera enfermé jusqu'à son dernier souffle, en 1941. Son ami Louis Dantin (1865-1945) rassemblera ses écrits et les fera publier en 1903, commençant sa préface par ces terribles mots : « Émile Nelligan est mort », présageant ainsi que l'inspiration divine s'était définitivement tarie.

L'École littéraire de Montréal, quant à elle, fait paraître en 1900 *Les Soirées du Château de Ramezay*, œuvre collective qui donne à lire les conférences qui se sont tenues jusqu'alors, puis semble tomber dans une certaine léthargie dont elle ne sortira vraiment qu'en 1909, avec le lancement d'une nouvelle revue, *Terroir*. Le succès relatif de celle-ci s'explique peut-être par une ligne qui s'éloigne trop des buts premiers de l'association, mais qui dans le même temps ne convainc pas les férus d'un courant qui est alors en passe de devenir prédominant, celui des « terroiristes ».

Si la littérature régionaliste existait depuis le milieu du XIXe siècle, le mouvement s'intensifie en ce début du XXe siècle avec la création de la Société du parler français au Canada, sur l'impulsion de deux professeurs de l'Université Laval, Adjutor Rivard et Stanislas-Alfred Lortie. Dans le même temps, l'ecclésiastique et futur recteur Camille Roy commence la rédaction d'un manuel de littérature canadienne-française, dont la première mouture date de 1907, et qui rencontre un succès immédiat. L'enjeu est double : affirmer le québécois dans son originalité, en détachement, voire en opposition au français de France, et vanter des valeurs traditionnelles telles que la terre, la famille et la religion. L'exemple le plus parlant est certainement *Maria Chapdelaine* qui pourtant fut écrit, en 1913, par un Brestois exilé, Louis Hémon.

La révolution est en marche

Les années filent et un certain conservatisme règne. Il faut attendre les années 1940 pour que surgissent les prémices d'une véritable révolution culturelle menée par Paul-Émile Borduas, peintre qui fédère autour de lui les « automatistes » issus de milieux aussi divers que la photographie, la danse, le design et bien sûr la littérature. Leur manifeste, *Refus global*, publié secrètement le 9 août 1948, rejette l'immobilisme et revendique une ouverture radicale, artistique et sociale. L'accueil est glacial, certains signataires n'ont pas d'autre choix que de se plier à l'exil, mais le ver est dans le fruit et au tout début des années 1960 se dessine la Révolution tranquille, période de rupture avec la tradition qui se montrera favorable à l'apparition d'une écriture plus réaliste, et d'autant plus affirmée. C'est un peu le même cheminement que suit Gaston Miron (1928-1996) qui renoncera à sa vocation religieuse pour se consacrer à la poésie, cofondant en 1953 la première maison d'édition consacrée à cet art, L'Hexagone, puis n'hésitant pas ensuite à s'engager politiquement. Son remarquable investissement en tant que diffuseur, et en tant qu'écrivain renommé, lui vaudra des obsèques nationales. Il faut retenir de lui le recueil *L'Homme rapaillé* paru en 1970, œuvre majeure de la littérature québécoise.

De nouvelles plumes fleurissent, des noms s'imposent. Le fort discret Réjean Ducharme publie en 1966 *L'Avalée des avalés* chez Gallimard, son manuscrit n'ayant pas trouvé preneur au Québec. Il sera nommé pour le Goncourt et recevra le Prix du Gouverneur général. La même année, c'est une Québécoise qui remporte le prestigieux Prix Médicis. Marie-Claire Blais a en effet fait paraître l'année précédente *Une saison dans la vie d'Emmanuel*, grande fresque qui prend place dans une famille de 16 enfants. Si les comportements déviants de certains des personnages ont pu heurter lors de la publication, cet ouvrage reste important car il restitue justement cette transition entre valeurs conservatrices et idées progressistes. En 1967, Gabrielle Roy reçoit pour sa part le titre de Compagnon de l'Ordre du Canada. Figure importante de la littérature franco-manitobaine, l'auteure perd la vie en 1983 à Québec, laissant à son public nouvelles, poésies et récits à découvrir, ou à redécouvrir, tels que *Bonheur d'occasion*, *La Montagne secrète* ou *La Rivière sans repos*. Enfin, impossible d'évoquer la littérature québécoise sans citer « l'écrivain national » Michel Tremblay. C'est par le théâtre que l'homme entre en littérature, avec un certain fracas quand on songe au scandale causé par *Les Belles-Sœurs*, pièce jouée pour la première fois en 1968. En 1978, il entame avec *La Grosse femme d'à côté est enceinte* le cycle des *Chroniques du Plateau Mont-Royal*, et ne cessera plus de publier des romans qui allient tendresse, humour, vision critique et mise en avant du joual, ce fameux français populaire canadien.

La littérature québécoise ne cesse de prendre de l'envergure et s'ouvre aux autres cultures avec l'apparition des « écritures migrantes », notamment grâce aux voix de Kim Thuy, Dany Laferrière et Wadji Mouawad qui s'élèvent avec brio. Aujourd'hui, son écho est international, les succès se multiplient, du *Jour des Corneilles* de Jean-François Beauchemin, Prix France-Québec 2004, à *Taqawan* d'Éric Plamondon (Quidam) qui reçut la même récompense en 2018. Les maisons d'édition québécoises (La Peuplade, Mémoire d'encrier, Les 400 coups, Le Quartanier, Alire, etc.) trouvent place sur les tables des librairies françaises, proposent à la découverte des textes forts et novateurs, et, devant une telle richesse de la langue, rares sont les éditeurs français qui s'interrogent encore sur le lieu de naissance des auteurs qui leur soumettent des manuscrits. Notre langue commune, belle dans ses différences, a su faire fi des frontières.

Wajdi Mouawad.

TOP 10

LECTURE

Nos cousins de la Belle Province n'ont rien à envier à la France en matière de littérature. Entre auteurs classiques et nouvelles voix fortes, ouvrages politiques et maisons d'édition jeunesse audacieuses, tout un monde s'ouvre aux lecteurs, avec le petit truc en plus : l'attrait d'une langue savoureuse à nulle autre pareille.

UNE NOUVELLE VOIX

Querelle. Très remarqué, ce premier roman décrit une grève dans une scierie du Lac-Saint-Jean, avec une langue et un ton à découvrir.
Kevin Lambert – *Éditions Le Nouvel Attila.*

QUELQUES BASES

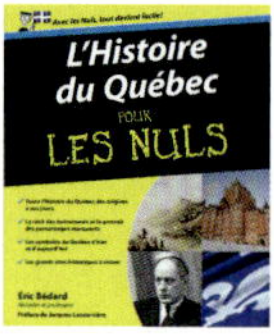

© ÉDITIONS FIRST

L'Histoire du Québec Pour les Nuls. Réédition d'un livre clair et précis, par Éric Bédard, docteur en histoire et journaliste.
Éric Bédard – *Éditions First.*

UNE SÉRIE BD

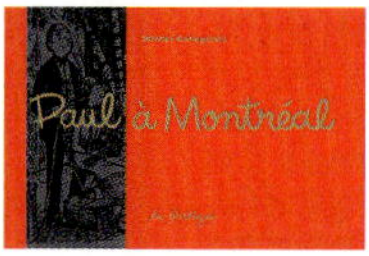

© ÉDITIONS DE LA PASTÈQUE

Paul à Montréal. Le Montréalais a donné vie à son double, Paul, pour le plus grand plaisir de ses fans. Une série récompensée à Angoulême en 2010.
Michel Rabagliati – *Éditions de la Pastèque.*

DÉJÀ UN CLASSIQUE

Vingt-trois secrets bien gardés. L'un des auteurs les plus reconnus au Québec et bien au-delà des frontières, pour sa tendresse et son humour léger.
Michel Tremblay – *Éditions Actes Sud.*

QUELQUES POÈMES

© ÉDITIONS MÉMOIRE D'ENCRIER

Un thé dans la toundra. Un recueil de poèmes de cette poète, parolière, conteuse, conférencière, scénariste, traductrice-interprète et réalisatrice innue.
Joséphine Bacon – *Mémoire d'encrier.*

UN ALBUM JEUNESSE

© ÉDITIONS LES 400 COUPS

Ce sera le plus grand pont du monde ! L'histoire du plus grand pont en fer au monde, et l'occasion de découvrir une superbe maison d'édition jeunesse québécoise.
Michel L'Hébreux – *Éditions Les 400 coups.*

UN PEU DE POÉSIE

Chauffer le dehors. Les fabuleuses Éditions La Peuplade offrent la chance de découvrir cette auteure innue originaire de Mashteuiatsh.
Marie-Andrée Gill – *Éditions La Peuplade.*

UN GUIDE PRATIQUE

© ÉDITIONS ULYSSE

Guide de survie des Européens à Montréal. Si au retour des vacances l'envie de repartir vous installer au Québec vous tenaille, ou si vous voulez juste savoir ce qu'est la poutine.
Hubert Mansion – *Éditions Ulysse.*

PENSÉE CRITIQUE

© ÉDITIONS LUX

Petit cours d'autodéfense intellectuelle. Un manuel qui est devenu un grand classique du rayon sciences humaines, parce que tout est politique, et cet auteur québécois aussi !
Normand Baillargeon, illustrations de Charb – *Éditions Lux.*

ENCORE DE LA POÉSIE

L'homme rapaillé. Le recueil le plus lu au Québec parle d'amour et de luttes sociales, de désespoir et de courage, de tourments et de fierté, en bref d'humanité.
Gaston Miron – *Éditions Gallimard.*

A L'ÉCRAN

Xavier Dolan, Denis Villeneuve… Ces dernières années ont vu l'émergence de plusieurs cinéastes qui ont contribué à populariser le cinéma québécois hors de ses frontières. Ce cinéma se définit en vertu d'une contradiction : de langue française, mais géographiquement nord-américain, il n'a longtemps intéressé personne, sauf les Québécois ou quelques rares cinéphiles. Pourtant, cette disposition du Québec pour le septième art s'est constituée au gré d'une histoire riche et compliquée, indissociable d'une certaine indépendance d'esprit. Si l'Église catholique s'est ingéniée à mettre des bâtons dans les roues du cinéma dès son apparition, c'est un prêtre, Maurice Proulx, considéré comme l'un des pères du cinéma québécois, qui réalise en 1937 le premier long-métrage documentaire parlant, *En pays neufs*, dont le titre est éloquent sur ce qui fait encore la singularité du Canada, terre d'exploration, vierge et hostile à bien des égards.

Il était une fois le Québec

C'est la Révolution tranquille qui va permettre au cinéma québécois de se développer véritablement. *Pour la suite du monde* (1963), coréalisé entre autres par Pierre Perrault et Michel Brault, deux grands noms du cinéma local, essaie de faire revivre, le temps d'un documentaire aux allures de fiction, une tradition alors révolue de l'Isle-aux-Coudres, celle de la chasse aux marsouins. Le film présente deux traits typiques du cinéma québécois de l'époque : une sensibilité ethnographique ainsi que le désir de préserver une culture menacée de disparition, que l'on retrouve dans un autre film pionnier, *Mon oncle Antoine* de Claude Jutra (1970), portrait d'un adolescent et du quotidien d'une petite ville minière et reculée dans les années 1940 – Thetford Mines –, qui amorce une riche tradition de récits initiatiques. Brault, avec *Les Ordres* (1974), aborde de front la crise d'Octobre, l'emprisonnement sans fondement légal de quelques centaines de Québécois dans une région où fut alors dépêchée l'armée, et signe l'un des fleurons du film politique, entre fiction et documentaire, alliage prisé des cinéastes québécois. Dans les années 1960, une autre figure tutélaire, Gilles Carle, entame une carrière prolifique avec *La Vie heureuse de Léopold Z* (1965) qui offre la vision encore rare au cinéma de Montréal sous la neige. C'est lui qui révélera l'une des premières stars du cinéma québécois, Carole Laure, dans *La Mort d'un bûcheron* (1973) ou *Les Corps célestes* (1973), qui présente le quotidien d'une maison close d'une petite ville du nord du Québec – pour l'anecdote, il a aussi donné l'un de ses premiers rôles à Susan Sarandon (*Fleur bleue*, 1971). Ses films, notamment *La Vraie nature de Bernadette* (1972) qui donne à voir la beauté de la campagne québécoise, sont traversés par le souffle libertaire et hippie propre à l'époque et qui va durablement marquer un Québec où la séparation de l'Église et de l'État est tout juste entamée, et en faire l'avant-poste d'un certain progressisme. Une vague de films érotiques en constitue à la même époque une manifestation moins artistique. *J.A. Martin photographe* (Jean Beaudin, 1977), où un couple essaie de sauver son mariage lors d'une excursion dans la campagne canadienne du XIXe siècle et qui a valu à Monique Mercure le prix d'interprétation à Cannes, ou encore *Mourir à Tue-Tête* (Anne Claire Poirier, 1979), film-choc sur les violences faites aux femmes, donnent à leur tour la part belle aux rôles féminins.

© ANDREA RAFFIN-SHUTTERSTOCK

Denis Villeneuve au 71e Festival du Film de Cannes.

DÉCOUVRIR

© ANDREA RAFFIN - SHUTTERSTOCK.COM

Monia Chokri lors du 72e Festival de Cannes.

Un âge d'or ?

La décennie suivante est particulièrement fructueuse pour le cinéma québécois : Denys Arcand connaît ses premiers succès au pays avant de toucher un public international avec *Le Déclin de l'empire américain* (1986), dont la suite, *Les Invasions barbares*, près de vingt ans plus tard, révélera au public français Marie-Josée Croze. Le dernier film de la trilogie, *L'Âge des ténèbres* (2007), sera toutefois très mal reçu par la critique, quoiqu'il constituera tout de même une réussite au box-office québécois. *Les Bons Débarras* (Francis Mankiewicz, 1980), avec les montagnes de Laurentides en arrière-fond, ou *Léolo* (Jean-Claude Lauzon, 1992), où le rêve sert d'échappatoire à un enfant des faubourgs ouvriers du Montréal des années 1950, confirment la prédilection des cinéastes du Québec pour les récits d'apprentissage. Destiné à un public plus enfantin, *La Guerre des tuques* (1984), tourné en grande partie à Baie-Saint-Paul, est un des classiques du cinéma populaire et familial québécois. Avec *Les Plouffe* (Gilles Carle, 1981), adaptation d'un roman célèbre et satire aimable de la vie des petites gens de la Basse-Ville de Québec des années 1940, il est la preuve qu'un cinéma à la fois grand-public, appliqué et généreux s'est constitué. Autres dates marquantes de cette période extrêmement fructueuse : *Un zoo la nuit* (Jean-Claude Lauzon, 1987), balade mélancolique à travers un Montréal nocturne, ou *Jésus de Montréal* (Denys Arcand, 1989), qui donne une vue de la ville du haut des marches menant à l'oratoire Saint-Joseph. L'identité en crise des Québécois, attirés par l'Amérique toute proche, trouve une incarnation comique en *Elvis Gratton : le King des Kings* (Pierre Falardeau, 1985), dont le personnage est entré dans le patrimoine populaire.

Entre standardisation et singularité : un cinéma toujours florissant

Les années 1990 connaissent une sorte d'accalmie avant que le cinéma québécois ne fasse un retour en force au tournant du siècle. L'année du deuxième référendum sur l'indépendance du Québec sort *Eldorado* (Charles Binamé, 1995), instantané de la jeunesse montréalaise des années 1990 et de sa vie nocturne. *Le Violon rouge* (François Girard, 1998) et son casting international sont le signe d'un cinéma qui s'ouvre progressivement au monde, à commencer par le reste du Canada. Certains réalisateurs, embrassant leur double culture, font montre d'une efficacité hollywoodienne tout en prenant soin de préserver les particularismes québécois. *La Grande Séduction* (Jean-François Pouliot, 2003), qui reprend le motif d'une petite communauté éloignée de tout, a rencontré un franc succès avant d'être l'objet de multiples remakes (dont l'un fut réalisé par Don McKellar, le coscénariste du... *Violon rouge*), relançant le tourisme dans le village de Harrington Harbour où il a été tourné et dans toute la Basse-Côte-Nord. *C.R.A.Z.Y.* (Jean-Marc Vallée, 2005), portrait générationnel et hymne rock à la différence, a confirmé cette nouvelle tendance du cinéma québécois, tout comme *Starbuck* (Ken Scott, 2011), inspiré d'un fait divers cocasse – un homme apprend qu'il est le géniteur de plusieurs centaines d'enfants –, qui a eu droit à trois remakes, dont un français. *Bon Cop, Bad Cop* (Érik Canuel, 2006), film totalement bilingue ayant pour vocation de réunir le Québec et le reste du Canada à travers son duo de flics, et qui devient en 2006, et c'était l'objectif, le plus grand succès de l'histoire du cinéma canadien. Une suite, *Bon Cop, Bad Cop 2*, sorti en salles en 2017, connaît moins de succès que le premier film.

Cependant, un cinéma plus radical ou austère ne cesse de s'affirmer en la personne de Denis Villeneuve, auteur de *Polytechnique* (2009) ou d'*Incendies* (2010) avant de céder aux sirènes de Hollywood, ou de Xavier Dolan, dont les films rencontrent un écho considérable en France depuis *J'ai tué ma mère* (2009) et *Les Amours imaginaires* (2010) – tourné dans le Mile End – et dont le cinéma sied à cette ville jeune et vibrante qu'est Montréal. Entre les deux, des réalisateurs se font une spécialité d'un cinéma humaniste et chaleureux, comme Louis Bélanger avec *Gaz Bar Blues* (2003), chronique de la vie autour d'une station-service et de son patron au grand cœur, ou plus récemment *Les Mauvaises herbes* (2017), dont le titre fait référence au cannabis et qui mélange allègrement les tons, tout à la fois désopilant et poignant. Autre réussite, *Monsieur Lazhar* (Philippe Falardeau, 2013), à propos d'un instituteur immigré d'origine algérienne, qui vit sous la menace d'une expulsion. Les amateurs d'histoire et géographie se tourneront vers *15 février 1839* (Pierre Falardeau, 2001) sur la rébellion des Patriotes ou *Ce qu'il faut pour vivre* (Benoît Pilon, 2008), qui met en scène un Inuit déraciné à Québec et montre l'abîme qui le sépare de sa culture et de sa population. La province, on l'a compris, fait preuve d'une prodigieuse vitalité, à l'image de sa population jeune et cosmopolite et de l'effervescente scène artistique montréalaise, ainsi que d'un rayonnement inédit, à travers la trentaine de films que la province produit chaque année, et les réalisateurs et acteurs qui se sont exportés à Hollywood ou en France. Récemment, *Félix et Meira* (Maxime Giroux, 2014) organisait la rencontre improbable dans le quartier du Mile End, encore une fois, d'une juive hassidique et d'un jeune homme désœuvré dans une sorte de comédie romantique ouatée et mélancolique qui n'était pas sans séduction. *La Femme de mon frère* (2019) de Monia Chokri est l'une des dernières brillantes comédies nous venant du Québec, elle nous promène, hiver comme été, en patins comme en barque, sur le lac aux castors, dans le parc du Mont-Royal à Montréal. *Matthias & Maxime* (2010) de Xavier Dolan vient couronner une décennie particulièrement productive pour ce jeune réalisateur pendant laquelle il aura réalisé la bagatelle de huit films où éclatent son romantisme à fleur de peau et son goût pour le mélo, et dont *Mommy* (2014) est pour le moment le pic émotionnel. Et on ne pourrait passer sous silence *Dune* de Denis Villeneuve, fraîchement sorti en salles en octobre 2021 au Québec et qui est une adaptation du roman de Frank Herbert. Un deuxième volet est prévu pour 2023.

Le public québécois a toujours été friand de séries télévisées, mais le format a connu, comme partout ailleurs, un boom qu'on peut faire remonter, de manière approximative, aux *Invincibles* (2005-2009), série qui retrace les déboires sentimentaux de trois trentenaires qui prennent la décision de quitter simultanément leurs copines (la série a connu une adaptation française). Ses créateurs se sont à nouveau distingués avec *Série noire* (2014-2016) qui revisite avec ironie le polar et, tout récemment, avec *C'est comme ça que je t'aime* (2020 à aujourd'hui), l'histoire de deux couples en crise qui seront à la tête du crime organisé à Québec. Du drame tendance judiciaire (*Ruptures*, 2016-2019), en passant par la série policière de qualité (*19-2*, 2011-2015 ou *District 31*, 2016-2022), parfois teintée d'humour noir (*Faits Divers*, 2017-2018, située dans la petite ville de Mascouche aux abords de Montréal), à l'éternelle crise de la trentaine, version féminine cette fois (*Lâcher prise*, 2017-2019), il y en a donc pour tous les goûts.

Xavier Dolan entouré des acteurs de Matthias et Maxime au Festival de Cannes en 2019.

POPULATION

Fort de plus de 8,6 millions d'habitants, le Québec est, après l'Ontario, la province canadienne la plus peuplée, hébergeant près du quart de la population du pays. Sa croissance est toutefois moins rapide et sa population est plus vieille que la moyenne canadienne, ce qui a pour effet de diminuer le poids démographique de la province. Quatre Québécois sur cinq résident en zone urbaine dans le sud de la province, et la région métropolitaine de Montréal regroupe à elle seule près de la moitié de la population québécoise. Si la densité de population peut atteindre plusieurs milliers d'habitants par km² à Montréal, elle descend sous la barre des dix à plusieurs endroits en région. Aussi, plus des trois quarts des Québécois ont le français pour langue maternelle contre environ 7,6 % pour l'anglais. Les langues autochtones, quant à elles, comptent pour moins de 1 % de la population, avec le cri, l'innu et l'inuktitut en tête de liste.

Une mosaïque ethnique

À l'image de son histoire, la population québécoise est d'une grande diversité ethnoculturelle, un visage qu'elle s'est façonné au fil des nombreuses vagues migratoires, à commencer par les Autochtones dont la présence est millénaire. Puis vinrent les premiers Européens avec la colonisation, principalement de France et des îles britanniques. Ce n'est qu'à partir des premières décennies du XXe siècle que l'immigration va se diversifier, avec l'arrivée de communautés italiennes, polonaises, portugaises et ukrainiennes. De 1930 à 1950, l'immigration est fortement ralentie par la dépression et la Seconde Guerre mondiale avant de reprendre avec un afflux d'immigrants venus du Bassin méditerranéen et d'Europe centrale. Il fut suivi, dans les années 1970, d'un important groupe d'Asie du Sud-Est et, dans les années 1980, de Latino-Américains, de Haïtiens et de Libanais. Depuis les années 1990, l'Europe de l'Est, la Chine, l'Asie du Sud, le Moyen-Orient, le Maghreb

Pow Wow de Kahnawake.

et l'Afrique subsaharienne viennent ajouter leur touche au caractère cosmopolite et multiethnique du Québec.

Les peuples autochtones

Selon les données du dernier recensement (2021), 2,3 % de la population québécoise est d'origine autochtone, soit 193 365 personnes d'ascendance amérindienne, métisse ou inuite enregistrées auprès du gouvernement fédéral (résidents et non-résidents). Les Autochtones sont composés des peuples des Premières Nations (Amérindiens), des Métis et des Inuit. Une journée leur est d'ailleurs dédiée d'un océan à l'autre au pays : le 21 juin, Journée nationale des Autochtones.

Onze nations divisées en trois grandes familles linguistiques représentent les Autochtones du Québec : les Algonquins de la forêt boréale, les Iroquois de la plaine du Saint-Laurent et les Inuit du Nunavik. Les Algonquins, les plus nombreux, regroupent les Anishinabes, les Cris, les Micmacs, les Malécites, les Innus (ou Montagnais, à ne pas confondre avec les Inuit), les Naskapis, les Abénakis et les Atikamekw. Les Iroquois sont représentés par les Hurons-Wendat et les Mohawks. Ces onze nations autochtones sont réparties dans une soixantaine de communautés dispersées sur l'ensemble du territoire du Québec, certaines d'entre elles comptant moins de 200 habitants, d'autres plus de 5 000, situées près des grands centres urbains ou bien en milieu éloigné. Dans la péninsule d'Ungava, au nord du 55e parallèle, une quinzaine de villages inuits peuplent le territoire du Nunavik au cœur de la toundra arctique.

Le Canada actuel s'efforce, plus que par le passé, de se préoccuper des Autochtones. Une Commission de vérité et réconciliation s'est conclue en mai 2015 au sujet des pensionnats autochtones (et de l'acculturation qui en a découlé depuis la fin du XIXe siècle), enjoignant le gouvernement à mettre en œuvre les recommandations de la Commission, notamment celle d'appuyer sans restriction la *Déclaration sur les droits des peuples autochtones* de l'ONU, ce qu'il a fait. Et après des années de pression auprès de l'ancien gouvernement, les Libéraux de Justin Trudeau ont mené une enquête nationale indépendante sur les quelque 1 200 femmes et filles autochtones disparues ou assassinées. Son rapport coup-de-poing, rendu public en juin 2019, conclut que de « nombreuses violations des droits des femmes et des filles autochtones » sont survenues dans le pays, notamment au Québec, utilisant même des dizaines de fois le mot « génocide » à travers le rapport final de quelque 1 200 pages.

La communauté anglophone

Bien que l'anglais soit en position dominante en Amérique du Nord, les quelque 640 000 anglophones du Québec – 900 000 si l'on tient compte de la langue d'usage dans la vie courante – sont en situation minoritaire dans la province.

C'est suite à la Conquête de 1759-60 que les immigrants originaires des îles britanniques sont devenus les premiers Québécois anglophones de la colonie. Étant sujets de l'Empire britannique, ces derniers ont bénéficié d'un statut privilégié leur permettant d'être en marge des institutions francophones contrôlées par l'Église catholique jusqu'au XXe siècle. Ils ont ainsi fondé et maintenu de nombreuses institutions publiques et privées de langue anglaise : ils ont leurs propres commissions scolaires réunies sous la Québec English School Boards Association, sans oublier les collèges et universités, instituts privés, hôpitaux et cliniques, centres communautaires et autres lieux dédiés à la communauté. Les anglophones du Québec demeurent principalement dans le sud-ouest de la province, notamment près de la frontière américaine et sur la rive nord de la rivière des Outaouais, ainsi que sur la Basse-Côte-Nord près du Labrador. Bien qu'il y ait encore des descendants d'immigrants originaires des îles britanniques, c'est l'immigration récente qui compose dorénavant la majorité de la population anglo-québécoise.

Le français québécois

On l'appelle « français québécois », mais aussi « français du Québec », « québécois » et même « français canadien ». Toutes ces dénominations représentent la variété de la langue française parlée par la majorité des francophones du Canada, principalement par les Québécois (elle est toutefois à différencier de l'acadien). Si son origine puise dans la langue parisienne du XVIIIe siècle, le français québécois a sans conteste conservé des éléments issus des langues d'oïl régionales comme le normand, le saintongeais ou encore le gallo.

Ce qui frappe en arrivant au Québec, c'est bien sûr l'accent, mais également la prononciation, les expressions particulières et la syntaxe parfois étonnante. Et comme partout ailleurs dans la Francophonie, ces éléments varient d'une région à l'autre. Ensuite s'ajoute une certaine couleur locale. À ce sujet, position géographique oblige, les Québécois utilisent beaucoup d'anglicismes tout en prônant la défense de la langue française. Si certains mots ont carrément été inventés afin d'éviter d'employer un mot anglais, comme « magasinage » au lieu de shopping, « traversier » au lieu de ferry ou « fin de semaine » plutôt que week-end, les anglicismes sont monnaie courante. Plusieurs se sont même taillé une place à l'Office québécois de la langue française avec l'adoption de la Politique des emprunts linguistiques. Tout un paradoxe !

TOP 10

LECTURE

Parce qu'il existe des différences fondamentales entre le français de France et celui du Québec, notamment l'accent et les expressions, mieux vaut préparer le terrain avant son séjour chez les cousins. Alors pour faire de vous un pro – ou presque – de la parlure québécoise, une petite sélection de quelques ouvrages et sites web dignes d'intérêt.

LE DICO

Dictionnaire de la langue québécoise : une « orgie linguistique », si l'on se fie au mot de l'auteur dans la préface.

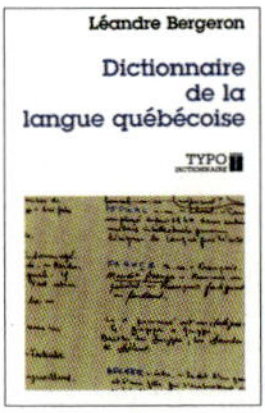

© ÉDITIONS TYPO

POUR LES NULS

3e édition du fameux guide jaune *Le Parler québécois pour les Nuls*. Vocabulaire, grammaire, conjugaison : tout y est !

© ÉDITIONS FIRST

CONVERSER EN VOYAGE

5e édition du guide de conversation Ulysse *Le Québécois pour mieux voyager*. À mettre impérativement dans ses bagages.

© ÉDITION ULYSSE

GUIDE DE SURVIE

Les 1 000 mots indispensables en québécois : mots et expressions classés par thèmes, pour tout trouver en un clin d'œil.

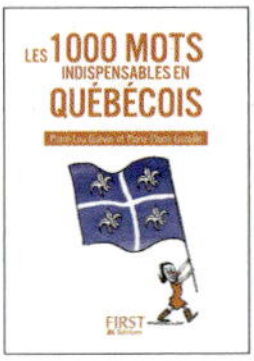

© ÉDITIONS FIRST

OUVRAGE DE RÉFÉRENCE

Dictionnaire des expressions québécoises : savoureux mélange du parler populaire et d'expressions plus actuelles.

© ÉDITIONS BIBLIOTHÈQUE QUÉBÉCOISE

CARNET DE RANDONNÉE

Parlers et paysages du Québec : petit ouvrage de la Commission de toponymie consacré aux québécismes.

© LES PUBLICATIONS DU QUÉBEC ET LA COMMISSION DE TOPONYMIE (RÉSERVE NATIONALE DU CAP-TOURMENTE)

L'HUMORISTIQUE

Savoureuses expressions québécoises : des expressions fleuries et imagées, à feuilleter au gré de son humeur.

© ÉDITIONS DU ROCHER

JE PARLE QUÉBÉCOIS

Site web assez sympa sur la compréhension et l'apprentissage de la langue québécoise, notamment par le biais de vidéos.

© PIERRE MOREAU

SOLANGE TE PARLE

À voir absolument : la drôle de vidéo YouTube « Québécois pour les nuls » qui avait fait le buzz, avec raison.

© SOLANGE TE PARLE

DENYZEE

« Parler québécois en 5 minutes » : autre clip incontournable sur YouTube, visionné près de 3 millions de fois.

© DELPHINE GIULIANO

SOCIÉTÉ

Le mode de vie au Québec présente de nombreuses similitudes avec celui des autres pays occidentaux. L'éducation, le travail, la famille, les droits et libertés, etc., s'y apparentent également, à quelques exceptions près, notamment certaines couvertures sociales. Ce qui peut frapper le plus, ce sont les codes sociaux auxquels sont confrontés visiteurs et expatriés. Par exemple, les salutations se font généralement d'une poignée de main, seuls les amis plus intimes se font la bise. On se tutoie, les relations sont moins formelles au travail et on fait la queue pratiquement partout (pas de bousculades !). Le « politiquement correct » est aussi un usage répandu dans les rencontres sociales : retenue, idées simples, thèmes fédérateurs et sourires faciles permettent d'éviter la controverse. Certains sujets attisent toutefois les passions, comme le séparatisme ou encore le catalogue de ce qui est mieux en France ou au Québec...

Sur les bancs de l'école

Excepté pour les écoles privées, fréquentées par une minorité de Québécois, l'instruction est gratuite pour l'école primaire et secondaire, de façon générale, jusqu'à l'âge de 17 ans. Ensuite, les élèves ou leurs parents doivent subvenir aux frais qui varient selon le programme d'études et le type d'établissement scolaire. C'est le cégep au Québec qui fait le pont entre l'école secondaire et l'université. Cette période dure normalement 2 ou 3 ans ; mais parce que les étudiants sont libres de faire leurs horaires, elle peut se prolonger sur plusieurs années. Le phénomène de décrochage ou d'abandon scolaire n'est pas indépendant du fait que plusieurs étudiants doivent payer eux-mêmes leurs études post-secondaires. Chez certains étudiants qui doivent travailler tout en poursuivant leurs études, l'argent gagné facilement au travail peut leur paraître plus gratifiant qu'un diplôme universitaire. Le coût des études universitaires au premier cycle varie selon les provinces : au Québec, un étudiant paye en moyenne 3 000 CAN $ de frais de scolarité par an. C'est peu comparativement aux États-Unis, mais trop selon les associations étudiantes de la province qui se battent continuellement contre les institutions gouvernementales pour le gel des frais de scolarité.

Au boulot

La population active au Québec se compose de plus de 4,5 millions de personnes. Toutefois, avec le vieillissement de la population et le faible taux de natalité, la province est confrontée à un manque grandissant de main-d'œuvre. Pour preuve, le taux de chômage a atteint un plancher historique en avril 2022, soit 3,9 %. Des postes en technologies de l'information, en industrie, en transport, en services financiers, en tourisme, en service à la clientèle, en éducation ou en santé, cherchent désespérément preneurs, surtout en région où le nombre de postes vacants explose. L'entrepreneuriat est également fortement encouragé, avec à l'appui des incitations fiscales, des subventions, de l'accompagnement au démarrage et à la gestion de la croissance. L'immigration économique est donc sur toutes les lèvres et tous les moyens sont bons pour attirer les travailleurs qualifiés – idéalement francophones – à s'établir au Québec. Avis aux intéressés, d'autant plus que les relations de travail ont bonne réputation au Québec, étant moins formelles et hiérarchisées qu'en Europe. Le marché du travail est aussi plus flexible, les possibilités de télétravail se multiplient, et la conciliation travail-famille et la vie sociale après le boulot deviennent de plus en plus des impératifs.

Unions et naissances

Le gouvernement canadien a redéfini la notion de famille pendant le dernier mandat du Premier ministre Jean Chrétien. En 2000, se basant sur la Charte canadienne des droits et des libertés, le Parlement étendait les obligations des couples et les avantages dont ils peuvent bénéficier à tous les couples, y compris ceux de même sexe. En résumé, les concubins, de même sexe ou non, ont les mêmes droits que les époux mariés. Une grande majorité d'entre eux vit donc en union libre (union de fait) alors que l'institution du mariage est en baisse.

Cette ouverture d'esprit s'est confirmée en juin 2005 lorsque le gouvernement fédéral a légiféré sur le mariage des couples de même sexe avec la *Loi sur le mariage civil*. À savoir toutefois qu'à l'adoption de cette loi, le mariage entre conjoints de même sexe était déjà légal au Québec suite à la décision rendue par la Cour d'appel en 2004.

© MARC BRUXELLE - SHUTTERSTOCK.COM

Le premier ministre Justin Trudeau à la Gay Pride de Montréal.

Si le taux de natalité s'est longtemps maintenu à 20-40 enfants pour 1 000 habitants, avec un pic historique en 1959 au cœur du *baby-boom*, il est en chute depuis la fin des années 1960, moment où la Révolution tranquille marque un coup d'arrêt brutal à la politique nataliste en cours depuis les deux derniers siècles. Il se situe aujourd'hui à environ 10 enfants pour 1 000 habitants.

Diversité sexuelle

Les personnes lesbiennes, gaies, bisexuelles, transgenres, queers et bispirituelles (LGBTQ2) sont protégées contre la discrimination et le harcèlement basés sur le sexe, l'orientation sexuelle ou l'identité ou l'expression de genre. Ces droits sont protégés par la Charte canadienne des droits et libertés, la *Loi canadienne sur les droits de la personne*, et des lois spécifiques au Québec. Le Canada est aussi l'un des rares pays au monde à permettre le mariage entre conjoints de même sexe, et ce depuis 2005.

Au Québec, le Village gai de Montréal est parmi les plus importants en Amérique du Nord. Ses activités nocturnes et ses festivals en ont fait le quartier de prédilection de la communauté LGBTQ2. Montréal a d'ailleurs été l'hôte des Jeux gays en 2006 et de Fierté Canada Montréal en 2017.

Droits et libertés

Incluse dans la Constitution du Canada depuis la *Loi constitutionnelle de 1982*, la Charte canadienne des droits et libertés protège la société libre et démocratique du pays. Estimés essentiels, ces droits et libertés sont protégés et sont reconnus tant aux citoyens canadiens qu'aux résidents permanents et aux nouveaux arrivants : liberté d'expression, droit de vote, liberté de conscience et de religion, droit à l'égalité pour tous, droits des peuples autochtones, droits des minorités linguistiques francophones et anglophones à une instruction dans leur langue, etc.

Au Québec, la Charte des droits et libertés de la personne, loi dite « quasi constitutionnelle », est un texte fondamental du système juridique québécois. Elle a préséance sur les lois et règlements provinciaux et concerne tant l'État que le droit privé.

Légalisation du cannabis

Le 17 octobre 2018, le Canada est devenu le deuxième pays au monde – après l'Uruguay en 2013 – à légaliser et réglementer l'usage récréatif du cannabis. Trois ans après son élection, le Premier ministre Justin Trudeau a ainsi mis en œuvre l'une de ses promesses électorales les plus symboliques. La mise en application de la loi suscite toutefois de nombreux questionnements et problèmes, chaque province, territoire, ville et municipalité ayant édicté ses propres règles. Ainsi la loi fédérale autorise la culture de quatre plants à la maison, mais la loi provinciale l'interdit au Québec. La vente légale du cannabis est assurée par la Société québécoise du cannabis (SQDC)..

RELIGIONS

Si l'on a tendance à associer l'Église catholique romaine au paysage religieux du Québec – ce qui n'est pas tout à fait faux comme en témoignent les milliers d'églises bâties sur l'ensemble de son territoire -, la pluralité religieuse a toujours été d'actualité, suivant l'arrivée des différentes vagues d'immigration au fil des siècles. Dès le début de l'arrivée des Européens en Amérique, le christianisme s'est développé à la vitesse grand V, dans une volonté d'évangélisation des populations autochtones. Propriété de la Couronne française, la Nouvelle-France s'affichait alors fièrement catholique, jusqu'à appliquer l'édit de Fontainebleau exigeant que seuls les catholiques soient admis dans la colonie, rien de moins. La liberté religieuse n'a pointé le bout de son nez qu'avec l'arrivée du régime britannique, lequel accueillit à bras ouverts de nombreux immigrants protestants, anglicans et orthodoxes.

Révolution tranquille : début d'un temps nouveau

Jusqu'aux années 1960, le Québec demeura une société profondément catholique avec une présence marquée d'institutions mises sur pied par l'Église. Comme le soulignait Mgr Bourget, évêque de Montréal, en 1843 : « Notre religion, c'est notre première distinction nationale, en même temps qu'elle est la base de nos institutions. C'est parce que nous sommes catholiques que nous sommes une nation en ce coin d'Amérique. »

C'est donc dire que la religion s'immisçait constamment dans la vie sociale, politique et économique de la province, mais il en fut tout autrement à partir des années 1960, période connue sous le nom de « Révolution tranquille ». Ce pan de l'histoire contemporaine du Québec se caractérise par la séparation tant désirée par le peuple de l'Église catholique et de l'État, mais également par l'émergence d'une nouvelle identité nationale québécoise qui se distingue de celle des autres Canadiens français. C'est aussi à ce moment que les appellations à connotation religieuse se sont laïcisées et qu'on parla d'ouverture et de pluralisme. L'immigration contribua à diversifier le paysage religieux avec l'islam, l'hindouisme, le bouddhisme, le judaïsme, le sikhisme. Toutefois la confession catholique demeure aujourd'hui largement dominante avec environ 80 % de la population qui s'en réclament, mais avec très peu de pratiquants. Et malheureusement, cela entraîne la dégradation, voire l'abandon, de plusieurs édifices religieux. Mais ils trouvent parfois une nouvelle affectation, que ce soit des appartements, une salle de spectacles ou encore un restaurant.

La religion dans le Québec du XXIe siècle

Malgré le recul de la religion et la mise au rancart des crucifix, chapelets et scapulaires, bon nombre de Québécois s'identifient toujours à l'Église catholique. Qui plus est, depuis le début des années 2000, le débat fait rage sur les pratiques d'accommodement liées aux différences culturelles (compromis faits par une société par rapport aux exigences – surtout religieuses – des minorités culturelles qui la composent), donnant ainsi naissance à différents projets de loi sous quatre gouvernements provinciaux. Le plus récent en date est le projet de loi 21, devenu la *Loi sur la laïcité de l'État* depuis le 16 juin 2019. Promesse électorale tenue par le gouvernement Legault, la nouvelle loi interdit le port de signes religieux chez certains fonctionnaires en état d'autorité, tels que les policiers, les juges et les enseignants du réseau scolaire public. Malgré les protestations publiques et les contestations en justice, une majorité de la population se montre satisfaite de l'adoption de la loi.

La spiritualité chez les Autochtones

Avant l'arrivée des premiers colons français au XVIe siècle, les différentes nations autochtones qui peuplaient le territoire pratiquaient leur propre spiritualité. Celle-ci préconisait l'harmonie et la relation d'interdépendance entre toutes les formes de vie, ce qu'on appelle le grand cercle de la vie. Par exemple, la nourriture, qui était considérée comme un cadeau offert par l'esprit des animaux, revêtait un caractère sacré. Aussi les repas étaient-ils accompagnés de rituels, de chants et de battements de tambour, et se terminaient par une danse d'action de grâce appelée « makusham ».

À noter que la spiritualité autochtone s'appuie principalement sur l'animisme, cette croyance en un esprit ou une force vitale animant les êtres vivants, les objets et les éléments naturels, ainsi qu'en des génies protecteurs. Les légendes autochtones qui circulent encore de nos jours y font souvent référence.

La basilique Notre-Dame de Montréal a été construite en 1829.

QUE RAPPORTER ?

Images, saveurs, odeurs, rencontres : difficile de faire plus immatériel qu'un voyage ! Afin d'avoir un ou plusieurs symboles de son aventure à l'étranger, le souvenir devient quasi capital. Certains le font par tradition et/ou pour se remémorer leur expérience de voyage, alors que d'autres accumulent des bibelots de toutes sortes, qu'ils soient kitsch ou non. En tout cas, il est franchement difficile de résister à la tentation, surtout lorsque le séjour tire à sa fin et qu'il faut rapporter des cadeaux à toute la famille. Ayez toutefois en tête les limites douanières autorisées pour l'alcool, sans quoi vos souvenirs finiront à la poubelle de l'aéroport. Il y a bien sûr mille et une choses à rapporter d'un voyage chez les cousins québécois, que ce soit décoratif, d'usage courant ou gourmand. On vous donne donc quelques bonnes pistes pour vous assurer de faire un tabac lors de votre retour au pays.

Panier gourmand

Certainement l'une des catégories shopping les plus populaires. Au Québec, l'érable est maître et de nombreux produits en sont tirés. Mais au-delà du seigneur des sirops, la province a acquis une excellente réputation dans le domaine fromager, cumulant prix et reconnaissances à l'international depuis plusieurs années. Il y a également les épices, aromates et condiments faits à base de produits forestiers comestibles, les confitures et gelées de baies nordiques, les tisanes inuites, les produits de la mer boucanés et marinés, etc.

Le Québec est aussi en train de passer maître dans l'art de la distillation, créant gins, vodkas et autres délicieux spiritueux artisanaux. Il y a aussi les boissons plus exotiques, comme la bagosse (alcool local des Îles de la Madeleine), le caribou (mélange de vin rouge, d'alcool fort et d'aromates), ou encore le Sortilège (whisky canadien et sirop d'érable) et tous les autres alcools issus de l'érable, dont certains vieillis en fût de chêne. Le vin et le cidre, notamment en version de glace, sont à découvrir, tout comme la bière artisanale, désormais omniprésente dans la province. La réputation des brasseurs du Québec n'est plus à faire et ils n'hésitent pas à intégrer le terroir dans leurs savoureux nectars.

Pour faire le plein de produits gourmands *made in* Québec, faites une visite chez l'artisan, dans les marchés publics ou les boutiques du terroir. Pour la bière, nombreux sont les « dépanneurs » spécialisés et on peut aussi souvent faire le plein directement chez le brasseur.

Fringues

Avec un sport national connu mondialement et une équipe qui a remporté pas moins de 24 Coupes Stanley, nul besoin de mentionner que les articles à l'effigie de l'équipe de hockey des Canadiens de Montréal se vendent comme des petits pains. En plus des boutiques officielles du club, de nombreux magasins de sport vendent les articles du Tricolore, mais aussi ceux des autres équipes professionnelles montréalaises (Alouettes au football et CF Montréal au soccer), canadiennes et même américaines. Qui dit hockey, dit hiver, et comme le chantait Gilles Vigneault : « *Mon pays, ce n'est pas un pays, c'est l'hiver* ». Pourquoi donc ne pas profiter de son séjour canadien pour compléter sa garde-robe hivernale avec des mitaines (moufles), une tuque (bonnet), un foulard (écharpe) – surtout si tricotés localement – et autres articles pour vous tenir bien au chaud ? Et au Québec, ce n'est pas le choix qui manque !

La Belle Province compte également plusieurs designers de renommée internationale. Pour de la haute couture, Denis Gagnon, Philippe Dubuc et Marie Saint Pierre sont trois incontournables.

© ANGHI - ISTOCKPHOTO.COM

DÉCOUVRIR

© CINDY CREIGHTON- SHUTTERSTOCK.COM

Le sirop d'érable, le cadeau qui fait toujours plaisir.

Les jeunes griffes locales sont aussi à découvrir, comme Frank + Oak qui mise sur un style passe-partout dans une optique écoresponsable, ou encore le jeune MARKANTOINE et son *streewear* assez éclectique fait de matières recyclées, dont le denim très présent dans ses collections. S'ils sont pour la plupart établis dans la grande région de Montréal, on retrouve également de plus en plus de designers en région dans de petits ateliers-boutiques fort sympathiques.

Artisanat

Demeuré très vivace, c'est celui d'une société rurale qui privilégie le travail du bois et la ferronnerie pour créer des objets utilitaires. Il s'est diversifié depuis le temps, incluant d'autres matériaux, notamment recyclés, pour créer des objets décoratifs, des bijoux, etc. Aussi, dès les débuts de la colonisation, la nécessité de se protéger des grands froids de l'hiver a contribué au développement du tissage et de la broderie, pour la confection de couvre-lits en courtepointe (assemblage de bouts de tissu de diverses couleurs aussi appelé *patchwork*), de châles, d'écharpes de laine, de mitaines, de tuques et de chaussons. Les Autochtones sont également réputés dans l'artisanat traditionnel, travaillant perles d'os, pierres, coquillages, poils et peaux d'animaux, piquants de porc-épic, écorces et bois, bref tout ce qui se trouve dans la nature. Dans les communautés autochtones ainsi qu'à d'autres endroits spécialisés dans la province, vous pourrez vous procurer capteurs de rêves, raquettes en babiche, bijoux, sacs, vestes en daim ou en cuir, vêtements et accessoires traditionnels en tous genres, mocassins d'intérieur et d'extérieur, œuvres d'art, etc. Il y a aussi l'art inuit contemporain, essentiellement représenté par les sculptures en stéatite (ou pierre à savon), serpentine verte, dolomite ou quartz. Les sculptures modernes, qui peuvent atteindre des tailles impressionnantes, représentent presque toujours la faune et les hommes du Grand Nord. Les Inuit pratiquent aussi la sculpture sur bois de caribou, la gravure sur pierre et la broderie. Afin de protéger les artistes inuits des revendeurs, des coopératives locales se sont créées dans les années 1960, regroupées depuis 1967 en Fédération des coopératives du Nouveau-Québec. La galerie d'art inuit Brousseau (p.383), située à Québec, joue d'ailleurs un rôle important dans la qualité de la commercialisation de l'art inuit au Québec.

Souvenirs classiques ou folkloriques

Carte postale, porte-clés, aimant, autocollant, affiche, plaque d'immatriculation, drapeau, t-shirt, casquette, tasse, assiette : les grands classiques à l'effigie de la destination ont toujours la cote auprès des visiteurs. Malheureusement très souvent remplies d'articles *made in China*, les boutiques de souvenirs sont omniprésentes dans les grandes villes et les destinations hautement touristiques. D'autres préféreront quelque chose d'un peu plus folklorique, comme la fameuse ceinture fléchée ou un instrument de musique tel que la guimbarde (appelée « ruine-babine » au Québec) ou encore des cuillères en bois.

Lectures

Si vous aimez bouquiner, plusieurs ouvrages vous sont recommandés : *Le Garde-manger boréal* de Jean-Luc Boulay et Arnaud Marchand, un recueil de 80 recettes saisonnières aux arômes de la forêt boréale ; *Sur le pouce (165 des meilleurs casse-croûtes du Québec)* de Benoît Roberge ; *Testé et approuvé : le Québec en plus de 100 expériences extraordinaires*, un ouvrage collectif pour rêver ; *Québec au Cœur* de Jean-Pierre Doche et Bernard Personnaz, un tour d'horizon du Québec en 40 coups de cœur ; *Paul à Montréal* et *Paul à Québec*, des BD de Michel Rabagliati qui ont fait sensation à leur parution.

SPORTS ET LOISIRS

Le Québec offre des possibilités quasi infinies pour les amateurs de sport et de plein air. Il faut dire que la nature est omniprésente dans la province, sans compter les nombreuses installations récréatives en ville comme en région. Que vous vouliez dévaler les pistes en ski alpin ou en snowboard, entreprendre une expédition en traîneau à chiens ou faire une randonnée en motoneige, escalader des parois glacées ou rocheuses, vivre l'expérience du canoë-camping ou partir pour un trip en cyclotourisme, descendre une rivière en rafting ou dompter les vagues du Saint-Laurent en surf, pêcher la truite géante dans le Grand Nord ou chasser le petit gibier en pourvoirie : tout est possible et dépendra uniquement des cordons de votre bourse. Si vous êtes plutôt du type contemplatif, le Québec compte trois équipes sportives membres des ligues majeures, sans oublier les ligues juniors et universitaires qui font rayonner la relève.

Mon pays, ce n'est pas un pays, c'est l'hiver !

Grâce aux conditions d'enneigement exceptionnelles, l'engouement pour la pratique des sports d'hiver est palpable dans la Belle Province. La saison s'étale généralement de décembre à fin mars, voire plus dans certaines régions montagneuses comme Charlevoix, la Gaspésie et le Saguenay.

Les sports de glisse arrivent en tête de liste avec environ 75 stations de ski réparties aux quatre coins de la province (maneige.ski), dont les très réputées **Tremblant** (p.190) (Laurentides) et **Le Massif** (p.440) (Charlevoix), les deux domaines ayant le plus haut dénivelé au Québec (645 m et 770 m respectivement). Les plus expérimentés opteront pour du ski hors-piste dans le décor féerique des monts Chic-Chocs en Gaspésie, un must. Le ski de fond a également la cote, tout comme la randonnée en raquettes, deux sports facilement accessibles dans les parcs régionaux et nationaux de la province et à moindres frais. Puis vient le patin à glace, ce qui n'est nullement surprenant quand on sait à quel point les Québécois sont mordus de hockey. Ces derniers patinent dès leur plus jeune âge et on dit même qu'ils apprennent le patin à glace avant de savoir marcher ! Pour ceux qui voudraient tenter l'expérience, aucun problème, les patinoires extérieures et intérieures étant légion au Québec. Et on ne pourrait passer sous silence les deux activités les plus convoitées des visiteurs, soit la motoneige et le traîneau à chiens. Nombreux sont les excursionnistes et pourvoiries proposant ces expériences uniques en formule tout inclus, équipement grand froid en sus sur demande. Mais, bien entendu, une foule d'autres activités hivernales sont au programme comme, par exemple, l'escalade de glace, le snowkite, le canoë à glace (oui, oui, ça existe !), le télémark ou encore la glissade sur chambre à air (appelée glissade sur tube au Québec).

Pour vivre pleinement l'hiver québécois (mais aussi l'été), les lieux ne manquent pas. On recommande les pourvoiries (pourvoiries.com), les parcs nationaux, réserves fauniques et centres touristiques de la Sépaq (sepaq.com) ainsi que les parcs nationaux du Canada (pc.gc.ca). Pour les parcs régionaux, le plein air, l'écotourisme et le tourisme d'aventure, consultez le site web de Québec Aventure Plein Air (aventurequebec.ca).

En été aussi, de nombreuses possibilités

Les grands espaces naturels, les innombrables lacs et rivières, le majestueux Saint-Laurent et les parcs et réserves sont propices à de nombreuses activités de plein air. On peut aussi enfourcher son vélo et s'élancer sur la Route verte, laquelle traverse plaines et montagnes, longe divers cours d'eau et serpente dans de charmants villages. Ce sont plus de 5 300 km de voies cyclables qui relient la plupart des régions du Québec, à l'exception d'Eeyou Istchee Baie-James et du Nunavik. Les sentiers de randonnée sont également légion aux quatre coins de la province, de quoi satisfaire les contemplatifs et les sportifs, et des treks de plusieurs jours sont proposés dans une nature sauvage et intacte. L'eau est également un élément omniprésent au Québec. La descente de rivière en kayak/canoë d'eau vive ou en rafting se pratique beaucoup et des expéditions de plusieurs jours sont même organisées par certaines agences. On peut aussi s'essayer au canoë-camping, une activité phare lors de la belle saison, notamment au **parc national de la Mauricie** (p.365) qui en est La Mecque. Pour ceux qui seraient tentés de prendre le large, le sentier maritime du Saint-Laurent (cartographié, mais non balisé) offre un réseau de mises à l'eau, d'abris sécuritaires, d'aires de repos, de services d'hébergement (dont le camping) et d'alimentation. Cette voie navigable est conçue pour les petites embarcations comme le kayak de mer.

© VISUALCOMMUNICATIONS - ISTOCKPHOTO.COM

Le Hokey sur glace, sport national.

Bien entendu, une foule d'autres activités sont praticables au Québec, comme le kitesurf, le surf, la voile, la plongée sous-marine, l'escalade, les parcours aériens ou de via ferrata, le canyoning, la spéléologie, le parachutisme et le deltaplane, le vélo de montagne, l'équitation, le golf... Et pour vous remettre de vos émotions, profitez d'un moment de détente dans les installations thermales de l'un des nombreux spas de la province.

Taquiner le poisson ou le gibier

La chasse et la pêche sont d'autres activités très prisées, tant par les locaux que par les visiteurs. Les régions les plus réputées sont l'Abitibi-Témiscamingue, la Baie-James, la Côte-Nord, la Gaspésie, l'île d'Anticosti, la Mauricie, le Nunavik, l'Outaouais et le Saguenay-Lac-Saint-Jean. Les fameuses pourvoiries exploitent un territoire tout en offrant leurs services. Ainsi elles proposent des forfaits pour des expéditions assez coûteuses et qu'il faut réserver longtemps à l'avance, mais elles se chargent de tout : transport, hébergement, repas, équipement et accompagnement avec guides qualifiés. On peut se procurer le répertoire des pourvoiries chez de nombreux détaillants ou sur le site de Pourvoiries Québec (pourvoiries.com). La chasse est interdite dans les parcs, mais permise dans les réserves, à condition d'être en possession d'un permis. La pêche, elle, est autorisée dans de nombreux parcs, à condition aussi d'avoir un permis. Le prix varie en fonction de la saison, du territoire, du type de gibier ou de poisson.

Le hockey sur glace, plus qu'un sport

Ici le hockey sur glace est non seulement LE sport national, mais une véritable religion ! C'est d'ailleurs au Canada qu'il aurait été inventé au XIXe siècle. Depuis, partout dans la province, on court les patinoires et, dès que reprend le championnat de la LNH (Ligue nationale de hockey) qui regroupe les franchises du Canada et des États-Unis, rares sont les Québécois à ne pas être devant leur poste de télévision en famille ou entre amis, une bonne bière fraîche à la main.

De début octobre, à l'occasion du match d'ouverture, jusqu'à la finale en juin, le Québec vit au rythme des rencontres nord-américaines. C'est d'ailleurs à Montréal que l'on grave le nom des vainqueurs sur la mythique Coupe Stanley, la récompense la plus prestigieuse du monde. L'exercice prend plusieurs semaines et, depuis 1892, seulement quatre personnes s'y sont employées ; c'est la Montréalaise Louise St-Jacques qui s'en charge depuis plus de deux décennies.

S'il y a une équipe emblématique dans la Ligue, ce sont bien les Canadiens de Montréal. Vénérable pensionnaire de la LNH, c'est tout simplement la plus vieille équipe au monde. Fondée le 4 décembre 1909, elle est aussi la plus titrée avec 24 Coupes Stanley remportées. Après avoir fait ses armes dans la National Hockey Association of Canada, l'équipe de Montréal, qui s'appelait encore le Club Athlétique Canadien, est déjà en 1910 la franchise la plus réputée sur les patinoires du pays. Après une réunion le 26 novembre 1917 à l'Hôtel Windsor de Montréal, les propriétaires des Canadiens de Montréal, des Wanderers de Montréal, des Bulldogs de Québec, des Sénateurs d'Ottawa et des Arenas de Toronto décident de créer une nouvelle Ligue, la LNH (NHL en anglais), et de l'ouvrir au voisin américain. Pendant 25 ans, jusqu'à 10 équipes vont participer à cette nouvelle compétition. Mais après la Grande Dépression de 1929, le nombre de franchises va diminuer et elles ne seront plus que 6 à se disputer le trophée de 1942 à 1967 (Canadiens de Montréal, Maple Leafs de Toronto, Bruins de Boston, Red Wings de Detroit, Rangers de New York et Blackhawks de Chicago). Depuis, leur nombre ne va cesser de croître, jusqu'à atteindre 32 franchises à l'heure actuelle.

Mais tout au long de ce siècle, ce sont bien les Canadiens de Montréal qui ont marqué de leur empreinte l'histoire de la compétition. C'est d'ailleurs la seule équipe qui a soulevé le trophée 5 fois d'affilée (de 1956 à 1960), une performance toujours inégalée. Et avec son nom gravé 11 fois sur le trophée, l'ancien centre des Canadiens Henri Richard est le joueur le plus titré de l'histoire de la Ligue. Une histoire de famille puisque son frère Maurice Richard fut aussi une légende des Canadiens (et du hockey en général) en devenant en 1957 le premier joueur à marquer plus de 500 buts.

Après avoir évolué entre 1924 et 1996 (et remporté 22 de leurs 24 Coupes Stanley) dans l'antique Forum de Montréal, la franchise montréalaise joue depuis sur la patinoire du **Centre Bell** (p.161) (info et billets : centrebell.ca). Avec un peu plus de 21 000 sièges en configuration hockey, c'est tout simplement la plus grande salle de la Ligue. C'est dans ce véritable temple du hockey que tous les amateurs du monde rêvent d'aller assister à une rencontre de la LNH. Et c'est ici que tous les habitants de Montréal attendent de voir leur équipe soulever une première Coupe Stanley depuis... 1993 et la victoire sur les Kings de Los Angeles (4-1). 30 ans d'attente, ça commence à faire long, d'autant que l'équipe est passée près de la remporter en 2021, se rendant en finale pour la première fois depuis 1993 et plongeant le Québec dans l'euphorie totale. Pour ceux qui aimeraient voir évoluer les futures stars de la LNH, les matchs du club-école des Canadiens (rocketlaval.com) ainsi que ceux de la Ligue de hockey junior majeur du Québec (lhjmq.qc.ca) sont chaudement recommandés.

D'autres sports professionnels à voir

Très proche du football américain, à quelques règles près, le football canadien partage aussi plusieurs affinités avec le rugby. Membre de la Ligue canadienne de football (LCF), l'équipe des Alouettes de Montréal (montrealalouettes.com) fut fondée en 1946. Après avoir changé de nom en 1983 (Concordes) et avoir cessé ses activités en 1987, l'équipe revient à Montréal en 1996. Son domicile, le Stade Percival-Molson, est toujours plein à craquer, et une ambiance du tonnerre y règne à chaque match. La saison régulière s'étend de début juillet à début novembre, suivie des demi-finales et finales pour le championnat. Les Alouettes ont d'ailleurs remporté 7 Coupes Grey, les plus récentes en 2009 et 2010. Le football universitaire est également très prisé avec 5 équipes au Québec membres du réseau U Sports qui regroupe toutes les équipes du pays (usports.ca). Le Rouge et Or de l'Université Laval à Québec est d'ailleurs l'équipe la plus titrée du championnat avec 10 Coupes Vanier remportées.

La métropole québécoise compte aussi une équipe de football professionnel (soccer en Amérique du Nord), le CF Montréal (cfmontreal.com), la seule au Québec. Elle a remporté le titre de champion de la ligue USL-1 en octobre 2009, exploit également accompli en 1994 dans l'American Professional Soccer League et en 2004 dans la A-League. En 2012, l'équipe a accédé à la Ligue Majeure de Soccer (MLS), le niveau le plus élevé en Amérique du Nord, mais n'a jamais remporté la Coupe MLS. Si vous désirez assister à un match, rendez-vous au Stade Saputo situé au Parc olympique, dans l'est de la ville.

Le Mont-Tremblant.

GASTRONOMIE

Si pour certains le Québec est synonyme d'une cuisine nord-américanisée, un petit tour de ce côté de l'océan les convaincra du contraire. Le Québec est un heureux mélange de cuisine traditionnelle riche et réconfortante, de spécialités sur le pouce en version *fast food* ou gonflée aux saveurs locales, de nouvelles tendances axées sur la proximité et les produits de la forêt boréale, sans oublier une scène culinaire qui fait briller de grands chefs et leur relève.

Chaque région de la province propose une cuisine qui reflète aussi ses particularités géographiques. Ainsi, l'abondance des lacs, rivières et forêts font du gibier et des poissons d'eau douce des mets de choix. Le Québec maritime est, quant à lui, réputé pour les mollusques et crustacés, alors que le sud-ouest de la province est une région de prédilection pour la production fruitière et la viticulture. Bref, la cuisine québécoise a de quoi régaler tous les palais.

Cuisine traditionnelle

Ce sont les recettes typiques de nos grands-mères, des plats consommés essentiellement sur les tables familiales lors des fêtes et réunions et dans certains restaurants spécialisés dans la cuisine traditionnelle. Importée par les premiers colons, la cuisine traditionnelle québécoise s'est adaptée au climat rigoureux de la province, intégrant légumes racines, gibier et viande d'élevage pour un résultat des plus caloriques : soupe de gourganes (grosses fèves) ou aux pois jaunes avec porc salé, cretons (terrine de porc haché ressemblant aux rillettes), fèves au lard, canard au sirop d'érable, gibelotte de lapin au cidre, ragoût de pattes (pattes de porc, pommes de terre et épices), ragoût de boulettes de porc, cipaille (ou sipaille, cipâte : pâté de viande aux pommes de terre), et diverses tourtières (tourtes), à l'origine à base de gibier, aujourd'hui confectionnées avec des viandes de porc et de veau mélangées dont les recettes varient d'une région à l'autre (la plus connue : la tourtière du Lac-Saint-Jean). Les becs sucrés couronneront ce copieux repas avec une pointe de tarte au sucre ou un pouding chômeur. Pour découvrir la cuisine traditionnelle québécoise, faites un saut du côté des restaurants **La Binerie Mont-Royal** (p.147) à Montréal et **Buffet de l'Antiquaire** (p.398) à Québec, et pour mettre la main à la pâte : recettes.qc.ca/dossiers/cuisine-du-monde/dossier/quebec

Spécialités populaires

Elles se dégustent principalement sur le pouce et figurent au menu de nombreux restaurants de la province, à commencer par l'indétrônable poutine, ce plat de frites garnies de fromage en grains et nappées d'une sauce brune (*gravy*), s'offrant aussi en versions gastronomique (foie gras, boudin de cochon, homard…), végé, saveurs du monde… À Montréal, **La Banquise** (p.147) est une référence en la matière !

Il y a également le *smoked meat*, une viande de bœuf fumée servie sur pain de seigle ou en sandwich, accompagnée de cornichons à l'aneth. Le restaurant **Schwartz's** (p.149) à Montréal en fait sa grande spécialité. Il n'est pas rare de devoir faire la queue pendant un bon moment avant de pouvoir s'y attabler, mais le jeu en vaut la chandelle.

Dans les cantines et restaurants des régions maritimes, mais également ailleurs dans la province, l'été rime avec guédille au homard, un pain à hot-dog dans lequel on met une généreuse portion de salade de homard. Tout simplement délicieux !

Puis vient le bagel, rouleau en forme d'anneau, à la texture très ferme, fait d'une pâte au levain naturel, cuit brièvement dans l'eau avant d'être passé au four. On peut le prendre au sésame classique, aux graines de pavot, à l'oignon, etc., ou alors garni de saumon fumé avec fromage à la crème, oignons et câpres.

Le casse-croûte

Casse-croûte, snack-bar, cantine, roulotte à patates : le Québec en compte des milliers répartis dans toutes les régions de la province, très souvent le long des routes. Grand classique de la restauration rapide et très populaire auprès des voyageurs en voiture, le casse-croûte a connu son apogée dans les années 1960 et 1970. S'il a connu un déclin dans les décennies suivantes, il a repris du galon récemment, figurant désormais comme un incontournable de la scène culinaire québécoise. Pour preuve, l'émission *Sur le pouce* animée par Benoît Roberge qui met en vedette ces petits restos sans prétention si importants dans le quotidien des quartiers, villages et régions du Québec. L'émission fut si populaire qu'un recueil des 165 meilleurs casse-croûtes de la province fut publié en 2016 sous le même nom. Si on y trouve principalement du *fast food* et des plats de cuisine familiale (burger, hot-dog, frites, poutines, sandwichs et « sous-marins » de toutes sortes, poulet rôti, spaghettis, pizzas, etc.), le casse-croûte s'est réinventé dernièrement, offrant une carte plus actuelle et gourmande, où les produits régionaux et la créativité ont la cote. Le restaurant **Grand'Ourse** (p.282) dans le Bas-Saint-Laurent en est un bon exemple. Si vous cherchez plutôt un casse-croûte classique, le **Casse-croûte Le Connaisseur** (p.494) à Tadoussac et la **Cantine Sainte-Flavie** (p.299) en Gaspésie sont à découvrir.

Nouvelles tendances

La cuisine québécoise actuelle va au-delà des clichés véhiculés – à tort ou à raison – depuis fort longtemps. Fini l'époque des recettes nord-américaines des années 1950, et il en va de même pour la cuisine gastronomique qui se résumait, jusqu'aux années 2000, à de la cuisine française. Et tout n'est pas que *fast food* non plus. Terroir, proximité et créativité sont désormais les mots d'ordre d'une scène culinaire en pleine ébullition, sans perdre de vue racines et traditions. Pleins feux sur trois tendances qui ont le vent dans les voiles.

Cuisine du marché. Alors que pendant longtemps, il était tendance de travailler avec des produits importés des quatre coins du monde, les chefs québécois se sont dorénavant donné pour mandat de cuisiner dans une optique de proximité, de disponibilité et de saison. Il faut dire que les consommateurs sont de plus en plus sensibilisés à la cause, désirant s'assurer que les aliments aient parcouru le moins de distance possible entre le champ et l'assiette, et que les approvisionnements se fassent selon la disponibilité saisonnière des produits. En période hivernale, nul besoin de dire que ce concept présente toutefois quelques difficultés. Certains chefs vont également cuisiner avec des bières ou spiritueux artisanaux du Québec, faire leur propre pain maison frais du jour, ou encore installer des jardins derrière le resto ou sur le toit afin de cultiver eux-mêmes leurs légumes et aromates. Quelques-uns ont même poussé l'expérience jusqu'à avoir une ruche urbaine pour récolter un miel on ne peut plus local. La cuisine du marché étant devenue incontournable, elle se trouve facilement dans les bonnes tables de la province.

De la forêt à la table. Les forêts québécoises regorgent de succulents produits comestibles. Très utilisés autrefois, notamment par les Autochtones qui s'en servent encore aujourd'hui, ils gagnent en popularité depuis quelques années chez les restaurateurs et artisans de la province. Champignons sauvages (chanterelle, bolet orangé, pleurote, cèpe d'Amérique…), légumes et petits fruits forestiers (amélanche, argousier, bleuet sauvage, camerise, chicoutai, courges, légumes racines, sureau…), plantes et fleurs comestibles (asclépiade, monarde, tanaisie…), noix nordiques (noix de noyer noir, de noyer cendré, noix de cœur…), thés et tisanes (thé des bois, thé du Labrador…) ou encore épices et aromates (myrique baumier, salicorne…), ils se dégustent nature ou sous forme de produits transformés. Pour goûter à toute la richesse des produits forestiers comestibles du Québec, des restaurants spécialisés en cuisine boréale ou nordique comme **Chez Boulay** (p.398) à Québec, **Chez Saint-Pierre** (p.289) au Bic et **La Galouine Auberge et Restaurant** (p.493) à Tadoussac sont hautement recommandés.

Il faut aussi souligner le programme de certification Fourchette bleue qui encourage les restaurants et les poissonneries du Québec à offrir des saveurs méconnues parmi les nombreuses espèces comestibles du Saint-Laurent, le tout dans une perspective de développement durable et de protection de la biodiversité. En encourageant la diversification de la consommation de produits marins, on veut réduire la surpêche de certaines espèces et mettre en avant des produits moins connus : la clovisse arctique, la mactre de Stimpson, la mye commune, l'oursin vert, le phoque gris, certaines espèces d'algues… Le logo Fourchette bleue permet d'identifier les produits certifiés dans les établissements partenaires, qui sont de plus en plus nombreux avec le temps. Une façon futée de consommer et de découvrir les richesses du Saint-Laurent. Pour en savoir plus : exploramer.qc.ca/fourchette-bleue

© MICHAEL L BROWN-SHUTTERSTOCK

Une Poutine.

© ANDRIY BLOKHIN / SHUTTERSTOCK.COM

Le marché des fermiers de Jean-Talon à Montréal.

Cuisine autochtone. Les Autochtones cuisinent traditionnellement sur feu de bois. Ils font la distinction entre la nourriture de bois, qui est à la base de leur régime alimentaire traditionnel, et celle des Blancs, achetée au supermarché. Elle se compose essentiellement de produits frais tirés de leur environnement. Selon la saison ou le lieu, il s'agit de saumon, phoque, caribou, orignal, porc-épic, ours, et de baies (atocas, bleuet, chicoutai...). Ces mets sont servis rôtis, bouillis ou cuits, accompagnés de thé et de la fameuse bannique amérindienne, sorte de pain ayant la consistance d'un gâteau. Aujourd'hui, il est possible de déguster la nourriture de bois assis, dans une tente, sur un matelas de sapinage. Pour une version plus contemporaine, le restaurant La Traite (p.423) à Wendake est un must.

Alcools artisanaux

De loin la plus populaire, l'industrie de la bière artisanale fait fureur depuis une décennie, une tendance qui n'est pas près de s'essouffler. Bien qu'il y ait des grandes compagnies industrielles dominant le marché (Molson-Coors, AB InBev-Labatt...), les microbrasseries et brasseries artisanales se multiplient aux quatre coins du Québec. Elles incorporent souvent des ingrédients locaux dans le brassage afin de donner un caractère bien régional aux différentes bières maison.

Le Québec produit aussi du vin. La principale région vinicole se trouve dans la région de Brome-Missisquoi dans les Cantons-de-l'Est, mais on retrouve également des vignobles dans les régions de la Montérégie, de Chaudière-Appalaches, de Québec, de l'Outaouais ou encore des Laurentides, par exemple. Une spécialité à découvrir est sans conteste le vin de glace : les raisins sont vendangés gelés, ce qui leur fait conserver une forte teneur en sucre. Un pur délice !

La Belle Province se spécialise également dans la fabrication de cidres, dont le cidre de feu ou de glace, de liqueurs d'érable, de caribou (un mélange détonnant d'alcool fort, de vin rouge et d'aromates) et d'autres délices issus du riche terroir québécois. Et depuis quelques années, le Québec s'est mis à l'heure de la distillation en produisant gins, vodkas et autres spiritueux.

Grands chefs et relève prometteuse

La scène culinaire québécoise compte dans ses rangs plusieurs grandes pointures. Parmi ses têtes d'affiche, Normand Laprise, chef derrière le Toqué! (p.142), le Burger T! et le Beau Mont. Puis vient son bon ami, Martin Picard, amoureux de cuisine généreuse et de foie gras, deux éléments qui se retrouvent à l'ardoise de ses restaurants Au Pied de Cochon, Cabane Au Pied de Cochon et Cabane d'à Côté. Et on ne peut passer sous silence Jérôme Ferrer qui est à la barre de l'un des meilleurs restaurants gastronomiques de la province, l'Europea (p.143).

Cela dit, plusieurs jeunes chefs sont déjà bien établis également. On n'a qu'à penser à Antonin Mousseau-Rivard du Mousso (p.146), Charles-Antoine Crête du Montréal Plaza (p.151), Arnaud Marchand de Chez Boulay (p.398), Stéphane Modat et son nouveau resto Le Clan (p.399) ou encore Colombe Saint-Pierre de Chez Saint-Pierre (p.289). Et ce n'est que la pointe de l'iceberg...

AGENDA

Les Québécois sont de bons vivants et ont toujours l'âme à la fête. Même par -20 °C, rien ne refroidit leur ardeur. Et tout est prétexte à célébrer, de l'érable à la bière artisanale, en passant par l'humour, le western et la motoneige. La scène culturelle jouit aussi d'une belle visibilité. D'ailleurs on ne compte plus le nombre de festivals dédiés à la musique dans la province, lesquels se relaient sans temps mort douze mois durant. Que l'on soit plutôt musique classique ou alors punk rock, aucun problème, tous les styles sont représentés. D'autres disciplines des arts de la scène rayonnent également, comme le théâtre, le cirque et la poésie. Puis viennent les grands rendez-vous sportifs de calibre international, mettant en vedette la course automobile, le tennis, les sports de glisse, etc. Comme il est impossible de tout lister, référez-vous au site web de Tourisme Québec pour ne rien manquer (bonjourquebec.com).

IGLOOFEST

Quai Jacques-Cartier
MONTRÉAL
igloofest.ca
Mi-janvier à mi-février. 18 ans et plus. Autre événement à Québec.

Sortez vos *moonboots* et votre habit de neige « une pièce » et venez vivre les soirées les plus électrisantes de l'hiver ! Pendant quatre week-ends consécutifs, du jeudi au samedi, les meilleurs artistes de la scène électronique et hip-hop se rassemblent sur un site extérieur époustouflant, devant des milliers de festivaliers le sourire aux lèvres : c'est ça Igloofest. De quoi vous faire oublier les rigueurs de l'hiver ! L'équipe organise aussi une version estivale au parc Jean-Drapeau de mi ou fin mai à début octobre : *Piknic Électronik* (piknicelectronik.com).

CARNAVAL DE QUÉBEC

QUÉBEC
✆ +1 866 422 7628
carnaval.qc.ca
Début à mi-février.

Qui n'a pas entendu parlé du fameux Carnaval de Québec et de son illustre Bonhomme ? C'est l'occasion en or pour aller jouer dehors avec une foule d'activités offertes dans les différents quartiers de la ville. Expériences urbaines, gourmandes, sportives et de plein air : il y en a pour tous les goûts et tous les publics ! Ne ratez pas les deux défilés de nuit (Grande Allée et 3e Avenue), le bain de neige pour les moins frileux (maillot de bain requis), ainsi que la course de canots à glace sur le fleuve Saint-Laurent. Un incontournable de l'hiver québécois !

LA POUTINE WEEK

MONTRÉAL
www.lapoutineweek.com
Début à mi-février.

Plat emblématique de la Belle Province, la poutine a droit à deux semaines entières de célébrations lors de la Poutine Week qui se tient dans divers restaurants et bars de Montréal, mais aussi à travers la province, des Laurentides au Saguenay. Même le reste du pays a emboîté le pas, comme à Toronto, Winnipeg ou Vancouver, par exemple. Organisé sous forme de concours, cet événement vous permettra de découvrir ce plat typique et de déguster différentes variantes conçues spécifiquement pour l'occasion. Vous ne ferez pas de régime ici !

GRAND PRIX SKI-DOO DE VALCOURT

917, route 222 - **VALCOURT**
✆ +1 450 532 3443
www.grandprixvalcourt.com
Vers la mi-février. Billets journaliers et forfaits week-end disponibles.

Février venu, la « capitale de la motoneige » se met sur son trente-et-un pour accueillir l'un des plus importants événements du genre au monde, attirant la crème des pilotes de partout en Amérique du Nord, et parfois même aussi loin que l'Europe. Entre autres au programme, du snocross et du snowbike sur circuit routier, des courses de motoneige sur ovale de glace et celles de moto et VTT sur ovale de glace et circuit routier. Zone familiale en journée et spectacles en soirée.

MONTRÉAL EN LUMIÈRE

MONTRÉAL

✆ +1 514 288 9955

www.montrealenlumiere.com

En février. Certaines activités gratuites, d'autres payantes.

Un événement haut en couleur qui réunit les meilleurs talents d'ici et d'ailleurs dans les domaines des arts de la scène et de la gastronomie. La programmation comprend également un site extérieur gratuit à la place des Festivals, proposant une foule d'activités pour petits et grands, sans oublier la fameuse Nuit Blanche. Se tenant un samedi durant le festival, ce sont des dizaines et dizaines d'activités culturelles - pour la plupart gratuites - aux quatre coins de la ville. Et depuis 2022, le patin à glace a fait sa grande entrée au festival.

TRAVERSÉE DE LA GASPÉSIE

✆ +1 418 368 8803

tdlg.qc.ca

En février. Inscription à l'avance obligatoire, différents forfaits disponibles.

Des vacances sportives en formule tout inclus au cœur d'une région figurant sans cesse dans divers palmarès du magazine *National Geographic*, ça vous dit ? Faites votre sac à dos, chaussez vos skis ou vos raquettes et embarquez dans cette belle aventure mêlant sport, nature, découverte et rencontres mémorables. Ce n'est en aucun cas une compétition, mais une bonne forme physique est nécessaire pour effectuer le parcours. À noter que la Traversée de la Gaspésie se vit également l'automne avec sa version « bottine » (randonnée pédestre).

CABANE PANACHE

Rue Welington

MONTRÉAL

www.promenadewellington.com

En mars. Accès gratuit au site.

On raconte qu'elle est la plus grosse célébration du temps des sucres en ville, et pour cause : les festivités occupent le pavé sur quelques pâtés de maisons sur la promenade Wellington de l'arrondissement Verdun. Le site prend des airs festifs et gourmands, avec une bonne dose de folklore québécois. Près de 100 000 personnes viennent profiter des spectacles musicaux, des activités bien traditionnelles (sciage de bois, lancer de hache, etc.) et, bien sûr, des plats et boissons mettant en vedette l'érable. À vivre absolument !

FESTIVAL REGARD

VILLE DE SAGUENAY

festivalregard.com

Fin mars. Différents passeports donnent accès à tous les évènements et projections. Billets à l'unité aussi disponibles.

L'un des principaux festivals de films courts métrages en Amérique du Nord a été fondé en 1995 à Saguenay. Chaque année, l'événement présente près de 200 courts métrages québécois et internationaux. Considéré comme « une rampe de lancement internationale pour le cinéma canadien », le festival propose de nombreuses activités pour tous les publics : cabaret festif ouvert tous les soirs, projections en plein air, focus sur une cinématographie étrangère, etc. S'y tient également le Marché du court qui s'adresse tant aux professionnels qu'au grand public.

FESTIVAL QUÉBEC BD

QUÉBEC

✆ +1 418 524 9696

quebecbd.com

En avril.

Plus vieil événement du genre au Québec, le 9e art est ici célébré en grande pompe ! L'événement, qui en est à plus de 35 ans d'existence, offre une riche programmation comprenant des spectacles, des expositions, des animations pour les jeunes, des rencontres professionnelles et une foule d'activités liées au monde de la bande dessinée. Alors que se tient à la même période le Salon international du livre du Québec, Québec BD en profite pour y installer ses pénates et présenter une partie de son événement (animations, rencontres, démonstrations).

MONDIAL DE LA BIÈRE

1160, avenue des Canadiens-de-Montréal

MONTRÉAL ✆ +1 514 722 9640

festivalmondialbiere.qc.ca

En mai, du jeudi au dimanche. Entrée gratuite, coupons de dégustation en vente sur place.

Des brasseries québécoises et canadiennes, mais également d'une dizaine de pays, se partagent les pompes des kiosques, petits pubs et pavillons de cette grande fête de la bière au cœur du centre-ville de Montréal. C'est l'endroit idéal pour découvrir des nectars locaux comme internationaux, le tout dans une ambiance des plus agréable. Spectacles musicaux, animations et activités spéciales sont également au programme de l'événement, sans oublier les mythiques soirées Off Mondial se tenant dans diverses brasseries artisanales et microbrasseries de la ville.

CARREFOUR INTERNATIONAL DE THÉÂTRE

QUÉBEC

✆ +1 418 529 1996

www.carrefourtheatre.qc.ca

Fin mai à début ou mi-juin.

Grand événement annuel de théâtre avec des pièces contemporaines venant du monde entier, choisies parmi les meilleures créations nationales et internationales. Cirque, danse et arts visuels s'y entremêlent dans des œuvres originales qui embrassent différentes formes et langages. Pour casser la croûte, prendre un verre et faire la fête, rendez-vous au Zinc, le café-bar éphémère du festival (160, rue Saint-Joseph). La majorité des activités satellites du festival s'y tiennent d'ailleurs.

SALON DE L'IMMIGRATION ET DE L'INTÉGRATION AU QUÉBEC

1001, place Jean-Paul-Riopelle

MONTRÉAL

www.salonimmigration.com

Fin mai-début juin. Entrée libre.

Organisé par Immigrant Québec, le SIIQ convie la clientèle immigrante (résident permanent, résident temporaire, étudiant) à découvrir la gamme de services mis à sa disposition et couvrant tous les aspects de la vie quotidienne : recherche d'emploi, formation, entrepreneuriat, réseautage, installation, logement, immigration, vie quotidienne et plus encore. Également au programme : conférences, ateliers, espace CV, sessions de recrutement express, etc. À ne pas manquer !

FESTIVAL MURAL

Boulevard Saint-Laurent

MONTRÉAL

www.muralfestival.com/fr

Une dizaine de jours en juin.

MURAL récidive année après année avec un superbe *happening* célébrant la créativité et l'art urbain. Un véritable musée à ciel ouvert avec des fresques murales, des installations et des expositions, des ateliers, de la musique… Pour la liste des emplacements de toutes les fresques murales, consultez le site web du festival. Sachez également que des visites guidées des murales sont proposées pendant l'événement (des visites guidées du même genre sont aussi proposées toute l'année avec la compagnie Spade & Palacio). À voir absolument !

FESTIVAL DE LA CHANSON DE TADOUSSAC

Au coeur du village - **TADOUSSAC**

✆ +1 418 235 4108

chansontadoussac.com

Vers la mi-juin. Passeports festival et billets à l'unité. Autres événements en été et en octobre.

Le plus grand des petits festivals ! Durant quelques jours, auteurs, compositeurs, interprètes et musiciens de la francophonie se donnent rendez-vous à Tadoussac pour célébrer la chanson. Artistes de la relève ou confirmés, ils se relayent sur différents sites dans le superbe paysage côtier de ce village. Cet événement accueille également des artistes pendant tout l'été dans le cadre du ROSEQ (Réseau des Organisateurs de l'est du Québec), sans oublier son petit festival en octobre.

FRANCOS DE MONTRÉAL

Quartier des spectacles

MONTRÉAL

✆ +1 514 876 8989

www.francosmontreal.com

Vers la mi-juin. Nombreux spectacles gratuits (notamment tous ceux présentés à l'extérieur).

C'est LA grande fête musicale de la francophonie, présentant des artistes provenant du Québec bien sûr, mais aussi de France, d'Afrique et d'ailleurs… En tout, une dizaine de jours bien remplis avec de nombreux spectacles musicaux, dont la plupart à l'extérieur et gratuits. Bien entendu, une belle place est réservée aux artistes de la relève et permet de faire des découvertes géniales. Implantés dans les rues du Quartier des spectacles, des stands sont prévus pour manger ou prendre un verre à l'intérieur de l'espace festival.

FROMAGES, BOUFFE & TRADITIONS

20, rue de Bigarré

VICTORIAVILLE

✆ +1 819 751 9990

www.fromagesbouffetraditions.ca

Vers la mi-juin. Entrée et activités gratuites.

Cet événement gourmand en plein air est axé sur l'univers fromager, la bonne bouffe et le divertissement théâtral d'époque. Plus d'une soixantaine d'exposants s'y donnent rendez-vous, des artisans fromagers aux producteurs de viandes, en passant par les pâtissiers, les producteurs d'alcools et de bières de microbrasseries, les *food trucks*, les artisans en métiers d'art, etc. La programmation comprend également des spectacles, des animations familiales et autres activités spéciales.

GRAND PRIX DU CANADA

Circuit Gilles-Villeneuve
MONTRÉAL
✆ +1 514 350 0000
www.gpcanada.ca
Vers la mi-juin. Billets à l'unité (1 ou 3 jours) et forfaits avec hébergement disponibles.

Chaque année, le cirque de la Formule 1 débarque à Montréal où les meilleurs pilotes du monde se disputent une des étapes du championnat du monde. Le circuit de Montréal est d'ailleurs l'un des préférés des pilotes et des fans de sport automobile. La métropole prend alors des airs de fête perpétuelle avec des festivités organisées partout en ville, du Vieux-Montréal à la Petite Italie. Bonus : la journée « portes ouvertes » au circuit qui permet de circuler devant les paddocks et d'admirer l'assemblage des monoplaces de chaque écurie.

FESTIVAL INTERNATIONAL DE JAZZ DE MONTREAL

Quartier des spectacles - **MONTRÉAL**
✆ +1 514 871 1881
www.montrealjazzfest.com
Fin juin à début juillet. Nombreux spectacles gratuits (notamment tous ceux présentés à l'extérieur).

De grande renommée, il se classe comme le plus grand festival de jazz de la planète selon les *Guinness World Records*. Artistes légendaires ou découvertes, c'est au travers de 350 concerts, dont les deux tiers sont gratuits, que la ville devient pour une dizaine de jours un véritable berceau du jazz. Les spectacles en salle ou en extérieur constituent la plus grande célébration musicale de l'été dans la métropole ! Programmation intérieure le reste de l'année également.

POW WOW DE WENDAKE

WENDAKE
✆ +1 418 847 1835
tourismewendake.ca
Fin juin à début juillet. Droits d'entrée. Certaines activités gratuites.

Un Pow Wow est une célébration traditionnelle des Premières Nations de l'Amérique du Nord. Celle des Hurons-Wendat de Wendake comprend notamment des compétitions de danses et de tambours, des spectacles musicaux, la messe du Pow Wow, des dégustations de viande de gibier, des espaces découvertes et traditions, un sentier des artisans, un espace jeunesse... Une occasion en or pour plonger au cœur de la nation huronne-wendat ! Si vous n'avez pas de voiture, un service de navette payante est mis à disposition entre Québec et Wendake.

FESTIVAL D'ÉTÉ DE QUÉBEC

QUÉBEC
✆ +1 418 529 5200
www.feq.ca
Début à mi-juillet. Spectacles extérieurs et en salle. Certains sites et spectacles sont gratuits.

Sa réputation dépasse largement les frontières du Québec. Le Festival d'été est l'un des plus gros événements de musique dans la province, accueillant les artistes du monde francophone et d'ailleurs. Rien de moins que onze jours de festivités et d'effervescence axés sur la musique et les arts de la rue. Des grandes pointures, comme Metallica, Elton John, Stevie Wonder, Paul McCartney, Lady Gaga, The Rolling Stones, Red Hot Chili Peppers, Muse, Pink, IAM et Ice Cube, y ont donné des spectacles mémorables. Belle place réservée aux artistes québécois également.

MONTRÉAL COMPLÈTEMENT CIRQUE

MONTRÉAL
✆ +1 514 376 8648
montrealcompletementcirque.com
Début à mi-juillet. Programmation extérieure gratuite et participative dans certains lieux.

Né de l'initiative de la TOHU, maître d'œuvre du projet, avec le soutien du Cirque Éloize, des 7 Doigts de la Main, du Cirque du Soleil, de l'École Nationale de Cirque et d'En Piste, cet événement annuel braque les projecteurs sur la diversité de formes et d'expressions des arts du cirque. Il faut dire que Montréal jouit d'une belle réputation dans le domaine et se positionne comme capitale de cet art. Un événement tellement merveilleux et rafraîchissant !

FESTIVAL DE LANAUDIÈRE

1655, boulevard Base-de-Roc
JOLIETTE
✆ +1 450 759 7636
www.lanaudiere.org
Début juillet à début août.

Un des événements les plus prestigieux d'Amérique du Nord dans le domaine de la musique classique. Ce festival vous assure la participation de solistes de grand renom de la scène nationale et internationale. Les concerts et récitals ont lieu à l'amphithéâtre ainsi que dans plusieurs églises de la région. D'autres activités figurent aussi au programme : concerts d'orchestres symphoniques de jeunes, série de spectacles hors les murs, messes des artistes, cinéma musical en plein air, etc. Service de navette entre Montréal et le festival.

1001 POTS

2435, rue de l'Église
VAL-DAVID
✆ +1 819 322 6868
1001pots.com
Début juillet à mi-août : lundi-dimanche, 10h-18h. 12 ans et plus : 4 CAN $.

Il s'agit de la plus grande exposition d'objets en céramique contemporaine en Amérique du Nord. Sur un joli site boisé en plein air, on se promène parmi les œuvres de près d'une centaine d'artisans québécois, accomplis ou de la relève. Au détour de l'exposition, vous admirerez des objets décoratifs, des vases et des pots, de la vaisselle, des bijoux et bien d'autres. Des ateliers figurent également à la programmation (atelier enfant, initiation adulte, cours intensif), ainsi que des démonstrations, des performances artistiques variées, etc.

FESTIVAL INTERNATIONAL DU BLUES DE TREMBLANT

1000, chemin des Voyageurs - **MONT-TREMBLANT**
✆ +1 819 681 3000
blues.tremblant.ca
Vers la mi-juillet.

Chaque été, Tremblant vibre au son du Festival international du blues de Tremblant. Des musiciens d'ici et des quatre coins de la planète proposent quelques jours de blues, de ses racines les plus pures à ses influences R&B, soul, funk, country, folk et rock. Une belle programmation de spectacles extérieurs et intérieurs, pour la plupart gratuits, est présentée dans un environnement nature sous forme de blues de rue, de performances spontanées, etc. Zone familiale également sur le site (maquillage thématique, atelier de bricolage...).

FESTIVAL INTERNATIONAL NUITS D'AFRIQUE

Quartier des spectacles et différentes salles en ville - **MONTRÉAL** ✆ +1 514 499 9239
www.festivalnuitsdafrique.com
Vers la mi-juillet. Spectacles en salle payants, gratuits en extérieur. Nombreuses activités sur le site extérieur.

Un festival unique en Amérique du Nord, regroupant les meilleures formations de la scène africaine, antillaise et sud-américaine. Les artistes font bouger les têtes sur des rythmes aux multiples influences. Durant ces jours d'été, entre musiques traditionnelles, jazz, électro ou encore bossa nova, c'est surtout une ambiance qui se crée. En plus, des concerts sont aussi programmés le reste de l'année ainsi que des ateliers et conférences inspirantes sur le thème de la musique.

FESTIVAL JUSTE POUR RIRE

Quartier des spectacles
MONTRÉAL
montreal.hahaha.com/fr
De la mi à la fin juillet.
Spectacles en salle payants, gratuits à l'extérieur.

Clairement un des festivals les plus populaires de la métropole qui fait vibrer le Quartier des spectacles avec les meilleurs humoristes de la Belle Province. Il fêtait d'ailleurs ses 40 ans en 2022 ! Se déroulent en parallèle le pendant anglophone du festival, Just For Laughs Montreal, ainsi que le Zoofest, un événement dédié aux humoristes de la relève, dans une formule non-conventionnelle et festive. Rires garantis ! À noter qu'une programmation annuelle de spectacles d'humour en salle est aussi offerte (voir hahaha.com pour plus d'infos et les billets).

LE FESTIF ! DE BAIE-SAINT-PAUL

BAIE-SAINT-PAUL
www.lefestif.ca
Fin juillet. Billet à l'unité et passeport festival disponibles. Plusieurs spectacles sont gratuits.

Le charmant village de Baie-Saint-Paul prend ses plus beaux airs de fête pendant quatre jours lors de cet événement rassembleur à la fois festif et familial. Au programme, des spectacles musicaux d'artistes québécois et internationaux, dont la majorité à lieu en plein air. En hiver se tient le Cabaret Festif ! de la Relève, le volet concours du festival qui permet au gagnant de se produire à la prochaine édition (plus d'infos : cabaret.lefestif.ca).

FESTIVAL EN CHANSON DE PETITE-VALLÉE

Petite-Vallée et Grande-Vallée - **PETITE-VALLÉE**
✆ +1 418 393 2592
www.festivalenchanson.com
Fin juillet à début août. Programmation annuelle également.

On plonge ici au cœur de la chanson francophone grâce à cet événement d'envergure qui présente des concerts de qualité lors de son immanquable Festival en chanson, lequel se tient annuellement depuis une quarantaine d'années. La relève y occupe une place de choix, le festival mettant de l'avant une sélection d'auteurs-compositeurs-interprètes émergents via les Escales en chanson de Petite-Vallée. Quelques artistes confirmés pour 2023 : Richard Séguin, Florent Vollant, Les Hay Babies.

FESTIVAL MUSIQUE DU BOUT DU MONDE

GASPÉ

✆ +1 418 368 5405

musiqueduboutdumonde.com

Début août. Billet à l'unité et passeport festival disponibles.

Que ce soit des talents gaspésiens, des grands noms de la musique du monde ou des découvertes musicales d'une relève prometteuse, la programmation du Festival Musique du Bout du Monde saura charmer, surprendre, émouvoir les adeptes et les nouveaux festivaliers. On y présente également des concerts au lever du soleil dans le parc national Forillon, un événement musical des plus magiques, à condition d'être en mesure de se lever aux aurores. Un festival à découvrir sans plus tarder !

FÊTES DE LA NOUVELLE-FRANCE

Vieux-Québec

QUÉBEC

✆ +1 418 694 3311

www.nouvellefrance.qc.ca

Début août.

Le Québec du XVIIe siècle renaît ! Pendant quelques jours, filles du Roy, coureurs des bois, soldats et autres personnages de l'époque envahissent trois sites du Vieux-Québec. Reconstitutions, théâtres, animateurs, costumes, musiques, arts... Rien n'est laissé au hasard pour remonter au temps du Régime français. Les nations autochtones ne sont pas en reste avec une programmation axée sur la culture et les traditions de ces peuples, notamment iroquoiens.

FIERTÉ MONTRÉAL

MONTRÉAL

✆ +1 514 903 6193

www.fiertemtl.com

Début août. La majorité des activités sont gratuites. Programmation répartie sur plusieurs sites.

Le festival Fierté Montréal est le plus grand rassemblement des personnes de la diversité sexuelle et de genre (DSG) de la francophonie. Les activités festives s'enchaînent sur plusieurs jours pour souligner la Fierté, mais aussi dans une optique de sensibilisation et de promotion des communautés 2SLGBTQIA+ locales. Il ne faut pas rater les journées communautaires et leurs kiosques aménagés au cœur du Village, ainsi que le fameux défilé de la Fierté qui fait rayonner la diversité de ces communautés en plein cœur de Montréal. Ambiance garantie !

INNU NIKAMU

Mani-Utenam

SEPT-ILES

✆ +1 418 927 2476

innunikamu.ca

Début août. Droits d'entrée.

Petit festival devenu grand, il s'affiche comme l'un des plus importants événements de musique et des arts autochtones au pays. Un grand nombre de nations autochtones sont représentées sur scène, avec des artistes provenant du Québec mais aussi du reste du pays. La programmation comprend également le fameux concours de talent Innustar s'adressant aux jeunes de 17 ans et moins, ainsi que des feux d'artifice presque tous les soirs. Un grand rassemblement de partage et d'échanges culturels et un patrimoine unique à découvrir. À vivre !

OSHEAGA

Parc Jean-Drapeau

MONTRÉAL

✆ +1 855 310 2525

www.osheaga.com/fr

Début août. Forfaits quotidiens et week-end disponibles.

Il n'a plus besoin de présentation. Il attire toute la jeunesse du pays et même bien au-delà. Installé en pleine nature sur l'île Saint-Hélène, Osheaga attire chaque année les grands noms de la musique dans une programmation répartie sur plusieurs scènes extérieures. Le site est énorme, mais somme toute bien géré, avec une belle offre en restauration (style food-truck) et bars, des aires pour chiller, des activités, etc. Probablement l'un des événements musicaux les plus cool du pays, dans la même lignée que Coachella et Lollapalooza.

OMNIUM BANQUE NATIONALE

285, rue Gary-Carter

MONTRÉAL

✆ +1 514 273 1515

nationalbankopen.com/fr

Début à mi-août. Billets individuels, forfaits à la semaine et salons privés disponibles.

Chaque été, les étoiles du tennis mondial viennent fouler les courts du Stade IGA au parc Jarry. Ce tournoi fait partie du circuit professionnel de l'ATP World Tour et de la WTA, et les championnats masculin et féminin sont présentés en alternance avec Toronto. Il faudra d'ailleurs surveiller Leylah Fernandez et Félix Auger-Aliassime, deux Canadiens qui seront sûrement les grands favoris des prochains tournois. Conseil pour une agréable journée : un coussin pour s'asseoir, des lunettes de soleil, un chapeau et de la crème solaire ne sont pas un luxe superflu.

ÎLESONIQ

Parc Jean-Drapeau
MONTRÉAL
✆ +1 855 310 2525
www.ilesoniq.com/fr
Vers la mi-août. Pass quotidiens et week-ends disponibles.

Dans le cadre enchanteur de l'île Sainte-Hélène, avec une vue imprenable sur le Saint-Laurent et le centre-ville de Montréal, ce festival en plein air est entièrement dédié à la scène musicale électronique avec les grands noms de la techno, de la *house music* et du *dubstep*. Depuis 2022, la scène Oasis Show a doublé de taille, c'est désormais une des plus grandes du Canada ; voilà qui promet un spectacle mémorable ! La veille de l'événement, une soirée pré-festival est organisée en ville et ÎleSoniq présente également des artistes en salle tout au long de l'année.

FESTIVAL DE MUSIQUE ÉMERGENTE

Divers endroits à Rouyn-Noranda
ROUYN-NORANDA
✆ +1 819 797 0888
www.fmeat.org
Début septembre. Billet à l'unité et différents passeports disponibles.

Dédié entièrement à la scène musicale indépendante, le Festival de musique émergente (FME) présente plus de 90 artistes et groupes de musique d'ici et d'ailleurs, aux styles aussi variés qu'originaux. La programmation se tient sur quatre jours, tant en salle qu'en plein air. À savoir que le festival se fait un point d'honneur de programmer d'abord et avant tout des artistes canadiens afin de les faire rayonner tant à l'échelle nationale qu'internationale.

INTERNATIONAL DE MONTGOLFIÈRES DE SAINT-JEAN-SUR-RICHELIEU

5, chemin de l'Aéroport
SAINT-JEAN-SUR-RICHELIEU ✆ +1 450 346 6000
www.montgolfieres.com
Vers la mi-août. Billet à la journée et passeport 9 jours en vente.

Le plus grand événement du genre du pays avec près d'une centaine de montgolfières, dont plusieurs aux formes étonnantes. Petits et grands ne pourront qu'être émerveillés lors des envolées qui ont lieu matin (à 6h15) et soir (à 18h) depuis le champ d'envolée panoramique. Et que dire du spectacle nocturne où les montgolfières s'illuminent dans un ballet de couleurs époustouflant ! Bonus : des spectacles d'envergure tous les soirs et une multitude d'activités pour tous.

FÊTE DES VENDANGES MAGOG-ORFORD

15, rue Merry Sud
MAGOG
✆ +1 819 847 2022
www.fetedesvendanges.com
Les deux premiers week-ends de septembre. Certaines activités gratuites, d'autres payantes.

Dans une ambiance résolument champêtre, aux abords du lac Memphrémagog, vignerons, cidriculteurs, producteurs d'alcool, artisans de l'agroalimentaire, artisans en métiers d'art et *food trucks* célèbrent les vendanges. Une académie gourmande devient le théâtre de spectacles culinaires animés par des chefs de la région des Cantons-de-l'Est et autres invités surprises. Nombreuses autres activités sont également organisées sur le site ainsi qu'en ville.

BIÈRES ET SAVEURS DE CHAMBLY

Parc du Fort-Chambly - **CHAMBLY**
✆ +1 450 700 1726
www.bieresetsaveurs.com
Week-end de la fête du Travail. Billet journalier et passeport 4 jours disponibles. Tarifs réduits en prévente.

Alors que l'été tirera bientôt sa révérence, les amateurs de saveurs sont invités à déguster des produits brassicoles québécois, en plus de pouvoir découvrir de nouveaux menus associés à la bière. Des dizaines et dizaines de kiosques de produits de dégustation, de l'animation, des spectacles, un espace famille pour divertir la marmaille, des grandes terrasses pour se relaxer entre amis, tout y est pour une expérience mémorable dans le cadre enchanteur du bassin de Chambly.

© NICOLAS RAYMOND - SHUTTERSTOCK.COM

International de montgolfières de Saint-Jean-sur-Richelieu.

DÉCOUVRIR

FESTIVAL WESTERN DE ST-TITE

Dans tout le village de Saint-Tite - **SAINT-TITE**
✆ +1 418 365 7524
www.festivalwestern.com
Vers la mi-septembre. Certaines activités gratuites, d'autres payantes.

Le Festival Western de St-Tite en Mauricie est de renommée internationale : la plus grande attraction western de l'est du Canada crée une ambiance exceptionnelle à travers tout le cœur du village. Rodéos professionnels, défilé de carrioles tirées par des chevaux, danse country, spectacles de musique country, marchands en tous genres et animation permanente. À vivre, c'est un must ! Pensez toutefois à réserver à l'avance votre hébergement et vos places pour les rodéos.

GRANDS PRIX CYCLISTES DE QUÉBEC ET DE MONTRÉAL

QUÉBEC
www.gpcqm.ca
Vers la mi-septembre. Accès gratuit au site.

S'inscrivant dans le calendrier officiel de l'UCI WorldTour, cette compétition accueille les meilleures équipes de cyclistes au monde sur de magnifiques circuits urbains : la vieille ville et les plaines d'Abraham en toile de fond dans la capitale québécoise, et le mont Royal dans la métropole. Cet événement prestigieux se déroule en effet en deux étapes, en premier à Québec (16 tours d'un circuit de 12,6 km) et deux jours plus tard à Montréal (18 tours d'un circuit de 12,3 km).

FESTIVAL DU NOUVEAU CINÉMA

MONTRÉAL
✆ +1 438 497 5906
nouveaucinema.ca
En octobre. Billet à l'unité, carnet de six billets et pass festival disponibles.

Ce festival est dédié à la diffusion et au développement des nouvelles tendances dans le domaine du cinéma d'auteur, de la vidéo indépendante et des nouveaux médias. Véritable tremplin pour les œuvres originales et inédites, il offre une programmation diversifiée et ouverte à tous. Des soirées spéciales et des événements sont aussi organisés en marge du festival. Le rendez-vous des cinéphiles, dans une dizaine de lieux du centre-ville de Montréal.

FESTIVAL INTERNATIONAL DE LA POÉSIE

Divers endroits à Trois-Rivières
TROIS-RIVIÈRES
✆ +1 819 379 9813
www.fiptr.com
Début octobre. Certaines activités gratuites, d'autres payantes.

Pendant une dizaine de jours, la cité trifluvienne bat au rythme des performances livrées par une centaine de poètes provenant des quatre coins du globe. Cafés, restaurants, parcs, musées, galeries d'art et autres lieux sont alors investis pour l'occasion. Le FIPTR organise également des concours pour les auteurs, dont le Grand Prix Québecor du Festival international de la poésie, ce qui leur permet de remporter une bourse en plus d'être invités au festival.

FESTIVAL LA VIRÉE TRAD

Divers endroits à Carleton-sur-Mer
CARLETON-SUR-MER
✆ +1 418 364 6822
www.festivallaviree.com
Début octobre.

S'il y a un événement festif à ne pas manquer dans la région de la baie des Chaleurs, c'est bien celui-ci ! Depuis plus d'une vingtaine d'années, cet événement rassembleur aux accents gaspésiens, acadiens et québécois mise sur toutes les formes d'expression en patrimoine vivant. La musique traditionnelle y occupe une place de choix, mais aussi la danse trad, les ateliers de violon ou encore de gigue, l'art visuel et plus encore. À ne pas manquer : son marché public, un des plus important de l'est du Québec, qui regroupe des dizaines de producteurs et d'artisans.

ZOOM PHOTO FESTIVAL SAGUENAY

Divers endroits à Saguenay
VILLE DE SAGUENAY
zoomphotofestival.ca
Début à fin octobre. Certaines expositions gratuites, d'autres payantes.

Premier événement du genre au pays, Zoom Photo Festival Saguenay rassemble les professionnels en photojournalisme pour un meeting international qui s'étend sur plusieurs semaines. Soirées-projections, conférences, ateliers de storytelling, classes de maître et autres activités figurent au programme, dont l'incontournable exposition « World Press Photo » qui présente les photographies gagnantes de la plus prestigieuse compétition professionnelle au monde.

Marre de passer des heures sur internet pour trouver des bons plans ?
my petit fute
M'A FAIT GAGNER UN TEMPS FOU AVEC SES RECOMMANDATIONS D'ITINÉRAIRES ET SES BONS PLANS TESTÉS PAR DES RÉDACTEURS LOCAUX.
© VIKTOR GL - ISTOCKPHOTO.COM
VOTRE GUIDE NUMÉRIQUE SUR MESURE EN MOINS DE 5 MINUTES POUR 2,99 €
mypetitfute.fr

MTL À TABLE

Divers endroits à Montréal
MONTRÉAL
mtlatable.mtl.org/fr
Début à mi-novembre.

S'inspirant du mouvement lancé par les grandes capitales gourmandes du globe, la belle montréalaise propose près de deux semaines de menus savoureux à prix fixes (menu du soir 3 ou 4 services). C'est environ une centaine de restaurants qui mettent en vedette la gastronomie locale et les produits du terroir québécois. Une merveilleuse manière de goûter la métropole ! En raison de la grande popularité de l'événement, et en particulier de certaines tables, les réservations sont chaudement recommandées, et il faut s'y prendre à l'avance.

MARCHÉ DE NOËL ALLEMAND

Vieux-Québec
QUÉBEC
www.noelallemandquebec.com
De fin novembre jusqu'au 23 décembre, du jeudi au dimanche (mercredi au vendredi la dernière semaine). Accès gratuit.

Un marché de Noël traditionnel à l'image de ceux que l'on retrouve en Allemagne, avec de charmantes petites cabanes de bois, du vin chaud, de savoureux gâteaux de Noël allemands et le fameux pain d'épices, des bretzels, des saucisses allemandes et choucroutes et des produits du terroir québécois. Bien entendu, de nombreux artisans sont sur place pour vendre leurs créations ainsi que des décorations pour le temps des fêtes. À noter que l'événement se tient sur plusieurs sites du Vieux-Québec, notamment la place et les jardins de l'Hôtel-de-Ville.

KWAHIATONHK : SALON DU LIVRE DES PREMIÈRES NATIONS

QUÉBEC
kwahiatonhk.com
Vers la mi-novembre. Certaines activités gratuites, d'autres payantes.

Unique salon du livre entièrement consacré aux auteurs issus des Premières Nations et leurs éditeurs, il offre en plus une panoplie d'activités comprenant des entrevues, des discussions avec le public, des tables rondes, des séances de dédicaces, des déjeuners poésie, des soirées poésie avec musique, des activités pour les plus jeunes, etc. Des chercheurs universitaires s'intéressant aux littératures autochtones y présentent également quelques conférences. À découvrir !

SALON DES MÉTIERS D'ART DU QUÉBEC

1001, place Jean-Paul-Riopelle
MONTRÉAL
✆ +1 514 861 2787
matieres.ca
En décembre. Entrée libre.

Organisé par le Conseil des Métiers d'Art du Québec, ce salon est devenu une véritable tradition au fil des décennies. Étalé sur près de deux semaines, il se présente sous la forme d'une exposition-vente d'objets d'art de toutes sortes, conçus et réalisés par des artisans maîtrisant leur art à merveille. Ils sont d'ailleurs plus de 300 exposants à présenter leurs créations chaque année. L'endroit parfait pour dénicher les plus beaux cadeaux de Noël !

RENCONTRES INTERNATIONALES DU DOCUMENTAIRE

Divers endroits au centre-ville
MONTRÉAL
✆ +1 514 499 3676
ridm.ca
Mi à fin novembre. Voir site web pour la programmation et les tarifs des séances.

Une tribune unique en Amérique du Nord pour le cinéma documentaire de création, ouvrant une réflexion sur les réalités du monde actuel. Sa programmation comprend entre autres des rencontres avec les cinéastes et artisans, des tables rondes, des projections-débats et des soirées lounge qui animent le site du festival, en plus du volet entièrement dédié aux différents acteurs de l'industrie, le Forum RIDM, lieu de réseautage et de perfectionnement.

TOBOGGAN

Rue Grande Allée
QUÉBEC
www.toboggan festival.com
Fin décembre.

La capitale québécoise se met sur son trente-et-un pour offrir des fêtes de fin d'année dignes de ce nom. La Grande Allée et ses environs - parc de la Francophonie, place de l'Assemblée-Nationale, etc. - se parent de leurs plus beaux atours dans un superbe décor urbain. Au programme : grande roue, village d'hiver (bar, foyers extérieurs, chaises Adirondack, ambiance musicale), scène extérieure pour les spectacles et plus encore. L'événement culmine avec le ô combien festif *party* du Nouvel An et son traditionnel feu d'artifice à minuit. À vivre !

PASSPORT

MONTRÉAL

Deuxième ville du Canada après Toronto, place financière, commerciale et technologique dynamique, centre portuaire de tout premier ordre sur la voie fluviale reliant les Grands Lacs à l'Atlantique, Montréal est la sixième ville francophone du monde. Elle est la seule ville au pays à avoir su concilier les influences du Vieux Continent et la modernité nord-américaine, à avoir pu réunir les communautés anglophone et francophone que l'histoire a longtemps opposées, et à avoir réussi à intégrer une mosaïque ethnique issue de l'immigration. C'est aussi un agglomérat de villes et villages jadis distincts et une métropole culturelle d'une grande vitalité. Et à voir le nombre d'événements qui s'y relayent sans temps mort, on comprend d'où vient son surnom de « capitale nord-américaine des festivals ». Finalement, Montréal figure parmi les grandes destinations gourmandes du globe, ce qui n'est pas pour déplaire aux épicuriens de ce monde.

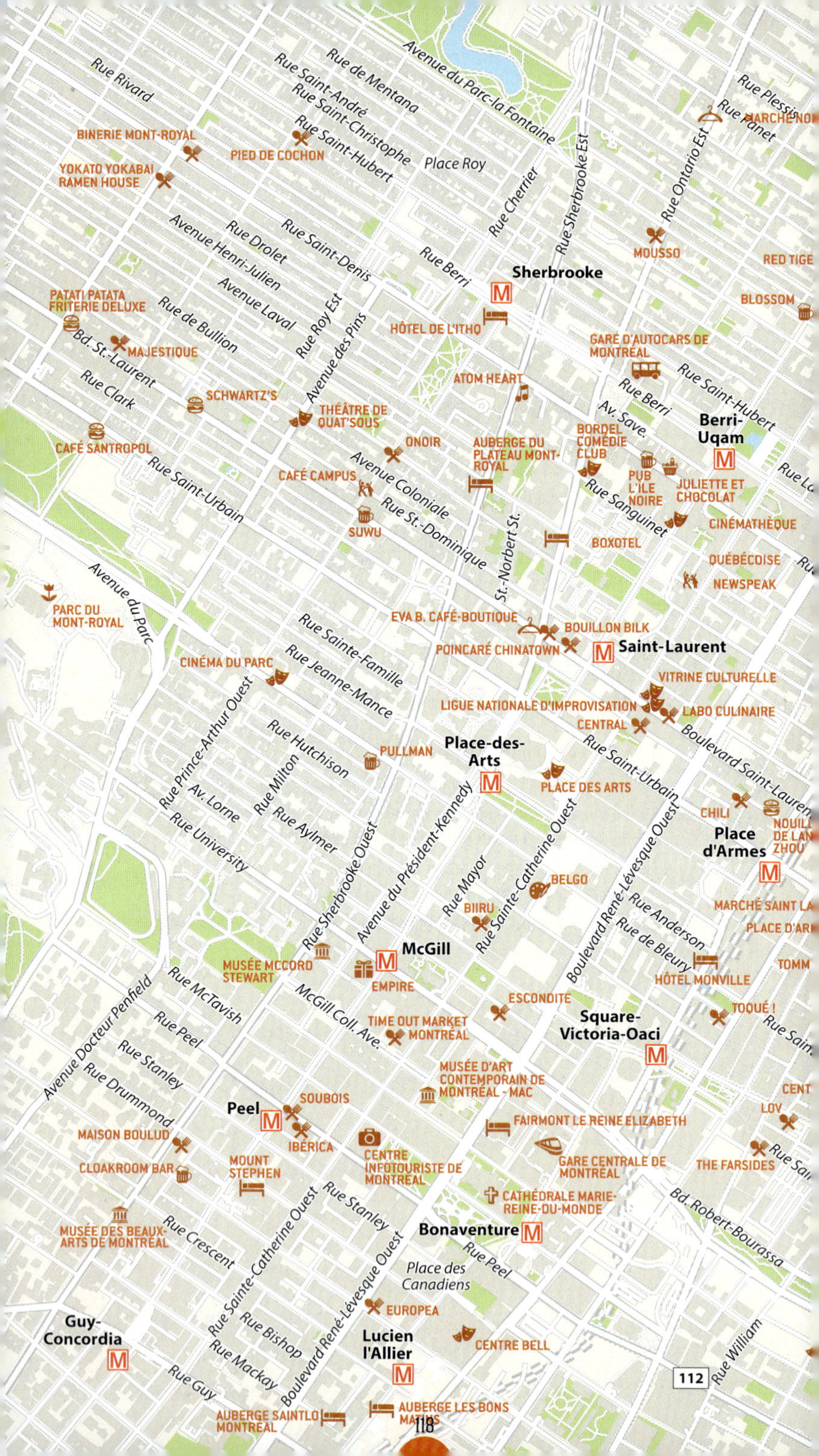
Rue Rivard
Rue Saint-André
Rue de Mentana
Avenue du Parc-la Fontaine
Rue Saint-Christophe
Rue Saint-Hubert
Place Roy
Rue Plessis
Rue Panet
MARCHÉ NOI
BINERIE MONT-ROYAL
PIED DE COCHON
YOKATO YOKABAI RAMEN HOUSE
Rue Cherrier
Rue Sherbrooke Est
Rue Ontario Est
Avenue Henri-Julien
Rue Drolet
Rue Saint-Denis
Rue Berri
MOUSSO
RED TIGE
Sherbrooke
BLOSSOM
PATATI PATATA FRITERIE DELUXE
Avenue Laval
Rue de Bullion
Rue Roy Est
HÔTEL DE L'ITHQ
MAJESTIQUE
Bd. St.-Laurent
Avenue des Pins
GARE D'AUTOCARS DE MONTRÉAL
Rue Clark
SCHWARTZ'S
ATOM HEART
Rue Berri
Rue Saint-Hubert
THÉÂTRE DE QUAT'SOUS
Av. Savoie
CAFÉ SANTROPOL
ONOIR
AUBERGE DU PLATEAU MONT-ROYAL
BORDEL COMÉDIE CLUB
Berri-Uqam
Rue Saint-Urbain
CAFÉ CAMPUS
Avenue Coloniale
PUB L'ILE NOIRE
JULIETTE ET CHOCOLAT
Rue Sanguinet
Rue St.-Dominique
SUWU
CINÉMATHÈQUE
BOXOTEL
St.-Norbert St.
QUÉBÉCOISE
Avenue du Parc
NEWSPEAK
PARC DU MONT-ROYAL
Rue Sainte-Famille
EVA B. CAFÉ-BOUTIQUE
BOUILLON BILK
POINCARÉ CHINATOWN
Saint-Laurent
CINÉMA DU PARC
Rue Jeanne-Mance
VITRINE CULTURELLE
Rue Prince-Arthur Ouest
LIGUE NATIONALE D'IMPROVISATION
LABO CULINAIRE
CENTRAL
Rue Hutchison
Boulevard Saint-Lauren
PULLMAN
Place-des-Arts
Rue Saint-Urbain
Av. Lorne
Rue Milton
PLACE DES ARTS
CHILI
Rue Aylmer
Avenue du Président-Kennedy
Place d'Armes
NOUILL DE LAN ZHOU
Rue University
Rue Sainte-Catherine Ouest
Boulevard René-Lévesque Ouest
BELGO
Rue Mayor
Rue Sherbrooke Ouest
Rue Anderson
MARCHÉ SAINT LA
BIIRU
Rue de Bleury
PLACE D'AR
McGill
MUSÉE MCCORD STEWART
Rue McTavish
EMPIRE
HÔTEL MONVILLE
TOMM
ESCONDITE
Avenue Docteur Penfield
McGill Coll. Ave.
Square-Victoria-Oaci
TOQUÉ !
Rue Peel
TIME OUT MARKET MONTRÉAL
Rue Sain
Rue Stanley
MUSÉE D'ART CONTEMPORAIN DE MONTRÉAL - MAC
Rue Drummond
CENT
SOUBOIS
Peel
FAIRMONT LE REINE ELIZABETH
LOV
MAISON BOULUD
IBÉRICA
GARE CENTRALE DE MONTRÉAL
THE FARSIDES
Rue Sai
CLOAKROOM BAR
MOUNT STEPHEN
CENTRE INFOTOURISTE DE MONTRÉAL
CATHÉDRALE MARIE-REINE-DU-MONDE
Rue Stanley
Bd. Robert-Bourassa
MUSÉE DES BEAUX-ARTS DE MONTRÉAL
Rue Crescent
Rue Sainte-Catherine Ouest
Bonaventure
Rue Peel
Boulevard René-Lévesque Ouest
Place des Canadiens
EUROPEA
Guy-Concordia
Rue Bishop
Lucien l'Allier
CENTRE BELL
Rue Mackay
Rue William
112
Rue Guy
AUBERGE SAINTLO MONTRÉAL
AUBERGE LES BONS MATINS

Papineau
Avenue Papineau
Rue Cartier
Pont Jacques-Cartier
134
Lac des Dauphins
Avenue du Port
Chemin de la Ronde
Boulevard René-Lévesque Est
Avenue Viger Est
Rue Notre-Dame Est
PALME
SSÉ COMPOSÉ
Beaudry
TENDRESSE
KAMEHAMENA SNACK-BAR
RET MADO
Rue Wolfe
NTREAL
Rue du Port de Montréal
Avenue du Port
Île Sainte-Hélène
Chemin du Tour-de-l'Isle
d. la Gauchetière Est
Avenue Viger Est
Rue Saint-Antoine Est
Rue Notre-Dame Est
BIOSPHÈRE
Débarcadère
Av. du Port
Jean-Drapeau
PARC JEAN-DRAPEAU
mp-de-Mars
SAUTE-MOUTONS
BREWSKEY
ARCHÉ BONSECOURS
TYROLIENNE MTL
GRANDE ROUE DE MONTREAL
U RAMEZAY
CLUB CHASSE ET PÊCHE
TERRASSES BONSECOURS
Lac des Cygnes
Fleuve Saint-Laurent
WILLIAM GRAY
VIEUX-PORT DE MONTRÉAL
NAVETTES FLUVIALES DE MONTRÉAL
CETTE - BAR À MARD
Avenue Einstein
BORÉALES
Pont de la Concorde
ASILIQUE NOTRE-AME DE MONTRÉAL
CENTRE DES SCIENCES DE MONTRÉAL
DÉLICES ÉRABLE & CIE
COOPÉRATIVE L'EMPREINTE
LOFTS DU VIEUX-PORT
ÇA ROULE MONTRÉAL
SAINT-SULPICE HÔTEL MONTRÉAL
PETIT HÔTEL
POINTE-À-CALLIÈRE CITÉ D'ARCHÉOLOGIE ET D'HISTOIRE
VILLE
CROISIÈRES AML
OLIVE + GOURMANDO
AUBERGE ALTERNATIVE
HABITAT 67
BOTA BOTA
Montréal
Rue Wellington
Rue de la Commune Ouest
Avenue Pierre-Dupuy
500 M
10
Parc du Canal-de-Lachine

SE REPÉRER SE DÉPLACER

La métropole québécoise est desservie par l'aéroport international Montréal-Trudeau. Pour rejoindre le centre-ville, les moyens les plus efficaces sont la navette 747 ou le taxi. Une fois en ville, le réseau de transport en commun vous mène partout, ou presque. La ville bénéficie d'un métro (68 stations réparties sur 4 lignes) qui se rend même à Laval (Rive-Nord) et Longueuil (Rive-Sud). S'il n'est pas en opération la nuit, plus d'une vingtaine de bus de nuit prennent ensuite la relève et couvrent l'ensemble de la métropole. Lors de la belle saison, le vélo est fort populaire, notamment le système en libre-service Bixi. À savoir que Montréal compte près de 1 000 km de voies cyclables sur son territoire. Pour sortir de l'île, six lignes de train rejoignent la banlieue, sans compter les bus interurbains (Gare d'autocars au métro Berri-UQAM, sauf pour Megabus) et le train VIA Rail (Gare Centrale au métro Bonaventure).

AÉROPORT INTERNATIONAL MONTRÉAL-TRUDEAU

975, boulevard Roméo-Vachon Nord
✆ +1 514 633 3333
www.admtl.com

Une soixantaine de compagnies aériennes y opèrent des vols nationaux et internationaux. Pour se rendre de l'aéroport jusqu'au centre-ville, les moyens les plus efficaces sont la navette 747 (en service 24h/24, 11 CAN $ pour un billet valide 24h sur tout le réseau de la zone A), le taxi (tarif fixe de 41 CAN $ vers le centre-ville) et les services comme Eva et Uber. Service additionnel de minibus offert vers certains hôtels (contactez votre hôtel pour savoir si ce service y est offert).

GARE CENTRALE DE MONTRÉAL

895, rue de la Gauchetière Ouest
✆ +1 888 842 7245
www.viarail.ca

Voir site web pour les horaires de la gare ferroviaire et de la billetterie.

Le train Via Rail dessert notamment l'Abitibi, la Mauricie, Québec, le Saguenay, la rive sud du Saint-Laurent jusqu'en Gaspésie (vallée de la Matapédia), les Maritimes (Nouveau-Brunswick et Nouvelle-Écosse), Ottawa et le sud-ouest de l'Ontario (couloir Montréal-Windsor), sans oublier le reste du pays. C'est d'ici que partent également les trains d'Amtrak pour les États-Unis (francais.amtrak.com). On recommande d'acheter ses billets en ligne à l'avance afin d'obtenir de bons tarifs.

EXO - RÉSEAU DE TRANSPORT MÉTROPOLITAIN

✆ +1 833 255 6396
exo.quebec

Le site web d'Exo donne tous les renseignements sur les trains de banlieue (cinq lignes reliant Montréal à Vaudreuil/Hudson, Saint-Jérôme, Mascouche, Mont-Saint-Hilaire et Candiac). Ce site web présente également toutes les Informations relatives au métro, au transport adapté ainsi qu'aux services de bus urbains dans la grande région de Montréal (île de Montréal, Couronne Nord et Couronne Sud). Projet en cours : le Réseau express métropolitain (rem.info).

GARE D'AUTOCARS DE MONTRÉAL

1717, rue Berri ✆ +1 514 842 2281
www.gamtl.com

Renseignements, tarifs et horaires au numéro indiqué. Gare routière : ouverte 24h, billetterie : de 5h30 à 20h45.

La gare d'autocars couvre toutes les destinations d'Amérique du Nord situées à plus de 35 km de Montréal. Depuis Montréal, il est possible de rejoindre le reste du pays avec différentes compagnies ainsi que les États-Unis avec la compagnie de bus Greyhound (greyhound.com). Bon plan : la compagnie charter Megabus (frca.megabus.com) qui offre la liaison Montréal-Toronto à petit prix, mais attention, les départs se font depuis les environs de la Gare centrale de Montréal au centre-ville.

NAVARK

✆ +1 514 871 8356
www.navark.ca
Voir site web pour les horaires et tarifs des navettes fluviales et des croisières/excursions.

La compagnie Navark propose différentes croisières sur le fleuve avec des thématiques variées telles vins et fromages, 5 à 7, feux d'artifice, etc. Elle opère également plus d'une dizaine de liaisons de navettes fluviales dans le Grand Montréal, notamment pour rejoindre le parc national des Îles-de-Boucherville (départs de Longueuil, Boucherville ou Montréal). Finalement il est aussi possible de noliser un bateau et d'avoir accès à une île privée pour un événement corporatif ou familial (services de bar et de traiteur disponibles).

NAVETTES FLUVIALES DE MONTRÉAL

Quai Jacques-Cartier
✆ +1 514 281 8000
navettesfluviales.com
De juin à mi-septembre. Aller simple : 5,50 CAN $ par personne (12 ans et plus). Voir site web pour les horaires.

Service de navette fluviale reliant le Vieux-Port de Montréal au parc Jean-Drapeau (île Sainte-Hélène) et à Longueuil (Montérégie). Il vous permet de continuer votre promenade en vélo, en rollers ou à pied, tout en joignant l'utile à l'agréable. Profitez du moment de la traversée pour vous reposer et contempler la ville et les environs, vus du fleuve. Offert à prix modique, tout en étant efficace et original, il vous relie rapidement d'une rive à l'autre !

BIXI

✆ +1 514 789 2494
www.bixi.com
Le service Bixi est disponible de mi-avril à mi-novembre et est accessible 24h/24. Voir site web pour les tarifs.

Le BIXI (contraction de BIcyclette et de taXI), un système de vélos publics en libre-service, est proposé dans plusieurs zones de la ville. Il permet d'emprunter un vélo à l'une des stations (environ 800) installées pour la belle saison, pour quelques heures ou pour la journée (nombreuses promotions sur les abonnements, mensuels ou saisonniers). Il est extrêmement avantageux pour les personnes effectuant des petits trajets à chaque fois. Si vous désirez avoir un vélo pour vos loisirs, nous vous conseillons de faire affaire avec un loueur.

ÇA ROULE MONTRÉAL

27, rue de la Commune Est
✆ +1 514 866 0633
caroulemontreal.com
Horaires variables selon la saison et les conditions climatiques. Voir site web pour les tarifs.

Une grande référence dans la location de vélos depuis plus de 25 ans, avec de modèles pour tous les goûts : hybride confort, hybride performance, vélo de route, touring, vélo à assistance électrique et vélo enfant. Le personnel est hyper courtois et prodigue les informations touristiques indispensables. Ça Roule Montréal propose d'autres services comme des cours de vélo, des tours guidés à vélo (jeune famille, vélo & gourmandise, panorama & architecture, etc.) et même à pied, de la réparation, de l'entretien et un coin boutique (vélos, accessoires, etc.).

SOCIÉTÉ DE TRANSPORT DE MONTRÉAL (STM)

✆ +1 514 786 4636
www.stm.info
Le réseau de transport de la métropole (métro, autobus, taxi collectif, transport adapté).

Le réseau de transport en commun vous mène partout, ou presque. La ville bénéficie d'un métro (68 stations réparties sur 4 lignes) qui se rend même à Laval (Rive-Nord) et Longueuil (Rive-Sud). S'il n'est pas en opération la nuit, plus d'une vingtaine de bus de nuit prennent ensuite la relève et couvrent l'ensemble de la métropole. À savoir que la ligne bleue de métro sera prolongée jusqu'à Anjou dans l'est de la ville (date d'inauguration en cours de révision).

TAXI COOP MONTRÉAL

✆ +1 514 725 9885
www.taxi-coop.com

Compagnie de taxis bien connue dans la métropole montréalaise. On peut réserver son taxi par téléphone, sur le site web (formulaire en ligne) ou encore utiliser l'application mobile disponible en téléchargement sur App Store et Google Play. En dehors des heures de pointe, il faut compter au maximum une quinzaine de minutes d'attente. Taxi Coop offre aussi le transport depuis/vers l'aéroport Montréal-Trudeau (tarif fixe de 41 CAN $ avec le centre-ville) et des services de dépannage (survoltage, déverrouillage de portières, etc.).

QUARTIERS DE MONTRÉAL

La ville est divisée en deux parties, est et ouest, par le boulevard Saint-Laurent, qui traverse l'île du sud au nord, frontière entre les anglophones et les francophones. Mais attention, l'est et l'ouest ne se définissent pas par rapport aux points cardinaux, mais bien par rapport au boulevard Saint-Laurent. Ainsi, vous verrez le soleil se coucher au nord selon la définition montréalaise de l'est et de l'ouest ! Les numéros se correspondent exactement d'une rue à l'autre (le 1110 Sainte-Catherine Est équivaut au 1110 Sherbrooke Est). Difficile de se perdre dans Montréal, la ville étant construite en damier, comme toutes ses homologues nord-américaines d'ailleurs. En revanche, il faut faire attention aux coupures de certaines rues qui reprennent un pâté de maisons plus loin. À savoir que les principaux quartiers de la ville, du moins ceux qui intéressent majoritairement les touristes, sont tous accessibles en métro.

Vieux-Montréal et Parc Jean-Drapeau

▸ **Le Vieux-Montréal**, c'est l'histoire même de la ville, lieu de fondation de Ville-Marie en 1642 par Paul de Chomedey. Malgré les nombreux incendies ayant fait disparaître les plus anciens bâtiments, plusieurs travaux de restauration et d'aménagement ont donné un nouveau souffle à la vieille ville et au port qui accueillent dorénavant des milliers de touristes charmés par ce style européen et historique. Boutiques, bars et restaurants, musées et galeries d'art, places et promenades… Vous trouverez amplement de quoi remplir une journée !

Situé au sud du centre-ville, le Vieux-Montréal longe le fleuve, ou plutôt le port, car l'ancienne rive a été comblée par la construction du port actuel. La rue de la Commune, qui constitue la limite sud du Vieux-Montréal, correspond aux délimitations de l'enceinte des anciennes fortifications. Ces dernières n'ont guère servi, les édifices étant construits sur une hauteur qui leur permettait de les dominer. Les murs d'enceinte, assez fragiles, se sont avérés encombrants pour les commerçants et ont été détruits. Quelques rues, et parmi elles la plus ancienne, la rue Saint-Paul, ont conservé leur pavement ancien sur une partie de leur parcours.

Le Vieux-Port a été converti en parc récréo-touristique s'étendant sur plus de 2 km et offrant une vue imprenable sur le majestueux fleuve Saint-Laurent. Les activités y sont nombreuses, en été comme en hiver.

Quant au canal de Lachine, qui débute dans l'ouest du Vieux-Port, son réaménagement a

Vue sur la biosphère et le pont Jacques-Cartier à Montréal.

© MARC BRUXELLE - SHUTTERSTOCK.COM

Quartier des spectacles.

permis la revitalisation des berges qui servent maintenant de terrain de jeu aux Montréalais (kayak, vélo, etc.). La piste cyclable qui se rend du Vieux-Montréal au lac Saint-Louis suit le canal et est agréablement aménagée.

Parc Jean-Drapeau. Les îles Sainte-Hélène et Notre-Dame, toutes deux situées en face du Vieux-Port, sont aujourd'hui un important lieu de villégiature pour les Montréalais. La Ronde (parc d'attractions, propriété du groupe Six Flags), la Biosphère, la plage Jean-Doré, le casino et le circuit de Formule 1 sont très populaires, sans oublier les différents événements et festivals qui y sont organisés. L'île Sainte-Hélène porte le nom de la femme de Samuel de Champlain, qui débarqua sur l'île en 1611. L'Exposition universelle de 1967 ainsi que les Jeux olympiques de 1976 ont eu de fortes répercussions sur les îles. De nombreuses structures actuelles comme la Biosphère (musée de l'Environnement) et le casino ont été construites pendant l'Expo, alors que le bassin d'aviron a été édifié pour les Jeux olympiques.

Centre-ville et Westmount

Centre-ville. Situé juste au sud du mont Royal, le centre-ville de Montréal est le lieu par excellence des affaires et du shopping. La rue Sainte-Catherine, qui le traverse d'est en ouest, est l'artère principale du centre où se concentrent les grands noms de la mode, les restaurants et bars, ainsi que les boutiques en tout genre. L'architecture y est elle aussi très diversifiée, les gratte-ciel imposants côtoyant les bâtiments d'époque. Le centre-ville englobe plusieurs « sous-quartiers » : le Centre des affaires, le Quartier du Musée (au nord-ouest ; on y trouve également de nombreuses galeries d'art), le Quartier International et Chinatown (qui côtoient le Vieux-Montréal), et enfin le Quartier des spectacles (qui englobe de nombreuses salles autour de la Place des Arts ainsi que dans le Quartier latin). Mais le centre-ville ne se trouve pas qu'en surface… Une ville souterraine s'étend sous vos pieds : plus de 30 km de couloirs et passages piétonniers empruntés chaque jour par pas moins de 500 000 personnes.

Westmount. C'est sur l'un des trois sommets voisins formant le mont Royal, à l'ouest comme son nom l'indique, que s'est établie cette ville à majorité anglophone dont la population est parmi la plus riche du pays. Aujourd'hui entièrement entourée par la ville de Montréal, elle devient toutefois de plus en plus francophone. On y trouve, à flanc de montagne, de riches propriétés. Au sommet, un bois a été conservé dans son état sauvage pour rappeler l'aspect du site originel. Pour visiter Westmount, il faut être bon marcheur, car plusieurs rues sont en pente raide.

Quartier latin et Village gai

Quartier latin. Le Quartier latin, délimité par la rue Sherbrooke et le boulevard de Maisonneuve (nord-sud) et par les rues Berri et Sanguinet (est-ouest), est un concentré de lieux de culture et de savoir. La partie est du Quartier des spectacles s'y trouve d'ailleurs. Les étudiants de l'Université du Québec à Montréal (UQAM) et du Cégep du Vieux-Montréal donnent au quartier un ton jeune et festif. D'importantes institutions culturelles comme le Théâtre Saint-Denis, la Grande Bibliothèque et la Cinémathèque québécoise attirent un public averti. Résultat : un quartier renommé pour sa vie culturelle, ses cafés, ses bistros et ses brasseries artisanales, sans oublier de belles terrasses.

Le Village. Le Village se veut un lieu d'ouverture d'esprit et de joie de vivre dans la métropole. La station de métro Beaudry affiche fièrement les couleurs du quartier. Jouissant d'une belle notoriété auprès de la communauté LGBTQ2 à travers le monde, il accueille chaque année des milliers de touristes. La rue Sainte-Catherine, principale artère du Village et transformée en rue piétonne l'été, réunit de nombreux cafés, bars, restaurants et boîtes de nuit. La communauté LGBTQ2 est aussi à la tête de plusieurs événements festifs tels que le Black & Blue, Mtl en Arts et Fierté Montréal, par exemple. Cela dit, le quartier n'a plus aussi bonne mine depuis quelques années en raison de plusieurs facteurs, notamment l'afflux d'itinérants et de vendeurs de drogues dans le secteur depuis la pandémie. Les différents acteurs municipaux et communautaires travaillent actuellement à redonner à ce quartier ses lettres de noblesse.

Plateau Mont-Royal et Mile End

Composé de quatre anciens villages autonomes (Saint-Jean-Baptiste, Saint-Louis du Mile End, Coteau-Saint-Louis et Côte-de-la-Visitation), ce quartier de Montréal – le Plateau comme on l'appelle familièrement – a connu un développement rapide au début du siècle. Il est aujourd'hui habité par une population assez jeune et très branchée, dont de nombreux expatriés français. Beaucoup de ses vieilles résidences ont été rénovées ou sont en passe de l'être. La rue Saint-Denis et l'avenue du Mont-Royal qui la croise en sont les principales artères.

Quant au Mile End, qui fait partie de l'arrondissement du Plateau, c'est le repaire des hipsters et d'artistes en tout genre, en plus de compter parmi les secteurs les plus bilingues de la ville. Restos et cafés branchés, ateliers de designers et lofts d'artistes y sont omniprésents. Ses principales artères sont le boulevard Saint-Laurent, la rue Saint-Urbain et l'avenue du Parc (axe nord-sud), et l'avenue Laurier, l'avenue Fairmount, la rue Saint-Viateur et la rue Bernard (axe est-ouest).

La Main. Le boulevard Saint-Laurent, baptisé familièrement « La Main » (pour *Main Street*), est l'une des vieilles rues de Montréal. D'abord un simple chemin, elle est ouverte au XIXe siècle sous le régime français. L'arrivée massive de juifs russes, qui s'y installent à partir de 1881, fait du yiddish la langue d'usage dans cette zone. D'autres groupes ethniques s'installent ensuite sur ce boulevard qui comporte de fait des sections portugaise, espagnole, juive, italienne, etc. Elle reste l'artère la plus cosmopolite de Montréal, avec ses boîtes de nuit, bars, restaurants et commerces ethniques. Jour et nuit, elle est envahie par une foule bigarrée.

Sud-Ouest et Ouest

Le Sud-Ouest, situé comme son nom l'indique au sud-ouest du centre-ville, englobe plusieurs quartiers regroupés autour du canal de Lachine et du fleuve Saint-Laurent, dont Griffintown, Petite-Bourgogne, Saint-Henri, Pointe-Saint-Charles, Verdun, LaSalle et Lachine. La plupart de ces quartiers se sont développés avec l'essor industriel favorisé par l'ouverture du canal de Lachine, mais ils sont par la suite tombés en désuétude : les industries ont abandonné les lieux et les résidents se sont appauvris de concert avec l'habitat. De nos jours, ce sont des quartiers résidentiels florissants, de plus en plus dynamiques, notamment Saint-Henri et Verdun,

MONTRÉAL

Canal de Lachine à Montréal.

où beaucoup de jeunes vont s'installer. Quant à Griffintown, cet ancien quartier ouvrier fait partie d'un projet d'envergure d'urbanisme et de revitalisation. Plusieurs immeubles d'habitation y sont construits, des bonnes tables y installent leurs pénates et différents commerces de services y ouvrent leurs portes.

Quant à l'Ouest, appelé aussi West Island, il se compose de villes autonomes comme Dorval, Pointe-Claire, Pierrefonds, Beaconsfield, Baie-d'Urfé, L'Île-Bizard, etc., où l'on retrouve une grande majorité d'anglophones. La pointe ouest de l'île mène à la région du Suroît, en Montérégie, avant d'arriver en Ontario.

Est

L'est de la ville, qui s'étend jusqu'au bout de l'île, est principalement composé de quartiers résidentiels et industriels. Toutefois, le quartier Hochelaga-Maisonneuve, qui longe la ligne verte de métro entre les stations Préfontaine et Viau, possède de nombreux attraits d'importance.

Hochelaga-Maisonneuve. Autrefois quartier ouvrier et populaire, Hochelaga-Maisonneuve garde les traces de ce passé qui joua un rôle d'importance dans l'essor industriel de Montréal. Une des principales attractions du quartier est le Jardin botanique, avec ses 20 000 taxons (dont 10 000 espèces), ses dix serres d'exposition, sa Maison de l'arbre Frédéric-Back et plus d'une quinzaine de jardins thématiques. Il est d'ailleurs classé parmi les plus importants et les plus beaux jardins au monde. Autres attraits : l'Insectarium, le Biodôme, le Planétarium, le Musée Dufresne-Nincheri et le Parc olympique, qui a accueilli les Jeux d'été en 1976.

Nord

Il englobe plusieurs quartiers au nord du mont Royal et du Plateau, dont certains valent le détour.

Outremont. Situé, comme son nom l'indique, sur l'autre versant (nord) de Montréal, Outremont se caractérise par ses imposantes résidences, particulièrement le long du chemin de la Côte-Sainte-Catherine, qui longe le flanc de la montagne. Ville résidentielle, Outremont compte plusieurs beaux parcs et peu de commerces. Elle est délimitée par le chemin de la Côte-Sainte-Catherine, l'avenue du Parc et par une voie de chemin de fer. Parmi les édifices dignes d'intérêt, on notera la façade Beaux-Arts de l'Académie Querbes (215, rue Bloomfield), l'église Saint-Viateur (rue Laurier) dont la façade sculptée est considérée comme unique en son genre à Montréal, et le pensionnat du Saint-Nom-de-Marie qui abrite l'école de musique Vincent-d'Indy. Le bâtiment se caractérise par une colonnade surmontée d'un fronton et d'un dôme.

© STÉPHAN SZEREMETA

Quartier d'Outremont.

Mile-Ex. Adjacent à la Petite Italie, juste au nord du Mile End, Mile-Ex est un quartier qui se développe à vitesse grand V et qui se compare au Mile End. C'est ici qu'ouvrent les toutes dernières adresses à la mode de la métropole, sans oublier que le quartier sert de QG aux entreprises spécialisées en intelligence artificielle (IA).

La Petite Italie. Bien nommée, la Petite Italie accueille de nombreux migrants d'origine italienne. Les premières vagues d'immigration italienne du début du XIXe siècle ont été suivies d'autres à la fin du même siècle. Mais les arrivées les plus importantes se sont succédé après la Seconde Guerre mondiale. C'est alors que des milliers d'ouvriers et de paysans se sont établis à Montréal, notamment dans ce quartier. De nos jours, la population tend à s'y mélanger : Maghrébins, Sud-Américains et Africains s'y installent. Au cours d'une promenade, on ne manquera pas de faire une halte au Marché Jean-Talon, le plus vaste marché d'alimentation de Montréal, ouvert été comme hiver. Un arrêt s'impose également dans un des nombreux cafés, trattorias et commerces des rues Saint-Laurent et Dante.

Rosemont–La Petite-Patrie. Quartier en vogue, il est en quelque sorte l'extension du Plateau, en moins cher et plus familial. Épiceries fines, bonnes tables, cafés, bars et brasseries artisanales jalonnent ses rues, sans oublier les nombreux parcs, les jolies ruelles vertes, les jardins communautaires et les institutions culturelles. Ses habitants sont définitivement à gauche de l'échiquier politique, très écolos, avec un fort esprit communautaire.

À VOIR / À FAIRE

La majorité des points d'intérêt sont répartis sur trois pôles : le Vieux-Montréal pour découvrir l'histoire de la ville et la beauté architecturale de ses bâtiments anciens, le centre-ville pour ses innombrables musées et galeries d'art, et le secteur du Parc olympique pour ses installations datant des Jeux olympiques d'été de 1976 et ses quatre institutions dédiées aux sciences naturelles. Il ne faut pas non plus hésiter à grimper au sommet du mont Royal, poumon vert de la métropole, ou encore arpenter le parc Jean-Drapeau où se trouvent, entre autres attractions, la Biosphère, La Ronde et le circuit de Formule 1. Pour faire de belles économies sur les attraits montréalais, renseignez-vous sur les Cartes Musées Montréal (cartes pour 2 à 5 jours consécutifs ainsi que pour une année complète - museesmontreal.org/fr/cartes-musees/forfaits) et le Passeport MTL (mtl.org/fr/quoi-faire/musees-et-culture/passeport-mtl).

CENTRE INFOTOURISTE DE MONTRÉAL

1255, rue Peel
✆ +1 514 873 2015
www.bonjourquebec.com
Ouvert toute l'année.

Ce bureau d'information touristique donne des informations sur la région de Montréal et sur le reste de la province. N'hésitez donc pas à y passer un moment pour planifier l'ensemble de votre séjour au Québec. L'accueil est très professionnel et le fonds documentaire impressionnant. Quelques intervenants touristiques sur place : Croisières AML (croisières touristiques et thématiques), Gray Line/Coach Canada (tours de ville, excursions touristiques commentées), etc.

CROISIÈRES AML

200, rue de la Commune Ouest
✆ +1 514 284 7792
www.croisieresaml.com
De mi-mai à début octobre. Voir site web pour la description des croisières, les horaires et les tarifs.

Embarquez à bord du *AML Cavalier Maxim* pour une découverte du fleuve Saint-Laurent. AML organise des croisières guidées de jour et de soir, des soupers-croisières, des brunchs, des croisières feux d'artifice, des escapades du temps des fêtes (de mi-novembre à mi-décembre), etc. Croisières AML opère aussi à Québec, ainsi qu'à Baie-Sainte-Catherine et Tadoussac (excursions d'observation des baleines) et Berthier sur-Mer (croisières assurées par Croisières Lachance). Navette fluviale offerte entre Québec et Sainte-Anne-de-Beaupré.

SPADE & PALACIO

✆ +1 514 806 3263
spadeandpalacio.com/fr
Réservation en ligne uniquement. Coûts des visites : 40-89 CAN $. Durée : 2 à 4 heures. Service de location de vélos.

Spade & Palacio, c'est avant tout des amoureux de la métropole qui vous la font découvrir dans une expérience authentique et locale. Le mot d'ordre est clair : ce sont des visites hors des sentiers battus mettant en vedette les jeunes entrepreneurs montréalais, le tout en petits groupes (certains tours ne sont proposés qu'en anglais). Art de rue, quartiers moins connus, petites échoppes gourmandes et entreprises locales en tous genres sont au programme par le biais de différentes visites à pied ou à vélo, le tout saupoudré d'un brin d'histoire et de culture.

TOURS DE LA TABLE

✆ +1 514 812 2003
www.toursdelatable.com
En opération toute l'année. Coût des visites : 115-200 CAN $. Réservation indispensable.

Pour découvrir la scène culinaire et gourmande de la métropole, empreinte des cultures du monde, près d'une dizaine de visites guidées sont proposées. Découvrez les coulisses de la gastronomie et l'histoire de certaines communautés culturelles qui ont façonné le caractère distinctif de la ville. Le Montréal juif, le Quartier chinois, le chocolat, les cafés troisième vague ou encore les distilleries sont quelques-uns des thèmes proposés, sans oublier la de la cuisine saisonnière locale végétale. Possibilité de tours personnalisés sur demande.

© NICOLAS MCCOMBER

BASILIQUE NOTRE-DAME DE MONTRÉAL ★★★

110, rue Notre-Dame Ouest
✆ +1 514 842 2925
www.basiliquenotredame.ca
Voir site web pour l'horaire des messes, visites et spectacles. Adulte : 14 CAN $. Spectacle Aura : adulte 32 CAN $.

La basilique Notre-Dame de Montréal est bâtie en style néogothique, entre 1824 et 1829, par un architecte irlandais immigré à New York, James O'Donnell, dont le corps est enseveli sous l'un des piliers de la basilique. La décoration intérieure, œuvre de l'architecte canadien français Victor Bourgeau, date de 1876 et constitue son attrait majeur : abondance de sculptures, boiseries et dorures, retable du chœur, chaire en noyer noir sculptée par Louis-Philippe Hébert particulièrement remarquable, orgue monumental dû aux frères Casavant de Saint-Hyacinthe et qui serait l'un des plus grands du monde (concerts d'orgue), baptistère décoré par Ozias Leduc, beaux vitraux de la partie inférieure. Notons qu'on y trouve, derrière le chœur, la chapelle du Sacré-Cœur, reconstruite en 1982, à la suite d'un incendie qui a fait disparaître d'admirables œuvres d'artistes québécois. Elle se singularise par une voûte en acier recouvert de bois de tilleul, et surtout par un gigantesque retable de bronze, œuvre contemporaine de Charles Daudelin. Les tours jumelles, la *Tempérance* et la *Persévérance*, du haut de leurs 68 mètres, ont longtemps dominé le paysage montréalais.

Elle a été le théâtre de grands événements, des funérailles de Sir Georges Etienne Cartier en 1873, l'un des pères de la Confédération et ancien Premier ministre du Canada, jusqu'à celles de Pierre-Elliot Trudeau en octobre 2000, en passant par les funérailles de Maurice Richard, un des plus grands joueurs de hockey, celles du cinéaste Gille Carle, sans oublier le mariage de Céline Dion (son mari et impresario, René Angélil, a eu droit à des funérailles nationales à la basilique le 22 janvier 2016). Le grand Congrès eucharistique international de 1910 s'y est tenu et le pape Jean-Paul II y a reçu des enfants en 1984.

La basilique est ouverte tous les jours pour la prière, la confession, le recueillement et les offices religieux (aucun droit d'entrée à acquitter). Il est également possible de visiter les lieux sous forme de visite libre (billet à réserver à l'avance). Enfin, pour une expérience son et lumière hors du commun, la basilique offre des installations multimédias qui mettent en valeur les œuvres sous les jubés, tout comme le superbe spectacle immersif AURA créé par Moment Factory. Ce dernier a été renouvelé avec davantage de musiques et enrichi en images. Pour les horaires des représentations et la billetterie en ligne, consultez le site web (www.aurabasiliquemontreal.com).

CENTRE DES SCIENCES DE MONTRÉAL ★

2, rue de la Commune Ouest ✆ +1 514 496 4724
www.centredessciencesdemontreal.com
Salles d'exposition : lundi-vendredi, 9h-16h ; samedi-dimanche, 10h-17h. Voir site web pour les tarifs.

Les mordus de sciences et de technologies apprécieront grandement l'exploration du Centre des sciences. Par des expositions interactives amusantes et étonnantes, la visite vous permettra d'en apprendre un peu plus sur la culture scientifique et technique et l'impact de ses applications dans notre vie individuelle et collective. Également sur place : le cinéma IMAX®TELUS présentant des films en 3D, le Café Arsenik pour casser la croûte et des stationnements payants.

CENTRE PHI ★

315, rue Saint-Paul Ouest
✆ +1 514 225 0525
www.phi.ca/fr
Ouvert tous les jours (voir site web pour la programmation et les tarifs).

L'art sous toutes les formes, l'art pour tous les goûts, voilà ce que propose le Centre PHI. Des expositions d'art visuel de toutes les sensibilités, ainsi que des installations, des projections, des performances et des concerts, des conférences et des événements spéciaux y sont organisés toute l'année. Une chose est sûre : les visiteurs y vivent toujours des expériences inattendues. La modernité côtoie le patrimoine historique dans ce véritable pôle culturel et artistique multidisciplinaire, installé dans un beau bâtiment ancien, en plein cœur du Vieux-Montréal.

CHÂTEAU RAMEZAY ★

280, rue Notre-Dame Est
✆ +1 514 861 3708
www.chateauramezay.qc.ca
Ouvert tous les jours de 10h à 17h. Le Jardin du Gouverneur ferme 30 minutes plus tôt. Adulte : 12 CAN $.

Le musée du Château Ramezay est le premier édifice classé monument historique et le plus ancien musée d'histoire privé au Québec. Il présente des expositions à caractère historique, notamment *Hochelaga, Ville-Marie, Montréal* qui relate l'histoire de Montréal, du Québec et du Canada au moyen de différents objets d'époque, depuis la préhistoire amérindienne jusqu'au XXe siècle. Une autre exposition vous plongera quant à elle dans la vie quotidienne à Montréal au XVIIIe siècle. Ne quittez pas les lieux sans avoir visité le magnifique Jardin du Gouverneur.

LA GRANDE ROUE DE MONTREAL

362, rue de la Commune Est
✆ +1 514 325 7888
www.lagranderouedemontreal.com
Ouvert tous les jours de 10h à 23h. Adulte : 28,74 CAN $. Forfaits disponibles, dont le forfait cabine privée.

Haute de 60 mètres, la plus grande roue du Canada offre une vue imprenable à 360°, allant du parc du Mont-Royal au parc Jean-Drapeau, en passant par le pont Jacques-Cartier et les imposants immeubles du centre-ville. Elle a été inaugurée lors du 375e anniversaire de la fondation de la ville. D'une capacité de 8 personnes par cabines (climatisées ou chauffées), elle offre aussi l'expérience de la cabine VIP pour les plus aventureux avec un plancher de verre (4 personnes).

HABITAT 67

2600, avenue Pierre-Dupuy
www.habitat67.com
Voir site web pour les dates et réservations. Visite guidée : 50 CAN $ (gratuit pour les enfants de moins de 12 ans).

Imaginé par le jeune architecte Moshe Safdie pour son projet de fin d'études à l'Université McGill, Habitat 67 a pris forme pour l'exposition universelle qui s'est tenue à Montréal en 1967. Classé monument historique en 2009, l'ensemble d'habitations situé en face du Vieux-Port ne passe pas inaperçu. Depuis quelques années, des visites guidées sont organisées pendant la belle saison : l'occasion de voir de près cette œuvre atypique, composée de 354 unités préfabriquées en béton agencées autour de vastes passages et grandes terrasses. Et quelle vue !

MARCHÉ BONSECOURS ★

350, rue Saint-Paul Est
www.marchebonsecours.qc.ca
Ouvert tous les jours dès 10h, fermeture entre 18h et 21h selon la saison.

Il fait partie des emblèmes du quartier historique, notamment en raison de son dôme argenté. Construit entre 1844 et 1852 d'après les plans de William Footner, il est inauguré en janvier 1847 (l'aménagement intérieur ne sera toutefois terminé qu'en 1852). Il hébergea pendant quelques semaines les députés du Parlement du Canada-Uni, puis l'Hôtel de ville de 1852 à 1878. C'est de nos jours le siège du Conseil des métiers d'art du Québec et on y retrouve boutiques et restaurants, sans oublier les divers événements et expositions qui y sont organisés.

PARC JEAN-DRAPEAU ★★

Îles Sainte-Hélène et Notre-Dame
✆ +1 514 872 6120
www.parcjeandrapeau.com
Ouvert toute l'année. Certaines activités gratuites, d'autres payantes.

▶ **L'île Sainte-Hélène** est accessible par vélo, bateau, bus, métro ou voiture. Un peu à l'écart et épousée par le Saint-Laurent, elle offre une foule d'activités sur une surface particulièrement privilégiée. Ainsi, vous y trouverez un important belvédère pour admirer la ville et le fleuve, sans oublier la piscine extérieure, la Biosphère (musée de l'Environnement), les lacs (lac des Cygnes au sud, lac des Dauphins au nord), la marina et le parc d'attractions La Ronde. En été s'y déroule une des plus grandes compétitions d'art pyrotechnique du monde, l'International des feux Loto-Québec. C'est aussi le lieu des fameux rendez-vous du Piknic Électronik (mi ou fin mai à début octobre) et du festival de musique Osheaga (début août), pour ne nommer que ceux-ci. L'hiver, on enfile ses patins à glace, ses raquettes ou encore ses skis de fond, sans oublier la pente de ski urbaine. À noter que le parc a mis en oeuvre un Plan directeur de conservation, d'aménagement et de développement 2020-2030 afin d'en faire un des parcs contemporains les plus reconnus au pays.

▶ **Sur l'île Notre-Dame,** créée artificiellement à l'occasion de l'Expo 67 et accessible par le pont des Îles (prolongeant le pont de la Concorde), se trouvent entre autres le bassin olympique, le circuit automobile Gilles-Villeneuve sur lequel se dispute le Grand Prix de Formule 1 en juin, les superbes jardins des Floralies, l'agréable plage pour la baignade (avec son système de filtrage naturel totalement inédit), sans oublier le fameux casino.

BIOSPHÈRE

160, chemin Tour-de-l'Isle
✆ +1 514 868 3000
espacepourlavie.ca
Ouvert toute l'année (horaires variables). Adulte : 22,75 CAN $. Tarification réduite pour les résidents du Québec.

Inaugurée en 1995 dans l'ancien pavillon des États-Unis de l'Expo 67, un des emblèmes architecturaux de Montréal et une réalisation de l'architecte Buckminster Fuller, la Biosphère unit culture, innovation sociale et environnement. Ses nombreuses expositions et animations scientifiques permettent de mieux comprendre les grands enjeux environnementaux liés à l'air, à l'eau, à la biodiversité, aux changements climatiques, au développement durable, etc. Un bel espace bien aménagé et une superbe vue sur le centre-ville et le Saint-Laurent en prime.

PLACE D'ARMES ★

Place d'Armes

Faisant face à la basilique Notre-Dame de Montréal, elle est la troisième place de ce nom dans la francophonie. Sur un terrain acquis par les Sulpiciens, elle voit le jour en 1693 en tant que place publique sous le nom de « place de la Fabrique ». Elle devient alors la deuxième place publique de la ville, la première étant l'actuelle place Royale qui servait pour le marché et comme place d'armes. Haut lieu de rencontre et de socialisation, c'est sur la « place de la Fabrique » que sont lus décrets et ordonnances à la sortie de l'église. Mais suite à l'incendie de 1721 dans les environs de la place Royale, les manœuvres militaires y sont transférées et elle prend le nom de place d'Armes. Quelque quarante ans plus tard, soit en 1760, elle marque la fin de la Nouvelle-France alors que les régiments français y déposent les armes devant les Britanniques. Pendant près d'un siècle, la place d'Armes prend diverses fonctions avant d'être achetée par la ville et de devenir un jardin public de style square victorien vers 1848-1850. En 1895, on y érige un monument à la mémoire de Paul Chomedey de Maisonneuve, lequel est entouré de Jeanne Mance, Charles Lemoyne, Lambert Closse et d'un Iroquois. Ce monument trône toujours au centre de la place d'Armes, entièrement restaurée lors des travaux réalisés entre 2009 et 2012 afin de revaloriser cette place publique. Bien qu'elle ne soit pas énorme, elle est très fréquentée par les touristes et offre un point de vue incomparable sur la basilique (n'oubliez pas votre appareil photo !).

MONTRÉAL

POINTE-À-CALLIÈRE CITÉ D'ARCHÉOLOGIE ET D'HISTOIRE ★★

350, place Royale ✆ +1 514 872 9150
pacmusee.qc.ca
Ouvert toute l'année (fermé le lundi hors saison). Adulte : 25 CAN $. Boutique et bistro L'Arrivage sur place.

Sur les lieux mêmes de la fondation de Montréal, ce musée met en valeur d'importants vestiges architecturaux et une collection unique d'objets et d'artefacts. Le site a fait l'objet de nombreuses fouilles dans les années 1980, menant à la découverte de 1 000 ans d'activité humaine et à la fondation du musée en 1992, lors des célébrations du 350e anniversaire de Montréal. Il fut d'ailleurs classé site historique et archéologique national au Canada en 1998 et, l'année suivante, au Québec. Le complexe muséal est composé de divers bâtiments : l'Éperon (pavillon d'accueil avec billetterie et vestiaire), la crypte archéologique, l'Ancienne-Douane, la Maison des Marins, la Station de pompage d'Youville et, depuis 2017, le Fort de Ville-Marie et le premier égout collecteur. Ne ratez pas le spectacle multimédia « Générations MTL » qui vous fera voyager au cœur des grands moments de l'histoire de Montréal et de son développement (représentation toutes les 30 minutes). Le musée abrite également des expositions temporaires des plus intéressantes et a accueilli par le passé des expositions sur les origines, les secrets et l'héritage de l'Empire inca, les traditions et tendances du repas français, les reines d'Égypte ancienne, la série télé culte *La Petite Vie*, le chamanisme et la mythologie des sociétés amazoniennes traditionnelles, etc. S'il n'y a qu'un musée à visiter pour découvrir l'histoire de la métropole, c'est bien Pointe-à-Callière. Un immanquable !

VIEUX-PORT DE MONTRÉAL ★★

M° Champ-de-Mars, Place d'Armes ou Square-Victoria.
✆ +1 514 496 7678
www.vieuxportdemontreal.com
Stationnement payant sur place. Horaires et tarifs variables selon l'activité.

Converti en parc récréo-touristique, et ultra fréquenté en toute saison, le Vieux-Port de Montréal s'étend sur plus de 2 kilomètres et offre une vue imprenable sur le majestueux fleuve Saint-Laurent et les îles du parc Jean-Drapeau (apportez votre appareil-photo !). Haut lieu de divertissement, c'est LA destination par excellence pour passer quelques heures ou une journée entière en famille ou entre amis, avec une quantité phénoménale d'activités proposées, dont la Grande Roue et le Centre des sciences de Montréal, tous deux ouverts toute l'année. L'été, on y loue des bateaux à pédales, des motomarines, des quadricycles et des Segway ; on part en croisière sur le fleuve ou en excursion trépidante sur les rapides de Lachine ; on fait de la tyrolienne ou on se prélasse sur la plage urbaine ou au spa Bota Bota ; on profite des animations de rue et des festivités qui s'enchainent sans temps mort... L'hiver n'est pas en reste avec le patin à glace, le parc hivernal familial et encore des festivités. Les quais s'animent en toute saison, notamment lors des célébrations du Nouvel An, du festival hivernal de musique électro Igloofest (à vivre !) ou encore lors des événements gourmands PoutineFest et Festival Streetfood Montréal. Et comme si ce n'était pas assez, presque chaque année, le Cirque du Soleil y installe sa grande tente pour un spectacle haut en couleur. Consultez le site web pour avoir le détail de la programmation et surtout connaître les tarifs et horaires propres à chaque activité.

Vieux-Port de Montréal.

© TOURISME MONTRÉAL

Cathédrale Marie-Reine du Monde en plein coeur de Montréal.

LE BELGO ★

372, rue Sainte-Catherine Ouest
www.thebelgoreport.com
Horaires variables selon la galerie (généralement en après-midi, du mercredi au samedi). Entrée libre.

Situé en plein centre-ville, cet immeuble de brique datant de 1912 abrite un véritable vivier de tout ce qui peut se faire en matière d'art contemporain à Montréal. À l'entrée, ses longs couloirs blancs et ses lustres d'époque donnent une première impression assez étrange. Mais une fois monté à l'étage, et une fois franchie la porte d'un des multiples espaces investis par des galeries et autres centres d'art autogérés, on entre immédiatement dans le vif du sujet. Au total, près de 30 galeries, centres d'art et ateliers ont élu domicile au Belgo.

CATHÉDRALE MARIE-REINE-DU-MONDE ★

1085, rue de la Cathédrale
✆ +1 514 866 1661
www.diocesemontreal.org
Visite libre tous les jours de 6h30 à 19h (sauf lors des célébrations eucharistiques). Boutique sur place.

Son architecture d'inspiration néo-Renaissance italienne ne passe pas inaperçue au centre-ville. Inaugurée par Mgr Fabre le 25 mars 1894, soit le jour de Pâques, la cathédrale est alors le premier édifice à avoir coûté plus d'un million de dollars et la seule réplique de la basilique Saint-Pierre de Rome sur le continent. À voir à l'intérieur : la nef, la voûte à caissons en bois blanc et doré, le baldaquin aux colonnes torsadées, les nombreux tableaux et les dorures 23 carats.

CENTRE CANADIEN D'ARCHITECTURE ★

1920, rue Baile
✆ +1 514 939 7000
www.cca.qc.ca
Mercredi-dimanche, 11h-18h (jusqu'à 21h le jeudi). Adulte : 10 CAN $. Gratuit jeudi dès 17h.

Ce musée a été créé avec la conviction que l'architecture fait partie du quotidien de tous. Il va sans dire que l'édifice constitue à lui seul un lieu agréable à visiter. Le bâtiment conçu par Peter Rose et Phyllis Lambert s'est vu décerner de nombreux prix depuis son inauguration en 1989. Les salles d'exposition abritent la plus large collection au monde de plans, dessins, photographies d'architecture, maquettes, livres, etc. Le jardin du CCA est également accessible au public.

MUSÉE MCCORD STEWART ★

690, rue Sherbrooke Ouest
✆ +1 514 861 6701
musee-mccord-stewart.ca/fr
Mardi-vendredi, 10h-18h (21h le mercredi) ; samedi-dimanche, 10h-17h. Adulte : 19 CAN $. Gratuit le mercredi dès 17h.

Le Musée célèbre la vie d'hier et d'aujourd'hui à Montréal : son histoire, ses gens, ses communautés. Ouvert sur la ville et sur le monde, il présente des expositions stimulantes ainsi que des activités éducatives et culturelles qui interpellent les gens d'ici et d'ailleurs en posant un regard actuel sur l'histoire. Il abrite l'une des plus importantes collections historiques en Amérique du Nord composée de plus de 1,5 million d'artefacts. À surveiller : un tout nouveau musée sera ici érigé (voir site web pour suivre l'évolution du projet).

MUSÉE D'ART CONTEMPORAIN DE MONTRÉAL - MAC ★★

1, Place Ville Marie © +1 514 847 6226
www.macm.org
Ouvert toute l'année (horaires variables). Adulte : 10 CAN $.

Le Musée d'art contemporain - le MAC pour les intimes - fait la promotion de l'art moderne en exposant des créations québécoises, canadiennes et étrangères. Toutes les formes d'expressions s'y trouvent : œuvres numériques et sonores, installations, peintures, sculptures, œuvres immatérielles, performances, etc. À savoir que la collection permanente regroupe près de 8 000 œuvres, dont la plus importante collection d'œuvres de Paul-Émile Borduas. Plusieurs activités culturelles y sont également organisées comme des rencontres, des conférences, des ateliers de création, des nocturnes, des SéminArts, des programmes pour le scolaire, un symposium annuel des collectionneurs et plus encore.

Note importante : le musée a entrepris d'importants travaux d'agrandissement de sa surface d'exposition (seulement 1 % des 8 000 œuvres de sa collection est actuellement exposé), le tout dans une superbe démonstration du savoir-faire artistique québécois. La fin des travaux est prévue en 2025. Pour garantir l'accès aux œuvres, le musée continue ses expositions et son activité dans une autre structure pendant la durée des travaux. Ainsi, il a déménagé temporairement dans la galerie PVM de la Place Ville Marie depuis le 1er décembre 2021. Les activités proposées pouvant varier en raison de la relocalisation, visitez le site web pour vous tenir au parfum de la programmation offerte sur place mais aussi en ligne. À voir : l'exposition virtuelle sur Leonard Cohen, offerte gratuitement jusqu'en 2024.

QUARTIER DES SPECTACLES ★★

www.quartierdesspectacles.com

C'est définitivement l'endroit où se rendre pour vivre le « Montréal culturel » ! Le quartier, qui s'étend sur 1 km², regroupe bon nombre d'institutions du domaine : salles et bars à spectacles, musées et lieux d'exposition, cinémas, vidéoprojections architecturales, sans oublier le guichet d'information culturelle La Vitrine. Le Quartier des spectacles, c'est aussi près d'une dizaine de places publiques animées, dont la Place des Festivals et ses environs, hôtes des grands événements et d'installations temporaires hautes en couleur.

MUSÉE DES BEAUX-ARTS DE MONTRÉAL ★★★

1380, rue Sherbrooke Ouest © +1 514 285 2000
www.mbam.qc.ca
Mardi-dimanche 10h-17h. Grandes expositions ouvertes jusqu'à 21h le mercredi. Voir site web pour la tarification.

Le Musée des beaux-arts de Montréal est l'un des musées les plus visités du Québec, mais aussi l'un des plus fréquentés du pays, avec plus d'un million de visiteurs. Le plus ancien musée d'art du Canada (1860) peut se vanter de détenir une riche collection, estimée à plus de 45 000 œuvres, de l'Antiquité à nos jours. Celle-ci se répartit dans cinq pavillons et inclut l'art international, les cultures du monde, les arts décoratifs et le design, sans oublier l'art québécois et canadien. Parmi les œuvres phares de sa collection permanente, notons la présence au dernier étage d'un espace entièrement consacré à l'art autochtone où l'on retrouve des œuvres inuites et des artefacts amérindiens. Nombre d'œuvres du paysagiste québecois Marc-Aurèle Fortin sont également présentes, comme celles de Riopelle et d'autres représentants du mouvement des Automatistes. Dans sa collection internationale, le Musée des beaux-arts est le seul de la province à posséder des œuvres de Picasso, Monet, Renoir, Rodin, Véronèse, Goya ou Poussin.

Le Musée des beaux-arts est aussi l'un des plus importants éditeurs canadiens de livres d'art en français et en anglais, diffusés à l'international. L'Atelier international d'éducation et d'art-thérapie Michel de la Chenelière, le plus grand complexe éducatif dans un musée d'art en Amérique du Nord, est logé dans le Pavillon pour la Paix Michal et Renata Hornstein qui fut inauguré en novembre 2016. La salle Bourgie accueille des concerts de musique classique (aux lumières de ses vitraux Tiffany), tandis que le musée se fait régulièrement l'hôte de projections, de conférences et d'évènements culturels variés.

Du côté des expositions temporaires, celles-ci s'illustrent par leur volonté de croiser les disciplines artistiques (beaux-arts, musique, cinéma, mode, design) et sont exportées à travers le monde. À noter enfin que, depuis mai 2017, on peut admirer le *Mât totémique des pensionnats*, de l'artiste Charles Joseph (nation kwakiutl). L'œuvre magistrale de plus de 21 mètres de hauteur rend hommage aux enfants autochtones envoyés dans les pensionnats aux XIXe et XXe siècles.

Plusieurs services sur place, dont la boutique-librairie m (objets d'art ou de design), le Beaux-Arts Restaurant (cuisine aux saveurs du Québec sous la gouverne du chef Aymeric Halbmeyer), le Beaux-Arts Bistro (collations, viennoiseries, petits plats sur le pouce, cafés et thés) et le Cinéma du Musée (programmation disponible sur cinemadumusee.com).

PARC DU MONT-ROYAL ★★

1260, chemin Remembrance
✆ +1 514 843 8240
www.lemontroyal.qc.ca

Accès en voiture ou bus (ligne 11) par la voie Camilien-Houde, ou accès à pied depuis les avenues des Pins ou du Parc.

Le poumon vert de Montréal où se côtoient randonneurs et cyclistes durant la belle saison. En hiver, on y pratique le ski de fond, la raquette, le patin à glace ou encore la luge. Deux belvédères offrent une vue exceptionnelle sur la ville. Location d'équipement à l'accueil du pavillon du Lac-aux-Castors et au kiosque près du quai sur le lac ; service de restauration (pavillon du Lac-aux-Castors, Chalet du Mont-Royal et Maison Smith). Activités de conservation et événements spéciaux. Parc Jeanne-Mance adjacent avec de nombreux terrains de sports aménagés.

© MARTINE DOUCET

BIODÔME DE MONTRÉAL ★★

4777, avenue Pierre-De Coubertin
✆ +1 514 868 3000
espacepourlavie.ca
Ouvert toute l'année (horaires variables). Adulte : 22,75 CAN $. Tarification réduite pour les résidents du Québec.

Dans cet « Espace pour la vie » complètement unique, les écosystèmes les plus extraordinaires des Amériques ont été reconstitués : le golfe et l'estuaire du Saint-Laurent, l'érablière des Laurentides, la forêt tropicale humide, et même les régions subpolaires des côtes du Labrador et des îles subantarctiques. L'idée est de sensibiliser la population à la précarité de notre environnement dans une optique de préservation de la biodiversité et d'adoption de comportements responsables. Hautement apprécié en toute saison, nous vous recommandons « l'expérience » d'une visite de la forêt tropicale en plein hiver. Cet écosystème truffé d'amphibiens, de reptiles, d'oiseaux et de poissons aux couleurs paradisiaques provoque un véritable choc culturel, en plus de vous faire oublier le froid qui sévit à l'extérieur. Le passeport « Espace pour la vie » donne accès aux quatre autres musées à un prix intéressant.

À savoir que le Biodôme de Montréal s'est refait une beauté avec d'importants travaux de modernisation. Sa réouverture a eu lieu en grande pompe à la fin août 2020 avec, entre autres, une grande nouveauté très attendue : le projet Migration, dont la scénographie mise sur des expériences immersives, interactives et innovantes. L'objectif : faire appel aux sens et offrir aux visiteurs une autre vision de leurs écosystèmes, le tout bonifié d'expériences audacieuses. Et c'est une belle réussite ! Également sur place : boutique de souvenirs et comptoir gourmand entièrement végétarien et végétalien.

CHÂTEAU DUFRESNE ★

2929, avenue Jeanne-d'Arc
✆ +1 514 259 9201
www.chateaudufresne.com
Mercredi-dimanche, 9h30-17h. Adulte : 14 CAN $.

Classé monument historique depuis 1976, le Château Dufresne fut construit entre 1915 et 1918 par les frères Oscar et Marius Dufresne. Son architecture française de style Beaux-Arts s'inspire directement du Petit Trianon de Versailles. Après avoir accueilli le premier Musée national d'art contemporain du Québec, le château est aujourd'hui un musée et un lieu historique patrimonial proposant une exposition permanente, des expositions temporaires, ainsi qu'une prestigieuse collection d'objets et de tableaux royaux et impériaux. Visites commentées le week-end à 13h.

INSECTARIUM DE MONTRÉAL

4581 rue Sherbrooke Est
✆ +1 514 868 3000
espacepourlavie.ca
Ouvert toute l'année (horaires variables). Adulte : 22,75 CAN $. Tarifs réduits pour les résidents du Québec.

L'expérience offerte par les musées d'Espace pour la vie ne serait pas complète sans une visite de l'Insectarium. Lieu d'éveil et de sensibilisation au monde des insectes, vous y verrez les plus beaux spécimens des cinq continents, naturalisés ou vivants. D'importants travaux de transformations architecturales et scénographiques ont été faits dans l'Insectarium entre 2019 et 2022. Outre le parcours muséal immersif et éducatif, les visiteurs pourront vivre des expériences sensorielles et des rencontres inédites. À (re) découvrir !

JARDIN BOTANIQUE DE MONTRÉAL ★★

4101 rue Sherbrooke Est ✆ +1 514 868 3000
espacepourlavie.ca
Horaires variables. Adulte : 22,75 CAN $. Tarifs réduits pour les résidents du Québec. Restauration et boutique.

Les citadins viennent s'y ressourcer à coup d'air pur et de verdure. Grâce à ses 75 hectares, ce vaste poumon de la métropole procure un dépaysement total. Il comprend 10 serres et une vingtaine de jardins thématiques dont les magnifiques jardins chinois et japonais, le jardin de plantes médicinales, la serre de la forêt tropicale humide ou encore celle des orchidées et aracées. Programmation variée au fil des saisons, dont l'incontournable événement Jardins de lumière à l'automne.

PLANÉTARIUM RIO TINTO ALCAN ★

4801, avenue Pierre-De Coubertin
✆ +1 514 868 3000
espacepourlavie.ca
Ouvert toute l'année (horaires variables). Adulte : 22,75 CAN $. Tarification réduite pour les résidents du Québec.

Un nouveau Planétarium a vu le jour en 2013, dans un bâtiment créé spécialement à cet effet au cœur du Parc olympique, annexé au Biodôme. Son concept novateur fait corps avec son approche réinventée, qui le distingue des autres planétariums dans le monde. Outre ses expositions, ce sont surtout ses spectacles immersifs qui attirent les foules, dont *aurōrae* qui vous fera vivre l'intensité et la beauté des aurores boréales en 360°. Boutique de souvenirs et restaurant végé sur place.

© JARDIN BOTANIQUE

© BIOSPHÈRE

© INSECTARIUM

ESPACE POUR LA VIE

✆ +1 514 868 3000
espacepourlavie.ca
Horaires variables selon le musée.

Espace pour la vie accueille plus de 2 millions de personnes chaque année dans ses cinq musées : le Biodôme, l'Insectarium, le Jardin botanique et le Planétarium, situés dans le secteur du Parc olympique, et la Biosphère qui se trouve au parc Jean-Drapeau. Ils forment le plus important complexe en sciences de la nature au Canada, un lieu de découvertes, d'éducation, d'expérience et d'inspiration. Avec leur riche programmation d'activités sur les quatre saisons, ils vous invitent à explorer de manière inédite les mille et une facettes de la vie et de la nature.

© PLANÉTARIUM

© BIODÔME

© STÉPHAN SZEREMETA

L'ORATOIRE SAINT-JOSEPH DU MONT-ROYAL ★★

3800, chemin Queen Mary
✆ +1 514 733 8211
www.saint-joseph.org
Horaires variables selon le service. Entrée libre sur le site et aux services religieux ; 3 CAN $ par adulte au musée.

S'élevant sur le flanc nord-ouest du mont Royal, ce site est l'un des plus visités de Montréal, en partie pour la magnifique vue qu'il offre depuis sa terrasse. Lieu de recueillement, cette impressionnante basilique de style néo-Renaissance, coiffée d'un gigantesque dôme octogonal en cuivre, accueille des pèlerins venus de tous les coins du monde faire leurs dévotions à saint Joseph. À ne pas manquer : les concerts du dimanche, une tradition depuis plus de 50 ans. Services sur place : boutiques, restauration et hébergement.

Un vaste projet d'aménagement est en cours (fin des travaux prévue en 2024) : nouveau pavillon d'accueil et de services équipé d'un toit vert, aménagement d'une grande place multifonctionnelle piétonne extérieure, reconfiguration du jardin monumental, nouvelle structure monumentale pour l'unique carillon au Québec et ajout de 5 cloches aux 56 cloches actuelles, réaménagement complet du musée, aménagement d'un centre d'observation au niveau du lanterneau de la basilique, etc.

▶ **Le saviez-vous ?** La basilique se dresse à 283 mètres au-dessus du niveau de la mer, ce qui en fait le point le plus élevé de Montréal. Du chemin Queen Mary au portique de la basilique, on peut gravir 283 marches, dont 99 marches en bois sont réservées à la prière et servent aux pèlerins qui désirent monter à genoux. Le cœur du frère André, exposé au grand public, a été volé dans la nuit du 15 au 16 mars 1973 et a été retrouvé presque deux ans plus tard.

SE LOGER

Capitale économique de la province, ville cosmopolite, grand centre culturel... Avec toutes ces caractéristiques, Montréal a sans surprise développé un tissu hôtelier d'une grande variété. Que ce soit pour la clientèle d'affaires ou pour les touristes de passage, pour les amateurs d'étape confort ou les voyageurs sans le sou, on y trouve des solutions d'hébergement pour tous les goûts. Si le centre-ville regroupe surtout les grandes bannières internationales, de jolies auberges et hôtels particuliers se trouvent dans des quartiers comme le Vieux-Montréal, le Village ou encore le Plateau Mont-Royal. Une réservation en dernière minute n'est pas un souci la majeure partie de l'année, mais attention, les nombreux festivals et les événements culturels et sportifs de tous ordres attirent de nombreux visiteurs et pourraient obliger les voyageurs les moins prévoyants à se porter sur un second choix...

AUBERGE ALTERNATIVE €

358, rue Saint-Pierre
✆ +1 514 282 8069
www.auberge-alternative.qc.ca
Chambre partagée : à partir de 25,49 CAN $; chambre privée : à partir de 70 CAN $.

Une auberge charmante, au cœur du quartier historique de Montréal, ça ne se refuse pas ! Répartie en cinq chambres partagées et quatre chambres privées, ainsi qu'une salle commune avec cuisine équipée, elle est idéale pour se faire des compagnons de voyage. Ici, on privilégie l'achat local, les produits bio et naturels, le recyclage et le compostage, sans oublier le mobilier de récupération. Résidence d'artistes, vernissages et autres activités culturelles sont proposées sur place, ainsi qu'un service de location de vélos (balades guidées sur demande).

AUBERGE DU PLATEAU MONT-ROYAL €

185, rue Sherbrooke Est ✆ +1 514 284 1276
aubergeduplateau.com
Voir site web pour les tarifs. Petit déjeuner inclus. Cuisine équipée, salon commun, buanderie, programme d'activités.

Une auberge mythique qui attire bon nombre de voyageurs de tous âges depuis des années. Sa localisation est plus qu'idéale, à deux pas du Plateau Mont-Royal, du Quartier latin et du Quartier des spectacles, et sa superbe et ô combien invitante terrasse sur le toit offre un panorama digne de la vie bouillonnante de ces quartiers (barbecue à disposition pour les petits et grands appétits). L'équipe est aux petits soins et saura vous faire découvrir la ville et ses petits bijoux.

AUBERGE SAINTLO MONTRÉAL €

1030, rue Mackay ✆ +1 514 843 3317
saintlo.ca/montreal
Chambre partagée : à partir de 28 CAN $, privée : à partir de 88 CAN $. Petit déj inclus. Forfaits, nombreux services.

Située au cœur du centre-ville, cette grande auberge accueille des visiteurs du monde entier et de tous les âges. Elle s'est d'ailleurs refait une beauté au cours des dernières années, de l'accueil aux chambres, en passant par les aires communes et le bar, et le résultat est carrément superbe. L'Auberge Saintlo Montréal organise également plusieurs activités, comme sa fameuse tournée des bars dont la réputation n'est plus à faire, et met à disposition des espaces de coworking et des salles de lecture pour les travailleurs nomades. Une adresse vraiment au top !

AUBERGE DE LA FONTAINE €€

1301, rue Rachel Est
✆ +1 514 597 0166
www.aubergedelafontaine.com
Occupation double : à partir de 178 CAN $, petit déjeuner en sus. Promotions disponibles.

Située en face du magnifique parc La Fontaine, cette auberge souvent primée offre un décor et un service dignes d'un grand hôtel. L'aspect victorien de la maison, datant du début du XIXe siècle, contraste avec sa décoration moderne, différente d'une chambre à l'autre (21 chambres sur place). Pour ceux désirant se gâter un peu, une des suites exécutives possède un bain à remous et une terrasse privée avec vue sur le parc. Enfin, une piste cyclable passe juste en face de l'établissement. Sans aucun doute la plus futée des auberges en ville !

AUBERGE LES BONS MATINS €€

1401, avenue Argyle
✆ +1 514 931 9167
www.bonsmatins.com
Occ. double : à partir de 164 CAN $, petit déjeuner inclus. Promotions disponibles. Stationnement payant sur place.

Située dans une rue calme, à la sortie du métro et à deux pas du centre-ville, l'emplacement est idéal. L'auberge occupe trois maisons centenaires mitoyennes, typiques des habitations de ce quartier. Les chambres, aux couleurs chaudes et décorées avec un beau mobilier, sont très confortables et raffinées. Certaines possèdent même un bain à remous et/ou une cheminée, et des balcons et terrasses communs ou privés sont aussi à disposition. Le petit déjeuner, copieux et délicieux, vous sera servi dans une salle chaleureuse et colorée.

HÔTEL MONVILLE €€

1041, rue de Bleury
✆ +1 514 379 2000
www.hotelmonville.com
Occupation double : à partir de 221 CAN $. Restaurant, bar, lounge, gym 24h, terrasse panoramique, etc.

Cet hôtel au design unique et de concept « nouvelle génération » offre une expérience urbaine incomparable. Ici la technologie est au cœur du concept avec, entre autres, la possibilité de faire son *check-in/check-out* en ligne, des chambres connectées à votre *smartphone* ou encore le room service assuré par un robot. Coup de cœur pour les chambres des catégories Suite d'Angle et Suite Monville qui offrent en plus une vue panoramique sur les gratte-ciel de la métropole. À noter également : la belle fresque murale de l'hôtel qui représente l'histoire de la ville.

HÔTEL DE L'ITHQ €€

3535, rue Saint-Denis
✆ +1 514 282 5120
www.ithq.qc.ca/hotel
Voir site web pour les tarifs. Petit déjeuner continental inclus. Stationnement intérieur et restaurants sur place.

Situé sur les lieux mêmes de l'Institut de tourisme et d'hôtellerie du Québec (ITHQ), cet hôtel offre des chambres et suites entièrement rénovées arborant un design chic et urbain. Elles sont toutes d'un grand confort et la plupart sont équipées d'un balcon pour profiter de la belle vue sur le centre-ville ou le mont Royal. Le service de conciergerie est impeccable et vous aidera à planifier votre séjour dans la métropole. Notez que l'hôtel de l'ITHQ est un lieu d'apprentissage stimulant pour les étudiants, car conforme à la réalité du marché du travail.

HÔTEL UVILLE €€

204, place d'Youville
✆ +1 514 289 4044
uvillehotelmontreal.com/fr
Occupation double : à partir de 199 CAN $, petit déjeuner inclus. Promotions et forfaits disponibles.

Plus qu'un hôtel où simplement passer la nuit, le Uville vous fera vivre un véritable voyage dans le Montréal des années 1960-70. Outre la déco résolument rétro (table tournante avec vinyles inclus !), chaque chambre comprend également un récit et des photos, sans oublier la sélection de films provenant de la collection de l'Office national du film du Canada. On frôle ici l'expérience muséale ! Parmi les services offerts, notons le stationnement payant sur place, le bar-lounge et des chambres pouvant accueillir votre animal de compagnie.

HÔTEL ÉPIK MONTRÉAL €€

171, rue Saint-Paul Ouest
✆ +1 514 842 2634
www.epikmontreal.com/fr
Occupation double : à partir de 169 CAN $, petit déjeuner inclus. Forfaits et promotions disponibles. Resto-terrasse.

Un petit hôtel impeccable au patrimoine architectural fort bien conservé, avec à peine dix chambres et suites d'une beauté incroyable. La décoration, à la fois classique et contemporaine, s'harmonise parfaitement avec le tout. Si vos finances le permettent, réservez le magnifique penthouse sur trois niveaux. Pour casser la croûte, le resto-terrasse propose des plats d'inspiration internationale dans lesquels poissons et fruits de mer tiennent la vedette (les moules & frites ont la cote). Une adresse chic, aux petits oignons avec sa clientèle. On recommande !

LE PETIT HÔTEL €€

168, rue Saint-Paul Ouest ✆ +1 514 940 0360
petithotelmontreal.com/fr
Occupation double : à partir de 206 CAN $, petit déjeuner buffet continental inclus. Promotions offertes.

Charmant hôtel très tendance, situé dans un édifice historique au cœur de la vieille ville. Les chambres, réparties sur quatre étages, sont merveilleusement équipées : lit plate-forme luxueux avec couette en duvet d'oie, mobilier de conception québécoise, téléviseur à écran plat, minibar... Les chambres les plus spacieuses offrent même un espace salon et peuvent accueillir en tout confort trois ou quatre personnes. Services offerts : cafés et thés gratuits toute la journée, service de voiturier et de conciergerie, 15% de rabais au Spa William Gray, etc.

M MONTREAL €

1245, rue Saint-André ✆ +1 514 845 9803
www.m-montreal.com/fr

Voir site web pour les tarifs. Petit déjeuner en sus. Café, bar, bains à remous sur le toit, stationnement payant, etc.

Une auberge de jeunesse vraiment au top et à l'ambiance festive. Les chambres partagées ont toutes une salle de bain privée, des casiers, des prises électriques individuelles, un rideau devant le lit pour plus d'intimité et autres petits plus. L'auberge propose également des chambres privées, studios et appartements de toute beauté et entièrement équipées. En soirée, le bar est un *must*, présentant gratuitement des spectacles d'artistes locaux, des soirées DJ et autres événements. Des visites sont également organisées en journée. Bref, une adresse incontournable !

BOXOTEL €€€

175, rue Ontario Est
✆ +1 514 281 0202
www.boxotel.com/fr

Occupation double : à partir de 200 CAN $. Forfaits disponibles. Soins spa (massages, soins du corps et du visage).

Le Boxotel est un hybride entre l'hôtel-boutique et l'appart-hôtel. Studios, lofts et appartements sur deux étages : tous sont entièrement équipés, de la cuisine à la buanderie. L'hôtel encourage également les artisans, entreprises et produits locaux, sans oublier les nombreuses actions et technologies afin de réduire son empreinte écologique. Sur place, vous retrouverez un espace spa (bain à remous détente et un d'entraînement sur la terrasse, mini-gym avec sauna sec et bain turc, espace détente) ainsi qu'une terrasse avec vue panoramique.

FAIRMONT LE REINE ELIZABETH €€€

900, boulevard René-Lévesque Ouest
✆ +1 514 861 3511
www.fairmont.fr

Occ. double : à partir de 359 CAN $, petit déjeuner inclus. Centre spa, restaurants, bar, café, terrasse-lounge, etc.

Pouvant se targuer d'être le plus important hôtel de Montréal et de l'est du Canada, Le Reine Elizabeth offre une expérience renouvelée, tant dans le décor que le mobilier, les services et les installations. L'élégance propre aux hôtels Fairmont est toujours de mise, mais avec une touche contemporaine et arty qui s'inspire fortement du design des années 1960. Le résultat est vraiment superbe et vaut amplement une nuitée, voire plus, si on en a les moyens !

HÔTEL WILLIAM GRAY €€€

421, rue Saint-Vincent
✆ +1 514 656 5600
hotelwilliamgray.com/fr

Occupation double : à partir de 270 CAN $. Promotions et forfaits disponibles.

Surplombant la place Jacques-Cartier, ce bel hôtel écolo propose luxe et grand confort dans ses chambres et suites au design intemporel et décorées d'œuvres d'artistes locaux. À cela s'ajoute une panoplie de services et d'installations comme trois restaurants (dont un saisonnier), un spa avec circuit thermal, un gym dernier cri, des terrasses sur le toit, une cour intérieure végétale, un *living room* (bibliothèque, table de billard et bar), une succursale du fameux café Olimpico et la boutique de *streewear* Le Cartel. Une adresse qui a du chic !

LE MOUNT STEPHEN €€€

1440, rue Drummond ✆ +1 514 313 1000
www.lemountstephen.com/fr

Occupation double : à partir de 479 CAN $. Restaurant-bar, spa urbain, gym, terrasse commune, service de voiturier, etc.

L'ancienne demeure de l'homme d'affaires George Stephen s'est métamorphosée en un établissement hôtelier haut de gamme exceptionnel, sous la bannière The Leading Hotels of the World. Nec plus ultra en matière de confort et de dernières technologies, l'hôtel compte 90 chambres et suites, dont les magnifiques Sky Loft avec terrasse privative. La gamme de services est bien entendu à la hauteur du standing de l'établissement et nous vous conseillons sans hésitation un repas ou l'apéro au Bar George doté d'un décor historique époustouflant.

LE SAINT-SULPICE HÔTEL MONTRÉAL €€€

414, rue Saint-Sulpice
✆ +1 514 288 1000
www.lesaintsulpice.com

Occupation double : à partir de 239 CAN $. Stationnement payant, restaurant Oskar avec superbe terrasse, etc.

Le Saint-Sulpice Hôtel Montréal est une des merveilles du Vieux-Montréal. Coté 4 étoiles, ce magnifique hôtel-boutique offre tous les services d'un grand hôtel. Une fois dans votre suite, vous apprécierez l'espace de vie avec un coin salon et une kitchenette. En hiver, choisissez une suite avec foyer électrique, et, en été, une suite avec balcon pour profiter des beaux jours. Idéal pour une pause après une longue journée d'excursion dans le Vieux-Montréal !

LOFTS DU VIEUX-PORT €€

97, rue de la Commune Est
✆ +1 514 876 0081
loftsduvieuxport.com

Tarifs variables selon le type d'unité choisi. Promotions offertes.

Véritable coup de cœur pour ces superbes lofts du Vieux-Montréal. Non seulement la localisation est extraordinaire, la vue en témoigne, mais chaque unité offre un cachet sans pareil avec une touche de modernité ne faisant pas défaut au style d'origine. Studios, lofts, appartements de deux chambres et lofts luxueux, à vous de choisir. Ils sont tous entièrement équipés et offrent de nombreux services (service de voiturier, accès gratuit à un gym, restauration au loft, accès au bar à vin et à la terrasse de l'Auberge du Vieux-Port, etc.). Une adresse à retenir !

SE RÉGALER

Les gastronomes seront comblés à Montréal, quelle que soit la taille de leur estomac et de leur portefeuille. Les Montréalais aiment bien manger et chaque quartier, qu'il soit touristique, résidentiel, commercial ou rien de tout cela, est équipé de son lot de restaurants. Vous ne mourrez donc pas de faim où que vous vous trouviez. Selon ce que vous dictent vos envies du moment, vous pourrez choisir votre destination en fonction des styles de cuisine qui prédominent. Les restaurants les plus en vogue nécessitent une réservation préalable, et un brunch le week-end peut vous amener à patienter quelques dizaines de minutes avant que l'on vous assigne une table. La rançon du succès, qui n'entame en rien la qualité ! Puis comme partout ailleurs, la cuisine de rue connaît également un succès monstre. Pour plus d'informations sur les food trucks et les comptoirs et pour les localiser : montreal.bestfoodtrucks.com

Marché Jean-Talon.

LE CLUB CHASSE ET PÊCHE €€€

423, rue Saint-Claude
✆ +1 514 861 1112
www.leclubchasseetpeche.com
Mercredi-samedi, 18h-22h30. Plats principaux : à partir de 35 CAN $.

Cette pourvoirie urbaine offre un nouveau territoire pour « pêcher » de bonnes chairs. Presque une chasse gardée. Aucun signe extérieur, tout juste un sigle de ralliement pour les initiés gourmands. Un décor ultra léché fait de pierres, de poutres, de cuir, mélange cosy de sophistication et d'authenticité : dandysme et rusticité contemporaine. Quant aux cuistots, ils élaborent une cuisine puissante, animale, esthétique, instinctive, alors que la brigade en salle veille à conserver l'eurythmie unique qui caractérise si bien les créations de cette équipe gagnante.

PINCETTE - BAR À HOMARD €€

94 rue Saint-Paul Est
✆ +1 514 876 4261
pincettemtl.com
Ouvert matin, midi et soir. Brunch le week-end de 11h à 15h. Carte : 10-40 CAN $. Terrasse.

Par une belle journée d'été dans le Vieux-Montréal, on avait une envie irrésistible de homard. C'est ainsi qu'on a découvert cette table gourmande qui met de l'avant les produits des lacs, des rivières et de la mer. Le homard est sans contredit la grande star des lieux, entier, en raviolis ou encore en guédille (ce fameux sandwich qu'on a testé, rempli généreusement de chair de homard). La décoration du resto fait quelques clins d'œil au monde maritime, notamment avec ses cages à homard faisant office de lampes suspendues. À tester : le cocktail Bloody Pincette.

LOV €

464, rue McGill
✆ +1 514 287 1155
lov.com
Horaires variables selon la saison. Carte : moins de 25 CAN $. Autres succursales dans le Grand Montréal et à Toronto.

LOV signifie « Local, Organique, Végé ». Adresse dédiée à la cuisine « botanique », elle plaira assurément aux végétariens et végétaliens (branchés) de ce monde. L'espace est superbe, tout de blanc et de vert vêtu, dans une ambiance zen et relaxante qui cadre à merveille avec la philosophie de l'endroit. Le menu est élaboré par la chef Stéphanie Audet du défunt resto Crudessence, proposant des plats santé issus de l'agriculture locale et bio. Côté boissons, des vins natures et bio, des cocktails « botaniques » et des cafés de torréfacteurs de type 3e vague.

THE FARSIDES €€

690 rue Notre-Dame Ouest ✆ +1 514 951 8454
www.thefarsides.com
Ouvert du mercredi au dimanche dès 17h. Carte : 10-60 CAN $ (excluant les queues de homard). Terrasse.

Avant tout, The Farsides rend hommage à la culture hip-hop dans chaque recoin de son antre, allant de la déco (mention à la fresque murale où apparait Slick Rick) à la musique d'ambiance, en passant par le nom des cocktails. Côté gourmand, l'endroit offre une cuisine mélangeant les styles hawaïen et taïwanais où poissons et fruits de mer tiennent la vedette. Tout est délicieux et on rêve encore des savoureuses crevettes thaïes et de la salade de mangue... Les cocktails et sangrias maison sont aussi un must. Et comme l'endroit est hyper populaire, réservez !

OLIVE + GOURMANDO €

351, rue Saint-Paul Ouest
✆ +1 514 350 1083
www.oliveetgourmando.com
Mardi-samedi, 9h-17h. Carte : moins de 25 CAN $.

L'un des café-boulangeries les plus branchés de Montréal. À l'entrée, un comptoir vend un assortiment de viennoiseries, biscuits, muffins et autres gâteries, sans oublier le café pour emporter. Au fond, le comptoir de petits déjeuners, sandwichs, salades et autres plats gourmands confectionne de délicieux repas diététiques à base de produits biologiques pour la plupart. Le choix des mets varie régulièrement, leur qualité et leur originalité ne déçoivent jamais. Un délicieux café conclut admirablement un bon repas. Attention, l'endroit est bondé le midi.

TOQUÉ ! €€€

900, place Jean-Paul-Riopelle
✆ +1 514 499 2084
www.restaurant-toque.com
Ouvert le midi en semaine (sauf lundi) et le soir du mardi au samedi. Carte : 15-70 CAN $, menu dégustation : 182 CAN $.

L'identité gastronomique québécoise est ici à son meilleur. Normand Laprise, Grand Chef Relais & Châteaux, est aux commandes de cet établissement, veillant à ce que sa réputation demeure irréprochable. Le menu est d'une rigueur incroyable, mettant en valeur une cuisine de marché fraîche et raffinée. Pas de faux-semblants, les plats sont confectionnés telles des œuvres d'art et combinés à une carte des vins époustouflante élaborée par l'un des meilleurs sommeliers du pays. Tout est démesuré ici ! Il est recommandé de réserver à l'avance.

BIIRU €€

1433, City Councillors
✆ +1 514 903 1555
www.biiru.ca
Mardi-vendredi, 11h30-14h30 et dès 18h ; samedi, dès 18h. Carte : moins de 25 CAN $ le plat. Terrasse.

Située à un jet de pierre de l'église St. James, cette izakaya japonaise ne propose que des spécialités nippones ainsi que des versions revisitées telle que le Moshibekon Yakitori (brochettes de moshi et bacon). On accompagne le tout d'un cocktail typique, d'une bière japonaise ou encore d'un bon saké, bien entendu. L'endroit peut être bruyant par contre à l'heure du lunch, soyez avisé ! À découvrir également : sa petite sœur gourmande, Hanzo Izakaya, située sur la rue Saint-Nicolas au cœur du Vieux-Montréal. On recommande !

BOUILLON BILK €€

1595, boulevard Saint-Laurent
✆ +1 514 845 1595
www.bouillonbilk.com
Lundi-vendredi, 11h30-14h30 ; lundi-dimanche, 17h30-23h. Carte : 20-55 CAN $. Menu dégustation le soir également.

L'enseigne est discrète et on ne risque pas d'être distrait par un décor trop envahissant : l'âme du restaurant est bel et bien dans l'assiette. On y déguste, dans un chuchotement de musique *lounge*, des produits locaux simples et délicieux, assemblés avec créativité et un certain raffinement, du pain maison encore tiède jusqu'à la gargantuesque assiette de biscuits. Une belle adresse et un service impeccable. L'équipe a deux autres restaurants Cadet, également dans le centre-ville, et Place Carmin au menu plus brasserie, dans le Vieux-Montréal.

CHEZ CHILI €

1050, rue Clark
✆ +1 514 904 1767
www.chezchili.com
Ouvert tous les jours de 11h30 à 22h. Carte : moins de 25 CAN $.

Qu'on se le dise tout de suite : on ne va pas Chez Chili pour le cadre, mais bien pour les assiettes toutes aussi bonnes les unes que les autres (et croyez-nous, une bonne partie des plats a été testée et approuvée !). Mention spéciale aux excellentes aubergines à l'ail, fondantes à souhait, à accompagner de riz blanc et de tofu sauté par exemple, le tout pour un prix tout à fait correct. Le service est toujours très agréable et le thé est servi à table, aux côtés de la classique carafe d'eau. Une vraie bonne adresse dans Chinatown !

ESCONDITE €€

1206, rue Union
✆ +1 514 419 9755
www.escondite.ca
Lundi-vendredi, midi et soir ; samedi, soir seulement. Terrasse. Plusieurs autres succursales dans le Grand Montréal.

Une belle ambiance *caliente* dans cette *cerveceria de barrio* (brasserie de quartier) décorée d'une immense fresque, de clins d'œil à Diego Rivera et Frida Kahlo, de têtes de mort façon Cinco de Mayo... Les spécialités de la maison sont les tapas et les tacos de toutes sortes, mais on y offre également quelques crus et des côtes de porc sur le gril, sans oublier les desserts comme les churros chauds au Nutella. On accompagne le tout d'un excellent cocktail maison, d'une bière mexicaine, ou encore d'un petit verre de mezcal ou de tequila. *Salud* !

EUROPEA €€€

1065, rue de la Montagne
✆ +1 514 398 9229
jeromeferrer.ca
Ouvert le soir du mercredi au dimanche. Menus entre 185 et 225 CAN $, accord des vins en sus. Réservation impérative.

La réputation du Grand Chef Relais & Châteaux Jérôme Ferrer n'est plus à faire. L'Europea, c'est la finesse de l'art culinaire avec une cuisine inventive et intuitive qui fait voyager tous nos sens. C'est l'une des meilleures tables en ville et elle offre une expérience gustative franchement à la hauteur. En soirée, laissez-vous tenter par le menu La Grande Table, un voyage culinaire épique décliné en 8 ou 10 services. La carte des vins qui accompagne le tout est un hymne au bonheur. À savoir qu'un menu végétarien est également proposé.

IBÉRICA €€€

1450, rue Peel
✆ +1 514 285 1888
www.iberica.ca
Mardi-vendredi, dès 11h30, 16h le week-end. Carte : 7-70 CAN $. Plats à partager également.

Le chef est allé s'inspirer à Barcelone tout en côtoyant des chefs de renom dont Ferran Adrià. Sa carte s'en ressent, plusieurs produits étant d'ailleurs directement importés d'Espagne, notamment les charcuteries, le porc et les vins dont la majorité sont des importations privées catalanes minutieusement sélectionnées par le sommelier. Même le four Josper a fait le voyage depuis Barcelone, conférant une saveur fumée authentique aux viandes, poissons et légumes. Quant au décor, il est à la fois brut et chic, à mille lieues de ce que l'on retrouve dans les environs.

LABO CULINAIRE €€

1201, boulevard Saint-Laurent
✆ +1 514 844 2033
sat.qc.ca/fr/restaurant-labo-culinaire
Au 3e étage de la SAT. Mardi-samedi, 17h-22h. Carte : moins de 40 CAN $. Terrasse.

La cheffe Émilie Bégin concocte des plats à base de produits de saison, principalement biologiques, suivant la philosophie culinaire « de la terre à la table » (à savoir que le resto a aussi un jardin sur le toit). Lieu idéal pour partager quelques assiettes et quelques verres avant ou après un spectacle à la SAT... ou simplement pour profiter de la superbe terrasse, secret encore bien gardé à Montréal. L'équipe se fera un plaisir de présenter la carte et de conseiller les vins nature 100 % bio sélectionnés avec soin par son sommelier.

MAISON BOULUD €€€

1228, rue Sherbrooke Ouest ✆ +1 514 842 4224
www.maisonboulud.com
Voir site web pour tous les horaires. Brunch le week-end. Cave à vin, salons privés, terrasse, service de voiturier.

Le chef Daniel Boulud n'en est pas à son coup d'essai avec le restaurant du Ritz-Carlton, célébré parmi les meilleures tables de la ville. Son restaurant Daniel, à New York, est doublement étoilé et mondialement connu, en plus d'être membre de la prestigieuse association Relais & Châteaux. Avec la Maison Boulud, il a voulu profiter de la fusion de deux cuisines, nord-américaine et européenne. Une belle réussite. Le raffinement est dans les assiettes comme dans la salle et le service est digne de grands restaurants étoilés. Une belle expérience gastronomique.

NOUILLES DE LAN ZHOU €

1006, boulevard Saint-Laurent
✆ +1 514 800 2959
lanzhou.ca/montreal
Lundi-dimanche, 11h-21h (jusqu'à 21h30 vendredi et samedi). Carte : moins de 20 CAN $.

C'est l'une des adresses chouchous du quartier chinois. L'endroit par excellence pour savourer la fameuse soupe aux nouilles et au bœuf, un grand classique nous venant de Lan Zhou, une ville du centre-nord de la Chine. Un succulent bouillon préparé avec amour et enrichi de sang de bœuf, des rondelles de daïkon, du bœuf en fines tranches cuit dans le bouillon et un œuf mariné au curry, voilà ce que vous retrouverez dans votre bol. Bien entendu, il y a d'autres options sur la carte, mais c'est pour cette soupe que la foule y abonde. Dé-li-cieux !

POINCARÉ CHINATOWN €€

1701, rue Saint-Laurent
poincarechinatown.com
Ouvert tous les jours dès 16h (cuisine dès 17h). Carte : moins de 30 CAN $ le plat. Terrasse.

On est entre de bonnes mains dans ce joli resto-bar installé au-dessus d'une épicerie asiatique. Les créateurs de Poincaré nous viennent tous de microbrasseries reconnues et le chef, passionné de lactofermentation, a imaginé plusieurs petits mets et conserves (tout est fait sur place) à picorer devant un bon verre. Excellents vins et cocktails, en plus de la fine sélection de bières. À goûter : les *sauer frites*, frites fermentées accompagnées d'une mayonnaise à l'échalote confite. Le lieu idéal après une visite de Chinatown ou avant un spectacle à la SAT.

SOUBOIS €€

1106, boulevard de Maisonneuve Ouest
✆ +1 514 564 3672
www.soubois.com
Ouvert du jeudi au samedi de 18h à 3h. Carte : 10-55 CAN $. Terrasse. 21 ans et plus.

Définitivement une adresse qui plaira aux noctambules gourmands. Les lieux oscillent entre restaurant, bar et *nightclub*. Le décor fait honneur au nom de l'établissement avec ses arbres en bois stylisés et sa forêt enchantée sur les murs. Dans les assiettes, le chef Guillaume Daly et son équipe conçoivent des plats où le cru et les grillades tiennent la vedette (mention au Tomahawk AAA à partager). Pour pousser l'expérience plus loin, entrez dans son bar caché pour savourer un délicieux cocktail dans l'ambiance d'un *speakeasy*.

TIME OUT MARKET MONTRÉAL €

705, rue Sainte-Catherine Ouest
✆ +1 514 370 3883
www.timeoutmarket.com/montreal
Ouvert tous les jours dès 11h30.

Après Lisbonne, Miami, New York, Boston et Chicago, c'est au tour de Montréal d'accueillir ce marché gastronomique et culturel. Plus d'une quinzaine de chefs, restaurateurs et mixologues ont été triés sur le volet pour occuper cet immense espace gourmand. On y trouve aussi une une école de cuisine, quatre bars (sodas, bières, cocktails, vins), une boutique ainsi que des espaces culturels et artistiques. Parmi l'offre sur place : Le Red Tiger, Paul Toussaint, Marusan, Burger T ! (du réputé chef Normand Laprise), Moleskine... On a l'eau à la bouche !

© LE CENTRAL

© LE CENTRAL

© LE CENTRAL

LE CENTRAL €

30 rue Sainte-Catherine Ouest
www.lecentral.ca
Horaires variables selon la saison.

Situé au cœur du Quartier des spectacles, Le Central fait rayonner la scène gastronomique montréalaise. On y retrouve plus d'une vingtaine de comptoirs gourmands où se côtoient des cuisines aussi variées que le *melting-pot* culturel de la ville : produits marins de la Gaspésie, tacos mexicains, poulet portugais, *pav bhaji* indien, poké hawaïen, tapas basques, galette bretonne... et la liste est encore longue ! La brasserie West Shefford y tient également un bar aux abords duquel s'installe une petite terrasse en été. Un arrêt gourmand qui vaut le détour !

© LE CENTRAL

© LE CENTRAL

KAMEHAMENA SNACK-BAR €

1190 rue Sainte-Catherine Est
✆ +1 514 303 0550
www.kamehamehamtl.com
Ouvert du lundi au samedi de 12h à 20h. Carte : moins de 25 CAN $.

Bienvenue au royaume du poke bowl, ce plat hawaïen qui fait fureur depuis quelques années ! Et ici, vous le composez selon votre goût : choisissez votre protéine (thon, saumon, tofu, etc.), puis la base (riz blanc, salade, quinoa) et les garnitures (4 sont incluses, 50 cents pour chaque option supplémentaire). Le resto propose aussi du poulet karaage, des crevettes pop corn au coco et le spam burger, sans oublier une sélection de smoothies riches en protéines, nutriments, fibres et vitamines. Pour couronner le repas, essayez absolument le taiyaki.

LE MOUSSO €€€

1025, rue Ontario Est
✆ +1 438 384 7410
lemousso.com
Horaires variables. Menu dégustation à prix fixe : 250 CAN $, accord des vins : 115 CAN $. Réservation impérative.

Le chef Antonin Mousseau-Rivard tient cette adresse de haute voltige située à deux pas du marché Saint-Jacques. Certes, ce n'est pas la grosseur des portions qui attire les foules, mais plutôt le mariage parfait des saveurs et textures, les ingrédients minutieusement choisis, le visuel plus que réussi pour chaque plat et cette créativité qui s'exprime de l'entrée au dessert (comptez une douzaine de services). On vous recommande de vivre l'expérience avec l'accord des vins. Une table qui fait l'unanimité de la critique, avec raison !

PALME €€

1487, rue Sainte-Catherine Est
✆ +1 514 529 8480
www.restopalme.com
Ouvert du mardi au dimanche dès 17h. Carte : moins de 40 CAN $.

Installée au cœur du Village, cette adresse fait voyager... sous les palmiers ! Acras de morue, poulet à la jerk, assiette griot, kalalu végétarien et autres savoureuses spécialités caribéennes, revisitées ou non, sont au menu de ce restaurant très tendance, à la décoration à la fois sobre et colorée. En été, la salle lumineuse s'ouvre sur la terrasse pour profiter de l'ambiance animée de la rue Sainte-Catherine tout en sirotant un des cocktails à base de rhum proposés par la maison. Idéal pour une soirée exotique et festive, placée sous le signe des épices.

LE PASSÉ COMPOSÉ €€

1310 boulevard de Maisonneuve Est
✆ +1 514 524 6663
bistropassecompose.com
Ouvert tous les jours de 9h à 14h30 (fermé mardi). Carte : moins de 35 CAN $. Terrasse.

Si l'irrésistible envie de bruncher vous prend, c'est clairement ici qu'il faut venir ! Louangé tant par la critique que les gourmands, ce resto prépare une foule de plats aux saveurs locales grâce à des partenariats bien établis avec de nombreux producteurs et artisans québécois. Les deux œufs pochés au foie gras sont un must (pain brioché, œufs de cane, foie gras poêlé, sauce au foie gras, compote d'oignons, chips de Prosciutto, graines de pavot, pousses de mizuna, rabioles glacées au miel). Bonus : une carte des cocktails vraiment sympa.

LE RED TIGER €

1201, boulevard de Maisonneuve Est
✆ +1 514 439 7006
leredtiger.com
Ouvert du lundi au samedi dès 17h. Carte : moins de 20 CAN $. Autre succursale au Time Out Market.

Le Red Tiger, c'est un genre d'hybride entre le pub de quartier et le resto de *street food* typique vietnamien. Au menu : salade de papaye verte, grillades de poulet au satay et coco, mini crêpes vietnamiennes au porc et crevettes... À plusieurs, on vous recommande de partager quelques plats, question de goûter à tout. Belle liste de cocktails maison et même une bière à l'effigie de la place, une blonde légère qui se boit bien. Si l'endroit n'a pas de terrasse, sachez qu'une grande porte de garage s'ouvre entièrement lors des beaux jours.

TENDRESSE €

1259, rue Sainte-Catherine Est
✆ +1 438 387 1471
bistrotendresse.com
Ouvert tous les jours (horaires variables). Carte : moins de 25 CAN $ le plat. Autre établissement : bar Renard.

Situé dans le Village, le bistrot séduit d'emblée par son ambiance douce et colorée... et encore plus par sa carte. Pour un lunch, un brunch ou un souper, ou simplement pour un petit café, Tendresse a ce qu'il faut : des classiques burgers et sandwichs déjeuner aux plus exotiques tacos, dumplings et falafels, sans oublier les savoureux desserts. Tout est vraiment bon et végane ! Et comme si ça ne suffisait pas, on y a aussi élaboré une belle carte des vins et d'autres boissons diverses. À tester à n'importe quel moment de la journée.

LA BANQUISE €

994, rue Rachel Est
✆ +1 514 525 2415
www.labanquise.com
Ouvert 24h/24, 7j/7. Carte : moins de 25 CAN $. Terrasse.

À toute heure du jour ou de la nuit, on y vient pour déguster l'une des 30 sortes de poutines figurant au menu. Plus que des frites, du fromage et de la sauce *gravy*, ici la créativité donne des résultats parfois surprenants, comme la Savoyarde au bacon, oignons, fromage suisse et crème sure. On y trouve aussi une sélection de sandwichs, clubs sandwichs, burgers et autres petits plats, à accompagner d'une bière de microbrasserie. Bon choix également de petits déjeuners copieux à prix dérisoires. Un passage obligé dans la métropole !

FAIRMOUNT BAGEL €

74, avenue Fairmount Ouest
✆ +1 514 272 0667
fairmountbagel.com
Ouvert 24h/24, 7j/7.

Les meilleurs bagels sont ceux de Montréal. Point final. Et impossible de croiser un Canadien qui vous dira le contraire. Dans la métropole, un des plus connus est Fairmount Bagel, une véritable institution dans le Mile End depuis plus d'un siècle. Leurs bagels sont parfaits : mie pas trop dense et croûte croquante à souhait. Nature, graines de sésame ou de pavot, multigrains, oignons, bleuet, cannelle et raisins, canneberges, etc., les options sont nombreuses et toutes délicieuses ! Notre choix : bagel aux graines de sésame accompagné de mousse de saumon fumé.

LE BUTTERBLUME €€

5836, boulevard Saint-Laurent
✆ +1 514 903 9115
www.lebutterblume.com
Mardi-vendredi, le midi ; jeudi-samedi, le soir. Carte : moins de 35 CAN $. Petite épicerie dans le local adjacent.

À la fois restaurant et épicerie, Le Butterblume (qui signifie bouton d'or en allemand) est un beau local aéré et lumineux avec un long bar pour casser la croûte ou prendre un verre au centre, et une section restaurant avec tables au fond. Au menu, une cuisine qui change au gré des saisons ainsi qu'une belle ardoise de bières, vins, bulles et digestifs, dont plusieurs du Québec. Dans le local adjacent, l'épicerie propose entre autres du café, des produits fins, des bières et vins locaux et des plats préparés. Une belle adresse aux portes de la Petite Italie.

CAFÉ SANTROPOL €

3990, rue Saint-Urbain
✆ +1 514 842 3110
www.santropol.com
Horaires variables selon la saison. Carte : moins de 20 CAN $. Superbe arrière-cour verdoyante.

La réputation des succulents sandwichs de ce café végétarien et végétalien (mais pas que) n'est plus à faire. Exemple de sandwich parmi tant d'autres : lox aux carottes, oignons rouges, câpres, aneth et fromage à la crème ou tartinade de noix de cajou. La maison prépare également d'autres plats comme le chili végétarien, des soupes réconfortantes, des salades copieuses et de succulents desserts (goûtez au gâteau aux carottes ou encore à celui au fromage avec coulis de bleuets sauvages). Les prix restent très abordables compte tenu de la générosité des portions.

LA BINERIE MONT-ROYAL €

4167, rue Saint-Denis
✆ +1 514 285 9078
www.labineriemontroyal.com
Ouvert en semaine dès 6h, 7h30 le week-end. Carte : moins de 30 CAN $.

© BINERIE

La foule s'y presse à toute heure du jour car les petits déjeuners sont servis toute la journée et les assiettes sont bien garnies ! Ouverte depuis 1938, la Binerie a traversé bien des époques. Tourtière, pâté chinois et pouding chômeur sont les plats populaires et traditionnels de la région ; sans oublier les vedettes du lieu, les fameuses bines (fèves au lard). Vous voulez goûter à tout ? Le Repas Traditionnel Québécois est un must. Vous y trouverez aussi une sélection de bières, vins et alcools uniquement québécois. Une adresse incontournable !

GREASY SPOON €€

160, avenue Laurier Ouest
✆ +1 514 495 7666
www.greasyspoonmtl.com
Mardi-dimanche, dès 17h30. Carte : moins de 40 CAN $. Grande terrasse.

Avant tout, une ambiance et un décor. Les hautes tables de bois issues d'une ancienne ferme, les tabourets de cuir vieilli reposant sur des poutres, les têtes d'animaux empaillés, une lumière que les larges baies vitrées laisse pénétrer et remplacée par un éclairage doux en soirée… Tout est conçu pour vous transporter au cœur d'un concept original. Chaque saison, la carte est renouvelée selon les produits du marché pour une cuisine simple aux résonances américaines (burgers de toutes sortes, grillades, *fish & chips*, guédille au homard, tartares…).

HÀ €

243, avenue du Mont-Royal Ouest
✆ +1 514 848 0336
restaurantha.com
Mercredi-dimanche, 17h-22h30. Carte : moins de 30 CAN $. Terrasse. Autre succursale dans le Vieux-Montréal.

Situé juste en face du parc Jeanne-Mance, ce restaurant propose une cuisine vietnamienne des plus authentiques, inspirée des *bia hoi* (petits pubs de coins de rue à Hanoï). Aux commandes en cuisine, le chef Ross Louangsignotha qui apporte une vision moderne de la cuisine de l'Asie du Sud-Est tout en gardant l'essence des recettes traditionnelles. La soupe tonkinoise est un pur délice (on y ajoute volontiers du bœuf braisé), tout comme les rouleaux impériaux. Pour les oiseaux de nuit, la succursale du Vieux-Montréal s'est dotée d'un bar à cocktails, le Nhâu Bar.

ÎLE FLOTTANTE €€€

174-176 rue Saint-Viateur Ouest
✆ +1 514 278 6854
www.restaurantileflottante.com
Mercredi-samedi, 17h-22h. Menu dégustation : 102 CAN $.

Un menu unique avec une dominante végétale d'une grande finesse. Établi depuis 10 ans dans ces mêmes locaux, le chef Sean Murray Smith nous offre, à travers chaque service, un moment de poésie. C'est dans une salle sombre aux lumières discrètes que l'on déguste de très jolis plats, dont la couleur est autant visuelle que gustative. Les produits de saison s'accordent entre eux dans une assiette pleine de justesse. C'est une valeur sûre, avec des saveurs quelquefois surprenantes mais qui ne sont pas forcément exubérantes. C'est un beau moment qui vaut son prix.

LAWRENCE €€

9 avenue Fairmount Ouest
✆ +1 514 796 5686
lawrencemtl.com/lawrence
Ouvert le soir (horaires variables). Carte : 5-50 CAN $. Menus dégustation : 85-120 CAN $, accord des vins en sus.

Ayant échangé de local avec son petit frère *Larrys*, le restaurant exerce désormais dans une salle plus petite à l'ambiance cosy. C'est donc dans un décor aux tons sombres et cuivrés que la magie opère. La carte, fidèle à elle-même, promet de belles découvertes : petits pois avec salicorne et homard, raviolis à la cervelle avec ortie et morilles ou encore esturgeon grillé aux pignons de pins et crevettes nordiques ; voilà de quoi donner un aperçu du menu qui change régulièrement. Lawrence ne cesse de se surpasser d'année en année !

MAJESTIQUE €€

4105, boulevard Saint-Laurent
✆ +1 514 439 1850
www.restobarmajestique.com
Ouvert tous les jours de 16h à 3h (fermeture de la cuisine à 2h). Carte : moins de 25 CAN $ le plat.

Tout à fait l'ambiance d'un *diner* américain mais revisité d'une manière plutôt originale : long comptoir de bois avec tabourets, lampes de toutes sortes, chaises dépareillées, bouteilles et conserves d'une autre époque, tête de chevreuil, bibelots aussi variés que nombreux... Quant à la carte, on se commande plusieurs petits plats pour contenter l'estomac : tartinade de maquereau fumé, huîtres selon arrivage, tataki de bœuf, saumon mariné, hot-dog 12 pouces (une grande vedette du menu) ou encore bourgots avec beurre aux herbes et parmesan.

PATATI PATATA FRITERIE DELUXE €

4177 avenue Saint-Laurent
✆ +1 514 844 0216
patatimontreal.ca
Ouvert tous les jours de 11h à 2h. Carte : moins de 20 CAN $. Autre succursale au Marché Jean-Talon.

À l'angle des rues Rachel et Saint-Laurent, cette friterie est iconique à Montréal. Ses petits prix et ses plats réconfortants ont de quoi séduire. Que ce soit les assiettes déjeuner (comprendre petit-déjeuner) ou les très bonnes poutines, l'arrêt Patati Patata est justifié à n'importe quelle heure de la journée, et jusque tard le soir. Les burgers au tofu, bœuf ou poisson sont parfaits pour combler les petits creux. De luxe non, mais efficace ça oui !

AU PIED DE COCHON €€€

536, avenue Duluth Est
✆ +1 514 281 1114
aupieddecochon.ca
Mercredi-dimanche, 17h-minuit. Carte : 10 à 60 CAN $, voire plus. Réservation recommandée.

Ça c'est de la cuisine généreuse ! Martin Picard ne lésine pas sur les bons produits frais et les accompagnements qui nourrissent son homme. Ici on vient ripailler entre gastronomes, à la bonne franquette et dans la bonne humeur. Les plats mijotés et les « heureuses » cochonnailles vous feront renier toute envie de végétarisme, sans parler de la fameuse poutine au foie gras. On ne fera pas régime, mais quel délice ! Pour tenter une expérience gustative hors normes, nous vous conseillons leurs cabanes situées à Mirabel, dans la belle région des Laurentides.

MA POULE MOUILLÉE €

969, rue Rachel Est
✆ +1 514 522 5175
mapoulemouillee.ca
Mardi-dimanche, 10h-21h. Carte : moins de 20 CAN $. Produits maison en vente (sauces, sel et épices, vinaigrette).

Envie d'un bon poulet à la portugaise ? C'est chez Ma Poule Mouillée qu'il faut aller ! Au quart, à la demie ou encore entier, il est toujours rôti à la perfection et accompagné de ses inséparables frites et salade. Et pourquoi pas un petit *chouriço* grillé avec ça ! Sandwichs gourmands pour carnivores, calamars grillés, poutine avec fromage São Jorge et *chouriço* grillé et salade avec poulet grillé sont également proposés. Ne quittez pas les lieux sans déguster un ou plusieurs *pasteis de nata*, réputés comme étant les meilleurs en ville.

SCHWARTZ'S €

3895, boulevard Saint-Laurent
✆ +1 514 842 4813
www.schwartzsdeli.com
Ouvert tous les jours de 8h à 23h (jusqu'à minuit vendredi et samedi). Carte : moins de 30 CAN $.

Connu et reconnu pour le goût unique de son *smoked meat*, un pastrami spécialement préparé de façon traditionnelle avec un mélange d'épices et d'herbes, Schwartz's fait profiter depuis 1928 sa clientèle de l'ambiance de *La Main*, avec sa longue file d'attente. La viande fumée est servie en version maigre, mi-maigre ou pas maigre du tout. Une telle institution à Montréal qu'une comédie musicale consacrée à son histoire a même été créée. Pour la petite histoire, Céline Dion et son défunt mari René Angélil font partie du conglomérat qui a racheté le restaurant en 2012.

YOKATO YOKABAI RAMEN HOUSE €

4185, rue Drolet
✆ +1 514 282 9991
yoka.ca/fr
Ouvert tous les jours dès midi. Carte : moins de 20 CAN $.

Une adresse qui fait souvent salle comble. Ce qui fait la popularité des lieux ? La soupe ramen authentique « Tonkotsu », entièrement faite maison et exempte de MSG (glutamate monosodique) et d'additifs. Même les nouilles sont faites sur place. Quant aux bouillons, ils contiennent des aliments bio et sont préparés avec amour pendant 12 heures. L'endroit abrite aussi un Izakaya (bar à tapas japonais) dont les créations sont une raison de plus pour venir et revenir.

ONOIR €€

124, rue Prince-Arthur Est
✆ +1 514 937 9727 - www.onoir.com
Ouvert le soir du mardi au samedi. Menu 2 services : 45 CAN $, 3 services : 50 CAN $. Réservation conseillée. Terrasse.

Ici les clients mangent dans le noir total afin d'expérimenter ce que toute personne non-voyante vit au quotidien, comme les serveurs qui s'occuperont de vous pendant votre repas. Au-delà du concept qui se veut novateur et socialement responsable, la nourriture est aussi au rendez-vous. Les bons petits plats ont un goût encore plus intense ; ne dit-on pas que la perte d'un sens exacerbe les autres ? Les plats, textures et odeurs s'associent dans des combinaisons intéressantes. Ceux qui veulent pousser l'expérience plus loin peuvent choisir le menu surprise.

CANDIDE €€

551, rue Saint Martin
✆ +1 514 447 2717
www.restaurantcandide.com
Ouvert du mercredi au dimanche, de 18h à 22h. Menu à prix fixe : 68 CAN $, accord des vins : 52 CAN $. Terrasse.

Installé dans un ancien presbytère du quartier de la Petite-Bourgogne, Candide est l'adresse du chef John Winter Russell. Le concept est simple : un menu à prix fixe tous les soirs, comprenant deux entrées, un choix entre deux plats principaux et un dessert ou fromage, le tout variant selon l'inspiration du moment, la saison et les arrivages. Mets fins, accueil des plus sympathiques, local fort joli et aéré, charmante terrasse tranquille et cuisine ouverte pour contempler les cuisiniers à l'œuvre. Belle soirée gourmande garantie.

FOXY €€

1638, rue Notre-Dame Ouest
✆ +1 514 925 7007
www.foxy.restaurant
Mardi-samedi, 17h30-23h. Carte : 10-45 CAN $. Belle carte des vins. Terrasse.

Dyan Solomon et Eric Girard, copropriétaires du fameux Olive+Gourmando, ont ouvert Foxy en 2015. Contrairement à sa grande sœur qui œuvre matin et midi, Foxy est plutôt nocturne et propose une cuisine au feu de bois et charbon de bois dans une philosophie de fait maison. Viandes et produits marins y ont la cote, sans oublier les entrées comme la feta maison ou le fameux *flatbread*. Côté déco, l'ambiance est feutrée et tamisée, « à mi-chemin entre le pavillon de chasse et le *speakeasy* » comme l'a écrit avec justesse Ariane Krol du journal *La Presse*.

JOE BEEF €€€

2491, rue Notre-Dame Ouest
✆ +1 514 935 6504
www.joebeef.ca
Mardi-samedi, dès 17h. Carte : 20-60 CAN $, voire plus. Bar à huîtres, superbe carte des vins. Réservation impérative.

Au cœur de la Petite-Bourgogne, à deux pas du Marché Atwater, ce restaurant qui compte parmi les classiques de Montréal doit son nom à Charles « Joe-Beef » McKiernan, un des héros de la classe ouvrière du XIXe siècle. Bistro raffiné, le Joe Beef n'a cependant pas grand-chose d'ouvrier ! Une table inventive qui mêle les saveurs autour du steak et des fruits de mer, un menu à la mode bistrot sur un tableau noir, et un service attentif et amical. Les propriétaires possèdent plusieurs autres établissements : Le Liverpool House, McKiernan et Le Vin Papillon.

PERLES ET PADDOCK €€

403, rue des Seigneurs
✆ +1 514 931 0004
www.perlesetpaddock.com/fr
Horaires variables. Brunch le week-end. Carte : 5 à 55 CAN $. Belle carte de cocktails.

On adore la superbe déco toute de blanche vêtue avec quelques verdures ici et là, mais surtout son toit en partie vitré et sa serre qui, en plus de rendre l'endroit hyper lumineux, donnent l'impression d'être sur une terrasse peu importe la saison. L'ancienne porte de garage s'ouvre également sur une des salles du resto, question de renforcer cette impression. L'endroit offre plusieurs concepts : spot à brunch le week-end, resto de soir avec menu riche en produits régionaux, et buvette avec bar à cocktails et vins bio. À découvrir !

SATAY BROTHERS €

3721, rue Notre-Dame Ouest
✆ +1 514 933 3507
sataybrothers.com
Horaires variables. Carte : moins de 20 CAN $. Autre succursale au Marché Atwater (saisonnier).

Petite institution du quartier Saint-Henri, Satay Brothers offre une cuisine singapourienne dans une salle tout en longueur avec un pêle-mêle de tables qui brassent amis et inconnus dans un brouhaha généralisé nourri de musique pop. Dans l'assiette, du goût. Les satay sont excellents, de même que la salade de papaye verte et la soupe laksa. Des prix doux mais des portions façon tapas qui feront repasser commande aux bons vivants, jusqu'à saler la note bien au-delà de ce que la carte laissait présager. Malgré tout, une super adresse si vous passez dans le coin.

WELL €

4567 rue Wellington
✆ +1 514 494 4477
restaurantwell.com
Ouvert tous les jours de 8h à 15h. Carte : moins de 20 CAN $.

La rue Wellington, en plein développement, a vu naitre il y a quelques années le Well, qui est rapidement devenu un restaurant de brunch emblématique du quartier. Il y a un réel engagement sur le fait maison et sur l'approvisionnement de proximité. Les pancakes aux fruits et ricotta maison sont très gourmands, on aime aussi le sandwich déjeuner au pain au levain maison. Mais c'est les yeux fermés que l'on peut choisir n'importe quelle assiette qui sort des fourneaux du Well. Les plats sont d'ailleurs tous disponibles à emporter.

BRASSERIE BERNARD €€

1249 avenue Bernard
✆ +1514 508 5519
brasseriebernard.com
Mardi-samedi, 12h-14h30 et 17h-22h (fermé samedi midi). Carte : moins de 40 CAN $. Terrasse. Réservation recommandée.

La Brasserie Bernard, institution incontournable du chic et vibrant quartier d'Outremont, est tenue avec brio par les frères Holder, une référence en ville. Cette élégante brasserie nous transporte dans l'ambiance et les saveurs de l'Europe. Les grands classiques figurent à l'ardoise et le menu fait une belle place aux produits du terroir du Québec, notamment l'assiette de fromages québécois. Une large sélection de vins et spiritueux vous est proposée. La terrasse estivale s'ajoute aux nombreux plaisirs de fréquenter cet établissement de choix.

DINETTE TRIPLE CROWN €

6704, rue Clark
✆ +1 514 272 2617
www.dinettetriplecrown.com
Jeudi-dimanche, 12h-20h. Carte : moins de 30 CAN $. Plats pour emporter, service de livraison après 17h.

La Dinette Triple Crown se présente comme un restaurant de type Sud américain avec, comme star incontestée, le poulet frit. On recommande d'ailleurs l'assiette qui comprend deux morceaux de poulet frit, un petit pain au babeurre, un à-côté (haricots verts et patates, fèves pinto ou salade de chou, par exemple), une petite sauce poulet et un biscuit au chocolat. Autre vedette au menu : le fameux combo poulet frit et gaufres au cheddar et ciboulette avec sirop d'érable au piment d'Espelette. Beau, bon et pas cher, parfait pour un repas sur le pouce !

MA MÈRE EN FEU €

5868 avenue de Lorimier
Ouvert du mardi au dimanche. Carte : moins de 30 CAN $. Terrasse. Café-disquaire 180g aussi sur place.

On est beaucoup trop fan de ce *diner* nouveau genre du quartier Rosemont-La-Petite-Patrie. Déjà la déco rétro de ce petit espace gourmand nous fait sourire, mais c'est le menu de bouffe réconfortante qui nous a rendus complètement accros. On a goûté à presque tout au fil des mois, que ce soit les plats réguliers ou les inspirations du moment : club sandwich au poulet cari, guédille de crevettes (la plus généreuse qui soit), burger au poulet frit, poutine, pain de viande et la liste est encore longue. Vins nature et bières artisanales viennent couronner le tout.

MONTRÉAL PLAZA €€€

6230, rue Saint-Hubert
✆ +1 514 903 6230
montrealplaza.com
Mardi-samedi, 17h-23h. Carte : 15 à 50 CAN $, menu à partager : 125 CAN $ par personne. Terrasse.

Charles-Antoine Crête, qui a officié plus de 15 ans comme chef de cuisine au Toqué ! aux côtés de son ami et mentor Normand Laprise, ouvert le Montréal Plaza en 2015 avec deux acolytes de longue date. L'endroit est superbe : design signé Zébulon Perron, avec des objets de l'enfance de Charles-Antoine qui trônent ici et là dans le restaurant. Côté menu, on sent la petite touche néo-brasserie - bonifiée de produits québécois - avec des plats comme la terrine de foie gras et fraises, le maquereau à la plancha ou encore le poulet de Cornouailles fumé.

LE PETIT ALEP €

191, rue Jean-Talon Est ✆ +1 514 270 9361
www.restaurantalep.com
Ouvert du mercredi au samedi. Carte : moins de 30 CAN $. Terrasse. Autre restaurant du groupe : Alep.

Table gourmande de la famille Frangié, les recettes de maman y sont omniprésentes, proposant un véritable voyage au cœur des saveurs de la Syrie et de l'Arménie, avec une touche montréalaise. Parmi les spécialités, il faut goûter aux délicieux *mazzas*, aux pitas farcis, au *kebab osmally* ou encore à la poutine d'Alep (frites, agneau braisé, fromage d'Alep et noix). Comme tout semble délicieux et parfumé sur la carte, alors autant prendre plusieurs plats à partager pour sa tablée. Mention toute spéciale à l'incroyable carte des vins, pour la plupart nature.

RÉGINE CAFÉ €

1840, rue Beaubien Est ✆ +1 514 903 0676
www.reginecafe.ca
Ouvert tous les jours de 9h à 15h. Carte : moins de 30 CAN $. Autre succursale à Verdun (Janine Café).

Oh my, oh my ! Par où commencer... Par le service, tellement mignon et attentif ? Par la déco, complètement éclatée avec ses meubles sortant tout droit d'une autre époque ? Par le menu qui nous laisse pantois à chaque fois ? C'est peut-être un peu tout cela à la fois. Le plateau à étages à partager comprenant pains, pâtisseries, crèmes et autres sucreries peut impressionner... sauf si vous êtes un gourmand amateur, dans ce cas foncez. Le week-end, attendez-vous à faire la queue dehors, d'autant plus que les réservations ne sont acceptées que la semaine.

FAIRE UNE PAUSE

Tôt le matin, l'odeur du café et des croissants frais du jour attirent les Montréalais dans de petits commerces gourmands, très souvent artisanaux et écoresponsables. Les rayons pâtisseries, chocolats et autres douceurs sont aussi faits selon les règles de l'art. Il faut dire que l'apport d'artisans français venus s'établir dans la métropole y joue pour beaucoup. Dès l'heure du midi ou en milieu de journée, la plupart des buvettes de quartier, bars, microbrasseries et tutti quanti ouvrent leurs portes jusque tard en soirée, généralement 3 heures du matin. Parmi ses grandes spécialités, il faut savoir que Montréal est très réputée dans le monde des cocktails et des bières artisanales. Un bon plan pour faire de faire de belles économies : le Passeport Je bois local (jeboislocal.ca) pour les microbrasseries et brasseries artisanales du Québec (l'application est disponible sur Google Play et l'App Store).

ATWATER COCKTAIL CLUB

512, avenue Atwater
✆ +1 438 816 8938
atwatercocktailclub.com
Ouvert tous les jours de 17h à 3h. La cuisine ouvre à 18h et ferme avant minuit.

Le Atwater Cocktail Club, c'est LE bar clandestin du quartier Saint-Henri. Il vous accueille, comme il se doit, sans enseigne ni indication. Une ruelle normale, un peu sombre, située à l'arrière du restaurant Foiegwa (propriétaires de l'endroit), vous fera déboucher sur une salle de bar au décor sophistiqué signé Gaulay Brothers. Banquettes et chandelles pour ambiance feutrée, cocktails chics pour soirées romantiques. À l'ardoise, retrouvez aussi certains plats du restaurant Foiegwa. À tester absolument si vous êtes de passage dans le quartier.

LE BLOSSOM

1101, boulevard de Maisonneuve Est
✆ +1 514 379 3699
leblossom.ca
Ouvert tous les jours dès 17h (fermé lundi). Comptoir gourmand au Time Out Market également.

On ne pourrait passer sous silence le décor à couper le souffle du Blossom, le tout signé par le designer Guillaume Ménard : une ambiance japonaise futuriste au milieu de laquelle est flanqué un superbe cerisier à fleurs. Dans le verre, la plus grande sélection de sakés à Montréal issue d'importation privée ainsi que des vins et cocktails, alors que dans l'assiette, on mise sur le concept de Handroll Bar avec un menu qui fait honneur au pays du Soleil-Levant (makis, plats à partager, etc.). Sophistiqué et dépaysant à souhait !

AVANT-GARDE

5500, rue Hochelaga
✆ +1 514 543 5665
www.brasseursavantgarde.com
Horaires variables selon la saison. Terrasse, coin boutique.

Située un peu à l'est du Parc olympique et des institutions Espace pour la vie, cette microbrasserie est l'endroit parfait pour marquer une pause. On doit d'ailleurs admettre qu'on est assez fans de cette adresse. Est-ce le design magnifique de l'endroit ? La merveilleuse sélection de bières maison qui nous donne envie de goûter à tout ? Le menu gourmand avec, notamment, ses incroyables pizzas cuites au four à bois ? Fort probablement un peu de tout cela ! Et comme vous allez tomber en amour avec les bières maison, un coin boutique permet de faire le plein.

BRASSERIE HARRICANA

95, rue Jean-Talon Ouest
✆ +1 514 303 3039
brasserieharricana.com
Horaires variables selon la saison. Terrasse, coin boutique.

Avec son look à la fois *vintage* et branché, Harricana fait revivre la belle époque des brasseries en version bistro et sympathique buvette. Le menu est à l'image des lieux : éclectique, mêlant les grands classiques de brasserie, de la cuisine familiale et des plats bistro. Comble de bonheur, l'endroit brasse également ses bières maison sur place, dont des éditions affinées ou vieillies en barriques, ou encore des versions issues d'un assemblage ou d'une technique hors du style, car la créativité est ici au rendez-vous. À découvrir sans hésitation !

BREWSKEY

380, rue Saint-Paul Est
✆ +1 514 507 2739
www.brewskey.ca
Horaires variables selon la saison. Terrasses.

Situé dans le Marché Bonsecours, BreWskey se divise en deux entités. D'abord le *pub* auquel on accède par la rue Saint-Paul, avec sa terrasse, ses bons petits plats (*mac & cheese*, côtes levées, etc.), ses bières maison et surtout une incroyable sélection de whiskies. Puis vient le *taproom* de la brasserie artisanale (rue de la Commune), comptant une trentaine de lignes de fûts et une ardoise d'alcools du pays, auxquelles s'ajoutent un menu gourmand (fromages et charcuteries, gravlax de saumon, poulet rôti, etc.) et une belle terrasse avec vue sur le Vieux-Port.

LA BUVANDERIE

248 rue Villeneuve
✆ +1 514 544 5796
Mardi-vendredi, 8h30-22h ; samedi-dimanche, 10h-22h.

Aménager un café dans une laverie, voilà ce qu'on appelle lier l'utile à l'agréable ! Une des rares buanderies du quartier, et pas n'importe laquelle. Pendant que votre linge tourne dans l'une des machines en libre service, vous dégustez un délicieux café dont le mélange a été soigneusement étudié ou un plat fait par le chef italien. Chaque jour, c'est une cuisine avec les produits frais du marché qui embaume la pièce, qui ne sent alors plus tellement la lessive. Le gros plus : le jardin en été, et il n'est pas nécessaire d'avoir du linge à laver pour venir !

CANAL LOUNGE

22, avenue Atwater
✆ +1 514 819 0731
www.canallounge.com
Ouvert de début juin à octobre. Horaires variables (consulter la page Facebook). Petit menu coupe-faim.

Depuis 2016, ce café-bar flotte sur les eaux du canal Lachine, à deux pas du Marché Atwater ! Logé dans une superbe péniche d'époque, l'endroit est paisible et intimiste : il n'y a qu'une vingtaine de places disponibles (premier arrivé, premier servi) pour savourer apéritifs, bières, vins, cocktails et tutti quanti. Entièrement vitré et ouvert sur les côtés, avec une abondance de fleurs, on s'installe sur une banquette, une petite chaise bistro ou encore dans l'espace terrasse sur le toit. Le cadre vaut définitivement le coup de tenter sa chance !

CLOAKROOM BAR

2175, rue de la Montagne
✆ +1 514 284 9393
www.cloakroombar.co
Ouvert du mardi au dimanche dès 16h.

L'expérience ultime du *speakeasy*. Une personne de la maison sort de nulle part pour accueillir les visiteurs et les installer dans cette toute petite pièce sombre à souhait. Ici, pas de carte. Le barman en service pose plusieurs questions et concocte des cocktails savoureux en s'inspirant des envies et des goûts de chacun. Endroit rêvé pour ceux qui souhaitent s'échapper des *happy hours* bruyants, ce bar secret ne dispose que de quelques places assises et le volume de la musique est tout simplement parfait. Bref, c'est un sans-faute !

CRÉMY PÂTISSERIE

2202 avenue du Mont-Royal Est ✆ +1 514 521 9696
cremypatisserie.com
Mardi-samedi, 9h-18h ; dimanche, 9h-17h. Autre succursale à Boucherville.

C'est la fameuse pâtisserie de Rémy Couture, connue pour ses beignes complètement décadents, mais aussi les grands classiques revisités comme la Puck (version maison du gâteau industriel Joe Louis). Et comme on n'a peur de rien, on s'est sacrifié pour la cause et avons dégusté quelques spécialités. De un, les beignes sont ÉNORMES (au revoir régime !) et tellement bons. On craque pour celui au caramel et à la fleur de sel ainsi que pour celui au rhum et bacon. Les brownies pralinés, les cannelés, les gâteaux... encore des délices ! On recommande !

DE FROMENT ET DE SÈVE

2355, rue Beaubien Est
✆ +1 514 722 4301
www.chezfroment.com
Ouvert dès 7h30 en semaine, 8h le week-end. Terrasse. Autre succursale dans la Petite Italie. Boutique en ligne.

Cette boulangerie fait le délice des habitants du quartier Rosemont-La Petite-Patrie. Le week-end, on vient y chercher les viennoiseries qui rendront le déjeuner plus savoureux qu'à l'habitude. Les croissants sont un *must*, les pains sont délicieux, et les tartes, quiches et autres pâtisseries maison sont aussi au rendez-vous. Beau choix de fromages québécois et pâtés, terrines et saucissons locaux et importés, plats cuisinés, etc., sans oublier la biscuiterie artisanale (coup de cœur pour les sablés bretons). À consommer sans modération !

MESSOREM BRACITORIUM

2233, rue Pitt
✆ +1 438 375 3776
messorem.co
Ouvert tous les jours. Grande terrasse, coin boutique.

Quand des amis biérophiles décident de marcher sur les traces de leurs brasseries préférées en créant eux-mêmes leurs « potions magiques », ça donne Messorem Bracitorium. La spécialité de la maison : les bières houblonnées et acidulées (bières sures), mais pas que. Et depuis 2021, Mitch Deli s'est installé sur place et propose entre autres le meilleur sandwich au poulet frit de toute la planète ! La terrasse, avec ses tables de pique-nique en bois et ses murs couverts de graffitis, donne envie de s'y attarder… et d'y revenir. Un incontournable du quartier !

PULLMAN

3424, avenue du Parc
✆ +1 514 288 7779
www.pullman-mtl.com
Ouvert dès 16h30 (jours d'ouverture variables selon la saison).

Réparti sur trois niveaux, le Pullman accueille ses hôtes dans une atmosphère élégante mais décontractée, et leur fait partager une passion commune : l'amour du vin et de tout ce qui s'y rapporte. Ce bar à vin propose plus de 400 références sur sa carte, disponibles majoritairement à la bouteille. De quoi faire le bonheur des amateurs ! Pour accompagner votre verre, vous y trouverez également une belle sélection de plateaux de dégustation et d'amuse-bouches salés et sucrés. À découvrir également : son « petit frère », le restaurant Moleskine, situé à deux pas.

PUB L'ÎLE NOIRE

1649, rue Saint-Denis
✆ +1 514 982 0866
ilenoire.com
Ouvert tous les jours dès 15h. Programmation culturelle et musicale. Terrasse.

C'est La Mecque des scotchs, des scotchs rares, pouvant atteindre les 150 CAN $ le verre ! Mais les amateurs d'un malt plus doux ne sont pas en reste et n'ont qu'à choisir parmi la sélection de bières en fût. Le pub développe aussi une large sélection de gins. Se la couler douce par quelques beaux après-midi et profiter du décor branché avec en main, sa boisson alcoolisée préférée, L'Île Noire est réellement une destination idéale. Pour les soirées, il faut soit arriver tôt et se cramponner à sa chaise, soit accepter de jouer du coude pour se tailler une place.

RATAFIA

6778, boulevard Saint-Laurent
✆ +1 514 543 8033
ratafia.ca
Ouvert du mardi au samedi dès 17h.

Ouverte en juillet 2019, cette adresse de la Petite Italie est à découvrir. La carte propose une très belle sélection de vins ainsi que des petits plats salés et des desserts aussi originaux que délicieux, sans oublier le menu découverte pour deux personnes. Les cocktails maison sont aussi savoureux, sans oublier les « trous » (boules de sorbet arrosées d'alcool) revisités. L'intérieur offre plusieurs ambiances : petites tables en salle pour une soirée romantique, places au bar pour admirer le dressage des plats ou plus grandes tablées devant la baie vitrée.

PUB PIT CARIBOU

951, rue Rachel Est
pitcaribou.com
Ouvert tous les jours dès 14h. Terrasse.

Qui ne connaît pas la microbrasserie gaspésienne Pit Caribou, créée à L'Anse-à-Beaufils en 2007 ? Près de dix ans plus tard, la fameuse enseigne s'est installée à Montréal afin d'apporter une brise du large aux *beer geeks* de la métropole, décor marin à l'appui. Il ne manque que l'air salin pour s'y croire ! À l'ardoise, les crus maison bien entendu, mais également ceux des autres microbrasseries de l'est du Québec, des importations privées uniques, des alcools québécois, des kombuchas, etc. Attention, rares sont ceux qui n'y « accostent » qu'une fois !

RHUMERIE BARRACA

1134, avenue du Mont-Royal Est
✆ +1 514 525 7741
www.barraca.ca
Ouvert tous les jours dès 16h. Programmation d'événements et de soirées. Cour intérieure au look tropical.

Il y a quelques années, le Barraca s'est refait une beauté, allant d'un décor plus vitaminé à une nouvelle façade, en passant par la cour arrière au look tropical et un nouveau logo à l'extérieur. Dans le verre et l'assiette, encore du changement. Si les rhums sont toujours la grande vedette des lieux, la station de cocktails (dont plusieurs de style tiki) est tout aussi populaire. Pour accompagner votre verre, acras de morue, tacos ou encore sandwich cubain viendront combler votre appétit, plusieurs étant offerts également en format à partager.

RIVERSIDE

5020, rue Saint-Ambroise
✆ +1 514 935 2335
www.riversidemtl.com
Ouvert de mai à septembre (horaires variables). Superbe terrasse. Bar de glace quelques semaines en hiver.

Aux abords du canal de Lachine, un site vacant sans charme a fait place à ce bar à ciel ouvert qui jouxte les silos de Canada Malting. Sur place, on retrouve un *food truck* de crème glacée ainsi que le Café Malté proposant des cafés nitro-infusés à froid, du thé glacé maison et tous les classiques typiques d'un café de type 3e vague. On peut aussi y casser la croûte (pizzas, tartare de saumon, etc.) et prendre un verre. Une foule de soirées avec DJ, spectacles musicaux et autres événements festifs y sont organisés. Une adresse au top !

SAINT-HENRI

3632, rue Notre-Dame Ouest
sainthenri.ca
Ouvert tous les jours de 8h à 18h. Boutique en ligne également. Plusieurs comptoirs à Montréal et un à Québec.

L'équipe derrière ce micro-torréfacteur s'efforce de s'approvisionner à la source en rendant visite à l'un de ses producteurs chaque année. Elle réalise également des importations privées et collabore avec des coopératives dans différentes régions caféicoles du monde. Les critères sont simples : ni pesticides ni engrais chimiques, et un salaire équitable pour les producteurs. Les nectars sont à découvrir dans l'un des cafés Saint-Henri, via la boutique en ligne ou dans l'un des nombreux points de vente. Des cours sont également proposés au grand public.

SUWU

3581, boulevard Saint-Laurent
✆ +1 514 564 5074
www.suwumontreal.com
Ouvert tous les jours de 17h à 3h. Brunch le week-end de 11h à 15h. DJ set certains soirs.

Aussi branché que le quartier qui l'abrite, le SuWu est un repaire de choix pour les *foodies* de la métropole. L'endroit est tout simplement superbe, avec une omniprésence de bois, de belles lampes suspendues, des plantes à profusion, une jolie peinture murale sur le devant du bar, des grandes tables pour les convives plus nombreux... Bref une ambiance hyper chaleureuse dans un endroit toujours très animé. Les cocktails sont également un must, sans oublier les vins naturels. Une belle petite adresse hors des sentiers battus !

LE TOLEDO

351, avenue du Mont-Royal Est
✆ +1 514 840 0999
www.letoledo.com
Ouvert tous les jours de 7h à 18h. Autre succursale dans le quartier Verdun.

Le Toledo, qui porte le nom d'une vieille balance commerciale trouvée dans le local, a ouvert ses portes en 2019. L'espace est joliment aménagé avec sa grande table, ses invitants fauteuils et ses belles lampes tentaculaires. Ici le pain règne en maître et il faut absolument goûter au « pain qui tue » (noisettes caramélisées, miel et huile d'olive), lequel porte bien son nom. Mais il ne faut pas passer outre les succulentes viennoiseries et pâtisseries qui valent aussi amplement la dégustation. Clairement une adresse qui crée une dépendance gourmande !

TOMMY CAFÉ

200, rue Notre-Dame Ouest
✆ +1 514 903 8669
tommycafe.ca
Ouvert tous les jours de 8h à 19h. Menu brunch et lunch. Autres succursales dans le Grand Montréal et une en Ontario.

Niché dans le British Empire Building (fin du XIXe siècle), Tommy Café épate quiconque y met les pieds. Un cachet historique d'une grande beauté avec des moulures à profusion, d'immenses fenêtres et une impressionnante hauteur sous plafond, différents niveaux, des coins et des recoins, de la verdure, des chaises dépareillées, des objets soigneusement choisis... Le résultat est superbe ! À la fois café et bar, c'est autant une adresse pour les lève-tôt en quête de caféine et d'un bon croissant que pour les collègues qui veulent boire un verre après le travail.

VILLAGE AU PIED-DU-COURANT

2100 rue Notre-Dame Est
www.aupiedducourant.ca
Ouvert de mai à septembre, du jeudi au dimanche dès 16h.

Destination estivale par excellence, ce « village » en plein air est géré par l'organisme La Pépinière|Espaces Collectifs qui s'occupe d'autres sites du genre en ville. Le village se trouve à quelques pas du fleuve Saint-Laurent et du pont Jacques-Cartier. En plus du sable et des chaises longues qui nous plongent dans le Sud, on peut y prendre un verre, casser la croûte et bénéficier d'une programmation gratuite qui inclut notamment des spectacles live ou de DJ presque tous les jours.

(SE) FAIRE PLAISIR

Se hissant parmi les grandes capitales de la mode en Amérique du Nord, Montréal abrite de nombreux créateurs québécois ainsi que les grands noms de la mode internationale. Les grands magasins et enseignes ont élu domicile au centre-ville, notamment le long de la rue Sainte-Catherine et dans les nombreux centres commerciaux (Complexe Desjardins, Promenades Cathédrale, Centre Eaton, Place Montréal Trust, etc.), la plupart reliés entre eux par le réseau piétonnier souterrain. Pour des adresses plus tendance (designers, friperies, librairies et disquaires indépendants, etc.), faites un saut du côté des quartiers Plateau Mont-Royal, Mile End, Mile-Ex, La Petite-Patrie, Saint-Henri ou encore Verdun. Bref, sortez des sentiers battus ! Pour les achats gourmands, les trois grands marchés publics (Atwater, Jean-Talon et Maisonneuve) vous permettront de découvrir les saveurs locales mais aussi exotiques.

MONTRÉAL

ARTPOP

129, avenue du Mont-Royal Est
✆ +1 514 843 3443
artpopmontreal.com
Lundi-mercredi & samedi, 10h-19h ; jeudi-vendredi, 10h-21h ; dimanche, 11h-19h.

Artpop est une chouette petite boutique où l'on trouve pêle-mêle cartes postales, aimants, affiches mais aussi t-shirts, bonnets, bijoux et accessoires de déco en hommage à la belle métropole qu'est Montréal. André, le patron, travaille exclusivement avec de jeunes artistes, photographes et créateurs locaux qui racontent leur ville et donnent à l'échoppe un charme presque familier. Si vous êtes comme nous, vous voudrez tout acheter ! Alors nul besoin de préciser que pour rapporter un souvenir « made in Montréal », c'est définitivement ici qu'il faut venir.

MARCHÉ SAINT LAURENT

503 Place d'Armes
✆ +1 438 380 8030
marchesaintlaurent.com
Ouvert en semaine dès 8h30, 9h le week-end.

La petite enseigne extérieure annonce la couleur des lieux : cafés et objets. Et c'est exactement cela ! Une charmante adresse où savourer un café torréfié à Montréal et des viennoiseries locales, tout en faisant son shopping pour rapporter le plus beau souvenir qui soit. On y retrouve des articles *vintage*, d'autres de designers et d'artisans. Seul mot d'ordre : le Québec, sa culture, son histoire, ses emblèmes. On aime beaucoup les items de la marque maison, notamment ceux arborant des expressions bien québécoises qui font sourire à tous les coups. À découvrir !

DÉLICES ÉRABLE & CIE

84, rue Saint-Paul Est
✆ +1 514 765 3456
www.deliceserableetcie.com
Ouvert toute l'année (horaires variables). Coin terrasse.

Véritable royaume dédié au seigneur des sirops, la réputation de Délices Érable & Cie n'est plus à faire. Fondé en 1999 par Citadelle, une coopérative de producteurs de sirop d'érable, l'endroit roule à plein régime depuis, et pas par hasard. Et il prend ici des formes aussi diverses que créatives. Depuis quelques années, la coopérative intégré les canneberges et le miel à ses prédilections. On y retrouve également des biscuits, fudges, sucres à la crème, chocolats, cafés, boissons glacées (coup de cœur pour le café glacé à l'érable), *gelati*, sorbets, etc.

DÉPANNEUR PELUSO

2500, rue Rachel Est
✆ +1 514 525 1203
www.depanneurpeluso.com
Lundi-vendredi, 7h-22h ; samedi, 9h-22h ; dimanche, 9h-21h. Conseillers sur place tous les jours.

C'est l'une des plus grandes références en bières artisanales de la province ! Il suffit de franchir la porte et de se diriger vers la grande salle du fond pour constater l'ampleur de la collection. Des centaines et des centaines de bières en provenance des quatre coins du Québec y trônent fièrement. Et pas besoin de vous dire que les arrivages sont constants, notamment en ce qui concerne les éditions limitées. Des fromages, charcuteries et autres produits du terroir québécois viennent compléter l'offre. Autre succursale sur la rue Beaubien Est.

MARCHÉ ATWATER

138, avenue Atwater
www.marchespublics-mtl.com
Lundi-vendredi, 9h-18h ; samedi-dimanche, 9h-17h.

Situé dans le sud-ouest de Montréal, près du canal de Lachine, le Marché Atwater existe depuis 1933 et son architecture, de style Art déco, lui vaut d'être classé parmi les plus beaux édifices de la ville. Ouvert toute l'année, il est célèbre pour ses nombreuses boucheries et fromageries, mais aussi pour ses fleuristes et maraîchers, qui s'installent sur le pourtour de l'édifice en été. La place du Marché offre un bel espace où buller en été, avec vue sur le canal : tables de pique-nique, barbecues, concerts improvisés, il y a de quoi faire !

MARCHÉ JEAN-TALON

7070, avenue Henri-Julien
www.marchespublics-mtl.com
Lundi-samedi, 8h-18h ; dimanche, 8h-17h.

Situé au cœur de la Petite Italie, c'est l'un des plus vieux marchés publics de Montréal. Il se distingue par son important rassemblement de producteurs locaux de fruits et légumes ainsi que par l'offre diversifiée des nombreux boutiquiers. C'est l'un des plus gros marchés d'Amérique du Nord, dont l'effervescence est constante, en été comme en hiver. On trouve sur place des fruits et légumes, mais aussi des fleurs, des épices, des huiles, des fromages, des viandes, des poissons, des boulangeries artisanales, sans oublier le Marché des Saveurs du Québec.

JULIETTE ET CHOCOLAT

1615, rue Saint-Denis
✆ +1 514 287 3555
www.julietteetchocolat.com
Ouvert tous les jours (horaires variables). Boutique en ligne également.

© JULIETTE ET CHOCOLAT

C'est l'histoire de Juliette, une Française installée à Montréal, et de sa passion pour cet ingrédient magique qu'est le chocolat. Elle lance son bar à chocolat à 22 ans. L'enseigne fête en 2023 ses 20 ans ! Arrêt gourmand incontournable à Montréal, ce sont la qualité du chocolat et le grand choix de desserts (crêpes, gaufres, fondues chocolatés, milkshakes, pâtisseries, crèmes glacées) qui font la réputation de Juliette. Brunch, salades et galettes de sarrasin figurent aussi au menu. Laissez-vous tenter, vous ne le regretterez pas ! Plusieurs boutiques en ville.

MONTRÉAL

EMPIRE

2020, boulevard Robert-Bourassa
✆ +1 514 390 1212
thinkempire.com/fr
Lundi-mercredi, 10h30-18h ; jeudi-vendredi, 10h30-21h ; samedi-dimanche, 10-17h.

Les amateurs de snowboard, skateboard et surf se donnent rendez-vous ici pour faire le plein d'équipement et de *streetwear*. Tout y est, des *boards* aux fixations, les planches de *skate*, *trucks* et roues, sans oublier les *wetsuits*, les accessoires de toutes sortes, et les sacs et étuis pour protéger vos nouvelles acquisitions. Et il vous en coûtera une fraction du prix que vous auriez payé en Europe ! Nombreuses succursales Empire dans la grande région de Montréal et ailleurs dans la province (voir site web pour le listing). Boutique en ligne également.

EVA B. CAFÉ-BOUTIQUE

2015, boulevard Saint-Laurent
✆ +1 514 849 8246
boutiqueevab.com/fr
Lundi-samedi, 11h-19h ; dimanche, 12h-18h. Boutique en ligne. Autre boutique : Eva D au 1611 boulevard Saint-Laurent.

Une véritable mine de trésors insolites sur plusieurs étages, avec des recoins qu'il faut explorer, des surprises à découvrir, si l'on emprunte cet escalier plutôt qu'un autre. On y trouve des vêtements vintage de collection ainsi qu'une friperie, avec un mélange de vêtements usagés et neufs qui ravira les amateurs de petits prix. Certains sont même fabriqués sur place. Cerise sur le gâteau, un café végé propose des bons petits plats sur le pouce et des boissons, à déguster dans l'un des petits coins salons ou sur la grande terrasse sous les arbres.

LE MARCHÉ NOIR

1331, rue Ontario Est

Horaires variables selon la saison.

On ne s'attend pas à tomber sur une telle boutique dans ce quartier et pourtant il serait vraiment dommage de passer à côté ! Les amoureux des fripes et des pièces vintage ne ressortiront pas d'ici les mains vides... et les poches non plus, puisque les prix sont tout à fait raisonnables. Les accessoires de tout genre y ont aussi une place de choix, ainsi que quelques objets décalés (tasses, autocollants, pots...). Pièces soldées au fond de la boutique. La sélection proposée change souvent, c'est donc une adresse où il fait bon passer régulièrement.

ATOM HEART

364, rue Sherbrooke Est

✆ +1 514 843 8484

www.atomheart.ca

Lundi-vendredi, 11h-18h ; samedi, 11h-17h.

Établie depuis plus de 20 ans dans le quartier, Atom Heart est une boutique qui a non seulement le mérite d'être très jolie, mais qui en plus est l'une des rares à Montréal à proposer un tel éventail de musique rock, alternative et électronique produite sous label indépendant. Si vous ne trouvez pas ce que vous cherchez, on se fera un immense plaisir de vous dénicher la perle rare. Pour avoir une idée de l'inventaire, consultez la boutique en ligne ou suivez la page Facebook pour être au parfum des nouveaux arrivages, lesquels sont constants.

COOPÉRATIVE L'EMPREINTE

88, rue Saint-Paul Est

✆ +1 514 861 4427

lempreintecoop.com

Ouvert toute l'année (horaires variables).

Boutique en ligne également.

Cette boutique-galerie est un espace coopératif en métiers d'art, l'un des plus importants de la province, avec des dizaines d'artisans québécois qui y exposent et vendent leurs petits chefs-d'œuvre. Vous y trouverez de tout, allant des arts de la table aux objets déco, en passant par les vêtements, les bijoux et les produits bien-être. Bonus : plusieurs artisans sont souvent présents en boutique, ce qui permet d'échanger sur leurs créations. Une adresse chaudement recommandée pour des cadeaux et souvenirs faits main au Québec.

LIBRAIRIE LE PORT DE TÊTE

222, 262 et 269, avenue du Mont-Royal Est

✆ +1 514 678 9566

www.leportdetete.com

Lundi-samedi, 10h-22h ; dimanche, 10h-20h.

Boutique en ligne également (plusieurs livres offerts en format numérique).

Une librairie indépendante absolument géniale avec également un choix de livres rares et épuisés fort intéressant. Il faut dire que tous les libraires participent à l'élaboration de la collection, qu'elle soit neuve ou usagée. On a ici choisi d'explorer la filière de la qualité, de l'originalité et du bon goût. Sans aucun doute, c'est réussi ! Aussi, plusieurs événements tels des lectures de poésie, des lancements, des rencontres et autres sont fréquemment organisés.

IMAGES BORÉALES

4, rue Saint-Paul Est

✆ +1 514 439 1987

imagesboreales.com/fr

Ouvert tous les jours de 10h à 18h.

La galerie Images Boréales s'est donnée pour mission de représenter les plus grands artistes du monde inuit, mais aussi d'encourager le développement de talents émergents. Ainsi près de 200 artistes se côtoient dans les vitrines et allées de la galerie, formant la plus grande sélection d'objets d'art inuit de la région. Par le biais d'expositions temporaires et d'événement ponctuels, la galerie travaille à la diffusion et à la promotion de cet art, présent aux quatre coins du Canada. Pour rapporter un souvenir unique et authentique, c'est la bonne adresse.

PAUL'S BOUTIQUE

112, avenue du Mont-Royal Est

✆ +1 514 284 7773

Ouvert tous les jours dès 12h.

Son nom n'est pas sans rappeler le titre d'un des opus des Beastie Boys. Fondée en 2001 et installée dans une petite maison fort colorée de l'avenue du Mont-Royal, la boutique se spécialise dans la vente de vinyles et CD neufs et usagés, dont plusieurs raretés, tous styles de musique confondus (punk, funk, métal, garage, alternatif, hip hop, etc.). On y trouve aussi des jeux vidéo d'une autre époque, des affiches, des articles éclectiques (lunettes de soleil, tasses à café, etc.). Bonus : des bornes d'arcade à disposition pour un brin de nostalgie !

BOUGER & BULLER

Bien évidemment, à chaque saison ses activités. En été, les nombreux parcs de la ville comme les environs immédiats sont prétexte à de nombreux sports de plein air. Mais Montréal est par-dessus tout la ville du vélo. Un réseau impressionnant de voies cyclables est à la disposition des amateurs (près de 1 000 km), en pleine ville, dans les parcs ou le long du canal de Lachine, du fleuve Saint-Laurent ou de la rivière des Prairies, par exemple. Les activités nautiques (rafting, surf...) et la baignade (plusieurs plages et piscines publiques) ont aussi la cote en saison. En hiver, les Montréalais sortent skis, patins et raquettes, toujours pour profiter de la nature, mais sous un autre angle. Le meilleur spot est sans conteste le parc du Mont-Royal. Il est couvert de pistes de ski de fond et de raquettes, sans oublier ses glissades sur neige et sa patinoire, le tout en plein cœur de la métropole.

SAUTE-MOUTONS

1, rue Quai de l'Horloge
✆ +1 514 284 9607
jetboatingmontreal.com/fr
Ouvert de mai à octobre. Voir site web pour les horaires des départs. Adulte : 30 à 70 CAN $.

Trois excursions sur le fleuve sont ici proposées, à commencer par l'incontournable Saute-Moutons et son tour d'une heure dans les rapides turbulents de Lachine. Vient ensuite le Jet Saint-Laurent et sa balade de 20 minutes consistant en une poursuite riche en émotions dans de petits bateaux à haute vitesse capables d'effectuer des virages à 360°. Finalement, on peut faire un tour à vitesse grand V avec l'Excursion Panorama pour admirer la ville sous un nouvel angle (groupes seulement). Les combinaisons imperméables (fournies) ne sont pas un luxe superflu.

TYROLIENNE MTL

363, rue de la Commune Est
✆ +1 514 947 5463
mtlzipline.com
Ouvert toute l'année (horaires variables - journées d'ouverture restreintes hors saison). 13 ans et plus : 25 CAN $.

Érigée sur les quais du Vieux-Port en 2015, cette tyrolienne n'est vraiment pas passée inaperçue. Au contraire, elle a accueilli plus de 55 000 personnes lors de sa première saison, et elles sont toujours plus nombreuses depuis. Premier circuit de tyrolienne urbaine au pays, il offre une vue superbe sur le Vieux-Montréal, les quais et le Saint-Laurent, tout cela à plus de 24 mètres de hauteur. N'ayez crainte, le tout est très sécurisé et l'équipe vous donnera une petite formation avant de vous élancer dans le vide. On a testé et on recommande chaudement !

BOTA BOTA

Angle McGill et de la Commune Ouest
✆ +1 514 284 0333
botabota.ca
Lundi-jeudi, 10h-22h ; vendredi-dimanche, 9h-22h. Circuit d'eaux : 70-85 CAN $. Massothérapie, soins, forfaits, resto.

© BOTA BOTA

Inauguré au début décembre 2010, ce spa propose une expérience hors du commun. En effet, les installations occupent les locaux d'un ancien traversier (ferry) qui fut également un bateau-théâtre. Le circuit d'eau commence avec la chaleur des saunas, continue avec une plongée revigorante dans les bains glacés avant de se prélasser (et de se remettre de ses émotions) dans l'espace détente. Les offres de massages et de soins sont nombreuses et sont autant d'invitations à l'évasion. Avec ses 678 hublots et ses 5 ponts, c'est le plus gros bateau-spa au monde !

MONTRÉAL

SORTIR

Les soirées montréalaises offrent une multitude de possibilités. Entre les grandes salles de concert, les boîtes de nuit, les *afterhours*, les comédie clubs, les festivals et les cinémas indépendants, la liste est longue. On peut facilement aller voir un petit concert dans un bar pour 5 ou 10 CAN $ ou même gratuitement. Les spectacles de la Place des Arts, le plus grand complexe culturel de la ville, ou encore ceux du Centre Bell, qui fait également office de domicile pour les Canadiens de Montréal, sont bien plus chers, surtout si vous allez voir un opéra, une star de la pop ou l'Orchestre symphonique de Montréal. Du point de vue vestimentaire, les Montréalais sont très décontractés, mais la tenue de ville est de mise dans les boîtes de nuit et les casinos. Pour planifier vos sorties, on recommande le site web *Sors-tu?* (webzine culturel - sorstu.ca) ainsi que *Fugues* (mensuel gratuit et site web pour la communauté LGBTQ2 - fugues.com).

CAFÉ CAMPUS

57, rue Prince-Arthur Est
✆ +1 514 844 1010
www.cafecampus.com

Piste de danse ouverte du mardi au samedi. Voir site web pour les spectacles. Droits d'entrée.

Fréquenté par de jeunes étudiants qui veulent s'amuser sans prétentions, le Café Campus est un des lieux ultra connus à Montréal. On parle sans arrêt de son ambiance et de la qualité de sa programmation musicale. Il se divise en deux parties : le Petit Campus, en bas, salle de concert de taille moyenne, et le Campus du haut, un grand espace équipé d'une scène et d'une mezzanine. On trouve d'ailleurs à cet étage un bar-discothèque à l'ambiance survoltée qui fait la joie d'une clientèle jeune et diverse. Si vous n'avez pas peur de bouger, essayez les mardis rétro !

TERRASSES BONSECOURS

364, rue de la Commune Est
✆ +1 514 969 9716
terrassesbonsecours.com/fr

Ouvert tous les jours de mi-mai à mi-septembre. Programmation de soirées et d'événements spéciaux.

Depuis plus d'une décennie, le pavillon Bonsecours s'est offert une nouvelle vocation lors de la belle saison : un bistro jumelé à une boîte de nuit le soir, directement posé sur les berges du Saint-Laurent. Avec ses multiples étages et terrasses, son lounge VIP et ses DJ de renom, c'est définitivement l'un des lieux tendance de la métropole. Ne manquez pas le Boozy Brunch du dimanche, dès midi, où bonne bouffe, mimosas, cocktails et champagne sont au rendez-vous (réservation indispensable). C'est l'endroit pour être vu à Montréal !

NEWSPEAK

1403, rue Sainte-Elisabeth
newspeakmtl.com

Ouvert du vendredi au dimanche, de 22h à 3h.

Fans de musique électro émergente, vous êtes à la bonne adresse ! Située face au charmant pub Le Sainte-Elisabeth, dans une petite rue du Quartier latin, cette boîte de nuit minimaliste présente d'excellents spectacles d'artistes et DJ tant montréalais qu'internationaux. Ouverte depuis un peu moins d'une dizaine d'années, elle est considérée par plusieurs comme le temple de la musique électro d'avant-garde dans la métropole. Toute la programmation est disponible sur le site web, lequel permet aussi d'acheter ses billets en ligne.

AUSGANG PLAZA ★

6524, rue Saint-Hubert
www.ausgangplaza.com

Voir site web pour la programmation complète.

Feu Artgang, voici Ausgang Plaza ! Haut lieu de la culture locale, cet espace a été rénové et a rouvert avec une nouvelle équipe, mettant davantage l'accent sur la création (encore plus si elle est de Montréal ou des alentours). Une galerie pop-up événementielle met à l'honneur un artiste différent chaque mois. L'espace dispose également d'une salle d'exposition et d'une salle de spectacle. Projections, marchés, concerts, soirées DJ, festivals : il se passe toujours quelque chose d'intéressant dans ce lieu qui se veut rassembleur et inclusif.

BAR LE RITZ PDB

179, rue Jean-Talon Ouest
✆ +1 438 289 9994
barleritzpdb.com
Voir site web pour la programmation. Sélection de cocktails et de bières artisanales.

Le Ritz PDB s'est installé dans les locaux du défunt Il Motore à l'automne 2014. Entièrement relooké, il poursuit la vocation de son prédécesseur en accueillant des groupes de musique indépendante dans sa salle de spectacles. Il faut dire que les nouveaux propriétaires baignent dans le milieu : Meyer Billurcu est le cofondateur de Blue Skies Turn Black, une compagnie de promotion de concerts, et Thierry Amar et Efrim Menuck sont membres du fameux groupe de musique Godspeed You ! Black Emperor. Mention spéciale au superbe bar vieux d'un siècle, importé de Chicago.

CABARET MADO

1115, rue Sainte-Catherine Est
✆ +1 514 525 7566
www.mado.qc.ca
Ouvert tous les jours dès 16h. Voir site web pour la programmation et les droits d'entrée. Terrasse.

On ne la présente plus, ses spectacles de *drag queens* font courir tout le Village (et pas seulement). Bref Mado est une reine et son cabaret, un QG. On y vient pour boire un verre en fin d'après-midi, et on reste toute la soirée, pour un spectacle de drags, se déhancher au son des DJ et pour profiter de l'humour irrésistible de la maîtresse des lieux. Ses soirées « Mado reçoit » permettent de découvrir la crème des drag queens d'ici. La clientèle est variée et toujours de bonne humeur. C'est clairement une adresse incontournable du Village !

LE BORDEL COMÉDIE CLUB

312, rue Ontario Est
✆ +1 514 845 4316
www.lebordel.ca
Représentations tous les jours. Prix unique de 25 CAN $ la place, réservation en ligne uniquement.

Commençons par un peu d'histoire : oui, Le Bordel a bien installé sa scène dans une ancienne maison close. La rencontre brute et sans détour d'une scène, donc, d'un micro et d'un public dense et survolté. Vous ne savez pas à quoi vous assisterez ni qui vous verrez. Les artistes se suivront à un rythme endiablé, des spectacles d'un humour décapant d'une vingtaine de minutes chacun. À noter qu'en avril 2022 Le Bordel s'est doté d'une seconde salle située à un jet de pierre (330, rue Ontario Est), question de doubler le plaisir !

CENTRE BELL

1909, avenue des Canadiens-de-Montréal
✆ +1 855 310 2525
www.centrebell.ca
Achat de billets sur place, par téléphone ou via www.evenko.ca (spectacles) et www.canadiens.com (hockey).

Le Centre Bell est le plus vaste complexe de la grande région montréalaise d'une capacité totale de 21 000 sièges pour le hockey et 15 000 pour les spectacles. Lieu de rassemblements de masse lors des matchs de hockey des Canadiens de Montréal, mais aussi des spectacles de grande envergure, des tournées des stars du rock et de la pop, des divers cirques ou ballets sur glace, des galas de boxe, etc. Pour les aventuriers, il est toujours possible de se procurer des billets de dernière minute à la porte auprès de revendeurs à la sauvette.

FESTIVAL INTERNATIONAL DE JAZZ DE MONTREAL

Quartier des spectacles ✆ +1 514 871 1881
www.montrealjazzfest.com
Fin juin à début juillet. Nombreux spectacles gratuits (notamment tous ceux présentés à l'extérieur).

De grande renommée, il se classe comme le plus grand festival de jazz de la planète selon les *Guinness World Records*. Artistes légendaires ou découvertes, c'est au travers de 350 concerts, dont les deux tiers sont gratuits, que la ville devient pour une dizaine de jours un véritable berceau du jazz. Les spectacles en salle ou en extérieur constituent la plus grande célébration musicale de l'été dans la métropole ! Programmation intérieure le reste de l'année également.

FIERTÉ MONTRÉAL

✆ +1 514 903 6193
www.fiertemtl.com
Début août. La majorité des activités sont gratuites. Programmation répartie sur plusieurs sites.

Le festival Fierté Montréal est le plus grand rassemblement des personnes de la diversité sexuelle et de genre (DSG) de la francophonie. Les activités festives s'enchaînent sur plusieurs jours pour souligner la Fierté, mais aussi dans une optique de sensibilisation et de promotion des communautés 2SLGBTQIA+ locales. Il ne faut pas rater les journées communautaires et leurs kiosques aménagés au cœur du Village, ainsi que le fameux défilé de la Fierté qui fait rayonner la diversité de ces communautés en plein cœur de Montréal. Ambiance garantie !

© MARTINE_POULIN_SO_PIERRE_KWENDERS_1

© ALISONSLATTERY_TDANCE_SHOW_FERMETURE_FESTIVALIERS_FESTIVALIERES

CINÉMA DU PARC

3575, avenue du Parc
✆ +1 514 281 1900
www.cinemaduparc.com
Voir site web pour la programmation complète. Adulte : 14 CAN $.

Le Cinéma du Parc est un lieu de diffusion de films étrangers sous-titrés, indépendants, de répertoire et de rétrospectives. Il participe activement aux nombreux festivals de cinéma et de documentaires. Avec des billets à des prix très abordables, un stationnement à prix dérisoire pour les spectateurs (seulement 3 CAN $ pour 3 heures sur présentation du coupon de la billetterie), des coupures de presse sur tous les films projetés, l'endroit donne toute satisfaction. Autres salles gérées par le groupe : Cinéma Beaubien et Cinéma du Musée.

CINÉMA MODERNE

5150, boulevard Saint-Laurent
✆ +1 514 282 2087
www.cinemamoderne.com
Admission générale : 15 CAN $. Café-bar avec terrasse sur place.

Ce cinéma-bar offre une programmation riche, pointue et diversifiée. Du film grand public au classique restauré, du film de genre en passant par le court métrage, l'animation, le documentaire et l'expérimental, sans oublier les séances pour les familles, le pari de célébrer l'art cinématographique sous toutes ses formes est lancé. Le Cinéma Moderne offre une expérience unique à Montréal. Vous y croiserez réalisateurs et autres artisans du 7e art, pour échanger après les séances autour d'un verre. L'espace est petit mais chaleureux. À tester !

CINÉMATHÈQUE QUÉBÉCOISE

335, boulevard de Maisonneuve Est
✆ +1 514 842 9763
www.cinematheque.qc.ca
Horaires des séances et informations sur les autres événements en ligne. Tarif adulte (projection) : 12 CAN $. Café-bar.

La Cinémathèque québécoise abrite plus de 70 000 titres d'archives cinématographiques et télévisuelles, ainsi que des nouveautés expérimentales dans le domaine du multimédia, sans compter les livres, affiches, photos, scénarios et documents de production, etc., pour une collection globale qui se chiffre à près de 480 000 documents. Beaucoup d'hommages, de rétrospectives et de festivals divers sont organisés dans ce lieu dédié au patrimoine cinématographique et télévisuel. À noter qu'on y présente également des expositions, lesquelles sont accessibles gratuitement.

FRANCOS DE MONTRÉAL

Quartier des spectacles
✆ +1 514 876 8989
www.francosmontreal.com

Vers la mi-juin. Nombreux spectacles gratuits (notamment tous ceux présentés à l'extérieur).

C'est LA grande fête musicale de la francophonie, présentant des artistes provenant du Québec bien sûr, mais aussi de France, d'Afrique et d'ailleurs... En tout, une dizaine de jours bien remplis avec de nombreux spectacles musicaux, dont la plupart à l'extérieur et gratuits. Bien entendu, une belle place est réservée aux artistes de la relève et permet de faire des découvertes géniales. Implantés dans les rues du Quartier des spectacles, des stands sont prévus pour manger ou prendre un verre à l'intérieur de l'espace festival.

CLUB BALATTOU

4372, boulevard Saint-Laurent
✆ +1 514 845 5447
www.balattou.com

Soirées dansantes vendredi et samedi, spectacles du jeudi au dimanche. Voir site web pour la programmation complète.

En 1985, Lamine Touré a eu la bonne idée de conquérir une petite partie de *La Main* avec des rythmes tropicaux. Le Club Balattou fut donc la toute première discothèque tropicale au pays et est vite devenue la pionnière des musiques du monde, en plus d'être à l'origine du festival Nuits d'Afrique. Aujourd'hui, on peut affirmer que c'est un lieu culte de Montréal, et ce depuis plus de 35 ans. Le Balattou, c'est la diversité culturelle par la musique, l'enchantement des découvertes, l'abolition des frontières. « Le tour du monde en une soirée », en somme.

NEW CITY GAS

950, rue Ottawa ✆ +1 514 879 1166
newcitygas.com

Aussi sur place : galerie d'art à ciel ouvert et une autre à l'intérieur, resto et marché artisanal en été (Bazart).

Une adresse au cachet historique, dans le secteur de Griffintown, un quartier qui monte depuis quelques années. Cette salle de spectacle est d'ores et déjà le chouchou de grands noms de la musique électronique internationale. Elle a d'ailleurs été classée à quelques reprises au premier rang des meilleurs clubs du pays selon le magazine *DJ Mag*, une revue mensuelle britannique réputée dans le domaine. L'équipement sonore est à la pointe de la technologie et l'ambiance bat son plein dès l'ouverture des portes. Ici les adeptes de ce genre musical ne seront pas déçus !

LIGUE NATIONALE D'IMPROVISATION

1225, boulevard Saint-Laurent
✆ +1 514 286 1010
lni.ca

Voir site web pour le calendrier complet. Achat de billets sur place, par téléphone et en ligne.

Depuis plus de 45 ans, la Ligue Nationale d'Improvisation fait partie de l'univers théâtral québécois. Le jeu se déroule sur une patinoire de hockey miniature (et sans glace), et l'arbitre donne les thèmes et règlements. L'idée est venue de Robert Gravel et d'Yvon Leduc de faire de l'impro en reproduisant la forme et la structure d'un match de hockey. Le succès n'est pas démenti depuis tout ce temps et bon nombre de comédiens ont fait leur premiers pas avec la LNI.

PLACE DES ARTS

175, rue Sainte-Catherine Ouest
✆ +1 514 842 2112
placedesarts.com

Achat de billets sur place, par téléphone et en ligne.

Le plus grand complexe culturel de la métropole. Plusieurs salles sont réunies à la Place des Arts : le Théâtre Maisonneuve (grand théâtre), la Salle Claude-Léveillée (petit théâtre), la Salle Wilfrid-Pelletier (salle immense qui reçoit entre autres les grands noms de la musique), le Théâtre Jean-Duceppe (grand théâtre), la Cinquième Salle (plus petite salle avec les spectacles de la relève) et la Maison symphonique (résidence de l'Orchestre symphonique de Montréal). Restaurants, bars et boutiques, aire extérieure (Esplanade de la Place des Arts).

SOCIÉTÉ DES ARTS TECHNOLOGIQUES [SAT] ★

1201, boulevard Saint-Laurent
✆ +1 514 844 2033
sat.qc.ca
Voir site web pour la programmation et les tarifs. Café SAT et restaurant Labo Culinaire sur place.

La SAT se voue au « développement des technologies immersives, de l'interactivité de groupe et des réalités mixtes ainsi que l'utilisation créative des réseaux à très haut débit ». Oscillant entre laboratoire de création, espace d'expositions, de concerts et de projections, lieu de débats et d'échanges, la SAT joue un rôle essentiel dans leur promotion. À découvrir : la Satosphère, premier théâtre immersif permanent dédié à la création artistique et aux activités de visualisation.

TOHU, LA CITÉ DES ARTS DU CIRQUE

2345, rue Jarry Est ✆ +1 514 376 8648
tohu.ca
Billetterie ouverte tous les jours de 9h à 17h et jusqu'à 30 minutes après le début de la représentation.

Au cœur de la Cité des arts du cirque, la TOHU propose dans son pavillon des spectacles mêlant toutes les disciplines du cirque, ainsi que des expositions, des conférences et même des événements indépendants. Riche programme alternant spectacles de troupes venues de tous les horizons et démonstrations des élèves de l'École nationale de cirque. À découvrir également : Montréal Complètement Cirque, festival annuel en juillet se déroulant aux quatre coins de la ville.

THÉÂTRE DE QUAT'SOUS

100, avenue des Pins Est
✆ +1 514 845 7277
www.quatsous.com
Achat de billets sur place, par téléphone et en ligne.

Lentement, la petite salle se remplit, donnant au lieu une chaleur confortable, propice à la réflexion et aux cerveaux en ébullition. Sur scène, les acteurs prennent possession de textes originaux d'auteurs d'ici et d'ailleurs, en développant une esthétique singulière. Les spectateurs sont invités à discuter à chaud de leurs impressions avec les auteurs. Aussi, depuis plus de 35 ans, le théâtre programme les Auditions générales s'adressant aux nouveaux artistes qui ont ici la chance d'être vus et entendus par le milieu culturel.

LA VITRINE CULTURELLE

✆ +1 514 285 4545
www.lavitrine.com

Située au cœur du Quartier des spectacles, La Vitrine culturelle est plus qu'une simple billetterie en ligne : elle présente la diversité de l'offre culturelle de la grande région de Montréal avec un calendrier exhaustif. Son site web permet en quelques clics de connaître l'ensemble de l'offre, tant payante que gratuite, et d'acheter vos billets en ligne. Un moteur de recherche avancée vous permettra de filtrer les offres qui vous conviennent davantage. Bon plan : profitez des tarifs avantageux sur les offres spéciales et les préventes.

THÉÂTRE DU RIDEAU VERT

4664, rue Saint-Denis
✆ +1 514 844 1793
www.rideauvert.qc.ca
Achat de billets sur place, par téléphone et en ligne.

Confortablement installé depuis plus de 70 ans dans le quartier animé du Plateau, il fut le premier théâtre professionnel francophone du pays. Antonine Maillet, Michel Tremblay, Gratien Gélinas, Marie-Claire Blais et plusieurs autres grands noms ont fait leurs classes sur les planches de cette scène. Le Théâtre du Rideau Vert a vécu de grands moments qui l'ont fait connaître jusqu'à l'étranger et, aujourd'hui encore, il continue d'attirer un grand auditoire avec son répertoire classique et sa programmation plus contemporaine.

CASINO DE MONTRÉAL

1, avenue du Casino
✆ +1 514 392 2746
casinos.lotoquebec.com/fr/montreal
Dimanche-jeudi, 9h-3h ; vendredi-samedi, 9h-5h. Entrée gratuite.

Haut lieu de divertissement, plus grand casino du Canada et géré par la Société des casinos du Québec, il remplit admirablement bien sa fonction de lieu de distraction. Tenu avec classe, il comprend un nombre incalculable de machines à sous et de tables de jeu ! Plusieurs restaurants sur place également, proposant de la cuisine deli, des fruits de mer et grillades, etc., sans oublier trois bars et une terrasse pour prendre un verre. À tout cela s'ajoute une programmation de spectacles au Cabaret du Casino. Une icône de la ville de Montréal !

LAURENTIDES

Paradis des skieurs et des mordus de la nature, les Laurentides désignent le massif montagneux de la rive nord du Saint-Laurent. Cette région, qui couvre près de 22 000 km^2, est située dans le Bouclier canadien, lequel figure parmi les plus vieilles régions physiographiques au monde, rien de moins. Elle s'étend du sud au nord, de la rivière des Mille-Îles aux grands territoires au nord de Mont-Laurier et, d'est en ouest, des limites de la région de Lanaudière à celles de l'Outaouais. Elle est l'une des principales destinations touristiques internationales du Québec, appelée plus communément « le Nord ». Vous y viendrez pour les activités sportives saisonnières qu'elle offre en abondance, et pour la quiétude de ses innombrables lacs et montagnes couvertes de forêts. Les citadins y font leur pèlerinage hebdomadaire en allant respirer cette campagne qui n'est qu'à quelque trente minutes de Montréal.

Laurentides
30 KM
Rivière Bazin
Manawan
LANAUDIÈRE
Sainte-Anne-du-Lac
FERME-NEUVE
Lac-Saint-Paul
Chute-Saint-Philippe
MONT-LAURIER
Saint-Zénon
Sainte-Véronique
NOMININGUE
RIVIÈRE-ROUGE
LA MACAZA
Saint-Donat
Notre-Dame-de-Pontmain
LABELLE
La Minerve
VAL-DES-LACS
LAC-SUPÉRIEUR
MONT-TREMBLANT
MONT-BLANC
NOTRE-DAME-DU-LAUS
SAINTE-AGATHE-DES-MONTS
ESTÉREL
VAL-DAVID
Lac-des-Plages
SAINTE-ADÈLE
SAINT-HIPPOLYTE
Bowman
Namur
SAINT-SAUVEUR
Saint-Jérôme
OUTAOUAIS
GRENVILLE-SUR-LA-ROUGE
Lachute
LAVAL
SAINT-EUSTACHE
VERS CHELSEA
MONTÉRÉGIE
MONTRÉAL
OKA

PAGES

Blottie entre l'île de Montréal (le métro s'y rend) et les Basses-Laurentides, Laval est la troisième ville la plus peuplée du Québec et une région touristique à part entière. Elle se veut plutôt résidentielle et commerciale, mais offre également des attractions uniques au Québec.

Accessibles en train de banlieue depuis Montréal et Laval, les Basses-Laurentides sont plutôt une région rurale. On y retrouve d'ailleurs le Chemin du Terroir, un chemin balisé de plus de 226 km mettant en vedette le terroir, l'art et l'histoire de la région.

Cette région est le terrain de jeu des villégiateurs et citadins en quête d'un bain de nature. C'est ici que se concentrent les stations de ski alpin et les chalets de villégiature, mais aussi toute la panoplie d'activités de plein air, en été comme en hiver.

Vue sur Mont-Tremblant.

PAGES

Réputé pour l'animation de son village en toute saison, Saint-Sauveur est avant tout une station de ski très fréquentée par les habitants du Grand Montréal. C'est également un haut lieu du shopping avec les « Factoreries Tanger », ce concept américain de boutiques-entrepôts de grandes marques à prix réduits.

Un village des Laurentides pas comme les autres, affichant des airs bohèmes et une belle douceur de vivre. Un lieu où la scène artistique et culturelle rayonne et où le plein air est un réel mode de vie avec des sites et installations à foison.

Son superbe lac entouré de montagnes arrondies font sa réputation. Non loin de l'action de Tremblant (le Versant Nord de la station de ski s'y trouve d'ailleurs), Lac-Supérieur offre un cadre relaxant au cœur de la nature en toute saison.

Composée de plusieurs secteurs, dont un vieux village tout plein de charme, la ville de Mont-Tremblant est surtout connue pour sa station de villégiature hébergeant l'une des stations de ski les plus fréquentées de la province. Un incontournable des Laurentides !

Les Hautes-Laurentides sont un paradis pour les mordus du plein air et des grands espaces. Moins fréquentée par les touristes que le cœur des Laurentides, cette région vaut amplement le détour. Territoire des pourvoiries, de la chasse, de la pêche, du quad et de la motoneige, ici on emplit ses poumons d'air pur et ses yeux de sublimes paysages alliant forêts, montagnes et plaines.

LAVAL ★

Si la ville de Laval comporte un intérêt limité, on y vient surtout pour ses activités de divertissement originales (centre des sciences de l'espace, surf intérieur, simulateur de chute libre intérieur, simulateur de vol de niveau professionnel, etc.) et les espaces verts qui l'entourent. Laval abrite également une panoplie de productions gourmandes (serres de détail, kiosques fermiers, vergers et vignoble, fromageries...), sans oublier ses centres commerciaux et espaces *lifestyle* comme le Centropolis. Enfin, pour la petite histoire, c'est dans ses paisibles rues résidentielles qu'a été tourné, en 2015, le film de Xavier Dolan, *Juste la fin du monde*.

CENTRE DE LA NATURE

901, avenue du Parc
✆ +1 450 662 4942
www.laval.ca/centredelanature
Ouvert tous les jours de 8h à 22h. Activités gratuites ou payantes. Restauration, location d'équipement de plein air.

Les choix d'activités ne manquent pas ici : ski de fond, glissade sur tube, vélo, canoë, kayak, etc. L'hiver, le lac artificiel se transforme en patinoire et les plus jeunes peuvent même profiter d'un parc à neige en ski alpin ou en snowboard (équipement à fournir). Été comme hiver, les visiteurs peuvent se dégourdir les jambes sur 5 km de sentiers pédestres. Autres activités : un carrousel de poneys et des balades en train pour les tout-petits, une ferme, un observatoire d'astronomie, des jardins et une serre tropicale, et plus encore.

CENTROPOLIS ★

1799, avenue Pierre-Péladeau
centropolis.ca
Ouvert tous les jours (horaires variables selon les commerces). Programmation d'événements spéciaux.

Le Centropolis est à la fois un lieu de rencontre et un complexe extérieur regroupant boutiques, restaurants, bars, divertissements et services. Animé en toute saison avec des spectacles, événements spéciaux et autres, on y vient pour casser la croûte dans l'un de ses nombreux restaurants, pour prendre l'apéro entre amis ou collègues de travail, pour faire quelques emplettes gourmandes ou vestimentaires, ou encore pour faire toutes sortes d'activités comme le surf intérieur, l'escalade ou encore les jeux d'évasion ou de réalité virtuelle.

COSMODÔME ★★

2150, autoroute des Laurentides
✆ +1 450 978 3600
cosmodome.org
Ouvert tous les jours de 10h à 17h. Voir site web pour les tarifs.

Le Cosmodôme s'est refait une beauté il y a quelques années, pour le plus grand bonheur des petits et des grands. C'est la seule institution muséale de haut niveau entièrement dédiée à l'astronautique et à l'exploration spatiale au Canada. On y retrouve des scénarios d'animation représentant trois missions spatiales interactives (durée de 60 minutes chacune), ainsi qu'une exposition permanente relatant les exploits et les découvertes des voyageurs de l'espace grâce à la collection d'artefacts de la conquête spatiale. À découvrir également sur place : des expositions temporaires, le cinéma 4D avec deux petits films proposant une expérience sensorielle et immersive, les différents simulateurs d'entraînement pour astronautes et la toute nouvelle activité Mission Cosmo.

Pour les jeunes âgés de 9 à 15 ans, le camp spatial s'avère une expérience tout à fait mémorable. D'une durée de trois jours, ils vivront un authentique entraînement d'apprenti astronaute. Ils passeront deux nuitées d'hébergement en module spatial sur place et devront accomplir différentes missions durant leur séjour. Des essais de simulateurs d'entraînement et des ateliers scientifiques sont également au programme. À noter que les repas et collations sont inclus dans le programme. Définitivement un camp qu'ils ne sont pas près d'oublier ! Des camps de jour et pour la relâche scolaire d'hiver, des camps parents-enfants, des programmes scolaires, des fêtes d'enfants et des programmes corporatifs sont aussi proposés au Cosmodôme.

ILLUMI

2805 boulevard du Souvenir
laval.illumi.com
Horaires variables selon la saison. Tarifs pour la visite à pied ou celle en voiture (tarifs réduits en ligne).

Un événement multimédia son et lumière qui vous en mettra plein la vue avec des milliers de structures lumineuses, incluant notamment quelque 25 millions de lumières DEL mais aussi des technologies immersives comme des projections haute définition et des dinosaures animatroniques. Ce parcours féérique de 3 kilomètres, dont la thématique se renouvelle à chaque édition, se vit à pied ou encore dans le confort de sa voiture. Des food trucks, des bars et des comptoirs de service pour collations et souvenirs sont également sur le site. À découvrir !

MUSÉE DE LA SANTÉ ARMAND-FRAPPIER

2150 autoroute des Laurentides
+1 450 686 5641
museefrappier.org
Ouvert tous les jours de 10h à 17h (de 8h à 18h le 1er dimanche du mois). Adulte : 17 CAN $.

Nommé en l'honneur du docteur Armand Frappier, entre autres pionniers de la vaccination, c'est le seul musée de vulgarisation scientifique entièrement dédié à la santé humaine au Québec. Blotti dans ses nouvelles installations connexes au Cosmodôme, il plaira aux petits comme aux grands. L'entrée inclut l'accès aux deux nouvelles expositions ainsi qu'une activité en laboratoire avec un animateur scientifique. Activités spéciales, conférences, causeries, etc., également au programme.

MUSÉE DÉLIA-TÉTREAULT

100, place Juge-Desnoyers +1 450 663 6460
www.museedeliatetreault.ca
Mardi-samedi, 9h30-11h30 et 13h30-16h ; dimanche, 10h-11h30 et 13h30-16h30. Entrée libre.

Ce musée relativement récent retrace l'histoire des Sœurs Missionnaires de l'Immaculée-Conception fondées par Délia Tétreault. C'est d'ailleurs la première communauté missionnaire féminine des Amériques. Vous y découvrirez la vie et l'action menées par ces Québécoises œuvrant dans le développement international par le biais de trois expositions regroupant photographies, artefacts, œuvres d'art et d'artisanat, mobilier, objets quotidiens ou de culte et publications de la communauté. Une section est quant à elle dédiée à la généalogie de Délia Tétreault.

PARC DE LA RIVIÈRE-DES-MILLE-ÎLES ★

345, boulevard Sainte-Rose
+1 450 622 1020
www.parc-mille-iles.qc.ca
Horaires variables selon la saison. Certaines activités gratuites, d'autres payantes.

© ANDRÉ CHEVRIER

Ce parc regroupe un ensemble de milieux naturels, des plans d'eau, des îles, des marécages et des berges. Son décor offre un véritable paysage de bayous, avec sa rivière calme, peu profonde et sécuritaire, ses marais en fleurs, ses forêts marécageuses et la végétation luxuriante de ses îles, le tout formant un véritable labyrinthe de verdure. Nombreuses activités en toute saison, location d'embarcations, exposition sur le thème de la rivière et café au Centre d'exploration.

LAURENTIDES

LE BOATING CLUB €€

30, boulevard Curé-Labelle
+1 450 937 3353
leboatingclub.com
Mardi-dimanche, dès 17h. Terrasse éphémère Le Petit Patio ouverte du jeudi au dimanche. Carte : moins de 40 CAN $.

Fondé en 1889, le Boating Club du Vieux-Sainte-Rose revit ! Autrefois un club nautique haut de gamme fréquenté par les riches anglophones de Montréal, la belle maison ancienne a su conserver son cachet d'époque avec une touche à la fois *vintage* et nautique. Son slogan : « Alcool & casserole », et il va sans dire que c'est le cas ! Les créations gourmandes du Boating Club sont un régal : huîtres cuites au four à bois, calmar grillé, jarret de prosciutto, macreuse de bœuf au four à bois, steak Wagyu... Le tout est appuyé par une superbe carte des vins.

TABLE 51 €€

3035, boulevard Le Carrefour
+1 450 781 8851
www.table51.com
Ouvert du lundi au samedi (horaires variables). Carte : 10-60 CAN $. Terrasse. Autre succursale à Montréal.

Difficile de rater l'enseigne de ce resto branché ! Une fois à l'intérieur, on est subjugué par son design, son magnifique bar, ses miroirs qui rendent les lieux encore plus grands, et son cellier qui surplombe la salle à manger. Au menu, une cuisine urbaine qui intègre la passion et la précision des bons plats maison. Le chef et sa brigade concoctent le tout à partir de produits locaux et frais : tartares, salades gourmandes, sandwichs et burgers, succulentes grillades, poissons et fruits de mer, plats végétariens... De quoi combler tout type d'appétit !

RESTAURANT LE MITOYEN €€€

652, rue de la Place Publique ✆ +1 450 689 2977
www.restaurantlemitoyen.com
Ouvert le soir du mardi au dimanche. Menu à la carte, table d'hôtes et menu dégustation. Terrasse.

Situé au cœur du Vieux-Sainte-Dorothée, Le Mitoyen accueille les convives dans le décor élégant et l'ambiance chaleureuse des salons de sa magnifique maison ancestrale. Le chef Richard Bastien, dont la réputation n'est plus à faire, concocte des plats raffinés avec, notamment, les crevettes nordiques, le porcelet de la Ferme Gaspor, l'agneau de Kamouraska et les fromages québécois. L'impressionnante carte des vins, composée de nombreux crus en importation privée, en fera sourire plus d'un. Une grande table qui sait rester humble.

LE BALTHAZAR RESTO-PUB

195, promenade du Centropolis
✆ +1 450 682 2007
www.lebalthazar.com
Ouvert tous les jours de 11h30 à 3h. Terrasse. Musique live et DJ certains soirs. Autre succursale au DIX30 à Brossard.

Fier représentant de l'industrie brassicole québécoise, Le Balthazar séduira tant les amateurs que les néophytes. À l'ardoise, une large sélection de bières triées sur le volet, en fût ou en bouteille, alors il se pourrait que vous mettiez un certain temps à vous décider. Mais n'ayez crainte car l'équipe saura vous conseiller afin de vous faire découvrir ce que le Québec a de meilleur à offrir, y compris des grands crus pour papilles averties. Pour accompagner le tout, le pub propose un menu composé de produits locaux, avec une belle sélection de plats à la bière.

LES INSULAIRES MICROBRASSEURS

275, boulevard de la Concorde Est
✆ +1 450 967 8080
www.lesinsulaires.ca
Ouvert du mardi au dimanche (horaires variables). Spectacle d'humour le lundi soir (billet requis). Terrasse.

Ouverte depuis la fin 2017, cette microbrasserie attire les foules dans un décor qui n'est pas sans rappeler l'ambiance tropicale des îles : couleurs pastel, plantes vertes un peu partout (jusqu'au plafond), papier peint avec palmiers... Dans le verre, par exemple, une Grisette légèrement houblonnée, une Session Juicy NEIPA, une Scotch Ale barriquée en fût de rhum agricole ou un Dry Stout. Dans l'assiette, des plats gourmands dont plusieurs d'inspiration internationale. Santé !

MARIUS ET FANNY

239, boulevard Samson
✆ +1 450 689 0655
www.mariusetfanny.com
Ouvert tous les jours de 8h à 18h. Salon de thé sur place.

Une adresse gourmande comme on les aime ! Le rayon pâtisserie a de quoi faire rêver, avec ses crèmes brûlées, mille-feuille, éclairs, croustillants et autres délices. Le comptoir chocolaterie est tout aussi divin, sans oublier la bonne odeur de pain frais de la boulangerie, les viennoiseries pur beurre et la douzaine de sortes de macarons. Un petit coin est aménagé pour déguster un café, thé ou chocolat chaud, que l'on accompagne volontiers d'une viennoiserie maison. Boîtes petit déjeuner et lunch aussi proposés. Deux autres boutiques à Montréal.

CF CARREFOUR LAVAL

3003, boulevard Le Carrefour
✆ +1 450 687 1360
shops.cadillacfairview.com
Lundi-mardi, 10h-18h ; mercredi-vendredi, 10h-21h ; samedi, 9h-17h ; dimanche, 10h-17h.

Cet immense centre commercial, qui figure parmi les plus grands de la province, regroupe plus de 300 magasins, restaurants et services en tous genres. On y retrouve les grands magasins à rayons tels que Rona L'Entrepôt, Simons et La Baie, mais également le tout premier Victoria's Secret / Pink de la province, Apple, Arc'teryx, A/X Armani Exchange, BOSS Homme, Browns (chaussures), Desigual, H&M, MAC (cosmétiques), Michael Kors (designer), Montblanc, Nespresso, Swarovski, Swatch, Vans, Zara et bien plus encore. Bureau de change sur place.

FERME FORGET

7901, avenue Marcel-Villeneuve
✆ +1 450 665 9900
www.fermeforget.ca
Ouvert de juin à octobre : lundi à vendredi 9h-19h ; samedi et dimanche 9h-18h. Boutique en ligne également.

Établie à Laval depuis deux décennies, cette ferme familiale en est maintenant à sa 9e génération d'agriculteurs. On y cultive toutes sortes de fruits (fraises, framboises, bleuets, tomates, etc.), de légumes (courges, poivrons, concombres, etc.) et de grains commerciaux (maïs et soja). L'activité d'auto-cueillette y est d'ailleurs offerte, sans oublier le fameux labyrinthe de maïs géant (possibilité de le faire en soirée également). Ces deux activités sont toutefois payantes (tarifs pour une ou deux activités). Boutique sur place (produits frais et transformés).

FROMAGERIE DU VIEUX ST-FRANÇOIS

4740, boulevard des Mille-Îles
✆ +1 450 666 6810
www.lafromagerieduvieuxstfrancois.com
Mardi-samedi, 9h-17h (horaire sujet à changement). Petite ferme.

On y fabrique une belle variété de fromages de chèvre à pâte ferme fraîche ou vieillie. Coup de coeur : les succulentes bouchées d'amour (bouchées de fromage frais non-affiné à pâte molle, marinées dans l'huile de pépin de raisin aromatisée et enrobées d'épices comme les herbes de Provence, la ciboulette, l'ail et le persil). La fromagerie propose également de la fondue, du lait et des produits glacés, sans oublier les viandes, les charcuteries et les plats cuisinés.

MARCHÉ PUBLIC 440

3535, autoroute Jean-Noël-Lavoie Ouest
✆ +1 450 682 1440
marche-public440.com
Ouvert tous les jours de 9h à 18h.

Des couleurs, des odeurs et des mets savoureux... Eh oui, vous êtes bien au Marché public 440 ! Existant depuis 1983, il permet aux habitants de la région de profiter des produits de la ferme, du terroir québécois et d'ailleurs. Situé à proximité des grands axes routiers, il est donc facile d'accès. Poissons frais, viandes et charcuteries, fruits et légumes, fromages et desserts variés, tout y est. Un véritable festival de la gastronomie ! Et si tous ces étalages gourmands vous ont ouvert l'appétit, vous trouverez des restaurants sur place pour combler votre faim.

LES MINETTES

148 boulevard Sainte-Rose
✆ +1 514 357 2150
lesminettes.ca
Horaires variables selon la saison. Boutique en ligne également.

De passage dans le quartier Vieux-Sainte-Rose, faites absolument un arrêt à la charmante boutique des sœurs Rémond, deux « marchandes de gourmandises » comme elles se décrivent si bien. Outre les gourmandises faites maison et celles triées sur le volet d'autres artisans et producteurs, la boutique regorge de boissons avec ou sans alcool, d'accessoires pour les arts de la table et la maison, sans oublier les livres et magazines gourmands. On trouve ici assurément de quoi se faire plaisir ou de beaux cadeaux à rapporter de son voyage.

AÉROSIM EXPÉRIENCE

1177, Desserte Nord Autoroute 440
✆ +1 450 490 1316
aerosimexperience.com
Ouvert du mercredi au dimanche. Voir site web pour les tarifs. Aussi présent à Québec, Vancouver et Lisbonne (Portugal).

Fondé par deux pilotes passionnés, ce centre de simulation de vol s'adresse tant aux pilotes professionnels qu'au grand public. En compagnie d'un instructeur pilote professionnel, vous prendrez les commandes d'un Boeing 737 Nouvelle Génération, d'un Airbus A320, d'un avion de chasse ou d'un hélicoptère. Afin de faire profiter amis et famille de cette expérience immersive et surtout de la vue, jusqu'à trois personnes peuvent vous accompagner dans le cockpit. Plusieurs autres services (camps d'été, activités d'entreprise, cours pour pilotes professionnels, etc.).

AVENTURE MILLE-ÎLES

1553 rue du Parc des plaines
✆ +1 514 463 1402
www.aventuremille-iles.com
Ouvert de mi-mai à début octobre et de début janvier à mi-mars. Voir site web pour les tarifs.

C'est aux abords de la magnifique rivière des Mille-Îles qu'est établi le centre de plein air Aventure Mille-Îles. En saison estivale, l'endroit propose la location d'embarcations nautiques comme le canoë, le kayak, la chaloupe et la planche à pagaie. En hiver, on peut y pratiquer la pêche sur glace et tout l'équipement ainsi que la cabane chauffée sont inclus dans le tarif. Des sentiers sont également à disposition pour la randonnée hivernale, la raquette et le ski de fond, et une patinoire permet de s'élancer sur la glace afin de faire vos plus beaux axels.

IFLY

2700, avenue du Cosmodôme
✆ +1 514 556 2602
iflyworld.ca/fr/locations/montreal.php
Mercredi-vendredi, 16h-21h ; samedi-dimanche, 10h-21h. 2 vols d'initiation : 60 CAN $. Académie de formations sur place.

Ce centre intérieur propose de vivre l'expérience d'un vol en chute libre dans sa soufflerie dernier cri. À l'intérieur d'un tube cylindrique installé à la verticale se déplace une colonne d'air à 175 km/h. Vous vivrez donc les mêmes sensations que les parachutistes durant la portion chute libre de leur saut qui s'effectue généralement de 4 115 à 1 067 mètres d'altitude, à une vitesse de 200 km/h. Assurez-vous de porter des vêtements confortables et une combinaison de vol sera fournie sur place. Mesdames aux cheveux longs, pensez à les nouer !

MAEVA SURF

2005, boulevard Daniel-Johnson
✆ +1 844 934 6238
maevasurf.com
Horaires variables selon la saison. Initiation : 59 CAN $. Autres forfaits disponibles. Boutique, bistro-bar, terrasse.

Ouvert depuis plus d'une dizaine d'années, Maeva Surf est un centre de glisse intérieur et fut le premier du genre au Québec. Ici on pratique le « flowboarding », un mélange de différents sports comme le skateboard, le wakeboard, le surf et le snowboard, le tout sur une vague artificielle. Aucune expérience en glisse n'est nécessaire mais un cours d'introduction est obligatoire. Il vous permettra d'apprendre toutes les règles de sécurité, le comportement de la vague et les techniques de bodyboard et de FlowBoard. Alors, êtes-vous prêt à dompter la vague ?

TOP DOPICOS BBQ DONUT

1553, rue du Parc des plaines
✆ +1 514 571 6084
topdopicosbbqdonut.ca
Voir site web pour les différents forfaits (quelques heures ou journée complète). Aussi présent à Boucherville et Oka.

Envie de prendre le large de façon inusitée ? Pourquoi pas un barbecue sur l'eau, une activité au top à faire entre amis ? Accueillant jusqu'à 8 personnes maximum, ce petit bateau BBQ tout confort permet de festoyer dans un superbe cadre naturel. Vous pouvez apporter votre propre nourriture - et alcool - ou encore opter pour l'un des restaurateurs partenaires qui vous préparera votre repas clé en main. À noter que la personne désignée dans votre groupe pour conduire le bateau doit avoir au moins 25 ans et détenir un permis de conduire.

IMMERSIA

3065, rue Peugeot
✆ +1 450 687 3888
immersia.ca
Horaires variables selon la saison. À partir de 33 CAN $ par adulte.

Immersia propose quatre jeux d'évasion, tous d'une durée de 60 minutes, dans lesquels vous devrez résoudre différentes énigmes afin de pouvoir vous échapper à temps : Week-end au chalet (déconseillé aux froussards), Le Cabaret Picadilly, Warp inc - Voyage temporel et le Game Show. Peu importe le scénario choisi, un minimum de deux participants est toujours requis et une réservation est nécessaire. Immersia propose également des activités de consolidation d'équipe (team building) pour le corporatif dans une formule clé en main. Autre succursale à Boisbriand.

ORCHESTRE SYMPHONIQUE DE LAVAL

✆ +1 450 978 3666
www.osl.ca
Voir site web pour la programmation, les tarifs et les lieux.

L'Orchestre symphonique de Laval fut sous la direction du chef et directeur artistique Alain Trudel de 2006 à 2022. En remplacement de ce grand maestro, plusieurs chefs invités se relayent pour diriger les différents concerts. La programmation annuelle de l'OSL propose un véritable voyage au cœur de la musique tout en respectant son devoir d'éveil et de diffusion. Elle se divise en Grands concerts, en Chambristes et en Festival classique hivernal.

PLACE BELL

1950, rue Claude-Gagné
✆ +1 855 595 2200
www.placebell.ca/fr
Billetterie sur place, par téléphone et en ligne.

Complexe multifonctionnel, il comprend un amphithéâtre de 10 000 places dans lequel sont présentés divers spectacles, concerts et événements, une patinoire d'entraînement aux normes de la Ligue national de hockey (lieu de pratique du club-école des Canadiens de Montréal, le Rocket de Laval), et une patinoire de dimension olympique s'adaptant aux disciplines comme le patinage de vitesse courte piste, le patinage artistique et le patinage synchronisé. Des plages horaires sont aussi spécialement réservées au grand public pour le patinage libre (sur réservation).

SALLE ANDRÉ-MATHIEU

475, boulevard de l'Avenir
✆ +1 450 667 2040
www.co-motion.ca
Billetterie sur place, par téléphone et en ligne.

C'est un diffuseur majeur des arts sur le territoire lavallois, principalement des arts de la scène. Artistes professionnels et de la relève y présentent des spectacles d'humour, de musique et de théâtre pour tous les âges. La programmation des différentes salles de la corporation [co]motion comprend également de la danse, les concerts de l'OSL, des ciné-conférences, du cinéma de répertoire d'ici et d'ailleurs, de l'art visuel, des activités et spectacles pour jeune public, etc. Sa salle a été rénovée en 2016, pour une qualité acoustique désormais bien supérieure.

GRENVILLE-SUR-LA-ROUGE ★★

Située face à la rivière des Outaouais et à l'Ontario, cette municipalité est réputée pour les eaux tumultueuses de la rivière Rouge. C'est en effet l'un des meilleurs spots au Québec pour la pratique de sports tels que le rafting et le kayak de rivière. La rivière se divise en deux sections, le Canyon et les 7 Sœurs, offrant chacune des niveaux de rafting différents selon le niveau d'eau. Quelques compagnies sont installées dans les environs et offrent de très nombreux forfaits. Vous pourrez ainsi choisir une initiation sur une journée, voire une demi-journée, ou bien tenter l'expérience « complète » de la descente de rivière sur plusieurs jours.

PROPULSION RAFTING

619, chemin de la Rivière-Rouge
✆ +1 800 461 3300
propulsion.ca
Compter 79 CAN $ pour une demi-journée en rafting. Forfaits disponibles, hébergement (camping et mini-chalet) sur place.

Menée par une équipe de guides passionnés et expérimentés, cette entreprise est installée sur les berges de la rivière Rouge depuis une quarantaine d'années. En plus du rafting, on y propose le sportyaking (sport à la frontière du rafting et du kayak) et le cataraft (embarcation pneumatique pour une ou deux personnes et conçue pour la descente en eau vive). Le camp de base offre un espace de détente idéal pour les familles. Le chalet principal a été rénové et offre un accès à une terrasse et à un espace détente avec spa, piscine et hamacs.

RAFTING NOUVEAU MONDE

25, chemin des Sept Chutes ✆ +1 800 361 5033
newworld.ca
Compter 79 CAN $ pour une demi-journée en rafting. Forfaits disponibles, hébergement (tente-cabine, camping) sur place.

Avec expérience, professionnalisme et souci de la sécurité, les guides Nouveau Monde ont à cœur de partager leur expérience de la rivière Rouge. De nombreux forfaits sont proposés, dont le combo rafting et parcours aérien chez Arbraska. Il est aussi possible de s'adonner au sportyak, petite embarcation gonflable d'une ou deux places qui se manœuvre très bien dans les rapides. Le site offre également un hébergement en tentes-cabines, des espaces de camping, une piscine et des spas, ainsi qu'un restaurant et deux bars (un petit plus pour les cocktails colorés).

OKA ★★

La municipalité d'Oka est située sur la rive nord du lac des Deux-Montagnes, à environ 50 km au nord-ouest de Montréal. Elle est également accessible par traversier (pont de glace en hiver) depuis Hudson en Montérégie. Oka est surtout réputée pour son parc national (camping et chalets sur place) ainsi que pour sa plage ultra fréquentée en saison. C'est un bel endroit pour s'adonner aux activités nautiques (kayak de mer, surf à pagaie, etc.), à la randonnée (pédestre ou en raquettes) et à la gourmandise (faites un tour du côté de l'abbaye). Pour plus d'infos, un bureau touristique se trouve au quai municipal (ouvert de fin mai à mi-octobre).

PARC NATIONAL D'OKA ★

2020, chemin d'Oka ✆ +1 800 665 6527
www.sepaq.com/pq/oka
Ouvert toute l'année. Accès quotidien adulte : 9,25 CAN $, gratuit pour les 17 ans et moins. Stationnement en sus.

En sillonnant le parc national d'Oka, vous découvrirez une mosaïque de milieux naturels. La présence historique du calvaire d'Oka constitue également une importante richesse patrimoniale. En effet, le sentier historique met en valeur un chemin de croix ponctué de quatre oratoires et trois chapelles datant de 1742. Le sommet du calvaire offre une vue saisissante sur la région. Vous pourrez choisir parmi un large éventail d'activités en toute saison. Le sentier de la Grande-Baie traverse quatre écosystèmes différents : le champ, l'érablière à caryer, l'érablière argentée et le marais. Une passerelle flottante de dimensions impressionnantes facilite l'accès au marais. Une tour de 10 mètres de haut a été érigée pour observer les habitants du marais.

- **Postes d'accueil** : entrée principale sur la route 344, deuxième porte d'entrée à l'extrémité ouest de l'autoroute 640 (fermée en hiver).
- **Hébergement** : chalets Compact, tentes prêt-à-camper, prêt-à-camper Étoile, camping aménagé.
- **Activités** : observation de la faune, randonnée pédestre, baignade (plage d'Oka avec nombreuses installations, service de restauration, bar, animation), parcours aquatique, sports nautiques au lac des Deux-Montagnes, vélo, fatbike, glissade, raquette, randonnée pédestre sur neige, ski de fond, pêche sur glace et une multitude d'activités découverte en toute saison. Location d'équipement, boutique et école de ski de fond pour enfants et ados.

LAURENTIDES

ABBAYE D'OKA €€

1600, chemin d'Oka
✆ +1 450 415 0651
www.abbayeoka.ca
Occupation double : à partir de 130 CAN $. Forfaits disponibles. Activités de plein air, bistro et boutique sur place.

L'abbaye cistercienne d'Oka, fondée par des moines français à la fin du XIXe siècle, se niche dans les bois, sur les hauteurs du lac des Deux-Montagnes. Devenue un véritable pôle touristique, elle fait dorénavant office d'auberge avec une dizaine de chambres qui hébergeaient autrefois les Pères cisterciens. Sur place, on a accès à un bistro proposant des plats axés sur les saveurs locales ainsi qu'à une boutique vendant le célèbre fromage Oka (goûtez absolument à la poutine faite avec ce fromage), des produits du terroir et d'artisans, des produits glacés, etc.

AEROSPORT OKA

55, rue Notre-Dame
✆ +1 450 415 0582
www.aerosport.ca
Horaires variables selon la saison. Boutique en ligne également.

Fondé aux îles de la Madeleine comme camp de base pour le kitesurf, Aerosport a développé une expertise en sports nautiques et tient une boutique d'équipement à Oka. C'est La Mecque pour tout ce qui touche au kayak, SUP, surf, kitesurf et wing - avec tous les accessoires qui vont de pair - ainsi que pour ceux préférant rester sur la terre ferme grâce à la flotte de vélos électriques. Pour les chanceux qui iront aux îles de la Madeleine, Aerosport a sa boutique à L'Étang-du-Nord et un site privé à la lagune du Havre-aux-Basques.

LA MAISON LAVANDE, CULTURE ET PARFUMERIE ★

902, chemin Fresnière ✆ +1 450 473 3009
www.maisonlavande.ca
Consultez le site web pour les horaires et tarifs. Visite des champs et bistro en saison. Quelques boutiques au Québec.

La lavande est reconnue pour ses propriétés antiseptiques, bactéricides, désinfectantes, calmantes, cicatrisantes, antispasmodiques et carminatives. Il ne faut donc pas hésiter à passer à la parfumerie pour se procurer un de leurs nombreux produits pour le corps, la maison et l'ambiance, avec des sélections incluant des fleurs, des fruits d'été ou encore de la vanille. Un arrêt à la boutique s'impose, où cette fine fleur provençale tient la vedette. Programmation de spectacles en été.

MICROBRASSERIE NOIRE ET BLANCHE

196, rue Saint-Eustache
✆ +1 450 983 6100
noire-et-blanche.ca
Voir site web pour les horaires du restaurant et ceux de la boutique. Terrasse.

Déjà que le Vieux-Saint-Eustache est mignon, la microbrasserie a clairement choisi l'une des plus jolies maisons ancestrales pour installer ses pénates. Si on y vient surtout pour savourer l'un de ses nombreux nectars maison, il ne faut pas passer outre le menu qui incorpore souvent ses bières à ses créations gourmandes. Fans de poutine, vous serez ici comblés ! Il faut ajouter que l'endroit possède l'une des plus chouettes terrasses de la province et vous comprendrez notre engouement.

SAINT-EUSTACHE ★

Situé juste à l'ouest de Deux-Montagnes, Saint-Eustache abrite quelques attraits gourmands ainsi qu'un champ de lavande qu'il faut visiter lors de la période de floraison. Le Vieux-Saint-Eustache, site d'un village établi dès le XVIIIe siècle, regorge de vieux bâtiments et de jolies boutiques. C'est aussi ici que se déroula la Rébellion des patriotes de 1837. La visite de la Maison de la culture et du patrimoine, des jardins et de la Maison Chénier-Sauvé, du Moulin Légaré et de l'église Saint-Eustache permet de comprendre l'importance de son passé. Diverses activités saisonnières et événements spéciaux viennent d'ailleurs animer ce secteur patrimonial.

VIGNOBLE RIVIÈRE DU CHÊNE

807, chemin de la Rivière Nord
✆ +1 450 491 3997
www.vignoblerivie reduchene.ca
Boutique ouverte d'avril à décembre, tous les jours de 10h à 17h (20h jeudi et vendredi). Dégustations, bistro.

Daniel Lalande fait partie de cette première génération de Québécois à maîtriser un art de la vigne cerclé de valeurs familiales et d'un amour du terroir. L'exploitation est aujourd'hui l'une des plus importantes du Québec, en plus d'être un pôle oenotouristique incontournable. Le domaine produit des vins blancs, rouges et rosés ainsi que des vins mousseux et de glace, sur base de cépages québécois. En bonus : un bistro, des vendanges ouvertes au public et un 2e vignoble, La Cantina.

SAINT-HIPPOLYTE ★

Située à moins de 45 minutes de Montréal, cette destination nature et plein air est très fréquentée, surtout l'été alors que des milliers de villégiateurs viennent profiter des activités et des paysages de la région. En toute saison, un réseau de 65 km de sentiers bien entretenus et balisés permet d'explorer en toute tranquillité la forêt laurentienne. En hiver, c'est un excellent camp de base pour des randonnées en motoneige ou en traîneau à chiens. Il ne faut pas non plus rater son bel établissement hôtelier, l'Auberge du Lac Morency, blotti sur les rives du lac du même nom. Doublé d'un centre de plein air, il fait le bonheur des vacanciers.

SAINT-SAUVEUR ★★★

Niché dans une vallée, il est l'avant-poste de la région des lieux de villégiature, le lieu de rencontre des skieurs en hiver (capitale du ski alpin nocturne ; à visiter : le Musée du ski des Laurentides) et le plus animé des villages laurentiens. Plusieurs galeries d'art et jolies maisons d'époque attireront votre attention dans les rues Principale et de la Gare, sans oublier les restaurants, bars et boutiques qui les jalonnent. Si vous êtes de passage en été, faites un tour au Festival des Arts de Saint-Sauveur, un événement culturel figurant parmi les plus importants au Québec. Pour préparer votre séjour, consultez le site de Vallée Saint-Sauveur.

AUBERGE DU LAC MORENCY €€

42, rue de la Chaumine
✆ +1 800 616 5546
www.lacmorency.com

Occ. double : à partir de 194 CAN $, petit déjeuner et accès à la piscine inclus. Nombreuses activités en toute saison.

L'Auberge du Lac Morency niche dans un site enchanteur au cœur des Laurentides, à moins d'une heure de Montréal. Ses chambres de différentes catégories partagent le même site que les condos disponibles à la location. Le spa nordique, la plage avec accès au lac et les nombreuses installations de loisir sont très appréciés des clients. La salle à manger, qui offre une vue magnifique sur le lac, fait office de restaurant et propose une cuisine raffinée à base de produits du terroir, accompagnée d'une sublime carte des vins (cave à vin sur place).

© DENIS - STOCK.ADOBE.COM

Saint-Sauveur.

AVENTURES PLEIN AIR

42, rue de la Chaumine
✆ +1 450 563 4443
www.aventurespleinair.com

En opération toute l'année. Tarifs variables selon l'activité, le circuit ou le raid choisi.

Cette entreprise et son équipe de choc proposent des activités, des forfaits et des séjours multi-activités toute l'année. Certaines activités peuvent être guidées ou faites de manière autonome. En été, pêche, sports nautiques et excursion en quad ou en Jeep ont la cote. En hiver, les sentiers de motoneige et quad n'attendent que vous. À découvrir : les randonnées en traîneau à chiens (possibilité de combiner avec la motoneige) et l'activité de canicross. Vous ne trouvez pas ce que vous cherchez ? Aventures Plein Air peut vous concocter un forfait sur mesure !

HÔTEL MANOIR SAINT-SAUVEUR €€

246, chemin du Lac-Millette ✆ +1 450 227 1811
manoir-saint-sauveur.com

Couette & Café : à partir de 133 CAN $ par personne, petit déjeuner et accès aux installations de détente inclus.

Cet hôtel de villégiature invite à la détente dans un cadre des plus élégants et luxueux. En plus de l'hébergement, lequel est réparti dans six pavillons, il bénéficie de plusieurs services tels que les restaurants Le m Steak Moderne et La Tablée, un food-truck en été, le bar lounge Le Boudoir, un centre de santé spa avec expérience thermale, des piscines intérieure et extérieure, un pool bar, des module de jeux extérieur pour enfants... Tout est réuni pour un séjour mémorable !

HÔTEL ST-SAUVEUR €€

570, chemin des Frênes - **PIEDMONT**
✆ +1 450 227 1800
www.hotelstsauveur.ca

Occupation double : à partir de 115 CAN $. Hébergement en loft, studio et suite. Forfaits disponibles.

L'Hôtel St-Sauveur est une destination vacances par excellence, à deux pas des Factoreries Tanger Saint-Sauveur et à quelques minutes seulement des stations de ski des environs. Ses lofts, studios et suites sont décorés avec goût et ont tous une cheminée et la climatisation. Le tout est pratique et fonctionnel, et les studios et suites ont en plus une cuisine entièrement équipée (kitchenette dans les lofts). Une excellente adresse pour ceux qui prévoient de passer quelques jours dans la région. Jetez d'ailleurs un coup d'œil aux différents forfaits proposés.

DOMAINE NYMARK €€€

300, chemin du Mont Saint-Sauveur
✆ +1 450 227 2121
www.domainenymark.com

Tarifs variables selon le type d'unité choisi. Un minimum de nuitées est exigé.

Que diriez-vous d'avoir votre petit nid douillet à quelques pas de la station Sommet Saint-Sauveur ? C'est ce que vous offre le Domaine Nymark et ses luxueux condos-hôtels ! Munies d'équipements haut de gamme, toutes les unités proposent un confort exceptionnel, une terrasse ou un balcon, un foyer au gaz et une vue sur la montagne (vue partielle pour certaines unités). Pouvant accueillir de 2 à 8 personnes, elles sont idéales pour les escapades de quelques jours comme pour les vacances d'une semaine. Bonus : le domaine est à proximité de tous les services.

LA CABANE ARTHUR RAYMOND €

444, chemin Avila - **PIEDMONT**
✆ +1 450 224 2569 - cabanedpdh.com

Ouvert tous les jours en mars et avril. Aussi sur place : glissades sur tube, tour d'hélicoptère et théâtre d'été.

Offrant une atmosphère rustique typiquement canadienne, cette cabane à sucre familiale régale petits et grands depuis 1955, le tout dans le cadre enchanteur des Laurentides. On y propose le traditionnel repas du temps des sucres avec au menu, entre autres, soupe aux pois, cretons, fèves au lard à l'ancienne, omelette, jambon fumé à l'érable, ragoût de boulettes, tarte au sucre à la crème, tire d'érable, etc. Bonus sur place : une boutique propose une panoplie de produits de l'érable maison afin de rapporter des souvenirs gourmands. Réservation requise.

LE SAINT-SAU PUB GOURMAND €€

236, rue Principale ✆ +1 450 227 0218
www.lesaintsau.com

Ouvert tous les jours dès 8h (fermé le mercredi). Le bar ferme à minuit. Carte : 5-50 CAN $. Terrasse.

Une adresse gourmande, à la fois tendance et décontractée, parfaite pour casser la croûte ou prendre l'apéro entre amis. Les entrées sont plus que tentantes (foie gras au torchon, duo de gravlax et saumon fumé maison, planche de fromages et charcuteries...), les plats, consistants et succulents (fameuse poutine du Saint-Sau, filet mignon de bœuf AAA...), et les desserts, décadents. Bonus : une sélection de tapas disponible tous les jours dès 14h et une belle terrasse au cœur de l'action.

LES GLISSADES DOMAINE DES PAYS D'EN HAUT

440, chemin Avila - **PIEDMONT** ✆ +1 450 224 4014
glissades.ca

Ouvert de décembre à mi-mars, voire plus selon les conditions météo. Horaires et tarifs disponibles sur le site web.

Ce centre d'activités hivernales offre plus d'une soixantaine de pistes de glissade sur neige dans cinq types d'embarcations différentes (dont le bobsleigh !), le tout sur trois versants. Des heures de plaisir garanti, de jour comme de soir, pour petits et grands ! Services offerts : boutique de location de casque et lunettes, restauration (possibilité d'apporter son lunch), casiers de rangement (payants), tour d'hélicoptère (payant), cabane à sucre (La Cabane Arthur Raymond).

SOMMET SAINT-SAUVEUR

350, avenue Saint-Denis ✆ +1 450 227 4671
www.sommets.com

Consultez le site web pour les horaires des activités selon la saison. Tarifs variables selon l'activité choisie.

Sommet Saint-Sauveur héberge une station de ski (43 pistes avec le versant Avila, ski de soirée, snowpark, achat, location et réparation d'équipement), un parc aquatique (glissades d'eau, piscines à vagues et circuits d'eau en tout genre sur plus de 4 km en montagne, location de cabane privée, boutique), une montagne russe alpine (attraction hybride mélangeant montagnes russes et luge d'été en milieu montagnard, descente en forêt sur environ 1,5 km), une tyrolienne double, du vélo de montagne sur le versant Avila, des petits manèges et un mini-golf 18 trous.

SAINTE-ADÈLE ★★

Sainte-Adèle s'étale au pied d'un lac, en haut de la côte Morin. Ici est né Claude-Henri Grignon, à la fois écrivain, polémiste et journaliste, dont le roman *Un homme et son péché* a fait l'objet d'une série TV diffusée pendant un nombre record d'années. Un parc porte d'ailleurs son nom, englobé dans ce que l'on appelle la Place des Citoyens où se tient le marché lors des beaux jours. L'endroit accueille aussi artistes et artisans dans une programmation qui se déploie sur toute l'année. La ville abrite également deux domaines skiables bien connus des Québécois, Ski Chantecler et Mont Gabriel (ce dernier bénéficie en plus d'un resort).

AUBERGE & SPA BEAUX RÊVES €€

2310, boulevard de Sainte-Adèle
✆ +1 450 229 9226
www.beauxreves.com
Occupation double : à partir de 178 CAN $, petit déjeuner inclus. Chalets en location également. Forfaits disponibles.

L'Auberge & Spa Beaux Rêves est l'endroit idéal pour relaxer en pleine nature au cœur des Pays d'en Haut. Ses chambres, en plus d'être douillettes à souhait et extrêmement confortables, offrent presque toutes une vue apaisante sur la rivière aux Mulets. Vous profiterez aussi du spa nordique et de ses 17 stations relaxantes, dont la renommée fait la réputation des lieux, le tout couronné d'un soin de massothérapie pour une expérience de détente ultime.

HÔTEL & SPA MONT GABRIEL €€

1699, chemin du Mont-Gabriel ✆ +1 450 229 3547
www.montgabriel.com
Note importante : l'hôtel est fermé suite à un incendie. La date de réouverture n'est pas encore confirmée.

Construit au sommet du mont Gabriel en 1936, c'est une référence en matière d'hébergement proposant un décor chaleureux et des chambres spacieuses, confortables et bien équipées. Vous pourrez profiter de nombreux services sur place : restaurant de fine cuisine, bar avec foyer et table de billard, centre de santé Spa Relaxia, piscines intérieure et extérieure, bain à remous et gym. Accès direct aux pistes de ski alpin et de fond, randonnée pédestre et en raquettes, six terrains de tennis et un terrain de golf d'une superficie de 85 hectares.

LE P'TIT TRAIN DU NORD

1272, rue de la Traverse - **PREVOST**
✆ +1 450 224 7007
ptittraindunord.com
Ouvert suivant les secteurs de mai à octobre et de décembre à avril.

S'étirant sur environ 230 km entre Bois-des-Filion et Mont-Laurier, le sentier suit le tracé de l'ancien train du Nord. Il est surtout fréquenté par les cyclistes et skieurs de fond, mais aussi par les randonneurs et motoneigistes (sur certains tronçons autorisés). La traversée du parc linéaire dans son intégralité vous fera découvrir plusieurs municipalités, logées entre rivières, montagnes et lacs. Plusieurs services sont proposés : transport de vélo (et soi-même si désiré) aux gares, transport de bagages d'auberge en auberge (www.autobuslepetittraindunord.com).

SOMMET GABRIEL

1501, chemin du Mont-Gabriel
✆ +1 450 229 7550
www.sommets.com
Consultez le site web pour les horaires et les tarifs de la station.

C'est une des stations de ski très fréquentées dans les Laurentides. Elle offre 23 pistes sur un dénivelé de 200 mètres, un snowpark de développement et 5 remontées mécaniques pour remonter tout ce beau monde jusqu'au sommet. Plusieurs services sont également offerts sur place, dont la location et la mise au point d'équipement de glisse, une boutique d'accessoires, une cafétéria et le resto-bar Tamarack avec son énorme foyer central et sa terrasse ensoleillée. À noter que le ski de soirée n'est plus offert pour une durée indéterminée.

ESTÉREL ★

Deux hommes d'affaires rêvaient de faire d'Estérel une « ville de vacances », une ville modèle en quelque sorte. Ainsi est né Estérel en 1959, avec Fridolin Simard à la barre comme premier maire. Située autour des lacs Masson, du Nord, Dupuis, Grenier et Castor, elle deviendra une destination de villégiature incontournable dans les années 1960 et 1970. À tel point que le fameux peintre québécois Jean-Paul Riopelle y résidera et s'inspirera des magnifiques paysages environnants. Entièrement rénové depuis, son centre de villégiature est toujours la grande vedette des lieux et sa cave à vin est réputée pour être la meilleure de la région.

ESTÉREL RESORT €€€

39, chemin Fridolin-Simard
✆ +1 450 228 2571
www.esterel.com
Nombreux forfaits disponibles. Cave à vin ouverte au public pour visite et dégustations, Amerispa et spa nordique.

Emblème de villégiature depuis des décennies, l'Estérel a rouvert en grande pompe grâce à un projet de transformation majeure. Ses hôtels, Évolution et Émotion, proposent de superbes suites, à la fois luxueuses et ultra modernes. Côté repas, le Bistro à Champlain propose un menu gastronomique accompagné d'une belle sélection de vins. Le ROK se spécialise dans les grillades et le Chai58 est un bistro tendance. Il ne reste après qu'à profiter des activités pour se détendre un peu ou, encore, déguster un excellent vin parmi les meilleures appellations.

C'EST LA VIE CAFÉ €

1347, rue de la Sapinière
✆ +1 819 320 0273
www.cestlavie.cafe
Horaires variables selon la saison. Coin boutique, terrasse.

Café bien connu dans ce joli coin de pays, occupant les locaux d'une belle maison d'époque, c'est l'une de nos meilleures adresses à Val-David pour casser la croûte à bon prix ou pour assouvir une envie gourmande et sucrée. En hiver, c'est une adresse cosy où venir déguster un chaï épicé, alors qu'en été, sa jolie terrasse surplombante invite à s'installer peinard. L'équipe cuisine en fonction des saisons, avec des produits bio et locaux, proposant une ardoise de plats simples mais ô combien savoureux. Bonus : tout est fait maison !

VAL-DAVID ★★★

Val-David est devenu depuis plusieurs années le refuge de citadins, artistes, hippies, « bobos » et autres citoyens attirés par un mode de vie plus simple et proche de la nature. Ses montagnes, ses forêts et son parc régional ont en effet de quoi séduire, de même que ses activités culturelles, de plus en plus nombreuses au fil des saisons. Ses microbrasseries et le théâtre de Val-Morin font fréquemment vibrer leurs planches à coup de spectacles et concerts donnés par des groupes et troupes renommés. Et dès la fin mai, la place face à l'église est prise d'assaut chaque samedi par les producteurs et artisans venus célébrer le goût des bonnes choses.

AU PETIT POUCET €

1030, route 117
✆ +1 819 322 2246
aupetitpoucet.ca
Salle à manger et comptoir de charcuterie : tous les jours de 6h30 à 16h.

Grand classique de la cuisine québécoise, il possède un cachet rustique indéniable, un brin kitsch, avec au centre une énorme cheminée de bois pour nous réchauffer en hiver. À goûter : l'incontournable jambon fumé au bois d'érable et les petits déjeuners, très copieux, sans oublier le menu « Repas du temps des sucres » proposé toute l'année. Un comptoir de vente à emporter propose aussi tourtière, ragoût de pattes, jambon fumé au bois d'érable, soupe aux pois, cretons, tarte au sirop d'érable, sucre à la crème et autres spécialités maison vous attendent.

CENTRE D'EXPOSITION DE VAL-DAVID

2495, rue de l'Église
✆ +1 819 322 7474
www.culture.val-david.qc.ca
En été : tous les jours de 11h à 17h. Hors saison : fermé lundi et mardi. Entrée libre.

Le Centre d'exposition de Val-David est un centre culturel où organismes, artistes et artisans multidisciplinaires présentent des projets éducatifs, culturels et artistiques. Les expositions sont organisées au rez-de-chaussée et à l'étage. Pensez à regarder la programmation, le samedi est souvent jour de vernissage : idéal pour rencontrer les artistes et échanger avec d'autres amateurs et professionnels de la communauté artistique active de Val-David.

LA TABLE DES GOURMETS €€

2353, rue de l'Église ✆ +1 819 322 2353
tabledesgourmets.com
Ouvert du mercredi au dimanche. Menu à la carte et menu gourmand pour la tablée. Belle carte des vins. Terrasse.

La Table des Gourmets, c'est d'abord et avant tout une affaire de famille, celle des Rouyé, expatriés de France et mettant leur talent et leur bon goût au service de nos papilles. Ici les produits québécois ont la cote, dans une cuisine mêlant gastronomie française, produits du marché et du terroir. Flétan de la Gaspésie, pétoncles des Îles, homard du Québec, bison de la Ferme Grand Duc et champignons sauvages sont notamment au menu, finement apprêtés par le chef et sa brigade. Les desserts maison sont également un must. Petit plus pour le service !

LE BARIL ROULANT

2434, rue de l'Église
✆ +1 819 320 0069
www.barilroulant.com
Voir site web pour les horaires et les coordonnées des différentes installations. Pub à Tremblant également. Terrasses.

Fondé sous la forme d'une coopérative de travail, Le Baril Roulant s'est agrandi. Le pub aux airs bohèmes opère toujours à la même adresse, proposant bières maison et invitées ainsi qu'une panoplie d'événements allant des spectacles musicaux aux expositions d'art visuel, en passant par des soirées DJ. La microbrasserie, quant à elle, permet de faire le plein de bières à emporter. Puis vient l'auberge avec ses chambres toutes coquettes, doublée d'un bistro où les savoureux produits laurentiens et du reste de la province sont à l'honneur.

LE MOUTON NOIR CAFÉ BISTRO

2301, rue de l'Église
✆ +1 819 322 1571
bistromoutonnoir.com
Horaires variables selon la saison. Programmation culturelle et musicale. Terrasse.

Une adresse tout à fait dans l'esprit de Val-David, réputée pour ses spectacles musicaux d'artistes confirmés, ses excellents cafés et son menu gourmand qui comprend, entre autres, de bons petits plats pour les végétariens. On recommande sans hésitation les poutines qui font la réputation de la maison, notamment la poutine Général Tao, bien garnie de succulent poulet croustillant. Sa terrasse près de l'eau est agréable pour boire un verre en fin de journée.

MAGASIN GÉNÉRAL VAL-DAVID

2475, rue de l'Église
✆ +1 819 320 0160
www.magasingeneralvd.com
Horaires variables selon la saison.

Emblème historique du Québec, le magasin général perdure au fil du temps, poursuivant sa mission d'origine mais parfois remis au goût du jour, comme c'est ici le cas. Ainsi, on y trouve toujours de tout - des articles déco ou utilitaires en tous genres pour la maison et des produits gourmands - mais dans un style plus tendance. On peut aussi prendre une pause café sur place (thés, cafés et viennoiseries) ou encore savourer une bonne glace sur la terrasse en saison.

SAINTE-AGATHE-DES-MONTS

C'est la seule ville des Laurentides où des plages de sable côtoient des bâtiments d'une grande richesse patrimoniale et historique. Le lac des Sables, qui possède une plage magnifique, constitue la principale destination pour la baignade et les activités nautiques. On retrouve aussi des bonnes tables et des petites auberges dans les principales rues de l'agglomération et sur les rives du lac, sans oublier le Stonehaven Le Manoir, un établissement hôtelier haut de gamme d'une grande beauté architecturale et historique. Sainte-Agathe est également une ville de services où tout trouver, dont un bureau d'accueil touristique ouvert toute l'année.

STONEHAVEN LE MANOIR €€€

40, chemin du Lac-des-Sables
✆ +1 819 774 1991
www.stonehavenlemanoir.com
Occ. double : à partir de 210 CAN $ par pers., petit déjeuner inclus. Restaurant, bar et centre de santé spa sur place.

Magnifique demeure plus que centenaire et membre Relais & Châteaux, elle a des airs de manoir ancien et propose élégance, luxe et cachet historique. L'hôtel surplombe le lac des Sables, auquel on accède par sentier, et est bordé par son magnifique jardin Italien. Les chambres et suites sont tout à fait charmantes, décorées de meubles anciens restaurés avec soin. La salle à manger d'inspiration anglaise, avec ses murs de bois, sa véranda et sa terrasse, propose une fine cuisine du terroir sous la gouverne du réputé chef Éric Gonzalez.

EMME CHALETS €€

1976, rue JR Chénier
SAINTE-LUCIE-DES-LAURENTIDES
✆ +1 450 516 4914
www.emmechalets.com
Tarifs variables selon la période. Promotions régulières sur la page Facebook.

Minnie et Marc ont créé ce havre de vacances où quatre jolis chalets, pouvant accueillir jusqu'à 6 personnes chacun, sont installés à quelques pas à peine du lac Ménard (25, Marc les a comptés !), plage sablonneuse en prime. Disponibles à l'année, ils sont parfaitement équipés pour un séjour en tout confort. Bonus : un spa privé dans un *gazébo* 4 saisons adjacent à chaque chalet pour se relaxer, et des foyers intérieur et extérieur pour de belles soirées. À noter que chaque chalet a une thématique différente (verre, bois, etc.), honorant le travail des artisans.

VAL-DES-LACS ★

Située juste au sud du parc national du Mont-Tremblant, cette municipalité de moins de 1 000 âmes est reconnue pour son centre d'activités 4 saisons Kanatha-Aki. C'est aussi ici que vous viendrez si vous réservez l'un des forfaits d'équitation offerts par le Centre d'activités Tremblant. Les férus de vélo se donnent quant à eux rendez-vous au col du Nordet, un passage entre les montagnes situé entre les localités de Val-des-Lacs et Lac-Supérieur. La vue au sommet du col est tout simplement sublime, mais ce tronçon est par contre exigeant, avec plusieurs montées à plus de 10 %. Bref, Val-des-Lacs est un endroit où faire le plein de nature et d'air pur !

LES PETITS CHALETS €€€

502 chemin Val-des-Lacs
www.lespetitschalets.ca

Chalet à partir de 225 CAN $. Un minimum de nuitées est exigé. Informez-vous sur les retraites de yoga et de méditation.

Une adresse coup de cœur pour un séjour en amoureux au sein d'une nature riche et généreuse. De jolis petits chalets écoresponsables ont tout récemment été construits sur ce site, chacun muni d'une aire ouverte pour le coin salon - avec foyer - et la cuisine, d'une salle de bains avec douche double, sans oublier la mezzanine avec lit king size bonifiée d'un filet suspendu pour la détente et de fenêtres de toit pour admirer les étoiles. Les hôtes ont également accès à une terrasse privative et intime avec bain à remous et foyer. Le top !

CENTRE KANATHA-AKI

11, chemin du Lac de l'Orignal
✆ +1 819 321 1890
www.kanatha-aki.com

Ouvert toute l'année. Tarifs variables selon l'activité ou le forfait choisi.

Besoin de vous dégourdir les jambes et de prendre un grand bol d'air frais ? Ce centre d'activités nature 4 saisons propose des activités à la carte ou en forfait (possibilité de multi-activités), allant du traîneau à chiens à l'équitation, en passant par la tyrolienne, la visite de la réserve de bisons, l'initiation à la survie en forêt ou encore la pêche blanche. Pour prolonger le plaisir, on peut dormir sur place en refuge, cabane, tipi ou camping sauvage. Des repas sont aussi offerts à la carte, en formule fondue suisse ou menu fait maison.

MONT-BLANC ★★

Ici s'ouvre la magnifique région de Mont-Tremblant, à quelques kilomètres au sud du parc du même nom. C'est un excellent camp de base pour profiter des activités de plein air, avec un choix d'hébergement allant du chalet entièrement équipé au refuge rustique perché dans les arbres. La municipalité, qui s'appelait jusqu'à récemment Saint-Faustin-Lac-Carré, compte également une plage, un belvédère au lac Carré, deux terrains de golf, une station de ski, le Sentier des cimes et plusieurs autres installations récréatives et sportives. Au village, ne ratez pas l'Arbre de l'Amour et ses cœurs messagers, une œuvre communautaire et participative.

SENTIER DES CIMES LAURENTIDES ★

737, rue de la Pisciculture ✆ +1 873 229 0363
www.sentierdescimes.ca

Ouvert tous les jours dès 9h30 (fermeture à 16h30, 19h ou 20h selon la saison). Adulte : 29 CAN $. Restaurant, terrasse.

Installée sur le site patrimonial de l'Ancienne pisciculture des Laurentides, cette attraction vaut le détour. On se balade ici en pleine nature sur un sentier aérien à la cime des arbres qui s'étire sur un peu plus d'un kilomètre. Si vous pensez que la vue est incroyable, attendez de voir celle qui s'ouvre sur 360° du haut de la tour d'observation (40 m). Des stations d'information sur la faune et la flore locales ponctuent le circuit. Accessible aux personnes à mobilité réduite.

LES REFUGES PERCHÉS MONT-TREMBLANT €€

5000, chemin du Lac Caribou
✆ +1 819 681 4994
www.refugesperches.com

À partir de 109 CAN $ la nuit (minimum 2 nuits). L'accès au parc régional (CTEL) n'est pas inclus (à payer sur place).

Situés en forêt et accessibles par sentier pédestre ou par canoë, une vingtaine de refuges rustiques perchés dans les arbres vous accueillent pour deux nuits ou plus, tous construits à la main en utilisant du bois local certifié *Forest Stewardship Council* et des matériaux respectueux de l'environnement. Chacun est équipé d'une terrasse avec petit barbecue, d'un site de feu de camp et de quais partagés (quai privé pour le refuge n° 20). Parfait pour déconnecter de la routine !

sentierdescimes.ca
Sentier
des
cimes
Laurentides
TOURISME
LAURENTIDES
LA NATURE À SON APOGÉE!

STATION TOURISTIQUE ROYAL LAURENTIEN €€

2237, chemin du Lac Nantel Sud
✆ +1 819 326 5454
www.royallaurentien.com
Chalet à partir de 174 CAN $. Promotions et forfaits disponibles. Terrain de golf sur place.

Un séjour dans un magnifique chalet 4 étoiles, voilà une vraie évasion nature ! Entièrement équipés, ils peuvent accueillir jusqu'à 18 personnes avec tout le confort moderne. Boiseries abondantes, bain thérapeutique double, foyer en pierres naturelles, cuisine, barbecue et terrasse extérieure agrémenteront votre séjour. Certains sont même équipés d'un bain à remous ou piscine extérieurs privés. Comme valeur ajoutée, une foule d'activités est disponible sur place.

LAC-SUPÉRIEUR ★★★

En passant par le chemin du Lac-Supérieur depuis la municipalité de Mont-Blanc ou le chemin Duplessis depuis la Station Tremblant, on parvient à l'un des plus beaux lacs de la région, le lac Supérieur, particulièrement majestueux, surtout en automne lorsqu'il est enclavé entre les montagnes colorées. On peut y louer de magnifiques studios avec vue sur le lac (doublés d'un club privé avec piscine, plage, etc.) ou encore des chalets haut de gamme avec tous les extras possibles propres à cette catégorie. Au cœur du village se trouve également un sublime restaurant de cuisine inventive du terroir, Le Rustique (réservation hautement recommandée le soir).

LA TABLÉE DES PIONNIERS €€

1006, route 117 ✆ +1 819 688 2101
www.latabledespionniers.com
Voir site web pour les horaires de la saison des sucres et les différents tarifs.

Désormais installée directement au pied des pistes de la station de ski Mont Blanc, La Tablée des Pionniers n'a rien perdu de sa vocation première. Sous la houlette du chef Jean-François Robillard, on vous propose ici une cabane à sucre réinventée, avec une touche gastronomique et des produits régionaux à profusion, le tout sous forme de plats à partager accompagnés d'une belle sélection d'alcools du terroir. Les réservations sont obligatoires pour s'assurer une place dans ce havre gourmand. Une cabane à sucre à découvrir absolument !

TREMBLANT MOUNTAIN CHALETS €€€

210, chemin des Écorces
✆ +1 888 624 6097
tremblantmountainchalets.com
Tarifs variables selon le type de chalet choisi et la saison. Promotions et forfaits disponibles.

À quelques km de la Station Tremblant, de luxueux chalets en rondins, des SpaHaus, des chalets semi-détachés et des condos offrent un charme typiquement boréal. Ces unités sont entièrement équipées pour un séjour grand confort, vue panoramique sur la montagne ou la forêt en prime. La plupart offrent également une cheminée, un bain à remous extérieur et un barbecue au gaz, sans oublier l'accès au terrain de tennis, à la piscine, à la plage et au lac (accès selon l'unité choisie).

LAURENTIDES

Lac-Supérieur.

PARC NATIONAL DU MONT-TREMBLANT ★★

3824, chemin du Lac-Supérieur
✆ +1 800 665 6527
www.sepaq.com/pq/mot
Ouvert toute l'année. Adulte : 9,25 CAN $, gratuit pour les 17 ans et moins.

Ce parc national est le plus grand parc du Québec hors Nunavik (1 510 km²) et le premier à avoir été créé. Vous y découvrirez un immense univers de lacs (400), rivières (6), chutes, cascades et montagnes où la faune vit en toute liberté. Un large choix d'activités en toute saison, une plongée dans l'intimité de la nature des Laurentides. Les paysages sont majestueux. Une beauté sauvage qu'on ne se lasse pas d'admirer.

Il y a plusieurs postes d'accueil pour le parc : secteur de la Diable (à Lac-Supérieur), secteur de la Pimbina (à Saint-Donat dans Lanaudière), secteur de L'Assomption (à Saint-Côme dans Lanaudière), secteur La Cachée (à La Macaza). Consultez le site web pour les coordonnées et les horaires des différents postes d'accueil. Sachez qu'il existe un service de navette entre Montréal et le parc, opéré par la Navette Nature (www.navettenature.com).

- **Hébergement :** chalets de villégiature (capacité de 2 à 10 personnes), chalets Nature, chalets EXP, chalets Écho, chalets Compact, tentes prêt-à-camper, prêt-à-camper Étoile, yourtes, refuges, camping aménagé et camping d'hiver.
- **Location d'équipement :** embarcations nautiques, vélos, raquettes, équipement de ski de fond, etc.
- **Activités :** observation de la faune, via ferrata, baignade, activités nautiques, canoë-camping, pêche à la journée ou avec hébergement, randonnée pédestre, longue randonnée avec nuit en refuge, vélo (fatbike en hiver), yoga sur neige, raquette, ski de fond, ski nordique, ski alpin à la Station Tremblant.

RCNT CHALETS €€€

1247, rue Saint-Faustin
✆ +1 450 327 6130 - www.rcntchalets.com
Tarifs variables selon le type de chalet choisi et la saison. Promotions et forfaits, dont des tarifs multijours.

Construits sur des terrains boisés, de magnifiques et luxueux chalets en rondins tout confort offrent de quatre à cinq chambres à coucher. RCNT Chalets offre aux inconditionnels de la nature et aux visiteurs en quête d'authenticité une expérience et des services variés haut de gamme. À même le site, vous avez accès au lac Supérieur et à la rivière Boulée, et vous êtes à quelques minutes du parc national du Mont-Tremblant, de la station de ski et de nombreuses activités. Nombreux services sur place. Également en location : des condos de 2 chambres à Mont-Tremblant.

LE RUSTIQUE BAR & RESTAURANT €€

1993, chemin du Lac-Supérieur
✆ +1 819 713 0445
www.rustiquerestobar.com
Horaires variables selon la saison. Plats à la carte : 10-120 CAN $. Coin lounge avec billard, grande terrasse.

Situé à quelques pas du majestueux lac Supérieur, ce chalet en rondins offre une belle communion avec la nature, empreinte de calme et de sérénité, dans un intérieur rustique et chaleureux. Au menu, une cuisine réconfortante et inventive à base de produits régionaux du Québec, notamment les gibiers, les viandes sauvages et les poissons. Le tout est complété par une belle sélection de vins, dont une majorité en importation privée et des produits issus de la viticulture biodynamique.

Parc National du Mont-Tremblant.

MONT-TREMBLANT ★★★

Mont-Tremblant - la municipalité du Mont-Tremblant a été fondée en 1894 - est un parc national, le premier jamais créé au Québec. On y retrouve également la station de sports d'hiver la plus haute et la plus importante des Laurentides ainsi que de superbes terrains de golf. Tremblant, comme on l'appelle, propose une multitude d'activités quatre saisons dans son village à vocation touristique. Le Vieux-Tremblant, quant à lui, est un village pittoresque qui regorge d'auberges, maisons et chalets en rondins. La rivière du Diable, qui coule à proximité, est régulièrement descendue par les amateurs de rafting : elle ne porte pas son nom sans raison...

CROISIÈRES MONT-TREMBLANT

2810, chemin du Village
✆ +1 819 425 1045
www.croisierestremblant.com
En opération de début juin à mi-octobre. 1 à 4 départs par jour selon la période. Adulte : 32 CAN $.

Le Grand Manitou II promet une croisière mémorable sur le lac Tremblant qui borde la station touristique du même nom. La nature, l'histoire et les fameuses légendes du lac sont notamment au programme. Une activité très touristique s'il en est mais qui permet de voir la Station Tremblant (très agitée en saison) et ses environs sous un nouvel angle. Des brunchs-croisières et des soupers-croisières sont également disponibles (réservation indispensable).

HÉLI-TREMBLANT

72, route 117
✆ +1 819 425 5662
www.heli-tremblant.com
En opération à l'année. À partir de 119 CAN $ par survol (minimum deux personnes). Avec repas : 269 CAN $ par personne.

La compagnie Héli-Tremblant vous propose des tours d'hélicoptère pour admirer le paysage d'une tout autre perspective. Des forfaits sont disponibles, dont le forfait romantique avec atterrissage directement à un restaurant gastronomique. Renseignez-vous aussi sur le forfait HélicoSpa comprenant l'accès au Scandinave Spa. Le personnel se fera également une joie de créer un vol personnalisé en fonction de vos besoins, question de rendre cette expérience inoubliable. Vols également offerts depuis le Musée de l'aviation et l'espace du Canada à Ottawa.

AUBERGE MANITONGA €

2213, chemin du Village
✆ +1 819 425 6008
www.aubergemanitonga.com
Occupation double : à partir de 90 CAN $. Un minimum de deux nuits est requis pour certaines unités. Bar sur place.

Tremblant n'étant pas une destination pour les petits budgets, cette auberge est donc une option de choix pour les bourses moins fournies et les routards qui aiment se retrouver dans une ambiance conviviale et internationale. L'hébergement se fait en chambres doubles et familiales sur place, et en suites et condos aux Suites du Lac Moore situées tout près. À moins de 5 minutes en voiture de la Station Tremblant (2,5 km), sa localisation est parfaite, avec le lac Moore dans la cour arrière en bonus. Vous vous y sentirez comme à la maison !

MAISON NAPOLÉON €€

2316 chemin du Village
✆ +1 855 741 2144
www.maisonnapoleon.com
Occupation double : à partir de 165 CAN $, petit déjeuner inclus.

Situé entre le vieux village de Mont-Tremblant et la station de villégiature, ce superbe Couette & Café est un havre de confort et de détente. Quatre chambres absolument magnifiques sont à disposition des hôtes et il est même possible de louer le gîte en entier pour les groupes. Côté déco, chaque pièce de la maison dégage une atmosphère montagnarde qui s'allie au paysage environnant. Comble de bonheur, on a accès à un bain à remous extérieur pour se la couler douce. À noter que le sentier multifonctionnel La Villageoise passe à côté du gîte.

LES SUITES TREMBLANT €€

Station Tremblant
✆ +1 514 764 7546
www.lessuitestremblant.com/fr
Tarifs variables selon le type d'unité choisie et la saison. Promotions disponibles.

Les Suites Tremblant regroupent sept lieux d'hébergement en plein cœur du village piétonnier de la Station Tremblant : Ermitage du Lac, Holiday Inn Express & Suites Tremblant, Lodge de la Montagne, Place St-Bernard, Sommet des Neiges et Tour des Voyageurs I & II. Tous ces hôtels ont une piscine et/ou un bain à remous, sauf la Place St-Bernard, et offrent des chambres traditionnelles ou de luxe, des studios, ainsi que des suites à 1, 2 ou 3 chambres. La grande majorité est équipée d'une kitchenette ou d'une cuisine complète, parfait pour les longs séjours !

CHÂTEAU BEAUVALLON €€€

6385, montée Ryan
✆ +1 819 681 6611
www.chateaubeauvallon.com/fr
Occupation double : à partir de 159 CAN $. Promotions et forfaits disponibles. Piscines, gym, bar à scotchs, etc.

Le nom et le style architectural restent fidèles à l'auberge d'origine, construite il y a plus de soixante-dix ans. La rusticité de l'auberge originale de 17 petites chambres a toutefois fait place au raffinement. Aujourd'hui, ce magnifique hôtel comporte exclusivement des suites d'une à quatre chambres avec un coin cuisine très bien équipé, un salon avec foyer au gaz, et un balcon privé avec vue sur la piscine extérieure et le lac. Une gamme complète de services et la piscine extérieure adossée à une chute d'eau en pierres complètent l'expérience.

TREMBLANT ELYSIUM €€€

✆ +1 819 717 1903
www.tremblantelysium.com
Tarifs variables selon le type d'unité choisi et la saison.

Véritable créateur de vacances, Tremblant Elysium gère de nombreuses unités au Versant Sud de la Station Tremblant. Des résidences de luxe comme, par exemple, les superbes unités Légendes du Domaine Nansen ou encore les condos de luxe du complexe Altitude. L'entreprise loue également des condos sur le Versant Soleil à proximité du casino (complexe Étoiles du Matin). Bonus : une préinscription simplifiée, des équipements pour bébé offerts gratuitement, un accès gratuit au wifi et un service de conciergerie totalement impeccable.

FAIRMONT TREMBLANT €€€

3045, chemin de la Chapelle
✆ +1 819 681 7000
www.fairmont.fr/tremblant
Occupation double : à partir de 279 CAN $, petit déjeuner inclus. Nombreux forfaits disponibles.

Fidèle à la marque Fairmont, cet hôtel est un havre de confort et de luxe. Situé au pied des pistes (ski-in / ski-out), tout en haut du village, il offre une quantité inimaginable de services. On craque littéralement pour son restaurant Choux Gras, une brasserie culinaire qui propose entre autres des plats à partager complètement décadents. Superbe bar également avec des cocktails maison absolument délicieux. Mention à la piscine extérieure, la seule ouverte toute l'année à la Station Tremblant, avec *pool bar*, foyers et barbecue. Une adresse impeccable !

LE SHACK RESTO-BAR €

3035, chemin de la Chapelle
✆ +1 819 681 4700
www.leshack.com
Horaires variables selon la saison. Carte : moins de 35 CAN $ sauf pour les grillades. Écrans géants, grande terrasse.

Lieu d'après-ski festif, le Shack peut accueillir plus de 200 personnes. On y propose une cuisine américaine familiale avec une panoplie d'entrées (dont la soupe à l'oignon gratinée, un régal en hiver), des burgers et sandwichs de toutes sortes, des salades repas, du mac & cheese, des fish & chips, des grillades et plats du fumoir, le tout dans un cadre rustique. En été, depuis la terrasse, vous aurez un point de vue privilégié sur les concerts de la Place St-Bernard alors que l'hiver, c'est autour du foyer extérieur que vous passerez votre après-ski.

HÔTEL QUINTESSENCE €€€

3004, chemin de la Chapelle
✆ +1 819 425 3400
www.hotelquintessence.com/fr
Occupation double : à partir de 435 CAN $. Hébergement en suite ou refuge haut de gamme en bois. Forfaits disponibles.

Le Quintessence ne propose que des suites avec vue sur le lac Tremblant et toutes sont munies d'un foyer. Sur ces lieux d'un luxe indiscutable, plusieurs services vous sont offerts, du restaurant de l'hôtel au bar à vin, sans oublier le centre de santé Spa Sans Sabots et les nombreuses activités offertes sur place ou en partenariat. À savoir que le Quintessence figure dans la prestigieuse liste du *Forbes Travel Guide 2021* des meilleurs établissements au monde et a reçu le prix « Best for Romance » du *Condé Nast Johansens Awards for Excellence* en 2020.

LA CABANE À TUQUE €€

370, montée Fortier
✆ +1 819 425 9129
lacabaneatuque.com
Ouvert de mi-mars à début mai. Adulte : 60 CAN $, 4-12 ans : 30 CAN $.

Lieu idéal pour ceux qui ne se revendiquent pas carnivores, cette cabane se veut une alternative éco-végétalienne à la traditionnelle cabane à sucre, en plus d'être installée dans une maison écologique qui n'accueille que 35 convives. On y propose entre autres des cretons végétaliens, des betteraves marinées, de la tourtière au millet et légumes, un temp'oeuf aux légumes (tempeh maison style omelette), des fèves au « pas de lard » ou encore des crêpes de sarrasin et épeautre avec compote de fruits. En raison de l'intimité des lieux, une réservation est requise.

CHÂTEAU MORRITT €€€

2151 chemin du Village
✆ +1 819 425 3380 - chateaumorritt.com
Occupation double : à partir de 159 CAN $.
Un minimum de deux nuits est exigé.

Situé dans le Vieux Village de Tremblant, avec le lac Moore à ses pieds, ce complexe d'hébergement propose de superbes unités d'une ou deux chambres : les chambres en auberge et les condos de luxe entièrement équipés. Plusieurs activités sont offertes sur place, allant de la plage pour le farniente aux activités nautiques, en passant par le patin à glace avec musique et lumières (location d'équipements sur place). Finalement il ne faut pas rater son restaurant de fine cuisine, Chez David. On peut même y savourer l'apéro au bar de glace ou dans un dôme chauffé !

LA FORGE BISTRO-BAR & GRILL €€

3041, chemin de la Chapelle
✆ +1 819 681 4900
www.laforgetremblant.com/index.html
Voir site web pour les horaires du bistro et du grill. Carte bistro-bar : moins de 50 CAN $; grill : 25-260 CAN $.

Situé au pied des pistes de ski, ce restaurant présente une ambiance résolument tendance. Le grill au 2e étage, avec cuisine à aire ouverte, propose notamment des grillades sur feu de bois d'érable avec une belle sélection de scotchs, cognacs et eau-de-vie, et une carte des vins étoffée. Le bistro-bar, situé au 1er étage, propose un menu plus simple, des groupes de musique live et des animations en saison. Grande terrasse avec vue sur la place Saint-Bernard.

SEB L'ARTISAN CULINAIRE €€€

444, rue Saint-Georges
✆ +1 819 429 6991
www.seblartisanculinaire.com
Horaires variables selon la saison. Menu à la carte, table d'hôtes 4 services et menu dégustation 7 services.

Sébastien Houle, l'artiste aux commandes de ce restaurant, est fort réputé dans le domaine. Il suffit de jeter un regard aux prix et mentions qu'il a reçus au cours des dernières années ! Au menu, une cuisine inventive, un équilibre des saveurs et une grande authenticité régionale. Ici les fruits de mer de la côte Atlantique sont associés aux produits du terroir québécois pour un mariage des plus réussis. La carte des vins est un petit bijou et le sommelier fait également des importations privées. Une adresse gastronomique toute en saveurs qui mérite le détour !

MICROBRASSERIE LA DIABLE

117, chemin Kandahar
+1 819 681 4546
microladiable.com
Ouvert tous les jours dès 11h30.
Grande et belle terrasse de 140 places.

La Diable est l'une des brasseries artisanales les plus achalandées de la province. Les habitués de la station ainsi que les nombreux passants jubilent, car les bières originales, diversifiées et de très bonne qualité, savent assouvir les papilles autant internationales que locales. Blonde légèrement amère de type britannique, bière forte de style trappiste, noire onctueuse, ou encore la Real Ale brassée selon la méthode traditionnelle ancestrale britannique et servie avec une pompe manuelle. Côté cuisine, les portions sont généreuses et les grillades, un must !

LE P'TIT CARIBOU

125, chemin de Kandahar
+1 819 681 4500
www.ptitcaribou.com/fr
Ouvert tous les jours (horaires variables selon la saison). Terrasse.

Vous en entendrez sûrement parler avant même d'y mettre les pieds. C'est LE spot à Tremblant pour l'après-ski et faire la fête. Une déco et une ambiance typique de montagne, cinq comptoirs-bars, une piste de danse, une belle terrasse... Que demander de mieux ? On y sert également plusieurs amuse-gueule ainsi que des plats gourmands et même un menu spécialement conçu pour les plus jeunes. Ajoutez à cela des spectacles musicaux, des partys ou encore la célèbre Coupe Caribou, et vous comprendrez pourquoi l'endroit ne désemplit pas.

CENTRE D'ACTIVITÉS MONT-TREMBLANT

118, chemin de Kandahar
+1 819 681 4848
www.tremblantactivities.com/fr
Horaires variables selon la saison. Tarifs variables selon l'activité choisie.

Véritable camp de base pour vos aventures dans la région, le Centre d'activités Tremblant propose une multitude d'activités en toute saison : équitation, tour d'hélicoptère ou de Dune Buggy, excursion de pêche, rafting, survie en forêt, réalité virtuelle, jeux d'évasion, tyroliennes et via ferrata, excursion en motoneige, escalade de glace, traîneau à chiens, etc. Des activités de groupes, de teambuilding et pour les familles sont également au programme.

SCANDINAVE SPA

4280, montée Ryan
+1 888 537 2263
www.scandinave.com/mont-tremblant/fr
Ouvert tous les jours de 10h à 21h (massage dès 9h). Parcours thermal : 75-110 CAN $. Forfaits disponibles.

Une douce aventure dans un cadre enchanteur où se mêlent l'eau, l'air pur et le bois, le long de la rivière du Diable. Les installations chaudes, froides et les aires de détente se partagent un site absolument magnifique où le silence et la déconnexion sont maîtres. À noter que le parcours thermal n'a pas de limite de temps. Des forfaits avec massages sont également offerts et un coin bistro surplombant le spa permet de déguster des plats santé cuisinés localement. Le Scandinave Spa est aussi présent à Montréal, en Ontario et en Colombie-Britannique.

CENTRE NAUTIQUE PIERRE PLOUFFE

2900, chemin du Village
+1 819 681 5634
tremblantnautique.com
Ouvert tous les jours de mai à octobre. Tarifs selon l'activité ou la location choisie.

Champion canadien de ski nautique, Pierre Plouffe et toute son équipe vous attendent pour profiter des plaisirs de l'eau du lac Tremblant. On y loue des embarcations motorisées ou non, et des cours sont offerts. Que ce soit en pédalo, en canoë, en kayak, en SUP, en catamaran ou en bateau à moteur, profitez des paysages enchanteurs du lac Tremblant. Pour ceux qui aiment les sensations fortes, essayez le ski nautique, le wakeboard ou même le surf !

TREMBLANT

1000, chemin des Voyageurs
+1 514 764 7546
www.tremblant.ca
Ouvert toute l'année. Horaires et tarifs selon l'activité choisie.

Véritable village en lui-même, on peut y pratiquer une foule d'activités en toute saison, allant du ski alpin aux sports nautiques, en passant par le vélo de montagne ou fatbike, le golf, la tyrolienne, les randonnées en raquettes, et la liste est encore longue. Une multitude de boutiques, bars, restaurants et hôtels ont également élu domicile au pied de la montagne. À cela s'ajoutent un calendrier d'événements fort chargé et un parcours nocturne illuminé, immersif et interactif, Tonga Lumina, une expérience signée Moment Factory. Incontournable !

LAURENTIDES

ZIPTREK ECOTOURS TREMBLANT

150, chemin au Pied de la Montagne
✆ +1 819 681 4448
tremblant.ziptrek.com

Plusieurs départs par jour de mai à octobre. 13 ans et plus : 140 CAN $, 7-12 ans : 110 CAN $.

Fondée à Whistler en Colombie-Britannique, cette entreprise d'éco-aventure aérienne vous propose de vous « envoyer en l'air » en survolant la cime des arbres sur un circuit de cinq tyroliennes, dont deux d'une longueur de plus de 1 km, offrant ainsi des vues spectaculaires sur les Laurentides. Informez-vous également sur le parcours express d'une tyrolienne (autres tarifs). L'accès au sommet en télécabine panoramique est toujours inclus dans le tarif.

LABELLE ★

Labelle est située en plein cœur de la Vallée de la Rouge. On peut d'ailleurs s'aventurer sur la rivière Rouge en canoë, en kayak ou en surf à pagaie lors de la belle saison. D'autres préféreront plutôt se prélasser sur ses rives sablonneuses et faire trempette (faites gaffe aux rapides). Secret bien gardé des Laurentides, le village n'est pas envahi par la manne touristique et offre en prime de chouettes lieux d'hébergement, comme les cabanas et wagons de berger de Kayak & Cabana ou encore les sites de camping, prêt-à-camper et chalets du Camping Chute-aux-Iroquois. Sa localisation est parfaite également, à une vingtaine de kilomètres de Tremblant.

CAMPING CHUTES-AUX-IROQUOIS €

36, rue du Camping
✆ +1 819 686 2337
www.campingunion.com

Ouvert de mai à octobre. Camping : à partir de 36,49 CAN $. Location de prêt-à-camper et de chalet également.

Ce superbe camping trempe ses pieds dans les dunes de sable et la rivière Rouge, offrant une vue imprenable sur les fameuses chutes aux Iroquois. L'endroit est un véritable havre de verdure, blotti entre les bouleaux blancs et une nature généreuse. On y vient en famille, entre amis ou en couple pour profiter des nombreuses activités de plein air proposées à même le site (piscine chauffée, plage, jeux divers pour enfants, etc.) ou dans les environs.

KAYAK & CABANA

2202, chemin du Moulin ✆ +1 819 686 1111
kayak-cabana.com

Excursions en été : départ tous les jours dès 10h. Tarifs variables selon l'excursion choisie. Hébergement à l'année.

Rien de mieux pour découvrir la Vallée de la Rouge et ses rives sablonneuses qu'une excursion en canoë, en kayak ou en planche à pagaie. Un parcours est disponible, d'une distance de 12 km. À noter que ce sont des descentes autoguidées de la rivière. La durée du parcours peut varier selon le débit de la rivière, le rythme et les pauses. Pour prolonger le plaisir, des hébergements insolites sont disponibles en location sur place, soit en cabana ou en wagon de berger (gros coup de cœur !). Réservation recommandée tant pour les excursions que pour l'hébergement.

LA MACAZA

Porte d'entrée des Hautes-Laurentides, la municipalité de La Macaza permet d'accéder à la réserve faunique Rouge-Matawin ainsi qu'au parc national du Mont-Tremblant. Le parc linéaire Le P'tit Train du Nord traverse le village ainsi que la rivière Rouge, et le mont Gorille promet de belles randonnées. Il ne faut pas rater non plus son joli pont couvert construit en 1904. C'est aussi à La Macaza que l'on retrouve l'aéroport international de Mont-Tremblant. Des vols directs provenant de Toronto, avec possibilité de connexion depuis le reste du pays, les États-Unis et l'Europe, permettent aux voyageurs de se rendre plus facilement à la Station Tremblant.

RIVIERE-ROUGE ★★

Rivière-Rouge regroupe les anciennes municipalités de L'Annonciation, Marchand et Sainte-Véronique. C'est dans ce secteur que se trouve le réservoir Kiamika, un magnifique plan d'eau d'une superficie de 52 km² aux plages sablonneuses, très fréquenté des pêcheurs friands de doré jaune, de truite moulac et de ouananiche. Un parc régional et une pourvoirie permettent de vivre l'aventure du canoë-camping avec hébergement sur les îles du réservoir. On y trouve d'ailleurs un écosystème forestier exceptionnel : dans sa forêt ancienne, les arbres sont âgés d'environ 175 ans. Il n'est pas surprenant que l'endroit soit devenu une réserve de la biodiversité.

RÉSERVE FAUNIQUE ROUGE-MATAWIN

2002, chemin du Lac Macaza
✆ +1 800 665 6527
www.sepaq.com/rf/rom
Ouvert toute l'année.

La réserve faunique Rouge-Matawin (1 394 km²) ravit les amateurs de plein air. Elle englobe la rivière Rouge à l'ouest (à tendance fougueuse), la rivière Matawin à l'est (à tendance mystérieuse) et plus de 450 lacs. Les pêcheurs sportifs seront comblés par la diversité de la faune aquatique. On y retrouve une forte concentration d'orignaux et de cerfs de Virginie. On compte aussi un relief de montagnes dont certaines s'élèvent à 600 mètres d'altitude. Une véritable fresque naturelle vivante !

Il y a deux postes d'accueil, La Macaza (Laurentides) et Saint Michel-des-Saints (Lanaudière), tous deux ouverts de mi-mai à mi-novembre. Un point d'entrée sans accueil est également présent dans le secteur de L'Ascension (Laurentides).

- **Faune :** orignal, ours noir, cerf de Virginie, loup, lynx, lièvre et plusieurs espèces d'oiseaux dont la gélinotte huppée, omble de fontaine, grand brochet, truite grise, achigan et doré jaune.
- **Hébergement** : chalets (2 à 14 personnes), chalets Modik (max 4 personnes), camps rustiques, tentes prêt-à-camper, camping.
- **Location d'équipement** : canoës, kayaks, chaloupes, gilets de flottaison, vente de glace, leurres, appâts, essence, bois, permis de pêche et de chasse.
- **Activités :** activités nautiques, canoë-camping, chasse à l'orignal, à l'ours noir, au cerf de Virginie et au petit gibier (à la journée et avec séjour), observation de la faune, cueillette en forêt, pêche (à la journée et avec séjour), motoneige (80 km de sentiers dont une partie Trans-Québec), quad.

POURVOIRIE CECAUREL €€

16512, chemin du Lac Kiamika
✆ +1 819 275 2386
www.cecaurel.ca
Tarifs selon le type d'hébergement ou le forfait choisi. Nombreux services sur place, notamment pour les pêcheurs.

Propriété de la famille Morin depuis des décennies, cette magnifique pourvoirie se trouve aux abords d'un réservoir d'eau naturel de 52 km² de superficie : le Kiamika. Une quinzaine de chalets sont répartis sur le site, dont plusieurs en bois rond. Douillets à souhait, vous vous y sentirez comme à la maison ! Des espaces de camping pour tentes et roulottes, ainsi que des tentes Kiamika prêt-à-camper, vous permettront de vous rapprocher des nuits étoilées. Une foule d'activités de plein air vous attend, tant sur le site qu'à proximité. Un vrai coup de cœur !

Le réservoir Kiamika dans les Hautes-Laurentides.

NOMININGUE

Traversé par le parc linéaire Le P'tit train du Nord, Nominingue est un village situé aux abords du lac du même nom. Accessible par la route 321 en direction de la réserve faunique de Papineau-Labelle et de l'Outaouais, on y trouve un éventail d'activités dont une plage municipale, un terrain de golf, des sentiers récréotouristiques (randonnée pédestre, raquette, ski de fond, fatbike), des sentiers de motoneige, etc. Pour découvrir l'histoire locale en saison estivale, rendez-vous à la Place de la Gare où sont exposés plus de 2 000 photos anciennes et plusieurs artéfacts du chemin de fer. Vous trouverez d'ailleurs un bureau touristique sur place.

LES TOITS DU MONDE €€

1777, chemin des Faucons
✆ +1 819 278 0483
lestoitsdumonde.ca

Tarifs variables selon le type d'hébergement choisi. Location de raquettes sur place.

Le site Les Toits du Monde porte à merveille son nom ! On y propose un hébergement alternatif et écologique au cœur de la forêt, que ce soit en tipi amérindien, en yourte, en tiny house, en maison de hobbit ou en chalet perché dans les arbres. Mention spéciale au Chalet Enchanté qui nous transporte littéralement dans un conte de fées ! Pour s'occuper, l'endroit propose des activités nautiques, des ateliers sur la survie en forêt ou sur les plantes sauvages comestibles, des excursions en traîneau à chiens, et plus encore, sur place ou via un partenaire.

MONT-LAURIER

La ville de Mont-Laurier est le point d'arrivée du parc linéaire Le P'tit train du Nord, quelque 232 km au nord de son point de départ. Elle est aussi la ville principale de la municipalité régionale du comté d'Antoine-Labelle (ou capitale des Hautes-Laurentides) et l'étape par excellence des motoneigistes et quadistes. Ici on fait le plein de denrées et de tout autre achat de première nécessité avant de prendre les routes forestières menant aux pourvoiries de la région. Mont-Laurier est également la dernière grande ville avant d'entamer la traversée de la réserve faunique La Vérendrye en direction de la région de l'Abitibi-Témiscamingue.

POURVOIRIE MEKOOS €€

Via le chemin Pérodeau ✆ +1 819 623 2336
www.mekoos.com

À une heure de Mont-Laurier en direction de Lac-Saint-Paul. Consultez le site web pour les tarifs et forfaits.

Venez découvrir une nature sauvage et abondante au cœur de la forêt canadienne. L'hébergement se fait soit en chambre à l'auberge, soit dans un des chalets en bois rond pouvant accueillir de 2 à 16 personnes. Nombreux services et activités en toute saison (pêche, chasse, motoneige, quad, traîneau à chiens, etc.) et une excellente table proposant des mets copieux et succulents. En saison hivernale, la pourvoirie offre la possibilité de louer des motoneiges puisqu'elle a sa propre flotte sur place, et elle organise également des raids et des séjours multi-activités.

LÉMARETTES €€

607, boulevard Albiny-Paquette
✆ +1 819 499 3199
www.lemarettes.com

Horaires variables selon la saison. Carte : 10 à 55 CAN $. Terrasse.

Ouvert depuis 2019, ce resto est définitivement l'adresse gourmande tendance des Hautes-Laurentides. Dans l'assiette, les saveurs locales sont la figure de proue de l'établissement dans des plats s'inspirant des bistros du Vieux Continent. Lémarettes a également construit sa belle réputation autour des cocktails, dont une dizaine de « Découvertes » comme le mojito à la camerise. La carte des alcools comprend aussi une vaste sélection de bières artisanales ainsi que des vins issus de domaines certifiés biologiques et/ou biodynamiques.

EXPÉDITION RÊVE BLANC

Via le chemin du lac Kar-ha-kon - **KIAMIKA**
✆ +1 819 499 3330
www.chiensdetraineau.com

À partir de 121,76 CAN $ par personne pour la demi-journée. Un minimum de participants est souvent requis.

Guides expérimentés, Katia et Thibault partagent avec vous leurs connaissances et leur passion pour le traîneau à chiens, au cœur de la réserve faunique Papineau-Labelle avec laquelle ils ont un contrat d'exclusivité. Pour vous y initier, des excursions d'une demi-journée ou d'une journée complète sont proposées (option seul ou à deux sur le traîneau). Pour les plus sportifs, joignez-vous à l'un des raids d'une durée de 2 à 5 jours avec nuits en refuge et repas inclus. Une aventure hivernale mémorable à faire au moins une fois dans sa vie !

LAURENTIDES

FERME-NEUVE ★★

Pour se rendre à Ferme-Neuve, il faut emprunter, depuis Mont-Laurier, la route 309 Nord qui offre des paysages plutôt campagnards. De là s'ouvrent les chemins menant aux différentes auberges de forêt, pourvoiries et ZEC (zones d'exploitation contrôlée) de la partie nord des Hautes-Laurentides. C'est aussi un passage obligatoire pour se rendre au réservoir Baskatong, quoique qu'il soit aussi possible d'y accéder par Grand-Remous (région de l'Outaouais). Le parc régional Montagne du Diable, l'un des points d'intérêt les plus fréquentés de Ferme-Neuve, est à découvrir, ne serait-ce que pour la chute Windigo sur laquelle certains téméraires s'élancent.

RABASKA LODGE €€

55, chemin de l'Oasis
✆ +1 819 623 1818
www.lerabaska.com

Hébergement en chalet ou en camping. Location d'embarcations nautiques. Forfaits disponibles.

Centre de villégiature sur les rives du réservoir Baskatong, à proximité de la montagne du Diable, offrant une quinzaine de chalets entièrement rénovés (2 à 10 personnes). Ils sont disséminés sur le territoire et offrent un confort exceptionnel, en plus d'être pourvus d'un bain à remous extérieur privé. Il y a aussi « Le Grand Rabaska », un chalet pouvant accueillir jusqu'à 16 personnes. La table du lodge propose une cuisine aux saveurs locales dans un décor typiquement québécois (service de bar, terrasse en saison). Plusieurs autres services sur place.

PARC RÉGIONAL MONTAGNE DU DIABLE ★

1100, chemin Léandre Meilleur
✆ +1 819 587 3882
www.parcmontagnedudiable.com

Accès journaliers : 7-10,50 CAN $. Gratuit pour les 18 ans et moins. Hébergement et location d'équipement sur place.

Il abrite le lac Windigo et la chute du même nom, et est louangé par les amateurs de plein air. Il faut dire qu'on peut y pratiquer un nombre incalculable d'activités, en été comme en hiver. Pour prolonger le plaisir, différents types d'hébergement y sont offerts, que ce soit en camping, en abri/refuge, en chalet ou même en mini-maison. L'endroit propose également un service de transport de bagages en saison hivernale. Autre accueil : 550, chemin des Chutes à Ferme-Neuve.

NOTRE-DAME-DU-LAUS

Située au sud de Mont-Laurier, cette municipalité est une destination plein air très prisée. Outre son parc régional du Poisson Blanc qui propose hébergement et activités grande nature, elle englobe une partie de la réserve faunique Papineau-Labelle. On y retrouve également deux plages, des terrains de camping, gites et auberges ainsi que des pourvoiries pour la chasse et la pêche. Les sentiers de quad et de motoneige traversent aussi le territoire. Pour les gourmands, quelques belles adresses telles un fumoir et charcuterie à l'ancienne et une boulangerie. À savoir que la Maison des arts et du patrimoine héberge le bureau touristique.

POURVOIRIE CLUB FONTBRUNE €€

20, chemin du Fontbrune ✆ +1 819 623 2663
www.fontbrune.ca

À 32 km de la jonction de la route 309. Chalet, refuge en forêt ou camping. Possibilité de pension complète. Forfaits.

Sur les rives du lac Piscatosine, l'équipe vous accueille dans l'un des plus beaux sites naturels de la forêt laurentienne. L'endroit est réputé pour l'organisation de séjours d'aventure avec tous les équipements requis, tels les raids en motoneige (www.motoneige-canada.net) ou encore les excursions en traîneau à chiens. Des séjours multi-activités et une panoplie d'activités à la carte sont aussi offerts (pêche, chasse, location d'embarcations nautiques, raquettes, pêche blanche...).

PARC RÉGIONAL DU POISSON BLANC ★

37, chemin de la Truite
✆ +1 819 767 2999
poissonblanc.ca

Certaines activités gratuites, d'autres payantes. Hébergement disponible sur place.

Installé sur les rives du réservoir du Poisson Blanc (85 km^2), ce parc régional est à découvrir ! On peut y pratiquer plusieurs activités de plein air comme la randonnée pédestre, l'escalade et la pêche, sans oublier son service de location de canoës, kayaks de mer et planches à pagaie. Comble de bonheur, on peut prolonger le plaisir sur place en camping ou en micro-refuge de bois en forêt. Le must absolu : le camping sur les îles du réservoir, une expérience des plus mémorable !

OUTAOUAIS

Grâce à son vaste territoire de 33 000 km² émaillé de 20 000 lacs et d'une douzaine de rivières, l'Outaouais est une destination de premier choix pour les amoureux du plein air. Parcourir le parc de la Gatineau, aller à la découverte des animaux d'Amérique du Nord au Parc Oméga, se la couler douce dans le plus grand spa du continent et visiter le Musée canadien de l'histoire offrant la superbe vue sur Ottawa, voilà quelques-unes des activités phares que compte cette grande région, située entre l'Abitibi-Témiscamingue, l'Ontario et les Laurentides. À découvrir également : la tyrolienne survolant la rivière des Outaouais entre les villes de Gatineau et d'Ottawa, la route touristique Les Chemins d'eau (un circuit de plus de 273 km le long de la rivière des Outaouais qui vous fera découvrir le côté historique et culturel de la région), ainsi que les nombreuses activités nautiques dont le rafting.

20 KM
ZEC BRAS-COUPÉ–DÉSERT
ZEC PONTIAC
GRAND-REMOUS
Montcerf-Lytton
MANIWA
Messines
BOUCHETTE
Blue Sea
Gracefield
Lac-Sainte-Marie
Danford Lake
FORT-COULONGE–DAVIDSON
Otter Lake
Low
LADYSMITH
Campbells-Bay
Bryson
Lac-des-Loups
WAKEFIELD
Sainte-Cécile-de-Masham
Shawville
Portage-du-Fort
Bristol
Quyon
Luskville
ONTARIO

Outaouais
Val-Limoges
MONT-LAURIER
Saint-Aimé-du-Lac-des-Îles
LAURENTIDES
Lac-du-Cerf
Notre-Dame-de-Pontmain
La Minerve
NOTRE-DAME-DU-LAUS
Lac du Poisson Blanc
DUHAMEL
Lac-des-Plages
Namur
Chénéville
Bowman
Poltimore
VAL-DES-MONTS
Saint-Pierre de Wakefield
Fassett
MONTEBELLO
50
PLAISANCE
Thurso
Buckingham
ONTARIO
ELSEA
GATINEAU

PAGES

199 ● ● GATINEAU ET LES COLLINES-DE-L'OUTAOUAIS

À l'extrémité ouest du Québec et à la limite de l'Ontario, la ville de Gatineau s'élève au bord de la rivière des Outaouais et fait face à Ottawa, la capitale du Canada. La région des Collines-de-l'Outaouais entoure la ville de Gatineau et allie le dynamisme citadin et la quiétude de la nature (18 % de son territoire sont occupés par le parc de la Gatineau).

199 **GATINEAU** ★★

CHELSEA ★★★

202 Une belle destination pour les amateurs de plein air et les gourmands. On y vient pour profiter des activités grande nature du parc de la Gatineau, mais aussi pour se détendre dans le plus grand spa du continent, déguster un repas aux saveurs du Québec ou siroter une bière locale de la microbrasserie Chelsea & Co.

203 **WAKEFIELD** ★★

204 **VAL-DES-MONTS**

205 ● ● LA VALLÉE DE LA GATINEAU

Au cœur de l'Outaouais, la municipalité régionale de comté (MRC) de la Vallée-de-la-Gatineau regroupe 17 municipalités. Ce grand territoire compte aussi deux communautés algonquines, Kitigan Zibi et Barriere Lake, et sert de « pont » entre Gatineau et la route 117 menant dans les Laurentides et l'Abitibi.

205 **BOUCHETTE**

205 **MANIWAKI**

205 **GRAND-REMOUS** ★

206 ● ● LE PONTIAC

Située à l'extrême ouest, cette région est reconnue pour ses grands espaces, ses activités en eau vive, son sentier du Rocher-à-l'Oiseau sur lequel on retrouve plus de 75 pictogrammes, un des sites d'art rupestre les plus importants en Amérique du Nord, et son pont couvert Félix-Gabriel-Marchand, le plus long du Québec. Pour les cyclistes, un cycloparc long de 92 km rallie Bristol à l'Isle-aux-Allumettes et traverse fermes, plaines, marais, forêts et petits villages authentiques.

206 **LADYSMITH**

206 **FORT-COULONGE – DAVIDSON** ★

207 ● ● LA PETITE-NATION ET LA LIÈVRE

Jouxtant les Laurentides, la région de La Petite-Nation et La Lièvre propose de très agréables endroits de villégiature où la nature se décline en lacs et en forêts, pour la plus grande joie des amateurs de pêche et de chasse. Les âmes pacifiques préféreront une excursion au Parc Oméga où les animaux évoluent en totale liberté.

207 **PLAISANCE**

MONTEBELLO ★★★

207 Flanqué de son emblème qu'est le Fairmont Le Château Montebello, le plus grand de son genre en rondins au monde, ce charmant village attire bon nombre de visiteurs avec ses producteurs gourmands et son parc animalier hors du commun.

209 **DUHAMEL** ★

GATINEAU ★★

Gatineau regroupe les municipalités d'Aylmer, Hull (le Vieux-Hull est l'endroit où sortir en ville), Gatineau, Buckingham et Masson-Angers. La prospérité de la ville remonte au XIXe siècle, à l'époque de l'exploitation de la forêt qui couvrait alors la région et dont les pins rouges et blancs étaient utilisés pour la construction navale. Aujourd'hui Gatineau est renommée pour son Musée canadien de l'histoire, le plus important du genre au Canada, qui fait face, sur l'autre rive des Outaouais, à un autre musée non moins prestigieux, le Musée des beaux-arts du Canada. À découvrir : la patinoire du ruisseau de la Brasserie et le Sentier culturel.

AVENTURE OUTAOUAIS

✆ +1 873 660 1881
www.aventureoutaouais.ca/fr
Tours à partir de 110 CAN $. Réservation impérative.

Envie de découvrir l'Outaouais sans les tracas du planning de l'itinéraire et de la conduite ? Voici le bon plan ! Aventure Outaouais propose des visites guidées dans la région comprenant toujours le transport, le guide, les activités et les collations. Que vous ayez envie d'activités de plein air dans la vallée de la Gatineau ou La Petite-Nation, de découvrir les vins et cidres du Pontiac ou encore d'avoir un tour conçu sur mesure selon vos goûts et budget, à vous de choisir ! Bonus : un service de navette gratuit depuis et vers votre hôtel à Gatineau ou Ottawa.

FOUR POINTS BY SHERATON GATINEAU-OTTAWA €€

35, rue Laurier
✆ +1 819 778 6111
www.marriott.com
Occupation double : à partir de 153 CAN $. Promotions et forfaits disponibles.

Avec sa localisation dans le Vieux-Hull, face au Musée canadien de l'histoire et embrassant une vue incroyable sur Ottawa, le Four Points est un camp de base idéal pour explorer la ville mais aussi pour se rendre dans la capitale canadienne qui se trouve à quelques minutes à pied ou en voiture via le pont Alexandra. Plusieurs services sur place comme un restaurant pour le petit déjeuner, une piscine intérieure chauffée, un gym et un stationnement payant.

UNE VISITE CHEZ LES VOISINS

La province de l'Ontario, qui longe la région de l'autre côté de la rivière des Outaouais, mérite une visite. Portion historique de la province de l'Ontario, la région de l'est abrite de belles villes comme Kingston ou Ottawa, mais également de charmants villages et paysages le long du canal Rideau et du fleuve Saint-Laurent. Dans cette contrée au riche passé, vous découvrirez les plus vieux villages de la province, datant de l'époque de la traite des fourrures et des loyalistes de l'Empire-Uni. Au niveau de la nature, les routes intérieures de cette région conjuguent les campagnes tranquilles aux contrées sauvages du Bouclier canadien et offrent différentes activités de plein air tout au long de l'année. Les zones agricoles comme le comté de Prince Edward ou encore celui de Prescott-Russell sauront exciter vos sens. Nous ne pourrions pas passer sous silence la capitale nationale du Canada (aussi capitale des musées) : Ottawa. Elle doit son indéniable cachet au Premier ministre Sir Wilfrid Laurier qui rêvait d'en faire la Washington du Nord. Les édifices historiques, notamment les bâtiments néogothiques du Parlement (sur la colline qui domine la rivière des Outaouais), ainsi que les nombreux espaces verts, la distinguent des autres villes nord-américaines. Située à la frontière du Québec et de l'Ontario, la capitale canadienne offre au voyageur le meilleur des deux cultures et certains musées incontournables, comme le Musée des beaux-arts du Canada.

© STÉPHAN SZEREMETA

Vue sur la Colline du Parlement depuis Gatineau, sur l'autre rive de la rivière des Outaouais.

MUSÉE CANADIEN DE L'HISTOIRE ★★★★

100, rue Laurier ✆ +1 819 776 7000
www.museedelhistoire.ca
Horaires variables selon la saison. Adulte : 21 CAN $. Visite guidée tarifée. Gratuit le jeudi dès 17h.

Ce vaste complexe muséologique ultramoderne offre 25 000 m² d'aires d'exposition réparties sur quatre étages, consacrées à l'histoire du Canada depuis les premiers peuples, à l'histoire du monde et des cultures, ainsi qu'aux arts et traditions des nations autochtones du Canada. Par l'impressionnante collection d'artefacts et de spécimens qu'il regroupe (plus de 3 millions), ses diaporamas, ses systèmes de projection de haute technologie et ses expositions interactives, il vise à mettre en valeur le patrimoine culturel canadien.

On ne pourrait passer sous silence son incroyable architecture conçue par Douglas Cardinal, reconnu pour avoir créé un « style d'architecture canadienne autochtone caractérisé par des formes organiques gracieuses, qui défie sans cesse les normes d'ingénierie les plus avancées ». Construit entre 1983 et 1989 sur le site du parc Laurier dans le secteur Hull de Gatineau, l'édifice évoque « l'évolution du continent, ses formes sculptées par le vent, les cours d'eau et les glaciers ».

- **Salle de l'histoire canadienne.** Plus ambitieuse exposition jamais réalisée au musée, elle est répartie en trois aires d'exposition avec dix-huit chapitres racontant l'histoire du Canada, depuis l'époque des premiers établissements humains jusqu'à aujourd'hui.

- **Salle des Premiers Peuples.** Cette salle d'exposition regroupe plus de 2 000 artefacts, images et documents historiques et contemporains retraçant la richesse culturelle, la survie, la capacité de régénération et la vitalité des peuples autochtones, sans oublier leur contribution au Canada et leur lien sacré avec la Terre Mère, lien qui remonte à la nuit des temps.

- **La Grande Galerie.** Incontournable et amplement photographiée, elle constitue la pièce maîtresse de l'architecture du musée, rendant hommage aux Autochtones de la côte ouest canadienne. Ses gigantesques mâts totémiques attirent les foules, sans oublier le modèle en plâtre de la sculpture réalisée par le célèbre artiste haïda Bill Reid, *L'esprit de Haida Gwaii*, et la sculpture en bronze doré signée Robert Davidson, *Le Corbeau apportant la lumière au monde*.

- **La Collection de timbres du Canada.** Réalisée en collaboration avec Postes Canada, cette collection regroupe plus de 3 000 timbres-poste, du tout premier émis en 1851 par la Province du Canada à nos jours.

- **Musée canadien des enfants.** Une belle manière d'initier les enfants aux arts, à la culture et à l'histoire par le biais d'un voyage aux quatre coins du monde. Ils pourront monter à bord d'un bus pakistanais fort coloré, visiter une tente bédouine ou encore une maison typique indonésienne… En plus des expositions, costumes, accessoires et artefacts sont à disposition, ainsi qu'une collection exceptionnelle de jeux et de jouets.

- **Expérience Ciné +.** Le musée offre plusieurs fois par jour la possibilité de découvrir une diversité de films au cœur de l'histoire et de la culture canadiennes. La technologie y est à la pointe : 2 écrans géants, projection en 4K, à la fois en 2D et 3D, dôme avec champ de vision à 180 degrés et puissant système de son. Les films durent de 20 à 45 minutes.

- **Expositions en ligne.** Envie d'en apprendre davantage tout en restant dans le confort de votre maison ? Le Musée canadien de l'histoire met à disposition des dizaines d'expositions virtuelles accessibles depuis son site web, des courtepointes anciennes de la Nouvelle-Écosse aux mystères archéologiques de la région d'Ottawa.

Sculpture de Bill Reid, L'esprit de Haida Gwaii, au Musée canadien de l'histoire.

LES BRASSEURS DU TEMPS €

170, rue Montcalm
+1 819 205 4999
www.brasseursdutemps.com
Horaires variables. Boutique et musée de la bière sur place. Grande et jolie terrasse.

Les lieux sont fort conviviaux, particulièrement en été avec la magnifique terrasse aux abords du cours d'eau de la Brasserie. Pour assouvir les amateurs en quête de délices houblonnés, plus d'une quinzaine de bières figurent au menu, en rotation selon les saisons et les humeurs de leurs créateurs. Les indécis opteront pour « l'horloge », histoire de goûter pratiquement à tout ! La table gourmande des BDT vaut également le détour avec ses excellents plats à saveurs locales (pieuvre grillée, carpaccio de bison, burger forestier, côtes levées à la bière, etc.).

RUSTIEK - TAVERNE GASTRONOMIQUE €€

51, rue Saint-Jacques
+1 819 525 3343
rustiek.ca
Horaires variables selon la saison. Carte : moins de 35 CAN $. Terrasse.

Le Rustiek propose une cuisine du marché aux accents du monde, avec une belle proportion de produits du terroir québécois. Entre amis ou pour l'apéro, on se laisse séduire par les planches de charcuteries et fromages ou la Rustiek qui varie en saveurs selon l'humeur du chef. Belle sélection de bières de microbrasseries québécoises et de vins bio pour accompagner le tout. Quant au décor en brique et bois franc, il est digne d'une belle taverne remise au goût du jour.

AUX 4 JEUDIS

44, rue Laval
+1 819 771 9557
4jeudis.ca
Horaires variables selon la saison.
Grande terrasse couverte et chauffée.

Café-bar très présent sur la scène touristique et culturelle locale, son calendrier des événements comprend des expositions d'art visuel, des soirées thématiques et, durant la belle saison, des soirées cinéma et des concerts sur la jolie terrasse. Pour étancher la soif des visiteurs, une carte des bières locales et importées plaira à tous (happy hour de 16h à 21h), sans oublier les cocktails et spiritueux. Pour les petits creux, il est possible de se commander une bonne pizza du resto Pi'za-za situé à deux pas et de savourer le tout sur la terrasse.

SOIF | BAR À VIN

88, rue Montcalm
+1 819 600 7643
www.soifbaravin.ca
Horaires variables. Moins de 40 CAN $ le plat. Terrasse.

SOIF | Bar à vin est le bébé de Véronique Rivest, première femme à monter sur le podium (2e place) au Concours du Meilleur Sommelier du Monde, à Tokyo en mars 2013. Le vin est donc ici à l'honneur, décliné sous toutes ses couleurs et provenant des quatre coins du monde. Pour accompagner votre verre, un menu composé de bouchées, de planches de charcuteries ou de fromages, et de petits plats simples mais pas simplistes, vous est proposé. Pour parfaire vos connaissances sur le sujet, Véronique offre des ateliers, tous liés au merveilleux monde de l'œnologie.

INTERZIP ROGERS

40, rue Jos-Montferrand
+1 613 695 5248
interzip.ca
Ouvert de mai à octobre. 40 CAN $ par personne, 30 CAN $ pour les 14 ans et moins. Réservation recommandée.

C'est en 2021 qu'a ouvert la toute première tyrolienne inter-provinciale au monde. Reliant Gatineau au Québec à Ottawa en Ontario, sur une longueur de 365 mètres, elle passe à 36 mètres au-dessus de la rivière des Outaouais. Nul besoin de mentionner la beauté de la vue panoramique qui s'ouvre sur le centre-ville de Gatineau, les chutes de la Chaudière et les édifices du Parlement d'Ottawa. Il faut compter au moins une heure pour l'ensemble de l'activité et des restrictions de poids et de grandeur sont applicables (renseignez-vous).

CASINO DU LAC-LEAMY

1, boulevard du Casino
+1 819 772 2100
casinos.lotoquebec.com/fr/lacleamy
Ouvert tous les jours. 18 ans et plus.

On y retrouve un très grande sélection de machines à sous et de tables de jeu, incluant l'Ultimate Texas Hold'Em, un espace multijeux avec animation, trois restaurants, deux bars, un théâtre et l'hôtel Hilton. La boîte de nuit l'ALEA (temporairement fermée) surplombe l'aire de jeu et est un haut lieu de la « nightlife » locale. De quoi satisfaire les amoureux du jeu et des grands spectacles. Parmi les services offerts : stationnement et entrée gratuits. quai d'accostage pour bateau. Possibilité de s'y rendre en transport en commun avec le corridor Rapidbus.

CHELSEA ★★★

La municipalité rurale de Chelsea est un havre de nature avec, en son territoire, la porte d'entrée du parc de la Gatineau. Après l'effort, on suggère un arrêt ressourçant au Nordik Spa-Nature, le plus grand spa d'Amérique du Nord. Chelsea est aussi un lieu de prédilection pour les gourmands avec d'excellentes tables misant sur les produits régionaux du Québec. À voir également dans le coin : la Galerie Old Chelsea (route 105) regroupant les œuvres de plus d'une dizaine d'artistes de la région de la capitale canadienne, et le Square Old Chelsea où casser la croûte (Biscotti & cie, Pub Old Chelsea) et séjourner (La Maison Bleue, Lofts du Village).

PARC DE LA GATINEAU ★★

33, chemin Scott
✆ +1 819 827 2020
ccn-ncc.gc.ca/endroits

Centre des visiteurs : lundi-dimanche, 9h-17h. Fermeture à 16h en semaine de novembre à fin avril.

Cette réserve de 361 km², coincée entre la rivière des Outaouais et celle de la Gatineau, aux collines parsemées de lacs, faisait partie du territoire des Algonquins. Elle doit son nom à Nicolas Gatineau, négociant en fourrures de Trois-Rivières qui disparut en 1683 au cours d'une expédition sur la rivière. C'est dans la maison Wilson (pavillon des rencontres officielles), au bord du lac Meech, que fut signé en 1987 le fameux Accord du lac Meech (projet de réforme constitutionnelle au Canada visant à convaincre le Québec de signer la *Loi constitutionnelle de 1982*).

Poussez jusqu'au belvédère Champlain (altitude 335 mètres) pour découvrir un panorama d'ensemble de la vallée des Outaouais. Visitez aussi le domaine Mackenzie-King, légué à l'État en 1950 par l'ancien Premier ministre du Canada (1921-1948). Couvrant 230 hectares, il comprend plusieurs bâtiments, dont les chalets Kingswood et la villa Moorside, aménagée en salon de thé. Il offre également des sentiers aménagés pour la promenade et des jardins décorés d'éléments architecturaux récupérés sur divers sites. Les activités sont nombreuses dans le parc : vélo de montagne (location possible chez Nomades du Parc), randonnée pédestre, activités nautiques, baignade, pêche, camping au lac Philippe, spéléologie à la caverne Lusk, escalade, ski de fond (plus de 200 km !), raquettes, etc. Consultez le site Web pour connaître les droits d'accès. À savoir que quelques routes sont fermées en hiver. Hébergement sur place en camping ou en prêt-à-camper.

LOFTS DU VILLAGE €€€

2, chemin Padden ✆ +1 819 827 2903
www.loftsduvillage.ca

Occupation double : à partir de 250 CAN $, petit déjeuner continental au Biscotti & cie inclus. Long séjour possible.

Parce qu'on prend vite racine à Old Chelsea, mieux vaut prévoir le coup ! Récemment construits, ces studios (2 personnes) et lofts (2-4 personnes) sont le nec plus ultra au village. Avec leurs commodités, un grand confort et un superbe design, vous vous y sentirez comme à la maison, d'autant que les lofts comprennent en plus une cuisine complète, un salon et un coin buanderie. Service de conciergerie impeccable et localisation parfaite à deux pas de tout. Bon plan pour les petits groupes : La Maison Bleue, autre propriété du groupe (4 chambres doubles).

L'ORÉE DU BOIS €€€

15, chemin Kingsmere
✆ +1 819 827 0332
www.oreeduboisrestaurant.com

Mercredi-dimanche, dès 17h30. Table d'hôtes 4 services : 75 CAN $, plats à la carte également.

Cette table mise sur une grande collaboration avec les producteurs locaux afin d'offrir une cuisine française et régionale de proximité et de grande qualité. Possibilité d'accords mets-vins avec supplément (superbe cave à vin). Sachez qu'ils cultivent leurs fines herbes, fument au bois d'érable leurs poissons, viandes et volailles, aromatisent leurs huiles, et conçoivent sur place les charcuteries, les fonds, les chocolats, les pâtisseries et les vinaigres employés dans leurs recettes. Un endroit où tous les plaisirs gourmands sont permis.

LE PUB CHELSEA

238, chemin Old Chelsea
✆ +1 819 827 5300
www.chelseapub.ca

Ouvert tous les jours dès 11h30. Programmation culturelle et musicale. Belle grande terrasse.

Occupant l'une des plus anciennes maisons du village, le Pub Chelsea offre une atmosphère chaleureuse et rustique qui nous donne envie d'y passer la journée entière. D'excellents plats gourmands (ceux du fumoir sont à découvrir absolument !), une belle ardoise d'alcools (grande sélection de cocktails) et une ambiance toujours agréable, c'est la clé du succès ! Gourmand(e) ? Nous vous conseillons un petit arrêt chez la « petite sœur » du pub : Biscotti & cie, un café-boutique situé à deux pas proposant plein de petites douceurs maison et des plats sur le pouce.

BOUCANERIE CHELSEA SMOKEHOUSE

706, route 105
✆ +1 819 827 1923
www.boucaneriechelsea.com
Ouvert tous les jours de 10h à 18h. Service de conception de plateaux de produits fumés.

La Boucanerie Chelsea, une entreprise écoresponsable fort réputée dans la région et même au-delà, offre de savoureux produits fumés maison à l'ancienne. Au menu, des poissons et fruits de mer fraîchement fumés, le tout en fumaison artisanale au bois d'érable. Des plats cuisinés (tartinade de saumon, chaudrée de poisson, mac & cheese au saumon fumé...) sont aussi disponibles au comptoir, ainsi qu'un coin épicerie fine avec des produits régionaux du Québec. À mettre au carnet de route !

GREAT CANADIAN BUNGEE

1780, route 105
✆ +1 819 459 3714
fr.bungee.ca
Ouvert de fin avril ou début mai à mi-novembre. Forfaits disponibles. Réservation nécessaire.

Amateurs d'adrénaline, voici l'endroit de rêve pour vous ! Imaginez sauter au-dessus d'un lac émeraude dans une ancienne carrière de calcaire. Vous pouvez choisir de vous faire tremper tout le corps, la tête ou rien du tout. La tyrolienne, quant à elle, vous permet de « glisser » sur une longueur de 1 015 pieds (309 mètres) et la vitesse dépasse les 85 km/h. Une expérience à vivre ! Pour connaître les horaires selon la période, ainsi que les tarifs du *bungee*, du *ripride* (tyrolienne) et des forfaits aventure, consultez le site web de l'entreprise.

NORDIK SPA-NATURE

16, chemin Nordik
✆ +1 866 575 3700
chelsea.lenordik.com
Ouvert en semaine dès 9h, 8h30 le week-end. Expérience thermale : 88 CAN $. Hébergement, bars et restauration, boutique.

Installé en pleine nature, ce superbe complexe propose des bains nordiques, de la massothérapie et des soins détente. On recommande l'Aufguss et ses rituels d'infusions d'huiles essentielles sur les pierres chaudes du sauna finlandais, ou encore le traitement Källa (vaste bassin d'eau encastré dans le roc, avec 10 tonnes de sel d'Epsom dans 34 000 litres d'eau d'une qualité exceptionnelle). À noter que le spa est divisé en trois sections : silence, murmure et social. Un des plus beaux spas de la province et le plus grand en Amérique du Nord !

WAKEFIELD ★★

Petit village charmant à tendance anglophone, situé en bordure de la rivière Gatineau, il est connu pour son joli pont couvert qui l'enjambe et qui figure toujours sur les clichés pris par les touristes. Le cœur du village comprend de charmants commerces, que ce soit pour se sucrer la dent, prendre un verre ou faire quelques emplettes au magasin général. Quelques jolies auberges également, dont Le Moulin Wakefield, un établissement chaudement recommandé, installé dans les limites du parc de la Gatineau. Lieu de villégiature et de plein air, Wakefield vaut définitivement le détour, ne serait-ce que pour profiter de ses paysages et de sa quiétude.

OUTAOUAIS

Wakefield.

MOULIN WAKEFIELD HÔTEL & SPA €€€

60, chemin Mill
✆ +1 819 459 1838
fr.wakefieldmill.com

Occupation double : à partir de 295 CAN $, petit déjeuner et inclus. Autres forfaits disponibles.

À seulement 25 minutes d'Ottawa-Gatineau, le Moulin Wakefield offre un hébergement unique à même le parc de la Gatineau. Plusieurs services sur place : centre de santé spa, piscine et bain à remous extérieurs, restaurant gastronomique, bar à vin et salon-bar avec foyer et table de billard. Sachez que suite aux rénovations et à l'agrandissement de l'auberge, le nouveau pavillon Éco Rivière a obtenu la certification LEED (*Leadership in Energy and Envrionmental Design*).

VAL-DES-MONTS

Val-des-Monts occupe l'un des plus grands territoires de l'Outaouais (480 km²), lequel est parsemé de terres agricoles, de forêts et de plus de 125 lacs. Sa population est principalement regroupée dans les secteurs de Perkins, Saint-Pierre-de-Wakefield et Poltimore. Outre ses grands espaces pour le plein air, ses sentiers de quad et de motoneige ou encore ses cabanes à sucre qui régalent petits et grands, Val-des-Monts est surtout réputé pour son parc aérien Arbraska (visite possible de jour comme de soir) dans lequel se trouve également la fameuse caverne Laflèche, plus grande caverne visitée du Bouclier canadien, qu'il est donc possible d'explorer.

LE HIBOU KITCHEN + BAR €€

757, chemin Riverside
✆ +1 819 459 8883
www.cafelehibou.com

Ouvert tous les jours dès 11h30, 10h le samedi. Carte : moins de 40 CAN $.

Au cœur du village de Wakefield, face à la rivière Gatineau et muni d'une jolie terrasse, Le Hibou propose une cuisine qui s'inspire des quatre coins du monde : la poutine poulet au beurre de la Ferme aux saveurs des monts avec frites maison, saucisse de poulet tandoori, fromage en grains, coriandre et poivron rouge ; le taco de poisson avec aiglefin frit, salade de chou rouge, oignons marinés et coriandre ; ou encore le burger de surlonge de la Ferme Hale avec fromage suisse, bacon, roquette et sauce barbecue à l'érable et chipotle.

HOM MINI CHALETS €€€

154, chemin du Rubis ✆ +1 873 416 0111
homminichalets.com

Occupation double : à partir de 275 CAN $. Forfaits disponibles. Prêt de canots et de planches à pagaie.

Blotti sur les rives du lac McGregor, HOM propose près d'une dizaine de mini-chalets luxueux au cœur d'une nature généreuse. Leur design est absolument sublime et chaque unité est munie d'un grand nombre de commodités telles qu'une cuisine complète, une laveuse et une sécheuse, un foyer intérieur, le wifi et et l'accès au lac. Comble de bonheur, chaque unité possède une terrasse offrant une vue sublime sur le lac avec, en bonus, un barbecue et un spa privés. À noter que les unités accueillent un maximum de deux personnes pour un séjour de deux nuits minimum.

PATINAGE EN FORÊT

9 montée Beausoleil
LAC-DES-LOUPS
✆ +1 819 456 1444
www.patinageenforet.com

Ouvert de décembre à mi-mars, tous les jours de 9h au coucher du soleil. Adulte : 18 CAN $.

Quand l'hiver recouvre la province de son épais manteau blanc, les Québécois enfilent leurs patins à glace et s'élancent sur les patinoires. Ici on vous propose plutôt une expérience féérique sur un sentier de glace aménagé en pleine forêt sur une longueur de 3 kilomètres. On peut aussi pratiquer la raquette ou encore la marche nordique sur ce site enchanteur. Et rien à craindre côté équipement, tout est en location sur place. Il ne reste plus qu'à couronner le tout d'un chocolat chaud et d'une « queue de loup » pour se remettre de nos émotions.

ARBRASKA LAFLÈCHE

255, route Principale
✆ +1 877 886 5500
arbraska.com/parc/lafleche

Horaires variables selon la saison. Tarifs variables selon l'activité choisie.

En couple, entre amis ou en famille, Arbraska Laflèche a de quoi vous tenir occupés toute la journée, à commencer par son parcours aérien, qui se fait de jour comme de soir, et qui demande équilibre, coordination, force et endurance. Le parc comprend également huit tyroliennes géantes pour admirer la nature depuis les airs. Et comme si ce n'était pas assez, on y retrouve en plus une caverne vieille de 20 000 ans, la fameuse caverne Laflèche, qui se visite en formule guidée. Informez-vous également sur les forfaits multi-activités.

BOUCHETTE

Cette municipalité doit son nom à l'arpenteur Joseph Bouchette (1774-1841), lequel joua un rôle de premier plan dans la topographie du territoire québécois. Cœur de la région de la Vallée-de-la-Gatineau, elle est sise sur les rives de la rivière Gatineau, entourée de lacs et de pourvoiries qui attirent les pêcheurs et chasseurs de tout acabit. La localité est aussi réputée pour le fameux lac des 31 Milles qui accueille sur ses berges le centre de villégiature Village Majopial doté d'un excellent restaurant, L'Huile d'Olive. On retrouve également dans ce secteur un magnifique parc régional où il est possible de camper sur une des nombreuses îles du lac.

PARC RÉGIONAL DU LAC 31 MILLES ★

295 montée du lac des Trente-et-Un-Milles
✆ +1 819 465 2600
sage31-milles.ca
De mi-mai à mi-octobre. Voir site web pour les tarifs d'hébergement, de stationnement et de location d'équipement.

Si vous rêvez d'eaux cristallines et de camping dans un cadre naturel de toute beauté, c'est ici qu'il faut venir ! Secret bien gardé, ce parc régional trempe ses pieds dans le lac des 31 Milles, lequel recèle plus d'une centaine d'îles. L'hébergement est offert en camping rustique (dont le camping sur les îles), en prêt-à-camper, en camping pour véhicules récréatifs et en chambre au poste d'accueil. À noter qu'il est possible de louer des embarcations nautiques sur place.

MANIWAKI

Maniwaki est, aujourd'hui encore, habitée par les premiers habitants de la région, les Algonquins. Au sud de la ville, ils vivent dans la réserve de Kitigan Zibi. Fondée en 1849, Maniwaki (Terre de Marie, en algonquin) a toujours été le symbole de la cohabitation harmonieuse entre Français, Irlandais et Amérindiens. Avec le temps, la ville est devenue le centre administratif le plus important de la région de la Vallée-de-la-Gatineau. Riche en bâtiments patrimoniaux, en activités passionnantes et en infrastructures dédiées à la mémoire de ses travailleurs forestiers, dont le parc des Draveurs, Maniwaki se développe aujourd'hui grâce au tourisme.

RÉSERVE FAUNIQUE LA VÉRENDRYE ★

Route 117 ✆ +1 800 665 6527
www.sepaq.com/rf/lvy
Accès via les routes 105 et 117 Nord depuis Maniwaki. Accès via la route 117 Sud depuis Val-d'Or.

À cheval entre les régions de l'Outaouais et de l'Abitibi-Témiscamingue, cet immense territoire d'une superficie de 12 589 km² vous offre plus de 4 000 lacs et une faune et une flore d'une richesse incroyable. Un véritable paradis pour le canoë-camping (plus de 800 km de parcours navigables aménagés) et la pêche (800 lacs accessibles). Sur le territoire de la réserve faunique se trouvent le Grand lac Victoria ainsi que deux gigantesques réservoirs, soit Dozois et Cabonga. La réserve est bien connue des Québécois car la route qui mène de la région de l'Outaouais et des Laurentides à l'Abitibi passe inévitablement par là. Les accueils Sud, Lac Rapide et Nord sont ouverts de mi-mai à mi-septembre et on y accède par la route 117. Vous trouverez les numéros de téléphone ainsi que les horaires précis de chacun sur le site web.

- **Faune :** plus de 40 espèces de mammifères, plus de 150 espèces d'oiseaux, et de nombreux poissons (doré jaune, brochet, achigan, truite grise, esturgeon et omble de fontaine).
- **Hébergement :** chalets, chalets Modik, tentes prêt-à-camper, prêt-à-camper Étoile, camping.
- **Activités :** pêche (avec ou sans hébergement), pêche-camping, chasse à l'orignal, au petit gibier (à la journée ou avec hébergement), au cerf de Virginie et à l'ours noir, canoë-camping, randonnée pédestre, cueillette en forêt et motoneige. À savoir qu'il n'y a aucun service de location d'équipement sur place. Il faut donc vous adresser à des compagnies indépendantes qui opèrent dans le parc.

GRAND-REMOUS ★

Située tout au bout de la route 105 Nord, à la jonction de la route 117, la municipalité de Grand-Remous est bien connue pour son pont couvert long de 102 mètres, le pont Savoyard. Son nom provient de l'algonquin *Obémiticwang* signifiant « eaux agitées ou grands remous ». C'est aussi l'une des portes d'entrée du fameux réservoir Baskatong. Constitué en 1927 à la suite de la construction du barrage Mercier, ce lac artificiel a une superficie de 320 km², ce qui en fait une véritable mer intérieure. Les berges, le plus souvent sablonneuses, entourent le lac sur environ 2 800 km. Le Baskatong est réputé pour la pêche, le nautisme et la villégiature.

OUTAOUAIS

LADYSMITH

Ladysmith fait partie de la municipalité de Thorne, laquelle regroupe quelques centaines d'habitants à peine - dont plusieurs d'origine allemande - dans les secteurs de Greer Mount, Hodgins, Ladysmith, Schwartz, Thorne Centre et Thornby. On y accède par les routes 303 et 306 et le secteur est constellé de lacs et de collines ne culminant pas plus haut que 300 mètres, sans oublier la rivière Quyon qui termine son cours dans la rivière des Outaouais. Quelques points d'intérêt sont dignes de mention, notamment les magnifiques chalets minimalistes Prunella ou encore le festival de musique et de yoga Bhakti in the Woods qui se déroule annuellement en août.

CHALETS PRUNELLA €€

130 chemin Miller
www.chaletsprunella.com
Chalet à partir de 325 CAN $ (maximum 4 personnes). Réservation hautement recommandée.

Catherine et Nancy ont créé ce superbe site de chalets de villégiature sur un site d'une trentaine d'hectares en pleine forêt. Arborant une architecture en A, chaque unité est écoénergétique et minimaliste en plus d'avoir de grandes fenêtres pour admirer la nature environnante. Un hamac et un poêle à bois intérieurs sont à disposition, ainsi qu'un emplacement de feu, un barbecue et un bain à remous en cèdre à l'extérieur. Il ne reste qu'à profiter du lac Johnson et des sentiers pour la rando, le quad et la motoneige. Une adresse au top hors des sentiers battus !

FORT-COULONGE - DAVIDSON ★

Le premier poste de traite des fourrures de la région fut établi à Fort-Coulonge en 1695 par Nicolas D'Ailleboust. Cette municipalité est aussi liée à l'histoire du baron forestier George Bryson (1813-1900), figure politique de la région du Pontiac à l'époque. Le patrimoine architectural de cette épopée est en partie conservé, comme en témoigne la Maison Toller. Pour en apprendre davantage sur le passé forestier du Pontiac, une visite s'impose aux chutes Coulonge et son sentier d'interprétation sur la vie des draveurs. Fort-Coulonge est aussi une destination très populaire des amateurs de sports en eau vive (rafting, kayak de rivière).

PARC DES CHUTES COULONGE ★

100, promenade du Parc-des-Chutes
✆ +1 819 683 2770 - chutescoulonge.qc.ca
D'avril à fin octobre plus d'autres périodes en hiver. Adulte : 8,70 CAN $. Autres tarifs pour les activités aériennes.

Ce parc vous propose d'en apprendre davantage sur la vie et le travail des draveurs de l'époque. Sentiers, passerelles et belvédères vous mèneront partout et surtout, vous donneront une vue imprenable sur les chutes et leur canyon de 2 500 pieds. Pour les intrépides : un parc à obstacles, des tyroliennes et une via ferrata, histoire de découvrir le canyon différemment ! Aussi sur place : jeux aquatiques pour enfants. Pour prolonger le séjour, sachez qu'il est possible de louer une yourte sur place ou un chalet non loin du site à Les Cabines de la Chute.

AVENTURE RIVIÈRE SAUVAGE

1952 chemin de la Rivière Noire - **WALTHAM**
✆ +1 613 639 2276
www.expeditionsrivierenoire.com/fr
Location de canoë : à partir de 50 CAN $ par jour. Réservation impérative.

Compagnie de plein air et de tourisme d'aventure située dans le Pontiac, elle propose la location de canoë et un service de transport en navette pour la descente des rivières Coulonge, Dumoine et Noire, toutes trois situées dans la réserve faunique de la Vérendrye. Le tarif de la navette varie selon la destination et d'autres équipements sont disponibles en location tels que des barils étanches, de l'équipement de camping, etc. À noter que le stationnement et le camping sont gratuits pour ceux utilisant les services d'Aventure Rivière Sauvage.

ESPRIT WHITEWATER

3, chemin Esprit ✆ +1 800 596 7238
whitewater.ca
Consultez le site web pour les tarifs des différentes aventures. Hébergement et restauration possibles sur place.

Situé sur les berges de la tumultueuse rivière des Outaouais, Esprit est avant tout un haut lieu de la descente en eau vive. L'entreprise offre toute une gamme d'aventures allant du rafting aux expéditions en canoë, en passant par le riverboarding (nage en eau vive avec une planche et des palmes). Nombreux combos sont aussi offerts, dont rafting et bungee ou rafting et tyrolienne. Les aventures se déroulent sur différentes rivières et plans d'eau de cette région frontalière du Québec et de l'Ontario. Des voyages d'aventure hors Canada sont également proposés.

PLAISANCE

Le village de Plaisance est situé sur la route 148 entre Papineauville et la ville de Thurso. C'est entre autres la porte d'entrée du parc national de Plaisance, une presqu'île s'étendant dans la rivière des Outaouais juste en face de la province voisine, l'Ontario. Au milieu du village, au feu clignotant, tournez à gauche sur la montée Papineau. Environ 2 km plus loin, tournez encore à gauche sur le chemin Malo qui mène directement au site historique des Chutes de Plaisance. Avec une dénivellation de 67 mètres, elles ont été les témoins de l'édification du premier village industriel de la région, North Nation Mills, dorénavant disparu.

PARC NATIONAL DE PLAISANCE

1001, chemin des Presqu'îles ✆ +1 800 665 6527
www.sepaq.com/pq/pla
Ouvert toute l'année. Postes d'accueil : Plaisance et Thurso. Adulte : 9,25 CAN $, gratuit pour les 17 ans et moins.

D'une superficie de 28,3 km², ce parc national est idéal pour une étape champêtre et contemplative. En effet, vous pourrez y admirer le spectacle des bernaches au printemps et celui de dizaines d'espèces en été dont les hérons et les balbuzards.

- **Hébergement :** maison Blais, camping, espace VR, yourtes et tentes prêt-à-camper.
- **Activités :** baignade, activités nautiques, pêche, randonnée pédestre, trottoir flottant dans les marais, vélo, observation de la faune.

MONTEBELLO ★★★

Montebello compte plusieurs attraits d'importance parmi son patrimoine ainsi que de nombreux édifices en bois rond, à commencer par l'incontournable hôtel Fairmont Le Château Montebello (la visite vaut le coup, ne serait-ce que prendre l'apéro). À ce titre, elle se déclare d'ailleurs comme la « capitale mondiale des bâtiments en bois rond ». Le village est aussi célèbre grâce à son festival de musique rock, punk et métal, le Montebello Rock (on espère le retour de cet événement en 2023), qui attire des milliers de festivaliers de quatre coins du globe, sans oublier son incroyable site dédié à la nature, la faune et l'histoire du Québec, le Parc Oméga.

LIEU HISTORIQUE NATIONAL DU MANOIR-PAPINEAU

500, rue Notre-Dame
✆ +1 819 423 6965
www.pc.gc.ca/manoirpapineau
Ouvert de fin mai à début octobre (horaires variables). Adulte : 8,50 CAN $, 17 ans et moins : gratuit.

Cette résidence seigneuriale, parfaitement conservée et meublée d'époque, plonge les visiteurs au cœur de la vie de Louis-Joseph Papineau (1786-1871), seigneur de La Petite-Nation. Une architecture exceptionnelle et une riche collection de meubles et d'accessoires sauront vous faire remonter le temps. Le domaine conserve plusieurs des bâtiments d'époque (hangar à grains, chapelle funéraire, pavillon de thé…). Des visites guidées y sont proposées.

FAIRMONT LE CHÂTEAU MONTEBELLO €€€

392, rue Notre-Dame
✆ +1 819 423 6341
www.fairmont.fr/montebello
Occupation double : à partir de 395 CAN $, petit déjeuner inclus. Nombreux services et activités sur place.

Un complexe impressionnant, le plus grand de son genre en bois rond au monde, construit en un temps record sur un site magnifique, au bord de l'eau. Vaste hôtel de luxe, il reste un exemple unique de mariage entre nature et prestige. Avec un choix presque illimité d'activités, un port privé, un service de restauration haut de gamme, vous y trouverez votre bonheur, si bien sûr vous en avez les moyens, car les forfaits sont à la hauteur du prestige de l'endroit.

KENAUK NATURE €€€

1000, chemin Kenauk
✆ +1 819 423 5573
kenauk.com/fr
Tarifs variables (chalet ou glamping). Accès gratuit au centre d'activités du lac Poisson Blanc.

Kenauk offre une expérience sans compromis au cœur de l'un des plus grands et plus anciens territoires privés de chasse et de pêche en Amérique du Nord. La faune et la flore seront au rendez-vous, avec plus de 60 lacs (plus d'une vingtaine pour la pêche) répartis sur environ 265 km² de superficie. Le confort offert est varié, allant de la « série deluxe » à l'hébergement plus sommaire dit « glamping » en yourte. Certains hébergements disposent de lacs privés avec embarcations nautiques. Forfaits vacances, chasse et pêche, et plusieurs activités de plein air sur place.

PARC OMÉGA ★★★

399, route 323 Nord
© +1 819 423 5487 - www.parcomega.ca
Ouvert à l'année. Voir le site web pour tous les détails sur les horaires et les tarifs. Restauration et hébergement.

Le Parc Oméga est une fenêtre ouverte sur la nature, la faune et l'histoire du Canada et du Québec depuis les Premières Nations de la province, en passant par la colonisation et l'agriculture d'antan. C'est un lieu où petits et grands se trouveront en immersion dans une nature d'abord vierge au milieu de la faune sauvage, puis peu à peu habitée par leurs ancêtres. La visite du parc commence par un safari de 12 kilomètres dans votre voiture, depuis laquelle vous pourrez approcher et nourrir en toute sécurité certains animaux sauvages, dont les cervidés. Plusieurs aires de promenade permettent de sortir de votre voiture et de profiter des nombreuses activités et attractions proposées : le sentier des Premières Nations offre une balade d'un kilomètre décorée par les œuvres de l'artiste algonquin Denis Charette. Outre les décors symboliques de l'entrée se trouvent, le long du sentier, des totems évoquant les onze nations autochtones du Québec. Les nombreuses truites du lac peuvent être nourries. À mi-parcours se situe la Terre des Pionniers, le cœur du Parc Oméga. On y retrouve plusieurs attractions et animations ainsi qu'un restaurant de type casse-croute proposant des produits du terroir. De là partent de nombreux sentiers de promenade (raquettes en hiver), dont un chemin menant à l'observatoire des loups sur deux étages : une section à ciel ouvert offrant un véritable théâtre naturel et une section vitrée pour une immersion au plus près d'une meute de loups gris. Vous pourrez y rencontrer un guide interprète pour tout savoir de cette espèce légendaire. Le poste de traite rappelle les coureurs des bois et les trappeurs qui pénétraient la nature sauvage à la recherche des fourrures. Quant au Camp de Bûcheron, il met en lumière l'époque de la drave ainsi que les contes et légendes du Québec. Vous y trouverez également une magnifique boutique de souvenirs regorgeant de produits artisanaux.

- **Autres activités proposées sur place :** parcours aérien, chansonniers, aires de jeux pour enfants, cabane à sucre (février à avril), ferme d'antan et plus encore.
- **Hébergement sur le site :** le parc offre aussi des hébergements en pleine nature pour prolonger le plaisir, dans des tipis, Wi-tentes, cabanes en bois rond et maisons sur pilotis (formule prêt-à-camper). Les pods, avec leur style minimaliste, offrent également des séjours à l'année. Finalement, pour une expérience des plus uniques, on vous propose de dormir avec les loups, un hébergement unique en Amérique du Nord au milieu de la meute et tout à fait sécuritaire.

LES BRASSEURS DE MONTEBELLO

485, rue Notre-Dame ✆ +1 819 309 0807
www.brasseursdemontebello.com
Horaires variables selon la saison. Terrasse. Boutique à l'usine-microbrasserie de la rue Sainte-Élisabeth.

Arrêt idéal entre vos visites à Montebello, on y propose des bières maison telles les classiques ChocoBello (Milk Stout chocolat et vanille), TrIPA3 (double IPA), Fantôme d'Ézilda (blonde houblonnée à froid) et Miss Beety (Ale à la betterave), sans oublier les éphémères comme la Pils aux framboises. Pour accompagner le tout, les petits plats d'inspiration québéco-japonaise du restaurant Souche-i viendront combler les petits creux. C'est LA place pour sortir à Montebello !

DUHAMEL ★

À quelques kilomètres de la réserve faunique de Papineau-Labelle et de la région des Laurentides, Duhamel est la destination rêvée pour le plein air en toute saison, la pêche à la truite mouchetée (pêche sur glace en hiver) et la chasse au chevreuil. On y retrouve aussi le Centre touristique du Lac-Simon, hébergeant l'une des plus belles plages de la province, sans oublier les magnifiques chalets en bois rond de l'Auberge & Spa Couleurs de France. Férus de rando et de paysages à couper le souffle, découvrez le parcours linéaire « La Route des Zingues » (7,9 km). La carte des sentiers est disponible à la mairie ou sur le site web de Balise Québec.

RÉSERVE FAUNIQUE DE PAPINEAU-LABELLE

5000, chemin du Lac-Gagnon Ouest
✆ +1 800 665 6527 - www.sepaq.com/rf/pal
Ouvert toute l'année. Voir site web pour les coordonnées et les horaires des différents postes d'accueil.

La réserve faunique de Papineau-Labelle (1 628 km²) a été créée en 1971 dans le but de faciliter l'accès de toute la population québécoise à des territoires de chasse, de pêche et d'activités de plein air. Elle doit son nom à Louis-Joseph Papineau, grand orateur et homme politique, et à Antoine Labelle, curé de Saint-Jérôme, surnommé le Roi du Nord. La réserve abrite une faune très riche dont une forte densité de cerfs de Virginie, d'orignaux et de castors. On compte environ 740 lacs, une trentaine de rivières et ruisseaux, où abonde également une faune aquatique diversifiée, pour le plaisir des pêcheurs sportifs. Un lieu qui offre des sites très attrayants devant lesquels on ne peut que s'émerveiller.

- **Faune :** orignal, cerf de Virginie, loup, castor, renard, ours, et plusieurs espèces d'oiseaux dont la gélinotte huppée, truite grise, achigan, doré, omble de fontaine, moulac et grand brochet.
- **Hébergement :** chalets isolés (dont certains accessibles par voie d'eau seulement), refuges, camps rustiques, tentes prêt-à-camper, camping.
- **Location d'équipement :** embarcations nautiques (canoë, kayak, chaloupe...), gilets de flottaison, vente de glace, d'appâts et de leurres, permis de chasse et pêche.
- **Activités :** activités nautiques, canoë-camping, chasse à l'orignal, au cerf de Virginie, au petit gibier et à l'ours noir, observation de la faune, cueillette en forêt, pêche (à la journée et en séjour, forfait pêche-camping), randonnée pédestre, ski nordique, raquette, traîneau à chiens.

OUTAOUAIS

CENTRE TOURISTIQUE DU LAC-SIMON €

1216, rue Principale ✆ +1 800 665 6527
www.sepaq.com/ct/sim
Ouvert de mi-mai à fin octobre et de mi-décembre à mi-mars. Consultez le site web pour les tarifs d'hébergement.

En bordure du lac Simon, ce centre de villégiature est une destination familiale par excellence, offrant une foule d'activités : activités nautiques, vélo, pêche, randonnée pédestre, pêche blanche, glissade sur tube, raquette, patin à glace, traîneau à chiens, etc. L'hébergement se fait en chalet tout équipé, en chalet Compact, en prêt-à-camper ou en camping. Des forfaits sont aussi offerts ainsi que la location d'équipements et divers services au pavillon de la plage.

AUBERGE & SPA COULEURS DE FRANCE €€

Chemin du Lac Doré Nord ✆ +1 819 743 5878
www.aubergecouleursdefrance.com
Ouvert de fin juin à l'Action de grâce et de mi-décembre à mi-mars. Occupation double : à partir de 207,90 CAN $.

Véritable coup de foudre pour les somptueux chalets de Couleurs de France ! Les chambres sont toutes munies d'un bain à remous et certaines d'un foyer. Pour profiter du lac, on peut emprunter un canoë (autres embarcations à louer sur le site) et pour la forêt, on peut louer sur place des motoneiges, des skis de fond ou des raquettes. Pour la détente, on optera pour le spa et le sauna. Après ça, il est temps de profiter du délicieux dîner, préparé sur place bien entendu.

PASSEPORT

ABITIBI-TÉMISCAMINGUE

Ce qui caractérise l'Abitibi-Témiscamingue ? Avant tout, ses forêts quasi infinies, ses nombreux lacs et cours d'eau, bref, ses immenses espaces encore intacts. Ses grands parcs, ses pourvoiries, ses réserves fauniques et ses bases de plein air assurent des heures et des heures de détente en pleine nature. D'ailleurs, cette région est considérée par plusieurs comme un paradis de la motoneige, alors qu'elle bénéficie d'un hiver enneigé et d'un froid sec. Citons aussi deux vagues migratoires successives. Elles ont dessiné le portrait de cette immense région, à peine centenaire, éloignée des grands centres : d'abord, celle des coureurs des bois et des défricheurs, puis celle des prospecteurs attirés par la ruée vers l'or. Fière de son histoire, l'Abitibi-Témiscamingue est une région dynamique qui accueille les visiteurs dans ses musées, ses visites minières et industrielles. Car si la nature domine ici, c'est aussi le pays des mines.

Normétal
Saint-Eugène-de-Chazel
La Reine
La Sarre
Languedoc
Clerval
Launay
La Morandière
Roquemaure
AMOS
Duparquet
Barraute
Preissac
D'Alembert
Rivière-Héva
ROUYN-NORANDA
Arntfield
North Virginiatown
Malartic
VAL-D'OR
Rapide-Deux
Rollet
Baie-Carrière
Rapide-Sept
Rémigny
NOTRE-DAME-DU-NORD
Winneway
Moffet
Belleterre
DUHAMEL-OUEST
VILLE-MARIE
Joncas
Laniel
Hunter's Point
Rivière Dumoine
ONTARIO
TÉMISCAMING

Lebel-sur-Quévillon
Rapide-des-Cèdres
50 KM
ochebaucourt
SENNETERRE
Rivière Serpent
Lac-Simon
Abitibi-Témiscamingue
Kitcisakik
Dorval Lodge
Lac-Rapide
OUTAOUAIS
Val-Limoges
GRAND-REMOUS
213

Cette route parcourt l'important patrimoine minier de l'Abitibi. La richesse des sous-sols a créé une importante vague d'immigration dans la région, après la crise économique de 1929. Le circuit proposé se déroule sur un peu plus de 300 km. Vous y découvrirez un territoire en dentelle, percé de lacs et de rivières. Sans oublier les camps de travailleurs qui rythment aussi la vie de la province. Si vous venez d'Ontario par la 117, vous serez surpris – par contraste – par l'aspect désertique et sauvage du territoire.

Première ville à la sortie de la réserve faunique La Vérendrye, on entre ici dans un lieu dont l'histoire est intimement liée à l'exploitation minière. Les points d'intérêt en font foi et permettent de vivre un voyage fascinant à l'époque de la ruée vers l'or.

Une ville qui bouge bien en Abitibi, notamment dans les domaines des arts et de la culture (mention à l'immense fresque murale rendant hommage à Richard Desjardins, artiste engagé natif de la région). Elle est également à quelques kilomètres seulement du parc national d'Aiguebelle et de ses paysages de falaises rocheuses façonnées par les passages de glacier et les coulées de lave.

Cette route d'un peu plus de 300 km débute à Rouyn-Noranda pour se terminer à Témiscaming. Tout en suivant les berges du lac Témiscamingue, elle vous fera découvrir des paysages très ruraux, empreints de douceur. Ville-Marie, située au premier tiers du parcours, est une halte conseillée pour passer la nuit.

VAL-D'OR ★★

En 1935, les prospecteurs découvrent l'or qui fait en sorte que la ville s'érige et grandit rapidement. Aussitôt, la forêt, seconde force naturelle, voit l'arrivée des défricheurs. De ces ressources naissent le commerce, l'industrie et le tourisme, pour tout dire la vie. Pour revivre la ruée vers l'or, direction la Cité de l'Or afin de découvrir la mine Lamaque, autrefois la mine d'or la plus riche du Québec. Une virée à Malartic vaut également le détour pour approfondir le sujet. Autres points d'intérêt : la Tour Rotary, haute de 18 mètres, au parc Belvédère, et l'église orthodoxe russe érigée en 1954 à l'angle des boulevards Lamaque et Sigma.

ENTRE LEMOINE ET L'ARBRE €€

437 chemin de la Plage ✆ +1 819 527 1722
entrelemoineetlarbre.ca
Occupation double : à partir de 140 CAN $. Un minimum de nuits est requis à certaines périodes.

À quelques minutes du centre-ville de Val-d'Or s'est établi ce tout nouveau site d'hébergement insolite. Blotties sur les rives du lac Lemoine, des cabanes sur pilotis 4 saisons peuvent accueillir jusqu'à 6 ou 8 personnes dans un superbe environnement naturel. Elles sont toutes construites dans une optique durable avec du bois de la région, des panneaux solaires pour l'électricité, etc. Comme il n'y a pas d'eau courante, des bidons d'eau sont fournis sur place. Ne reste qu'à profiter des sentiers, de la plage du camping voisin (payante) et d'un bon feu de camp !

CITÉ DE L'OR ET VILLAGE MINIER DE BOURLAMAQUE ★★

90, avenue Perreault
✆ +1 819 825 1274
www.citedelor.com
Ouvert en saison estivale. Visite complète : 42 CAN $ par adulte. Visite express aussi offerte.

Après vous être équipé comme il se doit, vous descendrez dans une mine à 91 mètres sous terre et vous assisterez à l'explication du travail des mineurs, du dynamitage, des techniques de forage, etc. L'expérience se poursuit à la surface avec, notamment, la découverte des installations hors terre et du village où vivaient les mineurs à l'époque. À découvrir également : l'exposition « Chez nous à Bourlamaque » à la maison historique. Boutique de souvenirs sur place.

HÔTEL FORESTEL €€

1001, 3e Avenue Est ✆ +1 819 825 5660
www.forestel.ca
Occupation double : à partir de 164 CAN $, wifi et stationnement inclus. Promotions et forfaits disponibles.

Cet établissement tout confort est le plus gros complexe hôtelier de la région. Autant vous dire que vous trouverez tous les services nécessaires à votre séjour : deux restaurants, resto-bar, centre de congrès, gym, terrasse intérieure en saison estivale et bien plus encore. Prenez note que l'hôtel a subi une cure de rajeunissement il y a quelques années (rénovation des aires communes et du centre des congrès, agrandissement et réfection des chambres, etc.). Les chambres *Loft*, raffinées et contemporaines avec un bel espace salon, sont d'ailleurs à découvrir.

MUSÉE MINÉRALOGIQUE DE L'ABITIBI-TÉMISCAMINGUE ★

650, rue de la Paix - **MALARTIC**
✆ +1 819 757 4677
www.museemalartic.qc.ca
Horaires variables selon la saison. Adulte : 9 CAN $.

Un musée de sciences naturelles permettant de parcourir différentes étapes d'un voyage peu banal à la découverte du monde magnifique de la géologie et des minéraux par le biais de son exposition permanente nouvellement réaménagée. Aussi sur place : exposition temporaire, jeux interactifs sur la géologie régionale et internationale, simulateur de tremblements de terre, véritable roche lunaire, pierre de fée et échantillons d'or. à surveiller en 2023 : l'expo minière et forestière.

MICROBRASSERIE LE PROSPECTEUR

585, 3e Avenue
✆ +1 819 874 3377
microleprospecteur.ca
Ouvert du lundi au samedi (même chose pour le magasin général). Restauration, événements, terrasse sur le toit.

Une adresse incontournable à Val-d'Or pour se la couler douce et passer du bon temps. À l'ardoise des bières maison, des nectars pour tous les goûts ainsi qu'une Réserve incluant des crus vieillis en barrique. Superbe sélection également de gins québécois. Côté bouffe, un menu bien rempli avec pizzas, poutines, burgers, tartares, grillades et tutti quanti. Magasin général à la porte voisine (bières pour emporter, produits gourmands, articles cadeaux, etc.).

SENNETERRE

Située en bordure de la rivière Bell, Senneterre est un paradis pour les chasseurs et les pêcheurs, avec de nombreuses pourvoiries dont le très sélect St-Cyr Royal. Pour une expérience des plus authentique, c'est là qu'il faut aller ! Lors des beaux jours, une piste cyclable de 4,2 km ravit les amoureux du vélo, les menant jusqu'au mont Bell (411 mètres), alors que la rivière se prête à merveille aux activités nautiques (location de kayaks sur place). L'hiver fait place aux motoneigistes, la ville étant l'une des principales portes d'entrée de la région. Senneterre est d'ailleurs desservie par les trains de VIA Rail depuis Montréal, via la Mauricie.

ST-CYR ROYAL €€€

2700, chemin Berthelot ✆ +1 819 737 4684
www.stcyrroyal.com
Consultez le site web pour les tarifs. Nombreux services sur place (magasin d'équipement de pêche, service de guide...).

Superbe auberge luxueuse en bois rond, nichée au cœur d'une nature riche et abondante exclusive de 300 km², et accessible uniquement par hydravion. Cotée 5 étoiles, l'auberge peut accueillir jusqu'à 14 personnes dans un confort absolu. Que l'on soit amateur de pêche, de chasse à l'ours ou à l'orignal, les forfaits proposés prennent tout en charge afin de vous faire vivre une expérience grande nature exceptionnelle. Pour faire le plein d'énergie, de copieux et savoureux repas de « fine cuisine confort » sont proposés. En bref : une retraite luxueuse dans le bois.

AMOS ★

Saviez-vous qu'Amos possède une des eaux les plus pures au monde ? Il y a 12 000 ans, les glaciers y ont créé des eskers lors de leur passage. Fort convoitée, elle est même utilisée dans le brassage des bières de Belgh Brasse. Au sud d'Amos, à Saint-Mathieu-d'Harricana, un petit pavillon d'interprétation permet d'en apprendre davantage sur la formation des eskers et même de recueillir l'eau de la source Périgny. De passage à Amos, il faut absolument visiter le fameux Refuge Pageau qui héberge des animaux blessés ou égarés. Une occasion en or pour voir de près des orignaux, loups, renards, ours, oiseaux de proie et autres magnifiques bêtes.

ANISIPI

892, route 111 Est - **PIKOGAN**
✆ +1 819 727 1242
anisipi.com
Voir site web pour les horaires des différents lieux. Adulte : à partir de 8 CAN $.

Inauguré pendant l'été 2022 en plein territoire de la nation autochtone anishinabe, ce tout nouveau circuit d'expériences à la découverte de l'eau propose des zones d'environnement immersif conçues par Moment Factory, dont une se situe au fameux Refuge Pageau. Outre ces zones, on y retrouve également une exposition d'oriflammes, un circuit de fontaines artistiques, un parcours de citations sur le thème de l'eau, le pavillon d'interprétation de l'*esker* et plus encore. À savoir que le mot *anisipi* signifie « eau pure », ou encore « source de vie », en algonquin.

REFUGE PAGEAU ★★

4241, chemin Croteau
✆ +1 819 732 8999
www.refugepageau.ca
Voir site web pour les horaires des visites. Adulte : 26,52 CAN $. Forfaits disponibles. Chalet en location sur place.

Ce refuge d'animaux blessés ou égarés, tenu par une famille de passionnés, a pris de l'ampleur au fil des ans, jusqu'à devenir un attrait majeur. Certains animaux y sont hébergés le temps de leur rétablissement, d'autres sont nés sur place et y passeront une vie paisible. Le refuge ouvre ses portes au public pour le plus grand plaisir des amateurs de la faune, et vous y verrez des loups, des orignaux, des oursons, des lynx et bien d'autres encore. À vivre : la visite VIP qui inclut la visite du refuge, des installations d'isolement et de la pouponnière.

ROUYN-NORANDA ★★

Au début des années 1900, ce n'était qu'une vaste forêt sauvage traversée de rivières et parsemée de nombreux lacs pratiquement inaccessibles. C'est un prospecteur de la Nouvelle-Écosse, Edmund Horne, qui y découvrira des gisements de cuivre d'une richesse inouïe. De partout, des gens vont affluer : une mine s'installe, des cabanes de bois apparaissent sur les rives du lac et on parle bientôt d'un village. Aujourd'hui, c'est le cœur urbain et capitale régionale de l'Abitibi-Témiscamingue. Restaurants, cafés, bars et boutiques jalonnent ses principales rues et sa vie culturelle est particulièrement florissante, avec de nombreux festivals d'importance.

MAGASIN GÉNÉRAL DUMULON

191, avenue du Lac ✆ +1 819 797 7125
maison-dumulon.ca
Horaires variables selon la saison. L'entrée est libre, mais la visite guidée est payante. Programmation culturelle.

Fidèlement reconstitué, ce site historique, géré par la Corporation de la Maison Dumulon, regroupe un magasin général, un bureau de poste ainsi que la résidence familiale de l'époque. La visite guidée vaut vraiment le détour. Ne quittez pas les lieux sans un arrêt à la boutique cadeaux, véritable vitrine des artisans et producteurs agroalimentaires de la région. Vous y trouverez de tout pour tous les goûts et toutes les bourses, y compris des répliques d'objets d'autrefois. Autre site historique géré par la corporation : l'église orthodoxe russe Saint-Georges.

LE NORANDA HÔTEL & SPA €€

41, 6e rue
✆ +1 819 762 2341
lenoranda.com
Occupation double : à partir de 140 CAN $. Promotions et forfaits disponibles. Resto-bar à vin et spa sur place.

Sans doute le meilleur hôtel en ville, un 4 étoiles qui mérite son rang. Vous y retrouverez tout le confort digne des grands hôtels, un service irréprochable, et des chambres très bien décorées et équipées. Le Cellier, resto-bar à vin de l'hôtel, vous accueille pour prendre un verre dans une ambiance de type lounge, et propose une cuisine bistro, asiatique et française avec quelques soirées thématiques. Aussi sur place : centre de santé spa et bains nordiques (hammam avec bain à remous, bain à vapeur, chute froide et mur de pluie). Une bonne adresse à Rouyn !

PARC NATIONAL D'AIGUEBELLE ★★

12373, route d'Aiguebelle ✆ +1 800 665 6527
www.sepaq.com/pq/aig
Ouvert toute l'année. Adulte : 9,25 CAN $, gratuit pour les 17 ans et moins.

Situé à une cinquantaine de kilomètres de Rouyn-Noranda, le parc national d'Aiguebelle recèle de paysages magnifiques et diversifiés. Recouvrant une superficie de 268,3 km², vous y verrez les traces du passage des glaciers, des coulées de lave et des roches vieilles de 2,7 milliards d'années ! Une passerelle longue de 64 mètres et suspendue à 22 mètres de hauteur au-dessus du lac La Haie vous offrira un panorama exceptionnel. La faune y est abondante : on y retrouve la plus forte concentration d'orignaux en Abitibi, ainsi que des centaines de barrages de castors.

On y retrouve deux postes d'accueil, soit le Centre de services Mont-Brun, auquel on accède par le rang Hudon et la route d'Aiguebelle, et le Centre de services Taschereau, accessible par la route 390 et la montée d'Aiguebelle. Consultez le site web pour obtenir les horaires détaillés des postes d'accueil selon la saison.

- **Hébergement :** camps rustiques, chalets, camping, espace camping-car, tentes prêt-à-camper, prêt-à-camper Étoile.
- **Location d'équipement :** embarcations nautiques (canoë, kayak de mer, chaloupe, planche à pagaie, pédalo-ponton...), équipement de plein air (raquettes de montagne, skis hors-piste, fatbikes...). Trois Boutiques Nature sur place, aux deux centres de services et au camping Abijévis.
- **Activités :** activités nautiques, canoë/kayak-camping, pêche à la journée, observation de la faune, randonnée pédestre, expédition dans l'arrière-pays, raquettes, ski nordique, fatbike, escalade de glace, etc.

ABITIBI-TÉMISCAMINGUE

Parc national d'Aiguebelle en Abitibi-Témiscamingue.

CHALETS LAC KANASUTA €€

1238, chemin Paquet
+1 819 279 1580
www.chaletslackanasuta.com
Chalet à partir de 500 CAN $ la nuit. Promotions sur la page Facebook. Réservation indispensable.

Situés sur les rives du lac Kanasuta, deux grands et superbes chalets de bois vous attendent pour un séjour grand confort au cœur d'une nature généreuse. Pouvant accueillir de 8 à 10 personnes, ils disposent de toutes les commodités inimaginables : quatre chambres avec literie haut de gamme, deux salles de bains, bain à remous et sauna privés, foyer au gaz, barbecue, lave-vaisselle, accès Internet, tables de baby-foot, etc. Un véritable havre de paix, à seulement 20 minutes de Rouyn-Noranda et à proximité d'une foule d'activités de plein air en été comme en hiver.

CHEZ MORASSE €

110, 9e Rue
+1 819 762 6666
www.chezmorasse.com
Horaires variables. Fermeture tardive du jeudi au samedi. Carte : moins de 25 CAN $ (sauf pour les grandes pizzas).

Toute le monde connaît ce restaurant ! Entreprise familiale fondée en 1969 par Conrad Morasse, ses délicieuses frites attirent les foules, tout comme sa vaste sélection de poutines de création, dont la 7e Ciel, en référence au label fondé par le rappeur Anodajay originaire de l'Abitibi, ou encore la Double Porc BBQ avec porc effiloché, bacon et filet de sauce BBQ. À la fermeture des bars, on recommande le menu Trash ou, mieux, la poutine Gueule de Bois qui vous donnera l'énergie nécessaire pour vous rendre jusqu'à votre lit.

LE CACHOTTIER €€

143, avenue Principale
+1 819 762 3551
www.lecachottier.com
Horaires variables. Carte : moins de 30 CAN $. Terrasse.

Un bistro urbain en plein cœur du centre-ville de Rouyn, proposant de bons petits plats en soirée : cinq arancinis avec sauce tomate et parmesan, cannellonis avec canard confit, champignons et sauce crème au parmesan, carpaccio de kaki avec melon glacé au sirop de bouleau, feta de chèvre, amandes rôties, salade de pousse et vinaigrette à la lime, ou encore tartare de magret de canard avec chimichurri, amandes, parmesan, frites, mayo et croûtons... On vous recommande de choisir plusieurs plats à partager entre convives, pour goûter à un maximum de délices.

LE TRÈFLE NOIR

145, avenue Principale
+1 819 762 6611
www.letreflenoir.com
Ouvert du lundi au samedi. Programmation gourmande, culturelle et musicale. Terrasse.

Créée par Alexandre Groulx et Mireille Bournival, ce fut la première brasserie artisanale de la région. Cette chouette entreprise gère une microbrasserie pour le brassage et l'embouteillage (rue Jacques-Bibeau, boutique sur place, possibilité de précommander ses bières), ainsi qu'un pub où elle sert ses délicieuses bières maison en rotation selon les saisons, avec une présence régulière de bières invitées dont des « tap takeover » qui mettent en vedette une microbrasserie en particulier, qu'elle soit du Québec, du reste du continent ou même d'outre-mer.

EXODE BÂTISSEURS D'AVENTURES

+1 819 349 7963
exode.ca
En opération toute l'année. Tarifs selon le forfait choisi. Réservation indispensable.

Une jeune entreprise qui ne propose rien de moins que de se reconnecter avec la vaste nature sauvage de l'Abitibi-Témiscamingue et même de la Baie-James. Qu'ils soient axés sur la formation, l'aventure ou même faits sur mesure, les forfaits grande nature d'Exode vous mèneront dans les plus beaux paysages de la région. Atelier de survie en forêt, longue expédition de canoë-camping, expédition hors piste pour la photographie : tout est ici possible !

PARC AVENTURE JOANNÈS

10068, chemin de l'Aventure
+1 819 762 8867
www.parcaventurejoannes.com
Ouvert de fin juin à fin septembre. 12 ans et plus : 5 CAN $ (prix pour l'accrobranche en sus). Réservation obligatoire.

Au cœur de la réserve de biodiversité des lacs Vaudray-Joannès se trouve cet endroit exceptionnel pour une journée en plein air. En plus des expositions au pavillon d'accueil, une foule d'activités sont proposées : un minigolf en forêt, des sentiers de randonnée et de vélo de montagne, une piste d'hébertisme, un labyrinthe de 3,5 km, un baby-foot géant, un parc d'aventure avec parcours accrobranche (des parcours aériens de différents niveaux de difficulté), etc. À noter que le parc n'est ouvert que les week-ends de fin août à fin septembre.

NOTRE-DAME-DU-NORD

Située à un jet de pierre de l'Ontario, cette cité d'un peu plus de 1 000 habitants, communément appelée « le Nord », est l'hôte d'industries manufacturières et agroalimentaires. Son point d'intérêt principal est Fossilarium, un centre d'interprétation dédié à la géologie du Témiscamingue mais aussi au monde fascinant des fossiles. Relativement paisible, la ville revêt une tout autre allure en été avec l'incontournable Rodéo du camion. Depuis plus de 40 ans, les « poids lourds » s'y donnent rendez-vous pour la compétition de tirs de camions lourds avec et sans charge, le concours de beauté de camions, la parade des camions et d'autres activités.

FOSSILARIUM

5, rue Principale Sud
✆ +1 819 723 2500
www.fossiles.ca
Ouvert de fin juin à mi-septembre, tous les jours de 10h à 17h. 12 ans et plus : 7,25 CAN $.

L'exposition paléontologique « La vie au cœur de la pierre » présente le monde fascinant des fossiles du Québec et d'ailleurs, sans oublier une multitude d'expériences et de manipulations rendant le tout des plus intéressants. Fossilarium propose également des expositions temporaires, des ateliers pour les scolaires et des excursions. Pour connaître les tarifs du mini-safari et du safari-découverte, consultez le site web (un minimum de deux personnes est requis pour ces activités et elles comprennent l'entrée au musée). Boutique sur place.

DUHAMEL-OUEST ★

Fondée en 1911 et nommée en l'honneur de l'évêque Joseph-Thomas Duhamel (bien qu'il n'ait aucun lien avec l'histoire du Duhamel-Ouest), cette municipalité héberge le lieu historique national d'Obadjiwan-Fort-Témiscamingue, un important carrefour de traite de fourrures pendant plus de deux cents ans, face au lac Témiscamingue. Ouvert au public en été, il témoigne également de la présence autochtone qui daterait de plus de 6 500 ans. La vue sur la rivière depuis le site est fabuleuse et on y retrouve une petite plage de galets. Sinon, Duhamel-Ouest compte deux centres de villégiature pour ceux en quête d'hôtellerie de plein air ou d'un chalet bien *cosy*.

LIEU HISTORIQUE D'OBADJIWAN-FORT-TÉMISCAMINGUE ★

834, chemin du Vieux-Fort
✆ +1 819 629 3222
www.pc.gc.ca/temiscamingue
Mi-juin à début septembre : lundi-dimanche, 10h-17h. Adulte : 4,25 CAN $, 17 ans et moins : gratuit.

Important poste de traite des pelleteries pendant plus de deux cents ans, il témoigne de l'importante rivalité qui existait aux XVIIe et XVIIIe siècles entre Français et Anglais pour l'exploitation du réservoir Pelletier de la baie d'Hudson, mais aussi de la présence millénaire des Algonquins. Exposition interactive et permanente « Obadjiwan », animations et ateliers variés, film *Les Voyageurs*, aires de pique-nique sur les rives du lac et sentiers d'interprétation.

LA BANNIK €€

862, chemin du Vieux-Fort
✆ +1 819 622 0922
www.bannik.ca
Tarifs par nuit : cabine à partir de 95 CAN $, chalet à partir de 199 CAN $. Camping et roulottes également en location.

Sise sur un site exceptionnel, La Bannik trempe ses pieds dans le lac Témiscamingue. Pour le repos, plus d'une centaine d'emplacements de camping, avec ou sans services, sont répartis sur le site et, pour plus de confort, quatorze luxueux chalets sont en location. Ces derniers sont tous équipés (foyer au salon) et construits en bois, dont certains sur deux étages ou encore avec accès à un bain à remous privé. Quatre petites cabines plus rustiques disposent des services de base. Restauration sur place et nombreuses activités en toute saison.

VILLE-MARIE

Ville-Marie est la plus ancienne localité de l'Abitibi-Témiscamingue. Ce toponyme honore la protection de la congrégation des Oblats de Marie-Immaculée et souligne le rôle déterminant de cette communauté religieuse dans la colonisation de la région du Témiscamingue. La visite du site de la Maison du Frère Moffet permet d'ailleurs de revenir sur ce pan d'histoire. À l'extrémité est de la rue Notre-Dame-de-Lourdes, vous trouverez une grotte aménagée à l'image de celle du même nom en France. Chaque année, des centaines de pèlerins s'y donnent rendez-vous. Un belvédère offre une superbe vue sur la ville et le lac et des sentiers sont à disposition.

MAISON DU FRÈRE MOFFET

7, rue Notre-Dame-de-Lourdes
✆ +1 819 629 3533
www.maisondufreremoffet.com
Fin juin à mi-septembre : mardi-dimanche, 10h-17h. Adulte : 10 CAN $ par activité (jeu, audioguide, visite guidée).

Érigée en 1881 par les Oblats pour leur ferme établie par le frère Joseph Moffet, fondateur du Témiscamingue agricole, cette maison reçut le statut de monument historique classé en 1978. Construite en pièce sur pièce, elle offre un témoignage éloquent de l'art de bâtir des artisans d'autrefois. Elle est de nos jours la plus ancienne demeure encore existante en Abitibi-Témiscamingue. Au-delà des expositions, l'endroit propose aussi des tours de ville en vélo-taxi axés sur l'architecture des bâtiments patrimoniaux et l'histoire de Ville-Marie.

LES SUITES DE LA CHOCOLATERIE €€

5, rue Sainte-Anne Ouest
✆ +1 819 629 1999
www.chocolatsmartine.com
Occupation double : 169 CAN $, stationnement et wifi gratuits.

Tout le monde connaît Les Chocolats Martine dans la région, et même au-delà ! En plus de pouvoir savourer les délicieuses créations chocolatées et les pâtisseries maison grâce à la boutique, l'endroit héberge également quatre belles chambres modernes avec lit Queen, cuisinette, coin salon et bureau et chaise de travail. Bonus : toutes les chambres offrent une vue magnifique sur le lac Témiscamingue. Un excellent pied-à-terre pour découvrir la région !

COOP ARRIÈRE-PAYS

22 rue Notre-Dame Sud
✆ +1 819 629 9448
arrierepays.coop
Tarifs variables selon l'aventure ou le service choisi.

Cette coopérative de solidarité vous offre les grands espaces de l'Abitibi-Témiscamingue sur un plateau d'argent ! Des aventures comme l'initiation à l'escalade de rocher, l'excursion guidée en canoë, l'atelier de mycologie ou encore sur mesure vous sont par exemple proposées. La coop fait également la location d'équipement, que ce soit pour le camping, le canoë, la randonnée, le cyclotourisme et même l'orientation et la sécurité. Des services de transport de bagages, de navette routière et de nourriture de camping s'ajoutent à l'offre.

TEMISCAMING ★

Autrefois connue sous l'appellation de « Long-Sault », en référence aux rapides du même nom le long de la rivière des Outaouais, la ville doit son existence à l'arrivée de l'usine à papier Riordon Pulp and Paper Co. en 1918. Conçue selon le modèle des « cités-jardins » britanniques, elle visait à créer un milieu de vie agréable pour encourager les travailleurs et leurs familles à s'y installer. On peut d'ailleurs encore y admirer l'architecture anglo-saxonne. Amateurs de rando et de vélo : une piste linéaire conduit à la chute du ruisseau Gordon et de là, un sentier mène à un belvédère offrant une vue sur le centre-ville et la rivière des Outaouais.

MUSÉE DE LA GARE

15, rue Humphrey
✆ +1 819 627 1846
www.museedelagare.com
Mi-juin à septembre : lundi-dimanche, 10h-18h (20h jeudi et vendredi). Entrée : 5 CAN $ par personne.

Construite en 1927, cette gare se distingue par son style et son architecture. En 1966, elle fut restaurée et transformée en musée afin de mettre en valeur le patrimoine architectural et industriel de la ville de Témiscaming, ainsi que les personnages marquants ayant façonné son histoire. Des visites autoguidées sont proposées (sur réservation hors saison estivale) et vous trouverez également sur place le bureau d'accueil touristique de Témiscaming, lequel est ouvert selon le même horaire. Spectacles sur la terrasse extérieure.

PARC NATIONAL D'OPÉMICAN ★

5555, chemin Opémican ✆ +1 800 665 6527
www.sepaq.com/pq/ope
Ouvert de mi-juin à début octobre. Adulte : 9,25 CAN $, gratuit pour les 17 ans et moins.

Dernier-né du réseau de la Sépaq et d'une superficie de 252,5 km^2, le parc national d'Opémican met en valeur un territoire constitué d'écosystèmes forestiers exceptionnels et de sublimes paysages. Il représente également un site patrimonial témoignant de l'histoire du flottage du bois sur le grand bassin hydrographique de la rivière des Outaouais.

- **Hébergement :** prêt-à-camper Étoile, camping.
- **Location d'équipement :** embarcations nautiques, vélos, sacs à dos porte-bébé.
- **Activités :** randonnée pédestre, pêche à la journée, activités nautiques, vélo.

MONTÉRÉGIE

Vaste territoire de plus de 10 000 km² où dominent collines et vallées, la Montérégie possède également un réseau hydrographique important qui fut le témoin privilégié de plusieurs batailles historiques. La rivière Richelieu, qui traverse la Montérégie du nord au sud, servait autrefois de voie navigable pour le commerce avant de voir construire, sur ses berges, des fortifications qui servirent à défendre la population des attaques militaires. La vallée du Richelieu est aussi, du point de vue agricole, l'une des régions les plus riches du Québec. Ses vergers sont pris d'assaut l'automne pour l'autocueillette et la région propose également plusieurs circuits gourmands, notamment la Route des cidres, celle des vins et le Circuit du Paysan. Finalement, la Montérégie est la troisième région en importance au Québec en ce qui a trait au nombre de sites historiques, de musées et de centres d'interprétation.

Montérégie
SAINT-SAUVEUR
Prévost
Mille-Isles
Sainte-Sophie
Saint-Jérôme
Sainte-Anne-des-Plaines
Saint-Colomban
Blainville
50
Lachute
Sainte-Monique
LAURENTIDES
Carillon
LAVAL
SAINT-EUSTACHE
Saint-Placide
SAINT-HIPPOLYTE
RIGAUD
HUDSON
OKA
Dollard-des-Ormeaux
Saint-Lazare
Vaudreuil-Dorion
Châteauguay
20
BEAUHARNOIS
Les Cèdres
COTEAU-DU-LAC
Saint-Télesphore
Grande Île
SALABERRY-DE-VALLEYFIELD
Saint-Zotique
Sainte-Martine
Rivière-Beaudette
Howick
SAINT-ANICET
Ormstown
Huntingdon
Athelstan
Franklin Centre
Rockburn
Sainte-Agnès-de-Dundee

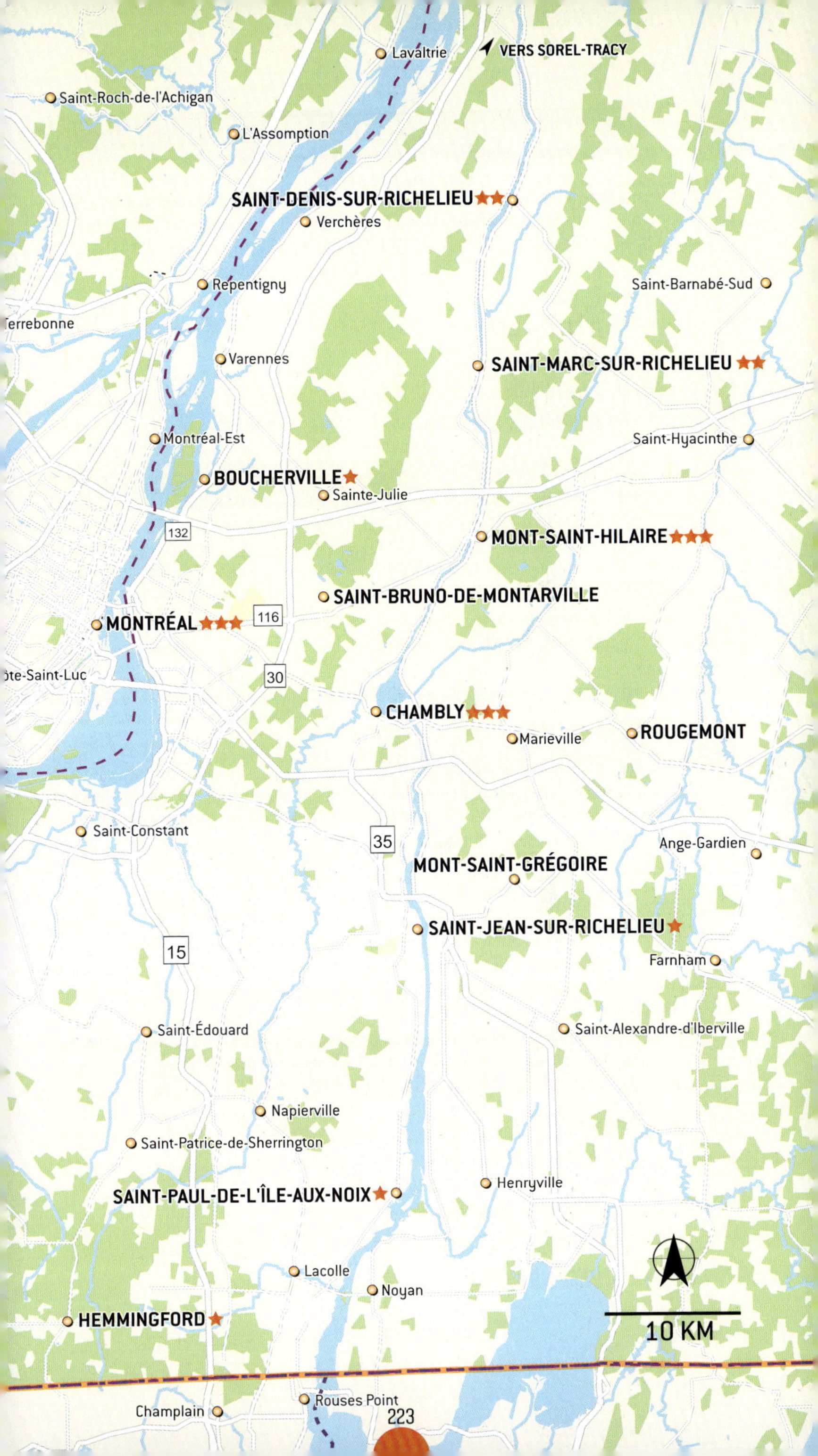
Lavaltrie
VERS SOREL-TRACY
Saint-Roch-de-l'Achigan
L'Assomption
SAINT-DENIS-SUR-RICHELIEU ★★
Verchères
Repentigny
Saint-Barnabé-Sud
Terrebonne
Varennes
SAINT-MARC-SUR-RICHELIEU ★★
Montréal-Est
Saint-Hyacinthe
BOUCHERVILLE ★
Sainte-Julie
132
MONT-SAINT-HILAIRE ★★★
SAINT-BRUNO-DE-MONTARVILLE
MONTRÉAL ★★★
116
Côte-Saint-Luc
30
CHAMBLY ★★★
Marieville
ROUGEMONT
Saint-Constant
35
Ange-Gardien
MONT-SAINT-GRÉGOIRE
SAINT-JEAN-SUR-RICHELIEU ★
Farnham
15
Saint-Édouard
Saint-Alexandre-d'Iberville
Napierville
Saint-Patrice-de-Sherrington
SAINT-PAUL-DE-L'ÎLE-AUX-NOIX ★
Henryville
Lacolle
Noyan
HEMMINGFORD ★
10 KM
Champlain
Rouses Point

PAGES

225 LE SUROÎT

Cette région se trouve tout à l'ouest de la Montérégie, bordant l'Ontario à l'ouest et la frontière américaine au sud. Elle est reliée à l'île de Montréal par les ponts des autoroutes 20 et 40 et la ligne de train de banlieue Vaudreuil-Hudson, et plusieurs traversiers permettent de rejoindre la métropole ou la région des Laurentides.

227 LA RIVE-SUD

C'est le nom donné à toute la frange qui borde Montréal au sud du Saint-Laurent. Territoire incontesté des banlieues de la classe moyenne, ce n'est pas vraiment un haut lieu touristique. Cependant deux parcs nationaux valent la visite, d'autant qu'ils sont à quelques kilomètres à peine de Montréal.

228 LA RIVIÈRE RICHELIEU

En longeant la vallée du Richelieu, riche en histoire et en architecture patrimoniale, vous découvrirez de magnifiques villages pittoresques. On y retrouve aussi la Route du Richelieu, route touristique d'une longueur de plus de 265 km. Elle emprunte les deux rives et s'étend de Sorel-Tracy, à l'embouchure du fleuve Saint-Laurent, jusqu'à Lacolle, à la frontière américaine. La route se poursuit aussi du côté américain, dans l'État de New York, afin de mettre en évidence les hauts faits de l'histoire qui ont jalonné le développement entre les États-Unis et le Canada.

Haut lieu de la pomme et réputé pour sa réserve naturelle qui couvre une partie de la montagne, Mont-Saint-Hilaire est une superbe destination à 30 minutes à peine de Montréal. Mention à son vieux village bordant les rives du Richelieu.

RIGAUD ★

Rigaud est l'une des dernières municipalités que vous croiserez sur votre chemin avant d'arriver en Ontario. On y retrouve plusieurs points d'intérêt, comme la station récréo-touristique du mont Rigaud, ouverte en été comme en hiver (randonnée pédestre, vélo de montagne, ski alpin, etc.). Pour une expérience typiquement québécoise, une visite et un repas à la Sucrerie de la Montagne s'impose. Mais la réputation de l'endroit dépassant largement les frontières du Québec, mieux vaut réserver sa place à la tablée. Pour prolonger le plaisir, l'Auberge des Gallant est une destination à retenir, jouissant d'une belle notoriété dans le domaine hôtelier.

AUBERGE DES GALLANT €€

1171, chemin Saint-Henri ✆ +1 450 459 4241
aubergedesgallant.com
Occ. double : à partir de 189 CAN $ incluant l'accès à certaines installations. Promotions et forfaits disponibles.

Avis aux amateurs de nature et de confort : cette auberge champêtre est à découvrir ! Située sur le mont Rigaud, elle propose de très belles unités, dont des chambres familiales, ainsi qu'un restaurant de cuisine régionale (superbe carte des vins primée) et une cabane à sucre en saison. Parmi les activités et services sur place, notons cinq arpents de jardin botanique et des sentiers de randonnée (prêt de raquettes sur place en hiver), l'observation des cerfs de Virginie, la baignade dans la piscine extérieure chauffée ou encore les soins du centre de santé spa.

SUCRERIE DE LA MONTAGNE €€

300, chemin Saint-Georges
✆ +1 450 451 0831
www.sucreriedelamontagne.com
Ouvert toute l'année, réservation nécessaire. Hébergement sur place avec ou sans forfait repas, magasin général.

Plus qu'une simple cabane à sucre, c'est un véritable site du patrimoine québécois : le lieu, une authentique érablière traditionnelle, vous convie à venir déguster un festin du temps des sucres avec animation folklorique, et ce, toute l'année. À découvrir : leur resto, La bête Sauvage, proposant un menu à base de viandes sauvages du Québec. Plusieurs activités sont offertes comme la visite guidée de la cabane à sucre et de la boulangerie (sur demande), la balade en traîneau ou charrette tirés par des chevaux, etc. À voir : la superbe terrasse en forêt en été.

HUDSON

Situé sur les rives du lac des Deux-Montagnes (traversier vers Oka en saison), Hudson est un petit village anglophone plein de charme. Ici aucune bannière mais que des commerces indépendants qui valent le détour. On pense notamment à la boucherie-restaurant Furley, au restaurant Main Kitchen et son comptoir-cantine Main Alley, au bistro Wendigo réputé également pour ses cocktails, à la Microbrasserie Cardinal, au pub écossais Cameron ou encore au sympathique café-boutique Juniper. Pour prolonger le plaisir, l'Auberge Willow Inn propose une dizaine de chambres et, surtout, un excellent restaurant sous la gouverne du chef Danny Smiles.

COTEAU-DU-LAC

La localité fait face à un étranglement du Saint-Laurent où se concentrent un chapelet d'îles et plusieurs rapides, ces derniers étaient d'ailleurs parmi les plus difficiles à franchir entre Montréal et les Grands Lacs. C'est également ici que l'on retrouve le plus important dénivelé du fleuve. Ce lieu fut longtemps la principale porte d'entrée des importations du Haut-Canada. Conséquemment, des fortifications furent érigées en 1812 afin de protéger la voie fluviale, et le lieu historique national de Coteau-du-Lac relate ces faits de manière divertissante et ludique. Par beau temps, faites 10 km vers l'ouest jusqu'à la belle plage de Saint-Zotique.

LIEU HISTORIQUE NATIONAL DE COTEAU-DU-LAC

308A, chemin du Fleuve
✆ +1 450 763 5631
www.pc.gc.ca/coteau
Mi-juin à début septembre : lundi-dimanche, 10h-17h. Entrée gratuite.

Sur ce site qui renferme 7 000 ans d'histoire, vous verrez le premier canal à écluses du pays ainsi que les vestiges d'un fort et une réplique d'un blockhaus datant du début du XIXe siècle. Ce fut un lieu majeur du développement du transport fluvial. Mais avant cela, c'était également un lieu de portage et de campement fréquenté assidûment par les Amérindiens afin d'éviter les rapides. Jardin archéologique, animations thématiques et activités d'interprétation.

MONTÉRÉGIE

SALABERRY-DE-VALLEYFIELD

Capitale de la région du Suroît, la ville vit au rythme de l'eau. Elle possède notamment la 2e plus grande marina de la province, s'ouvrant sur la baie du lac Saint-François. En juillet s'y déroule les incontournable régates, des courses d'hydroplanes uniques. C'est aussi ici que s'est amarré le premier hôtel flottant de la province, le Flotel. Pour les amoureux de la nature, deux parcs régionaux se trouvent à proximité, dont un avec de belles plages sablonneuses. Quant aux épicuriens, ils se donnent rendez-vous dans le Quartier Gourmand, une concentration de restaurants et commerces alimentaires dans un rayon de 500 mètres du centre-ville.

CENTRALE HYDROÉLECTRIQUE DE BEAUHARNOIS ★

Boulevard de l'Énergie
✆ +1 800 365 5229
www.hydroquebec.com/visitez/
Visites guidées tous les jours en été, le samedi seulement le reste de l'année. Réservation obligatoire. Gratuit.

Ouverte depuis 1932, c'est l'une des plus grandes centrales hydroélectriques au monde et la plus puissante au fil de l'eau d'Hydro-Québec. Avec 38 groupes turbines-alternateurs, alignés sur près d'un kilomètre, c'est l'équivalent de trois tours Eiffel superposées ! La visite guidée vous fera découvrir son architecture d'inspiration Art déco, les phases de sa construction, les étapes de l'électrification de la région montréalaise et ses turbines-alternateurs.

FLOTEL €€

240, rue Victoria
✆ +1 877 819 0979
flotel.ca
Occupation double : à partir de 99 CAN $. Plusieurs activités disponibles en partenariat. Autres Flotel au Québec.

Avec son concept écoresponsable et entièrement automne, c'est le tout premier hôtel flottant de la province, posé sur les eaux de la baie du lac Saint-François. L'entreprise a recyclé des conteneurs et le résultat est hallucinant : fenestration abondante, terrasse privée avec fauteuils extérieurs et accès au lac, terrasse commune sur le toit, et tous les équipements nécessaires pour un séjour ultra douillet. Cerise sur le sundae : on peut y dormir en été comme en hiver ! Trois autres Flotel en Montérégie et un projet à venir en Outaouais.

SAINT-ANICET

Petite municipalité sur la rive sud du lac Saint-François, à proximité de l'Ontario et des États-Unis. En été, profitez de la plage du parc Jules-Léger ou encore des activités de plein air à la Réserve nationale de faune du lac Saint-François à Dundee (à quelques kilomètres au sud-ouest). Des croisières sont également offertes par l'entreprise Navark sous forme d'excursions patrimoniales en mode plein jour ou crépuscule. Si l'histoire des Premières Nations vous intéresse, rendez-vous au Centre d'interprétation du site archéologique Droulers-Tsiionhiakwatha. On y retrouve les vestiges du plus important village iroquois jamais mis au jour au Québec.

BEAUHARNOIS

La ville de Beauharnois, qui regroupe également Maple Grove et Melocheville, est bien connue pour sa centrale hydroélectrique qui attire nombreux visiteurs chaque année. Pour cause : c'est l'une des plus grandes centrales électriques du globe. Outre ce chef-d'œuvre d'ingénierie, Beauharnois héberge un charmant espace naturel, le parc historique de la Pointe-du-Moulin. Situé sur les berges du lac Saint-Louis, il est renommé pour son moulin datant de 300 ans, sa maison du meunier construite en 1785 et son four ancestral. Pour prendre le large, Kayak Beauharnois-Salaberry propose la location d'embarcations nautiques ainsi que des excursions guidées.

SITE ARCHÉOLOGIQUE DROULERS-TSIIONHIAKWATHA ★

1800, chemin Leahy
✆ +1 450 264 3030
www.sitedroulers.ca
Ouvert de fin mai à fin septembre (voir site web pour les horaires). Adulte : 10 CAN $. Aire de pique-nique, boutique.

On retrouve ici les vestiges du plus important village iroquois jamais mis au jour au Québec. Pour découvrir le mode de vie et les traditions des Iroquois, des visites guidées font découvrir ce village reconstitué avec ses maisons-longues et son jardin traditionnel, sans oublier l'exposition *Kionhekwa*. Pour une expérience authentique, il est possible de passer la nuit dans une maison-longue avec au programme des ateliers, de l'animation, une visite du village, etc.

BOUCHERVILLE ★

Fondée en 1667 par Pierre Boucher, Boucherville est l'une des dix plus vieilles villes du Québec. Elle est dorénavant une des banlieues aisées de Montréal, mais elle a su garder sa partie historique avec ses belles maisons ancestrales bordant des rues étroites ainsi qu'une église classée monument historique. Mais son plus gros atout, c'est le parc national des Îles-de-Boucherville. Installé sur les îles du même nom au beau milieu du fleuve Saint-Laurent, il offre un havre de nature à un jet de pierre de la métropole. Durant la belle saison, on peut même s'y rendre par navette fluviale depuis Montréal ou Boucherville avec la compagnie Navark.

PARC NATIONAL DES ÎLES-DE-BOUCHERVILLE

55, île Sainte-Marguerite ✆ +1 800 665 6527
www.sepaq.com/pq/bou
Ouvert dès 8h (fermeture entre 16h et 20h selon la période). Adulte : 9,25 CAN $, gratuit pour les 17 ans et moins.

En plein cœur du fleuve cinq îles sont reliées par une piste cyclable et des sentiers qui permettent de les arpenter. Marais, chenaux, forêts : un vrai havre de paix à quelques minutes de la ville.

Hébergement : camping, espace VR, tentes prêt-à-camper.

Activités : activités nautiques, randonnée, vélo, pêche, observation de la faune, raquette, ski de fond, fatbike et randonnée pédestre sur neige. Location d'embarcations nautiques, de vélos/fatbikes, de raquettes et de skis de fond.

SAINT-BRUNO-DE-MONTARVILLE

C'est en 1710 que le gouverneur de la Nouvelle-France concéda la seigneurie de Montarville à Pierre Boucher de Boucherville. Située sur le flanc ouest du mont Saint-Bruno et terre agricole par excellence, son potentiel en énergie hydraulique sera également exploité grâce aux cours d'eau qui s'écoulent de la montagne. Ce n'est qu'en 1846 que la paroisse prendra le nom de Saint-Bruno-de-Montarville et elle deviendra une ville en 1958. C'est de nos jours une banlieue résidentielle, mais sa montagne et sa station de ski, où se trouve d'ailleurs l'une des meilleures écoles de snowboard, attirent citadins en quête d'un peu de calme et de nature.

PARC NATIONAL DU MONT-SAINT-BRUNO

330, rang des Vingt-Cinq Est ✆ +1 800 665 6527
www.sepaq.com/pq/msb
Ouvert toute l'année. Adulte : 9,25 CAN $, gratuit pour les 17 ans et moins. Salon de thé, location d'équipement.

Il fait partie de la région naturelle des collines montérégiennes. Véritable havre de paix à quelques kilomètres de la ville, il abrite une faune riche et diversifiée ainsi que cinq lacs, un verger et un moulin historique. Aucun hébergement sur place.

Activités : autocueillette de pommes, randonnée pédestre, activités nautiques, activités de découverte guidées, ski de fond, raquettes, fatbike, sports de glisse à la station Ski Saint-Bruno (au nord-ouest du parc).

FÖRENA CITÉ THERMALE

250, rang des Ving-Cinq Est
✆ +1 844 985 2500
www.forena.ca
Ouvert tous les jours de 10h à 22h. Accès aux bains : 80 CAN $. Forfaits disponibles.

Ouverte depuis janvier 2020, cette nouvelle cité thermale nous plonge dans les univers de l'Allemagne, de la Russie et de l'Islande. Ses installations sont le nec plus ultra en la matière, le tout blotti au pied du mont Saint-Bruno. En plus du cycle thermal, l'endroit propose l'expérience du rituel Aufguss, des séances d'étirements sensoriels, des méditations sensorielles et une panoplie de massages et de soins esthétiques. On y retrouve également un restaurant-bar servant des plats bistro où les produits du Québec ont la cote.

SKI SAINT-BRUNO

550, rang des Vingt-Cinq Est
✆ +1 450 653 3441
skisaintbruno.ca
En opération de fin novembre à fin mars, voire plus. Voir site web pour les billets journaliers et les passes.

Avec un dénivelé de 134 mètres, la station Ski Saint-Bruno offre 18 pistes sur 2 versants, du ski de soirée (toutes les pistes sont éclairées), 9 remontées mécaniques, des snowparks (parmi les meilleurs du Québec) et un parcours évolutif pour les débutants. Plusieurs services sur place : achat, location et réparation d'équipement de glisse, boutique d'accessoires et restauration. À savoir qu'une navette SkiBus du RTL dessert la station tous les week-ends depuis le métro Longueuil - Université-de-Sherbrooke. Un arrêt est aussi compris au parc national.

SOREL-TRACY

C'était au XVIIIe siècle une ville de garnison, destinée à repousser une éventuelle invasion américaine et visant à protéger les loyalistes. Le Carré Royal, ancienne place d'Armes, a été transformé en parc, devant lequel se dresse l'église anglicane Christ Church, de style néogothique. L'animation se concentre dans la rue du Roi, avec ses boutiques, ses restaurants, ses cafés et son vieux marché, tandis que la rue Augusta mène à un parc en bordure du fleuve offrant des vues sur le Saint-Laurent, le port et la marina. À 8 kilomètres à l'est de Sorel, l'église Sainte-Anne-de-Sorel a été décorée de superbes fresques par le peintre Suzor-Coté.

BIOPHARE

6, rue Saint-Pierre
✆ +1 450 780 5740
biophare.com
Ouvert tous les jours (fermé lundi de septembre à fin juin). Adulte : 8,50 CAN $. Forfaits avec croisière disponibles.

Géré par la Corporation soreloise du patrimoine régional, ce musée se veut un lieu de documentation, de diffusion et de promotion des différentes valeurs patrimoniales propres à la région de Sorel-Tracy, à la MRC de Pierre-de-Saurel et à la réserve de la biosphère du lac Saint-Pierre. En collaboration avec Randonnée Nature, de fin mai à fin septembre, des croisières guidées d'une durée de 3 heures vous feront découvrir cette réserve de la biosphère. Il est également possible de faire une croisière d'une heure et demie sur la rivière Richelieu (sur réservation).

STATERA - L'ARCHIPEL FABULEUX

127, rue du Traversier
✆ +1 450 846 2958
stateraexperience.com
De mi ou fin juin à mi-octobre. Voir site web pour les horaires et tarifs détaillés.

Expérience multimédia et immersive unique, Statera se décline en plusieurs volets : l'expérience dôme où visionner des films en 360°, un parcours interactif à la fine pointe mettant en vedette les îles de la Réserve de la biosphère du lac Saint-Pierre, des stations sensorielles et différentes croisières afin d'explorer la richesse de cet archipel. On peut faire qu'une seule activité ou alors s'offrir la totale. Vu la popularité du lieu, les réservations ne sont pas un luxe.

SAINT-DENIS-SUR-RICHELIEU ★★

Aujourd'hui paisible village, il fut autrefois le théâtre d'une bataille considérée comme le début officiel de la Rébellion des Patriotes. Un monument dédié aux Patriotes rappelle leur victoire sur les troupes du colonel Gore en 1837. Pour le 150e anniversaire de la Rébellion, une plaque a été apposée en 1987, avec ces paroles de René Lévesque : « Ils ont lutté pour la reconnaissance nationale de notre pays, pour sa liberté politique et pour l'obtention d'un système de gouvernement démocratique ». À côté, l'église du XVIIIe siècle abrite la cloche de la Liberté qui appelait les Patriotes au combat. Pensez à visiter la Maison nationale des Patriotes.

MAISON NATIONALE DES PATRIOTES ★

610, chemin des Patriotes
✆ +1 450 787 3623
www.mndp.qc.ca
Horaires variables selon la saison. 16 ans et plus : 9 CAN $. Boutique sur place.

On y présente l'exposition permanente *Entre résistance armée et insurrection* au sujet du combat des Patriotes mené par Louis-Joseph Papineau et des batailles de Saint-Denis, Saint-Charles et Saint-Eustache. Ateliers, circuits extérieurs, visites guidées, programmation culturelle, conférences, films et événements spéciaux aussi proposés sur place. Informez-vous également sur le site patrimonial La-Prison-des-Patriotes (à Montréal, ouvert toute l'année du mercredi au dimanche).

SAINT-MARC-SUR-RICHELIEU ★★

Fondé en 1792 sur la rive gauche de la rivière Richelieu, ce petit village est réputé pour le charme de ses maisons anciennes et de ses auberges. Il est d'ailleurs classé parmi les plus beaux villages de la province, en plus de faire partie de la corporation Les Fleurons du Québec qui reconnaît les efforts d'embellissement horticole durable des municipalités. Au cœur du village, on retrouve un circuit patrimonial qui met en valeur des résidences datant des années 1700 ainsi que sa belle église construite à la fin du XVIIIe siècle. Au printemps, ses cabanes à sucre attirent les gourmands, dont l'incontournable Cabane du Domaine Handfield.

AUBERGE HANDFIELD €€

555 rue Richelieu
✆ +1 450 584 2226
www.aubergehandfield.com
Occupation double : à partir de 162 CAN $, petit déjeuner inclus. Autres forfaits disponibles.

Cette auberge de charme accueille des visiteurs depuis plus de 75 ans. Les chambres marient luxe, confort et décoration rustique et raffinée. La table de l'auberge est réputée et propose une cuisine du terroir, sans oublier le fameux brunch du dimanche. L'auberge possède également une cabane à sucre d'antan qui fera le bonheur de tous (ouverte en saison) ainsi qu'une marina avec bar-terrasse. Pour les moments de dorlotement, le centre de santé vous convie à des soins de massothérapie, d'hydrothérapie, corporels et d'esthétique (fermé temporairement).

MONT-SAINT-HILAIRE ★★★

Patrie des célèbres peintres Ozias Leduc et Paul-Émile Borduas, Mont-Saint-Hilaire est un centre artistique réputé. Nous vous recommandons d'ailleurs une visite au Musée des beaux-arts. Au-dessus de la localité se dresse le mont Saint-Hilaire (nombreux sentiers de randonnée et quelques sommets accessibles), qui fait partie des collines montérégiennes et dont les versants sont couverts de pommiers. À l'automne, les vergers sont d'ailleurs pris d'assaut pour l'autocueillette, et qui dit pomme dit cidre ! Sinon, plusieurs bonnes adresses gourmandes, tant à Mont-Saint-Hilaire que dans le Vieux-Beloeil situé de l'autre côté de la rivière Richelieu.

ÉGLISE SAINT-HILAIRE ★

260 chemin des Patriotes Nord
✆ +1 450 467 4434
www.paroissesainthilaire.com
Consultez le site web pour les horaires des messes et célébrations. Visites guidées aussi offertes.

Construite au cœur du noyau villageois entre 1830 et 1837, dans un style d'inspiration néoclassique et néogothique, cette église est classée monument historique depuis 1965. À l'intérieur se trouvent entre autres le plus ancien orgue Casavant encore en service aujourd'hui ainsi qu'un décor entièrement conçu par Ozias Leduc, peintre originaire de Mont-Saint-Hilaire. Des visites guidées sont proposées en saison par Patrimoine Hilairemontais (patrimoinehilairemontais.org), le tout sans réservation et gratuitement (contribution volontaire suggérée).

LA MAISON DES PEUPLES AUTOCHTONES ★

510, montée des Trente ✆ + 1 450 464 2500
maisonautochtone.com
Musée : lundi à vendredi 9h-17h, samedi et dimanche 13h-17h. Adulte : 8 CAN $. Animations et ateliers sur réservation.

L'artiste-peintre André Michel a créé, en partenariat avec la Fondation Ushket-André Michel, ce lieu d'échanges et de partage visant à faire connaître davantage les peuples autochtones. Activités proposées (certaines sur réservation) : expositions d'œuvres d'artistes contemporains autochtones et métis, ateliers divers, spectacles d'artistes musicaux autochtones, dégustations de mets amérindiens, etc. Boutique mêlant art et savoir-faire autochtones et Café Le Mishtan sur place.

MONTÉRÉGIE

© VALÉRIE FORTIER

La rivière Richelieu et le mont Saint-Hilaire.

MUSÉE DES BEAUX-ARTS DE MONT-SAINT-HILAIRE

150, rue du Centre-Civique
✆ +1 450 536 3033
mbamsh.com
Lundi-vendredi, 9h-17h ; samedi-dimanche, 13h-17h. Adulte : 8 CAN $. Boutique-librairie sur place.

Fondé en 1985 par l'artiste André Michel, le MBAMSH met l'accent sur l'héritage laissé par trois figures emblématiques de la région, soit Jordi Bonnet, Paul-Émile Borduas et Ozias Leduc. Voué à l'art contemporain sous toutes ses formes, il offre en plus de ses expositions des activités pour les jeunes, les groupes scolaires et les adultes. De fin mai à fin octobre, vous pouvez également visiter les deux maisons d'artistes que sont le Domaine Ozias Leduc et la Maison Paul-Émile-Borduas.

RÉSERVE NATURELLE GAULT ★★

422, chemin des Moulins
✆ +1 450 467 4010
gault.mcgill.ca
Site et accueil ouverts tous les jours. Adulte : 9-14 CAN $. Location d'équipement à l'accueil.

© MARCBRUXELLE - SHUTTERSTOCK.COM

Situé à une quarantaine de kilomètres de Montréal, le mont Saint-Hilaire est une réserve de biosphère de l'Unesco. Son propriétaire, l'Université McGill, s'est engagé à préserver la montagne et effectuer des recherches en offrant, par ailleurs, des activités d'éducation et de loisir. Des sentiers de randonnée permettent de gagner certains sommets du mont d'où se découvre une vue étendue sur la vallée du Richelieu, le fleuve Saint-Laurent et même Montréal. C'est aussi un lieu idéal pour la pratique du ski de fond et de la raquette en hiver.

BLEU MOUTARDE €€

965, rue Richelieu
BELOEIL
✆ +1 450 464 8839
bleumoutarde.ca
Horaires variables. Plats le midi : moins de 30 CAN $, le soir : 10 à 45 CAN $. Terrasse.

Un petit bijou de bistro, situé directement sur les rives du Richelieu dans le Vieux-Beloeil. Jolie maison d'époque bleue et jaune - d'où le nom de l'endroit - avec une salle à manger sur deux étages et une grande terrasse absolument magnifique et ultra cosy, le tout avec vue sur le mont Saint-Hilaire. Au menu, une cuisine de type bistro français comprenant tous les incontournables. Mention à leur cellier composé de plus de 700 bouteilles d'importation privée. Bon plan pour les bourses moins nanties : un menu de midi à prix doux.

LE CRACHEUR DE FEU €€

969, rue Richelieu
BELOEIL
✆ +1 438 863 3808
lecracheurdefeu.com
Horaires variables. Carte : 10-40 CAN $, plateau du cracheur pour 2 personnes : 85 CAN $. Terrasse.

Ici on prend le barbecue au sérieux ! Toutes les viandes sont cuites et fumées sur flamme libre ainsi que sur charbon de bois provenant de différentes essences. En résultent de savoureux plats comme le poulet jerk jamaïcain, le burger de brisket, le *short rib* de bœuf fumé ou encore le plateau du cracheur qui comprend une sélection de leurs grillades et produits du fumoir. Bonus : un large menu de bières artisanales et un bar tiki sur la superbe terrasse en bordure de la rivière Richelieu. D'ailleurs des musiciens s'y produisent lors de la belle saison.

BRASSEURS DU MOULIN

991, rue Richelieu - **BELOEIL**
✆ +1 450 527 1133
www.brasseursdumoulin.com
Ouvert tous les jours en été, fermé lundi hors saison. Programmation culturelle et musicale. Superbe terrasse.

Le nom ne laisse planer aucun doute : la bière artisanale est ici à l'honneur, brassée maison et appuyée de quelques crus invités. C'est en plein cœur du Vieux-Beloeil que s'est installée la première brasserie du coin, dans un bâtiment historique du village. Lors des beaux jours, sa grande terrasse donnant sur le Richelieu et le mont Saint-Hilaire est ultra convoitée, et avec raison. Le menu bouffe offre des plats gourmands (salade Caesar au poulet, tartare de cerf, grande sélection de burgers, etc.) et les portions sont généreuses. Belle programmation également.

MONTÉRÉGIE

CHOCOLATERIE LA CABOSSE D'OR

973, chemin Ozias-Leduc - **OTTERBURN PARK**
+1 450 464 6937
www.lacabossedor.com
Horaires variables selon la saison. Boutique en ligne également.

L'équipe de la Chocolaterie La Cabosse d'Or confectionne la praline et le chocolat à partir d'anciennes méthodes de fabrication. En plus des nombreuses succulentes gâteries proposées à la boutique, un musée avec vitrine sur l'atelier, un mini-golf chocolaté, un salon de thé, un comptoir de crèmes glacées et sorbets maison ainsi qu'une terrasse dans le jardin sont à votre disposition sur place. Un arrêt gourmand incontournable qui promet quelques dégustations et achats bien sucrés !

STRØM SPA NORDIQUE MONT-SAINT-HILAIRE

641, chemin de la Montagne
+1 450 864 2772
www.stromspa.com
Ouvert tous les jours de 9h à 22h. Voir site web pour les tarifs et forfaits.

Blotti au pied de la montagne, ce magnifique spa membre de la chaîne bien connue Strøm (présente également à Montréal, à Sherbrooke et à Québec) propose une variété de services incluant les bains nordiques, la massothérapie, les soins esthétiques et la gastronomie d'inspiration boréale au Restaurant Nord. De nombreux forfaits sont disponibles ainsi que des soirées thématiques, comme les Soirées Drøm pour les parents et ados ou les Soirées Ekko avec ambiance décontractée.

© VALÉRIE FORTIER

Vieux-Beloeil.

ROUGEMONT

On y retrouve une des collines montérégiennes, le mont Rougemont, mais surtout des pommiers à perte de vue. La municipalité n'est pas devenue la capitale de la pomme du Québec pour rien ! C'est d'ailleurs ici que fut fondée, en 1918, la compagnie Lassonde, laquelle est reconnue entre autres pour son fameux jus de pomme Rougemont. Aussi bien dire que la région est prise d'assaut l'automne pour l'autocueillette dans l'un de ses nombreux vergers. Plusieurs cidreries y ont également élu domicile, notamment la Cidrerie Michel Jodoin et le Domaine de Lavoie. En automne, ne ratez pas l'événement Weekends gourmands qui célèbre les récoltes comme il se doit !

CHAMBLY ★★★

L'histoire de Chambly est intimement liée à celle de son fort, dorénavant lieu historique national. Son canal, creusé en 1843 pour la navigation commerciale, est également devenu un lieu historique et sert à la navigation de plaisance. Si le désir de prendre le large se fait sentir, Location Motomarine Sport Chambly comblera vos envies de nautisme. Si vous êtes plutôt branché culture et histoire, un circuit patrimonial avec audioguide se fait tant à vélo qu'à pied. Chambly est également un haut lieu de la bière avec des brasseries et un festival annuel en plein air dédié au monde brassicole québécois, l'incontournable Bières et Saveurs.

LIEU HISTORIQUE NATIONAL DU CANAL-DE-CHAMBLY

1751, avenue Bourgogne
+1 450 658 4381
www.pc.gc.ca/canalchambly
Ouvert tous les jours à l'année, du lever du soleil à 23h. Gratuit.

Maintenant utilisé par les bateaux de plaisance, ce canal fut ouvert à la navigation commerciale en 1843 et s'étire sur 20 kilomètres entre Chambly et Saint-Jean-sur-Richelieu. Sa grande particularité : les écluses sont en escaliers et fonctionnent encore manuellement. Tout un spectacle à voir ! Pour se dégourdir les jambes, une piste cyclable longe le canal sur toute sa longueur. Pour les horaires de navigation aux écluses, consultez le site web.

MONTÉRÉGIE

LIEU HISTORIQUE NATIONAL DU FORT-CHAMBLY ★

2, rue de Richelieu
✆ +1 450 658 1585
www.pc.gc.ca/fortchambly
Ouvert de mi ou fin mai à mi-octobre (horaires variables). Adulte : 8,50 CAN $, 17 ans et moins : gratuit.

Restauré par le gouvernement canadien, il a été construit par les Français en 1711, au pied des rapides de la rivière Richelieu, voie d'eau reliant Montréal à New York. Inspiré des principes de fortifications à la Vauban, il attendait de pied ferme les attaquants des colonies anglaises. Franchissez ses murailles et découvrez la vie des soldats et des habitants de la seigneurie de Chambly, vers 1750. Un véritable témoin de la présence française en Amérique !

SAINT-JEAN-SUR-RICHELIEU ★

Son histoire remonte au XVIIe siècle, à l'époque des guerres iroquoises, quand les Français ont bâti une série de fortins le long du Richelieu. Après la guerre d'indépendance américaine, nombreux loyalistes se sont établis dans la région et dans cette ville, appelée un temps Dorchester, qui fut un nœud d'échanges important avec New York et le lac Champlain dans l'État du Vermont. Elle a aussi été, au XIXe siècle, la capitale de la vaisselle en faïence et en grès (pièces de collection Farrar). Aujourd'hui, on y vient pour sa vitalité culturelle, ses activités nautiques, ses circuits cyclables et pédestres, sans oublier l'International des montgolfières.

BEDONDAINE & BEDONS RONDS

255, rue Petrozza
✆ +1 450 447 5165
www.bedondaine.com
Ouvert du mardi au dimanche (horaires variables selon la saison). Programmation culturelle et musicale. Terrasse.

L'intérieur est un véritable petit musée entièrement dédié à la bière, avec des milliers d'articles anciens et actuels. Côté houblon, des dizaines de bières sont brassées annuellement ou en édition limitée, sans compter la série apprentis-brasseurs et celle des grands crus. Les amateurs de produits plus corsés seront ravis par la sélection de Scotchs Single Malt, qui compte d'excellentes références. Sandwichs, nachos et autres en-cas pour combler les petits creux.

MUSÉE DU HAUT-RICHELIEU

182, rue Jacques-Cartier Nord
✆ +1 450 347 0649
www.museeduhaut-richelieu.com
Ouvert toute l'année (horaires variables, fermé lundi et mardi hors saison). Adulte : 10 CAN $. Boutique sur place.

L'exposition, « Le Haut-Richelieu : d'eau, de terre et de feu », met en valeur l'histoire de la région, sa vie politique, économique, sociale et culturelle, par le biais d'une série d'images, de textes et d'objets. On y présente également une collection unique de céramique (à savoir que cette région en fut jadis la capitale canadienne). Des activités ponctuent la programmation du musée comme des ateliers pour enfants, des cours de céramique pour petits et grands, des visites guidées du musée ou encore à pied dans le Vieux-Saint-Jean.

FERME GUYON

1001, rue Patrick-Farrar
✆ +1 450 658 1010
fermeguyon.com
Voir site web pour les horaires des différents services. Tarifs pour la ferme pédagogique et la papillonnerie.

Cette immense ferme horticole fait la production et la promotion de l'horticulture indigène du nord de l'Amérique. Sur place, vous trouverez une pépinière et un centre du jardin, un marché fermier (produits du terroir, boucherie, boulangerie, fromagerie, produits maraîchers), une papillonnerie et une ferme pédagogique. Prévoyez donc amplement de temps pour faire la visite des lieux et un peu d'emplettes, d'autant plus que la Boutique Réserve y a installé ses pénates et vend une superbe sélection de bières, cidres et vins québécois.

CROISIÈRES D'IBERVILLE

55, rue Richelieu ✆ +1 450 348 9744
www.croisieresdiberville.com
En opération de mai à octobre. Tarifs variables selon la croisière choisie. Réservation recommandée.

Le navire *Pierre Le Moyne-d'Iberville*, ancien bateau de haute mer, a d'abord navigué dans le golfe du Saint-Laurent et le fjord du Saguenay avant de s'installer définitivement sur la rivière Richelieu. D'une capacité de 40 personnes, il propose différentes croisières thématiques, dont certaines avec arrêts dans les villages pour visiter certains établissements. C'est le seul bateau qui effectue tout le parcours de la rivière Richelieu, du lac Champlain au fleuve Saint-Laurent. Le lieu d'embarquement pouvant être ailleurs qu'à Saint-Jean, renseignez-vous bien.

MONT-SAINT-GREGOIRE

Localité facilement repérable grâce à sa petite montagne en forme de pyramide qui accueille, entre autres, le Centre d'interprétation du milieu écologique du Haut-Richelieu (CIME), lequel a pour mission d'en assurer sa protection et d'offrir des activités d'interprétation pour le grand public. Des sentiers y ont été aménagés (location de raquettes en hiver) et depuis son sommet, par temps clair, on y admire les autres collines montérégiennes. À découvrir également : l'univers de filets suspendus et le village dans les arbres du parc d'attractions uplå par Arbraska. Au pied de la montagne s'étendent des vergers, des cidreries et nombreuses érablières.

SAINT-PAUL-DE-L'ILE-AUX NOIX ★

La ville tient son nom du fait que son premier habitant devait remettre au sieur de Noyan, municipalité située de l'autre côté de la rivière Richelieu, une « pochée de noix » en guise de rente annuelle... En face de Saint-Paul se trouve l'Île-aux-Noix qui doit son nom aux noyers qui jadis y poussaient à profusion. Elle a été fortifiée par les Français en 1759, au cours de la guerre de Sept Ans contre les Anglais. Puis l'île a été abandonnée et occupée par les Américains de 1775 à 1776, avant de devenir, pour les Anglais, un important poste défensif et stratégique de premier ordre puisqu'il contrôlait l'accès de la vallée à son point le plus méridional.

BLOCKHAUS DE LA RIVIÈRE-LACOLLE ★

1, rue Principale
✆ +1 450 246 3227
www.ileauxnoix.com
Temporairement fermé depuis la saison 2020. Vous informer avant d'y aller.

Ce bâtiment en rondins, ouvrage militaire défensif de petite taille construit par les Anglais en 1781 au bord de la rivière Lacolle, affluent du Richelieu, faisait partie du système de défense élevé contre la nouvelle république américaine. C'est le seul bâtiment militaire de ce genre subsistant au Québec. Il a été restauré par le gouvernement pour abriter une exposition sur l'histoire militaire de ce fortin. Guides en costumes d'époque le week-end.

LIEU HISTORIQUE NATIONAL DU FORT-LENNOX ★

61e Avenue
✆ +1 450 291 5700
www.pc.gc.ca/fortlennox
Réouverture en 2023 après les travaux de restauration. Accès par traversier depuis Saint-Paul-de-l'Île-aux-Noix.

Bâti entre 1819 à 1829, le Fort Lennox doit son nom à Charles Lennox, gouverneur de l'Amérique du Nord britannique, qui en avait ordonné la construction. En forme d'étoile à cinq branches et entouré de fossés, cet ouvrage est typique de l'architecture militaire du XVIIIe siècle. Il reconstitue la vie quotidienne d'une garnison anglaise au XIXe siècle. Vous visiterez notamment le logis des officiers, la caserne, la prison, la poudrière et les entrepôts.

HEMMINGFORD ★

Situé à quelques kilomètres au nord de l'État de New York, Hemmingford affiche un petit côté anglo-saxon qu'il tient de ses origines : loyalistes américains, Britanniques, Écossais et Irlandais furent ses premiers colons. De nos jours, l'endroit est bien connu pour son parc récréatif familial, le Parc Safari. Ses quelque 500 animaux de 50 espèces font le bonheur des petits et des grands, tout comme son parc aquatique en saison. Hemmingford figure également sur le Circuit du Paysan avec de nombreuses adresses gourmandes à visiter, notamment les excellentes cidreries de la région (Cidrerie du Minot, Vergers écologiques Philion, Verger Hemmingford...).

PARC SAFARI

242, rang Roxham ✆ +1 450 247 2727
parcsafari.com
Voir site web pour les horaires complets selon la saison et les tarifs. Restauration et hébergement sur place.

Il abrite quelque 500 animaux de 50 espèces provenant des cinq continents. Le site comprend un secteur destiné aux safaris en voiture ou en véritable camion de brousse, des tunnels en verre pour observer de près les félins, une terrasse surélevée pour une vue panoramique du Safari Aventure, de la Plaine d'Afrique et de l'enclos des éléphants, un jardin des oiseaux de proie, etc. Spectacles et animations, grand parc aquatique, possibilité d'hébergement (maisonnette Cool Box et VR acceptés pour le camping), etc. À découvrir en hiver : le nouveau parcours nocturne.

PASSPORT

CANTONS-DE-L'EST

C'est la Nouvelle-Angleterre du Québec et c'est la route des loyalistes. Situés au sud-est de Montréal, les Cantons-de-l'Est longent la frontière des États-Unis. Ils commencent dans les plaines et montent jusqu'aux Appalaches. De vallons en vallées, de collines en montagnes, les forêts de feuillus et de conifères se succèdent ou se côtoient. On y vient pour ses paysages bucoliques, sa température légèrement au-dessus de la moyenne, ses magnifiques lacs, ses montagnes skiables, et pour le petit côté nostalgique et dépaysant de sa belle architecture d'influence anglo-saxonne. Royaume du silence et de grande paix, les Cantons-de-l'Est ne sont pas seulement très écologiques, ils offrent en prime tous les attraits d'une région vinicole et gastronomique avec plusieurs routes gourmandes à l'appui, comme la Route des vins Brome-Missisquoi, le réseau Cafés de village, le circuit Les Têtes Fromagères ou encore celui des Brasseurs des Cantons.

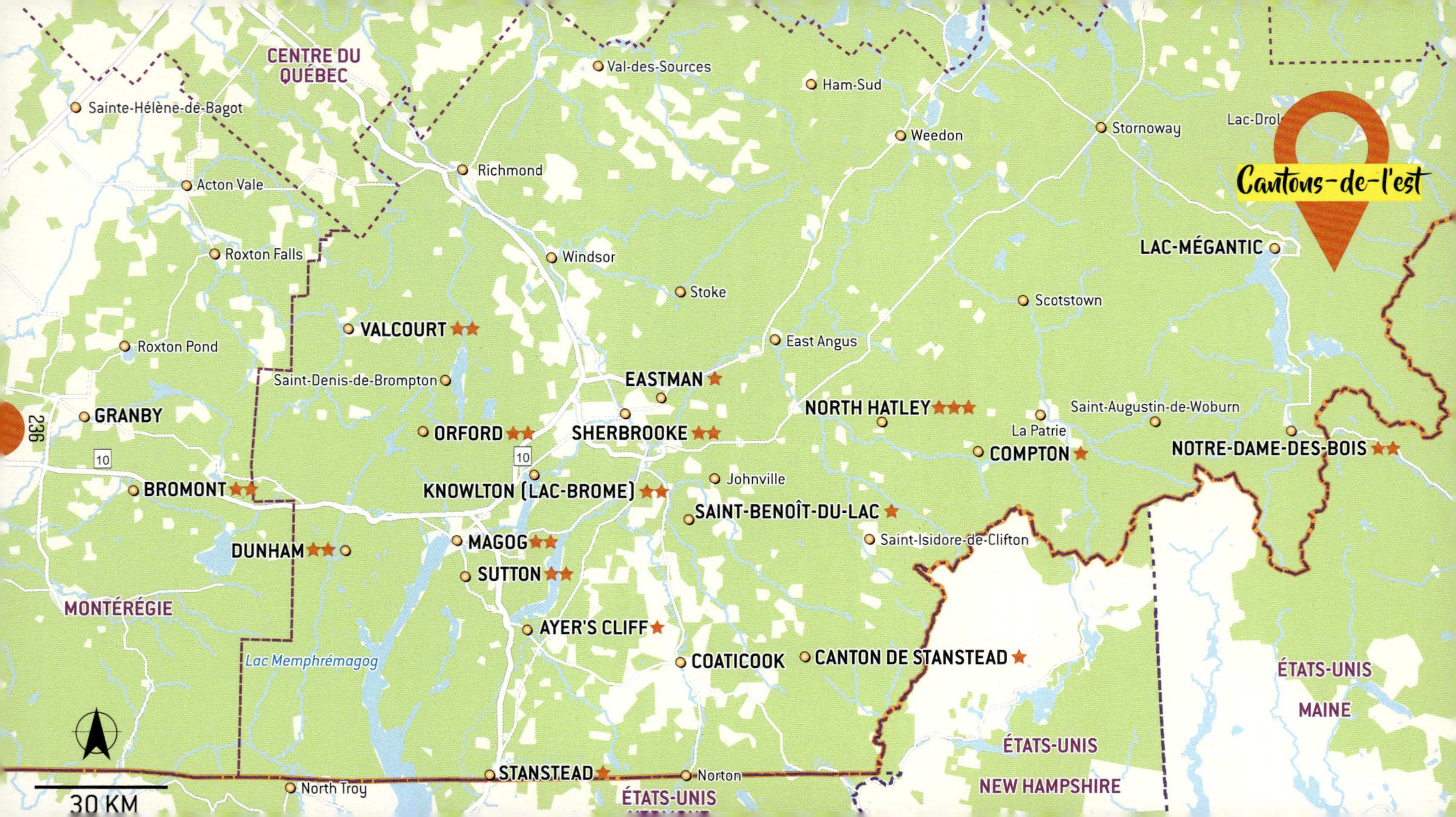
Cantons-de-l'est
CENTRE DU QUÉBEC
Val-des-Sources
Ham-Sud
Sainte-Hélène-de-Bagot
Weedon
Stornoway
Lac-Drolet
Richmond
Acton Vale
LAC-MÉGANTIC
Roxton Falls
Windsor
Stoke
Scotstown
VALCOURT
Roxton Pond
East Angus
Saint-Denis-de-Brompton
EASTMAN
NORTH HATLEY
Saint-Augustin-de-Woburn
GRANBY
La Patrie
ORFORD
SHERBROOKE
COMPTON
NOTRE-DAME-DES-BOIS
10
Johnville
BROMONT
KNOWLTON (LAC-BROME)
SAINT-BENOÎT-DU-LAC
Saint-Isidore-de-Clifton
MAGOG
DUNHAM
SUTTON
MONTÉRÉGIE
AYER'S CLIFF
COATICOOK
CANTON DE STANSTEAD
Lac Memphrémagog
ÉTATS-UNIS
MAINE
ÉTATS-UNIS
STANSTEAD
Norton
North Troy
NEW HAMPSHIRE
ÉTATS-UNIS
30 KM

PAGES

239 ## ●● BROME-MISSISQUOI ET L'OUEST

C'est la porte d'entrée ouest de la région des Cantons-de-l'Est. Et c'est ici que l'on retrouve la fameuse Route des vins Brome-Missisquoi qui regroupe plus d'une vingtaine de vignobles et tout autant de restaurants. La région est aussi réputée pour ses belles stations de ski et ses auberges de charme.

239 ### GRANBY

BROMONT ★★

239 C'est la destination par excellence pour le golf, le vélo de montagne et le ski alpin. La station est d'ailleurs considérée comme le plus grand domaine skiable éclairé en Amérique du Nord. Une belle destination quatre saisons près des grands centres urbains.

DUNHAM ★★

241 C'est le berceau de la viticulture au Québec et l'un des villages les plus fréquentés de la Route des vins avec pas moins d'une dizaine de vignobles figurant au circuit, sans oublier la nouvelle Maison des vins. Un endroit absolument champêtre qui invite à prendre la clé des champs.

SUTTON ★★

242 Sa station de ski, grande vedette de la destination, est le royaume de la poudreuse et des sous-bois. Y règne en hiver une vraie ambiance de montagne avec ses petits cafés et brasseries pour l'après-ski. En été, les nombreux sentiers de randonnée attirent les mordus de plein air et de grands espaces.

243 ### KNOWLTON (LAC-BROME) ★★

© VALÉRIE FORTIER

Grand Prix Ski-Doo de Valcourt, compétition de snowcross.

PAGES

244 ## ● ● MEMPHRÉMAGOG ET LE CENTRE

C'est ici que se concentrent les principales destinations de villégiature des Cantons-de-l'Est : des auberges de charme, voire même des Relais & Châteaux, pour la plupart en bord de lac. C'est aussi le berceau de la motoneige Ski-Doo et l'hôte d'une ville particulièrement dynamique, Sherbrooke.

244 **SAINT-BENOIT-DU-LAC** ★

244 **EASTMAN** ★

245 **ORFORD** ★★

Une montagne réputée où l'on s'adonne tant aux sports de glisse qu'au golf ou au camping. Les activités de plein air y foisonnent en toute saison, et les établissements hôteliers sont bien équipés pour recevoir les sportifs de tout acabit.

246 **MAGOG** ★★

Blottie sur les rives de l'immense lac Memphrémagog (102 km^2, 42 km de long), la jolie ville de Magog accueille nombreux villégiateurs lors des beaux jours. C'est une destination qui bouge bien avec de nombreux chouettes commerces.

248 **CANTON DE STANSTEAD** ★

248 **AYER'S CLIFF** ★

249 **COATICOOK**

249 **COMPTON** ★

249 **NORTH HATLEY** ★★★

C'est vraiment l'un des plus beaux villages du Québec, blotti sur la rive nord du lac Massawippi. Sa petite promenade sur pilotis au-dessus du lac attire ceux qui sont en quête des plus beaux clichés. De magnifiques demeures et auberges ont élu domicile dans ce village hors du temps.

250 **SHERBROOKE** ★★

253 **VALCOURT** ★★

C'est la capitale mondiale de la motoneige. Le lieu de naissance de la motoneige Ski-Doo grâce au génie d'un certain Joseph-Armand Bombardier. Nul besoin de mentionner qu'ici, tout est Ski-Doo, encore plus en février lors du Grand Prix !

254 ## ● ● RÉGION DE MÉGANTIC

Quittez les sentiers battus et rebattus par les touristes pour explorer « l'arrière-pays » des Cantons-de-l'Est. Si vous décidez de poursuivre votre route au-delà du mont Mégantic, vous aurez l'agréable surprise de découvrir la Route des Sommets. Ce parcours tout en boucles, fait de montées et de descentes, sillonne au travers de la première Réserve internationale de ciel étoilé. En venant de Sherbrooke, vous constaterez la transformation progressive des paysages : lacs, montagnes majestueuses et, à la nuit tombante, une voûte étoilée pas pire pantoute !

254 **NOTRE-DAME-DES-BOIS** ★★

C'est ici que se trouve le parc national du Mont-Mégantic et sa fameuse Réserve internationale de ciel étoilé. Un bel endroit également pour se dégourdir les jambes, avec quelques sommets atteignant plus de 1 000 mètres d'altitude.

254 **LAC-MÉGANTIC**

GRANBY

Carrefour industriel, culturel et touristique d'importance, la ville doit son nom au marquis de Granby (ville d'Angleterre), duc de Rutland et baron de Belvoir, propriétaire d'un vaste territoire que lui avait offert le roi George III. C'est la deuxième ville la plus peuplée de la région des Cantons-de-l'Est, après Sherbrooke. Granby est bien connue pour son parc animalier, le Zoo de Granby, ainsi que pour le Festival international de la chanson, un concours dédié à la relève qui se déroule annuellement en août. Le parc national de la Yamaska est également situé à proximité et propose de nombreuses activités de plein air en toute saison.

PARC NATIONAL DE LA YAMASKA

1780, boulevard David-Bouchard - **ROXTON POND**
✆ +1 800 665 6527
www.sepaq.com/pq/yam
Ouvert toute l'année. Accès quotidien : 9,25 CAN $, gratuit pour les 17 ans et moins. Location d'équipement sur place.

Il est connu des vacanciers pour sa beauté. Les innombrables activités d'observation de la nature, organisées par le parc, rythment leurs journées et leurs soirées. On apprécie les paysages au relief doux et vallonné du parc situé dans la chaîne des Appalaches.

- **Hébergement :** chalets Nature, camp rustique (hiver), prêt-à-camper Étoile, camping.
- **Activités :** baignade, activités nautiques, pêche, randonnée, vélo, raquette, fat bike, etc.

ZOO DE GRANBY ★

525, rue Saint-Hubert
✆ +1 450 372 9113
zoodegranby.com
Horaires et tarifs variables selon la saison (parc aquatique et manèges fermés hors saison). Restauration, boutiques.

Près de 1 500 animaux répartis en plus de 225 espèces : des requins à pointes noires d'Océanie, des petits pandas, des macaques japonais, des tigres de l'Amour, des alligators américains, des éléphants d'Afrique et d'autres encore. La savane africaine promet un safari inoubliable, sans oublier le pavillon Odyssée Pacifique Sud, un véritable périple en mer du Sud, la traversée australienne et le Sentier du Soleil pour la découverte de l'Amérique du Sud. À vivre : l'expérience Zoo la Nuit. Aussi sur place : parc des manèges et parc aquatique Amazoo.

LE ESMOND €€

231, rue Saint-Charles Sud
✆ +1 450 372 7727
leesmond.ca
Horaires variables selon la saison. Carte : moins de 40 CAN $ sauf pour quelques plats.

Sise au 3e étage d'un bâtiment historique, Le Esmond est une adresse gourmande incontournable de Granby ! Le chef Antoine Bossé et sa brigade concoctent avec amour des plats bistro tout à fait succulents : pieuvre servie sur un cake et chorizo, cavatelli au brocoli et mactre de Stimpson, blanquette de joue de veau, tomahawk de bœuf vieilli 60 jours, plateau de fruits de mer... Les desserts sont tout aussi tentants, sans oublier une belle carte des vins et des cocktails comme le pisco mangue et coriandre ou encore la sangria pêche et orange sanguine.

MAISON BOIRE €€€

13 rue Court
✆ +1 579 365 3232
www.maisonboire.com
Horaires variables. Carte : 10-165 CAN $. Menus Convivial et 5 services aussi offerts avec ou sans l'accord des vins.

Élue « Restaurant le plus vert au Canada », la Maison Boire propose une gastronomie suivant le concept « de la semence à l'assiette ». Tout est confectionné à partir de produits québécois et même ultra locaux grâce à leurs jardins sur le toit et leur ferme maraîchère. Le but ultime : l'autosuffisance et le zéro déchet. La carte des alcools suit le même principe en mettant le Québec dans le verre, sans oublier la vaisselle en poterie faite maison. Et, comble de bonheur, le restaurant prépare ses succulentes créations sur feu de bois. À découvrir absolument !

BROMONT ★★

La ville de Bromont, nichée au pied du mont Brome, a été fondée par une famille d'entrepreneurs en 1964. Son vieux village, le Vieux-Bromont, s'étend dans les environs de la rue Shefford. On y trouve tout plein de commerces sympas, notamment gourmands. Sinon la réputation de Bromont tient à ses installations en nature pour la pratique d'activités de plein air aussi variées que plaisantes : randonnée en montagne, parties de golf, baignade au parc aquatique, équitation (dont la compétition d'envergure International Bromont), vélo de descente ou au Centre national de cyclisme, etc. Bromont est aussi, en hiver, une station de ski réputée et fort courue.

MUSÉE DU CHOCOLAT DE LA CONFISERIE BROMONT

679, rue Shefford
✆ +1 450 534 3893
Ouvert tous les jours de 9h à 17h (le restaurant ferme une heure plus tôt). Entrée libre.

Attenant à la Confiserie Bromont, le Musée du chocolat démystifie la fabrication de ce produit délicieux (visite guidée tarifée pour groupes sur réservation). La boutique vend bon nombre de produits maison pour tous les goûts et occasions, ainsi qu'une belle sélection européenne et des articles cadeaux. Un restaurant et une halte dessert vous permettront de casser la croûte à des prix très raisonnables. Une visite gourmande pour petits et grands !

DOMAINE CHÂTEAU-BROMONT €€

90, rue de Stanstead ✆ +1 450 534 3433
www.chateaubromont.com
Tarifs variables selon le type d'hébergement choisi. Promotions et forfaits disponibles. Nombreux services sur place.

Face au mont Brome, le domaine est composé d'un hôtel, de condos et d'un superbe terrain de golf 18 trous. Un passage au restaurant 4 Canards, doublé d'une formidable carte des vins comprenant une collection d'importation et de vins régionaux, ainsi qu'au centre de santé Amerispa s'impose si vous souhaitez conclure votre séjour en beauté ! À noter qu'un vaste projet hôtelier s'étendra jusqu'en 2025 et comprendra une cure de jeunesse de l'hôtel et la construction d'un nouveau complexe de 230 unités où se trouvait l'auberge fermée depuis quelques années.

BEATNIK HÔTEL €€

279, chemin du Lac Gale
✆ +1 450 534 2212
beatnikhotel.com
Occupation double : à partir de 129 CAN $. Forfaits disponibles. Bistro, terrasse, piscine extérieure.

Un hôtel tendance, à deux pas du Balnea Réserve Thermale et des sentiers de randonnée du domaine naturel du lac Gale. Ici chaque pièce est unique, mêlant bois, matériaux bruts, vintage et industriel-chic. Pour le repos du corps et de l'âme, on y propose des chambres et suites de différentes catégories, plusieurs se trouvant dans le bâtiment donnant également accès aux aires communes et à la terrasse arrière. Envie d'un petit chez-vous ? Des studios (2 à 4 personnes) et un appartement (jusqu'à 9 personnes), tous avec kitchenette, sont aussi disponibles.

CHARDO €€

606, rue Shefford
✆ +1 450 919 1919
www.chardo.ca
Mercredi-dimanche, dès 11h30. Carte : 10-45 CAN $. Menu dégustation : 80 CAN $ (plus 45 CAN $ pour les vins). Terrasse.

Adresse gourmande dans le Vieux-Village de Bromont, la table du chef Anthony Mesko (ancien Bouillon Bilk et Groupe Europea) mise sur une gastronomie sauvage et locale qui puise dans la chasse, la pêche et la cueillette. Ainsi, champignons des bois, petits fruits sauvages, fromages artisanaux, poissons des lacs et rivières, gibiers et autres délices du terroir se retrouvent à l'ardoise. Dans le verre, que du bio, du vivant et du nature en provenance du Québec mais aussi des États-Unis, d'Europe ou encore d'Afrique du Sud (sélection au verre également).

Bromont.

VIEUX LOUP DE MER | CHALETS HÔTELIERS €€

3250, route 132 Ouest ✆ +1 418 750 5915
www.vieuxloupdemer.com
Tarifs variables selon la saison et le nombre de personnes. Certains chalets ne sont disponibles que de mai à octobre.

Arborant un charme indéniable et décorés d'objets et de meubles anciens, une quinzaine de chalets sont à disposition, tant sur la grève qu'en haut d'une falaise. Tout est là, même le wifi, sans oublier l'accès à la grève et la vue panoramique sur le Saint-Laurent et les îles du parc national du Bic. Bonus : un service Garde-Manger qui propose les délices des restaurateurs et producteurs du coin pour un apéro ou un repas en chalet. Vous ne voudrez plus quitter les lieux !

CHEZ SAINT-PIERRE €€

129, rue du Mont Saint Louis
✆ +1 418 736 5051
chezstpierre.ca
Ouvert de juin à mi-septembre (fermé le dimanche).

Après une escapade dans le magnifique et verdoyant parc national du Bic, régalez-vous à la cantine côtière Chez Saint-Pierre. Colombe Saint-Pierre, chef réputée, est une autodidacte passionnée et amoureuse de la vie, et donc de la cuisine. Elle désire que les gens prennent conscience des richesses que leur offre leur propre patrimoine alimentaire et elle reflète sa personnalité à travers ses créations. Ici les moindres ressources du terroir sont utilisées. Bonus : un bar à vin et un bar à huîtres également sur place dès 16h.

RIMOUSKI ★★

Rimouski, qui signifie « cabane à chien » ou « terre à l'orignal » dans la langue des Autochtones, est la métropole du Bas-Saint-Laurent, sa capitale administrative et culturelle. Le 6 mai 1950, Rimouski a vécu la plus grande tragédie de son histoire alors qu'un terrible incendie a ravagé le tiers des bâtiments de la ville et les ponts de la rivière Rimouski. Étonnamment, le feu n'a fait ni victime ni blessé grave. De nos jours, Rimouski est une ville vivante et les rues de la Cathédrale et Saint-Germain en sont le cœur. Une belle promenade longe également le fleuve. Le bus et le train desservent la ville et des traversiers mènent vers la Côte-Nord.

EXCURSION À L'ÎLE SAINT-BARNABÉ

1, rue de la Marina ✆ +1 418 723 2280
www.ilestbarnabe.com
En opération de mi-juin à début septembre. Adulte : 23-27 CAN $. Camping : 30 CAN $ par tente.

L'excursion à l'île Saint-Barnabé vous permettra d'apercevoir Rimouski sous un autre angle (départ toutes les 30 minutes de 9h à 14h30 et retour toutes les 30 minutes jusqu'à 18h15). Rencontre avec les hérons et les phoques. Sur l'île : sentiers de randonnée pédestre, programme d'interprétation (panneaux, pavillon), aires de pique-nique et quelques emplacements de camping rustique. Idéale pour une sortie en famille ou pour déconnecter en passant une nuit sur place.

MUSÉE RÉGIONAL DE RIMOUSKI

35, rue Saint-Germain Ouest
✆ +1 418 724 2272
museerimouski.qc.ca
Été : mardi-dimanche, 10h-17h30. Hors saison : mercredi-dimanche, 12h-17h. Adulte : 7 CAN $.

Faisant face au fleuve, le Musée régional de Rimouski est installé dans la première église de pierres de l'est du Québec, datant des années 1820. On y présente des expositions portant sur l'art contemporain, l'histoire régionale et les sciences en lien avec les pratiques sociétaires. Services sur place : boutique cadeaux, centre de documentation et programmation d'activités spéciales (happening artistique La Grande Veillée d'été, ateliers, mini camp artistique pour enfants, etc.).

RÉSERVE FAUNIQUE DE RIMOUSKI ★

112, route de la Réserve Rimouski - **SAINT-NARCISSE-DE-RIMOUSKI** ✆ +1 800 665 6527
www.sepaq.com/rf/rim
Postes d'accueil à Saint-Narcisse et au lac Rimouski (horaires variables). Location d'équipement sur place.

Autrefois le lieu de clubs privés de pêche et de chasse, cette réserve a conservé sa vocation première. Elle compte de nombreux lacs et plusieurs ruisseaux et rivières. Une grande diversité biologique et de nombreux sites aménagés pour l'observation de la faune en font une destination de choix.

- **Hébergement :** camping aménagé et rustique, chalets, chalets Modik, chalets Horizon.
- **Activités :** chasse et pêche, pêche à gué, activités nautiques, randonnée, observation de la faune.

BAS-SAINT-LAURENT

TERFA ★

1280, chemin Duchénier
SAINT-NARCISSE-DE-RIMOUSKI
✆ +1 418 735 6063 - www.terfa.ca
Voir site web pour les horaires, tarifs et services du canyon et de la réserve, ainsi que les coordonnées de la réserve.

Terfa regroupe la réserve faunique Duchénier ainsi que le Canyon des Portes de l'Enfer. Ce dernier s'étire sur près de 5 km entre des parois encaissées, mesurant jusqu'à 90 m de hauteur, creusées par la rivière Rimouski et dominées par une passerelle impressionnante, la plus haute au Québec. Plusieurs activités sur place, dont des parcours interactifs et un méga labyrinthe de bois grandeur nature. Du côté de la réserve, chasse et pêche sont les maîtres des lieux et promettent de belles prises. Camping sauvage et hébergement en chalet sur place.

DOMAINE VALGA €€

300, chemin des Ecorchis
SAINT-GABRIEL DE-RIMOUSKI
✆ +1 418 739 4200 - www.domainevalga.com
Voir site web pour les tarifs. En hiver : forfait motoneige et relais motoneige. Érablière (visites, vente de produits).

Située près d'un lac, au milieu d'une forêt ancestrale, une auberge en rondins, unique dans la région et fidèle à l'image qu'on se fait de la typique « cabane au Canada ». L'hébergement est offert en chambre à l'auberge ou dans l'un des trois chalets avec accès au lac, tous en bois rond. Nombreuses activités de plein air proposées en été (kayak, planche à pagaie, baignade, randonnée, etc.) comme en hiver (sports de glisse au Mont Comi, érablière, etc.). Les plus aventureux iront s'amuser au parc de sentiers aériens « Forêt de maître corbeau ».

HÔTEL RIMOUSKI €€

225, boulevard René-Lepage Est
✆ +1 418 725 5000
hotelrimouski.com
Occupation double : à partir de 159 CAN $. Promotions disponibles.

L'Hôtel Rimouski est un établissement 4 étoiles situé au centre-ville, à quelques pas de la rue Saint-Germain où se déroule la vie nocturne. Ses chambres et suites sont très confortables et le service est impeccable. Son restaurant, La Brigade 225, se spécialise dans les grillades, mais aussi les fruits de mer, les pizzas, les burgers, etc. Parmi les services sur place, notons un stationnement gratuit, une salle de fitness et une piscine intérieure avec glissade d'eau. Autre établissement membre du groupe : Hôtel Le Manoir à Baie-Comeau (Côte-Nord).

LE CRÊPE CHIGNON €

140, avenue de la Cathédrale
✆ +1 418 724 0400
www.crepechignonrimouski.com
Ouvert du mardi au dimanche dès 8h. Carte : moins de 25 CAN $. Options sans gluten. Terrasse.

La crêpe au sarrasin, c'est LA spécialité de la maison, en version déjeuner, repas ou dessert, que l'on peut choisir à la carte ou encore assembler selon ses goûts. Le matin, on y prépare également des petits déjeuners américains, des omelettes, des caquelons d'œufs, et midi et soir, l'ardoise propose des soupes et salades, des nachos et des quesadillas, que l'on accompagne d'un verre de vin ou d'une bière de la microbrasserie locale Le Bien, Le Malt. Une adresse gourmande qui ne videra pas votre porte-monnaie ! Plats pour emporter également.

LES AFFAMÉS DE RIMOUSKI €€

200, avenue de la Cathédrale
✆ +1 418 730 7767
www.lesaffamesderimouski.com
Horaires variables selon la saison. Carte : 10 à 40 CAN $. Terrasse.

La fine équipe des Affamés renouvelle constamment son menu et propose des plats à saveurs locales en fonction des ingrédients de saison. La cuisine s'inspire des traditions du monde avec des plats comme le porc tonkatsu avec mayonnaise au sésame, salade de chou et daïkon mariné, ou encore les gnocchis aux saucisses avec brocoli, sauce aux tomates confites et copeaux de fromage fumé québécois. On ne pourrait passer sous silence le fameux burger de la Ferme Fournier, un plat vedette des Affamés. Belle sélection de desserts également.

CHEZ GERMAINE €€

73, rue Saint-Germain Est
✆ +1 418 721 1305
chezgermaine.ca
Horaires variables selon la saison. Carte : moins de 40 CAN $. Deux terrasses.

Ouvert depuis 2019, ce restaurant buvette ne désemplit pas et pour cause ! Au menu, des entrées savoureuses comme les calamars frits, la salade de betteraves avec fromage de chèvre ou encore le gravlax de saumon. En résistance, un steak de thon saisi avec émulsion au sésame, une poutine au canard avec lardons, échalotes et sauce à la bière ou un burger de bœuf certifié Angus. À noter que la carte des alcools est très bien garnie, notamment pour les cocktails (drinks sur mesure également) et les bières artisanales de l'est du Québec.

LE BIEN, LE MALT

141, avenue Belzile
✆ +1 418 723 1339
www.lebienlemalt.com
Ouvert tous les jours (horaires variables selon la saison). Terrasse.

Les bières y sont brassées à petit volume et sont inspirées des Ales anglaises et américaines ainsi que des Saisons belges (certaines sont disponibles en bouteille pour emporter). De nouvelles bières sont régulièrement créées au fil des saisons et selon la disponibilité des produits, notamment les fruits et les produits de cueillettes forestières. La brasserie propose aussi des saucissons, de rillettes de poisson fumé ou encore des sandwichs grillés. Une carte d'alcools et spiritueux, dont plusieurs québécois, est également proposée.

POINTE-AU-PERE ★★

Ce district de Rimouski fut un des centres d'aide à la navigation les plus importants du pays. Une station de pilotage fut opérationnelle pendant un siècle, soit de 1859 à 1959, ainsi qu'un bureau de la quarantaine et un télégraphe Marconi. Quatre phares y furent construits de manière successive et le dernier, 2e plus haut au pays, est dorénavant un lieu historique national. Le site historique maritime, son exposition sur le naufrage du *Empress of Ireland* et son sous-marin *Onondaga*, qui participa à des missions de l'OTAN, sont des attractions majeures. Pour conclure la journée, on va se régaler de poissons et fruits de mer frais au Restaurant du Phare.

RESTAURANT DU PHARE €€

1560, rue du Phare
✆ +1 418 724 6161
www.placelemieux.com
Horaires variables selon la saison. Réservation conseillée en saison. Cantine de plats pour emporter également.

Pour savourer poissons et fruits de mer, c'est ici qu'il vaut venir ! Doublé d'une poissonnerie, ce restaurant fait des produits de la mer sa grande spécialité : soupe flétan et fenouil, saumon fumé à froid, homards de son vivier, filet de morue au beurre citronnée, pétoncles grillés au beurre nantais, cipaille aux fruits de mer... On a envie de goûter à tout et c'est possible avec l'assiette du pêcheur, une véritable orgie de la mer ! Les petits moussaillons ont également droit à un menu aux saveurs maritimes conçu juste pour eux.

SITE HISTORIQUE MARITIME DE LA POINTE-AU-PÈRE ★★

1000, rue du Phare
✆ +1 418 724 6214
www.shmp.qc.ca
Début juin à mi-octobre : lundi-dimanche, 9h-17h (fermeture à 16h en fin de saison). Adulte : 4,25 à 26 CAN $.

Depuis 2009, le sous-marin *Onondaga*, ancienne propriété de la marine canadienne, est amarré ici. Venez découvrir le quotidien d'une soixantaine d'hommes qui vivaient confinés pendant des mois dans ce sous-marin. Visite audioguidée, possibilité d'une expérience nocturne sur place (expérience Nuit à bord incluant des activités). À noter qu'il y a un nouveau parcours extérieur autour du sous-marin, *Les super pouvoirs de l'Onondaga*, lequel est composé de bornes vidéo informatives. Juste à côté, le musée propose une exposition permanente sur le bateau *Empress of Ireland*, qui, suite à une collision avec un charbonnier, a fait naufrage près des côtes. Le drame s'est déroulé dans la nuit du 29 mai 1914 et plus de 1 000 voyageurs y ont trouvé la mort. Ce fut l'une des plus grandes tragédies maritimes en temps de paix. L'exposition propose quatre grandes zones immersives (l'épave, la mémoire des passagers, le naufrage, le navire) où se trouvent plus de 200 objets, photos, vidéos et témoignages des survivants et de leurs descendants, ainsi que des modules interactifs. Le tout est appuyé par une projection multi sensorielle sur le dernier voyage du navire (visionnement en ligne seulement, durée de 20 minutes). N'oublions pas enfin que nous sommes aussi sur le site du Lieu historique national du Phare-de-Pointe-au-Père, deuxième plus haut phare au Canada. Également sur place : une boutique de souvenirs, une crèmerie et une aire de jeux pour enfants.

DISTILLERIE DU ST. LAURENT

135, avenue Père Nouvel
✆ +1 418 800 4694
www.distilleriedustlaurent.com
Horaires variables. Boutique, café-bar, deux terrasses dont une couverte, espace bouffe de rue en mode biergarten.

Les distilleries artisanales se multiplient au Québec. Installée dans ses nouveaux locaux au bord du fleuve, celle-ci se démarque avec son Gin St. Laurent, lequel est infusé aux algues laminaires récoltées à la main dans la région (l'équipe fait d'ailleurs une version vieillie un an dans d'anciens barils de whisky). Elle produit également un gin aux agrumes, un whisky avec du grain local et de l'acerum, un spiritueux issu de la distillation du sirop d'érable. Avis aux amateurs !

TÉMISCOUATA-SUR-LE-LAC ★

Issu de la fusion des municipalités de Cabano et de Notre-Dame-du-Lac, la ville est le carrefour touristique, commercial et industriel de la région. De nombreuses activités vous y attendent : activités nautiques, baignade dans le lac, croisières, spa, circuit historique, chasse et pêche, motoneige, festival hivernal, etc. Pour les mordus de vélo et de randonnée pédestre, le parc linéaire interprovincial Petit Témis vous offre 134 km reliant Rivière-du-Loup à Dégélis, suivant les rives du lac Témiscouata et de la rivière Madawaska. À découvrir : BeauLieu Culturel, un espace regroupant entre autres le Musée du Témiscouata et une salle de spectacles.

AUBERGE DU CHEMIN FAISANT €€

12, rue Vieux Chemin
✆ +1 418 854 9342
www.cheminfaisant.qc.ca

Occ. double : à partir de 125 CAN $, petit déjeuner inclus. Superbe espace extérieur de détente avec bain à remous.

Réputée pour sa table gastronomique et de fine cuisine régionale, cette magnifique auberge située au cœur de la région du Témiscouata vous séduira. Chacune de ses chambres offre une thématique différente et sa fine cuisine artisanale envoûtera tous vos sens. Ici on mise sur l'équilibre des goûts, des saveurs, des couleurs et des textures, sans oublier l'accord mets et vins pour une expérience des plus épicuriennes. Une adresse hautement réputée !

FORT INGALL

81, rue Caldwell
✆ +1 418 854 2375
www.fortingall.ca

24 juin à début septembre : tous les jours de 9h à 17h. Adulte : 12 CAN $.

Construit à la suite d'une mésentente frontalière entre le Canada et les États-Unis en 1839, il sombra dans l'oubli et ses vestiges furent retrouvés lors d'une fouille archéologique à la fin des années 1960. La reconstruction fidèle eut lieu dans les années 1970. De nos jours, le Fort Ingall comprend huit bâtiments situés à l'intérieur d'une palissade de bois. Des expositions et la visite guidée vous permettent de mieux comprendre la vie des soldats dans le contexte géopolitique de cette époque. Services : hébergement en dortoir sur réservation (mai à novembre).

AUCLAIR

Village de moins de 500 habitants situé sur la route des Monts Notre-Dame, à l'est du parc national du Lac-Témiscouata, sur les rives du Grand lac Squatec (12,5 km de long). Celui qui a vu sa survie menacée dans les années 1960 a finalement su tirer son épingle du jeu et éviter sa fermeture. Auclair vit donc toujours, avec son village paisible entouré de montagnes. L'endroit est réputé pour ses érables qui se comptent par milliers et qui font le bonheur de tous le printemps venu. Le Domaine Acer, renommé pour ses alcools et produits de l'érable, y a élu domicile et propose, en plus de ses délicieux produits, des visites guidées et d'interprétation.

PARC NATIONAL DU LAC-TÉMISCOUATA ★

400, chemin de la Vieille-Route - **SQUATEC**
✆ +1 800 665 6527 - www.sepaq.com/pq/tem

Ouvert toute l'année. Adulte : 9,25 CAN $, gratuit pour les 17 ans et moins.

Il est situé dans la plus vaste des régions naturelles situées au sud du fleuve Saint-Laurent : la région des monts Notre-Dame. Articulé autour du lac Témiscouata, ce parc est doté d'atouts naturels remarquables et d'une richesse exceptionnelle sur le plan archéologique

- **Hébergement :** camping, refuges, tentes prêt-à-camper.
- **Activités :** canoë-camping, activités nautiques, vélo, randonnée pédestre, observation de la faune, pêche à la journée, raquette. Location d'équipement sur place.

DOMAINE ACER

145, route du Vieux Moulin
✆ +1 418 899 2825
domaineacer.com

Voir site web pour les horaires de l'économusée et de la boutique ainsi que pour les tarifs des forfaits visites.

Vallier Robert est l'artisan acériculteur à l'origine de tous les fabuleux produits du Domaine Acer. C'est avec sa femme Nathalie Decaigny et sa fine équipe qu'il développe ses produits et son entreprise. Le domaine propose des vins de sève d'érable ainsi que du sirop d'érable et des produits fins tels que beurres, gelées, terrines, chocolats et bonbons. Comme il fait partie du réseau ÉCONOMUSÉE, il est possible d'avoir une visite commentée de l'entreprise et de ses installations, avec en prime une petite dégustation. Sentier de 2 km, boutique, café.

GASPÉSIE

La péninsule gaspésienne est l'une des destinations privilégiées du Québec, et nous vous conseillons vivement d'en fait le tour complet en suivant la route 132. Qui plus est, elle se classe fréquemment dans divers palmarès du magazine National Geographic, rien de moins. La région est dominée au nord par les monts Chic-Chocs, aux versants couverts de l'épaisse forêt boréale. Ses parcs naturels (Gaspésie, Forillon) et ses réserves d'oiseaux (fous de Bassan de l'île Bonaventure) jouissent d'une réputation internationale. Du côté de l'estuaire, son littoral est parsemé de paisibles villages de pêcheurs, tandis que sa pointe orientale, rocheuse, découpée et brossée par les flots, est particulièrement sauvage et spectaculaire, notamment à Forillon et à Percé. Au sud, les Hautes-terres, dépourvues de lacs, sont profondément entaillées par des rivières qui se jettent dans la baie des Chaleurs. Un bijou !

Gaspésie
Baie-Trinité
Baie-Comeau
Mont-Louis
La Martre
Madeleine-Centre
Mont-Saint-Pierre
Grande-Vallée
Petite-Vallée
Sainte-Anne-des-Monts
Cap-Chat
L'Anse-à-Valleau
Petit-Cap
Rivière-au-Renard
L'Anse-au-Griffon
Cap-des-Rosiers
Gaspé
Cap-aux-Os
Wakeham
Grande-Grave
Les Méchins
Murdochville
Matane
Saint-Jean-de-Cherbourg
Baie-des-Sables
Métis-sur-Mer
Grand-Métis
Bas-Saint-Laurent
Rivière Cascapédia
294
Vers Mont-Joli
Sayabec
Sainte-Flavie
Amqui
Causapscal
Coin-du-Banc
Percé
Val-d'Espoir
L'Anse-à-Beaufils
Chandler
Carleton-sur-Mer
New Richmond
Port-Daniel-Gascons
Caplan
Bonaventure
Paspébiac
New Carlisle
Saint-André de Restigouche
Campbellton
Pointe-à-la-Croix
Saint-Alexis-de-Matapédia
Matapédia
États-Unis
Maine
Lorne
Pointe-Verte
50 km

PAGES

●● LA CÔTE

298

C'est la première région que l'on rencontre en arrivant de l'ouest par la route 132. Elle s'étend de Sainte-Flavie jusqu'aux Méchins, un peu avant Sainte-Anne-des-Monts, et suit le littoral de l'estuaire. Elle englobe également la majeure partie de la réserve faunique de Matane.

●● LA HAUTE-GASPÉSIE

302

C'est l'un des endroits les plus spectaculaires de la péninsule, où la route se fraye un chemin entre les montagnes et la mer. C'est ici que se trouvent le parc national de la Gaspésie et la réserve faunique des Chic-Chocs, deux réserves naturelles qui font le bonheur des amateurs de randonnée et de ski hors-piste.

Une destination maritime à ne pas manquer, avec des attraits culturels et naturels de taille, comme le parc national de la Gaspésie, Exploramer (découverte de l'écosystème et de la biodiversité du Saint-Laurent) ou encore Eskamer Aventure (kayak de mer et canyoning).

●● LA POINTE

306

Vous entrez maintenant dans la région la plus connue de la Gaspésie, le berceau du Canada, où mer et montagnes se côtoient en une parfaite harmonie. La route se fait sauvage, longeant une mer souvent agitée. La beauté du parc Forillon n'a pas nui à sa réputation, pas plus d'ailleurs que la croix qu'a plantée, à Gaspé, un certain Jacques Cartier le 24 juillet 1534. C'est aussi le pays du rocher Percé, bloc troué, gigantesque, de 5 milliards de tonnes de calcaire, qui ne cesse de fasciner. On s'arrête ici quelques jours, pour le repos de l'âme. Quant au corps, les activités sont suffisamment nombreuses pour l'entretenir. N'hésitez pas à faire une halte d'une nuit ou plus avant d'arriver vers les coins très touristiques de Percé. La région de Petite-Vallée et les villages avant le parc Forillon cachent de nombreux trésors.

PAGES

310 **GASPÉ ★★★**

Face au parc national Forillon, Gaspé s'affiche comme le berceau du Canada. Ville de services, on y trouve aussi plusieurs points d'intérêt liés à l'histoire de la région, comme le Musée de la Gaspésie et le Site d'interprétation Micmac de Gespeg. En été, ne ratez pas le spectacle son et lumière « Conte de Vents et Marées ».

313 **COIN-DU-BANC ★**

313 **PERCÉ ★★★**

Longtemps isolé, Percé s'est développé grâce au tourisme. Son célèbre rocher, l'île Bonaventure et ses fous de Bassan, sans oublier son géoparc portant le label Géoparc mondial UNESCO, attirent les foules. Toutefois mieux vaut réserver son hébergement si on prévoit de s'y rendre entre la mi-juillet et la mi-août.

318 **VAL-D'ESPOIR**

319 **L'ANSE-À-BEAUFILS ★★**

320 **CHANDLER**

320 **PORT-DANIEL – GASCONS**

322 ●● LA BAIE-DES-CHALEURS

Après la pointe gaspésienne commence la route qui mène à la baie des Chaleurs. Jacques Cartier la nomme ainsi, en 1534, parce qu'il y fait très chaud. Elle bénéficie d'une température qui favorise l'agriculture et l'exploitation forestière, plus que la pêche. L'eau en été y est réellement confortable et la baignade très agréable. Le passé y est resté très présent : les réfugiés acadiens de 1755 se sont solidement implantés dans la baie, de même que les loyalistes. La région compte aussi pas mal de Basques et de Jersiais venus, au XVIIe siècle, pêcher la morue. Les falaises rouges, les barachois (lagunes protégées par un banc de sable), les rivières à saumon, les petits villages de l'arrière-pays, l'accueil chaleureux de la population invitent à s'y arrêter. Après Percé, les paysages de crêtes, de caps et d'escarpements vont disparaître progressivement, faisant place à plus de douceur.

322 **PASPÉBIAC ★**

323 **NEW CARLISLE**

323 **BONAVENTURE ★★**

325 **CARLETON-SUR-MER ★★**

326 **POINTE-À-LA-CROIX**

327 ●● LA VALLÉE DE LA MATAPÉDIA

Les bucoliques apprécieront l'aménagement de la route 132, toujours elle, qui emprunte la vallée de la Matapédia et relie la baie des Chaleurs à l'estuaire du Saint-Laurent. Sur près de 70 km, vous suivrez une piste indienne. Elle est longée au sud par la « rivière aux 222 rapides », surnom de la Matapédia. Le paysage, agricole et forestier, regorge de rivières à saumon (pêche libre, mais permis nécessaire), de lacs, de ponts couverts (le plus long de la Gaspésie se trouve à Routhierville) et de maisons historiques. Cette région très peu fréquentée, a pris l'habitude d'être simplement traversée. Et pourtant, il y a tout de même quelques escapades dignes d'être signalées.

327 **MATAPEDIA**

327 **CAUSAPSCAL**

328 **AMQUI**

SAINTE-FLAVIE ★

Bourg agricole, c'est la porte d'entrée de la péninsule gaspésienne. En fait, déjà à quelques centaines de kilomètres en amont de la Gaspésie, les panneaux publicitaires annonçant le fameux Capitaine Homard de Sainte-Flavie se succèdent. Outre ce restaurant de poissons et fruits de mer bien connu, Sainte-Flavie est aussi réputée pour son Grand Rassemblement, une œuvre comprenant plus de 80 sculptures grandeur nature sur la grève et dans la mer, derrière le Centre d'art Marcel Gagnon. C'est ici que la route 132 se sépare en deux : soit on suit le littoral pour faire le tour de la péninsule par le nord, soit on descend vers la vallée de la Matapédia.

CENTRE D'ART MARCEL GAGNON ★

564, route de la Mer
✆ +1 418 775 2829
www.centredart.net
Ouvert de fin avril à fin septembre. Boutique, galerie d'art, auberge et restaurant sur place.

© MEUNIERD - SHUTTERSTOCK.COM

L'attrait principal du musée, l'énigmatique Grand Rassemblement, vous fera immanquablement penser à l'île de Pâques en plus petit et en plus québécois : plus de 80 sculptures grandeur nature, dressées au grand vent et figées dans le temps. La galerie d'art regroupe les œuvres d'artistes-peintres et une boutique de souvenirs permet de se procurer des livres et poèmes de Marcel Gagnon, divers objets ainsi que des bijoux artisanaux faits à la main sur place.

PARC RÉGIONAL DE LA RIVIÈRE MITIS

900, route de la Mer ✆ +1 418 775 7987
parcregionalrivieremitis.org
Ouvert en été (les sentiers sont accessibles à l'année). Adulte : 6 CAN $ (gratuit pour les moins de 18 ans).

S'articulant autour de la rivière Mitis, ce parc régional couvre une superficie de 300 km². Il est composé de différents pôles, dont celui des Jardins de Métis et celui de la Seigneurie du lac Métis. La tour d'observation et les belvédères permettent d'admirer les magnifiques paysages de la rivière Mitis et du fleuve Saint-Laurent. Les activités y sont nombreuses, allant de la randonnée pédestre à la pêche au saumon, en passant par les activités guidées et le camping sauvage.

VIEUX MOULIN

141, route de la Mer ✆ +1 418 775 8383
vieuxmoulin.qc.ca
Ouvert tous les jours de 8h à 21h. Visite et dégustation gratuites. Musée de la Neufve-France sur place (5 CAN $).

Installé dans un ancien moulin à farine datant de 1830, l'endroit se spécialise dans l'hydromel : sec, doux, mousseux, bleuet, framboise, pomme, poire et cuvée Divin Nectar (édition limitée d'un savoureux hydromel boisé). Au fil des ans, ils ont été récompensés à maintes reprises. Au rez-de-chaussée, vous trouverez des informations pratiques sur l'historique de la production et une ruche en verre, ainsi qu'une grande variété de produits fins de la ruche (coup de cœur pour la vinaigrette à la moutarde et au miel). Produits régionaux également en vente sur place.

LE GASPÉSIANA €€

460, route de la Mer
✆ +1 418 775 7233
gaspesiana.com
Occupation double : à partir de 178 CAN $, petit déjeuner et stationnement inclus. Autres forfaits disponibles.

Idéalement situé en front de mer, à proximité de nombreux services et attraits. Les chambres sont très bien équipées et leur décoration aux coloris variés rendent les lieux fort accueillants. Le restaurant du motel propose des petits déjeuners copieux (omelettes, casseroles, assiettes santé, œufs Bénédicte, etc.), un menu du jour le midi et des tables d'hôtes le soir, sans oublier le festival du homard en saison. Autres services : accès à la plage, gym, prêt de vélos, bar, wifi gratuit. Une très bonne adresse aux portes de la Gaspésie.

CANTINE DES NAVIGATEURS €

270, route de la Mer
✆ +1 418 785 0088
Ouvert de mai à septembre. Carte : moins de 30 CAN $.

Située à quelques pas de la mer, flanquée de sa grande voile de bateau et de son décor maritime, la Cantine des Navigateurs propose un savoureux menu sur le pouce : fish & chips ou croquettes de morue faits maison, club sandwich au homard, guédilles aux fruits de mer et autres plats typiques de casse-croûte. Ne reste qu'à accompagner le tout d'une bonne bière gaspésienne et couronnez le repas d'un de leurs succulents desserts (gâteau aux carottes, fondant au chocolat...). Plats pour emporter également ainsi qu'une terrasse pour déguster le tout au grand air.

CANTINE SAINTE-FLAVIE €

479, route de la Mer
✆ +1 418 785 2055
Ouvert de mai à septembre. Carte : moins de 25 CAN $.

Située face à la mer, la Cantine Sainte-Flavie est réputée pour son fameux club sandwich au homard, mais aussi pour ses guédilles au homard (parmi les meilleures de la région) et sa poutine aux petites crevettes. Et ici on ne lésine vraiment pas sur la quantité ! La carte comprend également des plats typiques de casse-croûte tels que des sous-marins, des sandwichs, des burgers, des hot-dogs, des frites et tutti quanti. L'endroit propose également des plats pour emporter ainsi qu'une terrasse pour manger sur le pouce sous le soleil gaspésien.

CAPITAINE HOMARD €€

180, route de la Mer
✆ +1 418 775 8046
capitainehomard.com
Mai à septembre : lundi-dimanche, 11h-22h. Horaires réduits en début de saison. Carte : 10-70 CAN $, TH également.

Une halte obligée, un incontournable de la région depuis 1968 ! Le Capitaine Homard, comme son nom l'indique, vous prépare ses spécialités de fruits de mer et de poissons, le homard demeurant toutefois maître des lieux. Les prix sont excellents, les portions généreuses et la vue magnifique. Une boutique, qui ressemble plus à un musée, contient souvenirs, artisanat et œuvres d'artistes locaux. Également sur place : une poissonnerie et des jeux pour enfants. Pour étirer le plaisir, possibilité de louer un chalet ou un emplacement de camping sur le site.

GRAND-METIS ★★

Métis est une forme récente de l'orthographe Mitis, mot micmac dont la signification reste obscure. Certains disent qu'il vient du terme micmac *Miti Sipo*, qui signifie « rivière du peuplier », d'autres suggèrent que mitis serait une déformation du mot *métioui* ou *mitiwee* employé par les Micmacs et les Malécites pour désigner un lieu de réunion. En 1886, Lord Mount Stephen achetait au seigneur de Grand-Métis des terres situées au confluent de la rivière Mitis et du Saint-Laurent pour y pratiquer la pêche. Sa nièce, Elsie Meighen Reford, hérite du domaine en 1918 et le transforme en jardins de 1926 à 1954. Ainsi sont nés les Jardins de Métis.

JARDINS DE MÉTIS ★★

200, route 132 Est
✆ +1 418 775 2222
jardinsdemetis.com
Juin à octobre : tous les jours de 8h30 à 18h (jusqu'à 20h en juillet et août). Adulte : 22 CAN $.

Ces jardins à l'anglaise, d'une superficie de 17 hectares, bénéficient d'un microclimat exceptionnel. Ils comprennent plus de 3 000 espèces de fleurs et de plantes ornementales, parmi lesquelles certaines sont très rares. L'ensemble est composé de nombreux jardins distincts où poussent plantes annuelles et plantes vivaces. Depuis 2000, le Festival international de jardins est organisé chaque année où des œuvres avant-gardistes, venues du monde entier, sont présentées de fin juin à début octobre. Pour « goûter les jardins », faites une halte à la boutique après votre visite. Vous y trouverez une gamme de spécialités aux saveurs florales, préparées par le chef Frédérick Boucher et son équipe, et composées à partir de végétaux présents dans leur collection horticole, sans oublier les objets cadeaux (boutique en ligne également). Mieux encore, prenez un repas directement sur place à l'un des trois restaurants du domaine : au Café Jardins (menu sur le pouce en terrasse extérieure), au restaurant de la villa Estevan (menu de saison servi dans une maison classée au patrimoine historique) ou au restaurant Le Bufton (bistro buvette avec un menu inspiré de leur potager et des saveurs du terroir). Un petit potager est également ouvert au public et les Jardins de Métis proposent en prime une belle programmation d'événements spéciaux tels que des conférences, des concerts, des ateliers, des thés littéraires, des pique-niques musicaux ou encore des expositions (permanentes, temporaires, vernissages).

METIS-SUR-MER ★★

Autrefois destination privilégiée de la bourgeoisie anglaise de Montréal, Métis-sur-Mer (moins de 600 habitants) a été fondée par des Écossais au XIXe siècle. Elle s'appela Petit-Métis jusqu'en 1921, moment où elle prit son nom actuel qui fut d'ailleurs celui de sa seigneurie à l'époque. Elle est membre en règle de l'Association des plus beaux villages du Québec et a obtenu trois fleurons de l'association des Fleurons du Québec pour son embellissement horticole durable. Le village est vraiment mignon et invite à flâner dans ses petites rues. Pour voir la mer au plus près, suivez les escaliers qui descendent vers la grève de sable et de galets.

MATANE ★

Son nom viendrait d'un mot indien d'origine micmac signifiant « vivier de castor ». Port industriel, centre commercial et administratif, Matane possède un chantier naval et l'usine de transformation de crevettes la plus importante du Québec, l'occasion parfaite pour déguster ces petits crustacés décapodes de toutes les façons possibles. La ville de Matane est aussi un point d'arrivée et de départ pour les voyageurs (un traversier relie Matane à Baie-Comeau ou Godbout, sur la Côte-Nord), sans compter que c'est la première grande ville que vous croiserez sur votre chemin en arrivant dans la région de la Gaspésie depuis l'ouest de la province.

AUBERGE DU GRAND FLEUVE €€

131, rue Principale ✆ +1 418 936 3332
www.aubergedugrandfleuve.qc.ca

Ouvert de juin à fin septembre. Occupation double : à partir de 142 CAN $, petit déjeuner inclus. Accès à la plage.

Auberge très calme, offrant une vue imprenable sur le fleuve et ses superbes couchers de soleil. Les littéraires apprécieront l'accent mis sur les livres et l'accès à une grande bibliothèque. Son restaurant offre le petit déjeuner le matin et une cuisine raffinée le soir, laquelle décline poissons et fruits de mer de l'estuaire du Saint-Laurent. Le pain, le saumon fumé, les charcuteries et les desserts sont tous faits maison, sans oublier les fines herbes cueillies à même leur jardin et les produits provenant des producteurs de la région. Une adresse à retenir !

DOMAINE ANNIE-SUR-MER €€

387, chemin Patton ✆ +1 418 936 3563
www.domaineanniesurmer.com

Ouvert de mi-mai à début octobre. Voir site web pour les tarifs d'hébergement. Location de kayaks sur place.

Un havre de calme et de tranquillité, situé directement sur les rives du Saint-Laurent. L'hébergement se fait en auberge, motel ou chalet, et le petit déjeuner est toujours inclus dans le prix de la nuitée (restaurant temporairement fermé). Pour profiter de ce cadre ultra-relaxant, plusieurs services sont proposés : terrasse avec bain à remous et sauna ainsi que de nombreuses autres activités au camping situé à 5 minutes de marche (piscine chauffée, jeux d'eau, terrains de jeu, sentiers de vélo et piste de BMX, piste de randonnée et tour d'observation, etc.).

RÉSERVE FAUNIQUE DE MATANE ★

Chemin de la réserve faunique
✆ +1 800 665 6527
www.sepaq.com/rf/mat

Créée en 1962, la réserve faunique de Matane est un territoire de 1 275 km² reconnu pour sa richesse faunique exceptionnelle. Les paysages grandioses englobent montagnes, vallées profondes et de majestueux cours d'eau. On y retrouve la plus grande concentration d'orignaux au Québec et différentes randonnées guidées permettent de mieux connaître ce cervidé. La réserve faunique de Matane demeure une référence pour les amateurs de chasse, de pêche et de plein air.

Il y a deux postes d'accueil : John (40 km au sud-est de Matane par la route 195) et l'Étang-à-la-Truite (dans la réserve). La circulation est interdite de la fête du Travail à début novembre en raison de la chasse contingentée. Consultez le site web pour connaître les horaires des deux postes d'accueil selon la période.

- **Faune :** orignal, cerf de Virginie, ours noir, renard, coyote, plusieurs petits mammifères et une multitude d'espèces d'oiseaux dont l'aigle doré, le grand pic et le pygargue à tête blanche.
- **Hébergement :** camping (sites aménagés et rustiques), camp rustique, chalets, auberge de montagne des Chic-Chocs.
- **Activités :** chasse à l'orignal, à l'ours noir et au petit gibier, observation de la faune, pêche (à la journée et avec séjour), kayak, surf à pagaie, canyoning, randonnée pédestre, vélo, cueillette en forêt, ski hors-piste, raquette. Location d'équipement (embarcations nautiques, matériel de pêche, etc.) et vente de permis de chasse et pêche au poste d'accueil ou au bureau administratif de Matane.

RIVIÈRE MATANE - POSTE D'OBSERVATION DU SAUMON

260, avenue Saint-Jérôme
✆ +1 418 562 0000
www.rivierematane.com
Fin juin à fin août : tous les jours de 10h à 16h. Entrée libre.

La rivière Matane est le lieu de pêche le plus renommé du coin. À la saison propice, on traque le saumon en plein centre. Près de l'hôtel de ville, la passe migratoire du barrage Mathieu-d'Amours permet aux saumons de remonter le cours de la rivière (vous pouvez observer leur montée derrière les vitres). Le centre d'observation du barrage présente également une exposition sur la pêche sportive au saumon, ainsi que sur les barrages et les ponts de la rivière Matane.

HÔTEL-MOTEL BELLE PLAGE €

1310, rue de Matane-sur-Mer
✆ +1 418 562 2323
www.hotelbelleplage.com
Ouvert de mi-mai à mi-octobre. Occupation double : à partir de 119 CAN $. Promotions et forfaits disponibles.

Établissement situé à deux pas du ferry pour la Côte-Nord, au bord du fleuve Saint-Laurent, directement sur la plage. Les chambres offrent en prime une magnifique vue sur le coucher de soleil ; celles de catégorie confort et supérieure ainsi que la suite junior ont un patio ou balcon privé offrant une vue panoramique sur le fleuve. Le restaurant, ouvert matin et soir, est une halte gastronomique réputée servant une excellente cuisine, surtout à base de fruits de mer. Leurs fumoirs permettent de préparer des petits délices sur place, selon disponibilités.

RIÔTEL MATANE €€

250, avenue du Phare Est
✆ +1 888 427 7374
www.riotel.com
Tarifs variables selon l'hébergement (hôtel ou pavillon). Centre de santé, bain à remous, sauna, piscines, gym, etc.

Des chambres tendances, entièrement équipées, offrant une ambiance calme et apaisante avec un mobilier et des teintes très épurés. La vue, depuis les chambres Océan et les studios Escale, est superbe. Si vous désirez économiser tout en ayant accès aux services de l'hôtel, optez pour une chambre en pavillon (style motel). Le Riôtel Matane compte un restaurant, Cargo, et son bar lounge au look maritime et industriel. Ouvert matin et soir, on y propose un menu abordable pour tous les goûts (forfait « homard à volonté » en mai et juin).

LA FABRIQUE

360, avenue Saint-Jérôme
✆ +1 418 566 4020
www.publafabrique.com
Ouvert tous les jours dès 11h30. Programmation culturelle et musicale. Terrasse.

Tenue par la coopérative de travail Le Cabestan, cette brasserie artisanale propose des bières maison brassées sur place, dont une quinzaine sur ses lignes de fût. Certaines bières sont d'ailleurs disponibles en bouteilles à leur usine située dans le bâtiment adjacent. L'ardoise est complétée par quelques bières venant de microbrasseries québécoises ou encore des collaborations. On y retrouve également près d'une quarantaine de whiskys et pour casser la croûte, la cuisine de style pub met en vedette les produits locaux et régionaux. À mettre au carnet de route !

DESTINATION HAUTE-MER

✆ +1 418 556 5103
www.destinationhautemer.ca
À partir de 375 CAN $ (1 à 4 pers), 60 CAN $ par pers supplémentaire. Tarif famille également. Réservation impérative.

© THOMAS DOUCET

Envie de prendre le large pour aller taquiner le poisson ou observer les mammifères marins qui peuplent l'estuaire du Saint-Laurent ? Vous êtes à la bonne adresse ! L'entreprise Destination Haute-Mer propose des forfaits de pêche sportive exaltante et d'excursion en formule tout inclus. Simplement apporter votre bonne humeur, tout le reste est fourni sur place ! De plus, le bateau est nolisé que pour votre petit groupe, pas d'inconnus à bord. Une aventure au top dont vous vous souviendrez longtemps, encadrée par de véritables pros. À faire absolument !

GASPÉSIE

CAP-CHAT ★

À 2 km à l'ouest de Les Méchins, un rocher rappelle la forme d'un chat accroupi. Il aurait, dit-on, inspiré le nom de la localité. C'est ici que le fleuve devient officiellement golfe du Saint-Laurent. Son emblème, le parc éolien Le Nordais, l'un des plus importants d'Amérique du Nord, compte environ 130 éoliennes que vous ne manquerez pas de remarquer dans le paysage. Il est d'ailleurs possible de visiter la plus haute et plus puissante éolienne à axe vertical au monde à Projet Éole. On peut même accéder à une terrasse panoramique pour une vue sur 360°. Pour ceux préférant rester sur le plancher des vaches, une rivière permet de taquiner le saumon.

PROJET ÉOLE ★

5, chemin du Cap
✆ +1 418 967 8812
projeteole.ca
15 juin au 15 septembre : tous les jours de 9h à 17h. Adulte : 15 CAN $. Boutique, sentiers, jardin.

© PROJET EOLE

C'est ici que se trouve la plus haute éolienne à axe vertical au monde. On y découvre les moments-clés du développement de l'éolien dans la province, une énergie verte dont l'importance et l'histoire sont démontrées via une visite immersive. La visite du générateur permet de voir et de comprendre les systèmes de fonctionnement et d'apprécier les perspectives qu'offrent les énergies nouvelles. Aussi sur place : belvédère panoramique, pièces d'éoliennes. Projets à venir : murales et projets artistiques, sentiers lumineux, ateliers sur la permaculture, etc.

VALMONT PLEIN AIR €€

10, rue Notre-Dame Est
✆ +1 418 786 1355
www.valmontpleinair.com
De mai à mi-décembre (horaires variables). Carte : 5 à 35 CAN $. TH du soir également. Glacier et activités sur place.

Valmont Plein Air est un très joli bistro à saveur régionale où les plats gourmands sont apprêtés avec originalité. Petits déjeuners, menu bistro (fish & chips, burgers, poutines dont la fameuse poutine aux crevettes, pizzas, etc.) et du soir (terre & mer, assiette du pêcheur, filet mignon, etc.) sont proposés. À découvrir : la belle sélection de bières québécoises et la crèmerie qui offre de délicieuses glaces aux assemblages élaborés. Finalement, on peut également y faire la location de kayaks, planches à pagaie et vélos électriques pour se dégourdir les jambes.

SAINTE-ANNE-DES-MONTS ★★★

Terre d'aventure où mer et montagnes se rencontrent, nichée au creux d'une anse, la ville est un véritable terrain de jeu pour les amateurs de grands espaces. Des sentiers longent le fleuve et constituent une belle balade à toute heure de la journée, surtout au coucher du soleil qui teint alors en rouge et orangé le ciel et le fleuve. De belles auberges sont également situées sur les rives du Saint-Laurent, question de pouvoir apprécier ce magnifique paysage. Sainte-Anne-des-Monts est également reconnue comme la porte d'entrée du parc national de la Gaspésie et son fameux Gîte du Mont-Albert, auxquels on accède en prenant la route 299 Sud.

SEA SHACK €

292, boulevard Perron Est
✆ +1 418 763 2999
www.aubergefestive.com
Tarifs variables selon l'hébergement choisi (camping, vanlife, chalet, maison...). Nombreux services et activités.

En bordure de mer, ce petit coin de paradis offre une expérience dont vous vous souviendrez longtemps. Non seulement c'est l'endroit idéal pour les activités de plein air, mais c'est aussi un haut lieu festif avec les soirées réputées du Tiki Bar. Relaxez-vous sur la plage, laissez-vous bercer dans un des nombreux hamacs, ou savourez une bonne pinte de bière gaspésienne au bar de l'auberge. Services : cuisine équipée, cantine, grande terrasse avec BBQ, bar avec salle de spectacles sur la plage (ouvert au grand public), excursions, boutique La Legria, etc.

PARC NATIONAL DE LA GASPÉSIE ★★★

1981, route 299 ✆ +1 800 665 6527
www.sepaq.com/pq/gas
Ouvert toute l'année. Accès quotidien : 9,25 CAN $, gratuit pour les 17 ans et moins.

Situé en plein cœur de la péninsule gaspésienne, le parc national de la Gaspésie (802,2 km²) est une véritable mer de montagnes qui offre un panorama grandiose. Véritable chouchou des Québécois et des touristes, il compte 25 sommets de plus de 1 000 mètres dont les monts Albert (1 154 mètres) et Jacques-Cartier (1 268 mètres) - les monts Chic-Chocs et McGerrigle traversent d'ailleurs le parc et sont fort appréciés des amateurs de plein air. Ces sommets, parmi les plus hauts de l'est du pays, sont célèbres pour leur végétation subarctique identique à celle du Grand Nord québécois. On retrouve, sur le même territoire, une diversité d'espèces vivantes unique au Québec dont l'orignal, le cerf de Virginie et le caribou de la Gaspésie (seul endroit pour voir des caribous dans le sud de la province). Plusieurs types d'hébergement sont proposés dans le parc mais nous ne pourrions passer sous silence l'excellent service de l'auberge le Gîte du Mont-Albert, nichée au cœur du parc et emblème de ce dernier.

Pour se rendre depuis Sainte-Anne-des-Monts, prendre la route 299 Sud sur 40 km (entrée nord) ; depuis New Richmond, prendre la route 299 Nord sur 92 km (entrée sud). Il y a plusieurs postes d'accueil : le centre de découverte et de services dans le secteur du Mont-Albert, à l'entrée nord, ainsi que deux postes pour le camping (accueil Lac-Cascapédia et accueil Mont-Jacques-Cartier).

- **Centre de découverte et des services** (mi-mai à mi-octobre et mi-décembre à mi-avril) : exposition permanente sur la géologie du parc, sa végétation subarctique et sa faune particulière. S'y tiennent des conférences et des projections de films. Boutique de location et de vente de matériel de camping et de plein air. Renseignez-vous ici pour préparer votre excursion.
- **Hébergement :** Gîte du Mont-Albert, chalets, refuges, tentes prêt-à-camper, prêt-à-camper Étoile, camping aménagé, camping d'hiver au camping Mont-Albert.
- **Location d'équipement :** embarcations nautiques, bottes de randonnée, sac à dos, accessoires pour le camping (hiver), raquettes de montagne, Ski Hok, skis nordiques, équipement complet de ski nordique, etc.
- **Activités :** randonnée de courte ou longue durée (guidée ou non), activités nautiques, pêche à la journée ou avec hébergement, pêche au saumon, observation de la faune, raquette, ski de fond, ski nordique, zone hors piste (télémark, ski de haute-route, snowboard et raquette). De nombreuses entreprises offrent d'autres activités en sus.

EXPLORAMER ★★

1, rue du Quai ✆ +1 418 763 2500
www.exploramer.qc.ca
Juin à octobre : tous les jours de 9h à 17h. Musée et parc aquarium : adulte 18,90 CAN $. Autres activités et forfaits.

Par le biais d'expositions et d'aquariums avec collections vivantes, Exploramer invite à la découverte de l'écosystème et de la biodiversité du Saint-Laurent. On peut monter à bord du C-E Marin Exploramer pour une initiation à la pêche durable ou opter pour la cueillette de poissons à marée basse. Pour toucher à tout, le forfait « Une journée dans la mer » inclut la visite du parc aquarium, du musée, des bassins tactiles, une excursion en mer et l'activité de cueillette de poissons. Vous découvrirez à quel point la vie dans le fleuve est riche et diversifiée.

AUBERGE LA SEIGNEURIE DES MONTS €€

21, 1ère Avenue Est
✆ +1 418 763 5308
bonjourgaspesie.com
Occupation double : à partir de 140 CAN $. Un minimum de deux nuits peut être exigé.

Située à quelques pas seulement de la mer et fière représentante du patrimoine régional, cette magnifique auberge est chaudement recommandée pour un séjour en Haute-Gaspésie. Les chambres et suites, ayant toutes un cachet différent, sont douillettes à souhait et certaines offrent une belle terrasse avec vue sur la mer. L'auberge accueille également la galerie d'art de l'artiste Lise Tanguay, un bar pour l'apéro et le charmant café Alice & Victor. On aime !

AUBERGE DE MONTAGNE DES CHIC-CHOCS €€€

90, boulevard Sainte-Anne Ouest
✆ +1 800 665 3091
www.sepaq.com/ct/amc
Ouvert en saisons estivale et hivernale. Se présenter au bureau d'accueil pour le transport jusqu'à l'auberge.

Perchée à 615 mètres d'altitude dans la réserve faunique de Matane, une auberge de montagne qui vous offre une expérience authentique au cœur d'une nature immense et presque intacte. Cette petite auberge chaleureuse, où rien n'est négligé par le chef aubergiste et son équipe, vous laisse libre d'explorer cet environnement montagnard lors d'une randonnée, d'une balade en vélo de montagne à assistance électrique, d'une sortie en ski hors-piste ou d'une activité plus contemplative.

GÎTE DU MONT-ALBERT €€€

2001, route 299
✆ +1 866 727 2427
www.sepaq.com/pq/gma
Ouvert en saisons estivale et hivernale. Certains chalets sont disponibles toute l'année. Forfaits disponibles.

Le Gîte du Mont-Albert est une élégante demeure blanche de style montagnard datant de 1950. Située dans un écrin de montagnes, elle offre des paysages à couper le souffle. Réputée pour sa table savoureuse et son hospitalité, c'est une adresse dont on entend beaucoup parler. Plusieurs services sur place : restaurant, bistro-bar, piscine extérieure chauffée, sauna, ainsi que nombreuses activités de plein air (service de location d'équipement de plein air). L'endroit étant fort populaire, nous vous recommandons de réserver bien à l'avance.

PANORA LOGES FLUVIALES €€

610 boulevard Sainte-Anne Est
www.panoraloges.ca
Loges à partir de 195 CAN $ la nuit. Un minimum de deux ou trois nuits est exigé.

Blotti entre mer et montagnes, ce site de villégiature 4 saisons propose des unités absolument superbes. Chacune peut accueillir jusqu'à quatre personnes en tout confort (deux chambres à disposition) et possède une cuisine complète, une salle de bains, une terrasse avec bain à remous privé, un espace de stationnement, le wifi gratuit, etc. Son plus grand atout : la façade entièrement vitrée des unités donnant sur le Saint-Laurent pour admirer les plus beaux couchers de soleil de la province. Un lieu d'hébergement à découvrir absolument !

LE MALBORD

178, 1ère avenue Ouest
✆ +1 418 764 0022
www.lemalbord.com
Horaires variables selon la saison. Menu de grignotines, terrasse.

Située face à la mer, cette microbrasserie se veut un lieu convivial de rencontre et de rassemblement, de diffusion et de découverte culturelle. Ses bières maison, également distribuées dans de nombreux points de vente de la province, sont à découvrir : L'Avalanche, une Session houblonnée, La Tripeuse des Bois, une blonde belge au miel et au thym, la Flibuste, un Stout à l'avoine, ou encore La Gueule de Requin, une Eisbock brassée une fois l'an. La boutique sur place permet de faire le plein de vos nectars préférés et d'items à l'effigie de la microbrasserie.

ESKAMER AVENTURE

280, boulevard Perron Est ✆ +1 418 967 2999
eskamer.ca
Ouvert en saison estivale. Voir site web pour les tarifs. Hébergement (camping et chalet), piscine-spa, terrasse.

Eskamer Aventure offre des sorties guidées quotidiennes en kayak. De quelques heures à la demi-journée, à vous de choisir. Au programme, une rencontre avec les baleines, les phoques et des colonies d'oiseaux marins. Pour les plus aventureux, le canyoning à Ruisseau-Castor, des Sauteux ou Beaulieu vous fera vivre des émotions fortes : marche, saut de falaises, glissade naturelle dans les marmites géantes d'eau limpide et turquoise, passage sous les cascades, grimpe… Finalement, pour s'envoyer en l'air, l'endroit propose également la Tyrolienne du Castor.

LA MARTRE ★

Le site doit son nom à l'animal qui fréquente sa rivière. Quelque 250 habitants se partagent le territoire de cette paisible localité blottie contre la mer, au pied des montagnes. À part la douceur de vivre, il n'y a pas grand chose à voir à La Martre, excepté une chose : le secteur du phare. C'est même un arrêt obligatoire de tout *road trip* gaspésien qui se respecte ! Ce beau phare rouge en bois datant de 1906 est ouvert à la visite. La maison du gardien, un hangar et l'abri du criard de brume font également partie de ce site classé au patrimoine culturel. Situé en surplomb de la mer, il offre une vue panoramique tout simplement magnifique.

MUSÉE DES PHARES ★

10, avenue du Phare
✆ +1 418 288 5605
Ouvert en saison estivale, tous les jours de 9h30 à 16h30.

Inscrit au patrimoine culturel du Québec, le secteur du phare de La Martre comprend le phare, la maison du gardien, un hangar et l'abri du criard de brume. Le phare actuel, érigé en 1906, possède une structure en bois assez unique. Il se visite et une superbe vue s'ouvre depuis le balcon de veille. L'exposition permanente traite de l'évolution du système canadien d'aides à la navigation et de deux épaves de navire échouées à proximité aux XVIIIe et XXe siècles. Une boutique sur place propose toutes sortes de créations d'artistes du coin et de la région.

MONT-SAINT-PIERRE ★

Point de départ pour le parc national de la Gaspésie et la réserve faunique des Chic-Chocs (secteur du mont Jacques-Cartier), c'est la capitale du vol libre (activité proposée sur place). Avec sa longue anse ceinturée de montagnes abruptes et sa vaste plage de galets, c'est l'endroit idéal pour une halte, d'autant que la municipalité a des projets plein la tête : réaménagement de l'ancienne auberge en poste d'accueil pour les touristes avec espace muséal et café-terrasse, création d'un centre d'interprétation du vol libre dans l'église du village et d'un observatoire sur les phénomènes géomorphologiques de la Gaspésie au sommet de la montagne, etc.

RÉSERVE FAUNIQUE DES CHIC-CHOCS ★★

116, rue Prudent-Cloutier ✆ +1 800 665 6527
www.sepaq.com/rf/chc
Voir site web pour les horaires des différents postes d'accueil.

La réserve faunique des Chic-Chocs (1 129 km²) se divise en deux parties bien distinctes : la majeure partie du territoire (1 048 km²) située au sud et à l'est du parc national de la Gaspésie, l'autre partie (81 km²) au nord du parc. Elle est créée en 1949 afin de préserver un territoire exceptionnel pour la faune et permettre une meilleure utilisation du territoire. Le vénérable père Le Clerk s'exclamait à la fin du XVIe siècle : « Un pays plein de montagnes, de bois, et de rochers ». En effet, ce lieu englobe des montagnes impressionnantes de plus de 800 mètres dont les monts Blanche-Lamontagne (940 mètres), Vallières-de-Saint-Réal (940 mètres), Hog's Back (830 mètres) et le mont Brown (920 mètres). La forêt est couverte de sapinières à épinette noire et à bouleaux blancs, et on trouve une végétation typique de la toundra sur les sommets les plus élevés. On compte une quarantaine de lacs et de nombreux ruisseaux et rivières. Une véritable nature harmonieuse au sein de la chaîne des Appalaches.

- **Hébergement :** 15 chalets répartis dans cinq secteurs (kayak, pédalo et barbecue inclus).
- **Location d'équipement :** chaloupes, moteurs hors-bord, vente des droits d'accès et de permis pour la chasse et la pêche.
- **Activités :** chasse à l'orignal, à l'ours et au petit gibier, observation de la faune, pêche à la journée et avec séjour, randonnée pédestre, cueillette en forêt, découverte de la géologie, sports de glisse (télémark, ski de haute route, planche à neige), raquette.

VUE DU CIEL

66, rue Prudent-Cloutier
✆ +1 418 797 2025
www.deltaplanetandem.ca
En opération de mi-mai à fin octobre. Tarif deltaplane et parapente : 250 CAN $.

Si l'expérience du vol vous tente, cette entreprise vous propose de vivre l'expérience d'un vol d'initiation en deltaplane ou parapente tandem. L'expérience complète dure environ une heure ou une heure et demie, dont 5 à 30 minutes de vol. Le décollage se fait à quelque 430 mètre d'altitude, sur la falaise du mont Saint-Pierre. Pour garder un souvenir de son aventure dans les airs, une captation vidéo peut être obtenue moyennent un supplément. Vue du Ciel a aussi une boutique de cerfs-volants et met à disposition les marques HQ, Prism et StarKite, entre autres.

MONT-LOUIS ★

Ce petit village en bord de mer doit son nom à Louis XV qui concède les premières terres de l'endroit. Des postes de pêche sont construits dès 1697, mais les soldats du général Wolfe brûlent tout en 1758 lors de la conquête de la Nouvelle-France par les Anglais. De nos jours, Mont-Louis est réputé pour son havre de pêche et son usine de transformation du poisson, Cusimer, mais aussi pour son entreprise locale de fumaison traditionnelle, Atkins & Frères (un arrêt à la boutique s'impose). À savoir que Mont-Louis est l'un des trois villages qui composent la municipalité de Saint-Maxime-du-Mont-Louis, les deux autres étant L'Anse-Pleureuse et Gros-Morne.

VALLÉE TACONIQUE

308, rue de l'Église
✆ +1 418 764 6173
vallee-taconique.com
En opération de décembre à fin mars. Voir site web pour les tarifs. Réservation indispensable.

Amoureux de la glisse en hors piste (free-ride), ceci est pour vous ! Imaginez descendre des pentes relativement abruptes en pleine poudreuse sur 4 400 mètres dans le cadre magique de la Haute-Gaspésie, le tout encadré par des professionnels. Un niveau intermédiaire à expert est toutefois requis pour l'activité. Des forfaits incluant l'hébergement en refuge sont aussi proposés. Pour ceux qui aimeraient s'offrir une excursion mémorable en motoneige hors piste, sachez qu'ils possèdent également l'entreprise Adrénaline Hors Piste (www.adrenalinehorspiste.com).

GASPÉSIE

CHIC-CHAC

550 avenue Dr. William May
✆ +1 418 784 3311
chic-chac.com
Tarifs variables selon l'activité ou le forfait choisi. Réservation impérative.

Entreprise spécialisée en tourisme d'aventure, le Chic-Chac a fait de Murdochville et ses environs une véritable destination plein air 4 saisons avec cinq sites d'activités. Par exemple, l'été on profite du lac York avec les activités nautiques, la pêche à la truite et les chaleureux chalets rustiques. L'hiver venu, les sports de glisse tiennent la vedette avec une poudreuse à faire rêver les amateurs dans cet incroyable paradis du hors-piste. Et comme si ce n'était pas assez, le Chic-Chac propose également divers hébergements et de la restauration. Au top !

© CHIC-CHAC

© CHIC-CHAC

MURDOCHVILLE

Ancienne ville minière blottie dans un écrin de montagnes, Murdochville revit aujourd'hui grâce au développement de l'éolien et du tourisme. Cette destination est d'ailleurs un secret bien gardé de la région, voire de la province entière. C'est en effet le meilleur spot pour les sports de glisse dans une poudreuse à faire rêver les amateurs et l'entreprise locale Chic-Chac vous promet une expérience haute en émotions que ce soit en catski ou même en héliski. La saison estivale n'est pas en reste avec de nombreuses activités dont la randonnée, la pêche, le rafting et tutti quanti. Pour s'y rendre, il faut prendre la route 198 depuis Mont-Louis ou Gaspé.

L'ANSE-À-VALLEAU ★

Il est utile de mentionner qu'ici débute la ville de Gaspé. Regroupant 17 villages sur 135 km de côte, elle couvre une superficie de 1 447 km². Certains villages sont même inclus dans le territoire du parc national de Forillon. L'Anse-à-Valleau en est donc la porte d'entrée et son nom serait inspiré d'un mouvement quotidien et naturel qui se déroule dans le coin : les marées. Le Site historique de Pointe-à-la-Renommée est LE point d'intérêt de l'endroit. Son phare d'un rouge éclatant et ses bâtiments de bois à l'architecture bien maritime attirent les visiteurs de partout, et c'est ici que fut installée la première station radiomaritime du continent.

POINTE-À-LA-RENOMMÉE ★★

884, boulevard de l'Anse-à-Valleau
✆ +1 418 269 3310
www.pointe-a-la-renommee.ca
Début juin à fin septembre : tous les jours de 9h à 17h. Adulte : 3 à 13 CAN $.

Centre stratégique de communication lors des deux guerres mondiales, Marconi y a installé la première station radiomaritime en Amérique du Nord en 1904. Le phare, que l'on visite, a parcouru des centaines de kilomètres : inauguré à L'Anse-à-Valleau, il a séjourné vingt ans à Québec avant de retrouver son site initial en 1997. En plus des expositions, ce site historique d'importance comprend un spectacle de projections en soirée (à voir absolument), une boutique d'artisanat ainsi que plusieurs sentiers pour la randonnée pédestre.

PETITE-VALLÉE ★

Ce village côtier est niché près d'une anse, au creux d'une petite vallée, d'où l'origine de son nom. Petite-Vallée résonne pour beaucoup comme LE lieu culturel majeur à l'est de Québec, accueillant une véritable pépinière de talents de la chanson française, du théâtre et des arts de la scène. Le Festival en chanson et le Théâtre de la Vieille Forge jouent pour beaucoup dans le rayonnement de la « petite vallée » en été. Toutefois, ayant été entièrement détruit lors d'un incendie à l'été 2017, le théâtre est temporairement remplacé par un chapiteau. À faire : un sentier pédestre (moins de 1 km) permet d'accéder au mont Didier et à sa superbe vue.

THÉÂTRE DE LA VIEILLE FORGE DE PETITE-VALLÉE

4, rue de la Longue-Pointe
✆ +1 418 393 2592
theatredelavieilleforge.com

Voir site web pour la programmation. Café sur place (mention spéciale à la soupe du boss).

Haut lieu de la chanson, il est connu pour son Festival en chanson qui a lieu chaque été. Réputé pour son accueil incomparable, il a été soutenu par des grands noms de la chanson lors de l'incendie qui rasa l'édifice en 2017. En attendant sa réouverture prévue en 2024, les arts de la scène vivent dans un chapiteau aménagé pour la cause ainsi que dans d'autres salles du coin. Parmi les artistes ayant fréquenté le festival, on peut citer Klô Pelgag, Damien Robitaille et Michel Rivard.

RIVIÈRE-AU-RENARD ★

Le port de Rivière-au-Renard, appelé « capitale des pêches », abrite des gros bateaux de pêche ainsi que des usines de transformation du poisson. On peut s'y approvisionner en crevettes, homards et autres dans les petites poissonneries jalonnant le port. Lors des beaux jours, on profite de la plage de la Sablière pour faire un brin de baignade ou de farniente. On peut aussi aller observer les oiseaux dans le marais au centre du village, ou encore se rendre au belvédère de la chapelle qui permet d'avoir une belle vue sur Rivière-au-Renard et la mer. Pour se désaltérer après la balade, la microbrasserie locale Au Frontibus est chaudement recommandée.

© ALEXANDRE COTTON

L'ANSE-AU-GRIFFON ★★

Plusieurs légendes locales entourent le nom de cette municipalité. Certains disent que ce serait le nom du bateau qui longea les côtes au XVIIIe siècle alors que pour d'autres, le nom ferait allusion à la couleur des fonds marins (l'Anse « aux gris-fonds »). La plus populaire raconte que le Diable serait apparu, répondant à l'appel de naufragés en détresse. Il aurait laissé la marque de ses griffes sur le flanc de la petite embarcation où ils s'étaient réfugiés. Au-delà de ses légendes,on y vient pour son centre culturel présentant spectacles et événements artistiques, et son manoir datant de 1850 ayant appartenu à un riche marchand de morue.

© ANDRE BUJOLD

CENTRE CULTUREL LE GRIFFON ★

557, boulevard du Griffon ✆ +1 418 892 5679
culturegriffon.ca
Tous les jours de début juin à début octobre, le week-end seulement hors saison. Programmation culturelle et musicale.

Situé dans un entrepôt frigorifique datant de 1942 et restauré en 2000, témoin du patrimoine maritime gaspésien, le Griffon fait rimer culture et cachet maritime. Il abrite le Café de l'Anse (plats à saveur du terroir), une salle d'exposition d'art visuel (entrée libre, nouvelle exposition permanente) et la boutique Le Galet qui vend produits régionaux et œuvres d'artisans et de créateurs. L'endroit propose également des spectacles et événements artistiques. Tout sous un même toit !

MANOIR LE BOUTILLIER

578, boulevard du Griffon
✆ +1 418 892 5150
manoirleboutillier.ca
Ouvert de fin mai à mi-octobre (horaires variables). Adulte : 10 CAN $. Géorallye également offert.

Construite vers 1850 par John Le Boutillier, grand marchand de morue originaire de l'île de Jersey, cette belle et grande demeure est ouverte à la visite. Elle présente une exposition et une installation numérique sur son histoire et celle de son propriétaire. Une autre exposition, extérieure cette fois, met en valeur le bâtiment et ses jardins. Vous pourrez faire une halte au salon de thé pour y déguster les pâtisseries de Pascale Malo accompagnés de café, tisane ou thé. La boutique de métiers d'art et produits du terroir donne quelques idées de cadeaux.

AUBERGE GRIFFON AVENTURE €

829, boulevard du Griffon
✆ +1 418 360 6614
www.aubergegaspe.com
Tarifs variables selon l'hébergement choisi. Nombreux services sur place. Hébergement autonome en mini-maison l'hiver.

L'Auberge Griffon Aventure propose des activités comme le canyoning ou la croisière en mer, par exemple. Détendez-vous sur la terrasse qui offre une vue exceptionnelle sur la mer, ou suivez un long escalier à flanc de falaise pour accéder à la plage. Les soirées autour du feu, avec une savoureuse bière de son bar, ne sont pas rares ! Pour l'hébergement : chalets (dont un dans un bateau), dortoirs mixtes et chambres privées, tentes prospecteur et sites de camping rustique situés dans la partie boisée. À savoir qu'ils tiennent un bistro à Cap-des-Rosiers.

CAP-DES-ROSIERS ★★

Cap-des-Rosiers représente le point de démarcation entre le golfe et le fleuve pour tous les navigateurs. C'est ici que se trouve l'entrée nord de la zone de conservation du parc national Forillon. Un conseil : mieux vaut arriver le matin, le soleil éclairant les falaises du Cap-Bon-Ami. De l'entrée du secteur nord, vous accédez au Cap-Bon-Ami. De là part un des sentiers de randonnée menant à la tour d'observation du mont Saint-Alban. En quittant la zone de conservation, on peut visiter le phare de Cap-des-Rosiers, le plus haut du pays. Construit en 1858 en raison des nombreux naufrages dans les environs, il est classé monument historique depuis 1977.

Cap-des-Rosiers.

GRANDE-GRAVE ★★

Site patrimonial d'importance protégé depuis la création du parc Forillon en 1970, il revêt un caractère historique dans les domaines de la pêche, de l'agriculture et de l'industrie du bois. Dès 1608, Grande-Grave est un poste de pêche saisonnier stratégique pour la Nouvelle-France. En 1792, la compagnie Janvrin, de Jersey en Angleterre, s'installe à Grande-Grave, qui deviendra un site majeur du commerce de la morue. Puis en 1845, William Hyman rachète la compagnie de pêche du Normand Francis Ahier et fait de Grande-Grave son principal établissement de pêche. Le Magasin général de la compagnie (1918) est devenu un lieu historique qui se visite l'été.

CAP-AUX-OS ★

Situé à proximité de l'entrée sud du parc national Forillon, Cap-aux-Os est un havre pour les activités nautiques avec quelques compagnies basées sur place. Sa plage est des plus agréable, surtout que l'eau peut être vraiment chaude en plein été. Le soir, il arrive que des feux de grève s'y improvisent. L'Auberge Forillon, située face à la mer, est un excellent pied-à-terre pour ceux désirant passer quelques jours à explorer le parc, et l'équipe pourra vous fournir tous les bons plans. Profitez-en pour jumeler votre séjour à une excursion en kayak de mer pour observer au plus près les mammifères marins qui fréquentent la baie de Gaspé.

MAGASIN GÉNÉRAL HYMAN & SONS ★

Boulevard de Grande-Grève
✆ +1 418 368 5505
www.pc.gc.ca/forillon
Fin juin à début octobre : lundi-dimanche, 10h-17h (fermeture à 16h en fin de saison).

La visite du Magasin général Hyman & Sons et son entrepôt explique tout sur l'importance de la pêche à la morue dans la région, son commerce et la vie des pêcheurs. Vous découvrirez les liens qui unissaient les compagnies et les pêcheurs, la vie parfois difficile de ces derniers et l'étendue du commerce international de cette richesse exceptionnelle. À noter que même si l'entrée est gratuite, des droits d'accès doivent être acquittés pour entrer dans le parc national.

CROISIÈRES BAIE DE GASPÉ

2448, boulevard de Grande-Grève
✆ +1 418 892 5500
www.baleines-forillon.com
En opération de juin à mi-octobre. 1 à 4 croisières par jour selon la période. Adulte : 90 CAN $.

À bord du *Narval III* (47 passagers) ou d'un zodiac (12 passagers), partez à la rencontre des baleines. Un guide-interprète vous expliquera tout ce qu'il y a à savoir sur ces mammifères marins. Jusqu'à sept espèces différentes peuvent être observées dans la baie de Gaspé et le golfe du Saint-Laurent, dont la baleine bleue, le plus grand animal ayant jamais existé. Ici encore, ne pas oublier d'acquitter les droits d'entrée au parc national Forillon en sus. À savoir que des établissements hôteliers du coin proposent à leurs hôtes des réductions sur la croisière.

AUBERGE FORILLON €

2095, boulevard Grande-Grève
✆ +1 581 822 0292
www.aubergeinternationaleforillon.com
Chambre partagée : à partir de 38 CAN $, privée : à partir de 88 CAN $. Terrasse avec vue sur la baie. Laverie payante.

Cette sympathique auberge, très connue des voyageurs français, est située à l'entrée sud du parc national Forillon, face à la baie de Gaspé. À quelques pas se trouve une magnifique plage (parfois animée en soirée avec feu de grève) ainsi qu'une petite épicerie. Dorénavant sous la gouverne d'Amélie et sa fine équipe, l'auberge propose des dortoirs de 4 à 6 lits, des chambres privées pour 1 ou 2 personnes et des chambres familiales pour 3 ou 4 personnes. Parmi les services offerts, notons une cuisine équipée pour popoter et des espaces communs pour se relaxer.

CAP AVENTURE

2052, boulevard Grande-Grève
✆ +1 418 892 5055
www.capaventure.net
En opération de mai à octobre. Tarifs variables selon l'activité choisie. École de pagaie sur place.

Cap Aventure se spécialise dans les excusions guidées en kayak de mer pour aller admirer de près les phoques (départ tôt le matin ou en fin de journée). L'entreprise propose aussi des safaris-baleines en zodiac ainsi que des sorties en planche à pagaie au coucher du soleil. On peut également y louer des équipements récréatifs tels que des planches à pagaie, des kayaks de mer, des pédalos, des quadricycles, des vélos et des cannes à pêche. Envie de rester quelques jours sur place ? Camping, prêt-à-camper et maison sont à disposition !

GASPÉ ★★★

C'est ici qu'en juillet 1534 Jacques Cartier plante sa croix, prenant symboliquement possession du Canada au nom du roi de France. Gaspé viendrait du mot *gespeg* qui signifie, en langue micmac, « fin des terres, bout, extrémité ». Le centre-ville constitue un bon point de chute pour la visite des attraits des environs et la pratique d'activités nautiques. La région est aussi connue pour sa pêche au saumon qui abonde dans les rivières York, Dartmouth et Saint-Jean. Depuis quelques années, le port d'escale accueille les navires de croisière internationale ainsi que CTMA sur son trajet entre Montréal et les Îles de la Madeleine (temporairement suspendu).

BERCEAU DU CANADA ★

179, montée Wakeham ✆ +1 418 368 9423
berceauducanada.com
Mi-juin à fin septembre : lundi-samedi, 10h-17h. Contribution volontaire. Location d'embarcations nautiques.

Installé sur les berges de la baie, ce site historique se veut une reconstitution du village de Gaspé du début du XXe siècle. On y retrouve plusieurs bâtiments dont une maison patrimoniale, une maison longue amérindienne, un entrepôt, une base navale, un magasin général et une taverne, le tout animé par des personnages d'époque. Tout devant, impossible de rater la reproduction en granite de la croix plantée par Jacques Cartier à son arrivée en 1534. Plusieurs activités sur le site et en ville, comme un parcours patrimonial et un spectacle multimédia en soirée.

MUSÉE DE LA GASPÉSIE ★

80, boulevard de Gaspé
✆ +1 418 368 1534
museedelagaspesie.ca
Ouvert tous les jours (horaires variables selon la saison). Adulte : 20 CAN $. Boutique sur place.

Institution muséale régionale, le Musée de la Gaspésie est l'endroit par excellence où (re) découvrir l'histoire de cette fabuleuse péninsule. Les expositions permanentes « *À la confluence des mondes* », « *Le grand large* » et « *La Gaspésienne n° 20* » (un authentique bateau de pêche à la morue qui se visite) ainsi que les nombreuses expositions temporaires reposent sur l'histoire, l'art, le patrimoine et la culture des Gaspésiens. Le Musée abrite aussi le Centre d'archives de la Gaspésie et une boutique qui vend des produits issus des métiers d'art régionaux.

PARC NATIONAL FORILLON ★★★★

1501, boulevard Forillon ✆ +1 418 368 5505
www.pc.gc.ca/forillon
Ouvert toute l'année. Adulte : 6,25 à 8,50 CAN $ selon la période, 17 ans et moins : gratuit.

Situé tout au bout de la péninsule gaspésienne, il constitue le principal attrait de Gaspé. On y entre à Saint-Majorique et on ressort à Rivière-au-Renard (ou l'inverse). Pour explorer tout le parc, nous conseillons de consacrer d'abord une journée en voiture pour découvrir les villages et les principaux attraits du secteur, puis une journée ou plus pour profiter à pied de la zone de conservation du parc. Pour les activités hivernales, il faut prendre contact avec le parc, certains services n'étant pas offerts.

Le mot *forillon* signifie petit phare. Ce parc national a été conçu sous le thème de l'harmonie entre l'homme, la terre et la mer en 1970. Outre la configuration de son paysage constitué de falaises abruptes, de plages de galets et de grottes, il offre le très grand attrait de sa faune et de sa flore. Le lynx, le castor, l'orignal, le renard roux et l'ours y vivent en harmonie avec la nature. Les différentes forêts (mixtes, de conifères ou de feuillus), les marais d'eau douce, les prairies et la végétation des dunes vous enchanteront. On y observe d'importantes colonies d'oiseaux de mer ainsi que différentes espèces de phoques et de baleines dont le rorqual à bosse, le petit rorqual et le dauphin à flanc blanc.

Le parc comprend deux centres d'accueil aux entrées des secteurs Nord et Sud, ouverts de fin mai à mi-octobre. Les services et les activités sont toutefois principalement offerts de juin à début septembre, jusqu'à mi-octobre pour certains. Le parc demeure accessible l'hiver pour le ski de fond (trois sentiers), le fatbike et la raquette (réservation par téléphone auprès du Centre culturel Le Griffon). Quatre bâtiments sont ouverts en hiver : le chalet au point de départ de La Vallée et Le Portage, le chalet Répi-Nord et les bâtiments de service à Grande-Grave et Penouille.

- **Hébergement :** 3 terrains de camping semi-aménagés, pour environ 350 emplacements au total (réservations : +1 877 737 8783 – reservation.pc.gc.ca). Le camping Cap-Bon-Ami sur les falaises offre une vue imprenable. Autres hébergements : prêt-à-camper (tentes oTENTik, petits chalets MicrOcube et hébergements insolites en forme de goutte d'eau Oasis), camping sauvage (aucun frais, mais inscription obligatoire au centre d'accueil ou au poste de perception).
- **Activités :** randonnée, vélo, croisières de découverte et d'observation des baleines, centre récréatif avec piscine et pataugeoire, kayak de mer, kitesurf, baignade, pêche en eau salée ou sur le quai, plongée sous-marine et en apnée, visites de sites patrimoniaux, ski de fond, raquette, fatbike.

AUBERGE SOUS LES ARBRES €€

146, rue de la Reine
+1 418 360 0060
aubergesouslesarbres.com
Occupation double : à partir de 130 CAN $.

Encensée par la critique, l'auberge de Claudine et son accueil incroyable ont de quoi séduire. Les chambres et suites sont confortables, décorées avec soin, avec un équipement moderne mais dans un style résolument ancien. Des appartements entièrement équipés (studio et loft) sont aussi en location. Vous pourrez accéder à une superbe cour aménagée avec chaises colorées. En pleine saison estivale, pensez à réserver bien à l'avance. Eh oui, l'Auberge sous les arbres est devenue LA nouvelle adresse incontournable en ville, avec raison.

CHALETS DU BOUT DU MONDE €€

1141, route Haldimand +1 418 368 0042
www.chaletsduboutdumonde.com
Voir site web pour les tarifs des chalets. Promotions et forfaits disponibles. Un minimum de nuits peut être exigé.

Magnifiques chalets au bord de l'eau pouvant accueillir jusqu'à six personnes (max 4 adultes). Ils sont entièrement équipés jusqu'au cinéma maison, la cafetière espresso et la buanderie. Un des chalets possède même un bain à remous extérieur et deux ont un foyer au propane. Pour se dégourdir les jambes, kayaks, vélos de montagne et raquettes sont à disposition. Et avec une localisation aussi centrale, à 10 minutes du centre-ville de Gaspé et à proximité des principaux attraits (parc Forillon, rivières à saumons, Percé, etc.), c'est définitivement un choix futé.

SITE D'INTERPRÉTATION MICMAC DE GESPEG ★★

783, boulevard Pointe-Navarre
+1 418 368 7449 - www.micmacgespeg.ca
De mi-juin à mi-octobre, tous les jours de 9h à 17h. Adulte : 12 CAN $. Réservation obligatoire.

Venez vivre l'expérience Mi'gmaq à Gaspé ! Situé sur un promontoire de la rive nord de la baie de Gaspé, adossé à la montagne et à deux pas de la forêt, le Site d'interprétation Micmac de Gespeg vous fera découvrir cette nation d'hier à aujourd'hui, son occupation du territoire gaspésien, son histoire et sa culture. Explorez l'univers Mi'gmaq grâce au centre d'interprétation et sa boutique d'artisanat autochtone, ainsi qu'à la fidèle reconstitution d'un village traditionnel et son campement d'été tel que retrouvés au XVIIe siècle. Beau temps, mauvais temps, vivez une expérience unique en terre Mi'gmaq en présence de guides-interprètes et d'artisans membres de la nation. Vous pourrez apprécier leur savoir-faire ancestral de même que leur apport à la collectivité gaspésienne. Les visites guidées du site d'interprétation sont offertes en français et en anglais sur réservation et durent au maximum deux heures (vous trouverez les horaires et tarifs sur le site web). À noter que le site est toujours fermé entre 12h et 13h. Pour les réservations de groupe, veuillez les contacter directement afin d'organiser votre visite sur place.

Un site Mi'gmaq authentique à découvrir par le biais de sa visite guidée, de son exposition permanente thématique et de sa boutique proposant une gamme de produits d'artisanat authentique et de qualité (pour rapporter de beaux souvenirs), sans oublier sa délicieuse bannique (pain traditionnel autochtone). Coup de cœur assuré !

BISTRO-BAR LE BRISE-BISE

135 rue de la Reine ✆ +1 418 368 1456
brisebise.ca
Ouvert tous les jours dès 11h. Carte : généralement moins de 30 CAN $. Terrasses. Programmation de spectacles.

Situé en plein cœur du centre-ville, ce bistro-bar est une adresse gourmande bien connue des locaux comme des visiteurs de passage. Dans l'assiette, les poissons et fruits de mer tiennent sans surprise la vedette dans des plats comme la fameuse poutine aux crevettes, le club sandwich au homard, le fish & chips ou encore la bouillabaisse gaspésienne. Snacks, pâtes, pizzas, salades-repas et grillades complètement l'ardoise. Pour accompagner la boustifaille, le bistro propose une belle sélection de bières locales ainsi que des vins pour la plupart issus d'Europe.

OH LES PAINS

114B rue de la Reine
✆ +1 581 822 0555
www.ohlespains.com
Ouvert du mardi au samedi de 8h à 17h.

Y a-t-il mieux qu'une bonne odeur de pain frais cuit du jour ? Et ici le choix est au rendez-vous avec la fameuse baguette, le pain kamut et épeautre, celui au fromage ou encore celui aux raisins. Comme toute boulangerie qui se respecte, l'offre en viennoiseries et en plaisirs sucrés est aussi étoffée que délicieuse, sans oublier les plats sur le pouce comme la pizza poire et chèvre qu'on accompagne volontiers d'un kombucha. Une adresse géniale pour commencer la journée du bon pied ou faire le plein de succulents produits avant une virée au parc national Forillon.

CAFÉ DES ARTISTES

101, rue de la Reine
✆ +1 418 368 3366
cafedesartistes.co
Ouvert tous les jours dès 7h30. Carte : moins de 25 CAN $. Salle d'exposition, terrasse.

Cette sympathique brûlerie propose toute une gamme de cafés de type arabica, à déguster sur place ou à emporter. L'endroit est fort chaleureux, avec bon nombre d'objets et artefacts divers en guise de déco. En début de journée, on opte pour la Brise du Matin (petits déjeuners), servie tous les jours jusqu'à 11h. Ensuite, c'est le menu à la carte qui prend la relève où se côtoient des salades, des sandwichs gourmands, des pizzas sur pain naan, des mac & cheese et autres petits délices. À accompagner d'une bière gaspésienne, bien entendu !

PAQUEBOT CAFÉ

123 rue de la Reine
paquebot.ca
Horaires variables selon la saison. Programmation culturelle et musicale. Trois autres succursales à Montréal.

Si les Montréalais connaissent bien Paquebot Café, la 4e succursale a plutôt choisi d'installer ses pénates près de la mer. Isabelle Huard et Samuel Perreault, déjà bien impliqués au sein de l'entreprise (Samuel a ouvert le premier café à Montréal), tiennent donc la barre de ce lieu ultra sympathique qui fait café de jour et buvette de soir. Cafés de spécialité de sa coentreprise ZAB Torréfacteur, vins nature, bières de microbrasseries locales, brunchs, plaisirs sucrés gourmands... : tout y est ! En été, goûtez au Cafélimo, une boisson à base de café et limonade.

MICROBRASSERIE CAP GASPÉ

286, boulevard de York Sud
✆ +1 581 822 0777
capgaspe.com
Horaires variables selon la saison. Boutique, petit menu gourmand, terrasse, programmation culturelle.

Logée dans l'ancien entrepôt Molson de la ville de Gaspé, on y produit des bières d'inspiration allemande et américaine, allant de La Première Bordée, une Hefeweizen douce et fruitée, à la Haldimand Beach, une IPA du Nord-Est américain, en passant par la Gamache, un Stout au goût de chocolat et de torréfaction. Les produits du terroir occupent une grande place dans le brassage, notamment les petits fruits et les aromates de la région. Pour les petits creux, des grignotines, nachos et sandwichs gourmands sont notamment à l'ardoise.

PLAGE DE HALDIMAND

Rue de la Plage

Située à 10 min du centre-ville, en direction de Percé, se trouve une superbe plage de sable fin considérée parmi les plus belles au Québec (surveillée de fin juin à fin août). On y retrouve plusieurs services tels un casse-croûte, des aires de pique-nique, une aire de jeux pour enfants, des douches et toilettes. On peut aussi s'adonner à la pêche ou encore faire une partie de volleyball de plage. Et avec un peu de chance, on pourra même admirer les œuvres éphémères réalisées lors du concours de châteaux de sable organisé annuellement par un comité de citoyens.

SAUMON GASPÉ

25, boulevard York Est
✆ +1 418 368 2324
saumongaspe.com
Consultez le site web pour connaître les tarifs des droits d'accès selon la zone et des permis de pêche au saumon.

La période de pêche s'étend de la fin mai à la fin septembre. Vous y achèterez les droits quotidiens pour pêcher le saumon dans les rivières York, Darmouth et Saint-Jean. Vous pouvez peser et laver vos prises sur place. Pour une expérience au top, le Pavillon Saint-Jean met à votre disposition tous les services nécessaires à un séjour de pêche haut de gamme : droits de pêche, accès exclusif aux fosses, équipement, service de guide, transport, hébergement, repas gastronomiques aux saveurs du terroir, etc. Vente et location d'articles de pêche sur place.

COIN-DU-BANC ★

Située à un peu moins de 10 km de Percé, la localité de Coin-du-Banc (qui fait partie de la ville de Percé) est hautement réputée pour sa plage propice à la baignade et où l'on peut d'ailleurs récolter quelques gemmes comme les agates et les jaspes. D'ici part le sentier des Rivières qui mène jusqu'à L'Anse-à-Beaufils. En prenant le chemin de la Carrière suivi d'une randonnée de 700 m sur un sentier accidenté, vous arriverez à un autre lieu qui vaut le détour : la rivière du Portage que l'on surnomme ici la rivière aux Émeraudes. Au pied de la cascade se trouve un bassin naturel aux eaux cristallines où il fait bon faire trempette lors des beaux jours.

CAMP DE BASE €€

315, route 132 Est ✆ +1 418 645 2907
www.campdebasegaspesie.com
Tarifs variables selon l'hébergement (camping tente ou van, chambre, chalet). Petit déjeuner inclus avec les chambres.

Probablement une des plus fantastiques adresses de la Gaspésie ! En plus de la belle variété d'hébergements (coup de cœur pour le chalet Lovenest), l'endroit héberge un restaurant mettant en vedette les produits régionaux (ouvert à tous en été) et offre une quantité faramineuse d'activités de plein air. Kayak de mer, planche à pagaie, pêche sportive, fatbike, escalade de glace ou encore ski nordique sont au programme, en formule solo ou guidée pour certaines, sans oublier les retraites et les formations. Dégustations d'alcools régionaux et forfaits disponibles.

PERCÉ ★★★

Percé doit son nom à un spectaculaire rocher, percé sous l'effet de l'érosion marine, tout près de la côte. Ses dimensions dépassent l'imagination : il pèse environ 5 millions de tonnes et est là, les pieds dans l'eau, depuis 350 millions d'années. Son site exceptionnel ne cesse d'inspirer les artistes et d'attirer les touristes du monde entier. Jacques Cartier a débarqué à Percé en 1535, puis les pêcheurs européens se sont installés sur son littoral dès le XVe siècle. L'île Bonaventure, située au large mais bien visible, est un sanctuaire d'oiseaux migrateurs qui en accueille environ 250 000 dont près de la moitié forme la colonie de fous de Bassan.

GÉOPARC MONDIAL UNESCO DE PERCÉ ★★

180, route 132 Ouest
✆ +1 418 782 5112
www.geoparcdeperce.com
Ouvert toute l'année (horaires variables). Certaines activités ne sont pas offertes hors saison.

Implanté depuis 2016 dans la région, le Géoparc mondial UNESCO de Percé explore 500 millions d'années d'histoire de la Terre et propose de nombreuses activités liées à l'éducation et au plein air. Il est d'ailleurs le premier géoparc à obtenir cette reconnaissance au Québec. On y retrouve le pavillon expérientiel comprenant l'expérience multimédia immersive TEKTONIK. Celle-ci est articulée autour des grands phénomènes géologiques qui ont façonné les paysages de la localité : le rocher Percé, la mer, les montagnes, la grotte et la crevasse. La projection multimédia extérieure - La Légende de Gluskap - est à voir tous les soirs de l'été et présente l'histoire de la création du peuple Micmac. Plusieurs installations sont à explorer sur les 23 géosites identifiés, à découvrir de manière autonome ou sous forme de randonnées guidées (sous réservation). On ne pourrait passer sous silence la plateforme vitrée suspendue située au mont Sainte-Anne à 200 m du niveau de la mer, offrant une vue époustouflante sur le village de Percé, le golfe du Saint-Laurent, le rocher Percé et le parc national de l'Île-Bonaventure-et-du-Rocher-Percé. Ajoutez à cela des randonnées guidées, des matinées scientifiques, du géocaching et une tyrolienne double de 230 mètres. À noter que les sentiers et belvédères sont accessibles gratuitement en tout temps. Pour prolonger l'expérience, le terrain de camping Baie de Percé offre des sites avec ou sans services ainsi que dix tentes prêtes-à-camper 4 saisons.

GASPÉSIE

CROISIÈRES JULIEN CLOUTIER

5, rue du Quai
✆ +1 418 782 2161
croisieres-julien-cloutier.com
Mai à octobre (dates sur le web). Croisières aux baleines : 80-85 CAN $. Rocher Percé et île Bonaventure : 45 CAN $.

Les Croisières Julien Cloutier proposent des croisières d'observation des baleines ainsi que des excursions autour du rocher Percé et de l'île Bonaventure (avec ou sans escale). Un service express vers l'île Bonaventure est également offert (tarif réduit). Nous vous conseillons le Zodiac de 25 places qui permet un contact plus vrai que nature lors de l'observation des baleines. Possibilité d'excursions spécialisées sur demande, pour les groupes seulement.

TOURISME PERCÉ

142, route 132 Ouest
✆ +1 418 782 5448
tourismeperce.ca

Le site web de Tourisme Percé contient une foule d'informations pour planifier son séjour, que ce soit pour trouver un hébergement, consulter le répertoire des adresses gourmandes ou préparer sa liste d'attraits à visiter. On peut également y télécharger plusieurs documents touristiques, notamment la carte touristique et le circuit historique de Percé ou encore le guide découverte du parc national de l'Île-Bonaventure-et-du-Rocher-Percé. À savoir que le bureau touristique sur place est ouvert tous les jours de fin mai à mi ou fin octobre.

AUBERGE LA MAISON ROUGE €

125, route 132 Ouest ✆ +1 418 782 2227
www.maisonrougeperce.com
Ouvert fin mai à fin septembre. Occupation simple ou double : à partir de 150 CAN $.

À deux pas du rocher Percé se trouve cette auberge classée site patrimonial. Entièrement rénovées dans le style de l'époque, les six chambres sont autant coquettes que confortables. L'auberge offre plusieurs services tels qu'un solarium, une aire de détente et un vaste jardin pour se la couler douce, sans oublier la cuisine bien équipée à disposition de tous. Bonus : le bar laitier Aux glaces de l'Anse sur place pour se sucrer le bec. Un bel endroit un peu à l'extérieur du centre touristique sur un immense terrain où rencontres et bon temps sont au programme.

RIÔTEL PERCÉ €€

261, route 132 Ouest
✆ 1 888 427 7374
www.riotel.com
Fin mai à début octobre. Occ. double : à partir de 115 CAN $. Terrasse, bain à remous extérieur, accès à la plage.

Un hôtel 3 étoiles très confortable et fort bien tenu. Les chambres, dont certaines aux murs recouverts de bois, sont très chaleureuses et confortables. La plupart ont une vue imprenable sur le rocher Percé et l'île Bonaventure. Le panorama depuis la salle à manger du restaurant Paqbo est à couper le souffle. On peut y déguster les savoureux produits des artisans régionaux, en profitant d'un service attentionné, ou encore y prendre le petit déjeuner en face du rocher. En soirée, détendez-vous autour du foyer extérieur, un bon digestif à la main.

HÔTEL LA NORMANDIE €€

221, route 132 Ouest
✆ +1 418 782 2112
www.normandieperce.com
Ouvert de fin mai à début octobre. Occupation double : à partir de 119 CAN $. Restaurant sur place.

Cet hôtel de charme, tout de blanc vêtu, est une destination privilégiée alliant grand confort et gastronomie. Ses chambres, entièrement rénovées, sont douillettes à souhait et plusieurs possèdent une porte patio avec balcon donnant une vue superbe sur la mer, le rocher et l'île Bonaventure. Sa table est fort réputée et met en valeur les produits de la mer (dont le fameux feuilleté de homard au champagne) ainsi que les volailles, viandes et grillades, le tout apprêté avec justesse. Une carte des vins étoffée vient compléter l'expérience.

NATURE OCÉAN - CHALETS & CAMPING €€

400, route 132 Ouest
✆ +1 877 682 2400
www.natureocean.com
Ouvert de début mai à début octobre. Voir site web pour les tarifs. Autre site de chalets à Cap d'Espoir.

Chalets très coquets, construits tout en bois par le propriétaire lui-même. Tous les chalets sont entièrement équipés (les équipements peuvent varier selon le type de chalet) : réfrigérateur, four, micro-ondes, cafetière, vaisselle, TV et DVD, Internet sans fil gratuit, barbecue, foyer extérieur, etc. De plus, les chalets à deux chambres ont une vue directe sur le rocher Percé. Un endroit privilégié pour se détendre. Camping pour tentes et caravanes également.

GASPÉSIE

Au coeur des grandes vacances
GÉOPARC
DE PERCÉ
Tourisme
PERCÉ
unesco
Géoparc mondial
tourismeperce.ca
geoparcdeperce.com

PARC NATIONAL DE L'ÎLE-BONAVENTURE-ET-DU-ROCHER-PERCÉ ★★★★

4, rue du Quai ✆ +1 800 665 6527
www.sepaq.com/pq/bon
Ouvert de fin mai à mi-octobre. Adulte : 9,25 CAN $, gratuit pour les 17 ans et moins. Frais de traversée en sus.

Situé à l'extrémité de la péninsule gaspésienne, le parc national de l'Île-Bonaventure-et-du-Rocher-Percé (5,8 km²) se distingue par son riche patrimoine naturel et historique. Le paysage est sculpté par la mer. Les Appalaches se prolongent dans les eaux du golfe, laissant apparaître l'île Bonaventure d'un côté avec ses effluves champêtres et la gigantesque muraille qu'est le rocher Percé. Il s'agit d'un véritable kaléidoscope de couleurs, paysages et odeurs. Le parc comprend le secteur historique Charles-Robin, l'île Bonaventure, le rocher Percé ainsi qu'une bande marine autour de ceux-ci.

Le parc national de l'Île-Bonaventure-et-du-Rocher-Percé abrite un refuge d'oiseaux migrateurs créé pour protéger un site très important pour la nidification d'oiseaux de mer. Il accueille près de 185 000 oiseaux migrateurs, dont les petits pingouins, les mouettes trydactyles, les guillemots marmettes, les macareux moines et la colonie de fous de Bassan la plus accessible au monde. Le rocher Percé mesure 471 mètres de long et 85 mètres de haut. Il est constitué de calcaire formé au fond de l'océan il y a des millions d'années. Il était jadis rattaché au continent. Le rocher a déjà eu une 2e arche, mais celle-ci s'est effondrée en 1845, laissant l'obélisque que l'on voit aujourd'hui.

Le parc est divisé en quatre secteurs :

- **Secteur historique Charles-Robin (rue du Quai à Percé) :** avant de vous aventurer sur l'île Bonaventure, prenez le temps de visiter le bâtiment Le Chafaud dans lequel est situé le centre de découverte du parc et son exposition sur la faune, la flore et l'histoire du parc. Salle d'exposition et documentaire sur les fous de Bassan.
- **Secteur Ile-Bonaventure :** l'île Bonaventure abrite la plus importante colonie de fous de Bassan en Amérique du Nord et la plus accessible au monde. Visitez le patrimoine bâti de l'île Bonaventure et découvrez l'histoire des pêches et des insulaires. Le Resto des Margaulx vous accueille à l'entrée de l'île, juste en face du quai. Sa soupe du pêcheur est reconnue comme étant une des meilleures de la région. Il est aussi possible d'y déguster une « torpille » au homard et au crabe, qui vous donnera de l'énergie pour une petite marche ! Il y a aussi le Relais des Fous qui offre une terrasse et un coin repas directement situés à la colonie de fous de Bassan.
- **Secteur Rocher-Percé :** cette cathédrale de pierre est soumise à une forte érosion qui rend ses falaises très instables. Le rocher perd plus de 300 tonnes de roches chaque année. Pour des raisons de sécurité, la marche au rocher Percé est déconseillée et excessivement dangereuse. Une croisière vous amène toutefois des deux côtés du rocher.
- **Bande marine autour du rocher Perçé et de l'île Bonaventure :** le parc national de l'Île-Bonaventure-et-du-Rocher-Percé comporte une bande marine de 100 mètres autour de l'île Bonaventure et la zone intertidale autour du rocher Percé.

Pour le tour de l'île et du rocher Percé en bateau, rendez-vous aux billetteries des bateaux-passeurs au centre du village. Les droits d'accès au parc vous permettent de faire le tour de l'île Bonaventure à pied, de visiter des bâtiments historiques et de visiter le centre de découverte. Ils sont consacrés à l'histoire, la géologie et la nature du rocher Percé et de l'île Bonaventure. De fin juin à fin août, des soirées découvertes ont lieu à la Saline à Percé, permettant d'approfondir les thèmes du parc.

GASPÉSIE

Île Bonaventure au large de Percé.

AU PIC DE L'AURORE €€

1, route 132 Ouest
✆ +1 418 782 2151
www.percechalet.com
Ouvert de fin mai à début octobre. Voir site web pour tous les tarifs. Expositions et boutique d'art sur place.

Depuis les hauteurs de Percé, confortablement installé sur le balcon de votre chalet, la perspective sur le rocher et l'océan est unique. Les nombreuses formules d'hébergement vous offrent différentes gammes de service allant de la chambre régulière en motel au chalet entièrement équipé, en passant par la maison de cinq chambres, les studios et les appartements. À savoir que le petit déjeuner est inclus pour les unités sans cuisinette en début et fin de saison. Sur place, un bar-café est ouvert tous les jours de 8h à 20h (juin à fin septembre).

BUVETTE THÉRÈSE €€

162, route 132 Ouest
✆ +1 418 782 2036
www.buvettetherese.com
Horaires variables selon la saison. Carte : 10-55 CAN $. Terrasse.

Ceux qui ont connu le Café Champêtre de Percé trouveront désormais une adresse gourmande dans ses anciens locaux. Quatre jeunes entrepreneurs de la région ont démarré cette buvette en pleine pandémie avec le désir d'offrir des petits et grands plats aux saveurs résolument locales. Et difficile de faire mieux quand on sait que l'équipe fait appel à un cueilleur afin de récolter, entre autres, petits fruits et champignons sauvages. Belle sélection de cocktails et de vins également. Une adresse géniale où bruncher, luncher, souper ou prendre l'apéro.

LA MAISON MATHILDE €€

85 route 132 Ouest
✆ +1 418 782 2349
lamaisonmathilde.com
Ouvert matin et soir, de juin à octobre. Carte : 10 à 75 CAN $. Réservation fortement recommandée.

Pour un petit déjeuner gourmand ou un dîner aux saveurs locales, La Maison Mathilde est une adresse fort populaire de Percé. Pour démarrer la journée du bon pied, on recommande les fameux œufs Bénédicte qui se déclinent ici en près d'une dizaine d'options différentes. Le soir, poissons et fruits de mer tiennent la vedette (mention au plateau de la mer pour deux personnes), sans oublier la belle sélection d'entrées qu'on peut prendre à partager pour goûter à presque tout. Mais peu importe le moment de la journée, la superbe terrasse avec vue sur la mer est un must.

LA MAISON DU PÊCHEUR €€€

157, route 132 Ouest
✆ +1 418 782 5331
www.maisondupecheur.ca
Ouvert midi et soir, de juin à mi-octobre. Carte : 10-70 CAN $, TH : 40-60 CAN $. Terrasse.

Les propriétaires des lieux défendent bec et ongles les produits québécois. Les langues de morue au beurre d'oursins que l'on dégustera après la soupe de poissons du pêcheur, par exemple, sont une des spécialités de la maison, sans oublier le homard qu'il faut absolument goûter en saison. L'assiette Symphonie de la mer pour deux est généreuse et délicieuse. Outre les fruits de mer et les poissons qui font figure de proue, le restaurant apprête aussi bien les grillades, sans oublier les pizzas au feu de bois d'érable. Une adresse incontournable !

© LA MAISON DU PÊCHEUR

© ROGER_ST_LAURENT_PHOTOGRAPHE

GASPÉSIE

PUB PIT CARIBOU

182, route 132 Ouest
✆ +1 418 782 1443
pitcaribou.com
Ouvert tous les jours en été, horaires variables le reste du temps. Terrasse.

Installé dans les anciens locaux de la coop et entièrement de bois vêtu, le pub Pit Caribou ravit les papilles tant des visiteurs de passage dans la région que des gens du coin. Faisant office de salon de dégustation, les lieux offrent en plus des grignotines du terroir ou de la mer ainsi qu'une belle programmation. Pour les plus curieux, la microbrasserie où sont brassés leurs divins nectars n'est qu'à quelques minutes de voiture de là, à L'Anse-à-Beaufils. À surveiller : l'ouverture de l'Auberge Chez Pit (hébergement, boutique, restauration légère, terrasse).

LE FOU DE BASSAN

On l'appelle le roi du plongeon. Il est originaire de Bassan, en Écosse. C'est un oiseau blanc et jaune safran, aux pattes palmées. Gros comme une poule, il se nourrit de poissons qu'il a la particularité d'attraper en plongeant tête la première du haut des airs. Dans l'est du pays, on trouve également des fous de Bassan aux Îles de la Madeleine, sur l'île d'Anticosti et à Terre-Neuve. *Les Fous de Bassan*, c'est aussi le titre d'un célèbre roman de Anne Hébert paru en 1982. Pour le voir de plus près – et Dieu sait qu'il se présente sous forme d'une immense colonie sur l'île et ses environ ! – de nombreuses excursions en mer sont proposées en saison depuis le quai de Percé.

© HPUSCHMANN

NATH & COMPAGNIE

224 route 132 Ouest
✆ +1 418 782 4561
nathetcompagnie.com
Voir site web pour les horaires complets. Boutique en ligne également.

Nath & Compagnie, ce sont en fait deux entités distinctes dans le village de Percé, toutes situées sur la route 132 Ouest. Tout d'abord le 224, lequel héberge le café-librairie et la papeterie écologique permettant de se poser tranquillement avec un café et découvrir les livres et objets minutieusement choisis par l'équipe. Puis vient le 170, soit la Maison Black Whale qui fait office de bistro-boutique avec terrasse offrant un menu aux saveurs régionales, dans l'assiette comme dans le verre. Le Lunch Royal, inspiré du Tea Time à l'anglaise, est à essayer !

SENTIERS DU MONT SAINTE-ANNE ET DU MONT BLANC ★

Chemin du Mont Sainte-Anne
Carte disponible gratuitement à l'office de tourisme et en ligne sur tourismeperce.ca.

Sous la gestion du Géoparc mondial UNESCO de Percé, les 18 km de sentiers du secteur Mont Sainte-Anne et Mont-Blanc permet d'explorer les montagnes ceinturant l'arrondissement naturel de Percé et d'y découvrir La Grotte (abrite un joli bassin moussu dans lequel se déversent les eaux d'une petite chute), La Grande Crevasse (non recommandé avec de jeunes enfants) et les belvédères du mont Sainte-Anne offrant des vues à couper le souffle sur le rocher Percé, la baie et le village.

VAL-D'ESPOIR

Situé dans les terres, ce village héberge une petite communauté rurale fusionnée à Percé depuis 1971. C'est ici que Fred, la marmotte officielle du Québec, fait ses prédictions annuelles quant à l'arrivée du printemps lors du fameux « jour de la marmotte ». C'est aussi ici que fut fondée, dans les années 1930, une école d'agriculture. Si elle ferma ses portes quelque 30 ans plus tard, l'ancienne terre de l'école revit depuis 2015 alors qu'une ferme brassicole y a installé ses pénates, l'excellente brasserie Auval. Un arrêt à son kiosque vous permettra de mettre la main sur ses délicieux nectars, ces derniers étant parfois difficiles à trouver ailleurs.

BRASSERIE AUVAL

397, route des Pères
auval.ca
Kiosque ouvert début juin à mi-septembre (voir page Facebook pour l'info sur les stocks disponibles et les horaires).

Auval se définit comme un « projet artistique de création de bières ». C'est que Benoît Couillard, le propriétaire, veut du petit, du local et surtout du personnel. Il s'est lancé dans ce projet fou de ferme brassicole constituée autour d'un champ d'aromates, d'un verger de petits fruits et de quelques ruches. Parmi les nectars de la brasserie, notons les divines houblonnées Arcane 17 IPA et Nordet IPA, les fruitées Tite Framboëse et Framboëse, ou encore les fermières Saison Espinay et Arrière-Pays. Mais Auval brasse de nombreuses autres bières à découvrir.

PIT CARIBOU ★

27, rue de l'Anse
✆ +1 418 782 1444
pitcaribou.com
Boutique ouverte tous les jours en été, la semaine le reste de l'année. Terrasse en bord de mer avec service bière.

Pit Caribou brasse des dizaines de bières classées selon différentes séries : les Classiques (les cinq bières régulières plus différentes versions du style IPA), les Spontanées (bières issues d'une fermentation spontanée et affinées en barriques), les Barriquées (bières ayant maturé longuement en barriques dont certaines issues d'un assemblage) et les Éditions Limitées (des bijoux éphémères aux styles variés). Une microbrasserie réputée, doublée d'un pub à Percé et d'un autre à Montréal, pour le plus grand bonheur de nos papilles !

L'ANSE-À-BEAUFILS ★★

L'Anse-à-Beaufils fait partie de la ville de Percé, tout comme Saint-Georges-de-Malbaie, Coin-du-Banc, Val-d'Espoir ou Cap d'Espoir. Situé à 10 kilomètres à peine du centre de Percé, ce petit village en bord de mer concentre des points d'intérêt de qualité, à commencer par la Vieille Usine, une ancienne usine à poissons qui héberge dorénavant un café-bistro, des expositions d'art et des spectacles musicaux. À quelques pas se trouve le Magasin Général Historique Authentique : sa visite animée plonge le visiteur à l'époque de la première moitié du XXe siècle. On retrouve également une microbrasserie incontournable dans ce havre de pêche, Pit Caribou.

MAGASIN GÉNÉRAL HISTORIQUE AUTHENTIQUE 1928

32, rue à Bonfils
✆ +1 418 782 2225
www.magasinhistorique.com
Ouvert tous les jours de 10h à 17h, de mi-juin à début octobre. Adulte : 14,50 CAN $.

Une visite ludique qui retrace la vie des pêcheurs de morue, à travers leurs habitudes de consommation : ce qu'ils achetaient, comment ils le payaient, tout est raconté avec conviction et passion par Rémi Cloutier, le propriétaire. Il partagera avec vous les petites et grandes histoires de son magasin général authentique de 1928 au style jersiais (autrefois propriété de la compagnie Robin, Jones et Whitman), et de son bureau, entrepôt et vieux salon de barbier.

LA VIEILLE USINE

55, rue à Bonfils
✆ +1 418 782 2277
www.lavieilleusine.com
Ouvert de fin mai à octobre. Voir site web pour la programmation complète. Terrasse chauffée sur le quai.

© JACQUES GRATTON

Ancienne usine à poissons restaurée à merveille, de nombreuses expositions d'art visuel et des spectacles de grande qualité y côtoient un café-bistro proposant des plats du terroir gaspésien et le bar Le Hall pour boire un verre (des spectacles sont aussi au programme au bar). La salle de spectacles, quant à elle, compte 130 places et présente une programmation comprenant musique (dont des spectacles pour jeune public), humour, poésie, etc. Des sentiers de randonnées pédestres partent de l'usine, le long d'une rivière que l'on traverse en nacelle.

PORT-DANIEL – GASCONS

C'est sur ce lieu que fut célébrée la première messe en Amérique du Nord, par Jacques Cartier en 1534. De nos jours, c'est une municipalité fort paisible d'environ 2 500 âmes, construite autour d'une jolie baie. Vous ne manquerez pas de visiter la Maison LeGrand, une belle demeure bien restaurée hébergeant un musée consacré aux commis-voyageurs et aux mille objets qu'ils proposaient à leurs clients. Les amateurs de randonnée, de pêche et de chasse apprécieront plutôt la réserve faunique de Port-Daniel. Seul bémol, et pas le moindre : l'usine de Ciment McInnis, ouverte en 2017, est le plus gros émetteur de gaz à effet de serre du Québec...

RÉSERVE FAUNIQUE DE PORT-DANIEL

262, route du Parc
✆ +1 800 665 6527
www.sepaq.com/rf/pod

Les paysages de la réserve faunique de Port-Daniel, émaillés de lacs et de rivières, cachent une faune singulièrement variée. Vous accéderez à ce discret petit coin de paradis sans même vous éloigner des sentiers battus puisqu'il se trouve à 8 kilomètres seulement de la mer. Vingt-cinq lacs et quelques ruisseaux abritent l'omble de fontaine tandis que la rivière Port-Daniel reçoit les montaisons du saumon de l'Atlantique. Plusieurs mammifères dont l'orignal, le cerf de Virginie, l'ours, le lièvre, le castor, le renard, le pékan, le loup-cervier, la loutre, la martre et le porc-épic parcourent la forêt de la réserve. Vous pourrez observer aussi des oiseaux des milieux marins, marécageux et forestiers dont le grand héron, le bihoreau à couronne noire, la gélinotte huppée, le tétras du Canada et de grandes variétés de canards.

Le poste d'accueil se trouve sur la route 132, à 8 kilomètres de Port-Daniel, et est ouvert de mi-mai à mi-octobre (horaires variables).

- **Hébergement :** camping aménagé (30 emplacements), tentes prêt-à-camper Étoile, chalets (kayak, canoë et barbecue inclus).
- **Activités :** randonnée pédestre, observation de la faune, cueillette de fruits sauvages, pêche à la journée ou avec hébergement, chasse au petit gibier, à l'ours noir et à l'orignal. Location de canne à pêche, chaloupe, moteur électrique, BBQ, vêtement de flottaison individuel. Vente d'appâts, de bois de chauffage, de permis et droits d'accès pour la chasse et la pêche.

BLEU SUR MER €€

504, route 132
✆ +1 514 943 2454
www.bleusurmer.com

Tarifs sur demande (réservation par téléphone ou sur Airbnb). Petit déjeuner en sus.

Cette magnifique auberge de style victorien est un havre de confort et de bon goût. Entièrement rénovées, les chambres et suites offrent pratiquement toutes une vue imprenable sur la baie de Port-Daniel et promettent des nuits des plus reposantes. Elles sont munies d'un lit Queen avec couette en plumes, d'une salle de bains avec plancher chauffant et d'une grande douche en céramique avec valve thermostatique. L'endroit offre également quelques services comme la massothérapie, la location de kayak et de vélo et une belle terrasse pour profiter de la vue.

CHANDLER

La première pulperie (usine de fabrication de pâte à papier) gaspésienne s'est installée ici en 1913. Elle a fermé depuis, laissant derrière elle des travailleurs mécontents et un taux de chômage élevé. Vers la baie du Grand Pabos, la Pointe de Pabos (ou Pabos Mills), accessible depuis la route 132 ou par la longue passerelle du Circuit des Bâtisseurs, réunit sur un même lieu hôtellerie de plein air, archéo-aventure et expériences immersives uniques. Sur le site se trouvent également trois plages dont une de sable fin. Un peu plus au nord, une ZEC permet de s'adonner à la pêche au saumon, à la truite et à d'autres poissons de la région.

NOVA LUMINA ★

75, rue de la Plage ✆ +1 418 689 6043
bourgdepabos.com/nova-lumina

Fin juin à mi ou fin septembre. Durée : environ 1 heure. Adulte : 23 CAN $. Billetterie en ligne également.

Venez découvrir ce parcours lumineux et nocturne unique de 1,5 km en forêt où vous serez appelé à remplir une mission : « Récemment, pour une raison mystérieuse, les étoiles se sont mises à tomber du ciel. Affaiblies par leur chute et échouées sur la grève telle une écume scintillante, elles attendent l'arrivée des pèlerins pour guider leur retour lumineux au ciel. » À votre arrivée, on vous remettra un bâton illuminé réagissant aux installations et zones de projection et d'effets visuels. Vous serez alors chargé d'accompagner une étoile et de la renvoyer au ciel.

GASPÉSIE

LES TROIS RIVIÈRES PABOS

10, boulevard Pabos ✆ +1 418 689 4912
3rivierespabos.com
Mi-juin à fin septembre. Droits d'accès : 26 CAN $ ou 86,50 CAN $ selon le secteur. Hébergement sur place.

Amateurs de pêche, voici votre camp de base dans la région. Comme son nom l'indique, trois rivières s'offrent à vous pour la pêche au saumon, à la truite et la pêche en estuaire : Petit Pabos, Grand Pabos Ouest et Grand Pabos Nord. Pour ceux qui aimeraient y passer quelques jours, trois camps sont disponibles en location, dont deux sur la rivière Petit Pabos et un sur la rivière Grand Pabos Nord (ce dernier inclut en plus un sauna). On retrouve également une tente prêt-à-camper sur la rivière Grand Pabos Ouest pouvant accueillir 2 ou 3 personnes. Bonne pêche !

PARC DU BOURG DE PABOS ★

75, chemin de la Plage ✆ +1 418 689 6043
bourgdepabos.com
Site saisonnier. Consultez le site web pour les horaires des activités et services ainsi que pour les tarifs.

Le Bourg de Pabos vous propose une vaste gamme de services et d'activités en un seul et même endroit. Le Parc du Bourg de Pabos renferme les résultats de fouilles archéologiques effectuées dans les années 1980. Les guides vous feront découvrir la vie des pêcheurs de la plus importante seigneurie maritime française à exploiter les ressources de façon commerciale. Véritable musée à ciel ouvert, ce sont plusieurs époques qui défilent devant vous. On retrouve également sur place un camping 4 étoiles proposant des sites avec ou sans services, des roulottes en prêt-à-camper ainsi que de nombreux services (salle communautaire avec cuisinette, buanderie, dépanneur, etc.) et activités (jeux aquatiques, volleyball, activités spéciales, etc.). Le Bourg de Pabos donne aussi accès à des plages, des sentiers et un espace restauration, le bistro La Grave, qui propose une cuisine familiale (formule 5 à 7 avec animation les vendredis de la mi-juillet à la mi-août). Une destination sans égale dans un milieu naturel d'exception. Une fois la nuit tombée, vivez l'expérience immersive Nova Lumina, un parcours multimédia nocturne extérieur unique dans l'est du Québec. Depuis 2019, l'endroit propose un nouveau parcours immersif d'un kilomètre en bord de mer où histoire et nouvelles technologies se côtoient, Ura : la célébration de l'eau, une véritable odyssée aux sources de la vie. Une aventure que petits et grands pourront vivre à leur propre rythme, le jour comme le soir. Visiter le Bourg de Pabos, c'est vivre l'expérience des origines !

PASPÉBIAC ★

Ses habitants sont d'origine basque, de là vient leur charmant accent. Le mot Paspébiac serait un dérivé du mot micmac *Ipsigiag* qui signifie « batture rompue ». Une partie de son bord de mer est aménagée avec des chaises longues, une aire de jeux pour les plus jeunes et une jolie promenade éclairée en soirée. Mention également à l'orgue Casavant de l'église Notre-Dame. Mais son attrait principal demeure le Site historique national de Paspébiac, lieu qui autrefois fit du village la capitale de la morue. En saison, l'endroit prend vie comme aux XVIIIe et XIXe siècles avec des guides en costume d'époque et des animations de métiers traditionnels.

SITE HISTORIQUE NATIONAL DE PASPÉBIAC ★★

76, rue du Banc
✆ +1 418 752 6229
sitepaspebiac.ca
Ouvert tous les jours de 9h à 17h, de début juin à début octobre. Adulte : 15 CAN $. Restaurant sur place.

Les onze bâtiments du site appartenaient aux deux plus importantes compagnies jersiaises exportatrices de morue salée/séchée au monde : la Robin et la LeBoutillier Brothers. Ils firent de Paspébiac la capitale de la morue, après y avoir établi un des premiers postes de pêche sédentaire de Gaspésie. Des guides en costume y restituent l'ambiance des XVIIIe et XIXe siècles, avec des animations de métiers traditionnels, comme la construction d'une barge, la fabrication de clous d'époque… Vous y visiterez également les différents bâtiments de ces deux compagnies : charpenterie, *cook-room*, tonnellerie, forge et autres dans le secteur Robin ; office, hangar et entrepôt (reconnu comme étant le plus gros bâtiment à structure de bois en Amérique du Nord) dans le secteur LeBoutillier Brothers. Sachez que plusieurs visites guidées sont offertes tous les jours. Profitez également de votre passage au site historique pour déguster un repas au restaurant L'Ancre. Ouvert tous les jours le midi ainsi que le soir le week-end, on y propose des spécialités de la mer, notamment la fricassée de barbue à la Paspéya, la soupe de poisson et fruits de mer, le club sandwich au homard et le filet de morue. Notez que le restaurant n'offre pas d'alcool, mais vous pouvez apporter votre vin (ou bière) sans problème. Avant de quitter les lieux, faites un saut du côté de la boutique de souvenirs qui vend des produits d'art, d'artisanat et du terroir régional. Une visite immanquable dans la région !

NEW CARLISLE

Terre des loyalistes américains et principal village anglophone de la péninsule gaspésienne, il a vu grandir René Lévesque, l'un des plus influents Premiers ministres du Québec (1976-1985), également fondateur du Parti québécois en 1968. Un espace lui est d'ailleurs dédié: un musée-jardin constitué d'un pavillon et d'un parc d'interprétation thématique. On appréciera aussi la beauté des vieilles maisons et des somptueuses demeures de bois, ou encore l'air salin et la mer à perte de vue depuis les plages longées par une promenade de bois. Curiosité à voir absolument au village : les bornes fontaines décorées de personnages de BD et de cartoons !

ESPACE RENÉ-LÉVESQUE

120, boulevard Gérard-D.-Lévesque
✆ +1 418 751 0209
espacerenelevesque.com
Ouvert de mi-juin à fin septembre, tous les jours de 10h à 18h (10h à 16h en début et fin de saison). Adulte : 12 CAN $.

New Carlisle a décidé de consacrer un « musée-jardin » afin de rendre hommage à l'homme politique et journaliste René Lévesque, qui a grandi dans ce petit village. Il offre un parc d'interprétation thématique au sein d'un grand jardin, « entre ciel et mer », où l'on y trouve plus d'une trentaine de variétés d'arbustes et de vivaces ainsi qu'un pavillon invitant à la détente. Décédé le 1er novembre 1987, René Lévesque est une figure majeure du Québec. Il a entre autres fondé le Parti québécois en 1968 et a été Premier ministre du Québec de 1976 à 1985.

BONAVENTURE ★★

Bastion acadien, la ville a été fondée en 1760 suite à la déportation des Acadiens des villages du sud des provinces maritimes. Pas étonnant dès lors d'y retrouver le Musée acadien du Québec, un site relatant leur vie de façon émouvante. Compte tenu de la diversité et de la qualité des activités offertes à Bonaventure et dans ses environs, c'est un lieu idéal pour passer quelques jours. Parmi les expériences à vivre : explorer une grotte vieille d'un demi-million d'années, pagayer sur l'une des dix rivières les plus cristallines au monde, explorer les écosystèmes de la région dans un bioparc ou encore savourer les bières de la nouvelle microbrasserie.

FERME BOURDAGES

255 avenue du Viaduc
SAINT-SIMÉON-DE-BONAVENTURE
✆ +1 418 534 2700
www.fermebourdages.com
Lundi-dimanche, 8h-18h. Hors saison d'été : voir Facebook. Espace café, coin cadeaux, visite guidée sur réservation.

La ferme Bourdages est une entreprise familiale bicentenaire offrant une expérience gaspésienne authentique, le tout avec des gens engagés et passionnés dans le bioalimentaire écoresponsable et durable. Sa boutique champêtre offre une panoplie de produits du terroir conçus à la ferme : fraises, raisin, maïs, légumes variés, rhubarbe. Elle transforme aussi tartes, pâtés, confitures (tartinades), pains et autres délices, notamment les différentes variétés de vin de fraise et de rhubarbe qui sauront vous charmer. Une adresse à découvrir absolument !

GASPÉSIE

© VALÉRIE FORTIER

Kayak de mer sur la rivière Bonaventure en Gaspésie.

BIOPARC DE LA GASPÉSIE ★★

123, rue des Vieux-Ponts ✆ +1 418 534 1997
bioparc.ca
Ouvert de juin à octobre et pour la relâche scolaire en mars. Adulte : 24,50 CAN $.

Cinq écosystèmes de la Gaspésie y sont présentés : le milieu marin, le barachois, la rivière, la forêt boréale et la toundra. Une quarantaine d'espèces animales indigènes sont présentées dans une ambiance évocatrice de leur milieu naturel. Un insectarium présentant plus de 1 000 spécimens naturalisés et une vingtaine d'espèces vivantes, ainsi qu'une petite ferme et le pavillon des amphibiens et reptiles du Québec. Informez-vous sur l'activité « Dormir avec les loups », une expérience unique ! Boutique, restaurant et aire de pique-nique sur place.

LA GROTTE DE SAINT-ELZÉAR ★

126, route du Parc - **SAINT-ELZÉAR**
✆ +1 418 534 3905
lagrotte.ca
Ouvert de fin juin à début septembre. Voir sir web pour l'horaire des visites guidées. Adulte : 45 CAN $.

Partez dans l'arrière-pays pour visiter la plus vieille grotte du Québec, située à 18 km de Bonaventure. Elle aurait près d'un demi-million d'années. On peut y observer de nombreuses concrétions : stalactites, stalagmites et autres. Munissez-vous de vêtements chauds et de chaussures de sport, le reste étant fourni sur place. Les enfants ne sont admis qu'à partir de 6 ans. Réservation obligatoire car les visites ne se font jamais de manière autonome.

MUSÉE ACADIEN DU QUÉBEC ★

95, avenue Port-Royal ✆ +1 418 534 4000
museeacadien.com
Ouvert tous les jours en été, horaires variables le reste du temps. Adulte : 15 CAN $.

Ce musée d'histoire et d'ethnologie relate la vie fascinante et émouvante des Acadiens du Québec, ils sont environ un million. Une très intéressante exposition permanente, « Une Acadie québécoise », présente de façon originale l'histoire des Acadiens de la province au temps de leur déportation lors de la conquête anglaise, leur implantation et leur contribution à la société québécoise. Plusieurs autres expositions, un circuit d'interprétation extérieur, des boutiques d'art, de métiers d'art et d'artisanat, et une galerie d'art contemporain sur place.

AUBERGE DU BON YEU €€

115 boulevard Perron Ouest
SAINT-SIMÉON-DE-BONAVENTURE
✆ +1 581 630 0365
aubergedubonyeu.com
Chambre partagée : 60 CAN $, privée : à partir de 120 CAN $. Réservé aux 18 ans et plus.

L'ancien presbytère du village - d'où le nom de l'auberge - a une nouvelle vocation depuis 2022, alors que trois entrepreneurs l'ont converti en auberge de jeunesse super sympa à deux pas de la mer. Un dortoir mixte de 6 lits et des chambres privées sont à disposition, sans oublier une foule de services allant de la cuisine commune à la laverie, en passant par la location d'équipements (vélos, kayaks...). Plusieurs activités sont organisées pour vous tenir occupé (spectacles, films en plein air, etc.) et pour la détente, un bain à remous n'attend que vous.

CAFÉ ACADIEN €€

168, rue Beaubassin ✆ +1 418 534 4276
www.cafeacadien.com
Ouvert de juin à fin septembre. Occupation double : à partir de 100 CAN $, petit déjeuner inclus. Restaurant sur place.

Tenue par Christophe et François depuis 2015, cette ancienne pêcherie est idéalement située à proximité de la plage Beaubassin et du phare de la Pointe Beaubassin. Au petit matin, vous pouvez observer les premiers bateaux de pêche quitter le port. Toute la journée, le café offre un menu diversifié et alléchant. Christophe fume lui-même son maquereau et François s'occupe des succulentes pâtisseries. L'auberge offre plusieurs chambres simples et bien décorées. Avec son drapeau flottant et sa structure en bois colorée, vous ne pourrez pas manquer le Café Acadien !

GASPÉSIE

POISSONNERIE DU PÊCHEUR €€

230, route 132 Est
✆ +1 418 534 2434
Ouvert de début mai à mi ou fin septembre. Terrasse. Poissonnerie sur place.

Entreprise familiale réputée pour sa vente au détail de poissons et fruits de mer frais, congelés, salés et fumés (glace et emballage gratuits pour les voyageurs), ainsi que sa gamme de produits maison dont la soupe de poisson, un délice. Autre atout : une salle à manger avec terrasse annexée à la poissonnerie et qui connaît un franc succès. La qualité des plats de la mer et leur fraîcheur permettent de faire salle comble tous les soirs. L'assiette du pêcheur est à tester ! Un classique depuis plus de 30 ans. Réservation conseillée.

BOULANGERIE ARTISANALE LA PÉTRIE

128, avenue Grand-Pré
✆ +1 418 534 3445
boulangerielapetrie.com
Horaires variables selon la saison.

Nouvellement sous la gouverne de Véronique et Houssem depuis mars 2021, l'endroit est très fréquenté et apprécié des locaux et visiteurs de passage. Les pains sont ici confectionnés à partir de farines biologiques et d'ingrédients de qualité. Et que dire des croissants pur beurre et des délicieuses viennoiseries, sans oublier les plaisirs sucrés ! L'endroit propose aussi des mets à emporter comme des sandwichs gourmands. Petit coin boutique avec livres et produits d'artisans.

CIME AVENTURES

200, chemin Athanase-Arsenault
✆ +1 418 534 2333
cimeaventures.com
Ouvert de début juin à mi ou fin septembre. Hébergement sur place. Voir site web pour tous les tarifs.

Cime Aventures, c'est un superbe centre de villégiature le long de la rivière Bonaventure, laquelle compte parmi les dix rivières les plus cristallines au monde, rien de moins. On y propose d'ailleurs la location d'embarcations nautiques pour profiter de cet environnement naturel unique au Québec. Plusieurs services sont offerts sur place : hébergement (camping, cabine prêt-à-camper, cabine pour 2 ou 4 personnes, cabine familiale, yourte), service de navette pour les canoteurs et kayakistes expérimentés, programmation de spectacles.

CARLETON-SUR-MER ★★

Jacques Cartier est le premier visiteur à s'être arrêté à Carleton le 9 juillet 1534 et s'est exclamé : « la baye de Chaleur ! ». Suite à la fameuse dispersion, les Acadiens vinrent s'établir à Carleton en 1766. Aujourd'hui la station balnéaire de Carleton-sur-Mer est surtout un point de passage, mais n'hésitez pas à y rester quelques jours car l'endroit regorge de bonnes adresses, notamment la microbrasserie Le Naufrageur. Ne ratez pas les soirées de contes « La Petite Grève » au pied du phare, présentées 4 soirs par semaine à 20h (relâche mardi à jeudi), de mi-juin à fin août. Apportez chaises de plage et vêtements chauds pour plus de confort.

PARC NATIONAL DE MIGUASHA ★★

231, route Miguasha Ouest - **NOUVELLE**
✆ +1 800 665 6527
www.sepaq.com/pq/mig
À 22 km de Carleton. Ouvert de fin mai à mi-octobre. Accès et visite : 20,77 CAN $, gratuit pour les 17 ans et moins.

Le parc national de Miguasha (0,8 km²), classé Site naturel au patrimoine mondial de l'UNESCO, préserve un lieu fossilifère unique à l'échelle de la planète. Les poissons et les plantes fossiles des falaises témoignent d'un milieu marin datant de 378 millions d'années. Leur état de conservation exceptionnel attire les chercheurs du monde entier. Le site se découvre de manière autonome et se conclut avec le sentier *L'évolution de la vie* longeant la falaise (boucle de 3,5 km).

PARC RÉGIONAL DU MONT-SAINT-JOSEPH

837, rue de la Montagne ✆ +1 418 364 2276
montsaintjoseph.com
Ouvert de juin à fin octobre. Quelques activités en hiver. Adulte : 10-12 CAN $. Sentiers de randonnée : gratuits.

Ce parc propose des activités comme le vélo de montagne et le fatbike, la randonnée, l'escalade, le ski de fond et la raquette (ayez votre propre équipement). Au sommet, un belvédère permet de contempler une vue magnifique sur la côte, la baie et le Nouveau-Brunswick. On peut également visiter une chapelle de style breton (visite guidée et spectacle numérique) construite par la communauté de Carleton. Pour prolonger le séjour, des géodômes juchés à flanc de montagne sont tout indiqués.

AUX 4 VENTS / AUBERG'INN €

725 et 727, boulevard Perron ✆ +1 418 364 3885
www.aux4vents.ca

Yourtes : mi-juin à fin septembre, auberge : toute l'année. Voir site web pour les tarifs. Restaurant sur place.

Un hébergement insolite sur le barachois, au large de Carleton : des yourtes flottantes. Sur chacun des îlots, vous retrouverez tout le confort nécessaire : lit(s) très confortable(s), articles de cuisine, barbecue extérieur, eau potable, toilette au compost (douches et laverie au camping municipal), grande terrasse flottante, etc. Aux 4 Vents a aussi ouvert l'Auberg'Inn, une jolie maison colorée au village, qui propose de l'hébergement en chambre partagée ou privée, ainsi que des mini-lofts et plusieurs petits appartements disséminés dans le village.

HOSTELLERIE BAIE BLEUE €€

482, boulevard Perron
✆ +1 418 364 3355
baiebleue.com

Occupation double : à partir de 114 CAN $. Promotions et forfaits disponibles.

Véritable complexe pour la villégiature, il offre l'hébergement en chambres et suites grand confort ainsi qu'un camping pour VR, sans oublier ses chambres et lofts dans le tout récent Le Fani 2.0 (à 5 minutes à pied), ainsi qu'en chalets entièrement équipés, tous au cœur de Carleton-sur-Mer. La plupart des unités offrent en plus une superbe vue sur la baie. La maison met également à disposition une foule de services : resto-pub, accès à la plage, piscine extérieure chauffée, feu de grève, terrain de tennis, location de vélo tandem, etc.

ÈST ÉCO-CABINES €€

107 route de Miguasha Ouest - **NOUVELLE**
✆ +1 514 318 1356
www.est-ecocabines.com

Occupation double : à partir de 169 CAN $. Expérience thermale sur place, avec ou sans hébergement.

À proximité du parc national de Miguasha et face à la baie des Chaleurs, ÈST Éco-cabines est un nouveau site de glamping absolument fabuleux. Les cabines [thuya] sont toutes situées dans une forêt dense et mature de cèdres alors que celles de catégorie [ublo] sont juchées sur le bord de la falaise, offrant une vue imprenable sur la baie. Elles sont toutes munies d'une cuisinette, de toilettes à compost (douches au bloc sanitaire), d'un coin pour feu de camp et même du wifi (avis aux télétravailleurs !). Une belle adresse pour un pied-à-terre dans la région !

LE NAUFRAGEUR

586, boulevard Perron
✆ +1 418 364 5440
www.lenaufrageur.com

En été : ouvert tous les jours dès 11h. Le reste de l'année : horaires variables.

Lieu de brassage du Naufrageur, on s'attable en salle ou en terrasse afin de savourer les bières et hard seltzer maison, accompagnés de petits ou grands plats gourmands. Le mot d'ordre du menu en toutes saisons : l'utilisation et la valorisation d'ingrédients locaux. Belle programmation d'événements, notamment les spectacles musicaux qui attirent les foules. À découvrir également : son micro-marché et ses produits artisans (ouvert en été), sa boulangerie-pâtisserie La Mie Véritable et le café La Mie d'en haut, sa cantine et son bar laitier, et son restaurant.

POINTE-À-LA-CROIX

Un grand pont relie Pointe-à-la-Croix au Nouveau-Brunswick. Une croix, autrefois plantée par les Micmacs sur une pointe de la rivière Ristigouche, a inspiré son nom. C'est ici qu'a été reconstituée la bataille de la Ristigouche, dernier affrontement entre la France et l'Angleterre. C'est aussi ici que se trouve la réserve amérindienne Listuguj, la plus importante de Gaspésie et réputée pour son artisanat et ses beaux articles en cuir. Devant le monastère de Sainte-Anne-de-la-Restigouche, la coque du *Machault* est bien visible. L'église de Restigouche a brûlé 11 fois, jusqu'au jour où une relique, un fragment d'os du bras de sainte Anne, y a été déposée.

LIEU HISTORIQUE DE LA BATAILLE-DE-LA-RISTIGOUCHE ★

40, boulevard Perron Ouest ✆ +1 418 788 5676
www.pc.gc.ca/restigouche

Mi-juin à début septembre : lundi-dimanche, 9h-17h. Adulte : 4,25 CAN $, 17 ans et moins : gratuit.

L'épave du *Machault*, un des navires de la dernière flotte de ravitaillement venue à la rescousse de la Nouvelle-France en 1760, a livré ses secrets et d'authentiques pièces et objets. L'exposition permet de revivre cette terrible bataille navale où 400 soldats français, aidés de quelques Acadiens et d'une poignée d'Indiens, ont dû faire face à 1 700 soldats britanniques. Les plus jeunes profiteront de leur visite pour jouer à la géocachette (compte à créer sur geocaching.com).

MATAPEDIA

Située à la confluence des rivières Matapédia et Restigouche, cette petite localité est bien connue des pêcheurs au saumon qui s'y donnent rendez-vous chaque année. Nature Aventure y a également son camp de base et propose une foule d'activités de plein air lors de la belle saison. Pour ceux qui aiment enfiler leurs bottines de marche, le Sentier International des Appalaches (GR® A1) passe par Matapédia, sans oublier la Route des Belvédères qui comprend pour l'instant trois lieux d'observation à couper le souffle dans la région (deux autres à venir sous peu). Côté hébergement, on recommande le Camping Parc Adams et l'auberge Chez Casimir.

NATURE AVENTURE

20 rue de l'Église
✆ +1 418 865 3554
www.natureaventure.ca
Ouvert de fin mai à fin septembre. Tarifs variables selon l'activité choisie. Camping sur place.

Pour prendre un grand bol d'air pur et se dégourdir les jambes, Nature Aventure est le choix futé ! On y propose des forfaits guidés en canoë, kayak, planche à pagaie et plongée en apnée ainsi qu'en randonnée pédestre sur le Sentier International des Appalaches. On peut également y louer des embarcations nautiques et plusieurs services sont offerts pour les plus autonomes (navette et transport de véhicule, réservation d'hébergements et ravitaillement pour les randos, etc.). Question de profiter pleinement des lieux, le camping municipal se trouve à même le site.

CAUSAPSCAL

Son nom viendrait du terme amérindien *Goesôpsiag* ou *Gesapsgel* signifiant « courant de la pointe rocheuse », « cailloux brillants au fond », selon le père Pacifique, un prêtre capucin français missionnaire auprès des Micmacs au début du XXe siècle. L'endroit est réputé pour ses paysages bucoliques, mais surtout pour ses rivières à saumon (Matapédia et Causapscal) qui en font d'elle la capitale. Et l'engouement ne date pas d'hier : lord Mount Stephen y a établi un club de pêche privé dans les années 1870, lequel est devenu un site patrimonial qui se visite en saison estivale. Une fosse aménagée à même le site permet d'ailleurs d'observer ce salmonidé.

SITE PATRIMONIAL DE PÊCHE MATAMAJAW

53C, rue Saint-Jacques Sud
✆ +1 418 756 5999
matamajaw.com
Ouvert de mi-juin à début septembre. Adulte : 12 CAN $.

L'endroit propose une visite de cet ancien club privé de pêche du début du siècle, assez unique en son genre au Québec. Le site comprend plusieurs bâtiments patrimoniaux comme la maison du gardien, la neigère, la remise à canots et le quartier des guides de pêche. À deux pas, une fosse aménagée permet d'observer le saumon de l'Atlantique dans son milieu naturel. Aussi sur place : bistro-terrasse, boutique de souvenirs, bureau d'accueil touristique.

AUBERGE LA COULÉE DOUCE €€

21, rue Boudreau
✆ +1 418 756 5270
www.lacouleedouce.com
Voir site web pour les tarifs. Possibilité d'inclure la demi-pension. Forfaits disponibles. Restaurant ouvert à tous.

© AUBERGE LA COULÉE DOUCE

Une halte parfaite pour se « la couler douce » ! L'hébergement est proposé selon deux formules : en chambre douillette à l'auberge ou en chalet moderne entièrement équipé. Pour les fringales, le restaurant - ouvert du matin au soir - propose des spécialités de poissons et de fruits de mer, des grillades et des pâtes, mais également de nombreux plats de cuisine régionale. Sa grande spécialité : le saumon de l'Atlantique. Profitez-en également pour goûter aux confitures et pâtisseries faites maison. Une halte reposante et gourmande au cœur de la Matapédia.

AMQUI

Cette pointe du lac Matapédia est le centre industriel, commercial et agricole du comté. Amqui proviendrait du mot micmac *amgoig*, qui signifie « moitié mûr » ou encore « lieu d'amusement et de plaisirs ». Selon d'autres hypothèses, Amqui viendrait du mot algonquin *ankwi*, qui voulait dire « camarade d'homme », « beau-frère d'homme ». Dans tous les cas, la devise de la ville s'en est clairement inspirée : « Là où l'on s'amuse ». Si vous avez amorcé votre tour de la Gaspésie par la rive nord, Amqui sera votre dernier arrêt avant de revenir au point de départ. Vous pourrez prendre la route 195 vers Matane ou continuer sur la 132 en direction de Mont-Joli.

SELECTÔTEL AMQUI €€

340, boulevard Saint-Benoît Ouest
✆ +1 418 629 2241
www.selectotelamqui.com
Occupation double : à partir de 118 CAN $. Stationnement gratuit.

© SÉLECTÔTEL AMQUI

Situé sur les rives de la rivière Matapédia et du lac Bossé, cet hôtel offre plus de 70 unités allant de la chambre régulière au condo entièrement équipé avec cuisine et salon. Plusieurs chambres sont également munies d'un bain à remous, la détente ultime après une longue journée de route ou d'activités. Niveau services, vous ne serez pas déçu : restaurant Pastali ouvert tous les jours du matin au soir, bar avec table de billard, piscine intérieure, bain à remous, salle d'exercices et service de massothérapie sur réservation. Excellent rapport qualité/prix !

AUBERGE L'AMBASSADEUR €€

266, boulevard Saint-Benoît Ouest
✆ +1 418 629 6464
www.auberge-ambassadeur.com
Occupation double : à partir de 123 CAN $. Promotions et nombreux forfaits disponibles.

© AUBERGE L'AMBASSADEUR

Un hôtel 4 étoiles de près d'une cinquantaine de chambres et suites (certaines avec bain thérapeutique), le tout dans une ambiance détendue à deux pas du centre-ville d'Amqui. Plusieurs services sont à votre disposition sur place : restaurant, bar, lits solaires, salle de conditionnement physique, buanderie et borne de recharge pour véhicule électrique. Bien pratique pour les amateurs de motoneige et VTT, le sentier transcanadien passe tout près de l'hôtel et vous pouvez entreposer votre bolide dans leur garage (renseignez-vous sur les forfaits motoneige).

LA CAPTIVE

140, boulevard Saint-Benoît Ouest
✆ +1 418 631 1343
www.lacaptive.ca
Horaires variables selon la saison. Terrasse.

La Captive offre une belle sélection de bières maison, allant de la blonde bien fraîche à la Saison, en passant par la blanche belge, la Black IPA et la Rousse Bitter. Pour casser la croûte, l'ardoise propose un menu du jour et un menu à la carte avec entre autres des mises en bouche, des salades-repas, des sandwichs gourmands, des burgers décadents, des pizzas fines et des poutines. Il ne reste plus qu'à se divertir avec les spectacles musicaux ou d'humour, les expositions d'art visuel et autres événements organisés sur place.

ÎLES DE LA MADELEINE

Cet archipel d'une douzaine d'îles, d'une superficie totale de 202 km^2, est situé à 215 km de la péninsule gaspésienne et 105 km de l'Île-du-Prince-Édouard. Vu du ciel, c'est un croissant de lune coloré, tombé tout droit en plein golfe du Saint-Laurent. « Aux Îles », comme on dit, tout est accentué : la langue, les falaises rouges, les dunes de sable et les couleurs éclatantes des maisons. C'est un dépaysement total, surtout quand on vient en hiver et que l'archipel est pris par les glaces. Les principales îles se laissent parcourir en voiture, en scooter ou à vélo, puisqu'elles sont reliées par un mince et immuable cordon de sable. Pour prendre encore plus son temps, on enfile nos chaussures de marche afin d'arpenter les Sentiers entre Vents et Marées qui permettent de s'imprégner de la beauté des Îles. Finalement il faut savoir qu'ici on vit à l'heure des provinces maritimes. N'oubliez donc pas d'avancer votre montre d'une heure !

Îles de la Madeleine
CANADA
ÎLE DE LA MADELEINE
TERRE-NEUVE
ÉTATS-UNIS
Grosse-Île-Nord
East Cape
GROSSE-ÎLE ★★
OLD-HARRY ★★
GRANDE-ENTRÉE ★
POINTE-AUX-LOUPS ★★
HAVRE-AUX-MAISONS ★★★
Dune-du-Sud
FATIMA ★
L'ÉTANG-DU-NORD ★★★
CAP-AUX-MEULES ★
La Martinique
Étang de la Martinique
ÎLE D'ENTRÉE ★★
L'Étang-des-Caps
HAVRE-AUBERT ★★★
BASSIN ★★
10 KM

PAGES

332 ●● ÎLE D'ENTRÉE / ÎLE DU HAVRE AUBERT

Île d'Entrée. C'est la seule île habitée qui n'est pas reliée aux autres. C'est aussi la première que l'on aperçoit en arrivant aux îles par le ferry. On y séjourne quelques heures ou quelques jours, pour profiter de son calme, de sa nature vierge, de ses sentiers saisissants le long des falaises.

L'île du Havre Aubert est la plus au sud. Elle offre une bonne cuisine, une petite scène artistique et culturelle, des boutiques et des cafés, des collines arrondies et de coquettes maisons traditionnelles. Tout ce qu'il faut pour flâner ! Havre-Aubert et Bassin sont les deux principales localités, et ce que l'on appelle La Montagne est une région de hauteurs boisées au nord de l'île.

335 ●● ÎLE DU CAP AUX MEULES

Son nom vient de la présence de pierres à meule qu'on trouve sur le cap qui surplombe le port. C'est l'île la plus peuplée de l'archipel et la seconde en taille. Elle concentre les services administratifs : l'école, l'hôpital, le centre thermique Hydro-Québec. Il est possible d'en voir toutes les beautés en empruntant les itinéraires panoramiques qui la traversent. L'île compte trois belles grandes plages : plage de la Martinique (13 km), plage de la Dune de l'Ouest (8,7 km) et la plage de la Dune du Nord (16,5 km).

339 ●● ÎLE DU HAVRE AUX MAISONS

Située au nord-est de l'île du Cap aux Meules, c'est la plus belle. Parmi ses cantons les plus visités, notons Pointe-Basse qui fait le bonheur des gourmands avec, notamment, le Fumoir d'Antan et la Fromagerie Pied-de-Vent. Il ne faut pas non plus rater la magnifique plage de la Dune du Sud, longue de quelque 22 km.

341 ●● AUTRES ÎLES

L'île de la Pointe aux Loups est la plus petite île habitée. Un point de passage inévitable entre les îles du Havre aux Maisons et de Grosse Île sur la route 199. De part et d'autre du village, des dunes infinies composent le paysage. Un lieu où le temps semble s'être arrêté.

Grosse Île est à majorité anglophone, d'ascendance écossaise. Si la plupart sont des pêcheurs, plusieurs se sont convertis comme travailleurs à la mine de sel. On y vient pour profiter de ses belles plages, notamment celle de la Grande Échouerie, ou encore pour ses lieux isolés tels que East Cape et Old-Harry.

Île de la Grande Entrée. C'est sur cette île que prend fin la route 199 à son extrémité nord. Son centre de villégiature, La Salicorne, est fort prisé en saison estivale et il héberge également le Centre d'interprétation du phoque. En face se trouve l'île Boudreau, un lieu peu fréquenté et accessible par le chemin du Bassin Ouest.

ÎLE-D'ENTRÉE ★★

L'île d'Entrée est habitée par un peu plus d'une centaine d'anglophones d'origines irlandaise et écossaise qui y vivent isolés toute l'année. On y accède en une heure en prenant le traversier depuis le port de Cap-aux-Meules et les voitures sont autorisées à bord (frais en sus). Big Hill est le plus haut sommet des Îles de la Madeleine (174 mètres). Pour l'atteindre, vous suivrez le chemin Main, puis le chemin Post Office, et traverserez les champs en suivant le sentier. Du sommet, vous découvrirez une belle vue sur l'archipel. Il est possible de manger et de dormir dans les petites pensions de l'île, mais il faut impérativement réserver.

HAVRE-AUBERT ★★★

Havre-Aubert a été longtemps le chef-lieu de l'archipel. C'est ici que tout a commencé et des vestiges amérindiens témoignent encore de sa préhistoire. Aujourd'hui, on y vient pour admirer les Demoiselles, de drôles de buttes aux formes arrondies. On les découvrira le long d'une belle route panoramique, bordée de maisons traditionnelles. L'île compte aussi trois belles et grandes plages : la plage de Havre-Aubert (Sandy Hook), la plage de l'Ouest et la plage du Cap. Le site historique et animé de La Grave mérite le déplacement et, de juillet à septembre, il ne faut pas rater le spectacle *Mes Îles, Mon Pays* au Centre culturel du Havre-Aubert.

ÎLES DE LA MADELEINE

TRAVERSE CAP-AUX-MEULES - ÎLE D'ENTRÉE

Port de Cap-aux-Meules
✆ +1 418 986 3278
www.traversierctma.ca/fr/iledentree
Voir site web pour les horaires. Aller simple : 18,20 CAN $ par adulte, 62,25 CAN $ par voiture.

C'est la seule manière de rejoindre cette île isolée du reste de l'archipel. La traversée à bord du *Ivan Quinn* dure environ une heure. Même si les voitures sont acceptées, on vous recommande plutôt d'y aller en piéton, l'île se prêtant davantage à la randonnée. Les places étant également limitées à bord, les réservations ne sont pas un luxe, et présentez-vous au quai 20 minutes avant l'heure de départ du ferry. Aucun service à Noël ni au Jour de l'An.

LA GRAVE SITE HISTORIQUE ★★

Chemin de la Grave

Vient du mot *grève*, signifiant « terrain caillouteux et sablonneux ». C'est, à l'extrémité de l'île du Havre Aubert, une plage de galets classée site historique depuis 1983 et dotée d'un petit port de plaisance qui compte plusieurs attraits. C'est aussi un lieu de rencontres et d'échanges où s'alignent cafés et boutiques d'artisans, dans de vieilles maisons traditionnelles qui ont conservé leur revêtement de bardeaux de cèdre. À ne pas manquer en août : le Festival Acadien et le Concours de construction et de course de p'tits bateaux.

Plage du Havre à Havre-Aubert, Îles de la Madeleine.

MUSÉE DE LA MER ★

1023, chemin de la Grave
✆ +1 418 937 5711
www.museedelamer-im.com
Horaires variables selon la saison. Adulte : 10 CAN $.

À l'extrémité de la route panoramique 199, sur le cap Gridley qui domine La Grave, se trouve ce musée qui a subi une cure de rajeunissement avec d'importants travaux qui l'ont aussi rendu plus « vert ». Son exposition permanente, « Vivre aux Îles – Vivre les Îles », porte sur tous les aspects de l'histoire de l'archipel et de la vie des Madelinots : la vie quotidienne, la pêche, la navigation, l'éducation, etc. Des expositions temporaires se relayent également au cours de l'année. À ne pas manquer : le squelette de cachalot et ses dents d'ivoire !

AUBERGE CHEZ DENIS À FRANÇOIS €€

404, chemin d'en Haut ✆ +1 418 937 2371
www.aubergechezdenis.ca
Mai à fin octobre. Occupation double : à partir de 125 CAN $, petit déjeuner inclus. Restaurant ouvert le soir.

On reconnaîtra facilement cette jolie maison jaune, de loin sur la route. Quand on pénètre à l'intérieur, l'ambiance chaleureuse et l'accueil plus que sympathique nous séduit immédiatement. Les chambres sont très coquettes et vraiment spacieuses. Son menu du soir, servi dès 17h, vous mettra l'eau à la bouche. Composé des savoureux produits locaux, il est accompagné d'une sélection de vins et alcools des Îles. Sans contredit une belle adresse dont on entend souvent parler !

CAFÉ DE LA GRAVE €€

969, chemin de la Grave
✆ +1 418 937 5765
www.cafedelagrave.com
Ouvert de mai à octobre (horaires variables). Carte : 5 à 40 CAN $.

Situé sur le site historique de La Grave, ce café-bistro occupe les lieux d'un ancien magasin général madelinot. Dans une ambiance chaleureuse et amicale, vous y découvrirez un menu des plus savoureux : burger de veau des Îles avec confit d'oignons, galettes de morue salée, chaudrée de palourdes dans le pain, « pot-en-pot » aux fruits de mer, poutine au loup marin et fromage Pied-de-Vent... Pour les petits appétits, une sélection de sandwichs et de grignotines est offerte. Bonus : belle programmation culturelle et musicale. Cette adresse mythique vaut le détour !

VENT DU LARGE €€

1009, chemin de la Grave
ventdularge.ca
Ouvert de juin à fin septembre (horaires variables). Carte : 10-45 CAN $. Terrasses lounge. Chansonniers en soirée.

Au bout de La Grave se trouve un resto-bar tapas dominant le site historique et la baie. Sa magnifique terrasse orientée plein sud offre une vue superbe. Au menu, des plats à partager de succulentes tapas aux saveurs des Îles : frites avec cinq choix différents de mayo, acras de morue, sauté de crevettes, bataillon de homard fumé, tartare de saumon, fondue aux fromages locaux, assiette de charcuteries des Îles pour deux personnes... Des repas complets aux saveurs terre et mer sont aussi offerts. À accompagner d'une bière locale, bien entendu !

ATELIER-BOUTIQUE LIMAÇON

994, chemin de la Grave
Ouvert de mi-mai à octobre (horaires variables).

Situé au cœur du site historique de la Grave, cet atelier-boutique expose les œuvres de Martin Fournier, artisan joaillier. Spécialiste dans la conception de bagues de toutes formes, on y retrouve également de beaux pendentifs, bracelets et boucles d'oreilles, tous faits à partir des pierres des Îles. Possibilité de confection sur mesure avec les pierres que vous aurez trouvé sur la plage. Également proposés sur place, des petits chefs-d'œuvre d'artisans québécois en métiers d'art. Pour des idées-cadeaux futées, le Limaçon est recommandé !

ATELIER CÔTIER ★★

907, chemin de la Grave
✆ +1 418 937 2917
ateliercotier.com
Ouvert tous les jours de 10h à 18h. Boutique en ligne également.

Anciennement connue sous le nom de Les Artisans du Sable, la maison met toujours en avant le sable par le biais de superbes réalisations que l'on peut transporter grâce à une technique qui permet de rendre le sable dur comme de la pierre. Mais désirant élargir ses horizons, l'endroit propose désormais toutes sortes de créations inspirées de son milieu côtier. Qu'elles soient décoratives ou utilitaires, il y en a pour tous les goûts, des bijoux aux horloges, en passant par les lampes et l'art mural. L'endroit idéal pour rapporter un beau souvenir des Îles !

CENTRE NAUTIQUE L'ISTORLET

100, chemin de l'Istorlet
✆ +1 888 937 8166
www.istorlet.com
Ouvert de fin mai à mi-septembre. Hébergement sur place en chambre ou cabine rustique.

Pour passer des vacances au top, L'Istorlet est un choix futé. Cette base de plein air se spécialise dans les activités nautiques et propose tant un forfait multi-nautique que la location d'embarcations (voilier, planche à voile, wingsurf, planche à pagaie, kayak de mer, etc.) et de matériel pour la plongée en apnée. Des cours sont également dispensés ainsi que des camps de jour, des classes nature, des camps nautiques et des randonnées guidées (grottes et falaises).

DUNE DE SANDY HOOK ★

On y accède par le Chemin du Sable à Havre-Aubert, et c'est l'une des plages les plus réputées des Îles. Des kilomètres de sable à perte de vue jusqu'à la pointe du Bout du Banc, où la vue sur la mer et l'île d'Entrée est tout simplement magnifique (prévoir une randonnée de 3 heures aller-retour pour atteindre la pointe). Au pied de la dune, les eaux limpides de la mer invitent à la baignade. C'est à Sandy Hook qu'a lieu annuellement en août le fameux concours de châteaux de sable. Un événement vraiment chouette où la créativité et la démesure sont au rendez-vous.

BASSIN ★★

Bassin se trouve dans la partie sud de l'île. La route panoramique serpente entre les maisons de la Pointe à Marichite jusqu'à l'Étang-des-Caps. Vous ferez un arrêt au phare de l'Anse à la Cabane, sur le Cap du Sud, à la plage de la Dune de l'Ouest et, enfin, aux hautes falaises de grès rouge de l'Étang-des-Caps. Au large, vous verrez le Corps Mort, un rocher solitaire qui sert de refuge naturel pour les oiseaux, poissons et phoques. C'est dans ce secteur de Bassin que se trouve la plus grande forêt de l'île (avis aux randonneurs). Au centre, à La Montagne, se trouve Le Site d'Autrefois qui permet de découvrir les us et coutumes du coin.

LE SITE D'AUTREFOIS ★

3106, chemin de la Montagne
✆ +1 418 937 5733
www.sitedautrefois.com
Ouvert tous les jours de mi-juin à fin septembre. Animation à toutes les heures. Adulte : 15 CAN $.

Situé le long de la route des montagnes, le Site d'Autrefois vous invite à découvrir les us et coutumes de la culture insulaire et acadienne. Vous aurez la chance en quelques heures de partager la vie d'un pêcheur madelinot au cœur de son village d'antan. Le capitaine Claude est un ancien pêcheur de homards. Au cours de sa carrière, il a même fait naufrage au large des Îles en 1990 ! Non seulement il a moult histoires et anecdotes à vous raconter, mais il vous chantera en plus les Îles. Une visite franchement authentique pour découvrir cette culture !

LA RÉCRÉATION €€

814 chemin du Bassin
✆ +1 514 651 3810
www.tourismeilesdelamadeleine.com
Occupation double : à partir de 97 CAN $. Appartements également en location.

L'ancienne école du Moulin s'est vu offrir une seconde vie grâce à trois artistes qui ont converti les lieux en un chouette pied-à-terre pour les vacances, été comme hiver. Quatre coquettes chambres avec balcon (max 4-5 personnes) sont à disposition, ainsi que deux appartements (max 6-8 personnes) dont un avec mezzanine et l'autre avec terrasse privée. Pour les repas, les hôtes ont accès à une cuisine commune et à un barbecue (épicerie à deux pas). Finalement, des événements artistiques et culturels s'y tiennent, notamment une belle programmation de spectacles.

VERGER POMELOI

33, chemin du P'tit Bois Nord
✆ +1 418 937 5611
levergerpomeloi.com
Ouvert tous les jours de mi-juin à mi-septembre. Le reste de l'année : horaires variables ou sur rendez-vous.

Premier et seul verger de l'archipel, on y concocte des produits alcoolisés comme le cidre mousseux L'Escarbille, le cidre aromatisé au miel Chouchen, le cidre fermenté avec sirop d'érable Le P'tit Bois, le cidre fortifié à l'eau-de-vie de pomme L'Enchanteur - la version Pomeloi renferme en plus une pomme dans la bouteille - ou encore les gins de pomme Adam et Ève. Sur place, vous pourrez vous procurer ces produits à la boutique (produits fins de la pomme également), savourer les alcools nature ou en cocktail et faire une balade champêtre dans le verger.

CAP-AUX-MEULES ★

C'est dans ce petit port très fréquenté que vous débarquerez en arrivant de Souris (ferry en opération toute l'année) ou de Montréal (croisière hebdomadaire de mi-juin à fin septembre, possibilité d'embarquement à Gaspé). D'ici vous embarquerez pour des excursions de pêche ou d'observation des falaises, quand vous ne déciderez pas tout simplement d'y séjourner. À partir du port, on peut suivre le sentier du littoral qui longe la falaise et mène à une petite plage. Ville de services, Cap-aux-Meules héberge notamment le bistro et bar à spectacles Les Pas Perdus, et le marché des producteurs de l'archipel (les samedis de début juillet à début octobre).

AGENCE DE LOCATION DES ÎLES

357, chemin Principal
✆ +1 418 986 6565
agencedelocationdesiles.com
Ouvert toute l'année. Autre point de service à l'aéroport (Havre-aux-Maisons).

Une adresse fort utile si vous vous rendez aux Îles en avion et qu'un moyen de locomotion devient indispensable sur place. On y loue des voitures mais aussi des cyclomoteurs, des motocyclettes ainsi que des Spyder. L'entreprise propose également des forfaits jumelant entre autres l'hébergement et la location d'une voiture. Toutefois, compte tenu de la grande popularité des Îles en saison estivale, mieux vaut réserver bien à l'avance son véhicule !

EXCURSIONS EN MER

265, chemin du Quai
✆ +1 418 986 4745
www.excursionsenmer.com
En opération de juin à fin septembre. Tarifs selon l'excursion choisie. Réservation recommandée.

Un voyage aux Îles de la Madeleine ne saurait être complet sans partir à leur découverte par la mer. Plusieurs escapades sont proposées par Excursions en Mer, le tout en compagnie de guides qualifiés : grottes et falaises avec observation d'oiseaux marins, île d'Entrée avec visite autonome sur l'île, phoques et milieu lagunaire (à faire absolument si vous avez des enfants), partie de pêche au maquereau (notre coup de cœur, et vous repartez avec un repas !). Des bateaux et Zodiacs sont disponibles, avec des départs fréquents en saison.

LES PAS PERDUS €

169 et 185, chemin Principal
✆ +1 418 986 5151
www.pasperdus.com
Horaires variables selon la saison.
Carte : 10-45 CAN $. Terrasse.

Comment décrire ce lieu invitant aux multiples facettes ? D'abord, un petit resto sympa au menu savoureux qui met l'emphase sur les produits locaux (tartare de jeune bœuf des Îles, burger de loup marin, poutine au fromage Pied-de-Vent, huîtres Les Trésors du Large, côtes levées à la bière des Îles, etc.). Ensuite, un bistro où il fait bon prendre un verre entre amis et qui propose une carte de bières artisanales dont celles de À l'Abri de la Tempête, bien entendu. Enfin, on peut également dormir sur place dans l'une des six chambres occupant le 2e étage.

Port de Cap-aux-Meules, Îles de la Madeleine.

QUAI 360 €€

360, chemin du Quai
✆ +1 418 986 7680
www.quai360.com

Ouvert toute l'année (horaires variables, quelques semaines de relâche en hiver). Carte : moins de 40 CAN $. Terrasse.

Quai 360 est le rejeton de François Gaulin et de sa conjointe Nathalie Miousse. Table d'exception de la scène gourmande aux Îles, on y propose une cuisine du marché suivant les saisons et les arrivages : huîtres de la Grande-Entrée, ceviche de pétoncles, mangue, noix de coco et coriandre, côtes levées d'agneau des Îles et miel épicé, risotto de homard, fenouil et bisque, etc. Une belle carte des vins accompagne le tout, sans oublier les cocktails comme le fameux Bloody Caesar du Quai 360 avec bacon maison et olive épicée. À découvrir !

CHEZ RENARD

315, chemin du Quai
✆ +1 418 868 7593

Ouvert toute l'année (horaires variables selon la saison).

À la fois café, restaurant et buvette, Chez Renard s'inscrit désormais comme un incontournable aux Îles. Il faut dire qu'Ève Beaudoin Galaise et Philippe Raymond, les deux instigateurs de cette récente adresse gourmande, proposent une ardoise qui se renouvelle selon les arrivages et qui met en vedette les produits madelinots mais aussi du reste de la province. Si on vient y prendre son café le matin accompagné d'un bagel maison tartiné d'un fromage à la crème au fromage Pied-de-vent, on y vient en soirée pour ses plats à partager, ses bons vins et ses cocktails.

LES PAS PERDUS

169 et 185, chemin Principal
✆ +1 418 986 5151
www.pasperdus.com

En été : ouvert dès 18h les soirs de spectacles. Hors saison : selon les événements. Certains spectacles gratuits.

Cette salle de spectacles est un incontournable de la scène musicale et culturelle des Îles. Tous les artistes de renom y marquent un arrêt lors de leur tournée dans l'est de la province. Koriass, Lisa LeBlanc, Louis-Jean-Cormier, Ariane Moffat, Vincent Vallières et Les Breastfeeders, pour ne nommer que ceux-ci, ont d'ailleurs foulé les planches des Pas Perdus en 2022. En plus des spectacles musicaux, la programmation comprend également des jams musicaux, des soirées d'impro, etc. L'endroit incontournable pour sortir aux Îles !

L'ÉTANG-DU-NORD ★★★

La municipalité occupe tout le sud de l'île. On recommande de suivre la route panoramique du chemin de Gros-Cap jusqu'à LA pêcherie | poissonnerie (homarderie, magasin de vente de poissons et fruits de mer). On peut ensuite, par temps calme, explorer les grottes du cap en kayak ou encore aller admirer le panorama embrassant le croissant des Îles et l'île d'Entrée, séparée, depuis le Gros-Cap. Tout à l'ouest se trouve le port de pêche de L'Étang-du-Nord et son imposante sculpture de pêcheurs, alors qu'au centre, la belle église de La Vernière (1876) témoigne de l'architecture typique des provinces maritimes en plus d'être classée monument historique.

PARC DU SITE DE LA CÔTE

499, chemin Boisville Ouest
✆ +1 418 986 5085
www.sitedelacote.ca

Aux abords du port de pêche se trouve un site qui vaut le détour. La Place du Marché contient quelques boutiques dont l'incontournable Au Gré du Vent et sa collection de cerfs-volants de toutes sortes, ou encore Aux couleurs des Îles et ses objets déco et utilitaires peints à la main par l'artiste locale Huguette Leblanc. Pour les petits creux, direction le resto-terrasse Éva. En saison, les soirées s'animent souvent de spectacles en plein air gratuits et des événements y sont organisés, comme le Festival littéraire des Îles qui se tient annuellement en juillet.

PARC DE GROS-CAP €

74, chemin du Camping
✆ +1 418 986 4505
www.parcdegroscap.ca

Ouvert de juin à septembre. Forfaits disponibles. Nombreux services sur place. Activités et excursions nautiques.

Site de villégiature incomparable aux Îles, l'hébergement est y proposé sous différentes formules : l'auberge et le pavillon, surplombant la mer qui vous renvoie un air marin, les sites de camping avec ou sans services, la mini-roulotte et les Salines, de petits chalets de bois rustiques bien équipés. Sur place, ne ratez pas les excursions guidées en kayak de mer pour découvrir les grottes, les falaises et les oiseaux de mer. Ajoutons à tout cela un personnel dévoué qui vous parlera du mode de vie des Madelinots et des secrets les mieux gardés des Îles.

© VALÉRIE FORTIER

Sculpture à l'anse de L'Étang-du-Nord, Îles de la Madeleine.

GOURMANDE DE NATURE €€

1912, chemin de l'Étang-du-Nord
✆ +1 418 986 6767
www.gourmandedenature.com
Restaurant et boutique ouverts de juin à septembre. Carte : 10-50 CAN $. Plats pour emporter, terrasse.

La chef Johanne Vigneau connaît les produits régionaux et les apprête avec justesse et finesse, toujours selon les arrivages. En formule bistro midi et soir, on y propose les tacos de flétan ou d'agneau, le tataki de jeune bœuf des Îles, la tartine du moment, le bataillon de homard du Gros-Cap ou encore le tofu croustillant laqué au miso. Côté boutique, des produits gourmets du terroir et d'ailleurs, des vins d'importation privée, des accessoires de cuisine et les produits signature de la maison. Renseignez-vous également sur les ateliers gourmands.

À L'ABRI DE LA TEMPÊTE

286, chemin Coulombe
✆ +1 418 986 5005
alabridelatempete.com
Horaires variables selon la saison. Terrasse avec vue sur la mer.

Recherchant constamment des façons de s'ancrer dans le territoire fragile que sont les Îles, cette microbrasserie valorise l'utilisation de matières premières locales dans la conception de ses bières. L'élaboration d'un malt fumé au Fumoir d'Antan, la récolte de fleurs, d'algues, d'épices et d'herbes sauvages est un gage d'authenticité et de fraîcheur qui contribue à la création de bières uniques et racées. Question d'accompagner ses savoureuses bières, elle offre des assiettes garnies de produits madelinots. Boutique sur place.

SALON DE THÉ LE FLÂNEUR

1944, chemin de l'Étang-du-Nord
✆ +1 418 986 6526
Ouvert de fin mai à octobre (fermé le mercredi). Galerie d'art et boutique des œuvres d'Arthure sur place.

Dans une ambiance artistique et hétéroclite, ce salon propose une carte de thé diversifiée qui saura satisfaire les amoureux de cette boisson. C'est l'endroit idéal pour ceux qui souhaitent prendre une pause tout en profitant d'une vue panoramique sur le port de L'Étang-du-Nord. Pour les gourmands, nous vous suggérons fortement d'accompagner votre thé d'un scone maison garni de confiture aux fruits rouges, spécialité du Flâneur, ou alors d'un succulent gâteau maison. À voir à l'extérieur : le four à pain traditionnel, la maison croche et le banc des amoureux.

LA PÊCHERIE | POISSONNERIE

521, chemin du Gros-Cap
✆ +1 418 986 2710
www.lrdi.ca
Ouvert de mai à mi-septembre. Cantine sur place.

Arrêt incontournable pour ceux voulant faire le plein de produits de la mer : homards (service de homard chaud tous les jours dès 15h30), crabes des neiges, pétoncles, buccins, mactres et autres délices vous éveilleront les papilles. Fraîcheur garantie ! Quant à la cantine, ouverte également en saison estivale et dotée d'une petite terrasse, nous vous conseillons vivement de goûter à la fameuse poutine au homard. Une adresse hautement recommandée !

AEROSPORT

1390, chemin La Vernière
© +1 418 986 6677
aerosportlesiles.ca
En opération de mi-juin à fin septembre. Cours sur réservation. Boutique sur place.

Vivez l'aventure avec des professionnels du cerf-volant de traction (kitesurf). Aérosport a été la première école de kite à ouvrir au pays et jouit d'une grande réputation pour la pratique des sports de vent. Le cerf-volant de traction développe une puissance suffisante pour tirer une personne en buggy ou planche de surf. Des cours de wingsurf sont aussi offerts ainsi que la location d'équipement comme la planche à pagaie, le kayak récréatif simple ou double, le buggy, la planche de surf et le kitesurf. Accès à un site privé à la lagune du Havre-aux-Basques.

FATIMA ★

Située au nord de l'île, Fatima comprend plusieurs points d'intérêt, à commencer par le sentier d'interprétation du Barachois. Long de 3,5 km, aller-retour, il démarre derrière les dunes de la plage du Barachois, traverse tout d'abord un marais d'eau douce, puis un milieu saumâtre et enfin un marais salé. Le long du sentier, on pourra observer la flore et les oiseaux, dont le rare pluvier siffleur. On ira ensuite admirer les falaises rouges de Belle-Anse, érodées par la mer, qui en a sapé les pans. Finalement, on longera ces falaises jusqu'au Cap-au-Trou, où les vagues acharnées ont creusé la falaise de grès friable et où des arches sont apparues.

CHÂTEAU MADELINOT €€

323, chemin Principal
© +1 418 986 2211
www.hotelsaccents.com
Occupation double : à partir de 137 CAN $.

Récemment rénové et désormais ouvert toute l'année, cet hôtel offre le confort, une bonne qualité de services - dont une piscine et des bains à remous intérieurs -, ainsi qu'une superbe vue sur la mer. On accède à la plage directement derrière l'hôtel et malgré les galets, vous profiterez pleinement de la sérénité des lieux et de l'eau chaude. Son restaurant, le Resto Bistro Accents, propose une cuisine axée sur les produits locaux, les fruits de mer, les poissons et le gibier. Expérience à vivre : le forfait Observation des blanchons en hiver. Inoubliable !

LA SHED SURF BAR

152, chemin de l'Hôpital
www.lashedsurfbar.ca
Ouvert de juin à octobre (horaires variables). Coin boutique avec des articles à l'effigie de La Shed, terrasse.

C'est dans le superbe secteur de L'Anse-aux-Baleiniers qu'un petit groupe de jeunes entrepreneurs a décidé d'ouvrir un surf bar où se rassemblent la communauté de riders des Îles ainsi que les curieux. L'endroit propose toutes sortes de bons cocktails (essayez-les en version pichet !), mais aussi des bières et vins québécois, du café préparé par une brûlerie locale et d'autres savoureux élixirs. Bonus : une programmation de spectacles musicaux et de soirées DJ, des art shows, des ateliers créatifs, etc. Un spot festif à découvrir absolument !

HERBORISTERIE L'ANSE AUX HERBES

187, chemin Belle-Anse
© +1 418 986 3936
www.anseauxherbes.com
Ouvert en saison estivale.

Une herboristerie artisanale qui vous prodigue ses secrets pour mieux et bien vivre. Toutes les herbes sont cultivées naturellement, puis séchées et transformées directement sur place. Parmi les produits offerts, notons les assaisonnements (cajun, mer et terre, moutarde algues et persil de mer, etc.), l'huile aromatisée de homard et les huiles d'olive extra vierge aromatisées (persil de mer des îles, échalotes et fines herbes, etc.). Autre boutique saisonnière au site de La Grave.

LA CRINIÈRE AU VENT

115, chemin John Aucoin
© +1 418 986 6777
www.lacrinièreauvent.sitew.com
Ouvert en saison estivale. Tarifs selon l'activité choisie.

Parcourir les plages et dunes des Îles à dos de cheval est certes une expérience mémorable. Vous pourrez brosser et seller votre monture et, bien entendu, une petite formation d'une vingtaine de minutes vous permettra d'appendre à communiquer avec elle. En plus de ces excursions, La Crinière au Vent offre également des camps de jour pour enfants et ados (demi-journée avec les poneys), des cours d'équitation western pour tous les niveaux et tous les âges, ainsi que des jeux équestres (défis et courses amicales) pour les groupes d'amis et les familles.

HAVRE-AUX-MAISONS ★★★

Ce village, qui occupe toute l'île, regroupe plusieurs cantons. Une route panoramique dessine la pointe de l'île du côté est. Empruntez-la, elle vous mènera à de magnifiques panoramas (cap Alright et le chemin des Montants). Une marina, des quais, des rochers rouges dominant la mer, une petite baie, avec l'île du Cap aux Meules et l'île d'Entrée en arrière-plan, composent le paysage, tout près de l'île aux Cochons. Cette dernière est fréquentée par d'innombrables oiseaux dont les goélands, les hérons et les sternes, et tire son nom du fait qu'on y gardait autrefois des cochons. Il faut également aller voir la Dune du Sud et son immense plage sauvage.

LE FUMOIR D'ANTAN ★

27, chemin du Quai
✆ +1 418 969 4907
fumoirdantan.com

Ouvert de mai à octobre. Visite et dégustation : 13 CAN $ (13 ans et plus), 10 CAN $ (12 ans et moins).

En 1996, la famille Arseneau reprit le fumoir du grand-père et lui redonna vie. Aujourd'hui, cette entreprise propose entre autres des harengs boucanés selon la méthode traditionnelle des Madelinots (temporairement indisponibles), ainsi que des saumons, pétoncles et morues fumés, sans oublier les épices de hareng boucané. L'histoire des « boucaneries » (où l'on boucane, c'est-à-dire où l'on fume de la viande ou du poisson) est relatée avec le support de photographies et d'objets anciens, l'endroit étant un économusée de la boucanerie.

LA MÉDUSE - VERRE SOUFFLÉ

638, route 199 ✆ +1 418 969 4681
lameduseim.com

Horaires variables selon la saison (fermé en octobre et de Noël à fin janvier). Entrée libre. Boutique en ligne aussi.

Fabrication et vente d'objets en verre soufflé artisanal dont la coloration est obtenue par de savants mélanges d'oxydes métalliques. Venez observer Sophie Bourgeois et Catherine Chevrier-Turbide à l'œuvre devant les fours qui chauffent à 1 200 °C. Pour s'initier à cet art, des ateliers payants d'initiation au verre soufflé sont offerts sur réservation en saison estivale. Avant de quitter les lieux, jetez absolument un œil côté boutique (gros coup de cœur pour les bijoux).

DOMAINE DU VIEUX COUVENT €€€

292, route 199 ✆ +1 418 969 2233
domaineduvieuxcouvent.com

Ouvert de mi-mai à octobre. Occupation double : à partir de 229 CAN $. Petit déjeuner complet : 15 CAN $ par personne.

Dans un bâtiment de pierres grises, situé face à la mer, les convives dorment dans l'une des onze chambres au décor moderne et épuré. Le confort et le charme de cet hôtel rajoute cette touche magique au charme envoûtant des Îles de la Madeleine. Sur place, le restaurant fait dans la cuisine régionale, mettant en avant ce que les Îles ont de meilleur à offrir côté gourmand : une vue sublime sur l'île d'Entrée et la baie de Plaisance. Seul hôtel du genre aux Îles, le Vieux Couvent est une adresse qui vous laissera bouche bée, parfaite pour se gâter.

Jolies maisons colorées sur l'Île du Havre aux Maisons, Îles de la Madeleine.

PIZZA D'LA POINTE €

86, route 199
✆ +1 418 969 2525
www.pizzadlapointe.ca
Ouvert de juin à mi-octobre (horaires variables). Pizzas : 5,75 à 51,60 CAN $. Terrasse.

En bordure de la route 199, juste à l'entrée sud de l'Île du Havre aux Maisons, c'est l'endroit parfait pour faire une pause gourmande. On raconte même que c'est ici que l'on trouverait la meilleure pizza aux fruits de mer au monde. On l'a testée et on confirme qu'elle est DÉ-LI-CIEUSE ! Garnie de béchamel au homard, pétoncles, crevettes, homard, oignons, poivrons rouges, beurre à l'ail et mozzarella, elle est un must ! Plusieurs autres choix de pizzas également, en version terre, mer ou végétarienne, ainsi que des frites au four et des salades santé.

RESTAURANT DU DOMAINE DU VIEUX COUVENT €€€

292, route 199 ✆ +1 418 969 2233
domaineduvieuxcouvent.com
Ouvert en soirée d'avril à décembre (fermé de fin octobre à fin novembre). Carte : 10-50 CAN $, TH également.

La vue offerte est magnifique et le cadre, superbe. La mer et l'île d'Entrée vous accompagnent dans ce restaurant qui ne désemplit jamais. Et pour cause : la cuisine est conviviale, innovatrice et vraiment délicieuse. Les poissons et les fruits de mer locaux sont à l'honneur, notamment le homard, et apprêtés avec originalité, avec une bonne dose de produits artisanaux des Îles de la Madeleine. Très belle carte des vins et bières de l'archipel également. Réservation recommandée.

PÂTISSERIE HÉLÈNE DES ÎLES

90, route 199
✆ +1 418 969 2404
Horaires variables selon la saison.

Située à un jet de pierre de Pizza d'la Pointe, la pâtisserie d'Hélène Arseneau est un havre de gourmandise. Tout est fait maison et tout est absolument délicieux. Parmi les produits hyper populaires, notons les éclairs au chocolat (un must !), les cannelés, les petits pots de crème au chocolat, les gâteaux aux carottes, les beignets au sucre, les fameux biscuits chocolat et caramel, les macarons, les scones et la liste est encore longue. Une pause gourmande comme on les aime !

LE BARBOCHEUX

475, chemin Cap-Rouge
✆ +1 418 969 2114
www.bagossedesiles.com
Mi-mai à fin septembre : du lundi au samedi de 10h à 18h. Informez-vous sur l'activité de dégustation VIP (payant).

Ne quittez pas les Îles sans avoir goûté à la fameuse bagosse, la « bière des Îles » comme l'appelle les gens du coin, déclinée en deux saveurs (fraise et framboise, canneberge et pissenlit). C'est un vin de fruit artisanal très apprécié. Autres produits en vente sur place : une boisson de type porto faite à base de bleuets et d'airelles (Châlin), une liqueur de framboises (Ariel) et un vin pétillant de fraises et rhubarbe (Le Moussaillon). Les produits du Barbocheux évoquent chacun à leur manière l'histoire et les traditions des Madelinots.

FROMAGERIE PIED-DE-VENT ★

149, chemin de la Pointe-Basse
✆ +1 418 969 9292
www.fromageriedupieddevent.com
Ouvert tous les jours à l'année. Économusée et boutique. Visite guidée de la ferme laitière : 20 CAN $ par adulte.

En 1998, un troupeau de petites vaches noires arrive sur les Îles et l'aventure du Pied-de-Vent commence. Ce troupeau est nourri à partir de fourrage des Îles, ce qui confère au Pied-de-Vent, un fromage à croûte légèrement lavée, son goût si particulier. Mention également à la Tomme des Demoiselles, un fromage à pâte ferme pressée de six mois d'affinage, au Jeune-Coeur, un fromage à pâte molle et croûte fleurie, et à la tartiflette maison. En saison, des visites de la ferme laitière Pointe-Basse sont proposées. Un incontournable du circuit gourmand des Îles !

PLAGE DE LA DUNE DU SUD

Chemin de la Dune du Sud
Stationnement gratuit sur place et tables de pique-nique.

La Plage de la Dune du Sud est une superbe plage, bordée de falaises de grès rouge creusées de grottes et fréquentées par les oiseaux de mer, notamment les goélands argentés et les sternes. D'une longueur de 22 kilomètres, elle se prête à merveille aux balades peinardes, notamment pour admirer le lever du soleil. Elle sert également de site de mise à l'eau pour le kayak, le kitesurf et la planche à voile, à condition d'avoir le niveau. En pleine haute saison, elle devient fort achalandée, qu'on se le dise. Bonus : la crêperie bretonne Le Gaboteux à deux pas.

© VALÉRIE FORTIER

Dune du Nord à l'Île de la Pointe aux Loups, Îles de la Madeleine.

POINTE-AUX-LOUPS ★★

C'est un hameau d'une cinquantaine de maisons, flanqué d'un petit port de pêche typique. C'est là qu'on achète les coques et les mollusques, pêchés dans le sable à l'intérieur des lagunes. Les plus belles plages des Îles se trouvent de part et d'autre de Pointe-aux-Loups. La Dune du Nord, long cordon de sable entre la mer et la lagune de la Grande Entrée, la relie à Grosse Île. Avant de vous baigner, faites cependant attention au vent et aux courants. Et dites-vous bien qu'ici, l'eau n'est pas particulièrement chaude... À découvrir également : la galerie d'art La Maison du Héron (située sur la route 199, ouverte en saison estivale).

SITE HISTORIQUE DE CAMI

787, chemin Principal
✆ +1 418 985 2116
www.discovergrosseile.net
Ouvert en saison estivale. Droits d'entrée. Programmation d'activités spéciales.

On y retrouve un musée racontant la vie des vétérans de guerre des îles à travers une collection d'artéfacts, de lettres et autres objets, dont l'agenda tenu par William Welsh, un prisonnier de guerre. Le Parc mémorial honore la bravoure d'hommes et de femmes des Îles ayant perdu la vie lors de la Deuxième Guerre mondiale. Quant au musée de la Petite École rouge, il a conservé la structure d'ancienne école à classe unique (boulangerie sur place). Photographies et anecdotes transcrites vous donneront un aperçu du mode de vie de la communauté anglophone.

GROSSE-ÎLE ★★

Impossible de rater les structures de la mine de sel (Mines Seleine) à l'entrée du village ! Ses exportations servent à déglacer les routes de l'est du continent. Exploitée depuis 1983, et doublée d'un centre d'interprétation ouvert en été, ses galeries s'étendent sur un diamètre d'environ 1,6 km sous les dunes et la mer. La petite église au centre du village mérite aussi une visite pour ses vitraux ainsi que le Fish Shack pour ses guédilles au homard et ses fish & chips. Ensuite, en suivant la route panoramique, on passe East Cape pour longer la Réserve nationale de faune de la Pointe-de-l'Est. La petite route entre East Cape et Old-Harry y mène.

OLD-HARRY ★★

Ce fut un haut lieu de la chasse aux morses (ou vaches marines), ce qui lui valut d'attirer bon nombre d'Européens, notamment des Basques, qui, en plus de la chasse, s'occupaient de l'abattage et du dépeçage afin d'en tirer l'huile tant convoitée. Malheureusement, cette industrie fut si intense qu'elle mena à la disparition totale de l'espèce aux Îles de la Madeleine. De nos jours, Old-Harry est un village paisible qui comprend un petit complexe historique géré par le Conseil des anglophones Madelinots. Il relate la vie de cette communauté au fil des époques. Old-Harry est également la porte d'entrée de la plage de la Grande Échouerie.

PLAGE DE LA GRANDE ÉCHOUERIE

Accès par la route 199.

La plage de la Grande Échouerie est une immense étendue de sable bordée de dunes et de falaises de grès rouge, à laquelle on accède par un intéressant sentier d'interprétation, qui fait passer d'une forêt rabougrie de sapins baumiers et d'épinettes blanches à la dune retenue par l'ammophile à ligules courtes. La plage suit le littoral sud de cette réserve qui s'avance dans le golfe du Saint-Laurent, au nord-est de l'archipel. Bon endroit pour observer le phoque gris.

CENTRE D'INTERPRÉTATION DU PHOQUE ★

377, route 199
✆ +1 418 985 2833
www.mersurunplateau.ca
Ouvert tous les jours de 10h à 17h, de juin à fin septembre. Sur rendez-vous le reste de l'année. Adulte : 8,50 CAN $.

En formule visite guidée, vous y découvrirez le monde de ces mammifères marins qui peuplent le golfe du Saint-Laurent : leur habitat, leur mode de vie, leur migration, leur nourriture et la façon dont on les chassait. Sur place : une projection multi-images *Histoire de glaces* montrant entre autres des blanchons sur la banquise ainsi que l'exposition photo *Tableau de chasse* de Yoanis Menge. Notez que si vous séjournez à La Salicorne, l'entrée au centre est incluse.

GRANDE-ENTRÉE ★

La capitale du homard accueille annuellement une grande fête entourant la mise à l'eau des cages et l'arrivée du homard nouveau (fin avril ou début mai). On y pratique également la culture de la moule bleue. La pointe de l'île offre un spectacle saisissant ; c'est d'ailleurs ici que se déroule l'événement La Mer sur un plateau en saison estivale, un festival célébrant le mode de vie maritime. En été, des dizaines de bateaux de pêcheurs côtiers, aux couleurs vives, dansent le long des quais. Le village de Grande-Entrée, où la route s'arrête, héberge un centre de villégiature (La Salicorne, on recommande !) et quelques boutiques et commerces.

LA SALICORNE €€

377, route 199
✆ +1 418 985 2833
www.salicorne.ca
Fin mai à début octobre. Voir site web pour les tarifs des séjours, excursions et activités. Restaurant du terroir.

La Salicorne offre des séjours d'exception en axant ses services et ses installations sur le concept d'une auberge. Ses chambres sont sublimes et on adore également les fameuses tentes-bulles. Les séjours permettent aux vacanciers de vivre de véritables moments d'aventure selon les rythmes et besoins de chacun. Certaines activités sont originales et vous ouvriront sur des horizons jusque-là inaccessibles. Que ce soit pour dormir ou tout simplement acheter un forfait, une activité ou une excursion, la Salicorne est l'adresse idéale aux Îles de la Madeleine.

ÎLES DE LA MADELEINE

Grande-Entrée.

LANAUDIÈRE

La région doit son nom à l'histoire. Il perpétue le souvenir de Marie-Charlotte de Lanaudière, fille du Seigneur de Lavaltrie et épouse de l'homme d'affaires Barthélemy Joliette, descendant du célèbre explorateur Louis Jolliet. Il évoque la lignée des seigneurs de Lanaudière qui ont contribué, durant sept générations, à la défense et au développement de la colonie française, ce pays et cette région d'Amérique. Lanaudière est un véritable terrain de jeu naturel, à quelques minutes seulement de Montréal, entre le Saint-Laurent et le massif laurentien. Paradis du chalet, des pourvoiries, des lacs et des forêts, on y vient pour se ressourcer et prendre un grand bol d'air pur. On peut aussi y faire un séjour traditionnel en communauté autochtone ou encore se promener dans l'archipel du lac Saint-Pierre qui rappelle les bayous louisianais. Et pour les gourmands, les circuits touristiques de « Goûtez Lanaudière ! » sont un must!

Lanaudière
30 KM
ZEC DU GROS-BROCHET
MANAWAN
MAURICIE
ZEC DU CHAPEAU-DE-PAILLE
RÉSERVE FAUNIQUE ROUGE-MATAWIN
SAINT-MICHEL-DES-SAINTS
SAINT-ZÉNON
Lac-Provost
Saint-Gabriel-de-Brandon
SAINTE-ÉMILIE-DE-L'ÉNERGIE
SAINT-DONAT-DE-MONTCALM
SAINT-CÔME
NOTRE-DAME-DE-LA-MERCI
SAINT-JEAN-DE-MATHA
Lac Supérieur
CHERTSEY
BERTHIERVILLE
LAURENTIDES
Rawdon
SOREL-TRACY
JOLIETTE
31
SAINTE-ADÈLE
SAINT-SAUVEUR
Prévost
Mille-Isles
25
L'ASSOMPTION
SAINT-DENIS-SUR-RICHELIEU
Saint-Jérôme
VERS SAINT-MARC-SUR-RICHELIEU
TERREBONNE
Repentigny
VERS GRENVILLE-SUR-LA-ROUGE

PAGES

347 ● ● LA CÔTE

C'est dans cette région que se trouve le Chemin du Roy, première route carrossable au Canada. Elle servait à l'époque à la livraison du courrier et au transport des voyageurs, reliant ainsi Québec à Montréal. En suivant cette route (138) de Repentigny à Québec, c'est plus de trois siècles d'histoire qui défileront sous vos yeux. Profitez-en par la même occasion pour séjourner dans de merveilleux gîtes ruraux. En suivant la signalisation routière symbolisée par une couronne, c'est une belle découverte du patrimoine architectural, historique et social de la région, berceau de la colonisation, qui vous attend.

347 L'ASSOMPTION

347 BERTHIERVILLE ★

348 ● ● LES MOULINS ET LA PLAINE

Le secteur des Moulins se trouve juste au nord de Laval, de l'autre côté de la rivière des Mille-Îles. Sa principale destination est le Vieux-Terrebonne, avec ses bâtiments historiques datant de l'époque de la Nouvelle-France. À l'est s'étend la plaine, parsemée de villes et villages agricoles. Elle regroupe aussi un riche patrimoine de lieux historiques.

348 TERREBONNE ★

348 JOLIETTE ★

350 ● ● LE PIÉMONT

Terre de grands espaces entre monts et vallées, le piémont est devenu le terrain de jeu des villégiateurs en raison de ses nombreux lacs et attraits naturels. C'est aussi dans ce secteur que l'on retrouve les plus importantes chutes et cascades de la région, notamment les chutes Dorwin à Rawdon et celles du parc régional des Chutes-Monte-à-Peine-et-des-Dalles réparties à Sainte-Béatrix, Saint-Jean-de-Matha et Sainte-Mélanie.

© MIRCEAX

Cascade de Rawdon sur la rivière Ouareau River.

PAGES

L'ASSOMPTION

Cette petite ville est bien connue pour son collège établi en 1830 : le Collège de l'Assomption. De nombreuses maisons anciennes bordent ses rues et il semblerait qu'elle soit le berceau de la fameuse ceinture fléchée, une production textile unique tissée à la main et qui fait partie des emblèmes historiques de la province (à noter que la ceinture fléchée a d'abord été une tradition amérindienne avant d'être transmise aux colons). En décembre s'y tient un marché de Noël très couru, l'occasion parfaite pour rencontrer les artisans et producteurs de la région, en plus de faire le plein de découvertes gourmandes et de trésors de métiers d'art.

BERTHIERVILLE ★

Située à proximité du traversier de Saint-Ignace-de-Loyola, Berthierville fait face à l'archipel du lac Saint-Pierre, un milieu lacustre unique aux airs de bayous louisianais. À l'intérieur de cet archipel d'îles, où les chenaux découpent le territoire en casse-tête chinois, se trouve la plus vaste héronnière du Québec. Les îles de Berthier qui forment, avec les îles de Sorel, l'archipel du lac Saint-Pierre, ont été reconnues officiellement par l'UNESCO comme réserve de la biosphère. Berthierville compte un autre attrait de taille : le Musée Gilles-Villeneuve, entièrement dédié au pilote automobile québécois ainsi qu'au monde de la course.

L'ÉRABLIÈRE D'AUTREFOIS €€

560, montée Sainte-Marie
✆ +1 450 588 0165
www.erablieredautrefois.ca
Ouvert en mars et avril pour la cabane à sucre. Réservation requise en tout temps. Coin boutique sur place.

Dans une grande salle en bois sans prétention, cette adresse offre un pur ravissement pour les gourmands. À l'aube du printemps, la cabane à sucre s'anime et de copieux repas sont cuits sur le poêle à bois selon la tradition. Tout est à volonté et l'expérience se termine avec la fameuse tire sur neige. Pensez toutefois à apporter votre alcool. Tout au long de l'année, une savoureuse table champêtre est proposée aux groupes. Le menu est composé de produits de leur élevage, des récoltes de leur potager et leur érablière, sans oublier les produits régionaux.

LE VICE-CACHÉ €€

351 boulevard L'Ange-Gardien
✆ +1 450 591 1391
www.levicecache.com
Ouvert du lundi au samedi (horaires variables). Carte : 10 à 40 CAN $. Terrasse. Chansonnier le vendredi.

Situé en plein cœur du village, ce bistro urbain se spécialise dans les tapas d'inspiration internationale comme les falafels, les huîtres et mignonnettes, le poulet Général Tao, la pieuvre, les arancinis ou encore les ceviches à base de crevettes d'Argentine. Si les tapas ne sont pas votre tasse de thé, quelques plats comme le filet mignon et le burger du Vice figurent également au menu. L'ardoise affiche une sélection de vins en importation privée, des cocktails et, surtout, une liste hallucinante de gins québécois. Bon plan : huîtres à 1,50 CAN $ le jeudi.

MUSÉE GILLES-VILLENEUVE ★★

960, avenue Gilles-Villeneuve
✆ +1 450 836 2714
museegillesvilleneuve.com
Lundi-vendredi, 9h-12h et 13h-16h ; samedi-dimanche, 9h-17h. Adulte : 12 CAN $. Boutique sur place.

L'ambiance de la course est palpable pendant la visite de ce musée consacré à Gilles Villeneuve et à son fils Jacques, célèbres pilotes de Formule 1, ainsi qu'à son frère (« mon oncle Jacques »), grand pilote de motoneige maintenant à la retraite. Souvenirs de Grand Prix, trophées et voitures de course rappellent leurs exploits, mais aussi ceux d'autres pilotes québécois. Un simulateur, une piste de course miniature et une boutique de souvenirs complètent la visite. Ce musée, qui célèbre ses 35 ans en 2023, est un incontournable auprès des amateurs de courses.

DÉLICES D'ANTAN

446, rang de la Rivière Bayonne Sud
✆ +1 450 836 0540
www.delicesdantan.com
Ouvert tous les jours de 8h à 18h (jusqu'à 20h jeudi et vendredi). Autre succursale à Magog et nombreux points de vente.

Cette boulangerie artisanale est une entreprise familiale qui fait revivre les délices d'antan selon la tradition de nos ancêtres. La grande spécialité : les fameux beignets aux patates dans toutes leurs déclinaisons (notre préférence : trempés dans le sirop d'érable). Les pains sont faits à la main ainsi que les tartes (sucre, noix de Pécan, sirop d'érable, etc.). De plus, la boulangerie prépare des pâtés (poulet, acadien, saumon...), des plats maison (lasagnes, pâtés chinois...), des prêt-à-manger et des marinades en tous genres.

TERREBONNE ★

Le Vieux-Terrebonne est un vrai trésor patrimonial. C'est ici, en 1673, que les titres de propriété de la Seigneurie de Terrebonne sont remis, pour la première fois, à un citoyen français, André Daulier-Deslandes. Près de 50 ans plus tard, l'abbé Louis Lepage en devient seigneur, relayé par Joseph Masson (1832) qui visa le développement de l'activité commerciale et agricole. Un premier pont de bois est inauguré en 1834, reliant Terrebonne à l'île Jésus (Laval), et peu après deux villes importantes occupent le territoire : un pôle commercial, Terrebonne, et un pôle agricole, Saint-Louis-de-Terrebonne. Ces deux entités fusionnent en 1985.

BÂTIMENT B €€

940, place Île des Moulins
✆ +1 450 964 3939
www.batimentb.ca
Horaires variables selon la saison. Carte : 10-50 CAN $. Terrasse.

En plein cœur du site historique de l'Île-des-Moulins, ce restaurant occupe un bâtiment d'époque en bordure de la rivière des Milles-Îles (sa terrasse offre d'ailleurs une superbe vue). Le menu s'aligne sur le concept de bistronomie avec une touche internationale (morue à la brésilienne, pains naan au porc, burger de sanglier, etc.). Le dimanche matin, l'endroit attire les fervents du brunch et on recommande le menu « Festin brunch » pour deux. Belle carte des alcools avec quelques crus québécois en bières, vins et spiritueux.

ÎLE-DES-MOULINS

Intersection des rues des Braves et Saint-Pierre
✆ +1 450 492 5514
iledesmoulins.com
Horaires variables selon la saison. Entrée libre sur le site, tarification pour les expositions et certaines activités.

Cinq bâtisses restaurées, dont les moulins à farine et à scie, témoignent de la vitalité économique de la seigneurie de Terrebonne et de la vision de ses seigneurs aux XVIIIe et XIXe siècles. Des tours guidés des bâtiments et jardins ainsi que des animations historiques sont proposés selon différents thèmes. L'endroit offre également plusieurs activités et événements spéciaux. Enfin, ne quittez pas le site sans une visite à la Maison Bélisle. Construite en 1760, elle présente différentes expositions dont « Il était une fois... Terrebonne ».

JOLIETTE ★

Capitale régionale de Lanaudière, cette ville d'industries, de culture et de services fut fondée dans les années 1820 par Barthélémy Joliette. En été s'y tient le plus grand festival de musique classique au pays, le Festival de Lanaudière. La place Bourget, située en plein centre-ville, accueille de nombreux commerces, restaurants et évènements. Sur le boulevard Manseau et la rue Notre-Dame, à quelques pas de la place Bourget, plusieurs bonnes adresses se succèdent, que ce soit pour une pause café, prendre un verre ou savourer un bon repas. En février, Joliette accueille le Festi-Glace avec son immense patinoire, la plus longue sur rivière au Québec.

LANAUDIÈRE

Quartier du Vieux-Terrebonne dans Lanaudière.

MUSÉE D'ART DE JOLIETTE ★

145, rue du Père-Wilfrid-Corbeil
✆ +1 450 756 0311
www.museejoliette.org
Ouvert tous les jours (horaires variables, fermé le lundi hors saison). Adulte : 15 CAN $.

Considéré comme le plus grand musée d'art de la province en dehors des grands centres urbains, sa collection regroupe plus de 8 900 œuvres réparties en quatre axes : l'art canadien, l'art européen, l'art contemporain et l'archéologie. Sa programmation diversifiée comprend également des expositions temporaires ainsi qu'une foule d'activités éducatives et culturelles pour tous les publics (conférences, rencontres d'artistes, cours et ateliers, activités pour enfants, etc.). À ne pas manquer : les jeudis 5 à 7 sur la terrasse en été (accès gratuit aux expositions).

HÔTEL CHÂTEAU JOLIETTE €€

450, rue Saint-Thomas
✆ +1 450 752 2525
www.chateaujoliette.com
Occupation double : à partir de 178 CAN $, petit déjeuner inclus. Promotions et forfaits disponibles.

Situé à deux pas de tout, cet hôtel propose près d'une centaine de chambres et suites entièrement rénovées au goût du jour, dont plusieurs avec vue sur la rivière L'Assomption. Sur place, le restaurant Table G fait dans la cuisine bistro aux saveurs des produits lanaudois et le BAR G se charge de l'apéro avec une très belle liste de cocktails et de gins. Lors des beaux jours, profitez de la terrasse urbaine place des Moulins située à l'arrière de l'hôtel, encore une fois avec vue sur la rivière. Pour bouger, une salle de remise en forme est à disposition.

BRASSERIE ARTISANALE ALBION

408, boulevard Manseau
✆ +1 450 759 7482
www.brasseriealbion.com
Ouvert tous les jours (horaires variables). Bières pour emporter, grande terrasse.

Cette brasserie artisanale confectionne sur place des bières d'inspiration anglaise (bières modernes, anciennes et oubliées), toutes brassées selon les règles de l'art. Certaines bières ont en plus subi un vieillissement en barrique. L'Albion offre aussi un volet cuisine, axé sur les produits locaux cuisinés de façon artisanale. Finalement, on y retrouve une petite salle de spectacles où musiciens de styles variés autres artistes se produisent fréquemment.

MARCEL CAFÉ-CAVISTE

37 Place Bourget Nord
✆ +1 450 755 5042
Horaires variables. Petit espace terrasse.

Ceux qui ont connu le restaurant de quartier Simone ne seront pas dépaysés par l'adresse. Ceci dit, Marcel offre une tout autre expérience, l'endroit se voulant à la fois un café indépendant de type 3ᵉ vague et une buvette où le vin nature d'importation tient la vedette. Des petits plats gourmands accompagnent le tout, comme la rillette de poisson, le *grilled cheese* au poulet et pesto ou encore la *mozzarella di bufala*. Il nous faut également mentionner notre amour pour la déco plus que cosy. Cette nouvelle adresse deviendra vite votre QG à Joliette !

LE MELKIOR

67 place Bourget Sud
✆ +1 450 867 4999
www.lemelkior.ca
Horaires variables. Terrasse. Programmation culturelle et musicale.

Une excellente adresse pour découvrir les bières québécoises avec une douzaine de lignes de fût en rotation. L'endroit est aussi réputé pour ses cocktails servis dans un pot Mason. Mais il ne faudrait pas passer outre son menu gourmand composé, entre autres, de burgers, poutines, poke bowls et, surtout, des meilleurs tartares de la région (en formule entrée ou repas). Melkior prépare également une fondue à la bière NEIPA que l'on retrouve chez plusieurs détaillants dans Lanaudière. À ne pas manquer : les soirées quiz qui attirent les foules !

ÉCOLE DE PARACHUTISME VOLTIGE

4680, rue Principale
NOTRE-DAME-DE-LOURDES
✆ +1 450 752 0385
www.parachutevoltige.com
Saut en tandem à 4 200 mètres : 309 CAN $. Autres tarifs pour 2 800 mètres et 5 500 mètres.

Si nous n'avions qu'une seule école à vous recommander dans la Belle Province, ce serait sans aucun doute celle-ci. Que vous en soyez à votre premier saut, que vous désiriez parfaire vos techniques en tant que sauteur expérimenté, ou encore passer vos brevets à l'école de chute libre, tout y est. Sur place, vous pourrez compter sur une équipe dûment certifiée et des plus professionnelles. Une expérience mémorable à faire au moins une fois dans sa vie !

RAWDON ★★

Créée par des « squatters » irlandais, suivi d'Ecossais, d'Anglais et de loyalistes, ce n'est qu'en 1840 que les francophones sont devenus ici majoritaires. Par la suite, vers 1920, les communautés ethniques slaves sont venues s'y installer. Rawdon a conservé cette belle mosaïque ethnique et, pour la souligner, une place publique multiculturelle y a été aménagée. La municipalité est célèbre pour ses chutes Dorwin auxquelles est associée la légende indienne du sorcier Nippissingue. Les cascades au parc du même nom et la plage municipale du village attirent également les foules en été, venues prendre un bain de soleil et d'eau fraîche.

TERRE DES BISONS

6855, chemin Parkinson
✆ +1 450 834 6718
www.terredesbisons.com
Ouvert du mercredi au dimanche, de 10h à 17h. Adulte : 10 CAN $.

Bien au-delà d'un simple élevage, les propriétaires sont parvenus à créer une expérience unique autour du plus grand des bovidés mais aussi des wapitis. Il possible de visiter le centre d'interprétation qui comprend trois salles intérieures ainsi qu'un sentier de découverte extérieur d'environ 1,5 km. Les gourmands feront un saut du côté du kiosque de vente où la viande de bison et de wapiti se retrouve en pâté et tourtière, saucisse, bavette, cubes à brochettes et même en sauce à spaghettis et en chili. Boutique en ligne également.

PARC DES CASCADES ★

6669, route 341
✆ +1 450 834 8213
www.rawdon.ca
Mi-mai à mi-octobre : tous les jours de 10h à 20h, horaire réduit en début et fin de saison. 13 ans et plus : 12 CAN $.

La rivière Ouareau déferle sur les roches et se brise en une multitude de cascades à son arrivée à Rawdon. Un endroit où il fait bon se reposer, faire un brin de saucette et apprécier la beauté du paysage. Et ne faites pas comme nous, pensez à porter des chaussures pour vous balader sur les roches... Pour la pause lunch, des aires de pique-nique sont à disposition et il est permis de se faire un barbecue entre amis sur place. À noter que le droit d'entrée donne aussi accès le même jour à la plage municipale et au Parc des chutes Dorwin.

CHALETS DES PINS €€

5749, chemin Vincent-Massey
✆ +1 450 834 3401
chaletsdespins.com
Chalet à partir de 185 CAN $ la nuit. Un minimum de nuitées est exigé (2, 3 ou 7 selon la période).

Quatre superbes chalets de bois, accueillant de 2 à 8 personnes, vous attendent pour un séjour au beau milieu d'une nature généreuse. Ils sont tous munis d'un foyer au bois ainsi que d'un bain à remous dans la salle de bains. Disponible en location toute l'année, chaque saison apporte son lot d'activités : baignade dans le lac, activités nautiques, randonnée en raquette, etc. Les lieux sont tout simplement magnifiques, authentiques et si paisibles. En juillet, en août et pendant les fêtes, la location est uniquement offerte à la semaine.

PARC DES CHUTES DORWIN

3102, 1ère Avenue ✆ +1 450 834 2596
www.rawdon.ca
Mi-mai à mi-octobre : tous les jours de 10h à 18h, horaire réduit en début et fin de saison. 13 ans et plus : 12 CAN $.

Rendez-vous sur le site enchanteur des chutes Dorwin. Vous pourrez y observer, à partir de quatre belvédères, la féerie de la chute dont s'inspire une légende amérindienne. La baignade est toutefois formellement interdite. Des sentiers écologiques (3 km) sont aménagés afin de vous faire découvrir les beautés de la forêt luxuriante. Pour la pause lunch, des aires de pique-nique sont à disposition et il est permis de se faire un barbecue entre amis sur place. À noter que le droit d'entrée donne aussi accès le même jour à la plage municipale et au parc des Cascades.

ARBRASKA RAWDON

4131, rue Forest Hill
✆ +1 450 834 5500
arbraska.com
Horaires variables selon la saison. Voir site web pour les tarifs et les réservations. Plusieurs autres parcs au Québec.

Équipé d'un baudrier, il faut braver ses peurs pour traverser la forêt, en se baladant de cimes en cimes. Des dizaines de jeux aériens dans les arbres sont ici à disposition. Un parcours de nuit est également proposé ainsi qu'une via ferrata et le Village Arbre en Ciel pour les 3-17 ans. Autant dire que ceux qui ont le vertige devront s'abstenir, mais les amateurs de sensations fortes et de nature seront ici comblés ! Aussi sur le site : casse-croûte et bistro-bar (ouvert du 24 juin à la fête du Travail), boutique de souvenirs.

LA SOURCE BAINS NORDIQUES

4200, rue Forest Hill
✆ +1 450 834 7727
www.lasourcespa.com
Lundi-jeudi, 10h-20h ; vendredi-dimanche, 10h-21h. Accès aux bains : 65 CAN $, réductions en soirée. Bistro sur place.

Quoi de plus relaxant que de passer une journée au spa ? En passant du chaud au froid, la détente absolue est assurée. Aires de détente intérieures et extérieures, sentier de méditation, massothérapie, bain de vapeur, sauna sec, chute thermale et bains tourbillons extérieurs, chute nordique, bassins nordiques ou le plaisir de la neige : tout est là pour satisfaire les plus exigeants ! Entouré par la nature, au pied des falaises et rochers, on passe ici un moment agréable.

LA MONTAGNE COUPÉE €€

1000, chemin de la Montagne Coupée
✆ +1 450 886 3891
www.montagnecoupee.com
Occupation double : à partir de 164 CAN $, petit déjeuner inclus. Promotions et nombreux forfaits offerts.

Du haut de son sommet, cette auberge offre un panorama exceptionnel. Sa table gastronomique de renommée évolue constamment avec les nouvelles tendances culinaires, tout en gardant l'essence d'une cuisine savoureuse au menu du terroir. Détente et sérénité vous attendent au centre de santé : optez pour un des forfaits Spa Santé pour une belle expérience. Pour profiter pleinement du paysage, plusieurs activités vous sont proposées en toute saison. À savoir : l'auberge est un site officiel de nidification en milieu naturel du faucon pèlerin. À vos jumelles !

SAINT-JEAN-DE-MATHA ★★

C'est le village où Louis Cyr, l'homme le plus fort du monde à la fin du XIXe siècle, a vécu ses dernières années. Un musée lui est d'ailleurs dédié dans la maison habitée à l'époque par l'homme fort, la Maison Louis-Cyr. Pour les amateurs de plein air, rendez-vous au belvédère de la Montagne Coupée ou encore au parc régional des chutes Monte-à-Peine-et-des-Dalles. Pour les mordus de ski de fond, sachez que l'auberge La Montagne Coupée possède un large réseau de pistes de toutes les catégories. Toujours dans l'esprit hivernal, c'est dans cette localité que l'on retrouve parmi les plus importantes pistes de glissade sur neige au Québec.

MAISON LOUIS-CYR ★

215, rue Sainte-Louise
✆ +1 450 886 1666
www.maisonlouiscyr.com
Ouvert de mai à fin octobre (horaires variables). Adulte : 12,75 CAN $.

Anciennement situé sur la rue Laurent, ce musée est dédié à Louis Cyr (1863-1912), l'homme le plus fort du monde, dont la force n'a jamais été égalée. Le musée a été relocalisé dans l'ancienne maison habitée par l'homme fort lui-même et a pris le nom de « Maison Louis-Cyr ». En plus de ses deux expositions principales, vous y retrouverez des expositions temporaires abordant divers sujets, sans oublier une programmation d'activités pédagogiques, culturelles et artistiques. Forfaits disponibles, notamment un combo avec le Musée Gilles-Villeneuve.

MAGASIN DE L'ABBAYE VAL NOTRE-DAME

220, chemin de la Montagne Coupée
✆ +1 450 960 2891
www.abbayevalnotredame.ca
Ouvert tous les jours de 9h à 17h. Programmation d'activités et d'ateliers, sentiers pédestres et de vélo de montagne.

Propriété des moines cisterciens qui occupent cette abbaye, ce magasin est leur principale source de revenus. En effet, ils fabriquent toute une gamme de savoureux produits disponibles sur place, sans oublier ceux provenant d'autres abbayes : beurres, caramels, chocolats, gâteaux (dont le fameux gâteau aux fruits), confitures, sirops forestiers, etc. La boutique propose aussi des produits gourmands du terroir lanaudois et du Québec. Bistro de la Forêt de l'Abbaye sur place.

SUPER GLISSADES ST-JEAN-DE-MATHA

2650, route Louis-Cyr
✆ +1 450 886 9321
www.glissadesurtube.com
Ouvert de mi-décembre à mi-mars (horaires variables). Tarifs en bloc de 2 ou 4 heures et à la soirée.

Les Super Glissades St-Jean-de-Matha sont un incontournable depuis une trentaine d'années. On s'en donne à cœur joie sur bouée ou en raft, peu importe son âge. D'ailleurs, le versant raft offre les pistes les plus rapides au Québec et de nombreuses pistes sont éclairées en soirée, partagées entre les deux versants (familial et raft). Plusieurs autres activités hivernales sont proposées à même le site dont la randonnée en raquettes ou en ski de fond (location sur place).

CHERTSEY

Située sur la route 125 qui mène à Saint-Donat et au parc national du Mont-Tremblant, Chertsey était autrefois un territoire de chasse et de pêche pour les Algonquins. Suite à la conquête de la vallée du Saint-Laurent, ses terres furent convoitées pour le bois qu'on retrouvait ici en abondance. À partir de 1820, indiens, métis et squatters, sans oublier les colons irlandais arrivant de Rawdon, s'y sont installés graduellement. Vers la moitié du XIXe siècle, le développement du canton de Chertsey s'accéléra, accueillant en priorité des colons catholiques et francophones. La corporation municipale est alors créée en 1856, date de fondation de Chertsey.

SUCRERIE DU DOMAINE €€

280, chemin du Domaine des Chutes
✆ +1 450 882 4851
www.sucreriedudomaine.com

Ouvert toute l'année. Tarifs variables selon le menu. Réservation indispensable. Boutique gourmande sur place.

Une cabane gourmande au look rustique chic où faire bombance jusqu'à plus faim. Pendant le temps des sucres au printemps, l'endroit ne désemplit pas et offre trois menus sous le signe de l'érable, dont un 100 % végan. Mention spéciale à la fameuse tourtière AVC du menu VIP (porc haché et effiloché, bacon braisé à l'érable, fromage québécois, foie gras poêlé, sauce au foie gras, baloney à l'érable et kale, pâte brisée au beurre). Autres repas pendant l'année : restaurant carnivore, souper tomahawk, etc. Définitivement pas un endroit où faire régime !

BESIDE HABITAT €€

302 chemin du Lac-Morgan
✆ +1 514 876 6161
www.besidehabitat.com

Chalets à partir de 200 CAN $. Un minimum de deux nuits est exigé.

Quand des architectes, des urbanistes, des designers et même des biologistes unissent leurs forces, ça donne le projet BESIDE Habitat qui se voue à la création d'un milieu de vie unique en parfaite symbiose avec la nature. Six superbes chalets sont en location, pouvant accueillir de 2 à 8 personnes, et leur conception et les commodités sont le *nec plus ultra* en la matière, en plus d'être tous pourvus d'un sauna finlandais. Des sentiers de randonnée sont à disposition ainsi que des canoës et planches à pagaie (apportez votre équipement pour les autres activités).

Ô CHALET €€

3073, avenue du Lac Clermoustier
✆ +1 514 726 9536
ochalet.ca

Tarifs variables selon le chalet choisi, le nombre de personnes et la saison.

Jean-Marc et Manon accueillent leurs hôtes dans un cadre sublime en forêt, sur les rives du lac Clermoustier. Ils gèrent un domaine comprenant près d'une dizaine de chalets de charme, tous entièrement équipés à la fine pointe et munis d'un bain à remous privé, d'un quai partagé ou privé, de foyers intérieur et extérieur, et de tous les autres petits plus pour un séjour comme à la maison. Des embarcations nautiques sont mises à disposition gratuitement et l'hiver venu, les sentiers pédestres se transforment en de jolies pistes pour raquettes et ski de fond.

NOTRE-DAME-DE-LA-MERCI ★

Localité située au cœur de la forêt des Laurentides, à quelques kilomètres au sud de Saint-Donat-de-Montcalm et du parc national du Mont-Tremblant. C'est la porte d'entrée du parc régional de la forêt Ouareau qui couvre un peu plus de 150 km^{2}. Un réseau de 120 km de sentiers multifonctionnels permet de pratiquer la randonnée pédestre, le vélo de montagne, le ski de fond et la raquette. On y retrouve également une piste d'hébertisme, des parois d'escalade et des plans d'eau pour la pêche et le canotage. On peut également dormir sur place, en camping ou refuge rustique, ou alors opter pour une cabane dans les arbres chez Kabania située à l'orée du parc.

KABANIA €

2244, chemin du Grand Duc
✆ +1 819 424 0721
www.kabania.ca

Voir site web pour les tarifs. Literie en location : 10-15 CAN $. Un minimum de nuitées peut être exigé.

Site d'hébergement écotouristique proposant du vrai camping de luxe en cabane sur pilotis ou en cabanitas dans les arbres (hybride entre une cabane et une tente). Une superbe cabane pouvant accueillir jusqu'à 6 personnes a aussi été construite : la Kaboum. Parmi les services sur le site, notons deux espaces communs abritant les sanitaires, la cuisine équipée pour préparer vos petits plats et la salle de séjour pour relaxer. Plusieurs activités offertes sur place (descente de la rivière sur tube, raquettes, etc.) et à proximité. On adore !

SAINT-DONAT-DE-MONTCALM ★★★

Grande destination plein air, on y retrouve une multitude d'installations : le sentier de la Montagne Noire (randonnée pédestre, raquette, ski de randonnée nordique), les activités nautiques sur les lacs Ouareau et Archambault, le sentier l'Inter-Vals pour le vélo de montagne et le patin à glace, les stations de ski Mont Garceau et La Réserve, l'escalade de glace au lac Sylvère, le vélo de route sur les circuits reliant Saint-Donat à Lac-Supérieur, la baignade au lac Archambault, etc., sans oublier l'accès au parc national du Mont-Tremblant (secteur de la Pimbina). En hiver, les nombreux sentiers de motoneige profitent d'un enneigement exceptionnel.

LE GRAND R €€€

251, chemin Fusey
✆ +1 819 424 1333
www.legrandr.ca

Voir site web pour les tarifs des chalets et appartements. Salle à manger, bistro, piscine intérieure, gym, etc.

Ouvert depuis près de 10 ans et situé sur un territoire en grande partie protégé, Le Grand R est un superbe domaine privé alliant chic et rustique. Les férus de villégiature de montagne seront ici comblés, d'autant plus que les lieux sont blottis entre montagnes et lacs sauvages, sur les rives du lac Bouillon et à proximité de la station de ski La Réserve. Au programme, des appartements modernes et luxueux ainsi que de magnifiques chalets de bois dont un équipé d'un sauna chaud. Nombreuses activités offertes été comme hiver.

BROUEMALT

353 rue Principale
✆ +1 819 424 3311
brouemalt.com

Horaires variables selon la saison. Terrasse. Bières pour emporter également.

Rien de mieux qu'une bonne bière artisanale pour récompenser l'effort après une sortie en plein air dans les environs. Ça tombe bien car une chouette brasserie artisanale a installé ses pénates dans le village il y a quelques années. Au programme, les bières maison comme la Juste Mosaïc, une IPA américaine, la Sauvagesse, une bière sure aux framboises et rhubarbe, ou encore la Montagne Noire, un Stout à l'avoine. En été, le food truck de La Confrérie s'installe dans le *beer garden* pour combler les petites comme les grandes faims.

SAINT-CÔME ★

Tout comme Saint-Donat, Saint-Côme est l'une des portes d'entrée du parc national du Mont-Tremblant (secteur L'Assomption). Même si plusieurs activités s'offrent à vous en été, c'est en hiver que les lieux sont les plus fréquentés en raison, notamment, de la station de ski Val Saint-Côme et du bon réseau de sentiers de motoneige. C'est aussi à ce moment que se déroule Saint-Côme en glace (annuellement en février), un événement festif durant lequel vous pouvez admirer des dizaines de sculptures de glace le long de la rue Principale. Le tout est ponctué d'animations, d'activités pour petits et grands, de spectacles et de musique traditionnelle.

LE GOLLÉ GOULU €

1300-1320, rang des Venne
✆ +1 514 972 2341
www.gollegoulu.ca

Tarifs variables selon le type d'hébergement choisi.

Beau et grand domaine écolo dans une vallée entourées de montagnes, on y vit une expérience de camping paysan assez unique au Québec. Son plus grand atout : son ancienne terre agricole qui reprend du service et qui accueille désormais un verger-potager forestier où s'adonner à l'auto-cueillette en saison. Pour des nuits étoilées, plusieurs sites pour tentes et VR sont à disposition ainsi que deux tentes et cinq gîtes de type prêt-à-camper 4 saisons, tous fabriqués à partir de matériaux durables et/ou recyclés. Quand éco-camping et agriculture font bon ménage !

AU CANOT VOLANT

2058, rang Versailles ✆ +1 450 883 8886
www.canotvolant.ca

En opération de fin avril à septembre (incluant les formations). Tarifs variables selon l'activité ou le cours.

Au Canot Volant propose une gamme d'expériences trépidantes en sorties guidées, comme la descente de rivière en eau vive au printemps ou encore le combo rando-canot qui cumule 15 km. Des activités autonomes peuvent aussi être pratiquées comme la balade en eau calme en canoë, kayak ou planche à pagaie. L'endroit fait également office d'école de formation pour le canotage et le sauvetage en eau vive. Un magnifique chalet de bois tout équipé, d'une capacité de 12 personnes, peut être loué en automne et en hiver. Service de location d'équipement et d'embarcations.

Saint-Donat-de-Montcalm.
© VALÉRIE FORTIER

SAINTE-ÉMÉLIE-DE-L'ÉNERGIE ★

Située à l'entrée d'une ancienne vallée glaciaire où coule la tumultueuse rivière Noire, cette localité se trouve sur la route 131 qui mène à Saint-Michel-des-Saints et au lac Taureau. Sainte-Émélie-de-l'Énergie fut nommée ainsi en l'honneur de l'épouse du premier colon du coin. Elle compte quelques installations de plein air et de villégiature quatre saisons sur son territoire, à commencer par le sentier de la Matawinie qui traverse cinq municipalités sur une distance de près de 160 km. À savoir que ce sentier fait partie du Sentier Transcanadien. En été, il y a aussi une belle plage familiale sur les rives d'un petit lac au cœur de Sainte-Émélie.

AUBERGE DU VIEUX MOULIN €€

200, chemin du Vieux Moulin
✆ +1 450 884 0211
www.auberge-lanaudiere.com
Voir site web pour les tarifs. Forfaits, raids motoneige, multi-activités et journée de pêche aussi offerts.

Cette auberge familiale propose des chambres et suites tout confort, dont certaines avec bain à remous et/ou foyer, des chalets de 4 ou 5 chambres avec spa privé, des Coolbox et des tipis, le tout dans une atmosphère champêtre. Le restaurant est ouvert le matin pour le petit déjeuner et le soir pour un repas gastronomique aux saveurs locales. Nombreuses activités de plein air en formule tout inclus ainsi que des installations de détente (piscine intérieure, bains à remous extérieurs et intérieur, bain vapeur, saunas secs, chute nordique, centre de santé spa).

DOMAINE BAZINET €€

3000, chemin Bazinet
✆ +1 450 886 4444
www.domainebazinet.com
Voir site web pour les tarifs des séjours. Hébergement en auberge, chalet ou camping. Nombreux services sur place.

Cette pourvoirie est un havre en nature pour le plein air. Au fil des saisons se relayent une multitude de forfaits pour tous les goûts : villégiature, spa, pêche, chasse, motoneige, pêche blanche, etc. Il est possible de loger en chambre à l'auberge, dans un des chalets bien équipés (avec cheminée) ou encore en camping (avec ou sans services). Le restaurant de l'auberge prépare des mets copieux et offre un service complet de bar. Une excellente adresse de villégiature, à proximité du parc national du Mont-Tremblant et de la réserve faunique Mastigouche.

SAINT-ZÉNON

Fondée en 1866 par l'abbé Provost, un des promoteurs de la conquête du Nord, puis érigée canoniquement quatre ans plus tard, c'est l'une des municipalités les plus hautes en altitude au Québec (488 mètres). Située entre le parc national du Mont-Tremblant et la réserve faunique Mastigouche, elle héberge plusieurs pourvoiries pour s'adonner à la pêche, en été comme en hiver. C'est également un haut lieu de la motoneige avec le sentier Trans-Québec 63 qui passe directement sur son territoire. Pour profiter à fond de la nature généreuse des environs, la pourvoirie Au Pays de Réal Massé est un incontournable, tout comme le parc régional des Sept-Chutes.

© YUKIKO YAMANOTE - ICONOTEC

Église de Saint-Zénon, dans la région de Lanaudière.

POURVOIRIE AU PAYS DE RÉAL MASSÉ €€

6000, chemin du Pays
✆ +1 450 884 5502
pourvoirie-real-masse.com
Tarifs variables selon le forfait choisi. Golf 9 trous, salle à manger avec bar et foyer.

Créée en 1928, cette pourvoirie est la fière propriété des Massé depuis 1986. Lieu de prédilection des chasseurs et pêcheurs en quête de grosses prises, ainsi que des motoneigistes l'hiver (nombreux services + relais), c'est également un centre de villégiature incomparable. De nombreuses activités de plein air y sont offertes à même la propriété, et les forfaits proposés prennent tout en charge, question de vous laisser pleinement profiter de vos vacances.

SAINT-MICHEL-DES-SAINTS ★★★

Situé aux abords de l'immense lac Taureau, au bout de la route 131, cette municipalité est le dernier arrêt avant la route forestière qui mène tout au nord de la région, vers Manawan et le lac Kempt. Elle regorge de centres de villégiature et d'auberges chaleureuses, sans oublier les pourvoiries disséminées sur son territoire. Les activités de plein air y sont légion en toute saison, bonifiées par la présence du parc régional du Lac Taureau, ce qui lui confère la réputation d'un magnifique terrain de jeu pour les adeptes d'aventures grande nature. Il est d'ailleurs possible de camper sur les îles du lac, mais une réservation à l'avance est impérative.

AUBERGE DU LAC TAUREAU €€€

1200, chemin de la Baie-du-Milieu
✆ +1 450 833 1919 - www.lactaureau.com
Voir le site web pour les tarifs d'hébergement. Nombreux forfaits et activités offerts. Restaurant et bistro sur place.

Membre du réseau Ôrigine artisans hôteliers, ce superbe complexe hôtelier fait de bois est situé sur les rives du lac Taureau, au cœur de la nature. C'est un endroit agréable pour venir profiter d'une foule d'activités de plein air dans les meilleures conditions. De la motoneige à la croisière, en passant par le fatbike, la pêche et le ski de fond, tout y est ! Pour la détente, optez pour les soins offerts au centre de santé, le sauna, les bains à remous, les piscines intérieure et extérieure ou la plage lors de la belle saison. Une auberge d'exception !

POURVOIRIE DU MILIEU €€

8040, rue Brassard
✆ +1 450 833 5335
www.pourvoiriedumilieu.ca
Ouvert de mai à octobre. Différentes formules offertes. Location de moteur hors-bord sur place.

Imaginez un territoire naturel de 240 km², blotti au cœur de la forêt boréale. Royaume de la pêche (truites mouchetées en vedette), de la chasse et de la villégiature, votre cabane au Canada, c'est définitivement ici que ça se passe. Une vingtaine de beaux chalets de bois sont répartis sur cet immense terrain de jeu, pour la plupart isolés pour une immersion totale en nature. Même si la pêche et la chasse sont rois et maîtres, il est possible de venir y passer un séjour tranquille en chalet, en couple, en famille ou entre amis. Un endroit hors du temps !

EXPLORATION NATURE QUÉBEC

✆ +1 514 266 8984
www.explorationnaturequebec.com
Tarifs variables selon le forfait choisi.

Jean-Pierre Simard, votre guide expérimenté et qualifié, vous propose des forfaits tout-inclus de canoë-camping sur les plus belles rivières de la région. Le service de guide, les trois repas par jour et les collations, l'équipement de camping et le matériel de rivière, ainsi que toutes les activités et frais d'entrée sur les sites sont inclus. D'une durée d'une journée ou plus, ou encore sur mesure, vous vivrez l'expérience du plus ancien moyen de transport au pays.

POURVOIRIE KAN-À-MOUCHE €€

7639, rue Brassard ✆ +1 450 833 6662
www.kanamouche.com
Occupation double en motel : à partir de 101 CAN $, en chalet avec cuisine : à partir de 146 CAN $.

Kan-à-Mouche mise sur l'authenticité, un accueil chaleureux et personnalisé, et ce, depuis sa création en 1945. La pourvoirie, l'auberge et les chalets sont tous blottis sur les rives du lac Carmel, aux eaux cristallines, entourés d'épinettes et de pins centenaires majestueux. De nombreuses prestations sont proposées sur place : restaurant et bar avec terrasse, services complets pour la pêche, sentiers pédestres et d'interprétation, pêche blanche, motoneige ou traîneau à chiens (sur demande), etc. Une adresse chaudement recommandée !

MANAWAN ★

Manawan est située à près de 90 km au nord de Saint-Michel-des-Saints, accessible par une route forestière. Cette communauté autochtone de la nation Atikamekw propose de vivre du tourisme équitable et durable avec des expériences authentiques dépaysantes d'apprentissage, d'aventures et d'échanges culturels, dans un cadre naturel exceptionnel. Des forfaits de plusieurs jours sont offerts en été sur le site traditionnel Matakan en bordure du lac Kempt. D'autres forfaits et activités sont aussi proposés, dont le forfait motoneige en hiver ou villégiature en été à l'Auberge Manawan, l'initiation au temps des sucres atikamekw et le forfait Pow Wow.

MAURICIE

À mi-chemin entre Montréal et Québec, la Mauricie se trouve au cœur de la zone habitée du Saint-Laurent. Cette région, c'est essentiellement la nature dans toute sa beauté majestueuse, et plus particulièrement l'alliance de l'eau, de la montagne et de la forêt. Ses paysages sont modelés par le Bouclier canadien qui couvre la Haute-Mauricie et par la plaine littorale qui borde le Saint-Laurent. C'est une région de détente où les activités de plein air sont légion. On peut y pratiquer la randonnée équestre, les sports nautiques, le vélo, le canoë, le quad, la motoneige, etc. On peut facilement s'y rendre le temps d'un week-end pour se relaxer dans un endroit paisible. On y retrouve l'incontournable parc national de la Mauricie - haut lieu du canoë-camping dans la province -, deux réserves fauniques et un immense territoire de chasse, de pêche et de plein air. Côté urbain, sa capitale régionale, Trois-Rivières, est un must.

VERS RÉSERVOIR GOUIN
Coucoucache
30 KM
LAC-ÉDOUARD
La Croche
La Bostonnais
LA TUQUE
Mauricie
Rivière Batiscan
LES ENVIRONS DE QUÉBEC
Olscamps
TROIS-RIVES
Saint-Joseph-de-Mékinac
Rivière-Matawin
Saint-Roch-de-Mékinac
SAINT-TITE
Saint-Thuribe
GRANDES-PILES
SAINTE-ANNE-DE-LA-PÉRADE
SAINT-MATHIEU-DU-PARC
SAINT-NARCISSE
SHAWINIGAN
Saint-Boniface
SAINT-ÉLIE-DE-CAXTON
SAINT-ALEXIS-DES-MONTS
Saint-Maurice
SAINT-ÉTIENNE-DES-GRÈS
SAINT-PAULIN
LAURENTIDES
TROIS-RIVIÈRES
Bécancour
Saint-Gabriel-de-Brandon
CENTRE-DU-QUÉBEC
VERS SAINT-JEAN-DE-MATHA
Louiseville
40
Nicolet
VERS BERTHIERVILLE
VERS ODANAK
VERS BAIE-DU-FEBVRE

C'est ici que l'on retrouve la deuxième plus ancienne ville du Canada après Québec, Trois-Rivières, reliée à la rive sud du Saint-Laurent par le pont Laviolette. En poursuivant vers l'est s'ouvre le royaume de la pêche sur glace aux petits poissons des chenaux, une activité hivernale à découvrir sans plus tarder.

Capitale culturelle de la région mauricienne, la ville jouit d'un dynamisme exceptionnel dans le domaine. Sa partie ancienne est le lieu où tout se passe, ou presque, et c'est ici également que se trouve le parc portuaire, une belle promenade aménagée en bordure du fleuve. Pour vous en mettre plein la vue, sachez que le Cirque du Soleil loge sur les planches de l'Amphithéâtre Cogeco chaque été.

Montagnes, forêts et lacs innombrables caractérisent cette vallée qui doit son nom à un certain Maurice Poulain de la Fontaine qui l'explore en 1668. La rivière prend sa source au nord dans le réservoir Gouin, passe à La Tuque et se jette dans le Saint-Laurent au bout de 560 km, à la hauteur de Trois-Rivières. L'importance économique de la vallée remonte au XVIIIe siècle avec l'exploitation des gisements de fer. Puis, au XIXe siècle, c'est l'essor de l'industrie forestière suivi de l'hydroélectricité, au XXe siècle, qui se développe à Shawinigan et à Grand-Mère où se sont également installées des usines de pâte à papier et de produits chimiques. La rivière sert encore de voie de transport des billots de bois ou bois de flottage.

© APROTT

Phare de Trois-Rivières sur le fleuve Saint-Laurent.

PAGES

CABANE À SUCRE
Chez Dany

TROIS-RIVIÈRES ★★★

Fondée en 1634 par Laviolette, Trois-Rivières a reçu en 2009 le titre de « Capitale culturelle du Canada ». La ville bénéficie donc d'un rayonnement culturel et artistique assumé - à savoir qu'en 2015, la ville est devenue la première ville non-européenne à recevoir le titre de « Ville en poésie » - et les attractions de renommée y sont nombreuses, sans compter le côté patrimonial et historique du Vieux-Trois-Rivières. Avec des établissements hôteliers pour tous les budgets, des bonnes tables, des cafés sympathiques et plusieurs lieux pour prendre un verre ou faire la fête, Trois-Rivières est une destination à découvrir, pour un week-end ou plus.

BORÉALIS ★

200, avenue des Draveurs
✆ +1 819 372 4633
www.borealis3r.ca
Ouvert tous les jours de fin mai à début octobre, horaires variables le reste de l'année.

Situé dans un bâtiment historique, au confluent du Saint-Maurice et du Saint-Laurent, Boréalis présente des expositions interactives de calibre international sur l'exploitation de la forêt boréale québécoise à travers l'industrie papetière de la région, symbole de la prospérité économique mauricienne. Outre les expositions, la Visite Expérience comprend l'atelier de fabrication de papier, le rallye souterrain dans l'ancien réservoir d'eau et le parcours urbain extérieur *Premier Shift*. Autres activités offertes et terrasse avec service de restauration en été.

ÎLE SAINT-QUENTIN

Chemin de l'Île Saint-Quentin
✆ +1 819 373 8151
www.ilesaintquentin.com
Accès adulte : 2 CAN $, stationnement : 7 CAN $. Accès et stationnement gratuits de novembre à fin avril.

Située au confluent du Saint-Maurice et du Saint-Laurent, cette oasis de verdure et de paix offre, entre autres, une belle plage familiale surveillée, des sites aménagés pour le pique-nique ou encore le camping sauvage, une piscine et pataugeoire, des sentiers pédestres, une passerelle d'interprétation, une piste cyclable et même un cinéma en plein air. De nombreuses activités de plein air sont également proposées en hiver (patin à glace, fatbike, raquette, etc.). Service de restauration offert par le food truck Le Bayou, en été comme en hiver.

LIEU HISTORIQUE DES FORGES-DU-SAINT-MAURICE ★

10000, boulevard des Forges ✆ +1 819 378 5116
www.pc.gc.ca/forges
Mi-juin à début septembre : lundi-dimanche : 10h-17h. Les week-ends jusqu'à début octobre. Adulte : 4,25 CAN $.

Ce sont les vestiges de la première entreprise sidérurgique du Canada créée en 1730 et qui a fonctionné pendant plus de 150 ans. Tous les moyens sont bons pour partir à leur découverte : visite guidée, centre d'interprétation de la Grande Maison et du haut fourneau, expositions d'objets, parcours audio signé Fred Pellerin, expérience immersive, spectacle multimédia, sentier nature. Aire de pique-nique sur place et programmation d'activités spéciales. Gratuit pour les 17 ans et moins.

MUSÉE POP ET VIEILLE PRISON ★

200, rue Laviolette
✆ +1 819 372 0406
museepop.ca
Horaires variables selon la saison. Tarifs pour le musée, la prison ou les deux. Comptoir-boutique sur place.

Le Musée Pop vous propose plusieurs expositions intéressantes permettant de découvrir la culture populaire des Québécois. Dans le même complexe muséal, vous pouvez visiter la Vieille prison de Trois-Rivières ; construite en 1822 par François Baillairgé, elle constitue le meilleur exemple du style palladien au Québec. Des guides vous font découvrir l'univers carcéral d'hier à aujourd'hui (état originel des cellules, espace commun, parloir, cachots).

SANCTUAIRE NOTRE-DAME-DU-CAP ★

626, rue Notre-Dame Est
✆ +1 819 374 2441
www.sanctuaire-ndc.ca
Ouvert tous les jours. Aire pour camping-cars, musée, restaurant, boutique et jardins sur place.

C'est le 3e lieu de pèlerinage du Québec, dédié à la Vierge Marie. La basilique est renommée pour son orgue, un des plus imposants du pays, mais surtout pour ses vitraux aux superbes coloris, œuvres de Jan Tillemans (1915-1980), père oblat d'origine hollandaise, qui les réalisa, dans la tradition médiévale, de 1956 à 1964. À côté de la basilique, visitez le petit sanctuaire, l'ancienne église de 1714 qui est aussi la plus vieille chapelle en pierre du Québec.

MAURICIE

AUBERGE DU LAC ST-PIERRE €€

10911, rue Notre-Dame Ouest
✆ +1 819 377 5971 - aubergelacst-pierre.com
Occupation double : à partir de 162 CAN $. Forfaits disponibles.

L'Auberge du Lac St-Pierre vous accueille dans un cadre enchanteur et verdoyant, à quelques kilomètres seulement du centre-ville, directement sur les rive du lac Saint-Pierre. Elle propose des chambres et des suites spacieuses entièrement rénovées ainsi qu'une table gastronomique fort réputée sous la gouverne du chef Alain Pénot, un accès au lac, une piscine et des bains à remous extérieurs, un sauna sec et un service de massothérapie (sur réservation). Aussi sur place : prêt de vélos en été et de raquettes en hiver pour se dégourdir les jambes.

HÔTEL OUI GO ! €€

1413, rue Notre-Dame Centre
✆ +1 819 840 2868
www.hotelouigo.com
Occupation double : à partir de 124 CAN $. Petit déjeuner en sus. Promotions et forfaits. Restaurant Le Gaufré 1908.

Installé depuis quelques années dans les édifices patrimoniaux Balcer, en plein cœur du Vieux-Trois-Rivières, cet hôtel-boutique est le nec plus ultra de la capitale mauricienne. De la chambre régulière à la suite deluxe avec deux espaces de vie distincts, elles sont très lumineuses et munies de toutes les commodités pour un séjour tout confort. Elles combinent à merveille l'authenticité du passé et le chic moderne. À savoir qu'on retrouve également sur place Le Brun en ville, succursale du Magasin général Le Brun de Maskinongé.

CABANE À SUCRE CHEZ DANY €

195, rue de la Sablière ✆ +1 819 370 4769
www.cabanechezdany.com
Ouvert à l'année sur réservation.

Dany, Valérie et l'équipe vous reçoivent dans une charmante maison en bois où ils proposent des menus traditionnels à base de sirop d'érable, le tout servi à volonté. Dans une ambiance chaleureuse et familiale, les rythmes traditionnels interprétés par les musiciens rendent l'atmosphère très festive. N'oubliez pas de conclure ce copieux repas avec de la tire sur neige, un classique, et une visite à la boutique bien entendu. L'endroit accueille des groupes, ce qui n'enlève rien à l'authenticité des lieux. Une adresse incontournable depuis plus de 25 ans !

SEA SHACK AU BORD DU LAC €

12271 rue Notre-Dame Ouest
✆ +1 819 701 3309
Ouvert de fin avril ou mai à mi ou fin septembre (horaires variables). Carte : moins de 15 CAN $.

Installée dans un petit phare sur les rives du lac Saint-Pierre, cette adresse gourmande est à découvrir absolument ! On y prépare des plats sur le pouce comme des crevettes et calamars frits, des sandwichs à la truite fumée ou au gravlax de saumon, des guédilles aux crevettes et des à-côtés comme la mousse d'esturgeon fumé. L'endroit prépare également une gamme de *gelati* maison, parfait pour couronner le repas. Bonus : on a accès à quelques tables sur place pour pique-niquer, mais notre bon plan est de descendre sur la plage pour savourer son repas.

CAFÉ FRIDA €

15, rue des Forges
✆ +1 819 841 1334
www.cafefrida.ca
Ouvert tous les jours dès 9h. Carte : moins de 25 CAN $. Terrasse. Boutique Le Dep Frida au 1031 rue Sainte-Cécile.

L'endroit est tout simplement magnifique, mêlant matériaux bruts et design épuré, quelques jolies verdures et œuvres d'art en prime. Dans la tasse, on a droit aux cafés de torréfacteurs dits de troisième vague et dans l'assiette, c'est 100 % végan. On passe des *toasts* sucrés ou salés aux brunchs du week-end, sans oublier les plats d'inspiration internationale dès l'heure du midi. Vins d'importation privée, bières de microbrasserie et cocktails maison sont également à l'ardoise. Programmation culturelle et musicale au fil des mois.

LE BUCK €€

142, rue Saint-François-Xavier
✆ +1 819 519 2825
www.lebuck.ca
Horaires variables selon la saison. Menus de saison selon arrivages. Carte : moins de 50 CAN $. Superbe terrasse.

Un pub gastronomique détonnant, une association des meilleurs, avec le doux credo « Démocratiser l'art de bien manger, de bien boire et d'être bien servi ». Dans le verre, une superbe ardoise d'alcools québécois doublée d'une cave à vin qui ravira les connaisseurs. Dans l'assiette, si la pièce saumurée d'onglet de bœuf avec purée de patates douces et gratin dauphinois n'a pas eu raison de votre appétit, le burger de cerf avec bacon fumé ou le magret de canard avec foie gras en extra vous enverront droit au paradis. Bonus : un comptoir lunch sur la rue Badeaux.

ÉPI BUVETTE DE QUARTIER €€

119, rue Radisson ✆ +1 819 979 3538
www.epibuvette.ca
Horaires variables selon la saison. Carte : moins de 40 CAN $. Terrasses.

Une cuisine fraîche et de proximité, voici l'adage de cette charmante buvette de quartier qui ne désemplit pas depuis son ouverture il y a quelques années. Travaillant en partenariat avec les fermes locales, le chef et copropriétaire Simon Lemire prépare de succulents plats aux saveurs résolument mauriciennes. Au menu gourmand s'ajoute une belle carte des vins, pour la plupart issus d'importation privée en plus d'être bio, nature et vivants. Sans oublier les bières et spiritueux québécois. Une adresse encensée par les locaux, et à raison !

LE TEMPS D'UNE PINTE

1465, rue Notre-Dame Centre
✆ +1 819 694 4484
letempsdunepinte.ca
Ouvert tous les jours (horaires variables selon la saison). Terrasse, beer garden. Programmation culturelle et musicale.

Ce n'est pas seulement une microbrasserie où coulent à flots les bières maison. Ni même un simple lieu de bistronomie raffinée où se délecter d'assiettes imaginées par le chef, qui ne manque pas une occasion de mettre en valeur les produits de la région. Le Temps d'une Pinte n'est pas plus juste un lieu de détente et de convivialité où écouter de la bonne musique *live*, contempler des œuvres aux murs ou prendre sa part de vie nocturne trifluvienne dans un climat que vos hôtes aiment qualifier de « festif responsable ». Le Temps d'une Pinte, c'est tout cela !

SAINTE-ANNE-DE-LA-PÉRADE ★★

Au confluent de la rivière Sainte-Anne et du fleuve Saint-Laurent, la ville tire son nom de la Seigneurie qui l'a vue naître. On y admirera ses rues pittoresques, ses vergers en fleurs ainsi que l'architecture patrimoniale des maisons Dorion, Gouin-Bruneau et Rivard-Lanouette. En hiver, un immense village s'installe sur la rivière pour la pêche au poulamon que l'on surnomme « petit poisson des chenaux ». Véritable tradition hivernale, amis et familles se regroupent chaque année dans des cabanes posées sur la glace pour taquiner le poisson. Quelques adresses gourmandes également, dont la Fromagerie F.X. Pichet, la Ferme du Tarieu et les Boissons du Roy.

LES PETITS POISSONS DES CHENAUX

8, rue Marcotte
✆ +1 418 325 2475
lespetitspoissons.ca
Horaires de pêche : le jour de 8h à 18h, la nuit de 20h à 6h. Voir site web pour les tarifs.

Si petit que soit ce village, sa réputation dépasse largement les frontières de la région, et même au-delà. C'est LA capitale de la pêche sur glace (ou pêche blanche) avec plusieurs pourvoyeurs sur place. La saison débute au lendemain de Noël, si Dame Nature le permet bien entendu. De quoi s'en donner à cœur joie, sans oublier les spectacles musicaux et les animations et activités extérieures de toute sorte, dont le Festival de la pêche sur glace (en février).

SAINT-NARCISSE

Ce village attire géologues et géographes du monde entier en raison de son site de moraine façonné il y a environ 11 000 ans (amas de débris minéral transporté par un glacier ou par une nappe de glace). Saint-Narcisse compte aussi la première ligne de transmission d'électricité de l'Empire britannique et l'un des premiers barrages hydroélectriques de la province. Son attrait principal est le Parc de la rivière Batiscan et ses tyroliennes, via ferrata et parcours dans les arbres. On peut y pratiquer une foule d'autres activités de plein air, y voir une exposition sur la faune locale et même y loger en camping, en prêt-à-camper ou en refuge insolite.

PARC DE LA RIVIÈRE BATISCAN

200, chemin du Barrage
✆ +1 418 328 3599
www.parcbatiscan.ca
Ouvert de mai à octobre. Sentiers accessibles toute l'année. Voir site web pour les tarifs. Hébergement sur place.

Ce parc a pour mandat la conservation et l'éducation environnementales, tout en favorisant la pratique récréative d'activités de plein air : des dizaines de km de sentiers pour la randonnée et le vélo de montagne, des circuits de géocaching, des activités nautiques, de la pêche, Via Batiscan (via ferrata, tyroliennes et parcours dans les arbres), etc. À voir : la salle découverte qui présente une exposition interactive axée sur la faune variée du parc et ses milieux humides.

SAINT-ÉTIENNE-DES-GRÈS

Située à 25 km au nord-ouest de Trois-Rivières et à 18 km au sud-ouest de Shawinigan, sur les rives du Saint-Maurice, Saint-Étienne-des-Grès est une municipalité du comté de Maskinongé d'environ 4 600 habitants. Le nom « des Grès » tire son origine des roches qui composent le sol des environs. Ce n'est pas une destination touristique en soi, bien que l'endroit héberge un camping, un gîte, des fermes et un petit café convivial à deux pas de l'église. On y vient surtout pour son hydrobase d'où s'envolent des hydravions amphibies à destination des plus beaux paysages naturels de la région. Une expérience à vivre, surtout lors de la saison de couleurs.

HYDRAVION AVENTURE

428, rang des Grès ✆ +1 819 609 9358
www.hydravion.ca
En opération toute l'année. Tarifs selon l'excursion ou le forfait. Hébergement disponible à l'hydrobase.

Peu importent la saison ou la destination, Hydravion Aventure vous promet une excursion mémorable. L'entreprise possède une flotte d'hydravions et d'hélicoptères lui permettant de vous en mettre plein la vue. Plusieurs envolées panoramiques sont proposées pour admirer le Saint-Maurice, le parc de la Mauricie et les lacs de la région, sans oublier les excursions gourmandes comprenant le vol et un repas au restaurant ou sous forme d'un pique-nique. Pour vivre la totale, l'Aventure 3 Guidons inclut le survol en hydravion et en hélicoptère ainsi que du karting.

SHAWINIGAN ★★★

On l'appelait jadis la Ville Lumière car elle fournissait presque toute l'énergie électrique de la ville de Montréal. Les chutes de la rivière Saint-Maurice furent exploitées à des fins hydroélectriques dès la fin du XIXe siècle. Elles sont impressionnantes, surtout au printemps quand les eaux se gonflent. Une seule grande municipalité unit maintenant Shawinigan-Sud, Grand-Mère, Saint-Gérard-des-Laurentides, Saint-Jean-des-Piles, Lac-à-la-Tortue, Saint-Georges-de-Champlain : Shawinigan. Son territoire héberge le parc national de la Mauricie, magnifique joyau naturel, et la Cité de l'énergie où se mêlent sciences et histoire industrielle locale.

LA CITÉ DE L'ÉNERGIE ★★

1000, avenue Melville
✆ +1 819 536 8516
www.citedelenergie.com
Ouvert de juin à fin septembre, tous les jours de 10h à 17h. Voir site web pour la liste des tarifs et forfaits.

Classée comme l'une des plus grandes attractions du Québec, la Cité de l'énergie, qui a célébré en grande pompe son 25e anniversaire en 2022, est un vaste complexe muséal et touristique immersif situé aux abords de la rivière Saint-Maurice. Ce site comprend une tour d'observation de 115 mètres qui offre une vue saisissante sur la ville et la région (sortez votre appareil photo !). On y retrouve également l'exposition Planète Énergie qui comprend une exposition dynamique dotée de 20 bornes interactives ainsi qu'un spectacle multimédia (expérience immersive). On y invite les visiteurs à prendre conscience du jeu d'équilibre délicat à l'échelle planétaire entre la nature, l'énergie et la société humaine. La visite permet également de voir l'intérieur d'une centrale hydroélectrique toujours en activité, la centrale de Shawinigan-2, ou encore de découvrir la collection de machines industrielles de la Cité de l'énergie et d'Hydro-Québec à l'ancienne centrale de la Northern Aluminum Company (N.A.C.). Le soir, un spectacle est présenté dans un amphithéâtre extérieur tournant, couvert et chauffé. Autres attractions : le Musée du Premier ministre Jean Chrétien *Le Canada dans le monde*, la croisière sur la rivière Saint-Maurice en ponton, la visite guidée de la ville à bord d'un autobus de style tramway, les jardins de la Synergie (plus de 450 variétés de fleurs, d'arbustes et d'arbres). Passez un merveilleux temps en famille à la Cité de l'énergie, le musée immersif où vous faites partie de l'aventure !

PARC DE L'ÎLE MELVILLE

1900, avenue Melville
✆ +1 819 536 7155
ilemelville.com
Ouvert toute l'année. Horaires et tarifs variables selon l'activité et la saison.

Composé de deux îles, d'une grande forêt et d'une petite montagne, ce parc est bordé par le Saint-Maurice. Les chutes Shawinigan, d'une hauteur de 50 mètres, offrent un spectacle grandiose au printemps. Ce havre naturel en pleine ville offre de nombreuses activités : activités nautiques, parcours d'accrobranche, randonnée, vélo, ski de fond, raquettes, sports de glisse, etc. L'hébergement y est offert en camping aménagé, en chalet Bo-Kit, en micro-chalet, en chalet-yourte ou en auberge, offrant tous l'accès à divers services (laverie, dépanneur, piscine, etc.).

PARC NATIONAL DE LA MAURICIE ★★

Autoroute 55, sortie 226
✆ +1 888 773 8888
www.pc.gc.ca/mauricie
Ouvert de mi-mai à mi-octobre et de mi-décembre à fin mars. Adulte : 8,50 CAN $, 17 ans et moins : gratuit.

C'est un territoire sauvage de lacs et de forêts de 536 km², au cœur du massif laurentien. Feuillus et résineux couvrent des collines arrondies de 350 mètres de hauteur tout au plus. Amérindiens, coureurs des bois, bûcherons ont toujours parcouru cette région, attirés par ses richesses naturelles. La route panoramique de 70 km, qui serpente à travers la forêt et les rochers de granite rose du plateau laurentien, relie les deux points d'accès du parc. Elle longe, sur 16 km, le lac Wapizagonke, longue et étroite étendue d'eau filiforme, avant de conduire au belvédère du Passage puis au lac Édouard, qui offre une ravissante plage de sable fin aménagée pour la baignade et le pique-nique. Derrière l'accueil de l'entrée ouest du parc, la vue sur la rivière Saint-Maurice est magnifique.

Postes d'accueil du parc : à l'est, à Saint-Jean-des-Piles (sortie 226 de l'autoroute 55) ; à l'ouest, à Saint-Mathieu-du-Parc (sortie 217 de l'autoroute 55). En hiver, les services sont disponibles au pavillon de services de la Rivière-à-la-Pêche.

- **Hébergement :** camping semi-aménagé et dans l'arrière-pays, camping d'hiver, tentes oTENTik, Domaine Wabenaki-Andrew.
- **Activités :** canoë-camping (location sur place ; c'est l'activité vedette du parc), canoë, baignade, pêche récréative, courte ou longue randonnée, vélo de montagne ou de gravelle, ski de fond, raquette. Activités de découverte avec naturalistes ; forfaits de plein air en collaboration avec des compagnies locales.

© STEPHANEDAOUST

TOURISME SHAWINIGAN

884, promenade du Saint-Maurice
✆ +1 819 537 7249
www.tourismeshawinigan.com
Ouvert toute l'année.

Envie de découvrir cette belle ville située au cœur de la nature, avec en son territoire le parc national de la Mauricie ? Ici seuls les ours hibernent durant la saison froide, et les pieds trempent dans la rivière Saint-Maurice et... dans la bière ! À l'office de tourisme de Shawinigan, vous bénéficiez de l'expertise des conseillers touristiques et d'authentiques suggestions des habitants du coin. Le bureau d'information touristique, ouvert toute l'année, est situé en plein cœur du centre-ville, à proximité de la promenade Saint-Maurice qui mérite le détour.

HÔTEL ÉNERGIE SHAWINIGAN €€

1100, promenade du Saint-Maurice
✆ +1 819 537 6000
www.hotelenergie.com
Occupation double : à partir de 109 CAN $. Promotions et forfaits disponibles.

Anciennement de la bannière Gouverneur, cet établissement hôtelier de tout confort est situé en face de la Cité de l'énergie et de la rivière Saint-Maurice, à un jet de pierre des bons restaurants de la rue Willow. Vous profiterez de nombreux services sur place : restaurant Pacini (cuisine italienne), piscine chauffée et bain à remous intérieur, accès gratuit au centre d'entraînement à l'intérieur de l'hôtel (Andréanne Trépanier Massothérapeute) offrant aussi massothérapie, kinésithérapie et orthothérapie, etc. L'une des meilleures adresses en ville !

LE 2800 DU PARC €€

2800, chemin de Saint-Jean-des-Piles
✆ +1 819 538 7000
le2800duparc.ca
À partir de 140 CAN $ la nuit. Un minimum de deux nuits est requis vendredi et samedi. Location d'équipement.

À quelques minutes à peine du parc national de la Mauricie, vous bénéficiez ici d'un pied-à-terre exceptionnel en studio, micro-chalet et chalet, tous entièrement équipés et franchement magnifiques. De deux à quatorze personnes peuvent y loger en tout confort selon le chalet choisi, sans oublier la superbe vue sur la rivière qui attend les hôtes. Un très beau restaurant avec terrasse, ouvert au grand public, se trouve sur le site et propose cafés et *cold brew*, bières québécoises, vins importés et plats d'inspiration internationale.

MAURICIE

ZÉLÉ €€

3230, chemin de Sainte-Flore
✆ +1 819 729 0466
Ouvert du mercredi au samedi dès 17h30. Carte : moins de 40 CAN $. Terrasse.

Installé dans une jolie petite maison, le chef Justin Dunlop Lemieux marie ici les produits locaux aux plats d'inspiration française pour une cuisine régionale québécoise absolument délicieuse. Frites à l'ail noir, toast charcutier avec sauce au fromage bleu d'Élizabeth, flanc de porc et pétoncles, spaghettis de crevettes et pesto de pistaches... Ça donne faim ! Ajoutez à cela une ambiance rustique-chic chaleureuse et vous comprendrez notre engouement pour cette adresse. Autre restaurant du groupe à découvrir : Jules - fromages & convives.

LE TROU DU DIABLE

412, avenue Willow
✆ +1 819 537 9151
troududiable.com
Ouvert dès 15h (jours d'ouverture variables selon la saison). Terrasse, programmation culturelle et musicale.

Le Trou du Diable est une excellente microbrasserie québécoise dont la réputation dépasse les frontières du pays, plusieurs prix internationaux à l'appui. En plus de ses excellentes bières maison (dont plusieurs maturées en barriques), cette coopérative de travail propose une cuisine bistro fort savoureuse misant sur les produits d'artisans locaux ou maison (charcuteries maison, fromages du Québec, gibiers et viandes d'éleveurs, etc.). À savoir que le Trou du Diable a une seconde adresse en ville, rue de la Station (boutique et salon de dégustation sur place).

SAINT-TITE ★

Bienvenue au pays des cowboys ! La localité de Saint-Tite doit en effet sa renommée à son incontournable Festival Western se tenant annuellement en septembre. Deux semaines durant, le village prend des airs de conquête de l'Ouest, et les habitants comme les visiteurs sortent leurs plus beaux atours pour se mettre dans l'ambiance cowboy. On y présente des épreuves de dressage, de vitesse et d'habileté, l'élément central du festival. Le reste de l'année, on peut replonger dans cette atmosphère à la microbrasserie du village, À la Fût, ou encore en faisant quelques emplettes chez Boulet qui confectionne des bottes de cowboy depuis 1933.

GRANDES-PILES

Situé sur une falaise qui surplombe la rivière Saint-Maurice, le village de Grandes-Piles fut le berceau du flottage de bois dans la région, un commerce prospère qui cessa vers la fin du XXe siècle. De l'autre côté de la rivière se trouve Saint-Jean-des-Piles, un des deux accès au parc national de la Mauricie. Pour y accéder, il faut suivre la route 155 passé le secteur de Grand-Mère (cette dernière doit son nom à un gigantesque rocher évoquant une tête de vieille femme qui se trouvait jadis au milieu de la rivière). Il ne faut pas non plus rater le Village du Bûcheron, un site animé de reconstitution historique qui plaira à toute la famille.

VILLAGE DU BÛCHERON

840, route 155
✆ +1 819 538 5885
villagedubucheron.com
Ouvert de juin à début octobre. Adulte : 14,35 CAN $.

Un véritable rendez-vous avec les bûcherons vous attend ici ! Vos guides, qui sont tous musiciens et conteurs, vous transporteront à l'époque de l'industrie forestière qui contribua à développer la région. Le mode de vie au début de la colonisation, le transport du bois par flottage et la transformation de cette matière première sont tous des sujets abordés. Sur place se trouvent également un bistro folklorique avec terrasse et spectacles musicaux les jeudis et samedis soir, La Cookerie, qui met en valeur les produits régionaux.

AIRE NATURE GRANDES-PILES €

Chemin du Lac des Îles
✆ +1 819 809 2535
airenature.com
Ouvert de mi-mai à fin octobre. Tarifs selon le type d'hébergement choisi.

Cet éco-camping et réserve de biodiversité offre un peu plus d'une dizaine de sites de camping rustique pour tentes et petits campers de type Westfalia. Pour un peu plus de confort, cinq cabanes de bois sont installées en forêt dont une se trouve dans une baie isolée. Un belvédère permet d'admirer les paysages de la région et pour se dégourdir les jambes, on peut s'adonner à la randonnée pédestre et aux activités nautiques (canoë, kayak, chaloupe, planche à pagaie).

MAURICIE

NATURE NATURE €€

2880 route des Champagne
SAINT-JEAN-DES-PILES
✆ +1 819 805 1692
www.naturenature.ca
Tarifs variables selon le type d'hébergement choisi. Un minimum de deux nuits est requis.

Littéralement situé aux portes du parc national de la Mauricie et à un jet de pierre de la rivière Saint-Maurice, Nature Nature est un site de villégiature de type glamping. Outre les emplacements pour le camping et les camping-cars, on peut loger en micro-refuge (2 personnes), en cabine (idem) ou en chalet entièrement équipé avec spa (6-8 personnes). Un point commun : un design minimaliste et une construction écoresponsable. Bon plan pour deux personnes : le forfait combinant l'hébergement en micro-refuge et l'accès au parc de la Mauricie.

TROIS-RIVES

Trois-Rives occupe un territoire de 675 km² et regroupe trois localités : Rivière-Mattawin, Saint-Joseph-de-Mékinac et Grande-Anse. Au cœur d'une nature abondante, des pourvoiries et domaines accueillent les visiteurs pour la chasse, la pêche et le plein air. C'est dans ce secteur que le Centre d'aventure Mattawin a installé ses pénates, lui qui propose des activités à foison en été (rafting, canyoning, etc.), sans oublier les expéditions pour les plus motivés. Depuis Rivière-Mattawin, un pont permet de se rendre à la réserve faunique du Saint-Maurice. Allez absolument à la plage du lac Normand, considérée parmi les plus belles de la province.

RÉSERVE FAUNIQUE DU SAINT-MAURICE ★

99, chemin de la Matawin ✆ +1 800 665 6527
www.sepaq.com/rf/stm

La réserve faunique du Saint-Maurice (784 km²) est un havre naturel et sauvage parsemé de nombreux cours d'eau (245 lacs et une dizaine de rivières) où abonde la faune aquatique et terrestre. Créée en 1963, elle fut jadis un territoire réservé à des clubs de chasse et de pêche dès 1886. Elle offre un excellent potentiel de loisirs pour les pêcheurs et les chasseurs sportifs.

Il y a un seul poste d'accueil, ouvert de mi-mai à début novembre : Matawin, sur la rive droite de la rivière Saint-Maurice, à 2 km au sud du pont qui enjambe la rivière (passage tarifé par la Corporation du Pont Mékinac).

- **Points d'intérêt :** chutes Dunbar, rivages de sable fin au lac Normand. Une véritable nature intacte qui accueille les amateurs de plein air.
- **Faune :** orignal, ours noir, lièvre et plus de cent espèces d'oiseaux dont la gélinotte huppée, le héron et le huard.
- **Hébergement :** chalets, chalets Horizon, camp rustique, tentes prêt-à-camper, camping.
- **Location d'équipement :** embarcations nautiques, moteurs, vestes de flottaison individuelles (incluse avec la location d'une embarcation nautique), vente d'appâts, droits d'accès et permis de chasse et de pêche. Dépanneur au lac Normand.
- **Activités :** activités nautiques, canoë-camping (circuit de 22 km), chasse à l'orignal et à l'ours, chasse au petit gibier (à la journée et avec séjour), observation de la faune, cueillette en forêt, pêche à gué, à la journée ou avec hébergement, vélo, randonnée pédestre (plus de 40 km), canyoning.

POURVOIRIE CLUB HOSANNA €€

3460, route 155
✆ +1 819 646 5244
clubhosanna.qc.ca
Tarifs variables selon le type de forfait choisi (pêche, chasse, villégiature, activités d'hiver, etc.).

Cette pourvoirie est le paradis des pêcheurs, chasseurs et villégiateurs. L'hébergement se fait dans des chalets et refuges en bois rond, tous en bordure de lac. Au printemps et en été, la pêche à la truite et la chasse à l'ours noir sont maîtres des lieux, alors que l'automne fait place à la chasse aux petits gibiers et à l'orignal. En hiver, les forfaits permettent de combiner plusieurs activités de plein air dont la pêche blanche, le traîneau à chiens, l'initiation à la motoneige sur leur territoire exclusif, la balade en authentique autoneige Bombardier, etc.

CENTRE D'AVENTURE MATTAWIN

3911, route 155
✆ +1 819 646 9006
centredaventuremattawin.ca
Nombreux forfaits et expéditions, hébergement (éco-chalet, éco-tente et camping).

On y pratique surtout la descente de rivière en rafting, en kayakraft et en hydroluge. On peut également faire du canyoning, opter pour un combo randonnée et canoë au parc de la Mauricie ou simplement louer une embarcation nautique. Des forfaits aventure sont proposés ainsi que des expéditions avec guides expérimentés (différents endroits au Québec). Des formations y sont également offertes telles que le canot en eau calme, le kayak de rivière ou encore le secourisme et le sauvetage.

MAURICIE

LA TUQUE ★

Cet ancien poste de traite des fourrures doit son nom à une colline en forme de bonnet de laine (*tuque* en québécois). Les puissantes chutes d'eau et les forêts alentour ont fait naître son usine de pâte à papier et sa centrale hydroélectrique. Si la ville présente peu d'intérêt en soi, un site mérite le détour : le Parc des Chutes-de-la-Petite-Rivière-Bostonnais. L'accès y est gratuit et vous y trouverez, entre autres, le centre d'interprétation et circuit dédié au célèbre chansonnier québécois originaire de La Tuque, Félix Leclerc. C'est un bel endroit où pratiquer la raquette et le ski de fond en hiver, à condition d'avoir votre équipement.

PARC DES CHUTES-DE-LA-PETITE-RIVIÈRE-BOSTONNAIS

3701, boulevard Ducharme
✆ +1 819 523 5930
www.tourismehautemauricie.com
Ouvert en saisons estivale et hivernale. Gratuit. Aire de jeux pour enfants, aire de pique-nique.

On y trouve entre autres une tour d'observation et une chute de 35 m, le Centre d'interprétation de la traite des fourrures et le Circuit du coureur des bois, le Centre d'interprétation de la rivière Saint-Maurice axé sur la drave, le Centre d'interprétation de la nature et ses spécimens d'animaux naturalisés, et le Centre d'interprétation Félix-Leclerc dédié au chansonnier québécois. En hiver, les centres sont fermés mais les sentiers demeurent ouverts pour le plein air.

CLUB ODANAK €€

Lac Castor
✆ +1 819 523 8420
www.clubodanak.com
Voir site web pour les tarifs et forfaits. Service de restauration (cuisine régionale et française), bar avec foyer.

Propriété du Conseil des Atikamekw de Wemotaci, cette pourvoirie et auberge de la forêt boréale est un havre, tant pour la villégiature que pour les séjours de chasse et de pêche. L'hébergement se fait en chambre tout confort dans un des trois pavillons (48 chambres au total) ou en chalet rustique de bois rond tout équipé (3 saisons). Au niveau des activités, vous n'aurez pas le temps de vous ennuyer : interprétation de la culture autochtone, activités nautiques, randonnée pédestre, ski de fond, raquette, patin à glace, pêche blanche, etc.

DOMAINE LE BOSTONNAIS €€

2000, route 155 Nord
✆ +1 819 523 5127
www.domainelebostonnais.com
Occupation double : à partir de 163 CAN $, petit déjeuner inclus. Cuisine d'été sur le site.

Charmant domaine en bois rond aux abords de la rivière Bostonnais. Chaque chambre se trouve dans un chalet individuel équipé également d'une salle de bains privée et du wifi gratuit. Les repas se prennent dans le bâtiment principal où vous trouverez également un salon commun pour un brin de jasette ou pour la détente. Activités sur le site : foyer extérieur avec balançoires, cabane en bois pour les enfants avec jeux, trampoline pour les plus jeunes, randonnée pédestre, baignade, kayak, etc. Une adresse paisible au beau milieu de la nature.

POURVOIRIE NÉMISKAU €€

1, Lac Pal
✆ +1 819 523 6789
nemiskau.com
Ouvert de mai à octobre. Plusieurs forfaits (pêche, chasse à l'ours noir, quad...). Service de restauration et de bar.

À environ une heure au nord-ouest de La Tuque, de superbes chalets en bois rond vous attendent pour un séjour mémorable, tous répartis sur un domaine comptant onze lacs privés pour la pêche à la truite. Une formule en chambre est également disponible en auberge ou dans les pavillons. Vous aurez accès aux bains à remous et au sauna ainsi qu'aux embarcations nautiques (canoë, kayak...). Autres services offerts pour un léger supplément : massothérapie, services d'un guide de pêche, randonnée guidée, excursion aux champignons sauvages, etc.

LAC-EDOUARD ★★

Édouard Jeanotte, coureur des bois originaire de Saint-Stanislas, a donné son nom à ce village, lequel accueille de nombreux villégiateurs chaque année. Son lac, le lac Édouard, comprend de nombreuses îles et presqu'îles, et ses plages sablonneuses invitent volontiers à la baignade. Au sud-est de Lac-Édouard, on retrouve un joyau historique en plein cœur de la nature : la Seigneurie du Triton, un ancien club de chasse et de pêche privé, uniquement accessible par la voie des airs ou des eaux. Des personnalités comme les présidents américains Roosevelt et Truman ainsi que le Premier ministre britannique Churchill y ont séjourné à l'époque.

LA SEIGNEURIE DU TRITON €€

1893, chemin du Triton
✆ +1 819 653 2150
www.seigneuriedutriton.com
De mi-mai à mi-octobre et de début janvier à mi-mars. Nombreux forfaits (pêche à la truite, snowlodge en hiver, etc.).

Une auberge forestière plus que centenaire au beau milieu de l'eau, où la famille et son équipe vous feront apprécier la nature à sa juste valeur. Lieu paisible au cœur d'une nature protégée, entouré d'innombrables lacs et rivières, c'est LA destination pour les activités de plein air : pêche, activités nautiques, atelier de survie en forêt, visite des frayères, randonnée pédestre ou en raquettes, motoneige, etc. Pour faire le plein d'énergie, essayez la délicieuse cuisine de la pourvoirie d'inspiration traditionnelle et internationale. Un site exceptionnel !

VILLAGE INNUSIT €€

✆ +1 819 653 2150
www.seigneuriedutriton.com
Ouvert de début juillet à fin août. Voir site web pour les tarifs.

Situé au cœur de la forêt haute-mauricienne sur le bord de la rivière Batiscan, le Village Innusit propose de vivre une expérience autochtone éducative. La traversée sur l'eau vous amène à un campement représentant le mode de vie traditionnel des Autochtones. Au programme : nuit sous tente tipi avec feu de camp, randonnée pédestre, balade en canoë ou rabaska, cueillette de petits fruits, observation des castors, sans oublier les repas préparés sur feu de bois. Possibilité de pension complète ou de combiner avec un séjour à la Seigneurie du Triton.

RÉSERVOIR GOUIN ★★

D'une superficie de près de 2 000 km², le réservoir Gouin est un regroupement de centaines de petits lacs parsemés d'îles innombrables. Son rivage fait plus de 5 600 km de longueur. Reliée par chemin forestier, la communauté autochtone d'Obedjiwan est installée sur ses rives. Le réservoir doit son nom à sir Jean-Lomer Gouin, Premier ministre du Québec de 1905 à 1920. C'est le territoire par excellence des chasseurs, pêcheurs, quadistes et motoneigistes avec bon nombre de pourvoiries et camps de base situés dans les environs. C'est aussi le royaume des bateaux-maisons qui, comme leur nom l'indique, permettent d'avoir un véritable chez-soi flottant.

CHALETS BAIE DU SUD €€

✆ +1 514 667 5325
www.chaletsbaiedusud.com
Depuis Parent, suivre les indications jusqu'à la pourvoirie. Ouvert de mi-mai à mi-octobre. Différents forfaits offerts.

Amateurs de pêche, débutants ou aguerris, cette pourvoirie est un lieu exceptionnel. Située aux abords de l'immense réservoir Gouin, on y vient pour le brochet et le doré. À votre arrivée, on vous fournira une carte du secteur avec les meilleurs endroits de pêche. L'hébergement est offert en chalets de bois rond tous équipés et pouvant accueillir jusqu'à six personnes en tout confort. Services sur place : permis de pêche, essence, vers. Séjours de chasse au petit gibier, à l'ours et à l'orignal ainsi que combo chasse au petit gibier et pêche offerts.

Réservoir Gouin.

SAINT-MATHIEU-DU-PARC ★★

Quand on sait que sa paroisse fut créée le jour de la saint Mathieu, on ne cherche pas trop longtemps d'où vient le nom. Quant à « du-Parc », il s'est ajouté dans les années 1980-90 en raison de la proximité du parc national de la Mauricie. C'est en effet ici que se trouve l'entrée ouest du parc, accessible par le chemin Saint-François depuis le centre du village. On ne manquera pas d'aller voir le joli pont couvert qui enjambe la rivière Shawinigan. Si vous êtes dans le coin à la mi-août, ne soyez pas surpris si vous apercevez nombre de gens vêtus comme au Moyen Âge : la Bataille de Bicolline, un jeu de rôle grandeur nature, s'y déroule chaque année.

SNACK BAR CHEZ MÉLO €

1901 chemin du Parc
✆ +1 819 532 1062
aubergemandala.com
Ouvert de mai à octobre. Carte : moins de 20 CAN $. Programmation d'événements.

Certainement notre adresse la plus conviviale et colorée du coin, le food truck Chez Mélo est un arrêt obligatoire sur la route du parc de la Mauricie. Et attention, vous pourriez bien y prendre racine, d'autant qu'en plus des savoureux plats (burritos, tacos, burgers, etc.), l'endroit possède un grand coin jardin avec tables à pique-nique, chaises, foyers et même du sable pour le petit look tropical. Aussi sur le site et par les mêmes proprios : casse-croûte, café-bistro (très bohème) et hébergement, dont une nouvelle auberge de jeunesse qui ouvrira en 2023.

AUBERGE DU TRAPPEUR €€

2120, chemin Saint-François
✆ +1 819 532 2600
www.refugedutrappeur.com
Voir le site web pour les tarifs en auberge, tipi, refuge et chalet. Forfaits disponibles.

Une auberge située dans un endroit formidable, à 500 m de l'entrée du parc de la Mauricie, sur un vaste site qui rend hommage aux onze nations autochtones du Québec. Vous pourrez visiter, en compagnie d'un guide amérindien, différents habitats traditionnels. Le site abrite aussi un des plus beaux musées de la faune du Québec avec plus de 140 animaux naturalisés dans une forêt reconstituée. L'auberge organise également des sorties d'observation de l'ours noir, de l'orignal et du castor, ainsi que de nombreuses excursions de plein air guidées en toute saison.

AUBERGE SAINT-MATHIEU DU LAC €€

2081, chemin Principal ✆ +1 819 532 3397
auberge-st-mathieu-du-lac.com
Occupation double : à partir de 130 CAN $, petit déjeuner inclus. Chalet aussi en location. Forfaits disponibles.

Établissement saisonnier et construit par son propriétaire, sa conception artisanale séduit dès le premier abord. Des chambres tout confort sont mises à votre disposition et elles sont toutes agréablement décorées de coussins et rideaux fabriqués localement. La salle à manger, avec ses immenses baies vitrées, offre une vue panoramique sur le lac et les montagnes. Ne reste qu'à profiter d'un moment de détente dans le bain à remous, le sauna ou sur les transats de la terrasse.

SAINT-ÉLIE-DE-CAXTON

Cette petite municipalité a connu un véritable engouement depuis que Fred Pellerin, conteur natif de Saint-Élie, lui a consacré plusieurs histoires fantastiques. Vous y verrez entre autres la traverse de lutins, l'arbre à paparmanes, la maison de Chez Méo-le-coiffeur ou celle de Toussaint Brodeur... Des visites guidées en carriole sont également offertes en saison estivale et vous feront vivre l'époque des bâtisseurs du village (visite avec audioguide également proposée). Comme on dit : « Saint-Elie-de-Caxton, ça existe vraiment ! ». Allez également jeter un coup d'œil au sentier botanique installé derrière le fameux garage de Léo Déziel.

SAINT-PAULIN ★

Situé à l'ouest de la région de la Mauricie, le village de Saint-Paulin doit son nom à Paulin de Nole, poète et ecclésiastique qui fut évêque de Nole de 409 à sa mort. La localité compte une auberge haut de gamme membre du réseau Origine artisans hôteliers, Le Baluchon Éco-villégiature. En plus de l'hébergement, on y retrouve un spa santé, des installations de détente et de plein air, ainsi que deux tables mettant en vedette les produits du terroir régional. C'est aussi dans cette municipalité que se trouve l'une des quatre plus hautes chutes de la province, la chute à Magnan sur la rivière du Loup, à 3 kilomètres du village par la route 349.

Saint-Mathieu-Du-Parc.

LE BALUCHON ÉCO-VILLÉGIATURE €€€

3550, chemin des Trembles ✆ +1 819 268 2555
www.baluchon.com
Voir site web pour les tarifs et forfaits. Hébergements aussi offerts à la Coop Le Voisinage du bout du monde.

Charmant domaine éco-touristique situé dans un environnement de pleine nature, proposant des chambres conçues selon les préceptes du « slow design ». À cet hébergement haut de gamme s'ajoutent une table gastronomique, un lounge-bar, de nombreuses activités à même le site et même une ferme. Pour faire une pause en journée, faites une halte à l'Éco-café Au bout du monde ou profitez des bienfaits d'un massage à l'extérieur, d'une séance de yoga en nature ou du spa nordique.

AUBERGE DU LAC-À-L'EAU-CLAIRE €€

500, chemin du Lac-à-l'Eau-Claire
✆ +1 819 265 3185
www.lacaleauclaire.com
Tarifs variables selon le type d'hébergement (auberge, pavillons, condos, chalets). Nombreux forfaits disponibles.

Située au bord du lac du même nom, l'Auberge du Lac-à-l'Eau-Claire invite à la détente dans un cadre de pleine nature. L'endroit est réputé pour la pêche à la truite et à l'achigan, mais aussi pour les nombreuses activités de plein air offertes en toute saison. Pour refaire le plein d'énergie, l'Espace Santé permet de se détendre complètement, alors que la table de l'auberge ravit les papilles avec sa cuisine régionale, dont la truite apprêtée de multiples façons.

SAINT-ALEXIS-DES-MONTS ★★

Capitale de la truite mouchetée (festival avec tournoi de pêche et spectacles en juin), Saint-Alexis-des-Monts est avant tout un magnifique territoire naturel avec plus de 600 lacs. Des auberges renommées s'y sont d'ailleurs installées, dont l'Hôtel Sacacomie, immense chalet en rondins surplombant le lac du même nom, et l'Auberge du Lac-à-l'Eau-Claire, haut lieu de la pêche à la truite et à l'achigan. C'est aussi à Saint-Alexis-des-Monts que s'est installée l'une des seules microbrasseries produisant des bières sans gluten, la Microbrasserie Nouvelle-France. Son restaurant vaut également le détour, avec son ambiance digne des auberges du XVIIe siècle.

HÔTEL SACACOMIE €€€

4000, chemin Yvon Plante
✆ +1 819 265 4444
www.sacacomie.com
Occupation double : à partir de 425 CAN $, repas du soir, petit déjeuner, accès aux activités et au Geos Spa inclus.

Immense chalet en rondins, niché au cœur de la forêt mauricienne aux abords de la réserve faunique de Mastigouche. Il surplombe le lac Sacacomie, plan d'eau majestueux dont le rivage fait plus de 42 km et s'intègre harmonieusement aux environs. Une authentique communion avec la nature où règnent calme et sérénité. Nombreuses activités en toute saison (certaines sont incluses avec l'hébergement) : activités nautiques, pêche, hydravion, randonnée coureur des bois, raquette, ski de fond, traîneau à chiens, hydraski, motoneige, etc. Un incontournable !

RÉSERVE FAUNIQUE MASTIGOUCHE

Rang des Pins-Rouges ✆ +1 800 665 6527
www.sepaq.com/rf/mas
Postes d'accueil (3) ouverts de mi-mai à début septembre ; horaires variables en automne. Services réduits hors saison.

Créée en 1971, la réserve faunique Mastigouche fut jadis un territoire réservé à des clubs de chasse et de pêche. Il s'agit d'un véritable havre naturel où les nombreux plans d'eau enlacent de jolies montagnes.

- **Hébergement :** chalets, chalets Modik, camp rustique, prêt-à-camper, prêt-à camper Étoile, camping.
- **Activités :** baignade, activités nautiques, chasse à l'orignal, à l'ours et au petit gibier, pêche, pêche-camping, pêche aventure, randonnée pédestre, vélo, sentier de motoneige.

MICROBRASSERIE NOUVELLE-FRANCE €€

90, rang Rivière aux Écorces
✆ +1 819 265 4000
microbrasserienouvellefrance.com
Ouvert tous les jours (horaires variables). Carte : 5 à 50 CAN $. Menu sans gluten également.

Imaginez pouvoir vous retrouver dans une auberge de l'époque de la Nouvelle-France où convivialité, boustifaille et bonne bière règnent en rois et maîtres. C'est le concept même du restaurant de la Microbrasserie Nouvelle-France. Vous y dégusterez une cuisine régionale servie à la bonne franquette, sans oublier les bières maison, dont plusieurs sans gluten. Autre lieu à découvrir : son site agrotouristique, la Ferme Nouvelle-France, située à Sainte-Angèle-de-Prémont.

QUÉBEC

Berceau de la province du Québec, bastion de la culture française en Amérique du Nord, la ville de Québec est un bijou. Depuis la création de la Confédération canadienne en 1867, elle est la capitale politique de la province du même nom, sa grande fierté aussi. C'est également la seule ville fortifiée au nord du Mexique, et son quartier ancien, le Vieux-Québec, est inscrit sur la liste du patrimoine mondial de l'UNESCO. Le Vieux-Québec se compose d'une Haute-Ville, au sommet du cap Diamant, et d'une Basse-Ville, comprise entre la falaise et le Saint-Laurent. À pied, mille charmes s'y dévoilent, au gré de ses étroites ruelles pavées, de ses escaliers, de ses places ombragées et de ses jardins. Hors les murs, Québec est une cité moderne, dominée par quelques hautes tours, un centre politique, administratif et universitaire ainsi qu'un pôle industriel et portuaire. Bref, Québec est tout sauf banale.

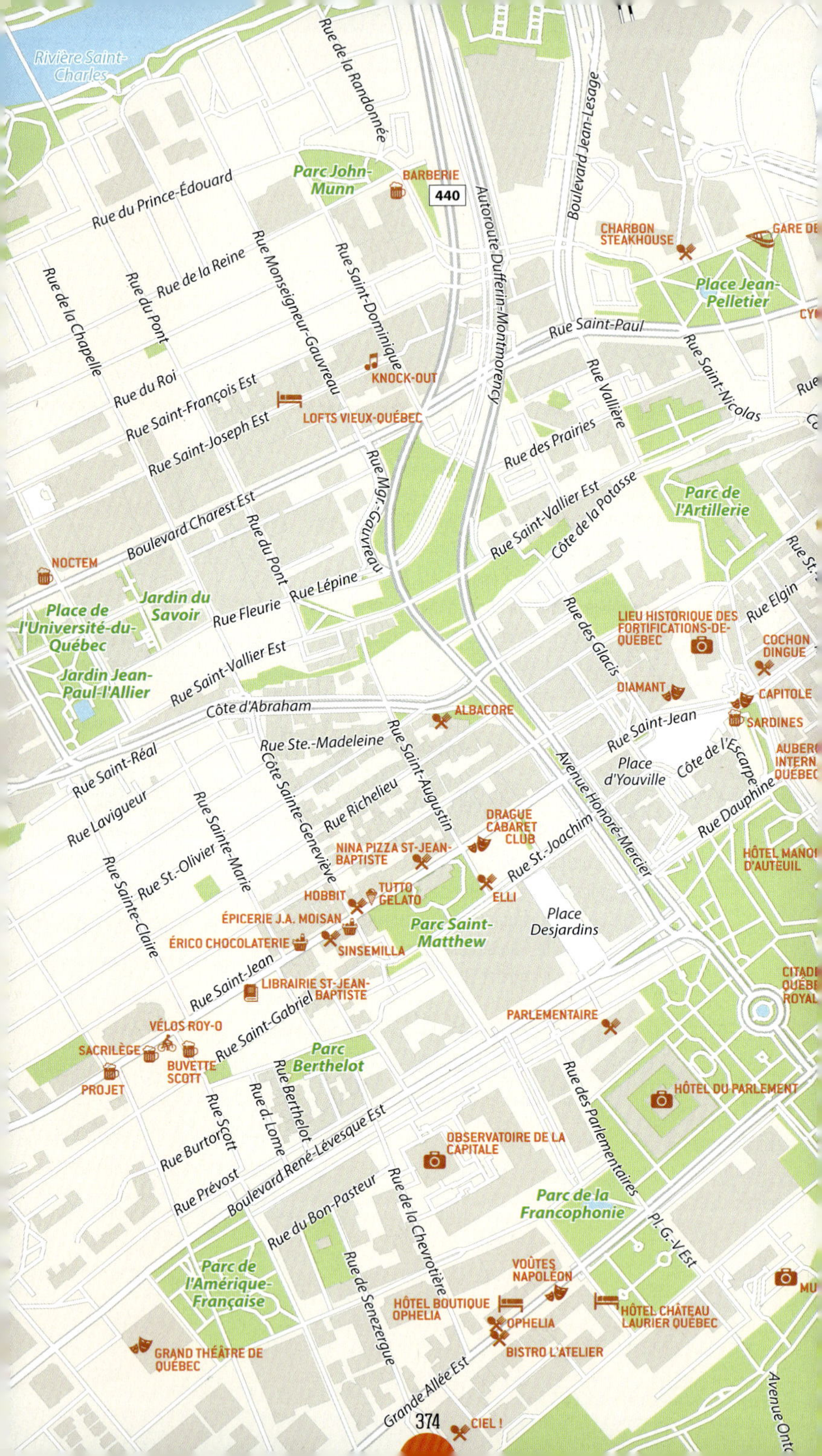
Rivière Saint-Charles
Rue de la Randonnée
Parc John-Munn
BARBERIE
440
Autoroute Dufferin-Montmorency
Boulevard Jean-Lesage
CHARBON STEAKHOUSE
GARE DE
Place Jean-Pelletier
Rue du Prince-Édouard
Rue de la Reine
Rue Monseigneur-Gauvreau
Rue Saint-Dominique
Rue de la Chapelle
Rue du Pont
Rue Saint-Paul
Rue Saint-Nicolas
Rue Vallière
KNOCK-OUT
Rue du Roi
Rue Saint-François Est
LOFTS VIEUX-QUÉBEC
Rue Saint-Joseph Est
Rue Mgr.-Gauvreau
Rue des Prairies
Parc de l'Artillerie
Rue Saint-Vallier Est
Côte de la Potasse
Boulevard Charest Est
Rue du Pont
NOCTEM
Rue Lépine
Rue Fleurie
Place de l'Université-du-Québec
Jardin du Savoir
Jardin Jean-Paul-l'Allier
Rue Saint-Vallier Est
Rue des Glacis
LIEU HISTORIQUE DES FORTIFICATIONS-DE-QUÉBEC
Rue Elgin
COCHON DINGUE
Côte d'Abraham
ALBACORE
DIAMANT
CAPITOLE
SARDINES
Rue Saint-Jean
Place d'Youville
Côte de l'Escarpe
Rue Saint-Réal
Rue Ste.-Madeleine
Côte Sainte-Geneviève
Rue Saint-Augustin
Avenue Honoré-Mercier
Rue Dauphine
Rue Lavigueur
Rue Sainte-Marie
Rue Richelieu
DRAGUE CABARET CLUB
NINA PIZZA ST-JEAN-BAPTISTE
Rue St.-Joachim
HÔTEL MANOI D'AUTEUIL
Rue St.-Olivier
Rue Sainte-Claire
HOBBIT
TUTTO GELATO
ELLI
Place Desjardins
ÉPICERIE J.A. MOISAN
Parc Saint-Matthew
ÉRICO CHOCOLATERIE
SINSEMILLA
Rue Saint-Jean
LIBRAIRIE ST-JEAN-BAPTISTE
Rue Saint-Gabriel
PARLEMENTAIRE
VÉLOS ROY-O
SACRILÈGE
BUVETTE SCOTT
PROJET
Parc Berthelot
Rue des Parlementaires
Rue Scott
Rue d. Lome
Rue Berthelot
HÔTEL DU PARLEMENT
Rue Burton
Boulevard René-Lévesque Est
OBSERVATOIRE DE LA CAPITALE
Rue Prévost
Rue du Bon-Pasteur
Rue de la Chevrotière
Parc de la Francophonie
Pl. G.-V. Est
Parc de l'Amérique-Française
Rue de Senezergue
VOÛTES NAPOLÉON
HÔTEL BOUTIQUE OPHELIA
OPHELIA
HÔTEL CHÂTEAU LAURIER QUÉBEC
BISTRO L'ATELIER
GRAND THÉÂTRE DE QUÉBEC
Grande Allée Est
CIEL !
Avenue Onta

Bassin Louise (Bassin Intérieur)
Rue Dalhousie
Espace 400e Bell
-André
EL DES
TELLIER
LÉGENDE
HÔTEL LE SAINT-PAUL
Quai Saint-André
RIOUX & PETTIGREW
Rue Saint-Paul
Côte de la Canoterie
BUFFET DE L'ANTIQUAIRE
HÔTEL PORT-ROYAL
COUR ARRIÈRE DU FESTIBIÈRE
Rue des Remparts
Rue sous-le-Cap
DON
Rue Bell
Rue Dalhousie
Rue Hamel
Rue Saint-Flavien
Rue Ferland
Rue Ste-Famille
ÉCHAUDÉ
Rue Saint-Pierre
Rue Hébert
Rue d. la Vieille-Université
Rue Charlevoix
Rue Couillard
MUSÉE DE LA CIVILISATION
Place des Canotiers
O HORTUS
SAINT-PIERRE
Rue Garneau
EUX-QUÉBEC
Côte de la Fabrique
HÔTEL 71
MUFFY
BOUTIQUE ARTISANS CANADA
AUBERGE SAINT-ANTOINE
BOULAY
MONSIEUR JEAN
BASILIQUE-CATHÉDRALE NOTRE-DAME DE QUÉBEC
ORYGINE
FRÈRES DE LA CÔTE
Côte d. la Montagne
MONASTÈRE DES AUGUSTINES
Rue du Porche
PAILLARD
Rue de Buade
PLACE ROYALE
L'ONCLE ANTOINE
Jardins de l'Hôtel de Ville
AUBERGE PLACE D'ARMES
TANIÈRE
Rue Cook
CENTRE INFOTOURISTE DE QUÉBEC
CAFÉ LA MAISON SMITH
MENADES
ÔMES
ÉDIFICE PRICE
HÔTEL SAINTE-ANNE
PIZZ
CROISIÈRES AML
Rue Sainte-Anne
Rue des Jardins
TERRASSE DUFFERIN
FUNICULAIRE DU VIEUX-QUÉBEC ET PROMENADE DES GOUVERNEURS
HÔTEL CHAMPLAIN
SAM, BISTRO ÉVOLUTIF
Rue du Trésor
Rue des Carrières
PLACE DUFFERIN
SOCIÉTÉ DES TRAVERSIERS DU QUÉBEC - QUÉBEC-LÉVIS
CLAN
GLISSADES DE LA TERRASSE DUFFERIN
ANCIENS CANADIENS
GALERIE ART INUIT BROUSSEAU
LAPIN SAUTÉ
SAINT-AMOUR
RESTAURANT CHAMPLAIN
BÛCHE
Jardin des Gouverneurs
TERROIR - VINS ET COMPAGNIE
Parc du Cavalier-du-Moulin
PETITE CABANE À SUCRE DE QUÉBEC
Rlle. des Ursulines
Rue Saint-Louis
Rue d. la Pte.
BELLO RISTORANTE
Parc Félix-Leclerc
Estuaire Fluvial du Saint-Laurent
Avenue Sainte-Geneviève
HÔTEL NOMAD
FAIRMONT LE CHÂTEAU FRONTENAC
MARTINO
THÉÂTRE PETIT CHAMPLAIN
Terrasse Pierre-Dugua-de Mons
Avenue Saint-Denis
Parc du Bastion-de-la-Reine
Côte de la Citadelle
Boulevard Champlain
Promenade des Gouverneurs
INES D'ABRAHAM
PARC DES CHAMPS-DE-BATAILLE
200 M
Québec

SE REPÉRER SE DÉPLACER

La ville de Québec est desservie par l'aéroport international Jean-Lesage. Pour rejoindre le centre-ville, il faut soit prendre le transport en commun (lignes 76 ou 80) ou le taxi. Une fois en ville, le réseau de transport en commun est la meilleure option pour se déplacer, sauf dans le Vieux-Québec qui s'arpente à pied. Le Réseau de Transport de la Capitale offre des services de bus (dessert toute la ville), Métrobus (dessert les centres d'activités) et eXpress (service en semaine aux heures de pointe). Les vendredis et samedis, près d'une quinzaine de lignes de bus délivrent un service pour les couche-tard (quelques trajets offerts la nuit seulement). Pour sortir de Québec, il y a les bus interurbains (terminus à la Gare du Palais et à Sainte-Foy) et le train VIA Rail (Gare du Palais et Gare de Sainte-Foy). Il y a également un service de traversier entre Québec et Lévis (région de Chaudière-Appalaches), en opération toute l'année.

AÉROPORT INTERNATIONAL JEAN-LESAGE DE QUÉBEC

505, rue Principale
✆ +1 418 640 3300
www.aeroportdequebec.com

Une dizaine de compagnies aériennes y opèrent des vols régionaux, nationaux et internationaux. Deux lignes de bus du réseau de transport en commun permettent de se rendre à Sainte-Foy (ligne 76) ou au centre-ville (ligne 80). Le coût est de 3,75 CAN $ l'aller et il n'y a pas de service la nuit. Les taxis desservent l'aéroport (tarif fixe de 15,40 CAN $ pour Sainte-Foy et de 35,10 CAN $ pour le centre-ville) tout comme Eva et Uber. Certains hôtels offrent aussi un service de navette.

TERMINUS D'AUTOBUS DE LA GARE DU PALAIS

320, rue Abraham-Martin
✆ +1 418 525 3000

Renseignements tarifs et horaires au numéro indiqué.

La gare routière se trouve dans le même édifice que la gare ferroviaire, en plein cœur de la ville (secteur Basse-Ville). 5 compagnies de bus desservent la gare dont les deux plus importantes, Orléans Express (nombreuses liaisons quotidiennes avec Montréal) et Intercar. Achat des billets sur place ou en ligne. Il y a aussi une petite gare routière à Sainte-Foy sur le chemin des Quatre-Bourgeois. Plusieurs localités de la région de Québec sont aussi desservies par les bus interurbains.

GARE DE QUÉBEC

450, rue de la Gare du Palais
✆ +1 888 842 7245
www.viarail.ca

Voir site web pour les horaires de la gare ferroviaire et de la billetterie.

Le temps d'attente au guichet pouvant être long, prévoir d'arriver bien à l'avance. Le train Via Rail dessert notamment l'Abitibi, la Mauricie, Montréal, le Saguenay, la rive sud du Saint-Laurent jusqu'en Gaspésie (vallée de la Matapédia), les Maritimes (Nouveau-Brunswick et Nouvelle-Écosse), Ottawa et le sud-ouest de l'Ontario (couloir Montréal-Windsor), sans oublier le reste du pays. En plus de la gare du centre-ville (qu'on appelle aussi Gare du Palais), il y a une autre gare à Sainte-Foy ainsi qu'à Charny sur la rive sud de Québec.

SOCIÉTÉ DES TRAVERSIERS DU QUÉBEC - QUÉBEC-LÉVIS

10, rue des Traversiers
✆ +1 877 787 7483
www.traversiers.com

En service tous les jours de 6h à 2h20 du matin. Voir site web pour les horaires et les tarifs (passager, véhicule).

Cette traverse propose l'un des plus beaux points de vue sur le Vieux-Québec et est le lieu idéal pour prendre des photos exceptionnelles sur le Saint-Laurent à toute heure du jour. Profitez-en pour découvrir et combiner les réseaux cyclables balisés situés de part et d'autre de la rive. L'hiver, le mouvement des glaces sur le fleuve est vraiment impressionnant. L'embarquement se fait sur le quai situé à deux pas du quartier Petit Champlain et de la place Royale.

ÀVÉLO

✆ +1 418 627 2511

www.rtcquebec.ca/avelo

Le service àVélo est offert de mai à fin octobre et est accessible 24h/24. Voir site web pour les tarifs.

Géré par le Réseau de transport de la Capitale (RTC), àVélo est le nouveau système de vélos à assistance électrique en libre-service. Il permet d'emprunter un vélo à l'une des stations installées pour la belle saison, pour quelques heures ou pour la journée (application téléchargeable sur App Store et Google Play). Il est extrêmement avantageux pour les personnes effectuant des petits trajets à chaque fois. Si vous désirez avoir un vélo pour vos loisirs, nous vous conseillons de faire affaire avec un loueur. À noter que le port du casque est obligatoire.

CYCLO SERVICES

289, rue Saint-Paul

✆ +1 418 692 4052

cycloservices.net

Horaires variables selon la saison. Voir site web pour tous les tarifs.

Située au bord de la piste cyclable du Littoral, cette boutique spécialisée offre divers services tels que la vente de vélos et accessoires usagés, un atelier mécanique avec service complet, des cours de mécanique, la location de vélos (route, urbain, tandem, électrique, enfant, etc.) et accessoires, des visites guidées semi-privées à vélo d'une durée de deux à quatre heures (Basse-Ville, Haute-Ville, chute Montmorency, etc.), sans oublier les tours privés (Côte-de-Beaupré, anses de la rive sud, Basse-Ville et Grand Marché, chute Montmorency, etc.).

RÉSEAU DE TRANSPORT DE LA CAPITALE (RTC)

820, avenue Ernest-Gagnon

✆ +1 418 627 2511

www.rtcquebec.ca

Le réseau de transport de Québec (autobus, taxi collectif, transport adapté).

Le Réseau de Transport de la Capitale offre des services de bus (dessert toute la métropole), Métrobus (dessert les centres d'activités) et eXpress (service en semaine aux heures de pointe). Les vendredis et samedis, près d'une quinzaine de lignes de bus délivrent un service pour les couche-tard (quelques trajets offerts la nuit seulement). Deux lignes de bus (76 et 80) desservent également l'aéroport international Jean-Lesage. Horaires et tarifs sur le web.

TAXI COOP QUÉBEC

✆ +1 418 525 5191

www.taxiscoop-quebec.com

Compagnie de taxis bien connue à Québec. On peut réserver son taxi par téléphone, sur le site web ou encore utiliser l'application mobile disponible sur App Store et Google Play. En dehors des heures de pointe, il faut compter au maximum une quinzaine de minutes d'attente. Taxi Coop offre aussi le service vers l'aéroport international Jean-Lesage de Québec (tarif fixe de 15,40 CAN $ pour Sainte-Foy et de 35,10 CAN $ pour le centre-ville). La compagnie offre également des tours de ville personnalisés (réservation au moins 24 heures à l'avance).

TAXI LAURIER

✆ +1 418 651 2727

www.taxilaurier.ca

Compagnie de taxis qui dessert Québec ainsi que quelques villes à l'est. On peut réserver son taxi par téléphone ou encore utiliser l'application mobile disponible sur App Store et Google Play. En dehors des heures de pointe, il faut compter au maximum une quinzaine de minutes d'attente. Taxi Laurier offre aussi le service vers l'aéroport international Jean-Lesage de Québec (tarif fixe de 15,40 CAN $ pour Sainte-Foy et de 35,10 CAN $ pour le centre-ville). La compagnie offre également des tours de ville personnalisés (réservation au moins 24 heures à l'avance).

VÉLOS ROY-O

463, rue Saint-Jean

✆ +1 418 524 0004

velosroyo.com

Ouvert toute l'année (horaires variables). Service de location pour quelques heures ou plusieurs jours.

Que vous recherchiez un vélo neuf ou usagé, ou encore des accessoires (dont la marque québécoise Arkel), vous trouverez de tout chez Vélos Roy-O. Et que dire de son service mécanique complet (évaluation gratuite, entretien sur rendez-vous sauf pour certains bris comme les crevaisons). Petit plus : la location long terme sur le principe de rachat. Procurez-vous un vélo usagé au prix de vente normal et la boutique vous le rachètera à moitié prix (s'il est toujours en bon état !). Fort utile pour les étudiants en échange et les « PVTistes ».

QUARTIERS DE QUÉBEC

D'une superficie d'un peu plus de 450 km², la ville de Québec se divise en six arrondissements : Sainte-Foy – Sillery – Cap-Rouge, La Haute-Sainte-Charles, Les Rivières, Charlesbourg, Beauport et La Cité-Limoilou. Ce dernier est l'hôte de la majorité des attraits touristiques et des bonnes adresses branchées. Il comprend la Haute-Ville, la Basse-Ville et Limoilou, et est divisé en neuf quartiers : Saint-Sacrement, Montcalm, Saint-Jean-Baptiste, Vieux-Québec – Cap-Blanc – Colline Parlementaire, Saint-Roch, Saint-Sauveur, Vieux-Limoilou, Lairet et Maizerets. Toutefois, n'oubliez pas que le centre de la ville de Québec présente un fort dénivelé entre le port et la Basse-Ville et la partie surélevée de la ville. Soyez donc prêt à faire un peu d'exercice ! Le cas échéant, vous trouverez un ascenseur au bout de la rue de la Couronne (l'ascenseur du Faubourg) et un funiculaire dans le quartier Petit Champlain.

Le Vieux-Québec et le port

Classé joyau du patrimoine mondial de l'UNESCO en 1985, le quartier du Vieux-Québec, le plus visité de la province, s'étend en partie au niveau de l'eau et en partie sur les hauteurs stratégiques du cap Diamant. Champlain choisit la partie haute en 1620 pour installer le fort Saint-Louis. La vocation des deux parties date de cette époque : la Basse-Ville sera réservée aux commerçants et artisans tandis que la Haute-Ville sera le quartier des militaires, des fonctionnaires et des membres du clergé. Les travaux pour l'édification de l'enceinte fortifiée commencent à la fin du XVIIe siècle et se terminent en 1832 avec l'achèvement de la construction de la citadelle. Aujourd'hui, de nombreuses institutions politiques et religieuses occupent une place de choix dans la Haute-Ville : l'Hôtel de Ville, le Séminaire de Québec, le couvent des Ursulines, le monastère des Augustines, l'hôpital de l'Hôtel-Dieu. Dans la Basse-Ville, la vocation commerçante et artisanale de la ville se confirme dans le quartier Petit Champlain qui regroupe de beaux magasins vendant de l'artisanat, essentiellement québécois. Au niveau administratif, le quartier du Vieux-Québec comprend aussi les plaines d'Abraham (ainsi nommées en raison de la bataille au cours de laquelle la France perdit sa colonie) et la colline Parlementaire.

▶ **Quartier Petit Champlain.** Une visite à Québec ne saurait être complète sans une petite balade

Place d'Youville à Québec.

dans le quartier Petit Champlain, un quartier tout mignon qui n'est pas sans rappeler un village français d'antan.

Saint-Jean-Baptiste et Montcalm

Saint-Jean-Baptiste (Faubourg Saint-Jean). Aux débuts du régime français, le Faubourg Saint-Jean faisait partie de la banlieue, notamment en raison de sa situation géographique, hors de l'enceinte fortifiée. Son véritable essor ne commence qu'au début du XIXe siècle, quand il se peuple d'artisans, de commerçants et d'ouvriers. En 1929, il prend le nom de Saint-Jean-Baptiste, en l'honneur du saint patron des Canadiens français. Le quartier connaît aujourd'hui une activité économique importante, en raison des nombreux bâtiments administratifs, notamment des ministères. La rue Saint-Jean ainsi que la Grande Allée, à la limite du quartier Saint-Jean-Baptiste, débordent de magasins, de restaurants et de bars.

Montcalm. Situé dans l'arrondissement La Cité-Limoilou, il est l'un des 35 quartiers de la capitale québécoise. Il fait partie de la ville de Québec depuis l'annexion de la ville de Montcalm à la ville-centre en 1913. Nommé en l'honneur de Louis-Joseph de Montcalm, il fait partie de la Haute-Ville de Québec et se situe à l'ouest des quartiers Saint-Jean-Baptiste et Vieux-Québec – Cap-Blanc – Colline Parlementaire. C'est un quartier aux fonctions principalement résidentielles et commerciales.

Saint-Sauveur, Saint-Roch, Limoilou et le nord

Saint-Sauveur. Anciennes terres communales du régime français, ce n'est qu'au début du XIXe siècle que le développement du secteur se mettra en branle, notamment en raison du succès des chantiers navals, du commerce du bois et de l'activité portuaire. La population augmentera également suite au grand incendie de Saint-Roch en 1845. La municipalité autonome de Saint-Sauveur connaîtra aussi le sien en 1889 alors qu'un tiers de la paroisse est consumée, puis elle sera annexée à la ville de Québec la même année après référendum. C'est aujourd'hui un quartier en pleine revitalisation qui regorge de bonnes adresses, notamment le long de la rue Saint-Vallier Ouest.

Saint-Roch. Il s'agit d'un des plus anciens faubourgs de Québec, et, surtout, d'un quartier à la mode que l'on surnomme aujourd'hui le « Nouvo St-Roch ». Beaucoup de galeries d'art, de résidences d'artistes, de bistros et de magasins de mode s'y côtoient. Ce quartier se développe au milieu du XVIIIe siècle avec l'avènement des chantiers navals le long de la rivière Saint-Charles. Un siècle plus tard, l'économie se concentre sur la construction de navires. Mais cette activité, ainsi que d'autres types d'industries, développées ultérieurement, déclinent. Par la suite, le quartier figure parmi les plus pauvres de la ville au cours de la deuxième moitié du XXe siècle. C'est à partir des années 1990 que commence la réhabilitation des rues principales, notamment la rue Saint-Joseph. Aujourd'hui, en raison de son passé industriel, du charme des ruelles et de la qualité des commerces, c'est un quartier qui mérite une visite.

Limoilou. Ce quartier est situé au nord du Nouvo St-Roch, de l'autre côté de la rivière Saint-Charles. Son nom vient du manoir où Jacques Cartier vécut les dernières années de sa vie, en Bretagne, dans l'ouest de la France. À l'origine constitué de deux petits villages, ce quartier s'est par la suite ouvert à l'expansion urbaine : il devient une municipalité en 1893 et un quartier de Québec en 1909. Suite à la fusion de 2002, l'arrondissement de Limoilou voit le jour en regroupant les quartiers de Lairet, Maizerets et Vieux-Limoilou. Ce dernier est d'ailleurs considéré comme l'équivalent québécois du Plateau Mont-Royal de Montréal. En effet, il est aujourd'hui habité par une population assez jeune et plutôt branchée. On y trouve de bons petits restos, cafés sympas et boutiques en tout genre, notamment sur la 3e Avenue. Pour un bain de soleil, le parc de l'Anse-à-Cartier, en bordure de la rivière Saint-Charles, est tout indiqué. Un parc linéaire (32 km) suit d'ailleurs cette rivière, reliant le Vieux-Port au lac Saint-Charles, en passant par Wendake.

Sainte-Foy, Sillery et Cap-Rouge

Situé à l'ouest de la ville, l'arrondissement de Sainte-Foy, Sillery et Cap-Rouge dispose d'un littoral de 15 km sur le Saint-Laurent et fait la part belle à la nature et aux activités récréatives avec, notamment, le parc nautique de Cap-Rouge, le parc de la Plage-Jacques-Cartier et la promenade Samuel-De Champlain. Cette dernière, inaugurée en 2008 pour le 400e anniversaire de Québec, longe le Saint-Laurent sur près de 4,3 km et permet la pratique du vélo, du roller ou encore de la marche. On peut également y pique-niquer, suivre le circuit d'interprétation et admirer l'art public qui jalonne la promenade. L'arrondissement compte également un riche patrimoine historique remontant aussi loin qu'en 1541, année où Jacques Cartier aurait fait une première tentative pour établir une colonie à l'embouchure de la rivière du Cap Rouge. Dans le secteur de Cap-Rouge, on retrouve pas moins de 75 constructions patrimoniales. Enfin, l'arrondissement jouit d'une économie diversifiée et solide grâce à ses boutiques et ses grandes surfaces ainsi que ses petits commerces de quartier (secteur du Campanile, rues Maguire, Myrand et Provancher), ses institutions scolaires (dont l'Université Laval) et ses établissements de santé.

Québec Ville.

À VOIR / À FAIRE

Sans surprise, la majorité des points d'intérêt se trouve dans le Vieux-Québec, plus particulièrement à l'intérieur des fortifications. Parmi les incontournables, il faut voir le Château Frontenac (l'hôtel le plus photographié au monde), la basilique-cathédrale Notre-Dame de Québec qui héberge une Porte Sainte (la seule à l'extérieur de l'Europe), la jolie place Royale et les rues piétonnes du Petit Champlain, et la Citadelle de Québec qui accueille également en ses murs le Musée Royal 22e Régiment. Juste à côté de la Citadelle s'étendent les fameuses plaines d'Abraham et le Parc des Champs-de-Bataille, hauts lieux de l'histoire qui marqueront la fin de la Nouvelle-France. Adossé aux plaines se trouve le Musée national des beaux-arts du Québec, dans le quartier Montcalm. De par son immense collection d'art québécois, la plus complète de la province, il offre une belle incursion au cœur de la scène artistique du Québec.

CENTRE INFOTOURISTE DE QUÉBEC

12, rue Sainte-Anne
✆ +1 877 266 5867
www.bonjourquebec.com
En face du Château Frontenac. Ouvert toute l'année.

Ce bureau d'information touristique donne de l'information non seulement sur la région de Québec mais également sur le reste de la province. N'hésitez donc pas à y passer un moment pour planifier l'ensemble de votre séjour. L'accueil est très professionnel et le fonds documentaire impressionnant. Quelques intervenants touristiques sur place : Les Tours Voir Québec (tours de ville, excursions touristiques commentées), Tourisme Wendake, etc. Bureau de change.

CROISIÈRES AML

10, rue Dalhousie
✆ +1 418 692 1159
www.croisieresaml.com
Croisière touristique de mi-mai à début octobre. Voir site web pour les heures de départ. 13 ans et plus : 40 CAN $.

Embarquez à bord du *AML Louis Jolliet* pour une découverte du fleuve Saint-Laurent, de la chute Montmorency, de l'île d'Orléans et du Château Frontenac. AML organise des croisières guidées de jour et de soir, des soupers-croisières, des brunchs, des croisières feux d'artifice, etc. en plus des nombreux forfaits permettant de combiner la croisière à une autre activité, comme le Musée de la civilisation. À savoir que Croisières AML opère dans plusieurs autres ports de la province en plus d'offrir des excursions en bateau ou zodiac pour l'observation des baleines.

LES PROMENADES FANTÔMES

✆ +1 418 694 2412
promenadesfantomes.com
Voir site web pour les différentes promenades, les tarifs et les lieux de départ.

On a fait des visites fantômes dans plusieurs villes canadiennes, mais celle-ci restera gravée dans nos mémoires ! Nous avons suivi le fantôme de Marie Rivière qui nous a transportés dans l'univers des crimes en Nouvelle-France. En parcourant rues, ruelles et places du Vieux-Québec, des histoires sordides (et réelles) nous sont racontées, de même que les châtiments encourus par les criminels (on remercie la société d'avoir évolué !). Plusieurs autres visites sont proposées, dont une pour Halloween ou encore Noël en Nouvelle-France. On recommande chaudement !

BASILIQUE-CATHÉDRALE NOTRE-DAME DE QUÉBEC ★★

16, rue de Buade
✆ +1 418 692 2533
www.notre-dame-de-quebec.org
Voir site web pour les horaires des visites, confessions et messes. Visites guidées tarifées offertes en été.

La plus ancienne basilique de la partie du continent nord-américain (Mexique excepté), cathédrale depuis la fin du XVIIe siècle, chef-d'œuvre de la famille Baillairgé, est riche en œuvres d'art : à l'intérieur, superbe baldaquin doré. Elle représente sans doute l'édifice le plus « classiquement européen » de tout le pays. Frontenac, de Callières et de La Jonquière, gouverneurs successifs de la Nouvelle-France, ainsi que la plupart des évêques de Québec reposent dans la crypte. Détruite par un violent incendie au début du siècle dernier, elle fut fidèlement reconstruite. À savoir que l'année 2014 a marqué le 350e anniversaire de la fondation de la paroisse Notre-Dame de Québec, érigée le 15 septembre 1664 par Mgr François de Laval. Bon nombre d'activités spéciales furent organisées, le tout reposant sur trois pôles : le Jubilé, le Pèlerinage et la Porte Sainte. La Porte Sainte est toutefois fermée depuis le 13 novembre 2016, et ce, jusqu'au prochain jubilé prévu en 2025 (elle sera exceptionnellement ouverte le 8 décembre 2023). Mais c'est en dehors des années saintes que le côté intérieur de la porte se voit, un bonus même si l'on ne peut pas la franchir. Elle reste toutefois un lieu de prière hautement fréquenté, bordée par un jardin ouvert en saison estivale. C'est un sculpteur montréalais, Jules Lasalle, qui a réalisé la Porte Sainte. Sa construction fut autorisée par le pape Benoît XVI puis bénite et inaugurée par le cardinal Gérald Cyprien Lacroix en décembre 2013.

CITADELLE DE QUÉBEC - MUSÉE ROYAL 22[E] RÉGIMENT

1, côte de la Citadelle
✆ +1 418 694 2815
www.lacitadelle.qc.ca
Ouvert tous les jours de l'année. Visite guidée adulte : 18 CAN $.

Plus grande forteresse active au Canada, la Citadelle occupe un cinquième du Vieux-Québec, au sommet du cap Diamant, sur le flanc est des fortifications. Le plan de la Citadelle forme une étoile caractéristique de Vauban. Ce lieu historique national est aussi connu sous le nom de « Gibraltar d'Amérique ». La Citadelle est une base militaire active étant la maison mère du Royal 22e Régiment, unique régiment francophone de l'armée canadienne. La Citadelle se visite obligatoirement en version guidée, mais les expositions du Musée Royal 22e Régiment et de la salle des médailles se visitent librement. Le coût d'entrée inclut la relève de la garde, présentée tous les jours à 10h du 24 juin au premier lundi de septembre (annulée si mauvais temps). De fin juin à fin août, il ne faut pas non plus rater la cérémonie de la Retraite, tous les mercredis et jeudis à 16h. Elle sert à marquer pour les gardes la fin de la journée de service et la fermeture des portes de la forteresse. Elle est ponctuée de coups de fusil et l'hymne national y est joué. À noter que les réservations sont fortement recommandées via la billetterie en ligne de la Citadelle, question de vous assurer une place. Autre visite disponible à la Citadelle : visite VIP (offerte sur réservation, tarification un peu plus élevée que la visite régulière). Services sur place : boutique de souvenirs, café, stationnement extérieur gratuit, site accessible aux poussettes et fauteuils roulants.

ÉDIFICE PRICE

65, rue Sainte-Anne
Fermé au public.

Unique gratte-ciel construit dans l'enceinte fortifiée du Vieux-Québec, il dresse depuis 1931 son imposante silhouette Art déco de 82 mètres de haut. Ce bâtiment était le symbole de la puissance de la Compagnie Price Brothers, société spécialisée dans l'industrie du bois et la production de pâte à papier. Une sculpture, *L'Homme-rivière,* installée en 2002 juste à droite de l'entrée de l'édifice Price, rappelle ce passé d'exploitation forestière. L'édifice Price appartient aujourd'hui à la ville de Québec et est la résidence officielle du Premier ministre du Québec.

TERRASSE DUFFERIN ET PROMENADE DES GOUVERNEURS ★

Située au pied du Château Frontenac, c'est une longue et large terrasse de planches balayée par le vent et surplombant le Saint-Laurent. La nuit, quand le Château est éclairé, le spectacle devient féerique. En hiver, il est possible d'y faire de la luge aux Glissades de la Terrasse Dufferin. Cette terrasse se prolonge par la Promenade des Gouverneurs, longue succession d'escaliers longeant la citadelle du côté du fleuve et qui aboutit aux plaines d'Abraham (très belles vues).

FAIRMONT LE CHÂTEAU FRONTENAC ★★★★

1, rue des Carrières ✆ +1 418 692 3861
www.fairmont.fr/frontenac-quebec
Vous pouvez visiter quelques parties de l'hôtel librement, ou alors réserver une visite guidée auprès de Cicérone.

Ainsi baptisé en l'honneur du gouverneur de la Nouvelle-France (Louis de Buade, comte de Frontenac - gouverneur de 1672 à 1682 et de 1689 à 1698), il se dresse au flanc du cap Diamant depuis 1893, à l'emplacement de l'ancienne résidence du gouverneur. Son architecte est Bruce Price, un Américain qui a réalisé les hôtels-châteaux du Canadien Pacifique à travers le Canada, dont le fameux Fairmont Banff Springs Hotel en Alberta (1888). Le Château Frontenac compte cinq ailes et une tour centrale. Son plan asymétrique comporte une cour intérieure et sa volumétrie est irrégulière. Plusieurs de ses éléments sont typiques du style « château », tels la toiture à forte pente, les tours massives et les tourelles circulaires et polygonales, les pignons et lucarnes ornés, les hautes cheminées, etc. En 1981, il a été désigné lieu historique national du Canada.

En août 1943 et en septembre 1944, les Alliés se donnèrent rendez-vous au Château pour discuter de la conduite générale de la guerre et de la stratégie future. C'est lors de la première rencontre que furent déterminés la logistique et le lieu du débarquement de Normandie. Lors de la deuxième rencontre, l'après-guerre constitua l'essentiel des conversations. Aujourd'hui, le Château Frontenac, hôtel 5 étoiles propriété du groupe Fairmont, compte plus de 600 chambres, plusieurs restaurants, des boutiques, etc. C'est probablement l'hôtel le plus photographié au monde et il faut y entrer, ne serait-ce que pour prendre un verre au bistro Le Sam ou au 1608 - Bar à vin et fromage, pour l'ambiance et la vue incroyable sur la ville, le Saint-Laurent et la rive sud. D'ailleurs, en 2012, Fodor's Travel, un leader mondial dans le domaine des guides de voyage, a placé Fairmont Le Château Frontenac sur sa prestigieuse liste annuelle des 100 meilleurs hôtels au monde, en plus de le faire figurer parmi les 10 hôtels classés « icônes mondiales ». Et c'est sans compter les nombreux autres palmarès accumulés au fil des ans.

▸ **Visites guidées.** Pour ceux qui aimeraient découvrir cet hôtel emblématique, Cicérone propose des visites guidées d'environ une heure tous les jours de l'année. Votre guide vous fera découvrir les illustres personnages et événements historiques qui ont façonné l'identité de l'endroit au fil du temps, sans oublier son évolution architecturale qui comprend, notamment, la cure de rajeunissement qui a eu lieu au cours des dernières années. Pour infos et réservations : www.cicerone.ca

FUNICULAIRE DU VIEUX-QUÉBEC ★

16, rue du Petit-Champlain
✆ +1 418 692 1132
www.funiculaire.ca
Ouvert tous les jours à l'année (horaires variables). Tarif : 4 CAN $ par personne.

Avec un dénivelé aussi important entre la Basse-Ville et la Haute-Ville, ce n'est pas étonnant qu'un funiculaire soit installé entre le quartier du Petit-Champlain et la Terrasse Dufferin. Seul du genre en Amérique du Nord, le tout premier funiculaire fut installé en 1879 avant d'être entièrement détruit par un incendie en 1945. Reconstruit puis amélioré, il offre dorénavant une superbe vue sur la Basse-Ville, le Saint-Laurent et la rive sud. N'oubliez pas votre appareil photo !

GALERIE ART INUIT BROUSSEAU ★★

35, rue Saint-Louis
✆ +1 418 694 1828
www.artinuitbrousseau.ca
Ouvert tous les jours de 10h à 17h.

Cette galerie d'art inuit canadien vaut vraiment le détour. La disposition de la galerie met en valeur chacune des sculptures, soulignant toute la beauté de ces magnifiques œuvres. Celles-ci ont des prix proportionnels à leur habileté et à leur taille, mais aussi à la réputation de l'artiste, à leur raffinement et au symbole représenté. La galerie met en avant des artistes contemporains dont l'art, définitivement très raffiné, est bien actuel et toujours vivant.

MUSÉE DE LA CIVILISATION ★★

85, rue Dalhousie
✆ +1 418 643 2158
www.mcq.org
24 juin à la fête du Travail : lundi-dimanche, 10h-17h. Le reste de l'année : fermé le lundi. Adulte : 15 à 25 CAN $.

Le bâtiment (1988) est une réalisation du célèbre architecte Moshe Safdie. À l'intérieur, le musée propose annuellement de superbes expositions et des ateliers sur des sujets actuels, historiques et parfois insolites. Il faut absolument voir l'exposition permanente « Le Temps des Québécois » qui décrit la grande et la petite histoire du Québec dans une vision rafraîchie et différente, de la Nouvelle-France à aujourd'hui. Idem pour « C'est notre histoire » qui met en vedette la culture, la diversité et les aspirations des Premières Nations et Inuit du Québec.

Château Frontenac.

LIEU HISTORIQUE DES FORTIFICATIONS-DE-QUÉBEC ★★

2, rue d'Auteuil ✆ +1 888 773 8888
www.pc.gc.ca/fortifications
Fin mai à mi-octobre (juin à début septembre pour certains sites). Adulte 8,50 CAN $, gratuit pour les 17 ans et moins.

Québec est la seule ville au nord du Mexique ayant conservé ses fortifications, ce qui lui a valu d'être proclamée joyau du patrimoine mondial par l'UNESCO en 1985. Parcourez les 4,6 km de fortifications et traversez les portes de ces murs qui protègent le cœur de la vieille ville. Le long de votre trajet, accédez à la promenade des Gouverneurs, au parc Montmorency, à la rue des Remparts, aux Nouvelles Casernes, à des ouvrages militaires uniques et tant d'autres richesses. On retrouve aussi le site patrimonial du Parc-de-l'Artillerie. Aux XVIIIe et XIXe siècles, il s'agissait d'un lieu consacré à la défense de la ville de Québec. C'est pourquoi cet ancien lieu de casernement et d'entrepôt militaire fait partie aujourd'hui des Fortifications-de-Québec. Ce fut et c'est toujours un emplacement stratégique majeur. A la fin du XIXe siècle, le gouvernement du Canada choisit cet emplacement stratégique pour y construire la première cartoucherie au pays. Vous y visiterez aujourd'hui, pacifiquement, la fonderie de l'Arsenal (1903), la redoute Dauphine (1712) et le logis des officiers (1818). Des visites guidées sont offertes en saison, tant pour les fortifications que pour le parc de l'Artillerie. Bon plan : le passeport découverte permettant de bénéficier d'un tarif réduit sur quatre activités. Plusieurs autres activités sont également offertes, dont une démonstration de tir au fusil d'époque et l'activité familiale « La légende des murs qui parlent ».

MONASTÈRE DES AUGUSTINES ★

77, rue des Remparts
✆ +1 418 694 1639
monastere.ca
Musée ouvert toute l'année (horaires variables). Adulte : 16 CAN $ (visite libre ou commentée).

Le concept ? Allier culture, patrimoine et santé. Situé en plein cœur du Vieux-Québec, Le Monastère des Augustines occupe les ailes anciennes du monastère de l'Hôtel-Dieu de Québec. Complètement restauré et réaménagé, Le Monastère est un ensemble patrimonial classé parmi les plus importants du Vieux-Québec. Ses bâtiments historiques coexistent harmonieusement avec les ajouts architecturaux contemporains. Dans ce décor enchanteur et rempli d'histoire, Le Monastère offre aux visiteurs de nombreuses activités de détente, comme par exemple le yoga, la méditation ou encore la relaxation. Il est aussi possible de loger sur place et de se régaler dans un nouvel espace de restauration innovateur qui place l'alimentation consciente, le ressourcement et l'éducation au cœur de l'expérience. Le Musée du Monastère et son centre d'archives permettent aux visiteurs de découvrir le riche patrimoine des Augustines. Nombreux forfaits avec hébergement, séjours personnalisés en santé globale et promotions sont disponibles toute l'année. À savoir que Le Monastère a été élu « meilleure expérience touristique de ressourcement au monde » par le *National Geographic Traveler* en 2016. Deux nouveautés à découvrir sur place : des parcours autonomes à caractère historique ou spirituel sont maintenant disponibles et le nouvel espace de détente et d'alimentation consciente qui a été inauguré en février 2022. Consultez le site web pour obtenir toute l'information concernant les différents services et la programmation du Monastère.

PLACE ROYALE ★★

Un de ces endroits à ne pas manquer où vous sentez de façon authentique le souffle de l'histoire. C'était, à l'origine, le jardin de Champlain. Lorsque la ville se développa, elle devint un marché des plus animés et, jusqu'au XIXe siècle, demeura le centre de l'activité économique de Québec. Elle est entourée de maisons anciennes du XVIIe siècle : maisons Fornel, Drapeau, Bruneau, Rageot, restaurées depuis. L'église Notre-Dame-des-Victoires, bâtie en 1688, l'une des plus anciennes églises du Québec, abrite un retable doré représentant la ville fortifiée de Québec.

QUARTIER PETIT CHAMPLAIN ★★

Rue du Petit-Champlain
www.quartierpetitchamplain.com

Accessible depuis la Haute-Ville par l'escalier Casse-Cou (rien à craindre de ce côté !) ou le funiculaire, ce quartier regorge de belles boutiques d'artistes et d'artisans, sans oublier de nombreuses adresses gourmandes. Riche d'histoire, on y retrouve de belles résidences d'époque, comme la maison Louis-Jolliet (1683) ou encore la maison Chevalier où sont reconstitués des intérieurs typiques des XVIIIe et XIXe siècles. La fresque du Petit-Champlain, qui évoque les origines du quartier Cap-Blanc, est également à voir. Un incontournable !

QUÉBEC

Place Royale, Vieux-Québec.

ÉGLISE SAINT-JEAN-BAPTISTE

480, rue Saint-Jean-Baptiste
✆ +1 418 688 0350
www.saintjeanbaptiste.org
Fermée au public pour une durée indéterminée.

Reconstruite dans les années 1880 dans le style Second Empire, cette église est l'une des plus imposantes et richement décorées de la ville (à savoir qu'elle a brûlé deux fois avant sa reconstruction). Très largement inspirée de l'église de la Trinité à Paris, elle fut longtemps considérée comme le monument national des Canadiens français. Elle est non seulement classée monument historique mais aussi bien culturel en raison de ses grandes orgues Déry-Casavant.

HÔTEL DU PARLEMENT ★

1045, rue des Parlementaires
✆ +1 418 643 7239
www.assnat.qc.ca
Visites guidées gratuites toute l'année.
Restaurant, café et boutique sur place.

C'est le premier site historique national du Québec. De style Second Empire, il fut conçu en 1886 par l'architecte Eugène-Étienne Taché et présente une imposante façade ornée des grands personnages ayant marqué l'histoire de la province. Devant l'entrée principale, l'impressionnante fontaine dédiée aux Amérindiens s'orne de sculptures de l'artiste québécois du XIXe siècle, Louis-Philippe Hébert. La visite guidée permet de découvrir le style architectural de l'édifice, l'histoire de la province et le fonctionnement des institutions parlementaires québécoises.

MUSÉE DES PLAINES D'ABRAHAM ★

835, avenue Wilfrid-Laurier ✆ +1 418 649 6157
www.ccbn-nbc.gc.ca/fr
Ouvert tous les jours de 9h à 17h. Adulte : 11,75 à 20,75 CAN $ selon la période (tour en bus non offert hors saison).

L'exposition *Batailles : 1759-1760* permet de revivre avec authenticité le siège de Québec et les batailles des plaines d'Abraham opposant le marquis de Montcalm et James Wolfe. La tour Martello 1, quant à elle, abrite une exposition sur le génie militaire et la vie de soldat, par l'intermédiaire de technologies d'avant-garde. Pour conclure la visite, montez à bord du bus avec le vieil Abraham Martin qui vous racontera l'histoire des plaines, avec quelques secrets bien gardés en bonus.

OBSERVATOIRE DE LA CAPITALE ★

1037, rue de la Chevrotière
✆ +1 418 644 9841
observatoire-capitale.com
Ouvert toute l'année. Adulte : 14,75 CAN $.
Laissez-passer annuel : 35 CAN $.

Monter au sommet du plus haut bâtiment de Québec (221 mètres d'altitude) permet d'avoir une vue panoramique sur la ville et ses environs grâce aux vastes parois vitrées de l'Observatoire. À découvrir : *Horizons*, un parcours découverte qui permet aux visiteurs d'en apprendre davantage sur les événements qui ont forgé la capitale québécoise et sur l'essence des gens qui en sont l'âme. Également sur place : un jeu-questionnaire à hauteur d'enfant et deux projections vidéo immersives.

QUÉBEC

Salle de l'Assemblée nationale du Québec.

Parc Des Champs-de-Bataille.

MUSÉE NATIONAL DES BEAUX-ARTS DU QUÉBEC ★★

179, Grande Allée Ouest ✆ +1 418 643 2150
www.mnbaq.org
Ouvert toute l'année (fermé le lundi hors saison). Adulte : 16 à 25 CAN $. Demi-tarif le mercredi de 17h à 21h.

Le Musée national des beaux-arts du Québec possède la plus complète et la plus imposante collection d'art québécois avec plus de 42 000 œuvres réalisées depuis le XVIIe siècle. Il propose un panorama exceptionnel de l'histoire de l'art du Québec et compte quatre pavillons. Ne manquez pas le pavillon Pierre Lassonde qui met en valeur la collection d'art contemporain du Québec après 1960, incluant l'art inuit, les arts décoratifs et le design. Dans le passage qui relie ce pavillon au reste du complexe, il faut voir l'immense fresque *L'Hommage à Rosa Luxemburg* de Riopelle, séquence narrative de 30 tableaux mesurant 40 mètres au total. Voyez le pavillon Gérard-Morisset complètement restauré qui vous propose un grand ballet de près de 800 œuvres présentant une rétrospective audacieuse de l'histoire de la culture visuelle de l'époque de la Nouvelle-France jusqu'à la contre-culture des années 1960. Sachez que le musée propose différentes visites commentées pour découvrir les expositions et les collections (visites autonomes avec audioguide et parcours numériques également). Le musée organise également des ateliers pour les familles et pour les adultes, des concerts, des conférences et des rencontres, la diffusion de films d'art et d'auteurs du Québec, etc. Complétez votre visite en dégustant un repas à l'un des restaurants du musée (Café Québécor par Laurent Godbout et comptoir de mets à emporter Vitalité) ou en passant à la librairie-boutique qui regorge de trésors.

PARC DES CHAMPS-DE-BATAILLE ★★

835, avenue Wilfrid-Laurier
✆ +1 418 649 6157
www.ccbn-nbc.gc.ca/fr
Centre d'information et d'accueil ouvert tous les jours de l'année, de 9h à 17h.

Au temps de la colonisation, les conflits d'intérêts entre la France et l'Angleterre ont entraîné une succession de guerres et de traités. En 1759, James Wolfe est nommé officier commandant de l'assaut britannique et son mandat est précis : s'emparer de la ville fortifiée de Québec. S'en suivent plusieurs assauts et le 13 septembre 1759, les forces britanniques livrent contre Montcalm et ses troupes françaises la célèbre bataille des plaines d'Abraham. Cette importante défaite de l'armée française entraînera la reddition de la ville de Québec puis, en 1760, la capitulation de Montréal.

Au Parc des Champs-de-Batailles, il en reste des souvenirs (plaques commémoratives, monuments et pièces d'artillerie), disséminés sur 125 hectares de parc boisé et de jardins. S'y trouve une belle vue de la terrasse Grey. De là, la Promenade des Gouverneurs longe la citadelle jusqu'à la Terrasse Dufferin, au pied du Château Frontenac. Les tours Martello que vous apercevez dans le parc (quatre à Québec, dont deux sur les plaines d'Abraham) ont été érigées après la conquête anglaise, entre 1808 et 1812, pour servir d'ouvrages avancés de défense, en prévision d'une autre invasion américaine à la suite de celle de 1775. Rondes, robustes, en pierre, elles constituaient des unités de défense autonome servant à la fois de caserne, de magasin, de plate-forme de tir, et leur unique entrée à l'étage n'était accessible que par une échelle. Elles n'ont, en fait, jamais servi.

AQUARIUM DU QUÉBEC ★

1675, avenue des Hôtels
✆ +1 418 659 5264
www.sepaq.com/ct/paq
Ouvert tous les jours sauf le 25 décembre (horaires variables). Adulte : 22 CAN $.

Les vedettes de l'aquarium, les morses, les phoques et les ours blancs, retiendront sans nul doute votre attention et vous pourrez assister à leur entraînement ou à leur repas. À voir absolument : le tunnel Grand Océan à la découverte de l'océan Pacifique, le Pavillon des profondeurs et ses belles méduses ou encore la nouvelle salle de projection immersive ImMERsion. Pour les 8 ans et plus, on recommande l'activité « Aquariste d'un jour » qui leur fera vivre l'envers du décor. Restauration, boutique, jeux d'eau et parcours d'hébertisme sur place.

JARDIN UNIVERSITAIRE ROGER-VAN DEN HENDE

2480, boulevard Hochelaga
✆ +1 418 656 2046
www.jardin.ulaval.ca
Ouvert en semaine de 8h à 20h, de 9h à 20h le week-end. Entrée libre, don de 2 CAN $ suggéré.

Accessible au public depuis plus de 40 ans, c'est en fait un jardin pédagogique qui fait partie de l'Université Laval. Couvrant 6 hectares, il regroupe près de 4 000 espèces et cultivars, dont un bon nombre de plantes indigènes de la province. Un endroit idéal où flâner tout en visitant l'arboretum, la roseraie, le jardin d'eau ou encore les collections de plantes herbacées, de rhododendrons et de plantes ornementales introduites des autres continents. Un secret bien gardé de Québec !

MAISON DES JÉSUITES DE SILLERY

2320, chemin du Foulon ✆ +1 418 654 0259
www.maisonsdupatrimoine.com
Ouvert toute l'année (horaires variables). Groupes seulement de janvier à fin mars. Entrée libre. Aire de pique-nique.

Elle date du début du XVIIIe siècle, mais l'occupation du site remonterait à de plus de 3 000 ans ! Premier établissement permanent fondé en Nouvelle-France par les jésuites, en 1637, la mission Saint-Joseph avait pour but l'évangélisation et la sédentarisation des Amérindiens. L'exposition permanente *Mission en Nouvelle-France* retrace l'histoire de cette mission et la rencontre entre jésuites, Européens et Amérindiens. Plusieurs autres vestiges se trouvent sur le site.

PARC DE LA PLAGE-JACQUES-CARTIER

3636, chemin du Pavillon
✆ +1 418 641 6311
www.ville.quebec.qc.ca
Gratuit.

Le parc de la Plage-Jacques-Cartier longe le Saint-Laurent sur 2,6 kilomètres. Cerné par le parc nautique de Cap-Rouge à l'ouest et le sentier des Grèves et de la promenade Samuel-De-Champlain à l'est, cet espace naturel attire les promeneurs, les ornithologues et les amateurs de raquettes en hiver. Il est possible de louer des embarcations au parc nautique de Cap-Rouge. Le sentier permet aussi de rejoindre le Vieux-Québec (compter environ 2 heures de marche depuis la marina).

PARC DU BOIS-DE-COULONGE

1215, Grande Allée Ouest
✆ +1 418 528 0773
www.capitale.gouv.qc.ca
Parc ouvert tous les jours de 7h à 23h. Gratuit.

Ici se trouve l'ancienne résidence des gouverneurs généraux du Canada-Uni et des lieutenants-gouverneurs du Québec. La chaufferie des serres, un des bâtiments du domaine historique, est dorénavant converti en centre d'interprétation et présente une exposition historique ainsi qu'un espace de lecture (ouvert en été, entrée libre). On retrouve aussi dans ce parc un arboretum, des jardins et des sentiers pédestres. En hiver, ne ratez pas la cabane à sucre. À savoir qu'en 2022 s'y est tenue l'exposition internationale Mosaïcultures Québec.

SITE ARCHÉOLOGIQUE CARTIER-ROBERVAL ★

4079, chemin Saint-Louis
✆ +1 418 528 0773
www.capitale.gouv.qc.ca
Ouvert tous les jours de mai à octobre, de 8h à 20h. Gratuit.

C'est au confluent de la rivière Cap-Rouge et du fleuve Saint-Laurent que furent découverts, en 2005, plus de 6 000 artefacts datant du XVIe siècle. Ces fouilles ont mis au jour les vestiges du premier village fortifié (1541) établi par Jacques Cartier et Jean-François de La Rocque de Roberval. Le site a d'ailleurs achevé sa mise en valeur avec une passerelle d'observation, un belvédère offrant une vue à 360° et un parcours d'interprétation avec une expérience en réalité augmentée.

SE LOGER

Étant l'une des principales destinations touristiques du Québec, la capitale provinciale ne manque pas d'options en termes d'hébergement. De l'auberge de jeunesse au grand hôtel luxueux 5 étoiles, tout y est ! Un nombre impressionnant a élu domicile dans le Vieux-Québec, quartier de prédilection des touristes. C'est ici que se concentrent les grands hôtels et les auberges de charme, pour la plupart établis dans des bâtiments historiques au cachet fort bien conservé. Et nul besoin de se ruiner pour séjourner dans ce magnifique cadre ! Les quartiers Saint-Jean-Baptiste, Saint-Roch ou encore Montcalm sont une excellente option pour ceux voulant davantage sentir le pouls de la ville et de ses habitants. Quelques établissements hôteliers dignes de mention également dans l'ouest (Sainte-Foy, Cap-Rouge...), offrant en plus un accès rapide grâce à la proximité des autoroutes et des ponts pour la rive sud.

AUBERGE INTERNATIONALE DE QUÉBEC €

19, rue Sainte-Ursule ✆ +1 418 694 0755
hiquebec.ca

Voir site web pour les tarifs. Café bistro, cuisine commune, salon tv, cour intérieure, programme d'activités.

Une très belle auberge de jeunesse dans le centre historique de la ville. Lieu de séjour très prisé, elle allie à merveille le cachet historique aux commodités modernes. Les chambres privées sont vraiment agréables et celles partagées sont très bien entretenues. Il y règne une ambiance fort chaleureuse, faisant de l'auberge un lieu idéal pour rencontrer d'autres voyageurs provenant des quatre coins du globe. De la qualité et de nombreux services pour un prix plus qu'intéressant !

CHÂTEAU DES TOURELLES €€

212, rue Saint-Jean ✆ +1 418 647 9136
chateaudestourelles.qc.ca

Occupation double : à partir de 128 CAN $, petit déjeuner maison inclus. Promotions et forfaits disponibles.

Sise dans une bâtisse datant de 1898 et entièrement rénovée, cette charmante auberge est tenue par une famille française venue établir ses pénates au Québec. Au programme, une dizaine de chambres, suites et studios absolument magnifiques. Certaines sont équipées en plus d'un balcon privé, d'une cuisine, d'un salon ou encore d'un bain à remous. Les suites et les studios peuvent accueillir trois personnes, alors que certaines chambres peuvent héberger en tout confort jusqu'à quatre personnes. Bonus : une terrasse panoramique avec vue sur la ville et le fleuve.

AUBERGE PLACE D'ARMES €€

24, rue Sainte-Anne
✆ +1 418 694 9485
www.hotelsduvieuxquebec.com

Occupation double : à partir de 159 CAN $, petit déjeuner inclus. Promotions et forfaits disponibles.

Ne vous laissez pas surprendre par l'entrée qui fait double emploi : elle mène à la fois au restaurant Chez Jules et à l'hôtel. Les chambres, entièrement rénovées, sont toutes très confortables et arborent un cachet indéniable et une déco raffinée. Elles sont toutes dotées d'un téléviseur à écran plat, d'un bain-douche avec pluie ou jets ou douche pluie et jets (plancher chauffant dans la plupart des salles de bains) et d'un petit réfrigérateur. Ce lieu de séjour est à proximité des principales artères du Vieux-Québec et du Château Frontenac.

COUETTE & CAFÉ 4 SAISONS €€

287, boulevard René-Lévesque Ouest
✆ +1 418 525 6426
www.bb4saisons.com

Occupation double : à partir de 99 CAN $, petit déjeuner et stationnement inclus.

Niché au cœur du quartier Montcalm, le charmant gîte de Joscelyne et Denis est un vrai petit bijou. Sur place, trois coquettes chambres à votre disposition, dont une suite avec un petit coin salon et un balcon. Elles peuvent toutes accueillir jusqu'à trois personnes en tout confort. Le matin venu, vos hôtes concoctent un savoureux petit déjeuner chaud qui varie chaque jour, pour le plus grand bonheur de vos papilles. Besoin d'idées ou de conseils pour votre séjour ? Vos hôtes se feront un plaisir d'y répondre ! Une adresse chaudement recommandée.

HÔTEL CHAMPLAIN €€

115, rue Sainte-Anne
✆ +1 418 694 0106
www.hotelsduvieuxquebec.com
Occ. double : à partir de 149 CAN $, petit déjeuner inclus. Promotions et forfaits. Stationnement : 24 CAN $/jour.

Idéalement situé en plein cœur du Vieux-Québec, l'Hôtel Champlain sis dans un bâtiment de style épuré, pur produit de l'architecture des années 1960. Entièrement rénové en 2016, il offre de très belles chambres spacieuses au décor éclectique, de large baies vitrées ouvrant sur la vieille ville et une insonorisation impeccable. Les suites offrent en plus un foyer, un coin salon et un bain à jets doubles (une suite est munie d'une cuisinette, fort utile). L'endroit parfait pour un pied-à-terre dans la capitale à un prix plus que raisonnable.

HÔTEL DES COUTELLIER €€

253, rue Saint-Paul
✆ +1 418 692 9696
www.hoteldescoutellier.com
Occupation double : à partir de 161 CAN $, petit déjeuner inclus. Promotions et forfaits disponibles.

Lieu parfait pour plonger dans l'ambiance du Vieux-Port de Québec, cet hôtel-boutique 4 étoiles, sis dans un ancien entrepôt, a su garder le cachet des lieux en y ajoutant une touche chaleureuse et contemporaine. Certaines chambres ont conservé leurs murs de brique, d'autres ont quatre belles grandes fenêtres, mais toutes offrent un confort sans pareil. Et que dire de la suite Prestige à aire ouverte avec mur de brique et baignoire thérapeutique double avec chromothérapie ! Vous trouverez ici un accueil des plus charmants pour un séjour mémorable.

HÔTEL DU VIEUX-QUÉBEC €€

1190, rue Saint-Jean ✆ +1 418 692 1850
hvq.com
Occupation double : à partir de 209 CAN $. Promotions et forfaits disponibles. Bistro Hortus sur place.

Superbe établissement hôtelier au cœur de la vieille ville côtoyant l'animation de la rue Saint-Jean : vous voici à l'Hôtel du Vieux-Québec. Les chambres, douillettes et confortables à souhait, offrent un cadre chaleureux et contemporain avec un ameublement conçu par des artisans locaux. Coup de cœur pour la chambre La Québécoise avec ses murs de pierre, son foyer électrique et son bain thérapeutique double. Quant à la localisation, on ne pourrait pas demander mieux : à proximité des sites d'intérêt et des bons restaurants. Une belle adresse, verte et écologique !

HÔTEL MANOIR D'AUTEUIL €€

49, rue d'Auteuil
✆ +1 418 694 1173
www.manoirdauteuil.com/fr
Tarifs disponibles en ligne. Petit déjeuner continental en sus sur demande. Promotions et forfaits. Salon-bar, terrasse.

Cette superbe demeure datant de 1835 est un hôtel depuis 1953. Près d'une trentaine de chambres et suites sont à disposition dans un décor faisant honneur à l'Art nouveau et à l'Art déco. Certaines pièces ont toutefois gardé leur cachet d'origine. À noter que la célèbre chanteuse Édith Piaf a séjourné au Manoir dans l'une des suites historiques. Avec une localisation de choix dans le Vieux-Québec, à proximité du Parlement, du Château Frontenac et de tous les lieux touristiques des environs, cet hôtel est définitivement une adresse à retenir.

© HÔTEL_MANOIR_AUTEUIL

© HÔTEL_MANOIR_AUTEUIL

QUÉBEC

HÔTEL RELAIS CHARLES-ALEXANDRE €€

91, Grande Allée Est
✆ +1 418 523 1220
www.relaischarlesalexandre.com
Occ. double : à partir de 119 CAN $, petit déjeuner inclus. Stationnement possible, borne pour véhicules électriques.

Situé dans un bâtiment construit au début du XXe siècle, ce petit hôtel de charme et de luxe est un excellent pied-à-terre grâce à sa situation centrale, à proximité de tous les points d'intérêt. Les lieux ont gardé leur cachet avec de nombreux foyers apparents et des planchers en bois de chêne, et les chambres sont douillettes à souhait. Le rez-de-chaussée abrite une galerie d'art où est servi chaque matin le savoureux petit déjeuner. Un excellent rapport qualité-prix.

© RELAIS CHARLES-ALEXANDRE

© RELAIS CHARLES-ALEXANDRE

HÔTEL LE SAINT-PAUL €€

229, rue Saint-Paul
✆ +1 418 694 4414
www.lesaintpaul.qc.ca
Occupation double : à partir de 159 CAN $. Promotions et forfaits disponibles.

Ce charmant hôtel bénéficie d'une localisation de choix, en plein quartier du Vieux-Port. Sis dans un bâtiment datant du XIXe siècle entièrement rénové, il propose près d'une trentaine de chambres et suites tout confort, dont certaines avec murs de briques ou de pierres, mais toutes avec un design moderne et un charme indéniable. À savoir qu'elles offrent la climatisation, une excellente insonorisation et le wifi gratuit. Adjacent à l'hôtel se trouve le restaurant Veravin 2.0 qui propose une ardoise qui n'est pas sans rappeler les authentiques bistrots français.

HÔTEL PUR QUÉBEC €€

395, rue de la Couronne
✆ +1 418 647 2611
www.marriott.fr
Occ. double : à partir de 185 CAN $. Gym, sauna, piscine intérieure, restaurant et bar à vin. Promotions disponibles.

Premier hôtel Tribute Portfolio au Canada, c'est un hôtel urbain qui plaît pour sa décoration épurée et moderne. Situé au cœur du quartier Saint-Roch, il dégage une atmosphère zen et tranquille. Les chambres sont toutes munies de hautes fenêtres ; les murs blancs et la décoration très stylée les rendent luxueuses. L'équipement offre un grand confort : matelas et duvets de luxe, douche européenne et bain japonais revigorant, téléviseur à écran plat, mini-réfrigérateur... Son restaurant Table, ouvert du matin au soir, propose une cuisine bistro et gourmande.

HÔTEL ROYAL WILLIAM €€

360, boulevard Charest Est
✆ +1 418 521 4488
royalwilliam.com
Occupation double : à partir de 168 CAN $. Promotions et forfaits disponibles.

Situé en plein cœur du quartier Saint-Roch, cet hôtel a subi une cure de rajeunissement qui lui va à merveille ! Désormais membre du réseau Ascend Hotel Collection, le Royal William propose 44 chambres, suites et studios répartis sur quatre étages (à noter que les studios sont munis d'une cuisinette). Le petit déjeuner est offert en supplément et un restaurant devrait voir le jour sous peu dans l'hôtel. Parmi les services sur place : stationnement intérieur (payant), buanderie (payante), gym ouvert 24h/24, services et installations pour le corporatif.

HÔTEL SAINTE-ANNE €€

32, rue Sainte-Anne
✆ +1 418 694 1455
www.hotelste-anne.com
Occupation double : à partir de 149 CAN $.
Promotions et forfaits disponibles.

Un hôtel boutique 3 étoiles au cachet unique offrant le confort et le service d'un 5 étoiles. Sa localisation est extraordinaire : en plein cœur du Vieux-Québec et à quelques pas du Château Frontenac. Ses chambres, entièrement rénovées, sont chaleureuses et stylisées, et la plupart d'entre elles ont un mur de briques ou de pierres d'origine. Des salons privés sont également à disposition pour des réunions ou événements privés. Ce bel hôtel plaira assurément aux amateurs de style épuré et contemporain. Restaurant Le Mûrmur sur place, ouvert de fin mai à octobre.

MONASTÈRE DES AUGUSTINES €€

77, rue des Remparts ✆ +1 418 694 1639
monastere.ca
Occ. double : à partir de 180 CAN $, petit déjeuner, accès au Musée et au site patrimonial inclus.
Forfaits disponibles.

Une expérience d'hébergement hors du commun, dans un havre patrimonial de culture et de mieux-être occupant les anciennes ailes du monastère de l'Hôtel-Dieu de Québec au cœur du Vieux-Québec. Que vous choisissiez une chambre authentique restaurée dans un esprit monastique ou une contemporaine au décor épuré, confort et ressourcement seront au rendez-vous. Les lieux proposent aussi des repas santé, des soins spécialisés (massothérapie, soins énergétiques, etc.), un musée, un centre d'archives ainsi qu'une programmation d'activités en santé globale et en culture.

AUBERGE SAINT-ANTOINE €€€

8, rue Saint-Antoine
✆ +1 418 692 2211
www.saint-antoine.com/fr
Occupation double : à partir de 230 CAN $.
Stationnement payant, gym, restaurant, bar, visites guidées de l'hôtel, etc.

Suite à des fouilles archéologiques entreprises en 2001 sous ses assises, cet hôtel-musée, membre de la prestigieuse association Relais & Châteaux, vous propose une façon originale de trouver le repos et le luxe à l'intérieur des murs d'un ancien entrepôt maritime du début du XVIIe siècle et de la Maison Hunt datant de la même époque. Des chambres grand confort qui exposent les artefacts découverts sur le site. Style contemporain du mobilier et de l'architecture en accord avec le passé. Une belle façon de découvrir la Nouvelle-France !

HÔTEL NOMAD €€

15 avenue Saint-Geneviève
✆ +1 418 694 1884
www.hotelnomad.ca
Occupation double : à partir de 149 CAN $.
Promotions et forfaits disponibles.
Établissement certifié carboneutre.

Hôtel singulier où votre esprit de curiosité sera stimulé tant par les lieux que par les meubles et objets originaux chinés aux quatre coins du monde ou fabriqués par des artisans québécois. Seize chambres et suites confortables au décor différent s'offrent aux hôtes pour un séjour d'exception. L'hôtel est aussi tourné vers le développement durable et l'écoresponsabilité : certification carboneutre, stationnement avec bornes électriques, gestion des déchets et de l'énergie, etc. Un hôtel superbe et à prix doux, compte tenu de sa localisation dans le Vieux-Québec.

© HÔTEL NOMAD

© HÔTEL NOMAD

FAIRMONT LE CHÂTEAU FRONTENAC €€€

1, rue des Carrières ✆ +1 418 692 3861
www.fairmont.fr/frontenac-quebec
Occupation double : à partir de 289 CAN $. Forfaits et promotions. Nombreuses installations de détente, boutiques, etc.

L'hôtel le plus photographié au monde ne pouvait être passé sous silence. Le hall d'entrée laisse pantois, d'emblée. Ajoutons à cela la qualité du service propre à Fairmont et voilà qui explique aisément la légende du Château. Mentionnons aussi la présence de l'excellent restaurant Champlain et celle du Bistro Le Sam. La véranda quatre saisons y offre une vue extraordinaire sur le Saint-Laurent. À noter que cet hôtel est devenu le premier au pays à atteindre la carboneutralité.

HÔTEL 71 €€€

71, rue Saint-Pierre
✆ +1 418 692 1171
hotel71.ca
Occupation double : à partir de 219 CAN $. Gym, espresso lounge, bar à vin et spiritueux, restaurant Il Matto.

Au cœur du Vieux-Port de Québec, cet hôtel urbain a pris place dans l'ancien édifice du siège social de la Banque nationale du Canada, datant du XIXe siècle. Le mobilier est de confection québécoise dans un style épuré et très design. Les chambres et suites proposent de grandes fenêtres, des planchers de bois, des plafonds de 4 mètres et une literie des plus luxueuses. Il y a aussi la Suite Penthouse sur deux étages avec terrasse sur le toit, kitchenette, cheminée, etc. Restaurant sur place proposant une cuisine italienne réconfortante dans un décor branché.

HÔTEL BOUTIQUE OPHELIA €€€

640 Grande Allée Est
✆ +1 418 524 8228
hotelophelia.com
Occupation double : à partir de 360 CAN $. Promotions et forfaits disponibles.

Situé au-dessus de sa grande sœur, le restaurant Ophelia, ce tout nouvel hôtel-boutique est une véritable perle. Conçu dans l'esprit de l'hôtellerie de luxe mais de taille humaine avec trois chambres et tout autant de suites, il se démarque par son superbe design épuré, dont des meubles sur mesure fabriqués au Québec. Parmi les services offerts, notons le stationnement payant (six places) et le petit déjeuner à la carte sur supplément. Et vous n'êtes qu'à deux pas des restaurants L'Atelier et Ophelia, tous deux gérés par les mêmes proprios que l'hôtel.

HÔTEL CHÂTEAU LAURIER QUÉBEC €€€

1220, place George-V Ouest ✆ +1 418 522 8108
www.hotelchateaulaurier.com
Occ. double : à partir de 200 CAN $, petit déjeuner et stationnement inclus. Installations de détente, restaurant.

Mariant magnifiquement le classicisme et la modernité, cet hôtel a choisi le confort comme maître-mot. Pour les plus petits budgets, les chambres de la catégorie L'Ultra sont contemporaines, lumineuses et très fonctionnelles. Pour une expérience unique, la suite présidentielle est tout simplement incroyable. À savoir que l'établissement arbore fièrement la bannière « francoresponsable » ; nous vous invitons à ce titre à découvrir son *Mur de la francophonie* dans le hall de l'hôtel.

HÔTEL LE BONNE ENTENTE €€€

3400, chemin Sainte-Foy
✆ +1 418 653 5221
lebonneentente.com
Occupation double : à partir de 179 CAN $. Spa Amerispa, piscine et bain à remous extérieurs, golf, restaurants, etc.

Situé à 20 minutes du Vieux-Québec, le Bonne Entente est un magnifique hôtel contemporain 5 étoiles. Les chambres sont superbes, surtout celle de l'Espace Terzo, la partie la plus récente de l'hôtel. Le jardin avec piscine, en été, est un délice, ainsi que le salon avec sa cheminée en hiver. À l'extérieur en hiver, l'hôtel dispose chaises Adirondacks, peaux de bêtes et feux de bois. À noter qu'en 2021, le Bonne Entente a de nouveau obtenu ses 4 étoiles Forbes, faisant de lui le seul hôtel de la capitale à détenir cette côte prestigieuse tant convoitée.

HÔTEL LE GERMAIN QUÉBEC €€€

126, rue Saint-Pierre
✆ +1 418 692 2224
germainhotels.com/fr
Occupation double : à partir de 259 CAN $, petit déjeuner inclus. Promotions et forfaits disponibles.

L'originalité de cet hôtel est sa merveilleuse simplicité. Le concept : un hôtel design qui s'adapte au gré du temps, beau, zen, tout confort. Le luxe à l'état pur, mais pas clinquant. Peu importe la catégorie, les chambres sont de toute beauté, classe et confortables à la fois, elles laissent rêveur. Un hôtel digne des meilleurs magazines de décoration. À notre avis, l'établissement de Québec est l'un des plus beaux hôtels Germain. Services sur place : terrasse avec service de bar en été, gym ouvert 24h/24, massothérapie en chambre.

MONSIEUR JEAN €€€

2, rue Pierre-Olivier Chauveau
✆ +1 418 977 7777
monsieurjean.ca
Occupation double : à partir de 235 CAN $. Stationnement avec voiturier : 30 CAN $ par jour.

Un secret bien gardé du Vieux-Québec qui offre une expérience d'hébergement des plus mémorables. Au programme, que des suites avec coin cuisine équipé au design simple mais ô combien efficace. Une fenestration abondante permet d'admirer la vue soit sur la vieille ville soit sur le Saint-Laurent. Plusieurs de ces magnifiques unités ont en plus une terrasse privative. On aime bien également le hall d'accueil très arty. Pour combler toutes vos fringales, faites un saut du côté du Bobu épicerie-café (accès par le hall du corridor piano). Une adresse à découvrir !

LE SAINT-PIERRE €€€

79, rue Saint-Pierre
✆ +1 418 694 7981
auberge.qc.ca
Occupation double : à partir de 135 CAN $. Accès gratuit aux installations de l'Hôtel 71.

Occupant les anciens locaux de la maison-mère de la première compagnie d'assurances au Québec, une multitude de détails crée un ensemble raffiné avec parquet et moulures. Ici convivialité et simplicité typiques des auberges sont les alliées d'un service digne des grands hôtels. Les chambres sont parfaitement équipées et elles sont rénovées et décorées avec goût, faisant honneur au style d'époque avec des meubles en érable, des murs en pierre, etc. À partir du quatrième étage, une vue merveilleuse sur le fleuve et le cap Diamant prolonge le plaisir des yeux.

HÔTEL PORT-ROYAL €€€

144, rue Saint-Pierre
✆ +1 418 692 2777 - www.leportroyal.com/fr
Occ. double : à partir de 153 CAN $.
Petit déjeuner et stationnement en sus.
Salle de sport, Louise Taverne & Bar à Vin.

Magnifiques chambres et suites au cœur du Vieux-Québec, toutes munies d'un bureau de travail, d'une cuisinette très bien équipée, et d'une chambre fermée ou non selon les catégories. Le style conjugue le design urbain et l'histoire. Cet édifice, qui abrita au XVIIIe siècle le premier hôtel à Québec, a conservé ses murs de pierre pour les insérer dans un décor épuré et résolument tendance. Chaque pièce possède un cachet unique. À voir : l'incroyable Suite Royale d'une superficie de 350 m², la plus luxueuse de la ville. Le nec plus ultra !

PETIT HÔTEL CAFÉ KRIEGHOFF €€

1089, avenue Cartier
✆ +1 418 522 3711
www.cafekrieghoff.qc.ca
Occupation double : à partir de 169 CAN $, petit déjeuner inclus.

© ANDRÉ-OLIVIER LYRA

En plus d'un charmant café de quartier, la bâtisse abrite un superbe petit hôtel avec sept chambres adorables, entièrement rénovées et insonorisées. Elles possèdent toutes un mobilier de style contemporain, une salle de bain privée, un téléviseur à écran plat et le wifi. Vous pourrez vous régaler des merveilleux et délicieux petits déjeuners, des savoureux menus du jour et soir trois services, et de l'ambiance fort agréable des 5 à 7 au bistro de l'hôtel.

LES LOFTS VIEUX-QUÉBEC €€

✆ +1 418 431 9905
loftsvieuxquebec.com
Tarifs variables selon le nombre de personnes, de nuitées et le loft choisi.

Pour un chez-soi comme à la maison, Les Lofts sont le bon plan à Québec. Répartis dans plus d'une quinzaine d'endroits dans la capitale, comme dans les quartiers du Vieux-Québec et de Saint-Roch, on propose ici des appartements design d'une à trois chambres et entièrement équipés, de la cuisine complète à la buanderie, mais aussi des chambres et studios. Point commun : ils sont tous situés dans des bâtiments ayant un caractère historique distinctif. Par exemple, vous pourriez passer la nuit dans la magnifique Gare du Palais. Une adresse chaudement recommandée !

SE RÉGALER

Dans la capitale, la gastronomie québécoise n'a rien à envier à celle de sa cousine montréalaise, bien au contraire. Les bonnes adresses poussent comme des champignons dans la ville, notamment dans les quartiers Saint-Roch, Limoilou ou encore Saint-Sauveur où plusieurs bistros sympas ont élu domicile. Dans le Vieux-Québec, on aura notamment le choix entre une savoureuse cuisine traditionnelle québécoise (lire ici « plats caloriques ») ou alors une cuisine gastronomique dans l'une des nombreuses grandes tables du quartier. Une grande tendance à découvrir dans la capitale : la cuisine nordique mettant en vedette les gibiers, poissons, etc., et produits de la forêt boréale rythmés par les saisons et les cueillettes (champignons sauvages, petits fruits forestiers, plantes et fleurs comestibles, noix nordiques, etc.). Sachez finalement que plusieurs visites gourmandes sont proposées aux quatre coins de la ville.

Agréables terrasses du Vieux-Québec.

AUX ANCIENS CANADIENS €€€

34, rue Saint-Louis
✆ +1 418 692 1627
www.auxancienscanadiens.qc.ca
Ouvert tous les jours dès 12h. Carte : 10-60 CAN $. Table d'hôte aussi offerte (rabais de 13,90 CAN $ avant 17h).

Appelée la « Maison Jacquet », cette jolie demeure semble tout droit sortie du XVIIe siècle ou d'un conte de Grimm. C'est un excellent restaurant de spécialités régionales où vous pourrez goûter aux plats traditionnels québécois que vous trouverez rarement ailleurs. La spécialité du chef : les trois mignons, un assortiment de wapiti, de bison et de cerf, le tout grillé et nappé de sauce au calvados « Brandy de pommes ». Le décor de style Nouvelle-France est très agréable, quant au service, il est impeccable, avec le personnel vêtu en costumes d'époque.

BECLUB BISTRO-BAR €€

17, rue Saint-Stanislas
✆ +1 418 692 5488
www.beclub.ca
Horaires variables selon la saison. Carte : 10-50 CAN $. Belle carte des vins, fumoir sur place.

Charmant petit bistro en plein cœur de la vieille ville, proposant notamment le fameux club sandwich BEClub avec smoked meat du fumoir, bacon poêlé et fromage grillé. La carte comprend aussi des mises en bouche dont la planche de fromages et charcuteries ou encore le carpaccio de bison avec noix grillées, fromage et épices maison. En résistance, des belles pièces de viande et des poissons, mais aussi une poutine au smoked meat ou bacon, un orgetto avec tataki de thon gaspésien ou un mac & cheese avec fromage grillé, crumble d'ail noir et bacon à l'érable.

BELLO RISTORANTE

73, rue Saint-Louis
✆ +1 418 694 0030 - www.belloristorante.com
Tous les jours dès 11h30. Carte : 10-60 CAN $. Immense terrasse couverte chauffée. Superbe cave à vin.

Élégante et chic, sans pour autant dégarnir votre porte-monnaie, voici une adresse à retenir. Le menu s'inspire des racines de la délicieuse cuisine italienne que le chef et sa brigade concoctent avec amour. Les pâtes fraîches sont faites maison, la viande du terroir est choisie minutieusement auprès des producteurs locaux, et les risottos - la grande spécialité - sont simplement divins. Les tartares et les pizzas au four ont également la cote. Aux beaux jours, la terrasse est l'endroit de prédilection pour l'apéro ou un repas en amoureux. *Buon appetito !*

QUÉBEC

BISTRO HORTUS €€

1190, rue Saint-Jean
✆ +1 418 692 5524
www.hortus.ca
Ouvert tous les jours (horaires variables). Brunch le week-end. Carte : 10-50 CAN $. Terrasse. Belle carte des vins.

L'équipe a réinventé son bistro Le Tournebroche à l'été 2021. Le chef Stéphane Roth est toujours aux commandes et propose un menu axé sur les produits locaux et bio dans l'optique écoresponsable « de la ferme à la table ». Apiculture urbaine, jardinage sur deux toits verts, aéroponie et lactofermentation font également partie du nouveau concept. Parmi les plats signature, notons le suprême de volaille fumé des Viandes biologiques de Charlevoix avec sauce boréale au sapin baumier ou encore le filet d'omble chevalier de Sept-Îles avec gel à l'argousier.

CHEZ BOULAY €€

1110, rue Saint-Jean
✆ +1 418 380 8166
chezboulay.com
Horaires variables selon la saison. Brunch le week-end (temporairement indisponible). Carte : moins de 40 CAN $.

Inspiré du mouvement de la nouvelle cuisine nordique, concept nous venant de la Scandinavie, le menu « exprime la pureté, la fraîcheur, la simplicité et l'éthique » associés au terroir du Grand Nord : gibiers, poissons, garnitures, etc., ainsi que des produits régionaux rythmés par les saisons et les cueillettes. Les végétariens ne sont pas en reste avec au moins une option savoureuse à leur intention. À visiter : le Comptoir Boréal avec ses prêt-à-manger aux accents du Nord, ses pâtisseries boréales et son coin épicerie fine.

BUFFET DE L'ANTIQUAIRE €

95, rue Saint-Paul
✆ +1 418 692 2661
lebuffetdelantiquaire.com
Ouvert tous les jours dès 6h. Carte : moins de 25 CAN $. Jolie terrasse.

© JEFF FRENETTE

Les fenêtres grandes ouvertes sur le port, le Buffet de l'Antiquaire répand depuis plus de 45 ans ses effluves de gibiers et d'épices dont seule Mémé connaît les secrets. De génération en génération, il est devenu un incontournable de la cuisine traditionnelle dans ce qu'elle a de plus authentique. Au menu : pâté à la viande, ragoût de boulettes et pattes de cochon, fèves au lard, mais aussi des plats typiques de casse-croûte et un large choix de petits déjeuners. La meilleure adresse pour se régaler, sans perdre votre bourse au passage, c'est assurément ici !

LA BÛCHE €€

49, rue Saint-Louis ✆ +1 418 694 7272
www.restolabuche.com
Horaires variables. Recommandation : menu La Totale d'la Bûche (minimum 4 personnes) : 60 CAN $ par personne.

On mise ici sur la cuisine québécoise traditionnelle revisitée dans un décor tout aussi évocateur. Le gibier, les produits locaux et les bonnes recettes de grand-maman règnent en maîtres. La carte des cocktails vaut le détour, notamment le Bloody d'la Bûche (vodka au bacon, crevette, bacon et sauce bloody maison) et l'incontournable Kariboo (mélange d'alcool, de vin et d'épices). Bonus : un bar à neige où savourer de la tire sur neige à l'année, des tables à pique-nique pour ripailler comme à la cabane à sucre, et des musiciens pour une ambiance 100 % québécoise.

CHARBON STEAKHOUSE €€€

450, rue de la Gare du Palais
✆ +1 418 522 0133
charbon.ca
Horaires variables selon la saison. Carte : 10-75 CAN $. Table d'hôte aussi offerte.

Une atmosphère qui frise le lounge, version steakhouse raffinée. Les viandes sont attendries selon un procédé naturel et grillées sur charbon d'érable : coupe Boston, côte de bœuf, steak de côtes vieilli à sec... En résumé, des grillades vraiment délicieuses. L'environnement de la Gare du Palais a en outre un je-ne-sais-quoi de bucolique qui participe à la séduction. Plan futé : leur boucherie, située sur le boulevard des Galeries, propose des pièces de viande, des plats cuisinés, des accompagnements, des sauces, des épices et autres délices à emporter.

QUÉBEC

LE CLAN €€€

44, rue des Jardins
✆ +1 418 692 0333 - restaurantleclan.com
Horaires variables. Menu 4 services : 69 CAN $, 6 services : 99 CAN $. Menu à la carte aussi. Réservation recommandée.

Après avoir tenu la barre des cuisines du Château Frontenac, le réputé chef Stéphane Modat a ouvert son antre gourmand en 2021, un lieu à l'image de ce chef passionné de la chasse et du terroir québécois. Le design de l'endroit est incroyable (mention à l'œuvre revisitée de *La Cène*) et pour vivre pleinement l'expérience gastronomique, la table du chef avec sa vue privilégiée sur la cuisine est un must. À noter que la carte des vins est signée par Pier-Alexis Soulière, lequel s'est classé dans le top 10 au concours du Meilleur sommelier du monde en 2019.

LE COCHON DINGUE €€

1014, rue Saint-Jean
✆ +1 418 523 2013
www.cochondingue.com
Ouvert tous les jours dès 8h. Carte et table d'hôte : 10 à 45 CAN $. Menu sans gluten également.

Une formule bistro gagnante et assez dingue pour cette chaîne de restaurants de la région de Québec. Le décor est toujours soigné, convivial et à la bonne franquette. Au programme, une cuisine variée, du brunch gourmand au fish & chips de morue, en passant par la poutine, les tartares, le pot-en-pot aux fruits de mer et le steak frites. Les côtes levées de porc fumées maison au bois d'érable sont renommés pour leur qualité. Les desserts sont carrément décadents, sucrés à souhait. Trois autres succursales à Québec et une à Lévis.

ÉCHAUDÉ €€

73, rue Sault-au-Matelot ✆ +1 418 692 1299
www.echaude.com
Ouvert le midi en semaine et tous les soirs dès 17h. Brunch le dimanche. Carte : 10 à 40 CAN $. Terrasse.

Si la petite rue Sault-au-Matelot vous avait séduit, l'Échaudé amplifiera votre affection. L'établissement qui joue dans la cour des grands grâce à une cuisine élaborée et savoureuse et une carte des vins dictée par l'amour. Le menu met à l'honneur des produits de qualité, délicatement choisis et choyés par les accompagnements : bison grillé avec crémeux de fromage Fleuron, chanterelles et beurre d'échalotes, ou boudin noir et pétoncles fumés avec rösti de pommes de terre, rhubarbe, noix de pin et jus de veau. Le tout servi avec gentillesse et professionnalisme.

DON €

97, rue du Sault-au-Matelot
✆ +1 418 694 9994 - donresto.com
Ouvert en semaine dès 11h, 9h le week-end. Carte : moins de 35 CAN $. Terrasse.

Ouvert depuis le printemps 2019, ce restaurant fait partie de la famille qui unit le Bello Ristorante et La Bûche. Ce qui le démarque : une carte entièrement végétalienne et qui s'inspire des saveurs du monde. On peut ainsi savourer des dumplings, une soupe thaïe, un tartare de betteraves, un risotto aux champignons ou encore un impossible burger. Aux commandes en cuisine, la chef Anne-Marie Grenier qui tenait les rênes du défunt Véganeville. Mention au décor à la fois industriel et végétal et à la grande murale qui orne un des murs.

LE LAPIN SAUTÉ €€

52, rue du Petit-Champlain
✆ +1 418 692 5325
www.lapinsaute.com
Horaires variables selon la saison. Carte : 10-75 CAN $. Terrasse.

On sautille de plaisir pour ce resto dont la décoration campagnarde fait chaud au cœur. Des plats généreux et réconfortants, reflétant le terroir québécois : magret de canard fumé au bois de pommier, poutine de lapin effiloché, cassoulets façon Lapin Sauté, assiette découverte du terroir (magret de canard fumé au bois de pommier, gravlax de saumon, rillettes de lapin, pâté de campagne, fromage du Québec, ail rôti et marinade de légumes)... Et avec un tel nom, le chef ne pourrait pas passer à côté de la cuisson du lapin sous toutes ses déclinaisons.

LÉGENDE €€€

255, rue Saint-Paul
✆ +1 418 614 2555
restaurantlegende.com
Horaires variables. Carte : 15-50 CAN $. Menu dégustation : 95 CAN $, accord des vins en sus.

Petit frère du réputé restaurant Tanière, le Légende propose un menu inspiré du patrimoine culinaire québécois et de l'empreinte laissée par le temps sur cette cuisine. Un lieu de rencontre et de partage autour de la table afin de découvrir ou redécouvrir la terre, la forêt et le fleuve, dans un menu en constante évolution. À savoir aussi que la carte des vins jouit d'une grande renommée, le magazine américain *Wine Spectator* la classant parmi les meilleures au monde. Un gros coup de cœur pour cette adresse qui propose exclusivement des produits du Québec.

CHEZ MUFFY €€€

10, rue Saint-Antoine
✆ +1 418 692 1022
www.saint-antoine.com/fr/chez-muffy
Horaires variables selon la saison. Menu petit déjeuner, soir et brunch du dimanche. Superbe cave à vin.

Chez Muffy œuvre selon la philosophie « de la ferme à la fourchette » en mettant notamment en vedette les produits de sa ferme située à l'île d'Orléans ainsi que ceux d'autres producteurs de la province. Une cuisine de bistronomie qui puise dans les inspirations françaises et québécoises, le tout en version actualisée sous la gouverne du chef Arthur Muller et du co-chef Alex Bouchard. Ici on opte également pour des techniques de cuisson lente : braisage, rôtisserie, conserves et grillades, qu'elles soient de la terre ou de la mer. Un terreau fertile et convivial.

L'ORYGINE €€

36½, rue Saint-Pierre
✆ +1 418 872 4386
lorygine.com
Horaires variables selon la saison. Carte : 10-75 CAN $. Menu découverte : 85 CAN $, accord des vins en sus. Terrasse.

Ouvert depuis l'été 2018, le restaurant L'Orygine est l'une des enseignes du fameux groupe La Tanière. On y propose une cuisine organique aux saveurs locales qui plaira tant aux végétaliens qu'aux carnivores de ce monde. On recommande sans hésiter le menu découverte pour un fantastique voyage gourmand (possibilité d'accord avec des vins ou des boissons sans alcool). Mention au mur végétal qui trône à l'entrée, une conception de Manon Laliberté de Profil Vert, sans oublier le superbe décor signé Rebel Design et la magnifique terrasse.

RESTAURANT CHAMPLAIN €€€

1, rue des Carrières ✆ +1 418 692 3861
www.fairmont.fr/frontenac-quebec
Ouvert le soir (horaires variables). Brunch le dimanche : 69 CAN $. Menu Découverte en soirée : 125 CAN $, vins en sus.

Aux commandes depuis fin 2021, le chef Hugo Coudurier allie avec brio l'héritage patrimonial et les nouvelles tendances culinaires. Les produits du Québec y occupent une place de choix avec, notamment, les coquillages et crustacés du Saint-Laurent, le flétan de la Gaspésie, le prosciutto de Charlevoix, les champignons sauvages du Québec, les fromages fins de la province ou encore le cassis de Cassis Monna & Filles. Pour vivre l'expérience gourmande totale, nous vous recommandons d'opter pour l'accord des vins avec le menu Découverte.

LA PIZZ €

3, place Royale
✆ +1 418 692 3003
www.lapizzplaceroyale.com
Ouvert tous les jours (horaires variables selon la saison). Carte : moins de 30 CAN $. Belle terrasse.

Le secret de ce resto est la confection de la pâte à pizza, fine et croustillante. Ici tous les ingrédients - et même les vins - sont choisis minutieusement, pour la majeure partie bio et provenant de fournisseurs locaux : viandes de la boucherie Eumatimi, fromages de chèvre de Cassis et Mélisse... Le propriétaire, un Français, a expérimenté cette recette gagnante à Lille avant de s'installer à Québec. À savoir que l'ardoise comprend également de savoureuses pâtes fraîches et des sauces maison. Avis aux gourmands : le tiramisu est l'un des meilleurs de la ville !

© LA PIZZ

© LA PIZZ

QUÉBEC

CHEZ RIOUX & PETTIGREW €€€

160, rue Saint-Paul
✆ +1 418 694 4448
www.chezriouxetpettigrew.com
Ouvert le soir (horaires variables), brunch le dimanche. Menu du soir (végé ou non) : 75 CAN $, accord des vins en sus.

L'équipe est composée de passionnés épicuriens, dont le chef exécutif Dominic Jacques, grand vainqueur de l'émission *Les Chefs !* en 2012. Au programme, un menu qui rend honneur aux produits de la Belle Province avec à l'ardoise des viandes du terroir, des poissons et des fruits de mer frais, des fromages fins québécois, des charcuteries artisanales, des fruits et légumes du marché, etc. Mention spéciale à la belle déco chaleureuse faite de bois, de briques et d'artefacts d'une autre époque. Une adresse à découvrir sans plus tarder !

LES FRÈRES DE LA CÔTE €€

1129, rue Saint-Jean
✆ +1 418 692 5445
restaurantlesfreresdelacote.com
Horaires variables. Carte : moins de 40 CAN $.

© @LES_FRÈRES_DE_LA_CÔTE

Bistro de quartier décontracté et animé, avec cette bonne humeur qui agrémente l'atmosphère des lieux. Il offre une carte variée comprenant les grands classiques de la cuisine bistro : escargots à l'ail, foie gras au torchon, bavette de cheval (très populaire), steak-frites, côtes levées maison, fish & chips, tartares (saumon, bœuf)... Belle sélection également de pâtes et pizzas, et plusieurs autres spécialités gourmandes comme la poutine au canard confit avec sauce au calvados, un délice. Mention spéciale à la carte des vins, bien garnie.

LE SAINT-AMOUR €€€

48, rue Sainte-Ursule
✆ +1 418 694 0667
www.saint-amour.com
Horaires variables. Menu découverte : 145 CAN $, accord des vins en sus. Carte : 15-55 CAN $. Jardin intérieur.

Lauréat de nombreux prix, on retrouve au Saint-Amour une gastronomie comparable aux grandes tables d'Europe, mais pour bien moins cher. Jean-Luc Boulay, un Français originaire de la Sarthe, exécute une cuisine différente, raffinée qui suit le rythme des saisons. Les déclinaisons de foie gras sont à découvrir, tout comme le menu Découverte qui met l'accent sur le terroir québécois en 7 services. Les vins sélectionnés s'accordent parfaitement à la qualité de cette grande cuisine. L'extase se poursuit avec les desserts, faits maison bien entendu.

LE SAM, BISTRO ÉVOLUTIF €€

1, rue des Carrières
✆ +1 418 692 3861
www.fairmont.fr/frontenac-quebec
Ouvert tous les jours dès 11h30. Carte (incluant les planches à partager) : 10 à 70 CAN $.

Au programme, des plats créatifs de type bistro à partager ou non, des *happy hours* branchés et une mixologie novatrice. La carte des alcools est d'ailleurs digne de mention, dont du cognac très haut de gamme. À l'ardoise, cuisse de pintade confite, cassolette aux fruits de mer, fish & chips de longe de morue ou encore raviole à la truffe et champignons des bois. On ne pourrait passer sous silence la magnifique vue qui s'ouvre sur le Saint-Laurent depuis la verrière. Si vous y allez le soir, nous vous recommandons de réserver, surtout en haute saison touristique.

TANIÈRE €€€

36 ½, rue Saint-Pierre
✆ +1 418 872 4386
taniere3.com
Jeudi-dimanche, dès 17h15. Compter entre 175 et 225 CAN $ par personne, sans l'alcool. Réservation indispensable.

C'est dans les voûtes des maisons Leber et Charest que Tanière[3] a fait son retour tant attendu sur la scène gastronomique de Québec. Le cadre est à la fois intimiste et époustouflant. L'expérience sensorielle de haut vol se présente sous forme d'un menu dégustation à l'aveugle élaboré par le chef François-Emmanuel Nicol et qui s'inspire de l'histoire et du territoire québécois. Certains opteront pour le côté cosy de la salle à manger et d'autres pour le comptoir-chef qui permet d'être au cœur de l'action et d'observer la brigade à l'œuvre.

BISTRO L'ATELIER €€

624, Grande Allée Est
✆ +1 418 522 2225 - bistrolatelier.com
Ouvert tous les jours. Carte : 10-40 CAN $. Terrasse.

Adresse parmi les plus branchées de la Grande Allée, l'ambiance et la déco donnent déjà le ton : matériaux bruts, look chic et industriel, plafond en ampoules Edison, escaliers suspendus… le tout sur cinq paliers. L'Atelier est réputé pour ses excellents cocktails, savamment assemblés par son équipe de mixologues, et sa savoureuse sélection de tapas, tartares et burgers. L'atmosphère *trendy* et décontractée qui règne donne envie d'y établir son QG. On y revient sans hésiter, pour un repas ou l'apéro, sans oublier une terrasse exceptionnelle pour profiter de l'été.

ALBACORE €€

819, Côte d'Abraham
✆ +1 418 914 6441
Mercredi-dimanche, 16h30-23h. Carte : moins de 40 CAN $. Terrasse. Belle carte des vins dont une sélection nature.

Membre de la famille qui unit les restaurants L'Affaire est Ketchup, Kraken Cru et Patente et Machin, l'Albacore fait principalement dans les poissons et fruits de mer, dans un petit lieu convivial d'une quarantaine de places. Le tataki de saumon en croûte de poivre et genièvre avec graines de citrouille cristallisées au sriracha, mie de pain croustillante et purée de courge musquée au mascarpone, ou les dumplings vapeur de poissons confits à l'ail rôti avec gingembre et sweet chili, chanterelles marinées, beurre blanc au yuzu et gingembre sont délicieux.

CIEL ! €€

1225, Cours du Général-de Montcalm
✆ +1 418 640 5802
www.cielbistrobar.com
Ouvert tous les jours (horaires variables). Brunch le week-end. Carte : moins 40 CAN $.

Membre du groupe Restos Plaisirs (Cochon Dingue, Café du Monde, Lapin Sauté, Madame Chose, etc.), le bistro-bar tournant de l'hôtel offre un véritable spectacle avec une vue à 360 degrés sur le fleuve, les montagnes, les plaines d'Abraham et tous les attraits touristiques de Québec. On y retrouve une zone restauration avec cuisine ouverte et un côté bar au profil lounge, avec une déco contemporaine signée LemayMichaud. Aux commandes en cuisine, le chef et son équipe concoctent un menu de saison où les produits régionaux québécois ont la cote.

ELLI €€

815, rue Saint-Augustin
✆ +1 581 705 0596
ellirestaurant.com
Horaires variables. Drag brunch le dimanche. Soupers-spectacles certains soirs. Carte : moins de 25 CAN $ le plat.

Logé au cœur du complexe du Drague, le restaurant Elli séduit d'emblée par son design où le bois noble, la brique et le béton se marient aux teintes noires et blanches des lieux. On y sert de succulents plats bistro d'inspiration internationale, à partager ou non, sous forme de boulettes gourmandes : arancini, raclette, tartare, tourtière, etc. Le mac & cheese vaut aussi le détour avec sa mozzarella, son bacon, sa béchamel et sa sauce hollandaise. Et lorsque le resto ferme ses portes en soirée, l'endroit se métamorphose en cabaret du Drague.

BISTRO CAFÉ KRIEGHOFF €

1089, avenue Cartier
✆ +1 418 522 3711
www.cafekrieghoff.qc.ca
Ouvert tous les jours dès 8h. Petit déjeuner servi jusqu'à 14h30. Carte : moins de 30 CAN $. Terrasse.

© CAFÉ KRIEGHOFF

Le café Krieghoff est un petit café que l'on apprécie autant l'hiver que l'été. Véritable institution bien implantée depuis 1977, vous y achèterez du café maison, vous y « bruncherez, luncherez, souperez ». Parmi les spécialités du Krieghoff, notons la salade tiède de canard confit, le steak frites sauce au poivre, la poutine maison à l'effiloché de canard, les calmars frits et la saucisse de Toulouse bio. L'hiver, c'est l'appel du chocolat chaud ou d'un dessert maison qui aura raison de vous et l'été, c'est la salade en terrasse qui s'impose.

QUÉBEC

LE HOBBIT €€

700, rue Saint-Jean
✆ +1 418 647 2677
lehobbit.com
Horaires variables selon la saison. Carte : 10-40 CAN $. Terrasse.

Petit, convivial et sans prétention, à l'image du personnage de Tolkien, ce bistro est un bijou. Les grandes baies vitrées et les murs de pierre, conjugués à une déco contemporaine, donnent un look très sympa au lieu. Au programme, un menu qui se renouvelle en fonction des arrivages et des saisons : des entrées gourmandes (flan de poireaux et pieuvre, terrine de foie gras, etc.), des plats bistro aux saveurs locales (canard de la Ferme Basque, boudin de grand-maman Thérèse, etc.), des desserts décadents... Les petits déjeuners valent également le détour.

NINA PIZZA ST-JEAN-BAPTISTE €

764 rue Saint-Jean
✆ +1 418 990 0001
www.ninapizzanapolitaine.ca
Horaires variables selon la saison. Carte : moins de 25 CAN $. Autre succursale dans le quartier Saint-Roch.

© JEFF FRENETTE PHOTOGRAPHY

On y prépare de savoureuses pizzas dans le respect de la tradition : trois des cinq associées derrière cette adresse gourmande sont certifiées par l'Associazione Pizzaioli Napoletani et ont même importé un four au gaz de Naples. Une vingtaine de variétés figurent au menu avec un nombre incalculable d'extras pour tous les goûts ainsi que des mises en bouche pour s'ouvrir l'appétit, des salades pour la fraîcheur et des desserts maison côté douceurs. Belle sélection de vins nature.

OPHELIA €€€

634 Grande Allée Est
✆ +1 418 524 8228 - restaurantophelia.com
Ouvert tous les jours. Carte : 10 à 150 CAN $. Belle carte des vins et cocktails. Hôtel-boutique Ophelia sur place.

Petite sœur du Bistro L'Atelier, la belle et gourmande Ophelia propose un voyage gustatif se concentrant autour du thème Terre et Mer. Dans un décor rappelant un yacht de luxe tout de bois et de pierres vêtu, le chef exécutif régale ses convives de ses plats inusités et savoureux. Des aliments comme la pieuvre et les viandes vieillies maison, ainsi qu'une grande variété de fruits de mer, sont à l'honneur dans des créations gastronomiques surprenantes et tout de même abordables. À faire : savourer son repas dans un des dômes de la terrasse, en été comme en hiver.

LE PARLEMENTAIRE €

1045, rue des Parlementaires
✆ +1 418 643 6640
assnat.qc.ca/fr/visiteurs/restaurants
Ouvert le midi en semaine. Table d'hôte : moins de 35 CAN $. Menu découverte régionale : 40-50 CAN $.

Le restaurant de l'Assemblée nationale du Québec ouvre ses portes au public depuis plus de 50 ans. Voici l'occasion de manger aux mêmes tables que les hommes politiques, dans un nouveau décor qui fut dévoilé à sa grande réouverture à l'automne 2021. Les serveurs ne colportent pas de ragots, mais on a parfois droit à des anecdotes. Au menu, le Québec est à l'honneur, le tout pour un prix tout à fait abordable. Pendant l'été, les chefs concoctent leurs plats en fonction des récoltes des jardins et des ruches de l'hôtel du Parlement.

SINSEMILLA €€

665, rue Saint-Jean ✆ +1 418 522 1640
www.restaurantsinsemilla.ca
Mercredi-dimanche, 16h20-minuit, voire plus. Carte : 5-55 CAN $. Menus 3, 5 et 7 services également + menu Trip Bouffe.

Un tout petit resto - quelques tables seulement - dont le nom, la déco et la musique d'ambiance ne sont pas sans rappeler le pays de Bob Marley. Même l'heure d'ouverture faire référence à l'herbe consommée par le roi du reggae ! Cela dit, on ne vous propose pas ici de vous mettre à la fumette mais bien de savourer une cuisine du marché variant selon les saisons, avec des huîtres, des plats végé, des poissons et crustacés, sans oublier un peu de viande. Belle sélection de cocktails, bières de microbrasserie et quelques vins dont des crus organiques. À découvrir !

LE 101 €€

101, rue Saint-Joseph Est ✆ +1 418 614 1168
le101restaurant.com
Horaires variables. Carte : 10-50 CAN $. Menu Expérience : 85 CAN $, brunch Expérience : 50 CAN $. Terrasse.

Véritable affaire de famille, le repaire gourmand du chef-propriétaire Charles Gignac souhaite « remettre la toque à la mode » sans pour autant vider notre porte-monnaie. Et quand on regarde son parcours professionnel - il a notamment effectué un stage au restaurant Beige d'Alain Ducasse à Tokyo -, on ne peut que se réjouir de l'expérience gastronomique à venir. Dans l'assiette, une cuisine d'inspiration française où les produits locaux et de saison ont la cote. Pour vivre la totale, on recommande les menus Expérience, en soirée comme pour le brunch.

ARVI €€€

519, 3e Avenue
✆ +1 581 742 4202
www.restaurantarvi.ca
Mardi-samedi, 18h-22h. Menu régulier ou végétarien : 88 CAN $. Accord des vins en sus. Terrasse.

Le ton est donné dès qu'on met les pieds dans ce petit resto d'une trentaine de places : on s'attable ici dans la cuisine du chef, littéralement. Julien Masia et son équipe s'affairent, sous vos yeux, à concocter des petits bijoux gourmands déclinés en deux menus (régulier et végétarien) où les produits de saison et la créativité rayonnent. On peut ajouter quelques extras comme le foie gras, les huîtres William B ou encore l'accord des vins. La carte des alcools est d'ailleurs extrêmement bien fournie, dont plusieurs sont issus du Québec.

BATI CANTINE €

125, rue Saint-Joseph Est
✆ +1 418 522 4567
cantinebati.com
Horaires variables. Carte : moins de 20 CAN $. Plusieurs options végé. Terrasse.

Ce comptoir take-out avec terrasse jouxte sa grande sœur, le restaurant Bati Bassac (qui vaut également la peine d'être découvert). Côté cantine, une panoplie de spécialités cambodgiennes mais aussi d'autres pays d'Asie du Sud-Est, comme le bœuf Saolin (bœuf pané sauté dans une sauce teriyaki à l'orange, saupoudré d'oranges confites et aromatisé au sésame) ou encore le pad Singapour (nouilles de riz sautées avec poulet et crevettes dans une sauce au cari, lanières de chou et carotte). Les rouleaux païlin et ceux impériaux sont aussi excellents. On y retournera !

NINA PIZZA NAPOLITAINE €

410, rue Saint-Anselme
✆ +1 581 742 2012
www.ninapizzanapolitaine.ca
Horaires variables selon la saison. Carte : moins de 25 CAN $. Autre succursale sur la rue Saint-Jean.

On prépare ici de savoureuses pizzas dans le respect de la tradition et difficile de faire plus authentique : les deux comparses derrière cette adresse gourmande sont dûment certifiées par l'Associazione Pizzaioli Napoletani et ont même importé un four à bois de Naples. Une vingtaine de variétés figurent au menu avec un nombre incalculable d'extras pour tous les goûts, ainsi que des mises en bouche pour s'ouvrir l'appétit – mention à la burrata –, des salades pour la fraîcheur et des desserts maison côté douceurs. Belle sélection de vins nature.

© JEFF FRENETTE PHOTOGRAPHY

© NINA PIZZA NAPOLITAINE

QUÉBEC

BATTUTO €€

527, boulevard Langelier ✆ +1 418 614 4414
www.battuto.ca
Mardi-samedi, 17h30-22h. Carte : moins de 30 CAN $ le plat (compter 2-3 plats par personne). Réservation impérative.

On propose ici une cuisine italienne en toute simplicité basée sur le partage et la fraîcheur. Dans un joli petit local tout blanc et muni de belles grandes fenêtres, tout est préparé maison en fonction de la saisonnalité et de la qualité des produits. Des mises en bouche comme les olives marinées aux agrumes et les beignets de morue, des entrées comme le carpaccio de bœuf fumé, et des plats comme les pâtes fraîches maison absolument délicieuses. À savoir qu'il a été élu meilleur nouveau restaurant au pays en 2017 selon le magazine *enRoute* d'Air Canada.

LE PIED BLEU €€

179, rue Saint-Vallier Ouest
✆ +1 418 914 3554
piedbleu.com
Horaires variables selon la saison. Brunch du vendredi au dimanche. Comptoir take-out Chez Jacquelin adjacent.

Le Pied Bleu fait dans la charcuterie et le bouchon québécois d'inspiration lyonnaise. On vous recommande d'ailleurs « le tour lyonnaise » qui comprend six spécialités de l'ancienne capitale des Gaules (trois entrées et trois plats), des fromages et un dessert. Cuisine ludique et conviviale, l'ardoise affiche des abats, des viandes et des poissons, sans oublier son fameux boudin digne d'une AOC, cinq fois médaillé à Mortagne-au-Perche en France. Son bar à charcuteries maison vaut également le détour (pour emporter ou à savourer sur place).

KRAKEN CRU €€

190, rue Saint-Vallier Ouest
✆ +1 581 741 9099
Mercredi-samedi, dès 17h. Carte : moins de 25 CAN $ (2 à 3 plats sont conseillés pour un repas complet).

Les spécialités de la maison : les huîtres, mais aussi les entrées crues et froides de la mer, de bons petits plats dans le même esprit et des vins d'importation privée, notamment une sélection certifiée bio, biodynamique ou nature. Son appellation est largement méritée au vu de l'éventail d'huîtres à l'ardoise, provenant du Québec, des Maritimes, du Maine (États-Unis) et autres régions réputées pour ce délice des mers. Et vu la popularité des lieux, des places supplémentaires ont été ajoutées au sous-sol. Sympathique et sans prétention.

LA PLANQUE €€

1027, 3e Avenue
✆ +1 418 914 8780
laplanquerestaurant.com
Mardi-samedi, dès 17h30. Fermeture de la cuisine à 22h. Carte : 5 à 70 CAN $.

Une table hyper recommandée et louangée par la critique. Notamment au menu : huîtres, poissons d'arrivage, gibiers et fromages québécois, sans oublier les succulents desserts, faits maison, bien entendu. En prime, un service courtois et efficace qui ajoute à la bonne réputation des lieux. Autre bonne adresse à deux pas : l'équipe tient une buvette dans le local adjacent, Le Cendrillon, qui propose entre autres à l'ardoise des entrées à partager, un bar à huîtres, des produits vinicoles locaux et des bières issues de microbrasseries québécoises.

PATENTE ET MACHIN €€

82, rue Saint-Joseph Ouest
✆ +1 581 500 2548
www.patenteetmachin.com
Ouvert le soir (horaires variables). Carte : moins de 40 CAN $.

Occupant le local du défunt Casse-croûte chez Jeanine, dans le quartier Saint-Sauveur, Patente et Machin reste dans la même lignée que son grand frère, L'Affaire est Ketchup. La carte y est toutefois plus élaborée, y compris celle des vins qui en fera sourire plus d'un. Au menu, des plats bistro comme la poêlée de champignons sauvages au cerf effiloché ou encore la côte de bœuf Wagyu. L'ambiance y est très vivante et le service, gentil tout plein. Une belle découverte pour quiconque désire sortir des sentiers touristiques gourmands de Québec.

CHEZ TAO ! €

104, rue Saint-Vallier Ouest
✆ +1 418 204 1850
cheztao.ca
Ouvert le soir du mercredi au dimanche. Carte : moins de 20 CAN $. Menu réduit à partir de minuit. Terrasse.

Une adresse gourmande qui ne désemplit pas depuis son ouverture, et pour cause. L'endroit propose une savoureuse cuisine s'inspirant de la bouffe de rue en Asie, le tout à prix doux. Le pad thaï est l'un des meilleurs qu'on ait mangés, tout comme le pad see ew avec ses tendres lanières de bœuf. Les fameux sandwichs banh mi ont aussi la cote et, pour accompagner le tout, le resto se spécialise également dans les cocktails que l'on trouve ici en quantité effarante. Mention également à la déco qui nous transporte littéralement à l'autre bout du monde.

© L'ÉPICURIEN

© L'ÉPICURIEN

© L'ÉPICURIEN

L'ÉPICURIEN €

1292, avenue Maguire
✆ +1 418 614 3003
www.lepicurien-maguire.com

Ouvert dès 8h en semaine, 9h le week-end. Fermé le lundi. Carte : moins de 25 CAN $. Coin épicerie fine, terrasse.

C'est dans un beau local aéré que L'Épicurien a posé ses valises. Ici la grande spécialité maison, ce sont les crêpes et galettes façon bretonne, avec des versions salées ou sucrées aussi variées que succulentes. On y prépare aussi des viennoiseries et pâtisseries selon les règles de l'art (mention aux croissants et pains au chocolat), sans oublier les délicieux plats préparés pour la maison. Tous les jours, L'Épicurien fait dans le brunch et propose entre autres le petit déjeuner américain ou celui santé, des œufs bénédictines et tutti quanti.

© L'ÉPICURIEN

© L'ÉPICURIEN

LES BOTANISTES €€

2010, avenue Jules-Verne
✆ +1 418 872 7971
www.lesbotanistes.ca
Horaires variables. Brunch le week-end. Comptoir pour emporter du jeudi au dimanche. Carte : 10-55 CAN $ le plat.

La verdure est ici au centre du concept, de la déco à l'assiette, où les plantes s'affichent en grandes stars des lieux. Ce resto est un autre projet des réputés chefs Jean-Claude Boulay, Arnaud Marchand et Pierre Joubaud qui n'en sont pas à leur galop d'essai (Emeline Péro a succédé à Pierre Joubaud à la barre des cuisines en 2021). Outre la verdure, les protéines sont également au rendez-vous, qu'elles soient animales, végétariennes ou végétaliennes. Dans le verre, belle sélection de cocktails, de bières québécoises et même des limonades botaniques.

PAT RÉTRO €

1983, rue de Bergeville
✆ +1 418 681 8536
patretro.com
Ouvert tous les jours (horaires variables). Carte : moins de 15 CAN $. Crèmerie sur place.

La réputation de ses frites, pains de viande et burgers n'est plus à faire, de même que son décor rétro de style *diner* américain, ambiance conservée lors des récentes rénovations, avec ses vieilles affiches, son juke-box et autres items d'époque. Au menu, des petits déjeuners classiques (œufs, bacon, rôties, etc.), des burgers et sandwichs pour tous les goûts, des hot-dogs, une vaste sélection de poutines, des frites, le tout à prix dérisoire. À savoir que c'était l'une des adresses favorites de René Angélil et Céline Dion lors de leurs passages à Québec.

LA GASPÉSIENNE 51 €€€

1626, chemin Saint-Louis
✆ +1 418 914 5606
lagaspesienne51.ca
Horaires variables. Carte : 10-60 CAN $, assiette ou plateau pour 2 personnes : 145-150 CAN $.

Manger à La Gaspésienne 51, c'est s'offrir un voyage au cœur du Québec maritime. Le décor, les plats et même les bières font honneur aux succulents produits de ce magnifique coin de pays. Dans l'assiette, poissons et fruits de mer en abondance comme les moules et frites (à volonté le mercredi), le fish & chips, les accras de morue, les huîtres, les pétoncles poêlés ou encore le flétan fumé et poulpe. À deux, la généreuse assiette du pêcheur ou le plateau terre et mer est un must. Comble de bonheur, l'endroit compte également une poissonnerie située juste à côté.

QUAI 1635 €€

4155, chemin de la Plage Jacques-Cartier
✆ +1 418 651 7824
www.quai1635.com
Ouvert de mi-avril à la veille du temps des Fêtes (horaires variables). Carte : moins de 40 CAN $. Terrasse.

Superbe adresse directement sur les berges du fleuve ! À proximité du parc de la Plage-Jacques-Cartier, ce restaurant attire les foules en raison de sa belle et grande terrasse qui surplombe le Saint-Laurent. Les citadins souhaitant s'éloigner un peu du centre-ville s'y retrouvent pour l'apéro (le 5 à 7) autour d'une planche à partager. Le restaurant offre aussi un brunch gourmand à ne pas manquer, des boîtes-repas pour piqueniquer ou encore des soirées salsa pour se dégourdir les jambes. À tester avant ou après une balade le long du fleuve.

MC LOUNGE €€€

3400, chemin Sainte-Foy
✆ +1 418 653 5221
lebonneentente.com
Ouvert du matin au soir. Carte : 10 à 70 CAN $.

L'hôtel Le Bonne Entente est reconnu pour son offre gastronomique dont celle du MC Lounge. En été dans les jardins, en hiver près de la cheminée, la carte du restaurant est variée, peaufinée en fonction de la saison et même des envies des convives : huîtres, tartare de bœuf et foie gras, pavé de flétan du Québec, tagliatelle au homard, flanc de porc Nagano et pétoncles géants... Pour conclure le repas, on recommande l'assiette de fromages québécois et ses garnitures. Très belle carte des vins pour épauler le tout, récipiendaire de prix d'excellence.

VERRE PICKL' €€€

1314 avenue Maguire ✆ +1 581 748 8750
www.verrepickl.ca
Ouvert du mardi au samedi dès 17h. Menu du mois 5 services : 80-100 CAN $ par personne, accord des vins en sus.

Si l'endroit fait office de comptoir de ventes pour emporter en journée, il se transforme en table gourmande le soir venu. Une seule grande table, pouvant accueillir jusqu'à 14 convives, trône dans ce petit restaurant qui nous fait sentir comme des invités dans la maison du chef. Au programme, un menu 5 services qui se renouvelle au rythme des mois et des saisons et qui fait la part belle aux produits d'artisans et producteurs québécois, tous méticuleusement sélectionnés par l'équipe. Bonus : une ardoise de vins bio et nature ainsi que des spiritueux québécois.

UNE AMBIANCE CHIC ET DÉCONTRACTÉE, JUSQU'À TARD LE SOIR.
DÎNER – SOUPER – NIGHTLIFE
TARTARES
L'ATELIER
COCKTAILS
RÉSERVEZ MAINTENANT !
624, GRANDE ALLÉE E.
418 522-2225
BISTROLATELIER.COM

FAIRE UNE PAUSE

À Québec, chaque quartier a son ambiance. La Grande Allée est réputée auprès des étudiants et touristes pour les bars qui la jalonnent. Les quartiers Saint-Roch et Limoilou, par exemple, attirent plus les artistes et professionnels branchés. Quant au Vieux-Québec, il compte plusieurs bars à l'ambiance très sympathique, souvent dans des lieux au cachet historique. Dès l'heure du midi ou en milieu de journée, la plupart des buvettes de quartier, bars, microbrasseries et tutti quanti ouvrent leurs portes jusqu'à tard en soirée, généralement 3 heures du matin, quoique plusieurs ferment plus tôt, notamment le dimanche et en début de semaine. Pour une pause moins alcoolisée, on recommande fortement le rituel du thé d'après-midi au Château Frontenac. Sinon, plusieurs salons de thé et brûleries de café fort sympathiques, sans oublier nombreuses boulangeries, pâtisseries, chocolateries et autres du genre un peu partout en ville.

LE 737

937, 9e rue de l'Aéroport
✆ +1 418 476 7737
le737.ca
Ouvert du printemps à l'automne (voir page Facebook pour les dates d'ouverture et les horaires). Spectacles musicaux.

Située à un jet de pierre de l'aéroport international de la capitale et flanquée d'un ancien Boeing 737 qui a été remorqué jusqu'ici, cette terrasse estivale est la destination sortie en ville. Des concessions s'occupent de remplir vos verres (bières locales, vins, cocktails, etc.) et votre estomac (les restos peuvent varier d'une saison à l'autre). Bonus : l'avion fait aussi office de restaurant et de musée sur l'histoire de l'aviation. Et ceux mangeant sur place peuvent en plus faire l'essai du simulateur de vol gratuitement.

LA BARBERIE

310, rue Saint-Roch
✆ +1 418 522 4373
www.labarberie.com
Lundi-dimanche, 12h-1h. Superbe terrasse verdoyante, autre terrasse à l'avant. Coin boutique.

Bienvenue au salon de dégustation de la microbrasserie La Barberie, un incontournable à Québec. En plus des savoureuses bières maison (on a littéralement craqué pour la Ogunquit 3000, une NEIPA aux saveurs exotiques), on peut casser la croûte sur place à son kiosque La Bourrache (cuisine festive d'inspiration internationale). En saison estivale, prélassez-vous sur la surprenante terrasse, dont les abords sont cultivés par les Urbainculteurs, un organisme à but non lucratif voué à la promotion du jardinage et de l'agriculture urbaine.

ÉRICO CHOCOLATERIE

634, rue Saint-Jean
✆ +1 418 524 2122
www.ericochocolatier.com
Horaires variables. Voir site web.

© CHOCOLATERIE_ERICO

Le petit musée, relatant l'histoire du chocolat et son processus de fabrication, est conçu de façon très ludique. Devant les yeux des curieux, les artisans façonnent les précieuses gourmandises certifiées « chocolat pur », originales et délicieuses, sous forme solide ou liquide. Les brownies sont les meilleurs du Québec, du moins c'est ce que racontent les clients. Le gâteau au chocolat classique Érico jouit du même prestige, sans oublier le chocolat chaud, décliné en une dizaine de variétés, et les glaces artisanales et les sorbets en été. Un incontournable !

BEIKO

2778, chemin Sainte-Foy
✆ +1 418 663 2345
beiko.ca
Lundi, 12h-21h ; mardi-vendredi, 9h30-21h ; samedi-dimanche, 10h-21h. Autres succursales à Beauport et Cap-Rouge.

On croyait tout à fait impossible de trouver un beigne au bacon et à l'érable qui surpasserait celui de Brewnuts à Cleveland aux États-Unis. Eh bien, c'est chose faite et le souvenir est mémorable : l'abus de morceaux de bacon croustillant fait de lui le champion incontesté en la matière. On a également rapporté quelques autres savoureux beignes pour la route (quelques options véganes au menu) : café praliné, gâteau au fromage et à la fraise, dulce de leche... Finalement, l'endroit sert aussi des laits frappés, smoothies, cafés, thés et chocolats chauds.

DEUX22

222, rue Saint-Joseph Est
✆ +1 581 742 5222
deux22.com
Ouvert tous les jours de 11h à 2h. Cour intérieure (couverte et chauffée en hiver).

L'endroit se présente sous la bannière « bouffe. bar.boutique » : ici on peut prendre un verre, casser la croûte et en profiter pour regarnir sa garde-robe à une seule et même adresse. La boutique, qui « disparaît » en soirée, propose les coups de cœur des propriétaires, provenant de différents créateurs d'ici et d'ailleurs. Côté resto-bar, la carte se résume en spécialités mexicaines que l'on accompagnera d'une bière de microbrasserie, d'une tequila, d'un mezcal ou d'un mojito. À savoir qu'on y sert également des petits déjeuners gourmands le week-end.

BUVETTE SCOTT

821, rue Scott
✆ +1 581 741 4464
www.buvettescott.com
Ouvert du mardi au samedi dès 17h.

Branchée mais sans prétention, cette adresse intimiste propose de savoureuses tapas et petits plats créatifs, où les produits du terroir québécois ont la cote, ainsi qu'une belle sélection de vins provenant de la société d'État et d'importation privée. On ne pourrait passer sous silence les bières de microbrasseries qui occupent également une place de choix à l'ardoise. Comble de bonheur, les prix sont plus que raisonnables. Ne reste qu'à profiter de la belle ambiance au son des vinyles rétros dans ce lieu qui deviendra rapidement votre nouveau QG.

GRIENDEL

195, rue Saint-Vallier Ouest
✆ +1 581 742 2884
griendel.com
Ouvert dès 15h en semaine, 12h le week-end. Programmation culturelle et événements de dégustation.

On adore les lieux : un vaste espace au plafond de plus de 4 mètres, d'immense baies vitrées sur toute la devanture laissant filtrer la lumière du jour (et qui s'ouvrent entièrement en été), une belle fresque murale faite par des artistes du coin et, surtout, environ 20 lignes de fûts dédiées aux bières maison ainsi qu'à celles d'autres microbrasseries du Québec. On ne pourrait passer sous silence le menu gourmand avec ses burgers, poutines, tartares, plateaux de dégustation, choucroute et autres délices à se mettre sous la dent.

LA COUR ARRIÈRE DU FESTIBIÈRE

84, rue Dalhousie
✆ +1 418 473 7926
infofestibiere.com/lacourarriere
Ouvert de fin mai ou début juin à fin septembre. Autre bar à Lévis au parc du Rigolet. Spectacles musicaux, DJ, etc.

C'est clairement le bar estival le plus cool en ville ! Sublime création du Festibière de Québec et situé face au fleuve, ce bar extérieur avec bassins d'eau est notre Mecque en été (tables et chaises à disposition pour s'installer directement dans l'eau !). Les bières artisanales du Québec trônent sur le menu, mais aussi des cocktails, de la sangria et autres boissons, alcoolisées ou non. Pour les petits creux, un kiosque vend notamment de succulents tacos sur place. Incontournable !

JJACQUES

341, rue Notre-Dame-Des-Anges
✆ +1 581 491 3286
jjacques.ca
Ouvert du mercredi au lundi dès 17h30.

Ce bar secret fait jaser depuis son ouverture. Il faut dire que le décor, une très grande réussite de l'Atelier Filz, est totalement incroyable. Nombreux sont les visiteurs et même la critique qui décrivent l'endroit comme une enfilade de wagons de train. Et on doit admettre que c'est exactement cela et on s'y croirait presque ! On y vient surtout pour ses cocktails et son bar à huîtres et à caviars, mais jjacques propose aussi des vins nature et biodynamiques ainsi que de bons petits plats faisant honneur aux produits locaux. Une adresse à découvrir !

JOE COOL

294 rue de la Couronne
✆ +1 418 523 2665
Ouvert dès 7h30 en semaine, 8h ou 9h le week-end. Fermé le lundi. Superbe salle privée pour événements.

Relativement récent dans Saint-Roch, Joe Cool est un café pas comme les autres. Outre sa déco branchée, ses ô combien délicieux cafés préparés selon les règles de l'art et ses bons petits plats (sandwichs, salades, soupes, pizzas, tartes flambées, viennoiseries et pâtisseries), l'endroit se fait également la vitrine des produits à base de chanvre, lesquels sont en vente sur place et en ligne. Chaque jeudi, c'est formule pizza et tarte flambée à volonté pour le 5 à 7, qu'on accompagne d'un verre de vin ou d'une bière. Mention aux belles œuvres qui ornent les murs.

L'ONCLE ANTOINE

29, rue Saint Pierre
✆ +1 418 694 9176
Lundi-dimanche, 11h-1h (ou plus selon l'affluence). Terrasse.

À la tombée du jour, il accueille surtout une clientèle d'habitués constituée des jeunes qui travaillent dans les restaurants du Petit Champlain et des alentours. Pendant l'après-midi, ce sont surtout les touristes qui viennent profiter de la terrasse de ce quartier très prisé. L'intérieur du bar, deux grandes voûtes circulaires, vaut le détour à lui seul. Pour accompagner la belle sélection de bières québécoises et importées, hot-dogs européens, sandwich à la viande fumée, soupe à l'oignon gratinée et autres repas légers sont servis jusqu'en début de soirée.

CAFÉ LA MAISON SMITH

23 rue Notre-Dame
✆ +1 581 742 6777
smithcafe.com
Horaires variables selon la saison. Terrasse.

© CAFÉ LA MAISON SMITH

Située en plein cœur de la place Royale, la toute première succursale de ce torréfacteur réputé invite à une pause bien méritée, que l'on ait envie d'un bon espresso, d'un latte caramel fleur de sel glacé ou d'une limonade maison. On peut également s'y restaurer, le menu affichant des collations, des viennoiseries, des salades, des sandwichs et de succulentes pâtisseries pour les dents sucrées. Plusieurs autres succursales à Québec, dont celle de la rue des Jardins avec sa jolie cour intérieur, ainsi qu'une à l'île d'Orléans.

MAELSTRØM SAINT-ROCH

181, rue Saint-Vallier Est
✆ +1 418 523 0700
maelstrom.cafe
Ouvert dès 8h en semaine, 9h le week-end. Fermeture tardive du jeudi au samedi.

Maelstrøm s'est fait connaître à ses débuts pour son café infusé à froid, aussi appelé *cold brew*, en concentré ou prêt-à-boire et qui peut être servi chaud ou froid. Son petit quartier général, au look à la fois bobo et industriel, sert bien évidemment ce produit maison, qu'on retrouve même en cocktail. L'ardoise affiche aussi des cafés, bien sûr, ainsi que quelques bières artisanales et une panoplie de cocktails classiques et de créations. Dans l'assiette, de délicieux plats véganes ou non, sans oublier le brunch qui attire bon nombre d'adeptes.

NEKTAR TORRÉFACTEUR

235, rue Saint-Joseph Est
✆ +1 418 977 9236
nektar.ca
Lundi-vendredi, 7h-20h ; samedi-dimanche, 8h-20h. Une autre succursale à Québec et une à Lévis. Boutique en ligne.

Fondé en 2009, Nektar se veut un lieu d'éducation des consommateurs de café tout en soutenant le développement durable des producteurs. On peut découvrir les cafés de ce torréfacteur à la tasse sur place, qu'on accompagnera de l'une des savoureuses viennoiseries, ou encore faire le plein de café en grains ou moulu pour la maison. Accessoires et produits d'entretien pour votre machine garnissent également les étalages. À savoir que des guides de préparation sont aussi proposés en ligne afin de faire de vous le meilleur barista de votre maisonnée.

QUÉBEC

NOCTEM

438, rue du Parvis
✆ +1 581 742 7979
www.noctem.ca
Ouvert tous les jours (horaires variables). Terrasse.

Noctem Artisans Brasseurs est le rejeton de passionnés de la bière dont la plupart sont issus du projet universitaire Microbroue de l'Université Laval. Ici la culture bière est prise au sérieux avec une ardoise de bières maison en constante variation (Dry Stout, NEIPA - gros coup de cœur pour la Catnip -, bière sure aux fruits, etc.), le tout se mariant à perfection au savoureux menu de type *comfort food*, composé de produits locaux et de viandes fumées sur place. Noctem possède aussi un salon de dégustation à sa brasserie sur la rue Vincent-Massey.

LE PROJET

399, rue Saint-Jean
✆ +1 418 914 5322
publeprojet.com
Ouvert tous les jours (horaires variables). Petit espace terrasse.

Bien installée dans un édifice plus que centenaire à l'architecture fort bien conservée, cette adresse spécialisée propose une généreuse ardoise de bières en fût et en bouteille provenant des quatre coins de la province, sans oublier ses propres crus brassés en collaboration avec KAWÂ. Pour avoir l'heure juste, consultez leur page Facebook qui tient à jour la liste des produits disponibles. Une autre ardoise fait défiler la liste des plats, concoctés à partir de produits d'artisans du quartier mais aussi de d'autres régions du Québec. On aime !

PAILLARD

1097, rue Saint-Jean
✆ +1 418 692 1221
www.paillard.ca
Ouvert tous les jours dès 7h. Deux autres succursales à Québec.

Si le palais était pourvu d'une mémoire, il serait hanté par le croissant au beurre de Paillard : une couverture croustillante et un cœur très tendre, un bon goût de beurre, c'est une merveille ! Mais celui-ci ne doit pas faire ombrage au rayon pâtisserie, à sa grande variété de macarons et autres millefeuilles confectionnés par un chef formé dans les meilleures écoles. Les salades, les sandwichs, les lunch-box : encore des délices ! Cette grande boulangerie propose aussi des chocolats, caramels et confitures maison, sans oublier son café.

LE SACRILÈGE

447, rue Saint-Jean
✆ +1 418 649 1985
barlesacrilege.com
Ouvert tous les jours dès midi. Promotions tous les jours. Cour intérieur avec murale.

Il ne faut pas passer à côté : ce bar du Faubourg réserve une véritable surprise à celui qui s'aventure dans son antre. La verrière et la charmante terrasse aménagée dans la cour intérieure en inspirent plus d'un (verrière supplémentaire sur la terrasse pour en profiter l'hiver). Elles en font même sa renommée ! Mais Le Sacrilège, c'est aussi une programmation de spectacles et d'événements en tous genres, une belle sélection d'alcools québécois et d'en-cas pour les petits creux, sans oublier la chartreuse qui est ici très populaire. Une véritable institution !

PLACE DUFFERIN

1, rue des Carrières
✆ +1 418 692 3861
www.fairmont.fr/frontenac-quebec
Horaires variables selon la saison (le service débute à 14h). 55 CAN $ par personne, réservation nécessaire.

Si l'envie vous prend de vous adonner au fameux rituel du thé de l'après-midi, c'est ici qu'il faut aller ! Le restaurant Place Dufferin, situé sur la terrasse du même nom, propose de vivre cette belle expérience gourmande selon les règles de l'art. À votre arrivée, on vous servira une tentation de fruits aromatisés. Puis vient le rituel : Earl Grey Crémeux, Jasmin Dragon Doré, Déesse Oolong Biologique et plusieurs autres délicieux thés LOT 35 de Metropolitan Tea, accompagnés de scones, sandwichs traditionnels, bouchées, pâtisseries et mignardises. À faire !

SARDINES

1, rue Saint-Jean
✆ +1 581 300 9449
www.spoursardines.ca
Ouvert du mardi au samedi dès 16h. Terrasse.

C'est le petit frère de la Buvette Scott, toujours dans l'optique de la buvette sympa mais avec quelques traits qui différencient Sardines de son aîné. Ici on fait plutôt la belle part aux bières artisanales, qu'elles soient québécoises ou d'importation via une agence spécialisée (plusieurs lambics belges valent le détour), sans oublier une belle sélection de vins. Pour accompagner le tout, quelques petits trucs à grignoter comme les huîtres, les assortiments de charcuteries artisanales et fromages, la pieuvre ou encore les acras qui varient selon l'inspiration.

SNO MICROBRASSERIE NORDIK

250 boulevard Wilfrid-Hamel
✆ +1 418 914 2104
snomicrobrasserie.com
Ouvert tous les jours de 11h à 23h, voire plus lors d'événements sur le site d'ExpoCité. Grande terrasse, coin boutique.

Besoin d'une pause entre vos mille emplettes gourmandes au Grand Marché de Québec ? Sans même mettre le nez dehors (sauf si le marché est fermé), vous pourrez assouvir vos envies de bière et de bonne chère. L'endroit brasse de délicieux nectars comme en témoigne la SNOstorm, une IPA de style Nouvelle-Angleterre aux saveurs d'ananas, mangue et agrumes. On l'accompagne d'un des plats maison ô combien généreux et savoureux, lesquels incorporent de nombreux produits vendus au Grand Marché.

SOCIÉTÉ DES LOISIRS

275 rue Dorchester
www.societedesloisirs.ca
Ouvert tous les jours dès 10h, midi le dimanche.

Lieu aux multiples facettes situé dans Saint-Roch, la Société des Loisirs fait office de café, disquaire et presse à vinyles artisanale. Question de faire les choses selon les règles de l'art, les proprios ont fait une virée à Detroit pour visiter l'incontournable label de Jack White, Third Man Records. Outre les vinyles pressés sur place, l'endroit vend aussi des 33 tours provenant de divers labels et de styles musicaux variés. Profitez-en pour vous attabler dans ce beau local lumineux et savourer un café du torréfacteur De Mello, offert ici en exclusivité.

TERROIR - VINS ET COMPAGNIE

72 boulevard Champlain
✆ +1 418 914 9040
Horaires variables selon la saison. Terrasse.

Charmante buvette de quartier, on y vient pour savourer un ou plusieurs crus issus d'une carte composée en grande partie de vins canadiens et québécois biodynamiques ou nature. L'ardoise ne s'arrête pas là, proposant également bières artisanales, cidres et spiritueux (notamment le gin) d'ici et d'ailleurs. Il ne faut pas passer outre les petits plats gourmands qui varient selon les saisons et les inspirations. À plusieurs, la tour apéritive est le bon plan.

TUTTO GELATO

716, rue Saint-Jean
✆ +1 418 522 0896
www.tuttogelato.ca
Ouvert tous les jours de fin mars à mi-octobre (horaires variables).

Confectionnées maison selon l'authentique méthode italienne, les glaces de Tutto Gelato sont un pur délice, à savourer dans la petite boutique fraîchement redécorée ou sur la rue au soleil. On y trouve aussi des sorbets aux parfums variés ainsi qu'une petite sélection de glaces au lait de soja. À découvrir : les « sticos », de la crème glacée sur bâtonnet. En plus de ces douceurs, le menu affiche des gâteaux, biscuits et macarons faits maison, granités et cafés glacés, sans oublier l'incontournable espresso de la maison. Une adresse gourmande comme on les aime !

© TUTTO GELATO

© TUTTO GELATO

QUÉBEC

(SE) FAIRE PLAISIR

La capitale québécoise a de quoi faire plaisir aux amoureux du shopping. Outre les boutiques de quartier, on retrouve un grand nombre de centres commerciaux, dont trois à Sainte-Foy à quelques pas l'un de l'autre (Laurier Québec, Place de la Cité, Place Ste-Foy), ainsi que les Galeries de la Capitale (angle autoroute Félix-Leclerc et boulevard Henri-Bourassa) et Fleur de Lys centre commercial (à proximité des quartiers Saint-Roch et Limoilou). Dans le Vieux-Québec, au-delà des échoppes vendant des souvenirs *made in China*, plusieurs boutiques mettent en vedette les métiers d'art, dont l'artisanat autochtone qui vaut à lui seul le détour. Les boutiques des différents musées permettent aussi de faire de belles découvertes. Pour les plaisirs gourmands, le Grand Marché de Québec dans le quartier Limoilou est un *must*. Il héberge des dizaines de producteurs, transformateurs et artisans qui vous feront savourer le Québec !

ARTICLE 721

721, 3e Avenue
✆ +1 581 742 4333
article721.com
Ouvert dès 10h, du mercredi au dimanche. Boutique en ligne également.

« Petit cabinet des curiosités », telle est la description faite des lieux par les propriétaires. Articles neufs et vintage en tout genre se partagent l'espace, pour la plupart issus de petits créateurs québécois. Même les proprios mettent la main à la pâte en concevant différents articles. Véritable caverne d'Ali Baba, on y trouve de tout, des vêtements aux produits de soins corporels, en passant par les articles déco, les livres et une multitude d'objets cadeaux. Et comme l'équipe reçoit des articles chaque semaine, les découvertes sont toujours au rendez-vous.

DISTILLERIE STADACONÉ

235, 2e Rue
✆ +1 418 914 3773
stadacone.com
Mercredi-samedi, 12h-20h ; dimanche, 12h-17h.

Ouverte à l'été 2019 dans le Vieux-Limoilou, cette distillerie est franchement unique. D'abord parce qu'elle intègre l'histoire des environs (la distillerie est située à mi-chemin entre le site du village iroquois de Stadaconé et le lieu où s'était installé Jacques Cartier), ensuite parce qu'elle a décidé de créer un jeu d'évasion sur place, lequel est un prélude à la visite guidée. Niveau produits, trois gins aux saveurs locales ainsi qu'une bière de type Pale Ale nordique, des prêt-à-boire alcoolisés et une liqueur d'aronia. À découvrir !

ÉPICERIE J.A. MOISAN

699, rue Saint-Jean
✆ +1 418 522 0685
www.jamoisan.com
Ouvert tous les jours (horaires variables selon la saison). Coin café pour grignoter sur place.

Fondée en 1871 par Jean-Alfred Moisan au cœur du Faubourg Saint-Jean, cette épicerie fine de quartier est une véritable institution de la ville de Québec. Si les rénovations ont remis l'endroit au goût du jour, son cachet d'antan est toujours bien présent. Outre ses nombreux produits fins, la boutique regorge d'autres délicieux produits comme les fromages, les charcuteries, les prêt-à-manger, les cafés et thés, les bières de microbrasseries... Et on ne pourrait passer sous silence son cellier à vin qui comprend l'une des plus grandes collections de vins québécois.

LE GRAND MARCHÉ DE QUÉBEC

250-M, boulevard Wilfrid-Hamel
✆ +1 418 692 2517
www.legrandmarchedequebec.com
Lundi-vendredi, 9h-18h ; samedi-dimanche, 9h-17h. Deux heures de stationnement gratuit sur place.

Tout récent, Le Grand Marché héberge des dizaines de producteurs, transformateurs et artisans avec une cinquantaines de stands. Certains sont permanents alors que d'autres sont des étals saisonniers. Une offre variée et de qualité est au rendez-vous : produits maraîchers, pains et viennoiseries, viandes et charcuteries, produits de la mer, cafés et thés, alcools artisanaux, prêt-à-manger, etc. Ateliers, démonstrations, dégustations et autres du genre ponctuent les saisons.

LA PETITE CABANE À SUCRE DE QUÉBEC

94, rue du Petit-Champlain
✆ +1 418 692 5875
www.petitecabane.com
Ouvert toute l'année (horaires variables).

Sirops, beurres, gelées, sucres, caramels, bonbons... Tous les produits de l'érable y sont en vente pour se sucrer le bec, y compris quelques spécialités du terroir québécois telles que le whisky à l'érable, du thé au vin de glace, etc. Hiver comme été, vous pourrez déguster de la tire d'érable devant la boutique. Lors des grosses chaleurs estivales, vous vous régalerez d'une bonne glace molle à la vanille recouverte de coulis ou de sirop d'érable.

BOUTIQUE ARTISANS CANADA

30, côte de la Fabrique
✆ +1 418 692 2109
artisanscanada.com
Ouvert tous les jours (horaires variables selon la saison). Autre boutique dans le Vieux-Montréal.

Spécialisée dans les produits art et mode faits au Canada, on y retrouve notamment les bijoux d'Anne-Marie Chagnon et ceux de Gemmes Québec par André Gagnon Lapidaire (ces derniers sont faits avec des pierres du Québec comme l'amazonite du Lac-Saint-Jean), les chapeaux Tilley et les tuques avec fourrure d'Harricana, les vêtements prêt-à-porter de Rebelle des Bois ou encore de Red Canoe, les savons et crèmes pour bébés de Lolo par La Belle Excuse et beaucoup plus encore. Même le *New York Times* la considère comme LA destination shopping de la vieille ville.

BOUTIQUE LUCIA F.

34 rue Saint-Joseph Ouest
www.lucia-f.com
Mercredi-dimanche, 12h-17h. Boutique en ligne également.

Chouette petite adresse indépendante du quartier Saint-Sauveur, la boutique de Cheryl Campbell se voue entièrement au vintage. Chaque vêtement et accessoire est trié sur le volet par la proprio et soyez certain que vous serez la seule personne en ville à porter vos trouvailles, tout étant l'unique exemplaire en boutique. Pièces féminines, masculines ou unisexes, de type pin-up/rockabilly ou plutôt très 80's, chacun y trouvera son compte. Pour ne pas rater les nouveaux arrivages, qui sont quasi quotidiens, suivez la page Facebook de la boutique.

LE KNOCK-OUT

832, rue Saint-Joseph Est
✆ +1 581 742 7625
leknockoutdisquaire.com
Horaires variables (fermé le lundi). Boutique en ligne également.

Ouvert depuis près d'une décennie par Roxann et Jean-Philippe, deux passionnés de musique jusqu'au bout des ongles, cet « autre disquaire » vend des vinyles rares et moins rares, neufs et usagés (toujours de bonne qualité), des 45 tours, des CD et des cassettes. Les styles sont éclectiques, allant du rock garage au punk, en passant par la new wave, l'électro et le franco (belle place réservée aux artistes locaux). Pour être au parfum des nouveaux arrivages, suivez la page Facebook. Bonus : la boutique fait souvent tirer des billets pour des spectacles à Québec.

MARTINO

35 ½, rue du Petit-Champlain
✆ +1 418 914 9933
www.boutiquemartino.com
Horaires variables selon la saison. Boutique en ligne également.

Martino est hautement réputé au pays pour sa sélection de mocassins, rendant ainsi hommage à la tradition de la fabrication locale de mocassins depuis des générations. Et il y en a pour tous les goûts et de toutes les couleurs, avec ou sans fourrure, format soulier ou bottine. On retrouve également sur place des chaussures de type *streewear* et une belle sélection de bottes 3 saisons et d'hiver conçues avec des technologies de nouvelles générations. À savoir que tout est entièrement fabriqué au Québec, avec des produits pour les hommes, femmes et enfants.

LIBRAIRIE ST-JEAN-BAPTISTE

565, rue Saint-Jean
✆ +1 581 999 0951
Ouvert du lundi au samedi (horaires variables).

La collection de livres est triée sur le volet et comprend entre autres des grands romans, des essais philosophiques, des recueils de poésie, etc. On peut bien sûr les acheter mais aussi les lire sur place si l'envie nous prend, tout en sirotant un café ou une bière. La librairie accueille également des spectacles de musique (le piano dans la salle du fond en atteste), mais également des vernissages, des lancements, des causeries, des lectures et d'autres événements.

BOUGER & BULLER

La ville de Québec compte quelques centaines de kilomètres de voies cyclables qui la relient à la Route Verte. Depuis le centre-ville, on peut emprunter plusieurs pistes cyclables telles que le Corridor de la Rivière-Saint-Charles (9 km), le Corridor des Cheminots (22 km) ou encore le Corridor du Littoral (50 km). La baignade est également au rendez-vous et la région compte quelques plages, des parcs nautiques, sans oublier les piscines extérieures situées aux quatre coins de la ville. Lors de la saison froide, les patinoires ne manquent pas à Québec, que ce soit en intérieur ou en extérieur. Pour ces dernières, l'entrée est en général gratuite, mais vous devez payer la location de patins (moins de 10 CAN $). Les plaines d'Abraham sont, quant à elles, couvertes de pistes de ski de fond et de raquettes, sans oublier les fameuses glissades de la Terrasse Dufferin, en bordure du Château Frontenac.

BAIE DE BEAUPORT

1, boulevard Henri-Bourassa ✆ +1 418 266 0722
www.baiedebeauport.com

Ouvert de mi-mai à mi-octobre. Accès quotidien : 2 CAN $, gratuit pour les 15 ans et moins. Stationnement : 10 CAN $.

Sur ce site enchanteur doté d'une grande plage, il fait bon prendre un bain de soleil, se bercer dans un hamac avec une sangria à la main (on recommande), jouer au beach-volley ou encore pratiquer un des nombreux sports nautiques grâce au service de location d'embarcations. La baignade est possible dans le fleuve et vous permettra de vous rafraîchir par temps chaud, sans oublier les jeux d'eau. Services : restauration (les pizzas sont délicieuses), bar, boutiques éphémères, camping pour camping-car, programmation d'événements et d'activités spéciales, etc.

LES GLISSADES DE LA TERRASSE DUFFERIN

Terrasse Dufferin
✆ +1 418 528 1884
www.au1884.ca

Tous les jours de mi-décembre à mi-mars (voire plus selon la météo). 3,50 CAN $ pour une descente, 11 CAN $ pour quatre.

C'est un des grands incontournables de l'hiver dans la capitale, juste à côté du non moins fameux Château Frontenac. Gardez les yeux grands ouverts et attachez vos bonnets ! À bord d'un toboggan allant jusqu'à 70 km/h, vous ressentirez une bouffée de plaisir accompagnée d'une vue imprenable sur le fleuve et le Château. À essayer ! Sur le site, vous trouverez aussi une mini-cabane à sucre extérieure ainsi que des repas sur le pouce au Kiosque Princesse Louise.

CANOT À GLACE EXPÉRIENCE

1141, boulevard Champlain
✆ +1 418 554 5691
www.canotaglaceexperience.ca

De mi-décembre à fin mars, selon les conditions météo. Tarif initiation : 225 CAN $ par adulte. Réservation requise.

Activité franchement unique, le canot à glace est désormais accessible à tous avec tout l'équipement fourni, bien entendu. Des sorties d'initiation sont offertes à différentes périodes du jour, selon les marées, et comprennent toutes un topo sur les différents termes et les techniques de base avant d'aller affronter le fleuve. Vous pourrez ainsi ramer sur le Saint-Laurent en plein hiver et trotter avec les glaces crépitant sous vos pieds. Notez que des sorties au coucher du soleil et des forfaits avec Strøm spa nordique sont aussi proposés.

STRØM SPA NORDIQUE VIEUX-QUÉBEC

515, boulevard Champlain
✆ +1 418 425 2772
www.stromspa.com/vieux-quebec

Ouvert tous les jours de 9h à 22h. Voir site web pour les tarifs et forfaits.

Établi à proximité du Saint-Laurent, le dernier-né de la chaîne de spa bien connue Strøm (présente également à Montréal, à Mont-Saint-Hilaire et à Sherbrooke) propose une variété de services incluant les bains nordiques, la massothérapie, les soins esthétiques et la gastronomie d'inspiration boréale au Restaurant Nord. De nombreux forfaits sont disponibles ainsi que des soirées thématiques, comme les Soirées Drøm pour les parents et ados ou les Soirées Ekko avec ambiance décontractée.

SORTIR

Plusieurs institutions culturelles sont installées dans le Vieux-Québec et ses environs immédiats. On a qu'à penser au Capitole face à la place d'Youville (programmation variée), au Théâtre Petit Champlain (chanson francophone et humour) ou encore au Diamant, un lieu de diffusion piloté par le fameux dramaturge Robert Lepage. Il y a également le Grand Théâtre de Québec qui présente notamment les concerts de l'Orchestre symphonique de Québec. Et on ne pourrait passer sous silence le Centre Vidéotron, dans le quartier Limoilou, où viennent se produire les grands noms de la musique. Pour planifier vos sorties, on recommande certains sites web spécialisés tels que *Sors-tu?* (webzine culturel - sorstu.ca) et *Milo* (guide des bonnes adresses de la province et magazine web - miloguide.com), sans oublier *Fugues*, le mensuel gratuit pour les sorties et activités de la communauté LGBTQ2 (fugues.com).

L'ANTI BAR & SPECTACLES

251, rue Dorchester
✆ +1 581 981 9814
lanti.ca
Voir site web pour la programmation. Tarifs variables selon les spectacles. Terrasse.

Suite à la fermeture du bar-coop L'AgitéE, l'espace n'aura pas été laissé vacant bien longtemps. Jay Manek et Karl-Emmanuel Picard y ont ouvert L'Anti à la mi-juillet 2015, en conservant l'esprit des lieux dédié à la musique marginale avec une belle vitrine pour les groupes locaux. La programmation comprend entre autres du métal, du punk, du rock indie, du hip-hop et des sets de DJ. C'est un lieu relativement underground qui permet de se fondre parmi les locaux l'instant d'une soirée. Bonus : c'est beau, bon, pas cher. On adhère !

LE BAL DU LÉZARD

1049, 3e Avenue
✆ +1 418 529 3829
www.lebaldulezard.com
Ouvert tous les jours de 13h30 à 3h. Babyfoot, terrasse.

Honneur aux petits reptiles qui dansent sur les murs de ce bar du Vieux-Limoilou. On va au Bal du Lézard pour son ambiance décontractée, pour le sourire contagieux, pour les *happy hours* (belle sélection de bières artisanales et de cocktails), les hot-dogs européens, les expositions d'art visuel, les lancements, les soirées d'humour, les spectacles musicaux en tous genres, les soirées avec DJ et toute la scène artistique locale qui y brille. Tout le quartier se retrouve ici, c'est bon signe. Pour la programmation, consultez la page Facebook du bar.

LE CAPITOLE

972, rue Saint-Jean
✆ +1 418 694 4444
www.theatrecapitole.com
Achat de billets sur place, par téléphone et en ligne. Tarifs variables selon les spectacles.

Une salle qui a du cachet. Créée en 1903, puis abandonnée en 1982 et restaurée en 1992, l'architecture du Capitole est remarquable. En plein cœur de la ville, des concerts, des spectacles, des pièces de théâtre, de l'humour, mais aussi des événements privés y sont organisés. Le Capitole accueille des spectacles tels *Elvis Experience, The Man in Black (A tribute to Johnny Cash), Motown Soul* ainsi que nombreux artistes de renom. Deux restaurants (Il Teatro et BÔ Cuisine d'Asie) et un hôtel (un peu plus d'une centaine d'unités) sur place, tous entièrement rénovés.

CENTRE VIDÉOTRON

250, boulevard Wilfrid-Hamel
✆ +1 877 658 9866
www.lecentrevideotron.ca
Achat de billets sur place, par téléphone et en ligne. Tarifs selon l'événement ou le spectacle.

Nouvel amphithéâtre multifonctionnel de Québec, sa grande capacité d'accueil l'a d'ailleurs consacré deuxième plus grande salle du genre au Québec. S'y tiennent notamment les matchs de hockey de la Ligue junior majeure avec les Remparts de Québec. Côté spectacles et concerts, de grosses pointures y font leur show. Le Centre Vidéotron se trouve sur le site événementiel de l'ExpoCité qui sert à l'organisation de nombreux salons et foires. C'est d'ailleurs ici que le Grand Marché de Québec a installé ses pénates en 2019, lequel mérite une visite.

LE DIAMANT

966, rue Saint-Jean
✆ +1 418 692 5353
www.lediamant.ca
Achat de billets sur place, par téléphone et en ligne. Tarifs selon l'événement ou le spectacle.

Tout récent lieu de diffusion, Le Diamant axe sa programmation autour de la création contemporaine québécoise. À la dernière pointe de la technologie, il présente des propositions artistiques innovantes. Piloté par Ex Machina et le célèbre dramaturge Robert Lepage, dont les œuvres multidisciplinaires bouleversent depuis plus de 20 ans les standards en matière d'écriture scénique, Le Diamant se veut un lieu de rayonnement pour la créativité d'ici et d'ailleurs. Spectacles de cirque, de danse et même de lutte sont aussi au rendez-vous.

IMPÉRIAL BELL

252, rue Saint-Joseph Est
✆ +1 418 523 3131
www.imperialbell.com
Achat de billets sur place, par téléphone et en ligne. Tarifs variables selon les spectacles.

Palais Royal, Théâtre des Familles, Théâtre Palais Royal, Cinéma de Paris, Cinéma Midi-Minuit, Les Folies de Paris... Bien des noms et des vocations ont « égayé » cette salle historique pendant des décennies. L'Impérial Bell se dévoue dorénavant entièrement aux arts de la scène, que ce soit de la musique, de l'humour ou même de type cabaret littéraire. Artistes québécois, canadiens et internationaux s'y relayent sans temps mort. Pour prendre un verre ou casser la croûte, vous trouverez le District Saint-Joseph sur place, doté d'une petite salle de spectacles.

LE DRAGUE CABARET CLUB

815, rue Saint-Augustin
✆ +1 418 649 7212
ledrague.com
Ouvert tous les jours de 11h à 3h. Terrasse. Restaurant elli sur place.

À la fois bar, club, salle de spectacles et haut lieu de sortie, le Drague se présente comme un « complexe de divertissements », en plein cœur du Faubourg Saint-Jean. On y retrouve une zone cabaret avec spectacles de personnificateurs féminins, une zone club avec DJ et planchers de danse (vendredi et samedi dès 23h) et la Zone3 de style lounge pour se relaxer entre amis (vendredi et samedi dès 17h). La programmation est aussi diversifiée que la clientèle, et pour planifier votre virée, consultez la page Facebook du Drague qui liste tous les événements à venir.

THÉÂTRE PETIT CHAMPLAIN

68, rue du Petit-Champlain
✆ +1 418 692 2631
www.theatrepetitchamplain.com
Achat de billets sur place, par téléphone et en ligne. Tarifs variables selon les spectacles.

Le Théâtre Petit Champlain est peut-être une petite salle, mais elle est vraiment mignonne. À l'entrée, un bar crée un espace agréable et clair, en harmonie avec l'ambiance du quartier (belle terrasse en saison). La programmation met l'accent sur la chanson francophone avec des artistes connus ou en voie de le devenir. Plusieurs spectacles d'humour ponctuent également la programmation au fil des mois. Consultez le site web pour connaître la programmation et les tarifs selon les spectacles (forfait souper-spectacle disponible).

GRAND THÉÂTRE DE QUÉBEC

269, boulevard René-Lévesque Est
✆ +1 418 643 8131
grandtheatre.qc.ca
Achat de billets sur place, par téléphone et en ligne. Tarifs variables selon les spectacles.

Le Grand Théâtre de Québec est composé de deux salles, Louis-Fréchette et Octave-Crémazie, lesquelles accueillent des spectacles de haute qualité et variés : danse, théâtre, musique, opéra, variétés. Il ne faut pas rater l'immense fresque murale de l'artiste Jordi Bonet qui accueille le public dans le plus vieux théâtre de la ville. Pour casser la croûte et prendre un verre avant un spectacle, le Grand Théâtre bénéficie d'un resto-bar dans son STUDIOTELUS (ouvert les soirs de spectacles, restauration assurée par Chez Rioux & Pettigrew).

LES VOÛTES NAPOLÉON

680A, Grande Allée Est
✆ +1 418 640 9388
voutesdenapoleon.com
Ouvert tous les soirs de 21h à 3h.

Le bâtiment qui abrite cette salle de spectacle a vu défiler près de 200 ans d'histoire. Construit à la fin des années 1830, il servit d'habitation et fut transformé en restaurant dans les années 1970. Au sous-sol, une petite salle fut l'hôte d'une discothèque réputée, Le Midnight Express. C'est en 1993 que le nouveau propriétaire des lieux décida de convertir Le Midnight en salle de spectacle pour chansonniers. Ainsi sont nées Les Voûtes Napoléon, dans un endroit qui n'a rien perdu de son cachet historique. Belle ambiance intimiste et programmation de qualité !

LES ENVIRONS DE QUÉBEC

Québec ne se limite pas à la capitale provinciale. C'est aussi une région touristique à part entière qui s'étend sur environ 9 000 km^2, de la Mauricie à Charlevoix, avec le Saint-Laurent au sud et la région du Saguenay-Lac-Saint-Jean au nord. Les environs de la cité québécoise regorgent donc de lieux à découvrir, que ce soit côté fleuve ou côté montagne, pour quelques heures ou bien quelques jours. Ils offrent de grandes plaines rurales, comme celles de l'Île d'Orléans et de la Côte-de-Beaupré, des montagnes et des grands espaces, notamment au parc national de la Jacques-Cartier et dans les réserves fauniques de Portneuf et des Laurentides, des stations touristiques de grande qualité, comme à Sainte-Catherine-de-la-Jacques-Cartier, à Beaupré ou à Stoneham, ou encore une communauté autochtone à Wendake. Et on ne pourrait passer sous silence un des attraits naturels majeurs de la région, la fameuse chute Montmorency, haute de 83 mètres.

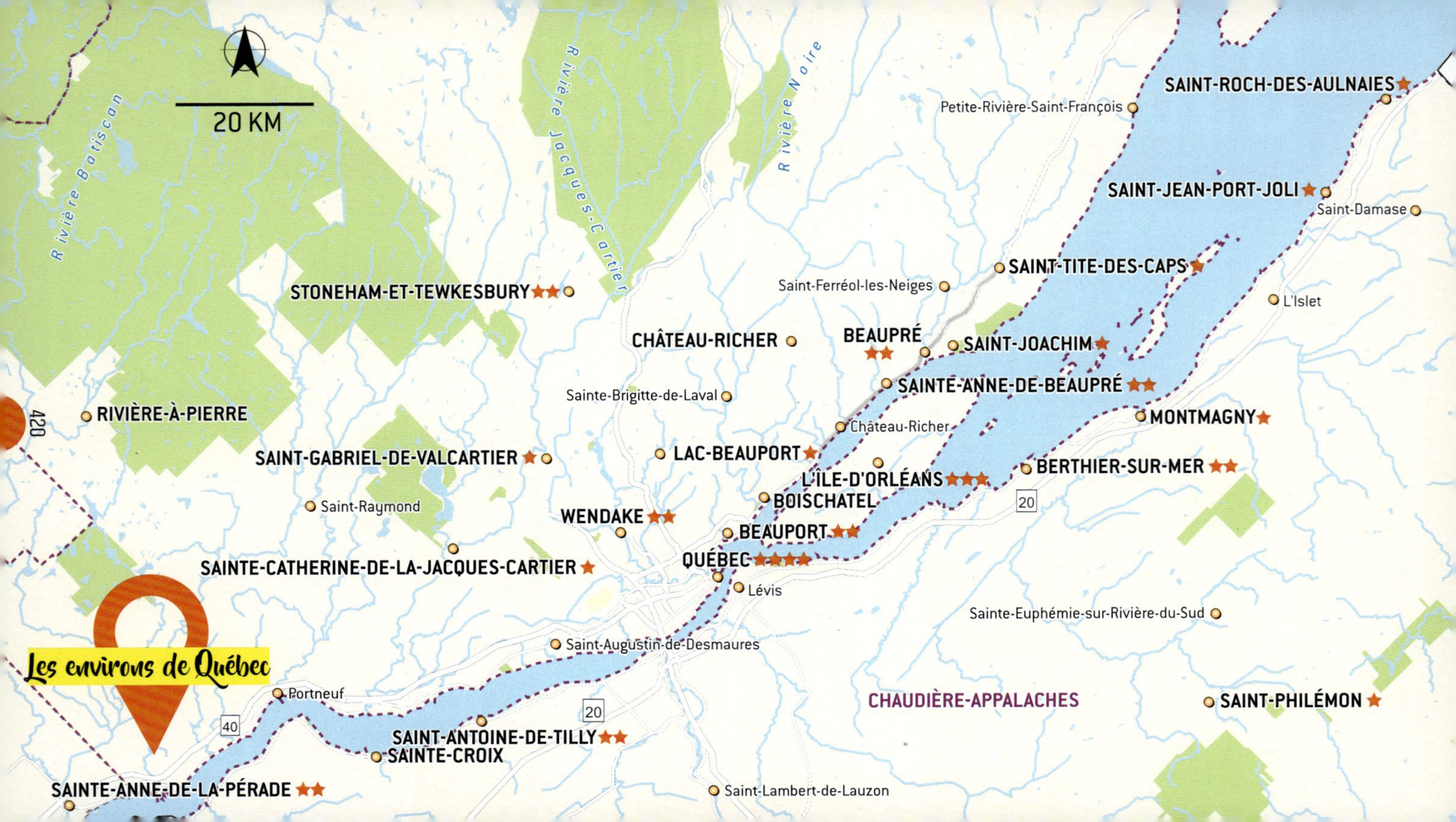

Les environs de Québec
20 KM
Rivière Batiscan
Rivière Jacques-Cartier
Rivière Noire
SAINT-ROCH-DES-AULNAIES
Petite-Rivière-Saint-François
SAINT-JEAN-PORT-JOLI
Saint-Damase
SAINT-TITE-DES-CAPS
Saint-Ferréol-les-Neiges
L'Islet
STONEHAM-ET-TEWKESBURY
CHÂTEAU-RICHER
BEAUPRÉ
SAINT-JOACHIM
SAINTE-ANNE-DE-BEAUPRÉ
Sainte-Brigitte-de-Laval
Château-Richer
MONTMAGNY
RIVIÈRE-À-PIERRE
SAINT-GABRIEL-DE-VALCARTIER
LAC-BEAUPORT
L'ÎLE-D'ORLÉANS
BERTHIER-SUR-MER
Saint-Raymond
BOISCHATEL
WENDAKE
20
BEAUPORT
SAINTE-CATHERINE-DE-LA-JACQUES-CARTIER
QUÉBEC
Lévis
Sainte-Euphémie-sur-Rivière-du-Sud
Saint-Augustin-de-Desmaures
Portneuf
CHAUDIÈRE-APPALACHES
SAINT-PHILÉMON
40
20
SAINT-ANTOINE-DE-TILLY
SAINTE-CROIX
SAINTE-ANNE-DE-LA-PÉRADE
Saint-Lambert-de-Lauzon

PAGES

423 ●● AU NORD DE QUÉBEC

C'est le terrain de jeu des amateurs de plein air. C'est ici que se trouve un parc national et une réserve faunique gérés par la Sépaq, mais aussi la fameuse station de ski Stoneham. On ne pourrait passer sous silence l'Hôtel de Glace qui apparaît chaque hiver sur le site du Village Vacances Valcartier.

WENDAKE ★★

423 Un lieu incontournable pour plonger au cœur de la culture et des traditions du peuple huron-wendat. Hébergement et cuisine traditionnels sont au rendez-vous, sans oublier une panoplie d'activités d'interprétation et des événements festifs comme le Pow Wow annuel.

423 SAINT-GABRIEL-DE-VALCARTIER ★

424 LAC-BEAUPORT ★

STONEHAM-ET-TEWKESBURY ★★

425 Une destination plein air exceptionnelle, à une quarantaine de kilomètres seulement de la capitale. Sa station de ski est la grande vedette des lieux, mais on peut aussi y pratiquer le rafting, le traîneau à chiens ou encore la motoneige.

427 ●● À L'OUEST DE QUÉBEC

Elle correspond à la partie sud de la région de la Jacques-Cartier et à l'ensemble de la région de Portneuf. En suivant le littoral, on parcourt le Chemin du Roy, première route carrossable au Canada, alors que dans l'arrière-pays s'ouvre le pays des forêts et des montagnes.

427 SAINTE-CATHERINE-DE-LA-JACQUES-CARTIER ★

427 RIVIÈRE-À-PIERRE

© ANNE MOY

Maison traditionnelle de l'Île d'Orléans.

PAGES

●● À L'EST DE QUÉBEC

428

Cette étroite bande de terre, située entre le Bouclier canadien et la rive nord du Saint-Laurent, s'étend à l'est de la ville de Québec jusqu'aux portes de Charlevoix avec, au large, la bucolique île d'Orléans. C'est à la vue des vertes prairies bordant le fleuve que Jacques Cartier se serait écrié : « Quel beau pré ! », d'où l'origine du toponyme. Pas étonnant dès lors qu'en 1626, sur les terres fertiles de Cap-Tourmente, Champlain fit bâtir la première ferme de la vallée du Saint-Laurent. La région, entièrement dédiée à la mère de la Vierge, est célèbre pour ses pèlerinages à Sainte-Anne-de-Beaupré, pour le Mont-Sainte-Anne, station de sports d'hiver très courue des Québécois, et pour la superbe chute du canyon Sainte-Anne.

BEAUPORT ★★

428 Vous y ferez très certainement une visite comme l'arrondissement de Beauport constitue la porte d'entrée du parc de la Chute-Montmorency. En été, on recommande d'aller prendre une petite « douche » au pied des chutes. Vent et fraicheur garantis !

ÎLE D'ORLÉANS ★★★

429 Une île magique, réputée pour ses villages pittoresques, ses maisons anciennes, ses airs bucoliques et ses innombrables adresses gourmandes. De coquettes auberges y ont élu domicile et accueillent leurs hôtes dans un décor qui fleure bon les vacances.

431 **BOISCHATEL**

431 **CHATEAU-RICHER**

SAINTE-ANNE-DE-BEAUPRÉ ★★

431 C'est un haut lieu de pèlerinage au Québec et la pièce maîtresse est difficile à rater depuis la route 138 : face au fleuve est érigée une superbe basilique de style néo-gothique. Et ils sont près d'un million - du Québec et d'ailleurs dans le monde - à venir la visiter chaque année.

BEAUPRÉ ★★

433 L'une des principales destinations pour les sports de glisse et le vélo de montagne dans la région. Mais c'est aussi une excellente base de plein air en toute saison avec à peu près toutes les activités imaginables, du canyoning au traîneau à chiens.

433 **SAINT-JOACHIM ★**

434 **SAINT-TITE-DES-CAPS ★**

WENDAKE ★★

La visite de Wendake (nation huronne-wendat) se compose de plusieurs éléments et il faut lui consacrer au moins une journée entière. Parmi ses incontournables, notons l'Hôtel-Musée Premières Nations et son restaurant La Traite, le Site traditionnel Huron ou encore le parc linéaire longeant la rivière Saint-Charles (ne ratez pas la chute Kabir Kouba). Les festivités se succèdent à Wendake, dont le Pow Wow en été (fête traditionnelle), ainsi que des spectacles et événements culturels et artistiques, tant à l'amphithéâtre qu'au Carrefour artistique de Wendake. À voir également : le spectacle immersif Onhwa' Lumina créé par Moment Factory.

RESTAURANT LA TRAITE €€€

5, place de la Rencontre
✆ +1 418 847 2012
restaurantlatraite.ca

Ouvert du matin au soir. Voir site web pour les menus et tarifs. Terrasse. Hébergement, forfaits et musée sur place.

Les coutumes et valeurs du peuple huron-wendat se transportent ici jusqu'à l'assiette. Célébrant l'abondance de la nature, La Traite est une ode aux richesses de la forêt boréale, du terroir, de la chasse et de la pêche. Chaque menu est exclusif et prône l'harmonie avec la nature, l'authenticité, tout comme le décor et l'expérience en soi. Les poissons et gibiers sont fumés sur place et la cuisine axe ses efforts autour de produits locaux et biologiques. Une table qui respecte son histoire et ses traditions. Mention à la sélection de vins autochtones.

SITE TRADITIONNEL HURON ★

575, rue Chef Stanislas Koska
✆ +1 418 842 4308
www.huron-wendat.qc.ca

Ouvert toute l'année, plusieurs visites guidées par jour. Adulte : 16,75 CAN $. Forfaits disponibles.

Ce village amérindien propose une fidèle reproduction du mode de vie de la nation huronne-wendat, d'hier à aujourd'hui. Vous visiterez la maison longue traditionnelle et verrez aussi un fumoir et un séchoir à viande, un hutte de sudation où l'on jette de l'eau bouillante sur des pierres, et un tipi géant en voile de bateau. Nombreuses activités offertes : lancer du tomahawk, contes et légendes, fabrication d'une roue de la médecine ou d'un collier de perles, etc. Aussi sur place : boutique d'art et d'artisanat amérindiens, restaurant Nek8arre.

HÔTEL-MUSÉE PREMIÈRES NATIONS €€

5, place de la Rencontre
✆ +1 418 847 2222
www.hotelpremieresnations.ca

Occupation double : à partir de 274 CAN $, petit déjeuner inclus. Musée et parcours nocturne sur place.

Au cœur du territoire huron-wendat, venez découvrir un hôtel 4 étoiles où l'histoire et la tradition côtoient habilement la modernité. Vous serez autant séduit par le confort des chambres que par la qualité du restaurant La Traite. Celui-ci offre une cuisine unique, inspirée des Premières Nations. Visitez aussi le Musée huron-wendat et découvrez-y des expositions offrant une fenêtre ouverte sur les territoires, les mémoires et les savoirs d'un peuple fier de ses racines.

SAINT-GABRIEL-DE-VALCARTIER ★

Lieu d'établissement de plusieurs colons écossais et irlandais en 1817, on y retrouve une importante base militaire (Valcartier) depuis la Première Guerre mondiale. Cette base des Forces canadiennes fait partie du Secteur du Québec de la Force terrestre et loge la 2e Division du Canada. Ce sont ces militaires qui interviennent dans différentes situations critiques au Québec, comme lors des inondations majeures qu'ont vécues plusieurs municipalités en 2019. Hormis cette base, Saint-Gabriel-de-Valcartier est surtout connue pour son Village Vacances Valcartier ainsi que pour le fameux Hôtel de Glace dont la réputation dépasse les frontières du pays.

VILLAGE VACANCES VALCARTIER

2280, boulevard Valcartier ✆ +1 418 844 2200
www.valcartier.com

Tarifs selon l'activité ou le forfait choisi et la saison. Navette entre Québec et le village en été et en hiver.

L'endroit idéal pour s'éclater en famille ou entre amis. En été, son grand parc aquatique avec jeux et glissades d'eau, piscine à vagues, rivières thématiques et autres attractions attire les foules. L'hiver on opte plutôt pour la glissade sur chambres à air, le rafting sur neige et le sentier de patinage. Nombreux autres services et activités : parc aquatique intérieur, centre de santé spa, hébergement (dont l'Hôtel de Glace), restaurants, bars et terrasses, boutiques et plus encore.

HÔTEL DE GLACE ★★

2280, boulevard Valcartier
+1 418 844 2200
www.valcartier.com
Ouvert de début janvier à mi ou fin mars. Voir site web pour les forfaits de visite et d'hébergement.

Ce majestueux complexe de glace et de neige voit le jour en janvier et disparaît sous le soleil du printemps chaque année. Il s'agit d'une structure éphémère exceptionnelle avec une thématique différente chaque année. Les murs sont dotés d'œuvres d'art ; le mobilier, le lustre étincelant qui dominent le hall d'entrée, les colonnes et les magnifiques sculptures sont façonnées à même la glace. Si vous avez peur d'avoir froid, sachez que tout l'équipement nécessaire vous est fourni, bien entendu. Le chaud et le froid se mélangent, vos sens sont en éveil, dans un émerveillement qui vous fera vivre une expérience hors du commun. L'hôtel est ouvert au grand public tous les jours dès 10h, mais sachez qu'à partir de 20h, la section des chambres et suites est réservée aux clients qui séjournent sur place. L'hôtel héberge également un bar de glace, une chapelle pour les mariages (l'hôtel en accueille quelques dizaines par saison), un espace détente nordique (bains à remous et sauna extérieurs), ainsi que diverses installations et activités au Village Vacances Valcartier (centre de jeux d'hiver, parc aquatique intérieur Bora Parc, centre de santé spa, etc.). Il est aussi possible d'y venir simplement pour boire un verre au bar de glace, mais si l'expérience ultime d'une nuitée nordique vous tente, plus d'une vingtaine de chambres et suites thématiques sont à disposition (sacs de couchage grand froid fournis). Les forfaits ne sont pas à la portée de toutes les bourses, mais le jeu en vaut la chandelle.

LAC-BEAUPORT ★

Appartenant autrefois à la seigneurie de Beauport, cette municipalité était, vers 1820, une agglomération anglophone du nom de Waterloo Settlement. Ce n'est qu'en 1989 qu'elle prendra le nom de Lac-Beauport, s'appelant jusque-là Saint-Dunstan-du-Lac-Beauport. En bordure du lac, face à la marina, vous y verrez le parc de la Gentiane, né d'un pacte d'amitié entre la municipalité et Sévrier et Grand Bornand en Haute-Savoie (France). On vient à Lac-Beauport pour les belles activités de plein air qu'elle offre en toute saison et pour son centre de villégiature Entourage sur-le-Lac. Pour la détente après l'effort, Siberia Spa est une adresse de choix.

ENTOURAGE SUR-LE-LAC €€€

99, chemin du Tour-du-Lac
+1 833 463 8998
entourageresort.com
Occupation double : à partir de 219 CAN $. Restaurant, bar, plage privée, piscine 3 saisons, bain à remous, gym, etc.

Superbe centre de villégiature qui axe ses services sur le bien-être et l'art de vivre, proposant 166 chambres et suites au design contemporain avec une vue soit sur le lac ou la montagne. Une virée gourmande à son restaurant vaut vraiment le coup. On peut opter pour la salle à manger avec vue sur le lac, l'îlot face à la cuisine à aire ouverte pour contempler les cuisiniers à l'œuvre, ou encore la terrasse trois saisons. Ne reste qu'à profiter des installations de détente ou des nombreuses activités de groupe et individuelles offertes à même le site.

Lac-Beauport.

MONTAGNE LE MAELSTROM €€

38, chemin de la Passerelle ✆ +1 418 473 6542
montagnelemaelstrom.com
À partir de 119 CAN $ la nuit. Réservation hautement recommandée.

Attrait majeur de Lac-Beauport, la montagne Maelstrom accueille depuis quelques années un domaine privé de lofts forestiers. Disséminées sur la montagne, ces écohabitations offrent un parfait pied-à-terre pour profiter des activités de plein air qui abondent dans les environs. Deux catégories sont disponibles : les Miradors et leur vue imprenable, les Cozys blottis en forêt et finalement des mini-chalets à énergie solaire. À savoir que des forfaits combinant hébergement et activités seront offerts sous peu. Une adresse au top !

L'ILÔT REPÈRE GOURMAND €€

99, chemin du Tour-du-Lac ✆ +1 418 463 8999
ilotrestaurant.com
Ouvert du matin au soir. Menu matin et midi : moins de 25 CAN $. Carte le soir : 10-65 CAN $.

Situé à Entourage-sur-le-Lac, L'îlot Repère gourmand propose une cuisine basée sur des ingrédients locaux, avec une forte influence internationale. Le restaurant offre des plats créatifs, sains, mais gourmands, à déguster dans les différents espaces du restaurant, tous dominés par la vue sur le très joli lac Beauport. En soirée, le bar s'anime. En tout temps, l'îlot face à la cuisine ouverte s'active. Sur la magnifique terrasse trois saisons, ou encore dans un des salons privés, le cadre s'accorde parfaitement à notre assiette contemporaine et agréable.

SIBÉRIA SPA

339, rue de Genève ✆ +1 418 841 1325
siberiaspa.com
Ouvert tous les jours de 9h à 21h. Bains : 55 CAN $, 37 CAN $ dès 17h. Voir site web pour les autres tarifs et forfaits.

Un beau spa scandinave, situé en pleine nature, à l'entrée de Lac-Beauport. Ce lieu de détente et de relaxation vous permettra de vivre pleinement l'alternance entre le chaud, le froid et le repos du corps. Vous pourrez en outre y profiter d'un massage (une douzaine de choix offerts) pour vous évader complètement. Toutes les éléments sont ici réunis pour profiter des bienfaits de la nature dans les meilleures conditions. Sachez que le dimanche matin (+ d'autres périodes comme les vacances d'été et la semaine de relâche), le spa convie les familles à tarif réduit.

STONEHAM-ET-TEWKESBURY ★★

Son nom proviendrait de deux villages du comté de Gloucester en Angleterre. D'ailleurs, sa petite église St. Peter (1839) et son cimetière sont des témoins du peuplement des cantons par les immigrants anglophones. De nos jours, Stoneham est surtout réputée pour sa station de ski, parmi les plus importantes à l'est des Rocheuses. La station propose d'autres activités, été comme hiver, ainsi qu'un hôtel situé au pied des pistes. Les environs sont aussi connus pour les rapides de la rivière Jacques-Cartier que l'on peut franchir en rafting et, à quelques kilomètres, se trouvent le parc national de la Jacques-Cartier et la réserve faunique des Laurentides.

PARC NATIONAL DE LA JACQUES-CARTIER ★

103, chemin du Parc-National ✆ +1 800 665 6527
www.sepaq.com/pq/jac
Ouvert toute l'année. Accès quotidien : 9,25 CAN $, gratuit pour les 17 ans et moins.

Véritable sanctuaire de la nature sauvage, le parc occupe un territoire de 670 km² constitué d'un plateau fracturé par des vallées aux versants abrupts, couvert de conifères et lacs et profondément entaillés par la rivière Jacques-Cartier. Vous y découvrirez une faune intéressante : orignal, cerf de Virginie, ours noir, loup, lynx... Le parc organise des activités de découverte qui intéresseront la famille au grand complet : excursion guidée en canoë rabaska, soirée de contes, randonnée nocturne, théâtre de marionnettes, etc.

- **Service de navette** entre Québec et le parc national offert par deux compagnies : Intercar (service quotidien) et Navette Quatre Natures (service quotidien). Pour les horaires et tarifs, consultez leurs sites web respectifs.
- **Hébergement :** chalets, chalets EXP, chalets Écho, yourtes, camps rustiques, refuge, tentes prêt-à-camper, prêt-à-camper Étoile, camping rustique et aménagé, camping d'hiver.
- **Location d'équipement :** canoë, kayak, canoë pneumatique, chambre à air, miniraft, surf à pagaie, habit isothermique, casque protecteur, sac au sec, baril étanche, raquettes, fatbike, skis nordiques, bâtons et crampons de marche, traîneau pour bébé, porte-bébé.
- **Activités :** observation de la faune, activités nautiques, canoë-camping, randonnée pédestre, vélo, pêche à la journée ou avec hébergement, géocache, expédition dans l'arrière-pays, fatbike (vélo hivernal), ski nordique, raquette, glissade, patin à glace, randonnée alpine, télémark et snowboard.

RÉSERVE FAUNIQUE DES LAURENTIDES ★

Route 175 Nord ✆ +1 800 665 6527
www.sepaq.com/rf/lau
Voir site web pour les horaires et coordonnées des trois postes d'accueil. Location d'équipement sur place.

Territoire protégé depuis 1895, la réserve faunique des Laurentides offre un excellent potentiel récréatif avec activités nombreuses et variées pour chasseurs, pêcheurs et villégiateurs.

- **Hébergement :** chalets, chalets Modik, pavillons, camp rustique, camp Giroux, prêt-à-camper, prêt-à-camper Étoile, camping.
- **Activités :** chasse au petit gibier, à l'orignal et à l'ours, pêche, pêche-camping, canoë-camping, vélo, vélo aventure, ski de fond, raquette, glissade, patin à glace.

AVENTURES NORD-BEC

4, chemin des Anémones
✆ +1 418 848 3732
www.traineaux-chiens.com
Différents forfaits offerts. Hébergement en camping, cabane dans les arbres, chalet et niche-pod. Location d'équipement.

Plusieurs forfaits et activités sont ici proposés pour faire vivre l'hiver québécois dans toute sa splendeur, dont le forfait Glisse et détente qui permet de jumeler l'excursion en traîneau à chiens d'une quarantaine de minutes à une séance au spa Le Nordique de Stoneham pour se reposer après l'effort. Pour prolonger le plaisir, niche-pod et chalet sont disponibles en location l'hiver. En saison estivale, les quatre types d'hébergement promettent des nuits étoilées et quelques activités sont offertes à même le site, notamment la visite du chenil.

PASCAL LE BOULANGER

4, avenue Tewkesbury
✆ +1 418 912 8501
pascalleboulanger.com
Ouvert du mardi au samedi. Autre succursale à Lac-Beauport.

Pascal fait dans l'authentique boulangerie artisanale française. Ses succulents pains, tous faits à la main frais du jour avec des ingrédients de première qualité, se déclinent en miche traditionnelle, en baguette, en pain aux noix et tutti quanti. On y retrouve également des viennoiseries (dont les croissants pur beurre), des pâtisseries, des sandwichs et tartes (salées et sucrées), un petit rayon de fromages et charcuteries québécois. L'arrêt idéal avant de partir en randonnée au parc national de la Jacques-Cartier, ou pour se récompenser, au retour.

LES EXCURSIONS JACQUES-CARTIER

860, chemin Jacques-Cartier Nord
✆ +1 418 848 7238
excursionsjacquescartier.com
Début mai à fin octobre. Rafting sportif : 129 CAN $ (tarifs réduits en ligne). Forfaits disponibles, camping rustique.

Pour les amoureux de l'aventure, le rafting sportif provoque tout un lot d'émotions : 9 km de descente à vous couper le souffle. Une fois l'excursion terminée, vous profiterez du site enchanteur des Excursions Jacques-Cartier. Plusieurs autres activités sont proposées sur place comme l'équitation découverte ou hors-piste, la location de canoë et kayak, l'accès à une plage privée (la plage et les embarcations nautiques sont gratuites à l'achat d'une excursion).

LA SOUCHE - STONEHAM

22 1ère Avenue
✆ +1 418 848 8529
www.lasouche.ca
Horaires variables selon la saison. Boutique, terrasse, biergarten, spectacles.

Il n'y a pas meilleur endroit à Stoneham pour boire une bière maison et savourer une cuisine gourmande lors de vos sorties en plein air ou pour l'après-ski (la station est à un jet de pierre). Dans une ambiance chalet de montagne, on ne se fait pas prier pour commander une bonne pinte ou une palette de dégustation, le tout accompagné d'un plat aux saveurs locales, notamment les poutines offertes sous plusieurs déclinaisons. Pour rapporter un petit souvenir houblonné, faites un saut du côté de la boutique. Autre succursale dans le quartier Limoilou à Québec.

STATION TOURISTIQUE STONEHAM

600, chemin du Hibou
✆ +1 418 848 2415
ski-stoneham.com
Début décembre à fin mars. Voir site web pour les horaires et tarifs. Hébergement sur place.

Données techniques de la station de ski : 43 pistes couvrant 135,8 hectares de surface skiable, 345 mètres de dénivelé, ski de soirée (19 pistes éclairées), six remontées mécaniques, trois snowparks et une demi-lune olympique. Achat, location et réparation d'équipement, restaurant-bar, garderie, centre de santé Halte O Spa, boutique. Autres activités : sentiers de motoneige, raquettes (location sur place), randonnée alpine, sentiers de randonnée pédestre.

SAINTE-CATHERINE-DE-LA-JACQUES-CARTIER ★

À environ 20 km à l'ouest de Québec, cette municipalité est traversée par une magnifique rivière à saumon, la Jacques-Cartier, qui a donné au village une partie de son nom. Paradis des pêcheurs, cyclistes et kayakistes en été, l'endroit est tout aussi populaire en hiver grâce à son réseau bien entretenu de sentiers de motoneige. C'est aussi ici qu'est établie la Station touristique Duchesnay, l'un des centres touristiques gérés par la Sépaq et principale destination des environs. À la carte ou en séjour, petits et grands trouvent ici amplement de quoi remplir leur journée.

STATION TOURISTIQUE DUCHESNAY €€

140, montée de l'Auberge
✆ +1 418 875 2122
www.sepaq.com/ct/duc

Voir site web pour les tarifs et forfaits. Hébergement en auberge, pavillon, chalet et refuge.

Ancienne école de gardes forestiers, elle est gérée par la Sépaq. Vous y découvrirez un véritable patrimoine naturel, notamment à travers les activités proposées : activités animées, centre nautique, parcours aérien d'aventure, labyrinthe, randonnée pédestre, vélo, baignade, ski de fond, raquette, traîneau à chiens, patin à glace, glissade, pêche blanche, motoneige, etc. Autres services sur place : bistro-bar Le Quatre-Temps avec terrasse, piscine intérieure.

© CAMIRAND PHOTO

Vélo de montagne en bordure de la rivière Jacques-Cartier.

RIVIÈRE-À-PIERRE

Vers la fin du XIXe siècle, les premiers colons se sont installés à ce qu'on appelait la Mission du canton de Bois. S'ils vivaient principalement de la foresterie et de l'agriculture, il n'a pas fallu attendre bien longtemps avant de découvrir ce qui ferait bientôt la réputation de l'endroit : le granite. On le développa d'abord de manière artisanale avant d'en faire une exploitation à plus grande échelle, propulsant du même coup cette industrie au premier plan de la localité. L'arrivée du chemin de fer en 1888 a aussi contribué à son essor. De nos jours, on vient à Rivière-à-Pierre pour profiter d'un séjour dans la réserve faunique de Portneuf.

RÉSERVE FAUNIQUE DE PORTNEUF

229, rue du Lac Vert ✆ +1 800 665 6527
www.sepaq.com/rf/por

Poste d'accueil de Rivière-à-Pierre ouvert toute l'année (horaires variables selon la saison).

Jadis fief de clubs privés fortunés, cette réserve faunique a été créée en 1968 dans le but de conserver la faune, d'établir des lieux de chasse, de pêche et d'activités de plein air.

- **Hébergement :** chalets, chalet Modik, chalets Horizon, camp rustique, tentes prêt-à-camper, camping.
- **Activités :** chasse au petit gibier, au cerf de Virginie, à l'orignal et à l'ours, pêche, randonnée, vélo, activités nautiques, canoë-camping, pêche blanche, patin à glace, ski de fond, raquette, etc.

ESCALE AU LAC €€

3000 chemin Albert-Julien
✆ +1 418 570 9430
escaleaulac.com

Refuge : à partir de 185 CAN $, loft : à partir de 255 CAN $. Forfaits disponibles.

Nouvelle destination écotouristique dans la belle région de Portneuf, Escale au Lac propose des hébergements qui cohabitent avec la nature environnante, dans le respect de la biodiversité. Des refuges d'exception en forêt (max 4 personnes) sont en location, ainsi qu'un loft (max 6 personnes) au 2e étage du bâtiment d'accueil. Parmi les services offerts, notons les boîtes-repas (proposées matin, midi et soir) ainsi que l'expérience thermale de type scandinave (incluse avec l'hébergement, tarifée pour les visiteurs). Une adresse à découvrir sans plus tarder !

LES ENVIRONS DE QUÉBEC

BEAUPORT ★★

À quelques minutes du Vieux-Québec, l'arrondissement de Beauport renferme un secteur historique d'importance avec plus de 550 bâtiments et ensembles d'âges et de styles variés. Beauport est un passage obligatoire pour quiconque veut aller voir de plus près la fameuse chute Montmorency, un attrait de taille qui attire les visiteurs du monde entier. Il faut dire que bien qu'elle soit étroite, elle surpasse les chutes du Niagara d'une trentaine de mètres. C'est également d'ici que partent les excursions en train à destination de Charlevoix, une escapade inoubliable entre fleuve et montagne qui mène à La Maibaie, à plus d'une centaine de km de Québec.

TRAIN DE CHARLEVOIX

5300, boulevard Sainte-Anne
✆ +1 418 420 4124
traindecharlevoix.com
Mi-juin à fin octobre. Voir site web pour les horaires et tarifs. Forfaits disponibles.

Ce train touristique relie Québec à La Malbaie, dans la région de Charlevoix, sur un circuit d'un peu plus d'une centaine de kilomètres. Un parcours exceptionnel, entre fleuve et montagnes, desservant les gares du parc de la Chute-Montmorency, de Baie-Saint-Paul et de La Malbaie, et traversant nombreuses localités comme Sainte-Anne-de-Beaupré, Petite-Rivière-Saint-François, Les Éboulements et Saint-Irénée. Question de bien préparer votre excursion, le site web présente les attraits à voir et activités à faire dans chaque destination desservie par le train.

PARC DE LA CHUTE-MONTMORENCY ★★

5300, boulevard Sainte-Anne
✆ +1 844 522 4883 - www.sepaq.com/ct/pcm
Ouvert à l'année. Accès : 5,65 à 7,39 CAN $, gratuit pour les 17 ans et moins. Stationnement et téléphérique payants.

Bien que moins large que les chutes du Niagara, le saut est plus haut d'une trentaine de mètres. Le site a été aménagé en vue d'offrir aux visiteurs des points de vue grandioses (téléphérique, escalier panoramique, pont suspendu, belvédères, sentiers de promenade et aires de pique-nique). La chute est encore plus spectaculaire en hiver lorsqu'elle est gelée et que s'est créé le « pain de sucre », énorme cône de glace formé par la cristallisation de la vapeur d'eau en suspension : ce dernier est en lui-même une curiosité qui attire toujours beaucoup de monde. Surplombant la chute, le Manoir Montmorency, élégante villa reconstruite comme au XVIIIe siècle, abrite un centre d'interprétation consacré à l'histoire du site, un restaurant-terrasse et une boutique de souvenirs.

Accès : le parc est situé à 12 km à l'est du Vieux-Québec. On accède à la partie haute par l'avenue Royale (route 360 - accueil pour le manoir, la via ferrata et la tyrolienne) et à la partie basse par le boulevard Sainte-Anne (route 138 - accueil principal de la gare).

Services sur place : restaurant-terrasse, sandwicherie (à la gare), food-truck, casse-croûte, comptoir laitier, boutiques, visite guidée des lieux et activités guidées en saison, activités de plein air (sentiers et promenades pour la rando, trois parcours de via ferrata, tyrolienne, escalade de glace, location de raquettes, etc.) et programmation d'activités spéciales et d'événements. À surveiller : la nouvelle passerelle flottante semi-submergée.

Parc de la Chute-Montmorency.

ÎLE D'ORLÉANS ★★★

D'une superficie de plus de 190 km², bien visible depuis Québec, elle n'a rien perdu de sa tranquillité pastorale qui inspira le chanteur Félix Leclerc (il y vécut jusqu'à sa mort). Avec ses églises aux clochers effilés et ses demeures normandes du XVIIIe siècle, elle perpétue l'image de la vie rurale en Nouvelle-France. La route 368 qui permet d'en faire le tour (68 km) offre de superbes vues sur la Côte-de-Beaupré et le mont Sainte-Anne, ainsi que sur les rives de la région Chaudière-Appalaches au sud. Six localités jalonnent le parcours, avec chacun un charme qui lui est propre. L'île d'Orléans est un havre de paix, un endroit bucolique.

© ANNE MOY

Vue sur le Fleuve depuis l'Île d'Orléans.

CASSIS MONNA & FILLES ★

1225, chemin Royal
✆ +1 418 828 2525
www.cassismonna.com

Cave à vin et boutique gourmande : toute l'année. Restaurant, crèmerie et comptoir pour emporter : juin à octobre.

C'est le bébé de Bernard Monna, liquoriste de quatrième génération, et de ses filles, Catherine et Anne. L'entreprise offre de nombreux produits à base de cassis dont des alcools (la sangria est sublime !), gelées, sirops, confits d'oignons, moutardes et autres délicieux produits. Vous pourrez visiter la cave à vin et faire des dégustations, ou encore casser la croûte à la Monnaguette. Après cette halte gourmande, pourquoi ne pas aller approfondir vos connaissances sur le métier de liquoriste, car l'entreprise est également membre du réseau Artisans à l'œuvre.

ESPACE FÉLIX-LECLERC ★★

1214, chemin Royal
✆ +1 418 828 1682
felixleclerc.com

Ouvert de juin à octobre. Adulte : 8 CAN $. Boutique, terrasse.

Ce musée est dédié à Félix Leclerc. Chansonnier, poète, écrivain et dramaturge, sa vie et son œuvre sont ici racontés. La visite se termine en suivant le sentier d'un flâneur, autrefois parcouru par le très célèbre chansonnier. D'une longueur de 3 kilomètres, il traverse les champs et bois du site (bel endroit pour faire de la raquette en hiver). Profitez de votre passage ici pour aussi découvrir le parcours d'un flâneur et ses œuvres disposées sur le parterre et dans l'érablière. Des spectacles de musique de haute qualité s'y déroulent également certains soirs.

LES ANCÊTRES €€

1101, chemin Royal ✆ +1 418 828 2718
www.lesancetres.ca/fr

Occupation double : à partir de 146 CAN $, petit déjeuner en sus. Restaurant ouvert le soir (horaires variables).

Sise dans un bâtisse datant de 1662, cette auberge-restaurant a gardé son cachet historique dans chaque recoin de la maison : murs de pierre, vieilles poutres apparentes, plafond bas et plancher qui craque, objets d'époque... Les chambres sont douillettes et certaines sont munies d'un foyer et/ou d'un balcon. Le petit déjeuner est concocté avec les produits de la région et, le soir venu, une fine cuisine du terroir et des plats traditionnels sont servis dans une superbe salle à manger avec foyer qui s'ouvre sur le fleuve et la Côte-de-Beaupré. Une belle adresse !

AUBERGE L'ÎLE FLOTTANTE €€

7127, chemin Royal
✆ +1 418 828 9476
ileflottante.com

Occupation double : à partir de 110 CAN $, petit déjeuner inclus. Forfaits disponibles. Location de vélos.

Difficile de rater cette belle demeure ancestrale datant de 1836 et rénovée dans le respect du cachet d'antan. Michel et Annie vous y accueillent à bras ouverts et mettent à disposition cinq chambres résolument coquettes et ultra confortables. Un chalet entièrement équipé et pouvant héberger jusqu'à six personnes est également en location (possibilité de location à la semaine). Les petits plus : des petits déjeuners gourmands aux saveurs de l'île d'Orléans et une terrasse au bord du fleuve Saint-Laurent avec accès à la grève.

LES GAMINES €

1067 chemin Royal
✆ +1 581 998 3379

Ouvert du printemps à l'automne (voir page Facebook). Carte : moins de 20 CAN $. Belle sélection de breuvages maison.

Quand on a déniché cette adresse, on ne s'attendait pas à un coup de cœur gourmand aussi intense. Déjà, les lieux : un espace food-truck installé sur le site champêtre des vergers du Domaine Orléans, avec une vue imprenable sur le Saint-Laurent et la Côte-de-Beaupré. Ensuite, le menu : des gaufres au jus de pomme frais incroyablement savoureuses et concoctées avec des produits locaux. On recommande sans hésiter la Gravlax (mousse d'avocat, œuf mariné dans le vinaigre de cidre, fromage feta, basilic et gravlax de saumon). On en rêve encore…

LE MOULIN DE ST-LAURENT €€

6436, chemin Royal
✆ +1 418 829 3888
moulinstlaurent.qc.ca

Restaurant de mai à mi-octobre. À la carte : 10-35 CAN $, table d'hôtes : 40-55 CAN $. Hébergement sur place.

La cheffe Alexandra Gagné varie sa carte en fonction des saisons et des arrivages. Au menu, des mets exquis comme le boudin poêlé au vinaigre de sève de la Ferme Vinaigrerie du Capitaine et pommes caramélisées au sirop d'érable du Relais des Pins ; salade tiède de tataki de bœuf mariné au balsamique, fromage de chèvre de la Ferme Audet, fraises fraîches et poivres roses ; linguine au poulet citronné, huile aux herbes de Fines Herbes par Daniel et parmesan. Une belle terrasse est à disposition pour prendre l'apéro et/ou savourer son repas. Réservation recommandée.

LA MIDINETTE

4624 chemin Royal
✆ +1 418 829 3162

Horaires variables selon la saison. Terrasse avec vue sur le Saint-Laurent.

Logée dans l'ancien presbytère de Saint-Jean, qui a d'ailleurs abrité La Boulange jusqu'en 2021, la Midinette est le rejeton des sœurs Monna (de Cassis Monna & Filles) qui ont su conserver le cachet et la vocation historique des lieux tout en ajoutant une touche plus excentrique. La Midinette reprend donc le flambeau côté boulangerie en y ajoutant le côté buvette en salle à manger ou en terrasse. Également caviste, on retrouve ici une belle sélection de crus provenant d'importations privées. Une bien belle adresse gourmande pour se la couler douce sur l'île !

CHOCOLATERIE DE L'ÎLE D'ORLEANS

8330, chemin Royal
✆ +1 418 828 2252
chocolaterieorleans.com

Ouvert toute l'année. Crèmerie ouverte en saison estivale. Terrasse.

Aménagés dans une résidence vieille de plus de 200 ans, cette boutique saura vous charmer avec ses effluves chocolatés. La matière première, de qualité, provient de Belgique et la chocolaterie la transforme en excellents produits qui sont distribués aux commerces de la région ou vendus sur place. Les truffes sont un must (on a testé toutes les saveurs) et les sorbets et les glaces maison valent également le détour. Autre succursale sur l'île, à Saint-Laurent.

CIDRERIE VERGER BILODEAU

1868, chemin Royal
✆ +1 418 828 9316
cidreriebilodeau.com

Horaires variables selon la saison. Mini-ferme, aire de pique-nique. Boutique sur place.

Première cidrerie à être implantée sur l'île d'Orléans, la Cidrerie Verger Bilodeau vous propose des dégustations des produits maison ainsi que de l'auto-cueillette de fin août à mi-octobre. Parmi les spécialités gourmandes en boutique : beurre de pomme, gelée de cidre de glace (un délice avec les fromages !), jus de pommes, sirop de pommes, sirop d'érable, beurre d'érable, terrine de foie gras de canard aux pommes, moût de pommes pétillant, cidre mousseux, mistelle de framboises ou encore cidre de glace. Autre point de vente au Grand Marché de Québec.

VIGNOBLE STE-PÉTRONILLE

8705, chemin Royal
✆ +1 418 828 9554
www.vs-p.ca

Ouvert de mai à octobre. Boutique, restaurant et terrasses sur place.

Ce vignoble familial produit plusieurs vins de qualité dont le mousseux Brut Nature, la mistelle de raisin Insula en blanc ou en rouge (moût de raisin muté au whisky, vieilli en fûts de chêne américain de 3 à 10 ans), le blanc Réserve du Bout de l'île (bâtonnage sur lies en fût de chêne 9 mois) ou encore le rosé Bouquet d'Orléans. Le vignoble fait également du cidre et depuis quelques années la famille s'est lancée dans la distillation avec une eau-de-vie élaborée comme la grappa en Italie. Petit plus : un restaurant servant d'authentiques pizzas napolitaines.

BOISCHATEL

Municipalité située sur l'historique Côte-de-Beaupré, sur la rive est de la rivière Montmorency à son embouchure dans le Saint-Laurent. La chute Montmorency est d'ailleurs située en partie dans Boischatel. L'endroit, qu'on appelait « le Sault », fut colonisé aux alentours de 1664 avec une vocation agricole. Son développement s'accélère au XIXe siècle alors que différentes entreprises s'y installent en raison de l'énergie hydraulique fournie par la chute. Ses attraits comprennent entre autres le Club de golf Royal Québec, fondé en 1874, et donc un des plus anciens en Amérique, et les grottes de Boischatel, les plus longues du pays à l'est des Rocheuses.

CHATEAU-RICHER

Son histoire et son patrimoine remontent à près de 400 ans. Château-Richer fut en effet la première paroisse organisée en Amérique du Nord et plusieurs familles québécoises de souche tirent leurs origines d'ici. À voir : le site historique et archéologique des Couvents-de-Château-Richer, où est retracée l'histoire de la région considérée comme l'un des berceaux de l'Amérique française, ainsi que les belles œuvres des peintres Yvon St-Aubin et Louise Marion à la Galerie d'art St-Aubin Marion. Pour les petits creux, on recommande la boulangerie Chez Marie, installée dans une maison de pierre datant de 1652, ou encore la ferme ancienne Arthur Cauchon.

AUBERGE BAKER €€

8790, avenue Royale
✆ +1 418 824 4478
www.aubergebaker.com
Occupation double : à partir de 115 CAN $, petit déjeuner inclus. Restaurant ouvert le soir et brunch le dimanche.

Depuis plus de 80 ans, cet incontournable de la Côte-de-Beaupré accueille touristes et habitués des environs. L'auberge offre l'hébergement en chambres, suites et dans une maison au village. Son restaurant est composé d'une salle aux murs de pierres datant de 1840 et d'une autre plus spacieuse, avec une large fenestration. On y sert des plats typiques de la région, avec des ingrédients soigneusement sélectionnés provenant pour la plupart du terroir québécois. Que ce soit pour un repas ou pour quelques jours, voilà une auberge qui vaut le détour.

SAINTE-ANNE-DE-BEAUPRÉ ★★

Sainte-Anne-de-Beaupré est mondialement connue pour son sanctuaire, lieu de pèlerinage attirant près d'un million de visiteurs par an. Dédié à la sainte patronne du Québec, c'est un véritable chef-d'œuvre architectural de style néogothique. Lors de la neuvaine de sainte Anne en juillet, l'endroit est bondé ! À savoir que le Cyclorama de Jérusalem, situé à quelques pas de là, était une autre attraction populaire. Le site a néanmoins fermé ses portes fin 2018. En voie d'être classé bien patrimonial, son avenir reste pour le moment incertain. Finalement, pour marquer une belle pause, on recommande fortement un arrêt à la Microbrasserie des Beaux Prés.

SANCTUAIRE DE SAINTE-ANNE-DE-BEAUPRÉ ★★

10018, avenue Royale
✆ +1 418 827 3781
www.sanctuairesainteanne.org
Ouvert tous les jours à l'année. Entrée libre. Messes quotidiennes.

Sur la rive nord du fleuve Saint-Laurent, face à l'île d'Orléans, cette basilique, dont la première construction remonte au XVIIe siècle, est dédiée à la sainte patronne du Québec. De renommée mondiale, facilement repérable de la route, elle est le plus ancien lieu de pèlerinage de la province. C'est un gigantesque édifice néogothique pourvu de deux clochers entre lesquels veille la statue dorée de sainte Anne. À l'intérieur, la basilique se compose de cinq immenses nefs séparées par des colonnes à chapiteaux sculptés, et la voûte en berceau est recouverte de mosaïques relatant la vie de sainte Anne, chef-d'œuvre du mosaïste français Auguste Labouret. Environ 200 vitraux à dominante bleue l'éclairent. Dans l'aile gauche du transept, la statue de la sainte tenant Marie dans ses bras attire les fidèles, qui se recueillent devant elle. Les reliques de sainte Anne sont abritées dans la chapelle située juste derrière. De nombreux témoignages de miraculés ornent les colonnes des nefs. S'y entremêlent béquilles et prothèses, souliers d'enfants et photos. Ce lieu de recueillement, respecté de tous les Québécois, connaît en été une très grande affluence, surtout lors de la neuvaine à sainte Anne en juillet. Des visites guidées de la basilique et des activités spéciales sont aussi proposées aux groupes (réservation auprès du secrétariat). Pour un souvenir de votre visite au Sanctuaire, son magasin vend toute une panoplie d'objets à caractère religieux.

Basilique Sainte-Anne-de-Beaupre.

MICROBRASSERIE DES BEAUX PRÉS

9430, boulevard Sainte-Anne
✆ +1 418 702 1128
mdbp.ca
Horaires variables selon la saison. Coin boutique, terrasse au bord du fleuve.

Les yeux rivés sur le fleuve et l'île d'Orléans, cette adresse houblonnée est une première sur la route reliant Québec à Charlevoix. À l'ardoise, des bières maison et des palettes de dégustations de trois verres sont disponibles afin de maximiser les découvertes. Un menu bistro est proposé, allant des grignotines aux plats plus consistants comme les tartes flambées, les sandwichs grillés, l'assiette du terroir... Un chouette port d'attache dans la région de Québec !

BEAUPRÉ ★★

Situé entre le mont Sainte-Anne et le fleuve, l'endroit fut habité dès les débuts de la Nouvelle-France. De nos jours, Beaupré est surtout une destination nature avec un éventail d'activités d'aventure et d'écotourisme, à commencer par la fameuse station de ski Mont-Sainte-Anne. La vue qui s'ouvre sur le Saint-Laurent depuis les pistes est tout simplement superbe, et c'est d'ailleurs ce qui fait la réputation des lieux. En été, le vélo de montagne prend la relève avec de nombreux adeptes qui dévalent les pentes ; les plus aventureux iront faire du canyoning à la chute Jean-Larose. Non loin se trouve le canyon Sainte-Anne et sa chute haute de 74 mètres.

CANYON SAINTE-ANNE ★

206, route 138 Est
✆ +1 418 827 4057
canyonsa.qc.ca
Début mai à fin octobre. Adulte : 14 CAN $. Combo visite et Air Canyon : 25 CAN $. Restaurant et boutique sur place.

La rivière Sainte-Anne, après une chute de 74 mètres de hauteur, se précipite en bouillonnant dans une étroite faille rocheuse dominée par des arbres centenaires. Trois ponts suspendus jalonnent le parcours dont une passerelle haute de 60 mètres surplombant le gouffre. Les plus jeunes adoreront l'expérience interactive La légende des Petraminis, le rallye Roc-Ambolesque, alors que ceux en quête d'émotions plus fortes s'élanceront dans l'Air Canyon, une chaise deux places suspendue au-dessus de la chute et qui file à une vitesse de 50 km/h.

CANYONING-QUÉBEC

2000, boulevard du Beau-Pré
canyoning-quebec.com
Tarifs variables selon la destination. Réservation impérative.

Une aventure au Mont-Sainte-Anne permet de voir de près deux cascades de la chute Jean-Larose. D'autres circuits sont proposés à la Vallée Bras-du-Nord dans la région de Québec (trois sites différents). Les plus téméraires s'en donneront à cœur joie au massif de Charlevoix, un lieu fantastique avec un cours d'eau offrant 5 à 7 chutes sportives à descendre sur corde avec du courant, des sauts, de la nage et des toboggans. Deux autres lieux sont également disponibles dans Charlevoix (chute à Cimon et canyon de la Grande-Pointe).

MONT-SAINTE-ANNE

2000, boulevard du Beau-Pré
✆ +1 418 827 4561
mont-sainte-anne.com
Voir site web pour les tarifs. Hébergement, restauration, navette ski-bus depuis certaines villes.

C'est la plus ancienne et la plus importante station de ski de la région (71 pistes sur trois versants, 19 éclairées en soirée). En haut des pistes, juste avant de se jeter dans la poudreuse, admirez la vue sur le fleuve. Outre le ski, le site est le lieu privilégié de bon nombre d'activités de plein air (service de location d'équipement sur place) : randonnée pédestre, descente en vélo de montagne, golf (normale 72), canyoning, ski de fond, raquette, randonnée alpine, fatbike (vélo hivernal)... Nombreux événements en toute saison.

SAINT-JOACHIM ★

C'est un des plus anciens lieux de colonisation du pays. Il fut d'ailleurs attaqué par les troupes de James Wolfe lors du siège de Québec en 1759. On ne manquera pas d'admirer ses belles maisons anciennes le long de l'avenue Royale et près de la rivière Blondelle. Il faut également voir sa belle petite église au centre du village. Construite en 1779, elle compte parmi les plus anciennes du Québec et héberge des œuvres d'art dont les sculptures dorées de François et Thomas Baillairgé. Saint-Joachim est également un arrêt migratoire important pour les oies des neiges, ce qui en fait un lieu de prédilection pour l'ornithologie au printemps et à l'automne.

RÉSERVE NATIONALE DE FAUNE DU CAP-TOURMENTE ★

570, chemin du Cap-Tourmente
✆ +1 418 827 4591
Ouvert toute l'année sauf lors des fêtes de fin d'année. Adulte : 6 CAN $. Accès en hiver : 4 CAN $ par personne.

Cette Réserve nationale de faune est un site ornithologique majeur au pays pour l'observation de la Grande Oie des neiges en halte migratoire, au printemps et à l'automne. Autres activités offertes : chasse contrôlée à la Grande Oie des neiges en octobre, activités d'animation en nature, centre d'interprétation, rallye nature avec GPS, réseau de sentiers pour randonnée pédestre (20 km - 6 km pour la marche hivernale) dans un cadre superbe, avec de belles vues sur le Saint-Laurent.

FERME QUÉBEC-OIES

484, avenue Royale
✆ +1 418 808 2426
lafermequebecoies.com
Horaires variables selon la saison. Aire de pique-nique, panneaux d'interprétation, dégustations.

La grande spécialité ici, c'est le foie gras d'oie, et l'élevage des oies est fait dans le plus grand respect de la tradition. En résulte une gamme de produits de qualité d'une saveur authentique : des entrées et hors-d'œuvre (terrine d'oie au cognac et poivre vert, mousse de foie gras d'oie au cidre de glace et baies de genièvre, foie gras d'oie mi-cuit, etc.), des mets cuisinés (cassoulet d'oie, tourtière à l'oie et foie gras, etc.), des à-côtés (confit d'oignons perlés au cidre de glace, etc.) et même des savons doux à base de graisse d'oie. Que des délices !

SAINT-TITE-DES-CAPS ★

Petite municipalité d'environ 1 500 habitants située en zone montagneuse, à quelques kilomètres seulement de Charlevoix. Elle est bien connue des amateurs de plein air, étant le point de départ du fameux Sentier des Caps de Charlevoix. Il se parcourt en raquette, en ski de fond ou en bottines selon les secteurs. Si on n'a pas son matériel, on peut en faire la location à l'un des centres d'accueil du sentier. On peut même prévoir une virée de quelques jours avec des nuitées en camping ou en refuge. À faire absolument si ce type d'activité vous branche ! Bonus : une ferme spécialisée dans l'élevage d'oies (délicieux foie gras) est établie non loin.

SENTIER DES CAPS DE CHARLEVOIX

2, rue Leclerc
✆ +1 418 823 1117
sentierdescaps.com
Voir site web pour les horaires d'accueil, les hébergements selon le secteur, les tarifs et les services offerts.

Ce superbe sentier promet une expérience grande nature inoubliable, entre fleuve et montagnes. Au programme, de circuits pour la randonnée pédestre, la raquette et le ski de fond (classique et pas de patin). Il est également possible de faire le sentier principal en entier, soit 51 km de randonnée pédestre ou de raquette, de Cap Tourmente au village de Petite-Rivière-Saint-François. À savoir qu'il est possible de louer son équipement sur place pour le ski de fond et la raquette.

Sentier des caps de Charlevoix.

CHARLEVOIX

Sa renommée, en tant que lieu de villégiature, a débuté vers la fin du XVIIIe siècle, plus précisément à La Malbaie, grâce aux seigneurs écossais Malcolm Fraser et John Nairn qui, dès 1760, recevaient des visiteurs dans leur manoir. La région devient alors très populaire, avec ses pensions de famille, ses petits hôtels et ses lieux pittoresques où l'on s'adonne à la randonnée, à la pêche à la truite ou au saumon, ou encore aux bains d'eau de mer. Si bien qu'en 1899 se construit dans le secteur Pointe-au-Pic, à La Malbaie, un hôtel de 350 chambres, le Manoir Richelieu. C'est par bateaux à vapeur, appelés alors les palais flottants, que les premiers touristes débarquent en grand nombre. Depuis, un important réseau d'auberges a vu le jour. Charlevoix peut se vanter d'avoir une tradition d'accueil vieille de plus de 250 ans. Elle est également reconnue au Québec comme étant la région gastronomique et touristique par excellence.

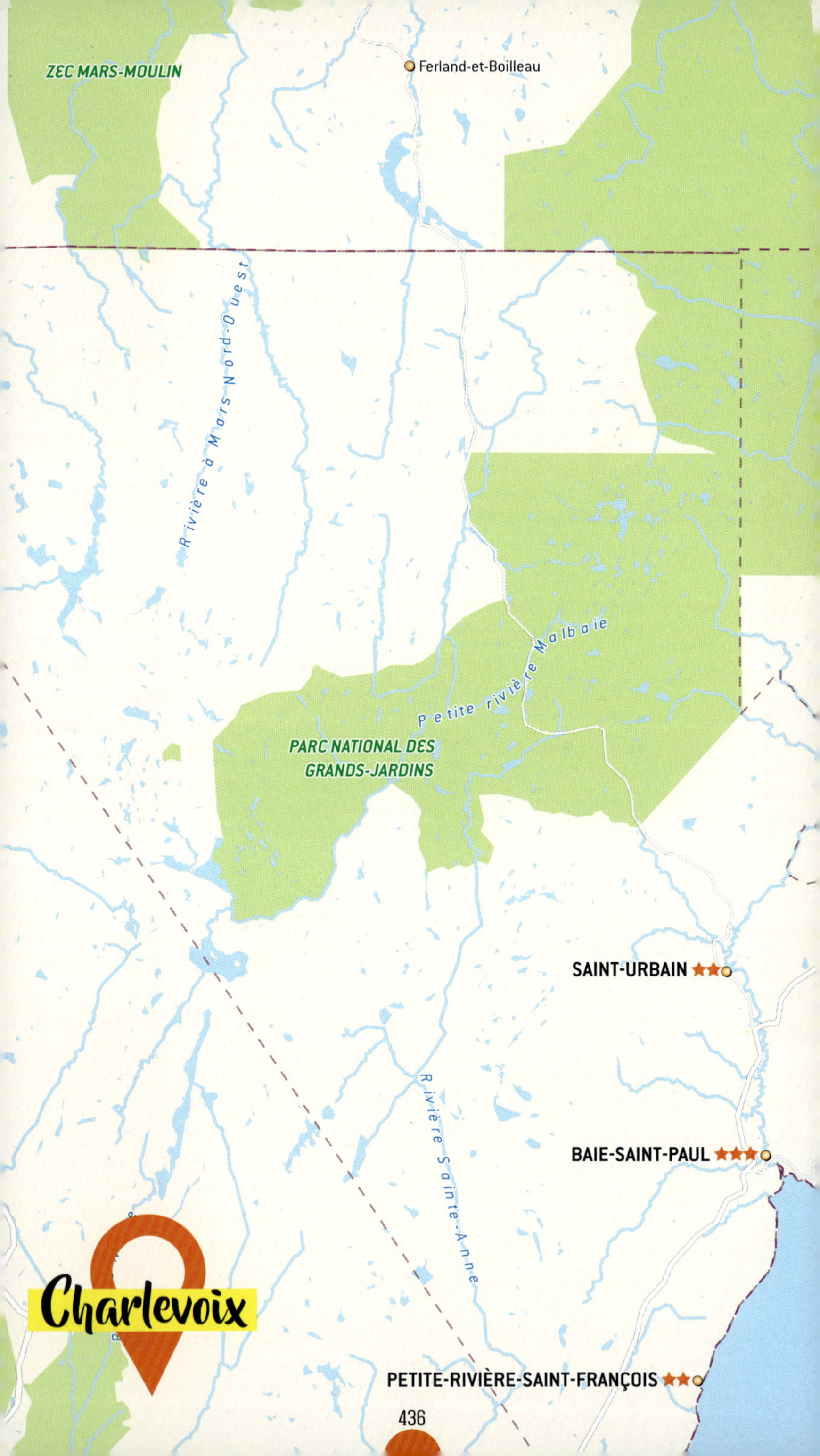
ZEC MARS-MOULIN
Ferland-et-Boilleau
Rivière à Mars Nord-Ouest
Petite rivière Malbaie
PARC NATIONAL DES
GRANDS-JARDINS
SAINT-URBAIN
BAIE-SAINT-PAUL
Rivière Sainte-Anne
PETITE-RIVIÈRE-SAINT-FRANÇOIS
Charlevoix

ZEC DE L'ANSE-SAINT-JEAN
BAIE-SAINTE-CATHERINE
ZEC BUTEUX–BAS-SAGUENAY
138
Baie-des-Rochers
ÉSERVE ÉCOLOGIQUE DES GRANDS-ORMES
ÎLES DU BAS-SAINT-LAURENT
SAINT-SIMÉON
Clermont
SAINT-AIMÉ-DES-LACS ★★
Notre-Dame-des-Monts
LA MALBAIE ★★★
Saint-André
20
Saint-Laurent
SAINT-GERMAIN
SAINT-IRÉNÉE ★
KAMOURASKA ★★★
Saint-Pascal
L'Anse-au-Sac
Cap-aux-Oies
LES ÉBOULEMENTS ★
SAINT-JOSEPH-DE-LA-RIVE
Saint-Philippe-de-Néri
Rivière-Ouelle
Saint-Bernard-sur-Mer
BAS-SAINT-LAURENT
La Baleine
L'ISLE-AUX-COUDRES ★★
La Pocatière
Saint-Onésime
Berryer
SAINT-ROCH-DES-AULNAIES ★
10 KM
Village-des-Aulnaies

PAGES

439 ●● LA RIVE DU SAINT-LAURENT

Ici la route 138 Est caresse le fleuve, en lacet de Sainte-Trinité-des-Caps (région de Québec) jusqu'à l'embouchure du fjord du Saguenay, à Baie-Sainte-Catherine. C'est l'itinéraire le plus romantique du Québec, le plus agréable et le plus pittoresque, celui dont les panoramas imprégneront vos rêves à venir. Vous risquez néanmoins d'y avoir souvent les oreilles bouchées, tant les dénivellations et les côtes, qui atteignent parfois plusieurs kilomètres de long, y sont importantes. Mais ce drôle d'inconfort n'est rien en comparaison de la vue fascinante dont vous jouirez du haut des caps. Vous observerez la mer à loisir jusqu'au majestueux confluent Saguenay-Saint-Laurent où aura lieu l'ultime rencontre, celle de l'homme et de la baleine.

PETITE-RIVIERE-SAINT-FRANÇOIS ★★

439 Ce ici que se trouve la plus haute montagne skiable au Québec, Le Massif. Du haut des pistes, on croirait qu'elles mènent directement dans le fleuve. Une vue incroyable ! Et c'est aussi ici que s'est installé le tout premier Club Med au Canada en 2021.

BAIE-SAINT-PAUL ★★★

440 Charmante municipalité réputée pour ses paysages et sa quiétude qui attirèrent de tout temps les peintres, les sculpteurs et même les écrivains. En été, son Symposium international d'art contemporain est un incontournable. Nombreuses auberges de charme et tables gourmandes également.

443 LES EBOULEMENTS ★

444 SAINT-JOSEPH-DE-LA-RIVE

ISLE-AUX-COUDRES ★★

444 Elle s'étend au large de Baie-Saint-Paul et fut un haut lieu, à l'époque, de la chasse aux marsouins et de la construction navale (voitures d'eau). Depuis quelques années, la scène artistique et culturelle y brille, avec l'ouverture de bistros culturels, d'ateliers d'art, etc. Ses moulins et sa cidrerie valent également le détour.

448 SAINT-IRÉNÉE ★

LA MALBAIE ★★★

449 Prisée par les villégiateurs depuis quelques siècles, La Malbaie est flanquée de son emblème qu'est le Manoir Richelieu, un hôtel de luxe perché sur les hauteurs de Pointe-au-Pic, à côté du casino. Les auberges de charme y sont aussi légion, souvent doublées d'une table réputée. À voir : Cité Mémoire Charlevoix et ses tableaux projetés le long du fleuve.

454 SAINT-SIMÉON

454 BAIE-SAINTE-CATHERINE ★★

455 ●● L'ARRIÈRE-PAYS

C'est le terrain de jeu des amateurs de plein air. Le pays montagneux dont une partie a été proclamée réserve mondiale de la biosphère par l'UNESCO en 1988. S'y trouvent deux parcs nationaux d'une beauté à couper le souffle ainsi que les sentiers de la Traversée de Charlevoix.

455 SAINT-URBAIN ★★

456 SAINT-AIMÉ-DES-LACS ★★

PETITE-RIVIERE-SAINT-FRANÇOIS ★★

Au terme d'une descente panoramique, vous découvrez cette localité de près de 800 habitants nichée entre fleuve, rivière et montagne. Ce village est particulièrement renommé pour sa station de ski Le Massif. C'est aussi le point de départ du sentier des Caps de Charlevoix et des sentiers Gabrielle-Roy. Claude Bouchard a été le premier colon à venir s'y établir en 1675 ; il s'agit du plus vieux peuplement de Charlevoix. Ce village côtier a longtemps abrité un chantier maritime pour la construction de goélettes et une cale sèche. À voir : la chapelle de Maillard et ses expositions d'œuvres d'art, la chapelle de Grande-Pointe et le Domaine à Liguori.

AUBERGE DU DOMAINE À LIGUORI €

1300, rue Principale ✆ +1 418 632 5653
www.laffluent.com

Chambre partagée : à partir de 33 CAN $, privée : à partir de 81 CAN $. Prêt-à-camper et camping aussi disponibles.

Les options bon marché se faisant de plus en plus rares à Petite-Rivière-Saint-François, on a un bon plan pour vous : l'Auberge du Domaine à Liguori. Établie dans une charmante maison datant de 1759, on y propose des chambres partagées (4-5 personnes) et trois chambres privées. Une cuisine équipée est à disposition ainsi qu'un salon et trois salles de bains communes. Sur le site se trouvent également le Café du Domaine, une cabane à sucre, des sentiers pédestres et plus encore.

CLUB MED QUÉBEC CHARLEVOIX €€€

1 rue de la Montagne-Secrète
✆ +1 888 932 2582
www.clubmed.ca

Voir site web pour la gamme des forfaits et les tarifs.

C'est en décembre 2021 qu'a ouvert le tout premier Village Club Med au Canada. L'extérieur et l'intérieur sont signés par la firme québécoise d'architectes Lemay Michaud et le résultat est superbe. Avec un peu plus de 300 chambres et suites, trois restaurants, deux bars, un centre de santé et spa nordique, des programmes pour enfants et ados, des activités à foison sur quatre saisons et des services à n'en plus finir, cette nouvelle destination vacances est un must !

DÔMES CHARLEVOIX €€€

54, chemin Gabrielle Roy
www.domescharlevoix.com

Occupation simple à quadruple : à partir de 360 CAN $ la nuit. Un minimum de deux nuits est requis.

Les hébergements insolites ont la cote et Dômes Charlevoix ne fait pas exception. Au cœur d'une nature généreuse, avec une vue imprenable sur le Saint-Laurent, cinq dômes géodésiques éco-luxueux permettent de vivre une expérience d'hébergement unique en été comme en hiver (jusqu'à 4 personnes). Ils sont tous munis d'une cuisine complète, d'une mezzanine, d'une salle de bains dernier cri, d'un espace foyer (à l'intérieur) et d'une terrasse avec son propre bain à remous privé. L'endroit étant fort populaire, les réservations ne sont pas un luxe.

RÉFLEXION CHARLEVOIX €€€

21 chemin Pierre-Perreault
www.reflexioncharlevoix.com

Occupation simple à quadruple : partir de 395 CAN $ la nuit. Un minimum de deux nuits est requis.

C'est le plus récent projet d'hébergement du groupe qui a signé Dômes Charlevoix. Le concept immersif en forêt est encore ici à l'avant-plan, mais cette fois dans des maisons miroirs au concept fort audacieux, dont une aire ouverte avec façade de verre miroir de plus de 12 mètres de longueur. Les commodités sont nombreuses : deux chambres, cuisine complète, salle de bains avec douche à l'italienne, laverie, foyer au bois, plancher chauffant, etc. À l'extérieur, chacune bénéficie aussi d'un espace foyer et d'un bain à remous privé. Le top !

LES SOMMETS CHARLEVOIX €€

15, chemin du Versant ✆ +1 877 469 0909
sommetscharlevoix.com

Tarifs variables selon le chalet et la saison. Promotions et forfaits disponibles. Un minimum de deux nuits est exigé.

Ce resort offre des dizaines de magnifiques chalets, tous avec vue panoramique et services 5 étoiles. En plus des services et équipements mis à disposition - avec ou sans supplément (service de restauration au chalet et chef au chalet, plats cuisinés sous vide, bar à rafraîchissements en self-service, service de massothérapie au chalet, piscine, bains à remous et sauna, service de navette pour Le Massif, prêt de patins à glace pour la patinoire, glissades sur neige, etc.), l'établissement propose un éventail d'activités, tant sur place qu'à proximité.

LE MASSIF DE CHARLEVOIX

185, chemin du Massif
✆ +1 418 632 5876
www.lemassif.com
Voir site web pour les horaires et tarifs selon la saison. Hébergement (condo, chalet, refuge).

Le Massif est surtout connu comme étant la plus haute montagne skiable au Québec. Elle offre 53 pistes et sous-bois sur un dénivelé de 770 m avec une vue panoramique à couper le souffle. On accède aux pistes par la base ou par le sommet. D'autres activités sont proposées, en hiver comme en été : ski hors-piste, randonnée alpine, luge (jour et soir), ski de fond, raquette, vélo de montagne, balade en télécabine, canyoning, etc. Nombreux services également, dont la location d'équipement, le café-boutique Forêt Gourmande et le nouveau Camp Boule buvette de montagne.

LAITERIE CHARLEVOIX ★

1167, boulevard Mgr-de-Laval
✆ +1 418 435 2184
laiteriecharlevoix.com
Horaires variables. Membre du réseau Artisans à l'œuvre. Trois autres boutiques au Québec.

Cette entreprise produit des fromages depuis près de 75 ans dont le 1608, un fromage au lait de vache avec une période d'affinage de 3 à 6 mois, l'Hercule de Charlevoix, un fromage typique à pâte cuite de couleur jaune foncé, de texture dure et granuleuse et fondante en bouche, le Fleurmier, un pâte molle à croûte fleurie, le cheddar à l'ail noir de l'Isle, les fondues (dont celle au gin), etc. C'est également un centre d'interprétation où l'on vous expliquera les différentes étapes de fabrication du fromage avec, en démonstration, des équipements anciens.

BAIE-SAINT-PAUL ★★★

C'est l'une des plus anciennes villes du Québec, fondée en 1678. C'est aussi l'un des lieux les plus photographiés de la province. La beauté des paysages, les maisons centenaires, les nombreuses galeries d'art, le Musée d'art contemporain et les boutiques d'artisanat méritent qu'on leur consacre du temps. Devant la baie s'étend l'Isle-aux-Coudres, qui semble la fermer. De tout temps la ville a été le refuge des artistes québécois, notamment des peintres et des sculpteurs. Marc-Aurèle Fortin, Clarence Gagnon, Jean-Paul Lemieux et René Richard, l'écrivaine Gabrielle Roy, entre autres, ont vécu ici pour imprégner leurs œuvres du charme de cette région.

© NICOLAS MCCOMBER - ISTOCKPHOTO

Baie-Saint-Paul, Charlevoix.

MUSÉE D'ART CONTEMPORAIN DE BAIE-SAINT-PAUL ★

23, rue Ambroise-Fafard ✆ +1 418 435 3681
macbsp.com
Fin juin à septembre : tous les jours de 10h à 17h. Le reste de l'année : mardi-dimanche, 11h-17h. Adulte : 10 CAN $.

Jouissant d'une belle notoriété, le MACBSP propose tout au long de l'année des expositions d'envergure nationale et internationale. Peintures, sculptures, gravures, photographies, design et multimédia occupent les espaces d'exposition, ainsi que les œuvres provenant du Symposium international (événement annuel) et de donations. En été, des visites guidées gratuites sont offertes et durent environ 45 minutes. La boutique du musée vaut également le détour.

HÉLI-CHARLEVOIX

735, boulevard Mgr-de-Laval
✆ +1 418 435 4071
heli-charlevoix.com
Ouvert toute l'année (fermé le dimanche hors saison). Tours à partir de 79 CAN $ par personne (minimum deux personnes).

La région de Charlevoix est l'une des plus magnifiques de la province et pourquoi ne pas la découvrir du haut des airs. Héli-Charlevoix vous permet de survoler des trésors naturels tels l'arrière-pays montagneux de Charlevoix, le parc national des Hautes-Gorges-de-la-Rivière-Malbaie, l'Isle-aux-Coudres, le cratère de Charlevoix, la côte charlevoisienne et le majestueux fleuve Saint-Laurent, le fjord du Saguenay, le village de Tadoussac et plus encore. Forfaits (détente à la plage, envolée des saveurs, etc.) et vols personnalisés sur demande.

AUBERGE DES BALCONS €

63, rue Ambroise Fafard ✆ +1 581 705 2176
aubergedesbalcons.com
Chambre simple : à partir de 49 CAN $, double : à partir de 70 CAN $, triple : à partir de 89 CAN $. Dortoir également.

L'Auberge des Balcons, c'est avant tout un lieu d'échanges et de convivialité à deux pas de tous les attraits et bonnes adresses de Baie-Saint-Paul. Du dortoir mixte de quatre lits à la chambre privée pour une à trois personnes, pour une seule nuit ou un long séjour, vous trouverez ici chaussure à votre pied. L'auberge met également à disposition une cuisinette et des espaces communs, sans oublier les sanitaires pour se refaire une beauté et le Bistro des Balcons pour manger et boire local avec, en plus, une chouette programmation culturelle et musicale.

AUBERGE & BISTRO LA MUSE €€

39, rue Saint-Jean-Baptiste ✆ +1 418 435 6839
www.lamuse.com
Occupation double : à partir de 125 CAN $. Promotions et forfaits disponibles.

Cette auberge de charme, un peu en retrait de la rue, propose des chambres bien agréables - dont plusieurs retapées au goût du jour - et un bistro offrant une cuisine qui varie selon les saisons et les arrivages avec une bonne dose de produits locaux (tartare de bœuf, terrine de foie gras de canard, cuisse de canard confite, linguine aux crevettes, etc.). En été, installez-vous confortablement sur la terrasse pour savourer votre repas. Notez que l'établissement se trouve à deux pas des galeries de la rue Saint-Jean-Baptiste et des principaux commerces de la ville.

AUBERGE CAP-AUX-CORBEAUX €€

62, rue du Nordet ✆ +1 418 435 5676
www.cap-aux-corbeaux.com
Occupation double : à partir de 150 CAN $, petit déjeuner inclus. Stationnement et wifi gratuits.

Une auberge au panorama unique, perchée en haut du Cap-aux-Corbeaux, offrant une vue incomparable sur le fleuve, le Massif de Charlevoix et l'Isle-aux-Coudres. Chacune des chambres bénéficie de cette vue magnifique sur le Saint-Laurent. Vous êtes également à proximité des activités et attraits de Baie-Saint-Paul, et des parcs des Grands-Jardins et des Hautes-Gorges. Plusieurs services sont aussi offerts sur place comme une terrasse panoramique, une cuisinette commune, la vente de billets pour l'observation des baleines, etc. Chaudement recommandée !

AUBERGE CARPE DIEM €€

299, rang St-Placide Sud ✆ +1 418 435 6983
aubergecarpediem.ca
Occupation double : à partir de 115 CAN $, petit déjeuner inclus. Chalet rustique aussi en location. Forfaits.

Située à l'écart de la ville de Baie-Saint-Paul, dans un environnement calme et naturel, l'auberge occupe l'ancienne maison du presbytère de Saint-Placide. Le cachet d'époque est partout, du plancher au plafond, sublimé de créations de bois artisanales. Cinq coquettes chambres, portant chacune le nom d'une baleine, sont à disposition des hôtes et deux peuvent accueillir jusqu'à quatre personnes. Pour agrémenter votre séjour, des activités peuvent être organisées sur demande (soirée musicale, contes, massothérapie, raquette au flambeau, menus spéciaux, etc.).

AUBERGE LA GRANDE MAISON €€

160, rue Saint-Jean-Baptiste
✆ +1 800 361 5575
www.grandemaison.com
Occupation double : à partir de 158 CAN $, petit déjeuner chaud et accès au spa intérieur inclus. Forfaits disponibles.

Belle demeure victorienne rouge et blanche bâtie en 1913, La Grande Maison fut d'abord une résidence privée avant de devenir un hôpital, reconverti ensuite en hôtel dans les années 1940. Ses belles chambres sont parmi les plus romantiques de la ville, et certaines sont équipées d'un bain thérapeutique double et/ou d'un foyer. Profitez également de votre séjour sur place pour vivre un superbe moment de détente au Centre de santé et Spa urbain Le Marion (soins, massothérapie, neurospa, bassins thermaux, chute d'eau froide et sauna, ambiance lounge).

CHARLEVOIX

MOUTON NOIR €€

43, rue Sainte-Anne
✆ +1 418 240 3030
www.moutonnoirresto.com
Horaires variables (fermé de fin octobre à début décembre). Carte : 11-69 CAN $. Terrasse avec foyer.

© BENOÎT LEVAC PHOTOGRAPHE

Restaurant incontournable à Baie-Saint-Paul, il a su garder son cachet d'origine dans une maison centenaire, avec sa superbe terrasse arrière qui surplombe la rivière du Gouffre (la seule en ville). Le propriétaire, Thierry Ferré, un passionné de cuisine, et le chef, Alexis Jegou, proposent une cuisine de bistro créative qui s'inspire de la France, avec une touche de terroir mettant en valeur les produits de la région de Charlevoix. Tout est simplement délicieux, de l'entrée au dessert. À découvrir également : le Rond-Point, son casse-croûte aux saveurs locales.

HÔTEL & SPA LE GERMAIN CHARLEVOIX €€€

50, rue de la Ferme ✆ +1 418 240 4100
www.legermainhotels.com/fr/charlevoix
Occupation double : à partir de 199 CAN $. Spa nordique, gym ouvert 24h, deux restaurants. Forfaits disponibles.

Bâti sur la terre des Petites-Franciscaines-de-Marie, l'hôtel se trouve sur un domaine ancestral qui s'étend à perte de vue sur des champs de culture menant au Saint-Laurent. Alliant urbanité et ruralité, le complexe est composé de pavillons inspirés par les bâtiments de ferme d'autrefois. Pour l'apéro, Le Bercail est tout indiqué, alors qu'au restaurant Les Labours, avec cuisine centrale et superbe cave à vin, la fine cuisine du terroir est à l'honneur. Une adresse hautement réputée !

LA PIGNORONDE €€€

750 boulevard Mgr de Laval
✆ +1 418 686 3377
pignoronde.com
Tarifs variables selon l'unité choisie et la saison. Un minimum de deux nuits est exigé.

La Pignoronde vous offre un pied-à-terre exceptionnel dans la région grâce à ses 44 condos de prestige. Ils sont tous magnifiques, avec leur fenestration panoramique et leur terrasse offrant une vue imprenable sur le Saint-Laurent et l'Isle-aux-Coudres. Chacun est notamment muni d'une cuisine entièrement équipée, de deux salles de bains et de trois chambres (6 à 10 personnes), sans oublier le foyer dans la majorité des unités. Au sein du complexe, vous retrouverez également une piscine, une salle de gym, un lounge et une terrasse panoramique. Une adresse au top !

BISTRO DES ARTISTES €

25, rue Saint-Jean-Baptiste
✆ +1 418 435 5585
www.bistrotdesartistes.ca
Horaires variables selon la saison. Carte (incluant les tapas) : moins de 30 CAN $. Grande terrasse.

Le Bistro des Artistes est ultra connu dans le coin. Désormais sous la gouverne d'une nouvelle administration, la déco et le menu ont bénéficié d'un vent de fraîcheur. Midi et soir, l'ardoise met en valeur les produits charlevoisiens tant dans ses tapas que ses pizzas (possibilité de pâte sans gluten), tartares, carpaccios et plats de la terre ou de la mer. À cela s'ajoute une carte des vins en importation privée, des cocktails et mocktails, sans oublier les bières artisanales. Bonus : des œuvres d'artistes locaux ornent les murs de la salle à manger.

LE SAINT-PUB €

2, rue Racine
✆ +1 418 240 2332
www.saint-pub.com
Ouvert tous les jours dès 11h30. Carte : moins de 30 CAN $. Terrasse.

Le Saint-Pub appartient à la MicroBrasserie Charlevoix. Au menu, une cuisine régionale où les produits du terroir sont à l'honneur, notamment ceux de la Route des Saveurs de Charlevoix, ainsi que plusieurs recettes à la bière, des plats de leur fumoir (smoked meat, demi-poulet BBQ) et des poutines et burgers gourmands absolument délicieux. Pour accompagner le tout, la maison propose une belle sélection de bières maison de qualité, dont certaines exclusives au resto-pub. Un lieu à découvrir pour un bon repas dans le cadre champêtre de cette magnifique région.

CHARLEVOIX

FAUX BERGERS €€€

1339, boulevard Mgr-de-Laval
✆ +1 418 609 3025
fauxbergers.com
Ouvert de mi-mai à fin octobre et de décembre à fin mars. Menu 7 services : 75 CAN $ par personne. Réservation requise.

On ne vient pas au Faux Bergers pour se restaurer mais pour vivre une véritable expérience et partir à la découverte des meilleurs produits charlevoisiens. Dans un lieu unique, à l'arrière de la Maison d'affinage Mauricie Dufour, avec vue sur le domaine, on se laisse entièrement guider par le chef Sylvain Dervieux et son équipe. Un seul menu qui change constamment ; c'est donc une surprise totale qui vous attend. Le Faux Bergers vous invite à déguster tout ce que Charlevoix a de meilleur à vous offrir dans une ambiance à la fois festive et champêtre.

LA LOUVE - BUVETTE GENTILLE

73 rue Saint-Jean-Baptiste
✆ +1 418 219 8427
fauxbergers.com
Jeudi-lundi, 17h30-fermeture (variable selon l'achalandage). Terrasse.

Petite sœur de l'excellent restaurant Faux Bergers, La Louve est une petite adresse intimiste relativement récente au cœur de Baie-Saint-Paul. Son concept s'inspire des cavistes européens où les bons crus et les plats à partager aux saveurs locales tiennent la vedette. En effet, les produits québécois - mais pas que - rayonnent ici dans le verre comme dans l'assiette. On peut aussi choisir de prendre ses produits pour emporter. Bref, une adresse dont on tombe facilement amoureux !

KATABATIK

210, rue Sainte-Anne
✆ +1 418 435 2066
katabatik.ca/fr
Voir site web pour les tarifs et forfaits. Service de location de vélos à Baie-Saint-Paul.

Katabatik propose des excursions en kayak de mer sur la côte charlevoisienne avec encadrement et vêtements isothermiques, en été comme en hiver. Les moniteurs sont tous de fins connaisseurs de la région et de la nature charlevoisienne. Si le kayak n'est pas votre tasse de thé, de nombreuses autres activités de plein air sont offertes au fil des mois (surf à pagaie, descente de rivière, canyoning, ski-raquette). Les réservations ne sont pas un luxe et visitez le site web afin de connaître le point de départ de votre excursion.

LA REINE ET LE MILLIONNAIRE

600, rang Saint-Placide Nord
✆ +1 581 807 0140
traineauchien.com
Ouvert toute l'année. Tarifs selon l'activité choisie. Réservation nécessaire. Chalet en location sur place.

Établie dans un superbe cadre naturel, cette entreprise à taille humaine propose de vivre la belle expérience du traîneau à chiens. Peu importe l'excursion choisie, une bonne forme physique est requise pour guider son attelage car ici, c'est chacun son traîneau ! En saison estivale, l'activité de cani-trottinette prend la relève et tout au long de l'année, il est possible de visiter le chenil d'une trentaine de chiens nordiques. Une adresse au top pour vos aventures !

LES EBOULEMENTS ★

Surplombant le Saint-Laurent et l'Isle-aux-Coudres, ce village est situé à 17 km de Baie-Saint-Paul, par la route 362. Son nom fait référence au gigantesque glissement de terrain qui a suivi le terrible tremblement de terre de 1663. Le village a su cependant conserver son patrimoine architectural avec son église de pierre, son moulin seigneurial (ouvert au public) et ses anciennes maisons. Cela lui vaut d'ailleurs de faire partie du club sélect des plus beaux villages du Québec. Pour un peu de calme et de méditation, dirigez-vous vers Cap-aux-Oies, un peu à l'est des Éboulements. Le point de vue depuis sa pointe rocheuse est absolument sublime.

REPÈRE BORÉAL €€

3141, route du Fleuve
✆ +1 418 635 1153
www.repereboreal.com
À partir de 149 CAN $ la nuit, accès à la zone spa inclus. Service de restauration.

C'était le rêve de leur paternel : développer un terrain de camping sur la terre familiale, dans une des plus belles régions du Québec. En sa mémoire, les frères Galarneau ont mis à main à la pâte et leurs petites cellules grises au service de la créativité. Ainsi est né ce site de villégiature éco-touristique, fait en partie de matériaux recyclés. Six habitations sont offertes en location, du prêt-à-camper d'inspiration scandinave, avec fenêtre panoramique pour observer les étoiles, au chalet installé dans un conteneur maritime recyclé. Un endroit unique !

SAINT-JOSEPH-DE-LA-RIVE

Le village se trouve en bas d'une côte (la Côte à Godin) assez spectaculaire. Longue de 2,7 km, avec une inclinaison qui atteint 22 % à son maximum et des courbes assez prononcées, c'est l'une des côtes les plus intenses de la province. Une fois arrivé tout en bas, on aperçoit le village de Saint-Joseph-de-la-Rive, posé sur les rives du Saint-Laurent, face à l'Isle-aux-Coudres à laquelle il est relié par un ferry. Profitez d'une belle balade sur la promenade des Capitaines ou allez découvrir la boutique des Santons de Charlevoix. Le Musée maritime de Charlevoix vaut également la visite, lequel est installé sur l'ancien chantier naval de la localité.

ISLE-AUX-COUDRES ★★

Vers 1728, les colons vinrent s'établir sur l'île. Ils pratiquaient l'agriculture et chassaient le béluga, qu'ils appelaient marsouin, pour son huile. Jusqu'à la fin des années 1950, l'île abrita des chantiers navals où étaient construites les voitures d'eau – simples canoës d'écorce, lourds canoës, chaloupes, puis goélettes (à voile puis à moteur) – adaptées à la navigation sur les eaux du fleuve. Les goélettes étaient utilisées pour le cabotage et la chasse aux marsouins. C'est là que le cinéaste Pierre Perrault tourna, dans les années 60, ses documentaires sur la chasse aux marsouins et les voitures d'eau, qui ont contribué à faire connaître l'île.

CHARLEVOIX

MUSÉE MARITIME DE CHARLEVOIX

305, rue de l'Église ✆ +1 418 635 1131
www.musee maritime.com

Mi-mai à début octobre : lundi-dimanche, 10h-18h. Le reste de l'année : sur réservation de groupe. Adulte : 12 CAN $.

Situé sur l'ancien chantier naval du village, ce musée permet de mieux comprendre l'histoire de la navigation, principalement l'époque des goélettes de bois, ainsi que son importance dans le développement économique de Charlevoix et des régions du Québec. Possibilité de visiter différents bateaux en cale sèche. Également sur place : sentier de la Forêt Marine, parc des Navigateurs avec piste d'hébertisme pour les 4-14 ans, jeu d'évasion, expérience multimédia et boutique maritime.

LA MAISON SOUS LES PINS €€

352, rue Félix-Antoine-Savard
✆ +1 418 635 2583
maisonsouslespins.com

De mai à fin octobre. Occupation double : à partir de 140 CAN $, petit déjeuner inclus. 2 nuits minimum. Forfaits.

Cette magnifique auberge, ancienne maison de capitaine, propose un voyage autour du monde au cœur même de ses chambres, dont deux se trouvent sous les combles. Québécoise, orientale, européenne... Toutes arborent une décoration à la fois champêtre et contemporaine en lien avec la thématique de la chambre. Le matin venu, faites le plein d'énergie avec le petit déjeuner gourmand et le soir, savourez une fine cuisine aux accents du terroir charlevoisien (menu offert à la carte ou en table d'hôtes). Une belle escale dans la région !

CIDRERIE ET VERGERS PEDNEAULT ★

3384, chemin des Coudriers
✆ +1 418 438 2365
www.charlevoixenligne.com

Ouvert tous les jours. Entrée libre. Resto-bistro et biscuiterie-crèmerie sur place. Autres boutiques au Québec.

Membre en règle du réseau Artisans à l'œuvre, on produit ici des cidres et divers produits dérivés de la pomme et d'autres fruits : mistelles, cidres de glace et autres produits alcoolisés, sirops à cocktail, moûts de pomme, confitures, gelées, beurres, etc. Le verger et la cidrerie se visitent et des dégustations sont proposées. On peut aussi faire de l'autocueillette en saison et, bien entendu, rapporter quelques souvenirs de la boutique (produits du terroir québécois également).

LA FABRIQUE DE L'ISLE ★

3415, chemin des Coudriers
✆ +1 418 600 8415
lafabriquedelisle.com

Ouvert de fin mai à début octobre (horaires variables).

Lieu aux multiples facettes, installé dans l'ancien presbytère du coin, il fait à la fois office de galerie d'art et de vitrine pour les artisans locaux (vêtements, bijoux, accessoires, déco, œuvres d'art, etc.), mais aussi de café-terrasse fort sympa proposant des petits plats santé sur le pouce faits à partir de produits locaux. Vernissages et expositions s'y relayent sans temps mort et, une fois par semaine l'été, le Marché des Fabriqueux installe ses pénates dans la cour pour y vendre toutes sortes de créations et de produits gourmands de la région.

TOURISME ISLE-AUX-COUDRES

1024, chemin des Coudriers
✆ +1 418 760 1066
tourismeisleauxcoudres.com
Bureau saisonnier d'information touristique sur place.

Une virée dans Charlevoix ne saurait être complète sans une visite à la bucolique Isle-aux-Coudres, laquelle s'étend au large de Baie-Saint-Paul (traversier depuis Saint-Joseph-de-la-Rive). La scène artistique et culturelle y brille, avec ses bistros culturels, ses ateliers d'art, etc. Ses moulins et sa cidrerie valent aussi le détour, tout comme ses activités 4 saisons. Pour planifier votre escapade ou votre séjour, le site web regorge d'informations utiles et de bonnes adresses.

HÔTEL DU CAPITAINE €€

3031, chemin des Coudriers
✆ +1 888 520 2242
hotelducapitaine.com
Occ. double : à partir de 159 CAN $, petit déjeuner inclus. 2 nuits peuvent être exigées. Piscine d'eau salée chauffée.

© HÔTEL DU CAPITAINE

Cette jolie auberge de bois est blottie sur les rives du fleuve, offrant une vue sublime. Propriété de la famille Desbiens depuis plusieurs générations, elle offre une ambiance des plus chaleureuses. Sa table, qui propose une savoureuse cuisine du terroir, est une des plus réputées de l'Isle (réservation conseillée le soir). Caroline, auteure-compositrice de passion, se fait un bonheur de vous offrir une programmation de soupers concerts alors qu'elle partage ses chansons-fleuves et offre sa scène à des amis artistes de grande qualité, issus de son réseau élargi.

LES MOULINS DE L'ISLE-AUX-COUDRES ★

36, chemin du Moulin
✆ +1 418 760 1065
www.lesmoulinsdelisleauxcoudres.com
Fin mai à début octobre : lundi-samedi, 10h-17h ; dimanche, 10h-16h30. Adulte : 11,31 CAN $.

Ce site unique réunit en un seul lieu un moulin à eau (1825) et un moulin à vent (1836), tous deux fonctionnels, ainsi que la maison du meunier. Vous pouvez assister à la démonstration de mouture de blé et de sarrasin. Le site possède un bâtiment d'accueil multifonctionnel comprenant une exposition sur les us et coutumes de l'île via l'art populaire et une exposition hommage à Pierre Perrault. Procurez-vous à la boutique la farine fraîchement moulue sur de véritables meules de pierre !

HAVRE MUSICAL DE L'ISLET €

71, chemin de L'Islet
✆ +1 418 438 2423
havremusicaldelislet.ca
Ouvert de mai à octobre. Occupation simple ou double : à partir de 90 CAN $. Chalet avec kitchenette aussi en location.

Une dizaine de coquettes petites chambres font face au fleuve, toutes entièrement rénovées et agrémentées d'une sélection de musique classique douce en continu avec volume indépendant. Vraiment zen ! Sur place, vous avez accès à un petit café avec terrasse pour le petit déjeuner, une plage privée et des chaises et un hamac pour profiter de la vue et de l'air salin. De fin juin à fin août, du vendredi au dimanche, profitez des concerts et spectacles musicaux en plein air, donnés dans un kiosque en bordure du Saint-Laurent (toute la programmation est en ligne).

CHARLOTTE

1292, chemin des Coudriers
✆ +1 418 438 2321
ateliercharlotte.com
Horaires variables selon la saison. Boutique en ligne également.

Artisane textile à la fibre écolo, la designer insulaire Pascale Perron propose diverses collections maison issues de matériaux neufs et/ou recyclés. On y trouve des vêtements et accessoires unisexes, des bijoux pour femmes, des vêtements et accessoires pour enfants ou encore des items déco pour la maison. Faites aussi un tour à la Petite Place d'Art qui partage les mêmes locaux et qui présente les œuvres contemporaines d'artistes du coin comme le peintre Fred Tremblay, l'illustratrice Carococo, le sculpteur Martin Brisson, etc. Une chouette boutique !

SUROÎT AVENTURES

2191, chemin des Coudriers
✆ +1 514 641 8483
suroitaventures.com
Tarifs variables selon l'activité choisie. Réservation recommandée.

L'Isle-aux-Coudres est un excellent spot pour les sports de vent et c'est sur cela que mise cette entreprise spécialisée dans le kitesurf. En duo ou en solo, des cours d'initiation pour devenir rider sont ici proposés lors de la belle saison. Des sorties en planche à pagaie sont également organisées ainsi que des séances de yoga en extérieur. L'hiver fait place au snowkite sur skis ou planche à neige, toujours en formule solo ou duo. À savoir que l'entreprise fait non seulement la location d'équipement mais aussi la vente. On recommande !

CHARLEVOIX

© HÔTEL CAP-AUX-PIERRES

© HÔTEL CAP-AUX-PIERRES

© HÔTEL CAP-AUX-PIERRES

HÔTEL CAP-AUX-PIERRES €€

444, chemin de la Baleine
✆ +1 418 438 2711
www.hotelcapauxpierres.com

Ouvert de mai à octobre. Occupation double : à partir de 150 CAN $, petit déjeuner inclus. Forfaits disponibles.

Un hôtel tout confort, dans une immense maison de grand style canadien. En plus de la vue sur le fleuve à couper le souffle, de nombreux services sont offerts sur place : restaurant membre de la Route des saveurs de Charlevoix, terrasse et bar, piscines intérieure et extérieure, vaste jardin paysager, sentiers de randonnée pédestre (1,3 et 3,5 km), centre de santé, théâtre d'été, animation et activités pour toute la famille, feu de camp en soirée, tennis, minigolf, champ de pratique de golf, location de vélos et bien plus encore.

© HÔTEL CAP-AUX-PIERRES

© HÔTEL CAP-AUX-PIERRES

VÉLO-COUDRES

2926, chemin des Coudriers
+1 418 438 2118 - www.velocoudres.com
Mai à fin septembre, tous les jours (horaires variables selon le mois). Voir site web pour les tarifs de location.

Comme la découverte de l'Isle-aux-Coudres se fait à merveille sur deux-roues (ou plus !), voici notre meilleure adresse pour la location d'une monture. Parmi les modèles proposés, on retrouve des vélos urbains, électriques, tandems et quadricycles (2, 4 ou 6 adultes et 2 enfants pour les quadricycles). Des vélos, tandems adulte-enfant, remorques et casques sont également proposés pour les plus jeunes. Stationnement inclus avec chaque location. Bonus : l'équipe se fera un plaisir de vous conseiller sur les plus beaux itinéraires et les sites à voir.

SAINT-IRÉNÉE ★

Situé entre les secteurs de Cap-aux-Oies et de Pointe-au-Pic, c'est un pittoresque village accroché à la montagne. Il est aussi joli que la longue plage de sable fin que l'on longe pour y accéder. L'agréable cohabitation entre la montagne et le fleuve y suscite l'attention, d'autant plus que la vue qui s'ouvre sur le Saint-Laurent et la côte depuis les hauteurs est époustouflante. Parmi ses points d'intérêt, le Domaine Forget arrive en tête de liste, lui qui présente chaque été un festival musical de grande renommée ainsi qu'une programmation de spectacles à l'année. On suggère également une visite des Ateliers Charlevoix (poterie, raku, etc.).

AUBERGE LA FASCINE

1064, chemin des Coudriers
+1 418 438 1010
www.aubergelafascine.com
Voir site web pour la programmation, les horaires du restaurant et les tarifs d'hébergement. Boutique sur place.

Bien ancré dans le paysage culturel de l'Isle, ce lieu aux multiples facettes est une étape obligée. On y vient pour ses spectacles, alors que des artistes de renom foulent les planches de la grange ancestrale chaque été dans une programmation musicale de tous horizons. On en profite pour y casser la croûte, parmi un choix de petits ou grands plats concoctés avec des produits de la région, à savourer sur la terrasse lors des beaux jours. Puis si on n'a plus envie de quitter les lieux, de coquettes chambres écolo-artistiques et une maison sont à disposition.

LES ATELIERS CHARLEVOIX

1131, rang Terrebonne
+1 418 452 3229
www.lesatelierscharlevoix.com
Ouvert tous les jours de mai à fin octobre ; sur appel le reste du temps. Entrée libre. Boutique en ligne également.

À la fois boutique et galerie d'art, Les Ateliers Charlevoix vous permet de voir les artistes à l'œuvre, ou du moins, de voir le superbe résultat de leur travail. Stéphan Bouchard se spécialise dans la poterie fonctionnelle (pour la table) et le raku (méthode de cuisson japonaise), et la galerie Parallèle présente sa collection contemporaine-urbaine. À cela s'ajoute la ligne Signature N de Nancy Giguère, constituée à partir de la matière textile, de la peinture et de l'argile, sans oublier une galerie qui expose également les œuvres du peintre Marc DeBlois.

CHARLEVOIX

Saint-Irénée.

MANOIR HORTENSIA €€

850, chemin des Bains
✆ +1 418 452 8180
www.manoirhortensia.com
Occupation double : à partir de 125 CAN $, petit déjeuner gourmet inclus. Service de conciergerie.

Situé en retrait du brouhaha touristique, dans un cadre verdoyant et paisible, le Manoir Hortensia offre une atmosphère charmante. Surplombant le fleuve - c'est dire que la vue y est magnifique -, il propose cinq unités champêtres, dont une avec bain à remous et balcon, ainsi que des petits déjeuners concoctés avec des produits du terroir de Charlevoix. Sur place également : grande terrasse (avec vue), terrain avec chaises et balançoire, et salon avec foyer et piano. Vos hôtes sont aux petits soins et mettent tout en œuvre pour vous assurer un séjour mémorable.

LE SAINTI €€

150 chemin des Bains
✆ +1 418 452 9266
www.lesainti.com
Horaires variables selon la saison. Carte : 5 à 45 CAN $. Grande terrasse avec balançoires.

Le SAINTI, c'est avant tout une table qui met en avant les savoureux produits gourmands de la région de Charlevoix, notamment les fromages, les charcuteries et les produits maraîchers. Pour épauler le tout, le restaurant propose une carte des vins en importation privée, pour la plupart bio ou issus d'une agriculture raisonnée, sans oublier les spiritueux québécois. Bonus : une superbe vue sur la Saint-Laurent depuis la salle à manger et la terrasse. À savoir que l'équipe tient également Le 362 situé sur le même site et proposant des chambres et condos locatifs.

LE DOMAINE FORGET

5, rang Saint-Antoine
✆ +1 418 452 3535
www.domaineforget.com
Accès gratuit à la propriété. Voir site web pour la programmation. Hébergement en studio sur place.

Organisme voué à la formation et à la diffusion de la musique et de la danse, son action se divise en trois volets : l'Académie internationale de musique et de danse, le Festival International (concerts, spectacles de danse, cours de maître public, etc.) et la Programmation variétés (musique populaire, chanson, humour, théâtre, etc.). Le Domaine Forget vous invite aussi à venir découvrir l'univers flamboyant d'une vingtaine d'artistes-sculpteurs d'ici et d'ailleurs, dans un parcours déambulatoire où les œuvres sont aussi monumentales que le décor est magistral.

LA MALBAIE ★★★

Situé à l'embouchure de la rivière Malbaie, ce centre administratif est la ville la plus importante de Charlevoix. Samuel de Champlain baptise la baie « malle baye » (mauvaise baie) en 1608, parce que ses navires, qui y ont mouillé l'ancre, s'y sont tous échoués. Après la conquête anglaise, elle est rebaptisée Murray Bay par John Nairn et Malcolm Fraser, deux officiers écossais, en souvenir du gouverneur James Murray qui la leur a concédée. Grande destination touristique (ses belles auberges se comptent par dizaines), La Malbaie regroupe les anciennes municipalités de Pointe-au-Pic, Rivière-Malbaie, Sainte-Agnès, Cap-à-l'Aigle et Saint-Fidèle.

LA FORGE-MENUISERIE CAUCHON

323, chemin de la Vallée
✆ +1 418 665 2160
www.forgecauchon.com
Ouvert de juin à septembre. Adulte : 8 CAN $. Pour les visites hors saison, contactez le +1 418 665 3152.

Construite au bord de la rivière Malbaie en 1882, la forge-menuiserie Cauchon est classée monument historique depuis 1983. Elle dévoile 140 ans d'histoire de forge et de menuiserie et renferme une collection de 200 outils de confection artisanale. Un forgeron y travaille tous les jours et des guides sont sur place pour les visites guidées et d'interprétation. Si l'envie vous prend, sachez qu'il est possible d'acheter des pièces forgées sur place.

MUSÉE DE CHARLEVOIX

10, chemin du Havre
✆ +1 418 665 4411
www.museedecharlevoix.qc.ca
Ouvert tous les jours de juin à mi-octobre, fermé le lundi le reste de l'année. Adulte : 11 CAN $.

Installé depuis 1990 dans un bâtiment au bord du Saint-Laurent, le Musée de Charlevoix a pour mission de faire découvrir l'histoire, l'ethnologie et l'art populaire de la région à travers des expositions thématiques temporaires consacrées exclusivement à des artistes locaux, ainsi que de riches collections sur l'histoire et le patrimoine. Le musée héberge aussi une galerie-boutique vendant des textiles artisanaux, des sculptures d'art populaire, des bijoux, des livres et *tutti quanti*, et une terrasse panoramique permet de faire une pause avec une vue sublime.

OBSERVATOIRE DE L'ASTROBLÈME DE CHARLEVOIX ★

595, côte Bellevue
✆ +1 418 665 7645
www.astroblemecharlevoix.org
Ouvert de mi-juin à début septembre. Tarifs variables selon la visite ou l'activité choisie.

© OBSERVATOIRE DE L'ATROBLÈME DE CHARLEVOIX

Le caractère extravagant des paysages montagneux de la région de Charlevoix est dû à l'impact causé autrefois par une météorite de 130 milliards de tonnes. Cet impact, qui s'est produit il y a 400 millions d'années, a créé un cratère de 54 km, de Baie-Saint-Paul à La Malbaie, qui est aujourd'hui habité. Cet attrait propose des visites guidées de l'observatoire mais aussi des soirées de découverte du ciel étoilé et des excursions portant sur la géologie.

LA MAISON DU BOOTLEGGER ★★

110, rang du Ruisseau-des-Frênes
✆ +1 418 439 3711
www.maisondubootlegger.com
Ouvert toute l'année (horaires variables). Voir site web pour les tarifs et menus.

De style typiquement québécois, elle fut construite en 1860, démantelée et reconstruite dans l'Arrière-pays en 1933 par un gentleman de Pennsylvanie. C'est à une époque où l'usage de l'alcool était interdit par l'église et la prohibition régnait aux États-Unis. Afin de déjouer les plus forts membres de l'escouade des mœurs, il modifia l'accessibilité aux différentes pièces et réalisa un véritable labyrinthe. Photographies et journaux des années 1930 tapissent les corridors ; bars camouflés, signature d'Elvis Presley et beaucoup d'autres curiosités ornent les lieux. Le visiteur restera surpris devant cette demeure colorée, truffée de portes secrètes, de bars camouflés et de chambres privées, toutes reliées par les corridors exigus d'un étonnant labyrinthe. Au grenier, il fit naître un club clandestin, le Club des Monts, où notables se regroupent. Aujourd'hui, c'est un restaurant où l'on propose une soirée animée composée d'une visite guidée, de délices de la table en formule steakhouse (succulentes pièces de viande cuites dans leur pit au charbon de bois à l'érable aromatisé aux copeaux d'hickory) et de musique enivrante. Comble de bonheur, plusieurs produits maison sont à portée de tous, disponibles sur place et dans de nombreux points de vente. Il ne reste qu'à profiter de leur hébergement « Boot & Bed » au cœur du village (service de raccompagnement en navette inclus), sis dans l'ancien presbytère entièrement rénové et converti en maison de tourisme. Un concept unique et un immanquable de la région de Charlevoix !

AUBERGE DE JEUNESSE LA MALBAIE €

435, rue Saint-Étienne ✆ +1 418 202 0697
www.auberge-jeunesse-lamalbaie.com
Chambre partagée : à partir de 33,50 CAN $, privée : à partir de 81,40 CAN $, petit déjeuner inclus. Location de vélos.

Occupant les locaux d'une magnifique résidence datant de 1948, elle propose un hébergement à moindre coût sans pour autant négliger le confort et les services. Une cuisine équipée est à disposition pour concocter ses repas, sinon son resto-pub propose une cuisine à saveur régionale qu'on accompagnera d'une bière de microbrasserie québécoise. Bonus : l'endroit possède un balcon, une terrasse et une cour offrant une superbe vue sur le Saint-Laurent. On recommande !

AUBERGE DES EAUX VIVES €€

39, rue de la Grève
✆ +1 418 665 4808
www.aubergedeseauxvives.com
Occupation double : à partir de 148,50 CAN $, petit déjeuner 4 services inclus. Forfaits disponibles.

Dans un joli cadre boisé où serpente un ruisseau, cette maison de bois offre trois chambres douillettes et une verrière et terrasse dominant le fleuve Saint-Laurent, sans oublier un coin cuisine et deux foyers également à disposition. La décoration est très soignée et résolument tendance avec quelques œuvres d'art. Pour les amoureux des grands espaces, sachez que l'auberge est à proximité de nombreuses activités de plein air (kayak de mer, randonnée pédestre et en raquettes, pêche, observation des baleines, etc.). Une adresse hautement recommandée !

CHARLEVOIX

LE PETIT MANOIR DU CASINO €€

525 chemin des Falaises ✆ +1 418 665 0000
petitmanoirducasino.ca

Occ. double : à partir de 120 CAN $. Promotions et forfaits. Hébergement en pavillon (chambre avec cuisinette) ou hôtel.

Situé à deux pas du Casino de Charlevoix, sur un superbe site qui surplombe le Saint-Laurent, cet hôtel propose 190 chambres et suites tout confort, réparties dans le bâtiment principal et dans de petits pavillons. Les services sur place sont nombreux pour vous faire passer un séjour ultra agréable : restaurant de cuisine familiale, terrasses avec vue sur le fleuve, salle d'exercices, Spa O'Quartz (centre détente en microclimat), piscine intérieure, location de motoneiges, etc.

© HELENECANADA

Route à La Malbaie.

TERRITOIRE CHARLEVOIX €€

170 rang Sainte-Philomène ✆ +1 418 955 7159
territoirecharlevoix.ca

Tarifs variables selon le type d'hébergement choisi. Un minimum de deux nuits est exigé pour les refuges.

Blotti dans son écrin de montagne, Territoire Charlevoix se positionne comme lieu de villégiature libre et sauvage. Peu importe la saison, on vient ici pour reconnecter avec la nature et prendre un grand bol d'air pur. On peut planter sa tente sur un des emplacements cachés en forêt ou encore l'installer sur une des plateformes de bois. Notre coup de cœur va aux refuges minimalistes mais ô combien douillets, chacun offrant une fenestration abondante pour admirer les magnifiques paysages de Charlevoix. Un conseil : réserver sa place à l'avance n'est pas un luxe.

FAIRMONT LE MANOIR RICHELIEU €€€

181, rue Richelieu ✆ +1 418 665 3703
www.fairmont.fr/richelieu-charlevoix

Occupation double : à partir de 259 CAN $, petit déjeuner inclus. Promotions et forfaits disponibles. Nombreux services.

Cet immense bâtiment de style néo-normand abrite un véritable temple du luxe, niché en forêt et surplombant le fleuve, à deux pas du casino qui partage le même site. Outre ses chambres et suites luxueuses, il héberge deux restaurants offrant une cuisine recherchée aux saveurs du terroir, deux bars, un terrain de golf avec restaurant, le centre de santé Moment Spa, une via ferrata (projetvertical.com), etc. En hiver, il devient le plus prestigieux des relais pour motoneigistes.

CAFÉ CHEZ NOUS €

1075, rue Richelieu
✆ +1 418 665 3080
cafecheznous.com/2/

Ouvert tous les jours dès 7h, 8h le week-end. Carte : moins de 30 CAN $. Terrasse.

Sympathique café bistro, dans un décor rétro, où l'on sert des menus diététiques. Les petits déjeuners sont savoureux, d'autant plus qu'ils sont servis jusqu'à 11h30 en semaine, voire 12h le week-end, les jours fériés et en saison estivale. Le café propose également un service traiteur, un coin boutique vendant cafés et produits du terroir, et des événements spéciaux tout au long de l'année. Dans le même bâtiment se trouve le petit hôtel offrant de l'hébergement dans l'un des studios avec kitchenette, le tout avec vue sur le fleuve ou la montagne.

CHEZ TRUCHON €€

1065, rue Richelieu ✆ +1 418 665 4622
www.aubergecheztruchon.com

Ouvert toute l'année. Carte le soir : 10 à 50 CAN $, tables d'hôtes aussi offertes. Brunch le dimanche : 28 CAN $.

Cette magnifique maison de 1901 vous offrira une expérience inoubliable sous le signe de la détente, du raffinement et de la gastronomie. La table du chef Truchon est un hymne aux saveurs et aux produits locaux. Les spécialités : les tartares, le foie gras de la Ferme Basque, l'agneau de Charlevoix, les poissons, le gibier et les fromages locaux. La carte des vins s'accordera parfaitement à cette aventure gustative. Si vous désirez séjourner sur place, des chambres et suites sont à disposition et des forfaits combinant l'hébergement en demi-pension sont proposés.

VICES VERSA €€€

216, rue Saint-Étienne
✆ +1 418 665 6869
www.vicesversa.com
Ouvert le soir du mercredi au samedi, de juin à octobre. Menu deux plats : 86 CAN $. Réservation indispensable.

Quand deux chefs propriétaires rivalisent de talent pour nous offrir une cuisine aussi fine et haut de gamme, on ne peut qu'apprécier. Chacun a son poêle et au diable la tradition ! Au programme : du foie gras au torchon, des pétoncles des Îles de la Madeleine, l'épaule d'agneau de Charlevoix, de la caille de l'île d'Orléans..., bref le Québec dans votre assiette ! Votre mission gourmande : choisir deux plats, peu importe le chef (vous n'offusquerez pas l'autre, soyez sans craintes). Clairement l'une des meilleures tables de Charlevoix.

PAINS D'EXCLAMATION !

398, rue Saint-Étienne
✆ +1 418 665 4000
painsdexclamation.com
Horaires variables selon la saison. Coin café, bar à vin, terrasse.

Josée Gervais, votre artiste boulangère en chef, confectionne une succulente variété de pains au levain (blé intégral, avoine et lin, 9 grains et *tutti quanti*). Les viennoiseries pur beurre sont également un pur délice, notamment les croissants aux amandes et les brioches au caramel, sans oublier les tartes, les pâtisseries fines, etc. Il est également possible de s'y attabler pour savourer un petit déjeuner ou un lunch sur le pouce et, depuis peu, l'endroit héberge également un bar à vin avec des plateaux de fromages et de charcuteries.

MENAUD

1 rue de la Rivière
CLERMONT
menaud.ca
Horaires variables selon la saison.

Si le terroir charlevoisien trône souvent dans l'assiette, il se retrouve ici en bouteille. Menaud est à la fois une distillerie et une microbrasserie produisant des nectars conçus avec les aromates, fleurs sauvages, fruits et grains de la région. On pense notamment à sa liqueur de camerise fabriquée à base de gin salin ou encore sa bière surette à la salicorne cueillie à l'Isle-aux-Coudres. Pour découvrir ses produits, un salon de dégustation avec terrasse est ouvert au public, sans oublier la boutique pour faire le plein de ces petits bijoux artisanaux.

LES CHALETS SPA CANADA €€

1008, chemin des Loisirs
✆ +1 418 665 4711
www.chaletsspacanada.com
Tarif d'un chalet pour une nuit (4 ou 6 personnes) : à partir de 250 CAN $. Un minimum de deux nuits est exigé.

Ces superbes chalets en rondins et planches de cèdre sont un must ! Blottis en forêt, près des pistes de la station de ski du Mont-Grand-Fonds, des pistes de motoneige et de toutes les attractions touristiques de la région, ils offrent à la fois grand luxe et harmonie avec la nature. Ils sont tous entièrement équipés, jusqu'au bain à remous extérieur privé pour certains chalets. La construction, la déco, la situation : tout y est pour une expérience mémorable. Une adresse à découvrir pour vivre dans votre cabane au Canada et un gros coup de cœur de l'équipe !

© CHRISTOPHE DANDURAND

© CHRISTOPHE DANDURAND ART PHOTOGRAPHY

CHARLEVOIX

CASINO DE CHARLEVOIX

183, rue Richelieu
✆ +1 418 665 5300
casinos.lotoquebec.com/fr/charlevoix
Ouvert tous les jours (ouverture à 9h ou 10h selon le jour et fermeture tardive). 18 ans et plus.

Surplombant le majestueux Saint-Laurent, ce casino abrite un grande sélection de machines à sous et de tables de jeu, incluant le poker Ultimate Texas Hold'Em, des stations multijeux, un restaurant au casino (rôtisserie St-Hubert) et deux à l'hôtel Fairmont, deux bars (dont un au Fairmont), une programmation de spectacles et l'hôtel Fairmont Le Manoir Richelieu, adjacent sur ce magnifique site. Bien entendu, un code vestimentaire est en vigueur et le stationnement et l'entrée sont gratuits. De quoi satisfaire les amoureux du divertissement !

BAIE-SAINTE-CATHERINE ★★

Dernier arrêt à l'embouchure du Saguenay, face à Tadoussac, le village regarde la mer. Ici la route 138 s'arrête avant de reprendre de l'autre côté du fjord, sur la Côte-Nord. C'est un ferry gratuit qui assure la liaison, et ce 24h/24. Riche de son passé de pionniers, le village, construit sur un plateau de sable et d'argile, est à l'intersection de la rivière Saguenay, devenue fjord, et des eaux du Saint-Laurent. C'est d'ici - et de Tadoussac - que partent les plus belles croisières d'observation de baleines et d'exploration du fjord. Faites un arrêt au Centre d'interprétation et d'observation de Pointe-Noire, vous y verrez sûrement des bélugas !

SAINT-SIMÉON

Cette municipalité est le point de départ du traversier en direction de Rivière-du-Loup, dans la région du Bas-Saint-Laurent. Juste un peu avant Saint-Siméon, soit à l'ouest, se trouve Port-au-Persil, un charmant petit village qui vaut absolument la visite. Son quai municipal, entièrement rénové, est un endroit parfait pour pique-niquer sur les rives du fleuve. À quelques pas, sa petite chapelle presbytérienne de bois, construite en 1902, est à l'image des cartes postales et vous ne pourrez pas vous empêcher de la photographier tellement le cadre est magnifique. Profitez aussi de votre passage dans le coin pour visiter l'atelier de poterie du village.

CENTRE D'OBSERVATION DE POINTE-NOIRE ★

141, route 138
✆ +1 418 237 4383
www.pc.gc.ca/saguenay
Ouvert de mi-juin à mi-octobre (horaires variables). Adulte : 6,25 CAN $, 17 ans et moins : gratuit.

À deux minutes du traversier vers Tadoussac, Pointe-Noire offre un panorama sur le fjord du Saguenay et sur l'estuaire du Saint-Laurent. Vous y observerez les bélugas et bénéficierez des précisions des guides naturalistes sur les aides à la navigation, l'histoire de la région et la rencontre du Saguenay et du Saint-Laurent. Avec un léger supplément, possibilité d'inclure l'accès le jour-même à Cap-de-Bon-Désir et au Centre de découverte du milieu marin.

PALISSADES DE CHARLEVOIX

1000, route 170
✆ +1 418 647 4422
aventurex.ca
Horaires variables selon la saison. Tarifs selon l'activité ou le forfait choisi.

Ce parc d'aventure en montagne vous propose de belles activités : trois parcours via ferrata, un pont aérien à 200 mètres d'altitude, de la descente en rappel (70 mètres), des parcours d'escalade, une double tyrolienne (250 mètres) et des sentiers pédestres. Il est possible de dormir sur place dans leur auberge avec dortoir et chambres privées, en chalet rustique, en prêt-à-camper et en camping sauvage. Une cuisine communautaire, un bain à remous et un sauna sont également à disposition des visiteurs. Aventurex a d'autres bases d'aventure dans la province.

CROISIÈRES AML

159, route 138
✆ +1 800 563 4643
www.croisieresaml.com
Mi-mai à fin octobre. Embarquement au quai de Baie-Sainte-Catherine. Voir site web pour les départs et tarifs.

En bateau ou en zodiac, partez à la découverte du plus beau site d'observation des baleines au monde, ici même en plein cœur du parc marin du Saguenay-Saint-Laurent. Une expérience mémorable ! Possibilité de combo avec le Train de Charlevoix. Croisières AML opère aussi à Montréal et Québec, ainsi qu'à Tadoussac (excursions d'observation des baleines) et Berthier sur-Mer (croisières assurées par Croisières Lachance, notamment pour Grosse-Île-et-le-Mémorial-des-Irlandais). Navette fluviale offerte entre Québec et Sainte-Anne-de-Beaupré.

CHARLEVOIX

SAINT-URBAIN ★★

C'est la porte d'entrée du parc national des Grands-Jardins, un site naturel unique au cœur de la Réserve de la biosphère de Charlevoix. On y retrouve entre autres une végétation nordique exceptionnelle pour cette latitude, comme la taïga et même la toundra. Les sportifs pourront également s'en donner à cœur joie sur les sentiers de la Traversée de Charlevoix, un raid d'une centaine de kilomètres en randonnée pédestre ou en ski nordique. Le village regroupe aussi plusieurs producteurs agroalimentaires d'intérêt : les Viandes Bio de Charlevoix, le Centre de l'Émeu de Charlevoix, la Ferme Basque de Charlevoix et la Charcuterie Charlevoisienne.

POURVOIRIE DU LAC-MOREAU €€

Chemin de la Réserve faunique des Laurentides
✆ +1 418 665 4400 - lacmoreau.com
Différents forfaits disponibles. Location de quads et motoneiges (avec ou sans guide) et d'équipements de plein air.

La pourvoirie occupe un territoire de 81 km² avec 32 lacs. L'Auberge du Ravage, de style scandinave, accueille villégiateurs, pêcheurs, chasseurs, quadistes et motoneigistes en chambre à l'auberge, en chalet de rondins ou encore en prêt-à-camper. Cette auberge forestière 5 étoiles ne fait pas les choses à moitié ; en plus de pouvoir savourer une cuisine gastronomique et de profiter de la cave à vin (plus de 200 références), vous avez accès à différentes installations (sauna, bar-billard, etc.) et à de nombreuses activités de plein air. Le luxe en pleine forêt !

LA TRAVERSÉE DE CHARLEVOIX

135, rang Saint-François
✆ +1 418 639 2284
www.traverseedecharlevoix.qc.ca
Consultez le site web pour les tarifs des traversées, des chalets rustiques, du camping et des différents services.

Ce sentier long de 105 km sillonne la région au cœur de la Réserve mondiale de la biosphère, entouré de montagnes atteignant 1 000 mètres. La traversée complète (105 km) et la demi-traversée (3-4 jours) se font à pied ou en ski nordique, alors que les randonnées journalières peuvent s'effectuer à pied ou en raquettes. Il est également possible de faire des raids à vélo d'une durée de 3 ou 4 jours. En tous les cas, une bonne forme physique est exigée.

PARC NATIONAL DES GRANDS-JARDINS ★★

Route 381 ✆ +1 800 665 6527
www.sepaq.com/pq/grj
Ouvert toute l'année. Accès quotidien : 9,25 CAN $, gratuit pour les 17 ans et moins.

Jadis fréquenté par les chasseurs montagnais et, vers la fin du XIXe siècle, par quelques riches Ontariens et Américains en villégiature, s'adonnant à la chasse au caribou et à la pêche à l'omble de fontaine, le parc national des Grands-Jardins est un territoire de 318,9 km² situé au cœur de la Réserve mondiale de la biosphère de Charlevoix. Paysages de taïga et de toundra, forêt d'épinettes noires avec sol recouvert de lichen... La faune est représentative des régions nordiques : orignal, ours, loup, caribou et lynx. Le sommet du mont du Lac-des-Cygnes s'élève à 980 mètres d'altitude et le panorama est unique.

Il y a deux postes d'accueil : le centre de services du Mont-du-Lac-des-Cygnes au km 21 et le centre de découverte et de services Arthabaska au km 31 (puis suivre les indications). Consultez le site web pour les horaires des postes d'accueil selon la saison.

- **Hébergement :** camping, camping d'hiver, chalets (4 à 12 personnes), chalets EXP (2 personnes), refuges, camps rustiques, tentes prêt-à-camper.
- **Location d'équipement :** canoë, kayak, planche à pagaie.
- **Activités :** activités nautiques, pêche à la journée ou en séjour, pêche-camping, randonnée pédestre (plus de 30 km) et longue randonnée dans l'arrière-pays (sentier de la Traversée de Charlevoix), observation de la faune, via ferrata, escalade, raquette, pêche blanche, ski nordique (longue randonnée dans l'arrière-pays) avec nuit en refuge (en collaboration avec la Traversée de Charlevoix).

CHARLEVOIX

SAINT-AIMÉ-DES-LACS ★★

C'est une destination plein air tout à fait exceptionnelle. C'est d'ici que l'on accède au parc national des Hautes-Gorges-de-la-Rivière-Malbaie, réputé pour sa biodiversité et ses nombreuses activités grande nature. D'ailleurs ne ratez pas une excursion découverte en bateau-mouche entre les parois rocheuses qui plongent dans la rivière. Le panorama y est carrément impressionnant ! On peut aussi découvrir les paysages majestueux de ce parc en s'embarquant pour une longue randonnée dans le cadre de la Traversée de Charlevoix. Les plus peinards iront taquiner le poisson ou pagayer tranquillement en canoë sur l'un des nombreux lacs des environs.

DOMAINE LE PIC BOIS €€

Chemin Pied des Monts
✆ +1 418 439 1111
www.lepicbois.com
Voir site web pour les tarifs des séjours.
Hébergement en chalet.

Vaste territoire exclusif de 8,40 km², situé sur les contreforts du parc national des Hautes-Gorges-de-la-Rivière-Malbaie, le Domaine Le Pic Bois accueille villégiateurs, pêcheurs et chasseurs pour un séjour grande nature des plus mémorables. L'hébergement se fait en chalets de bois, tous très bien équipés, avec vue sur le lac et quai privé. Les séjours se déclinent sous différents thèmes et il est possible d'aller observer l'ours noir en compagnie d'un guide qualifié. Une belle adresse pour profiter de la nature et décrocher de la routine !

DESCENTE MALBAIE

316, rue Principale
✆ +1 418 439 2265
descentemalbaie.com
Tarifs variables selon l'activité ou le forfait choisi.

Cette entreprise est bien connue pour ses deux activités phares que sont le rafting et le traîneau à chiens. Dans le premier cas, différentes formules de descente de rivière sont offertes, allant de la demi-journée à l'escapade aventure de 24 heures. Quant à la saison hivernale, elle fait place aux excursions en traîneau à chiens, toujours selon les mêmes formules. Il est aussi possible de partir en expédition pour 2, 3 ou 5 jours. À savoir que lors des forfaits de 24 heures et plus, vos nuitées se feront en refuge ou chalet, et ce peu importe la saison.

PARC DES HAUTES-GORGES-DE-LA-RIVIÈRE-MALBAIE ★★

Route des Hautes-Gorges
✆ +1 800 665 6527
www.sepaq.com/pq/hgo
Ouvert toute l'année. Accès quotidien : 9,25 CAN $, gratuit pour les 17 ans et moins.

D'une superficie de 224,9 km², le parc national des Hautes-Gorges-de-la-Rivière-Malbaie, aire protégée de la Réserve mondiale de la biosphère de Charlevoix, abrite l'une des plus impressionnantes vallées du Québec. Les monts Elie et Jérémie ainsi que la montagne des Érables dominent les vallées de la rivière Malbaie, de la rivière des Martres, du lac Noir et du ruisseau du Pont. En effet, les gigantesques parois (dénivellation de 1 000 mètres) qui encaissent la rivière Malbaie, la beauté des paysages et l'importante valeur écologique de ce parc rendent ce territoire exceptionnel dans l'est du Canada.

Il y a deux centres de services au parc : le centre de découverte et de services Félix-Antoine-Savard et le centre de services Le Draveur. Afin de limiter la circulation automobile dans le parc, un service de navette est offert entre les deux centres de services en été. De décembre à mi-mai, le parc demeure accessible pour pratiquer le ski de fond et la raquette. Les droits d'accès sont payables à la borne de paiement et les services sont restreints pendant cette période.

- **Hébergement :** camping, camping d'hiver, prêt-à-camper, prêt-à-camper Étoile, chalets Écho, camp rustique, refuge.
- **Activités :** croisière en bateau-mouche, activités nautiques, descente de rivière en canoë pneumatique, canoë (kayak) -camping, pêche à la journée, randonnée pédestre, vélo, escalade de glace, randonnée en ski nordique ou en raquette (105 km, en collaboration avec la Traversée de Charlevoix), etc.

SAGUENAY-LAC-SAINT-JEAN

Bienvenue au pays des bleuets, l'emblème régional que l'on déguste à toutes les sauces! Outre ce délicieux petit fruit, le Saguenay-Lac-Saint-Jean est une immense région située pratiquement au centre de la carte du Québec. C'est la seule de la province à posséder son drapeau distinctif, et elle est divisée en trois sections : le lac Saint-Jean à l'ouest, un lac d'obturation glaciaire qui fait office de véritable mer intérieure, le Haut-Saguenay et sa vallée au centre où se trouve la capitale régionale, la ville de Saguenay, et le fjord du Saguenay au sud-est, un des plus longs au monde et le seul navigable en Amérique du Nord. On dit de la région du Saguenay-Lac-Saint-Jean que c'est un pays en soi, isolé derrière une chaîne de montagnes et de denses forêts. On ne l'appelle pas le « pays des géants » pour rien ! En bref, c'est une destination plus grande que nature à découvrir peu importe la saison.

Saguenay-Lac-Saint-Jean
ZEC DES PASSES
ZEC ONATCHIWAY
ZEC MARTIN-VALIN
CÔTE NORD
Notre-Dame-de-Lorette
Girardville
Saint-Eugène-d'Argentenay
DOLBEAU-MISTASSINI
NORMANDIN
Lamarche
PÉRIBONKA
LA DORÉ
SAINT-FÉLICIEN
SAINT-HENRI-DE-TAILLON
SAINT-DAVID-DE-FALARDEAU
SAINT-PRIME
Lac Saint-Jean
MASHTEUIATSH
ALMA
ROBERVAL
SAINT-GÉDÉON
SAINT-FULGENCE
CHAMBORD
DESBIENS
SAINTE-ROSE-DU-NORD
Lac-Kénogami
VILLE DE SAGUENAY
SAINT
-FÉLIX-D'OTIS
RIVIÈRE-ÉTERNITÉ
LAC-BOUCHETTE
PETIT-SAGUENAY
L'ANSE-SAINT-JEAN
Ferland-et-Boilleau
Baie-Sainte-Catherine
30 KM
VERS ÎLES DU BAS-SAINT-LAURENT
VERS SAINT-SIMEON

PAGES

462 ## ●● LA RIVE SUD DU FJORD

La route du fjord présente un paysage exceptionnel de mer et de montagnes. Certes, le fjord du Saguenay, d'une époustouflante beauté, est une vallée glaciaire formée il y a des milliers d'années, soit l'un des plus longs de la planète. Véritable lieu de prédilection pour les artisans du 7e art comme pour les amoureux de la nature, il les captive par les saisissants paysages du cap Trinité et du cap Éternité, et par le spectacle des baleines. Pour découvrir le fjord en bateau, plusieurs croisières sont proposées lors de la belle saison. En hiver, il accueille les adeptes de la pêche blanche : ce sont parfois plus de 1 500 cabanes que l'on observe, posées sur les eaux glacées du Saguenay. Afin de mettre en valeur les richesses de ce milieu naturel unique et de les conserver, deux parcs permettent au grand public de le découvrir : le parc marin Saguenay-Saint-Laurent et le parc national du Fjord-du-Saguenay.

462 ### PETIT-SAGUENAY ★★

L'ANSE-SAINT-JEAN ★★★

463 Le magnifique village de l'Anse-Saint-Jean est une destination plein air par excellence. Tout y est, du kayak de mer à la randonnée en traîneau à chiens, en passant par la détente ultime en spa nordique et les excursions en voilier.

RIVIÈRE-ÉTERNITÉ ★★★

465 Sur la rive sud du fjord, le secteur de la Baie-Éternité à Rivière-Éternité permet d'accéder au parc national du Fjord-du-Saguenay, l'un des plus beaux au Québec. Le parc est aussi desservi par les Navettes maritimes du Fjord en saison estivale.

466 ### SAINT-FÉLIX-D'OTIS ★

467 ## ●● VILLE DE SAGUENAY ET LA RIVE NORD DU FJORD

Pour plusieurs, c'est la porte d'entrée du Saguenay, la ville étant reliée à Québec par la route 175 qui traverse la réserve faunique des Laurentides. Cette grande municipalité unit maintenant Chicoutimi, Jonquière, La Baie, Canton-Tremblay, Shipshaw, Laterrière et Lac-Kénogami. Vu sa taille et le nombre de points d'intérêt dans les environs, nous vous suggérons d'y consacrer au moins une journée entière, voire plus. En traversant la rivière Saguenay, vous atteindrez la rive nord du fjord et ses charmants villages. De ce côté, la route 172 permet de rallier Alma (ouest) ou Tadoussac (est).

467 ### VILLE DE SAGUENAY ★★

SAINTE-ROSE-DU-NORD ★★★

472 Un village tout simplement magnifique, blotti dans une petite vallée entre fjord et montagnes. C'est d'ailleurs dans ce cadre à couper le souffle que fut tourné le film *Le Bonheur de Pierre* mettant en vedette nul autre que Pierre Richard.

473 ### SAINT-FULGENCE ★★

474 ### SAINT-DAVID-DE-FALARDEAU ★

Véritable mer intérieure, le lac Saint-Jean offre 210 km de rives et des grands espaces à faire rêver. Il faut en faire le tour en prenant son temps. Lieux paisibles de villégiature, activités de plein air innombrables (dont la Route de l'eau, un sentier maritime pour les petites embarcations nautiques), attraits majeurs, sites historiques, boutiques de produits régionaux, tout y est pour un séjour inoubliable au « pays des Bleuets ». En période estivale, faites un arrêt au parc national de la Pointe-Taillon avec son accès exceptionnel au lac Saint-Jean et à la rivière Péribonka.

Plus que le point d'arrivée de la route 155 Nord, Chambord héberge une attraction de taille qu'il faut absolument visiter : le Village historique de Val-Jalbert. L'endroit plonge le visiteur à l'époque où les pulperies faisaient la richesse des lieux. À tel point que le village était même connu comme étant l'un des plus avancés sur le plan de la modernité. À voir !

Appelée jadis Ouiatchouan, Mastheuiatsh est une communauté autochtone, la seule de toute la région. L'endroit regorge d'expériences à vivre pour plonger tête première au cœur de sa culture ancestrale. En juillet, ne ratez pas le Grand rassemblement des Premières Nations.

Ville accueillante qui ne manque pas de services pour les visiteurs, on y vient surtout pour son zoo sauvage hébergeant 400 animaux de 75 espèces différentes sur un énorme site en nature. On craque littéralement pour les ours polaires !

Un spot idéal pour le farniente et les activités nautiques, avec des kilomètres de plages bordant le lac Saint-Jean. À quelques pas, un parc national occupe une presqu'île et propose de l'hébergement en nature et des activités de plein air toute l'année.

Planifiez votre évasion
au Saguenay-Lac-Saint-Jean
QUÉBEC • CANADA
YOURTE
saguenaylacsaintjean.ca

PETIT-SAGUENAY ★★

Blotti dans son écrin de montagne, Petit-Saguenay séduit par sa rivière longeant le village, lieu de prédilection pour courtiser le saumon, et par ses parterres fleuris qui embellissent l'endroit. En suivant la rue Morin le long de la rivière (laquelle devient la rue du Quai), on aboutit au quai municipal où une vue sublime sur le fjord s'ouvre à nous. Ceux en quête d'agrotourisme et de saveurs iront faire un tour sur le chemin Saint-Louis (ferme biologique) et le rang Saint-Étienne (bleuetière, élevage de cerfs rouges). On retrouve également à Petit-Saguenay un village-vacances, des petites auberges ainsi qu'un café-bistro absolument charmant.

CAFÉ BISTRO LÉZ'ARTS

59, rue Dumas
✆ +1 418 272 3000
Ouvert en saison estivale (horaires variables). Carte : moins de 20 CAN $. Terrasse.

Coup de cœur pour cet endroit à multiples vocations ! Café bistro d'abord avec un menu de repas légers composé de pizzas fines, succulents paninis, salades gourmandes et autres délices décorés de fleurs comestibles, à accompagner d'une bière de la région. Bistro culturel ensuite avec une programmation artistique variée : spectacles d'art de la scène, expositions d'œuvres d'art, ateliers d'artistes... Boutique finalement avec un beau choix de produits régionaux, d'objets d'art, de tissage, etc. Les proprios ont fait de cette grange le cœur culturel du village.

VILLAGE-VACANCES PETIT-SAGUENAY €€

99, chemin Saint-Étienne
✆ +1 877 420 3193
villagevacances.ca
Ouvert de fin mai à début octobre. Voir site web pour les tarifs à la carte et les forfaits tout inclus.

© VILLAGE VACANCES PETIT SAGUENAY

Véritable havre pour les familles et groupes d'amis, ce village-vacances propose des séjours en formule tout inclus et à la carte. Le grand domaine possède des dizaines de chalets, des emplacements de camping rustique ou avec services, un restaurant, un pub et un café. En plus des animations en saison, vous pourrez découvrir la batture de sable, faire une excursion en kayak de mer ou encore une croisière fjord et baleines en zodiac (réservation requise pour les excursions).

AUBERGE DU JARDIN €€

71 rue Dumas ✆ +1 418 272 3444
www.aubergedujardin.com
Occupation double : à partir de 148 CAN $, petit déjeuner inclus. Forfaits et séjours à la carte disponibles.

© L'ÉPICURIEN

Implantée sur son exceptionnel et vaste parc paysager, l'Auberge du Jardin vous invite au repos et à la détente. Vous aurez le choix parmi dix chambres confortables et joliment décorées ainsi que deux suites avec climatisation et foyer. Son restaurant sert une fine cuisine française en harmonie avec les saveurs régionales. Terrasses, bar et deux salons avec foyer sont à votre disposition au retour de vos activités : randonnée, kayak, croisières (baleines et fjord), canoë, pêche (saumon, truite), raquette, motoneige, traîneau à chiens... Une adresse à retenir !

RIVIÈRE PETIT-SAGUENAY

100, rue Eugène-Morin
✆ +1 418 272 1169
www.petitsaguenay.com
Site saisonnier de début juin à mi-octobre. Tarifs variables selon l'activité choisie. Hébergement sur place.

Ce site patrimonial offre une gamme d'activités de plein air : pêche à la truite de mer et au saumon (forfait de pêche au saumon de 6 jours aussi disponible, observatoire du saumon à la fosse n° 24 ; la meilleure période est en juillet), descente de 11 km en canoë (le secteur des « eaux mortes » est reconnu comme un endroit exceptionnel, avec ses méandres surprenants et sa nature luxuriante), randonnée pédestre (sentier facile de 3,5 km). On peut également séjourner sur place grâce au service de location de chalets, yourtes et sites de camping.

L'ANSE-SAINT-JEAN ★★★

L'Anse-Saint-Jean, offrant une magnifique ouverture sur le fjord du Saguenay, fait partie de l'Association des plus beaux villages du Québec. Vous trouverez l'âme des maisons historiques et le grand pont couvert, appelé le pont Couv'Art, qui recèle des œuvres d'art à l'intérieur. Les amoureux d'artisanat seront ravis : Le Coquill'Art distribue les produits de plus de 30 artisans québécois, et l'atelier-boutique Rebelles des Bois conçoit des bijoux uniques en bois ainsi que des vêtements, sacs, etc. On y retrouve aussi le Mont-Édouard, station de ski d'une trentaine de pistes où l'on peut également pratiquer le ski de fond, la raquette ou la randonnée.

NAVETTES MARITIMES DU FJORD

355, rue Saint-Jean-Baptiste
✆ +1 418 543 7630
www.navettesdufjord.com
De fin juin à début septembre. Voir site web pour les tarifs. Service de navette maritime entre toutes les destinations.

Elles offrent la possibilité d'explorer l'un des plus beaux fjords de la planète, le fjord du Saguenay, en reliant les municipalités et attraits qui bordent ce colosse de la nature. Les croisières et excursions proposées permettent de naviguer au milieu de paysages à couper le souffle, mais aussi d'en apprendre plus sur la nature, la culture et l'histoire de la région. Consultez le site web pour connaître toutes les destinations couvertes par les navettes maritimes.

AUBERGE LE CAMP DE BASE €

5 rue Saint-Jean-Baptiste
✆ +1 418 272 3359
www.aubergecampdebase.com
Chambre privée à partir de 85 CAN $. Camping aussi offert en saison.

Quand une bande d'amis décide de retaper un motel des années 1960 et d'en faire une destination tant gourmande que de villégiature, ça donne Le Camp de Base. D'un côté, l'auberge de jeunesse avec ses chambres privées et ses emplacements de camping, nombreux services en prime (cuisine et aires communes, wifi gratuit, etc.). De l'autre, le café-resto et ses savoureux plats incorporant notamment les viandes et poissons fumés maison, sans oublier le bar avec terrasse et terrain de pétanque. Bonus : une belle programmation culturelle et musicale en été. On recommande !

CABAN ANSE €€

72 rue des Coteaux
✆ +1 418 944 1406
cabananse.com
Chalet à partir de 100 CAN $, dôme à partir de 155 CAN $. Réservation impérative.

Caban Anse, c'est le petit coin de paradis rêvé par Pierre-Luc, Marie-Chantale et leur petite famille. Un lieu d'hébergement unique blotti entre fjord et montagnes. Les six habitations insolites peuvent accueillir de 4 à 8 personnes selon l'unité choisie et toutes sont munies d'une cuisine complète et de mille et une commodités. Elles sont tout simplement magnifiques, en parfaite harmonie avec la nature, et peuvent prendre la forme d'un dôme, d'une cabane de bois sur pilotis ou encore d'un chalet cosy avec spa privé. L'adresse idéale où prendre racine !

CAFÉ DU QUAI €

358A, rue Saint-Jean-Baptiste
✆ +1 418 272 1190
www.cafeduquai.ca
Horaires variables selon la saison. Carte : moins de 25 CAN $. Tables d'hôtes aussi proposées. Grande terrasse.

Il tient sa réputation aux savoureuses crêpes bretonnes préparées selon la tradition. Salées, sucrées ou flambées, elle se savourent à toute heure du jour. On recommande particulièrement La Terroir à la saucisse de cerf rouge aux bleuets, oignons confits et choucroute, ainsi que la Breizh au caramel beurre salé et flambée au Brandy. Salades, sandwichs et paninis figurent également à la carte, ainsi que des cafés bio-équitables (alcoolisés ou non) et sa bière exclusive, La Marée Haute, une Saison de sarrasin brassée par la microbrasserie locale La Chasse-Pinte.

NUANCES DE GRAINS

356A, rue Saint-Jean Baptiste
✆ +1 418 944 8399
https://www.nuancesdegrains.com
Horaires variables selon la saison. Terrasse.

Anciennement située dans le presbytère du village, la brûlerie-boulangerie Nuances de Grains est désormais installée dans un tout nouveau bâtiment pour préparer ses délices et accueillir les gourmands. On y sert de succulents cafés de torréfaction artisanale grâce à la brûlerie sur place, mais aussi des produits de boulangerie absolument délicieux comme les pains au levain, les viennoiseries, les gâteaux comme celui aux carottes, etc. On peut aussi se procurer un petit plat sur le pouce comme le croissant jambon-fromage et le chausson à la viande de cerf.

ÉDOUARD-LES-BAINS

1, rue de la Canourgue
✆ +1 418 549 7111
edouardlesbains.com
Horaires variables selon la saison. Accès aux bains nordiques : 45 CAN $.

Situé en plein cœur du centre de villégiature Au Pied Édouard, ce centre de santé spa et bains nordiques met entre autres à disposition des bains chauds extérieurs, un hammam, un sauna sec, un bassin froid, une piscine à paliers, des aires de détente comme la yourte, les hamacs de la maison dans les airs et la fameuse grotte des Demoiselles. Pour vivre l'expérience totale, on recommande fortement de combiner l'expérience thermale à la massothérapie, d'autant plus que le tarif d'accès aux bains est réduit s'il est combiné à un soin.

ENTRE CHIEN ET LOUP

190, chemin Périgny
✆ +1 418 272 1540
entrechienetloup.ca
Excursion en traîneau à chiens : 135 CAN $ la demi-journée, 255 CAN $ pour la journée (repas compris).

Paysages grandioses, vallées étroites, fjord et lacs, la nature s'étend sous vos yeux et quoi de mieux qu'une excursion - ou même une expédition de quelques jours - en traîneau à chiens ou en raquettes pour vivre pleinement cette expérience. Nous vous recommandons de loger sur place tant l'endroit est convivial (auberge de quatre chambres ; possibilité de forfait en pension complète). On y prépare une excellente cuisine maison (apportez votre vin) et le salon avec poêle à bois vous offrira un moment de détente à la chaleur bien méritée.

FJORD EN KAYAK

359, rue Saint-Jean-Baptiste ✆ +1 418 272 3024
fjordenkayak.ca
En opération de mi-mai à début octobre. Voir site web pour les tarifs. Nouveauté : programmation d'activités hivernales.

Une référence pour s'initier au kayak de mer, qui plus est, dans le cadre sublime du fjord du Saguenay et de l'estuaire du Saint-Laurent. Vous pouvez choisir parmi des excursions guidées d'une durée de 2 heures à 6 jours. À savoir que les excursions sur plusieurs jours sont garanties avec un minimum de participants, certaines ayant toutefois des départs garantis à dates fixes. Autres services proposés : location de kayak de lac et de planche à pagaie pour naviguer dans la baie, formations en kayak de mer (niveaux I à III) et en navigation sur le fjord du Saguenay.

HORIZON ÉVASION

444, chemin Périgny
✆ +1 581 306 2997
www.horizonevasion.com
Voir site web pour les tarifs et réservations.

La forêt boréale est un excellent terrain de jeu pour les amateurs de plein air et cette entreprise l'a bien compris. Son activité phare : l'excursion en safari boréal à bord d'un Pinzgauer, un véhicule tout-terrain assez robuste pour s'aventurer dans l'arrière-pays. Le circuit, d'une durée de trois heures, sillonne la vallée de Périgny. Un must ! On peut aussi enfiler nos bottines pour découvrir la fameuse chute de l'Amazone. Pour une aventure plus douce, un bain de forêt thérapeutique inspiré du shinrin-yoku est tout indiqué.

SAGUENAY AVENTURES

162, route 170
✆ +1 418 579 8763
saguenayaventures.com
Tarifs selon l'activité ou le forfait choisi. Ateliers sur le plein air et formations spécialisées offertes.

Saguenay Aventures, c'est la nouvelle entité qui regroupe OrganisAction (tourisme d'aventure), les croisières Fjord et Baleines (excursions à bord d'un Zodiac 48 passagers) et la boutique Hors-Circuits (vente et location d'équipement de plein air). Qu'on ait envie d'une expédition en canoë-camping, d'un éco-safari en forêt, d'une croisière d'observation des baleines sur le fjord, d'une excursion en traîneau à chiens ou en motoneige, tout est possible, y compris des forfaits sur mesure. Pour quelques heures ou quelques jours, il y a de tout pour tous les goûts !

VOILE MERCATOR

Quai de l'Anse-Saint-Jean
✆ +1 888 674 9309
www.voilemercator.com
Voir le site web pour toutes les informations sur les cours et les excursions vacances.

École pionnière de l'enseignement de la voile dans la Belle Province, Voile Mercator offre des cours et excursions depuis plus de 40 ans. On y propose des excursions d'initiation de 3 ou 7 heures, ou encore une expérience privée avec nuit à bord d'une durée de 21 heures. Des cours de différents niveaux, des cours théoriques, des formations privées, des cours de régate et même des expériences de convoyage sont proposés par Voile Mercator. Si vous avez déjà votre brevet, il est possible de louer un voilier avec ou sans capitaine pour naviguer sur le fjord.

BISTRO LA CHASSE-PINTE

319, rue Saint-Jean-Baptiste
✆ +1 418 608 8559
www.chasse-pinte.com
Ouvert de mai à octobre. Superbe cour arrière avec terrasse ensoleillée et vue sur l'anse. Boutique ouverte à l'année.

© LA CHASSE-PINTE

Fief de la brasserie coopérative La Chasse-Pinte, l'endroit est merveilleux, avec son ambiance chaleureuse de petite maison d'antan où les œuvres d'artistes locaux trônent un peu partout. Son menu gourmand du terroir propose les grands classiques de la cuisine bistro, mais aussi des plats de cuisine du marché variant selon les récoltes et les arrivages. On accompagne le tout d'une des bières maison, bien entendu. Côté ambiance, des spectacles musicaux d'artistes émergents ou confirmés s'y tiennent chaque semaine, ainsi que des soirées d'humour et d'improvisation.

RIVIÈRE-ÉTERNITÉ ★★★

C'est la principale porte d'entrée du parc national Fjord-du-Saguenay. C'est ici que le fjord est le plus profond (276 m). Ses parois verticales de 300 mètres sont vertigineuses, et on sait que les fjords sont en général aussi profonds que les caps et les montagnes qui les bordent. Sachez que Rivière-Éternité fut également reconnue pendant une trentaine d'années pour son immense village de crèches internationales. Malheureusement, faute de budget pour en assurer l'entretien, les crèches furent mises en vente en 2017. Celles situées à l'extérieur de l'église ont été données à la municipalité et certaines ont été acquises par la Pulperie de Chicoutimi.

PARC NATIONAL DU FJORD-DU-SAGUENAY ★★★

91, rue Notre-Dame
✆ +1 800 665 6527
www.sepaq.com/pq/sag
Ouvert toute l'année. Accès quotidien adulte : 9,25 CAN $, gratuit pour les 17 ans et moins.

Le parc national du Fjord-du-Saguenay, comptant parmi les plus beaux de la province, s'étend sur les deux rives du fjord et se divise en trois secteurs d'accès : Baie-Éternité à Rivière-Éternité, Baie-Sainte-Marguerite à Sacré-Cœur, et L'Anse-de-Tabatière à L'Anse-Saint-Jean. Il touche également à trois régions touristiques du Québec, soit Charlevoix, le Saguenay - Lac-Saint-Jean et la Côte-Nord, avec une superficie de 326,7 km².

La grande vedette ici est sans contredit le fjord du Saguenay, d'où le nom du parc. La nature y a déployé des forces colossales afin de le créer et il reste à ce jour le seul navigable en Amérique du Nord. Cette vallée glaciaire, formée il y a des milliers d'années, est envahie à la fois d'eau douce (en surface, provenant du lac Saint-Jean) et d'eau salée (en profondeur, provenant du fleuve Saint-Laurent). Elle offre, sur les parois escarpées qui la bordent, des sites de nidification appréciés du faucon pèlerin que vous pourrez peut-être apercevoir avec un peu de chance. La confluence des milieux forestiers et marins apporte également une diversité biologique hors du commun. Entre mer et montagnes, c'est véritablement un joyau de la nature ! À savoir que le parc national du Fjord-du-Saguenay est jumelé au parc national des Cévennes en France, et ce depuis 1984.

Le parc compte trois postes d'accueil - un par secteur - ainsi que deux centres de découverte. Plusieurs services sont offerts selon le secteur : boutique nature, location d'équipement, service de guides, services alimentaires, service de transport, etc. Consultez le site web pour connaître les horaires des postes d'accueil.

- **Hébergement :** camping rustique ou aménagé, chalets Écho, refuges, abri trois murs, tentes prêt-à-camper.
- **Location d'équipement :** chaloupe pour la pêche en lac, vélo pour adulte et enfant.
- **Activités :** croisière sur le fjord en bateau-mouche, circuit de via ferrata sur les imposantes parois de la baie Éternité, excursion guidée en kayak de mer et Zodiac, activités nautiques, kayak-camping, pêche à la journée (permis de pêche du Québec et droits d'accès obligatoires), vélo, randonnée pédestre (plus de 100 km de sentiers, possibilité de forfaits tout inclus), randonnée pédestre guidée, expédition dans l'arrière-pays, ski nordique et randonnée en raquette (sentiers balisés, non tracés) avec nuit en refuge (attention aux conditions climatiques très variables). Plusieurs autres activités découverte également offertes.

Parc national du Fjord-du-Saguenay.

SAINT-FÉLIX-D'OTIS ★

Le décor sauvage de Saint-Félix-d'Otis a servi de lieu de tournage au film *Robe noire* en 1990, qui a fidèlement reconstitué, avec l'aide d'historiens, la vie dans la Nouvelle-France du XVIIe siècle. Converti en site historique et archéologique, la visite du Site de la Nouvelle-France permet de découvrir des bâtiments animés par des personnages en costume d'époque (grande réouverture pour la saison estivale 2023). Sinon l'endroit est plutôt tranquille, avec une magnifique petite auberge perchée entre fjord et montagnes, Le Perchoir. L'été on apprécie la plage du camping municipal, l'une des seules plages publiques de la rive sud du fjord.

LE PERCHOIR €€

201, Vieux Chemin
✆ +1 418 306 5004
leperchoir.ca
Occupation double : à partir de 109 CAN $, petit déjeuner continental inclus.

Comme son nom l'indique, cette auberge est perchée entre fjord et montagnes dans un superbe cadre naturel. Elle propose quatre chambres absolument magnifiques pouvant héberger deux - voire trois - personnes en tout confort, quatre pour la chambre familiale. Deux chambres ont un balcon ou une terrasse pour profiter au maximum de la vue. Le Perchoir offre également la location d'équipement de plein air (planche à pagaie, fatbike, raquettes) et organise des activités de ressourcement (yoga en plein air, massage métamorphique, etc.). Une adresse au top !

VILLE DE SAGUENAY ★★

C'est la grande ville de la région, posée sur les rives de la rivière Saguenay. Le fjord, quant à lui, se termine juste avant la baie des Ha ! Ha ! dans le secteur de La Baie. Les villes de Chicoutimi, Jonquière, La Baie, Canton-Tremblay, Shipshaw, Laterrière et Lac-Kénogami sont aujourd'hui réunies sous le nom de Saguenay. Mais ne vous surprenez pas si de nombreux habitants, réticents, ne parlent que rarement de la ville de Saguenay, favorisant l'utilisation du nom de leur arrondissement. C'est à Chicoutimi, Jonquière et La Baie que se concentrent la majorité des points d'intérêt et bonnes adresses pour poser ses valises quelques jours.

CENTRE TOURISTIQUE DU LAC-KÉNOGAMI

9000, route de Kénogami
✆ +1 800 665 6527
www.sepaq.com/ct/ken

Ouvert de mi-mai à mi-octobre. Location d'équipement sur place.

C'est le deuxième lac de villégiature de la région (55 km^2). Endroit par excellence pour un dépaysement en pleine nature et paradis pour les amateurs d'activités nautiques. Activités sur place : baignade, activités nautiques, randonnée pédestre, tennis, etc. Le centre touristique met à disposition des chalets, une dizaine de tentes prêt-à-camper et plus de 150 emplacements de camping, sans oublier les nombreux services sur place et la magnifique plage de sable fin.

CENTRE D'HISTOIRE SIR-WILLIAM-PRICE

1994, rue Price ✆ +1 418 695 7278
sirwilliamprice.com

Horaires variables selon la saison. Adulte : 15 CAN $. Forfait duo avec La Pulperie également proposé.

Situé dans les murs d'une chapelle datant de 1912, le Centre d'histoire Sir-William-Price évoque le développement industriel de la région, notamment l'histoire de l'industrie du papier. William Price fut pionnier en la matière et membre d'une des grandes dynasties d'affaires du Québec, la compagnie Price Brothers. Plusieurs activités sont proposées : expositions, visite patrimoniale de Kénogami, parcours numériques en ville, etc. Accès au Centre d'histoire Arvida aussi inclus.

LA PULPERIE DE CHICOUTIMI / MUSÉE RÉGIONAL ★

300, rue Dubuc ✆ +1 418 698 3100
www.pulperie.com

Horaires variables selon la saison. Adulte : 17 CAN $. Sentiers pédestres, belvédère, boutique. Spectacles en été.

Situé près de la rivière Chicoutimi, ce site est chargé d'histoire, celle de la Compagnie de pulpe de Chicoutimi. Érigé entre 1897 et 1921, le site comprend à l'origine quatre moulins de pâte à papier, une sous-station électrique et un atelier mécanique. C'est ce dernier bâtiment, inauguré en 1921, qui fait place depuis 2002 à La Pulperie, le Musée régional du Saguenay-Lac-Saint-Jean. La maison du peintre Arthur Villeneuve, un incontournable, est la pièce maitresse de sa collection.

Ville de Saguenay, secteur Chicoutimi.

MUSÉE DE LA DÉFENSE AÉRIENNE ★★

6513, chemin des Aviateurs ✆ +1 418 677 7159
museebagotville.ca
Début juin à la fête du Travail : lundi-dimanche, 9h-17h. Hors saison : voir site web. Adulte : 15 CAN $.

L'aviation militaire canadienne est marquée par des héros exceptionnels. Avec son exposition *Maîtres du ciel*, ce musée relate la gloire et les malheurs des aviateurs canadiens. L'exposition extérieure *État d'alerte* présente, quant à elle, des aéronefs qui ont marqué le ciel au cours du XXe siècle. La populaire visite commentée de la base offre la possibilité de voir les avions de chasse de près et d'assister à des décollages en direct. Simulateurs de CF-18 Hornet sur place (payant).

MUSÉE DE LA PETITE MAISON BLANCHE

251, rue Bossé
✆ +1 418 973 4105
www.petitemaisonblanche.com
Ouvert tous les jours de début juin à mi-octobre. Adulte : 7 CAN $. Boutique de souvenirs.

On a vu et entendu parler à travers le monde de cette petite maison qui a résisté aux terribles inondations de 1996. Sur place, des photos et objets anciens ayant appartenu au propriétaire, des maquettes et un film sur le déluge illustrent le tout. Les plus jeunes s'amuseront au jeu « Où est Charlie ? » alors que les plus vieux s'intéresseront sûrement aux robots animatroniques. La petite maison se trouve dans le parc du Bassin où vous pourrez flâner ou pique-niquer après votre visite.

MUSÉE DU FJORD ★

3346, boulevard de la Grande-Baie Sud
✆ +1 418 697 5077
www.museedufjord.com
Ouvert tous les jours à l'année (fermé le lundi hors saison). Adulte : 16,80 CAN $. Boutique de souvenirs sur place.

Le musée vous plonge dans l'univers captivant du fjord et de ses habitants. Il vulgarise les sciences de manière amusante pour tous, par le biais de ses expositions variées et de ses excursions à l'extérieur. Survolez ses caps vertigineux et plongez dans ses eaux froides grâce à l'expérience multimédia « Voyage au cœur du fjord du Saguenay ». Découvrez ses mystères sous-marins dans « L'Aquarium du Fjord » présentant plus de 450 spécimens vivants. Touchez des oursins ou des étoiles de mer dans le bassin de manipulation, et bien plus encore !

TOURISME SAGUENAY-LAC-SAINT-JEAN

412, boulevard Saguenay Est
✆ +1 877 253 8387
www.saguenaylacsaintjean.ca

Le Saguenay-Lac-Saint-Jean, ce sont près de 100 000 km² de découvertes et de paysages à couper le souffle. Pour planifier son séjour dans le « pays des géants », le site web est LA référence avec toutes les informations pratiques et les bonnes adresses pour profiter pleinement de la région. Plusieurs bureaux touristiques vous accueillent également sur place (vous trouverez les coordonnées de chacun sur le site web), sans oublier le numéro sans frais pour des infos toute l'année.

© OTL GOUVERNEUR SAGUENAY - BOEFISH

© OTL GOUVERNEUR SAGUENAY - BOEFISH

© OTL GOUVERNEUR SAGUENAY

OTL GOUVERNEUR SAGUENAY - CHICOUTIMI €€

1303, boulevard Talbot ✆ +1 418 615 8800
www.otlhotelsaguenay.ca
Occupation double : à partir de 215 CAN $, petit déjeuner buffet complet inclus. Piscine intérieure, gym.

Cet hôtel est l'unique 5 étoiles au Saguenay : une expérience incomparable. De la chambre Supérieure à la suite Signature, elles intègrent toutes les dernières technologies comme un iPad multifonction ou encore une machine à café Nespresso. Le restaurant tendance adjacent avec bar central, le Boefish, propose un menu terre et mer de haute qualité. Le PAUS Spa Expérience, également adjacent, offre une expérience de détente ultime avec expérience thermale, soins et massages.

© OTL GOUVERNEUR SAGUENAY

© OTL GOUVERNEUR SAGUENAY

NAVETTES MARITIMES DU FJORD

900, rue Mars
✆ +1 418 543 7630
www.navettesdufjord.com

De fin juin à début septembre. Voir site web pour les tarifs. Service de navette maritime entre toutes les destinations.

Elles offrent la possibilité d'explorer l'un des plus beaux fjords de la planète, le fjord du Saguenay, en reliant les municipalités et attraits qui bordent ce colosse de la nature. Les croisières et excursions proposées permettent de naviguer au milieu de paysages à couper le souffle, mais aussi d'en apprendre plus sur la nature, la culture et l'histoire de la région. Consultez le site web pour connaître toutes les destinations couvertes par les navettes maritimes.

AUBERGE DES 21 €€

621, rue Mars
✆ +1 418 697 2121
aubergedes21.com

Occupation double : à partir de 155 CAN $. Promotions et forfaits disponibles.

Située face à la baie des Ha ! Ha ! et du fjord du Saguenay, cette auberge jouit d'une excellente réputation. Elle propose une trentaine de chambres douillettes au décor intimiste et romantique. Son relais gourmand, la salle à manger Le Doyen, mise sur les produits régionaux, avec une belle dose d'aliments sauvages méconnus, créant une cuisine actualisée qui s'inspire des traditions locales et des mets autochtones. À cela s'ajoute une sélection de grands vins du monde, comportant plus de 500 références issues de leur superbe cave à vin.

HÔTEL CHICOUTIMI €€

460, rue Racine Est
✆ +1 418 549 7111
www.hotelchicoutimi.qc.ca

Occupation double : à partir de 128,70 CAN $, petit déjeuner inclus. Promotions et forfaits disponibles.

Situé au centre-ville, l'hôtel propose des chambres épurées et tendance, créées par un designer local et offrant le confort propre à l'esprit « hôtel-boutique » au travers de cinq catégories différentes. Il abrite également trois restaurants, dont le Rouge Burger Bar avec son menu de type *comfort food*, ainsi qu'un comptoir de sorbets et gelati. Parmi les nombreux services sur place, notons le gym et les salles de réunion. Notez que l'hôtel a intégré le virage vert et le développement durable, tant dans ses infrastructures que dans ses services.

L'GROS LUXE €

383, rue Racine Est
✆ +1 418 973 7227
lgrosluxe.com

Horaires variables selon la saison. Carte : moins de 30 CAN $. Plats végétariens également. Terrasse.

Avec près d'une dizaine de succursales au Québec, L'Gros Luxe est une valeur sûre pour faire bombance. On y sert toutes sortes de tacos (poisson, porc effiloché...), des poke bowls et tartares, des burgers gourmands (on recommande le Gros Luxe avec bacon et fromage), des poutines, des mac & cheese, des grilled cheese et des plats bistro (steak frites, fish & chips, etc.). Si les sangrias et les cocktails ont la cote, il ne faut sous aucun prétexte rater les Bloody Caesars (verre ou pichet) qu'on peut surmonter de rondelles d'oignons, samosas ou mini-burger.

BISTRO D €€

375, rue Racine Est
✆ +1 418 973 4666
bistrod.shop

Horaires variables selon la saison. Carte : 10 à 45 CAN $. Sandwicherie et charcuteries sur place.

Une table fort populaire à Chicoutimi qui offre deux expériences distinctes. Premièrement le bistro où sont concoctés des plats de cuisine du marché variant selon les saisons et les arrivages. On pourra y savourer un tataki de thon de Gaspésie suivi de pétoncles de Îles et flanc de porc Nagano laqué au gingembre, par exemple. Puis vient le côté sandwicherie où sont proposés le naan aux deux saumons ou la baguette jambon-brie, le tout bonifié par une section charcuteries maison où tout est préparé et vieilli sur place. À découvrir absolument !

LA CUISINE €€

387, rue Racine Est
✆ +1 418 698 2822
www.restolacuisine.com

Ouvert le soir du mardi au samedi. Carte : 10-45 CAN $. Tables d'hôtes aussi offertes. Terrasse.

Un restaurant branché et très prisé qui se spécialise dans la cuisine de type bistro. Le chef David Janelle, originaire de la région, aime faire jongler les saveurs et les produits de qualité : gravlax de saumon mariné au thé du Labrador, feuilleté de noix de ris de veau à l'Hydromel du Fjord, risotto aux fruits de mer du Québec, gibier du moment, etc. Une excellente carte des vins agrémente le tout. Une adresse incontournable où l'accent est mis sur les produits du terroir régional (le resto est membre du réseau Ambassadeur Zone Boréale).

BAR À PITONS DE LA MAISON PRICE

110, rue Price Ouest
✆ +1 418 549 0676
www.barapitons.com
Horaires variables selon la saison. Certains spectacles payants. Terrasse.

Ouvert à tous, le charmant bar situé au sous-sol de La Maison Price est devenu un haut lieu culturel et musical depuis son ouverture. Une programmation de spectacles du tonnerre (certains se tiennent parfois à l'extérieur), des événements hyper sympas (jazz & scotch, soirées d'improvisation, session de jam, etc.), une belle sélection de bières locales et de scotchs à faire rêver les amateurs, des BBQ, etc. Bref, un incontournable des sorties à Chicoutimi !

CAFÉ CAMBIO

414, rue Racine Est
✆ +1 418 549 7830
www.cafecambio.ca
Horaires variables selon la saison. Carte : moins de 20 CAN $.

Gérée par une coopérative de travail, cette petite adresse se spécialise dans la torréfaction de café que vous pouvez acheter pour emporter également. On y sert un menu varié à prix raisonnables, concocté à partir de produits bio et du terroir (petits déjeuners, soupes, salades, sandwichs, grignotines salées, bouchées sucrées, etc.). Vous viendrez ici pour l'ambiance et la convivialité des lieux, mais aussi pour ses belles expositions d'art visuel mettant de l'avant les artistes locaux. Une adresse parfaite pour une pause café !

HOPERA

2377, rue Saint-Dominique
✆ +1 418 412 9900
www.hopera.ca
Ouvert dès 11h30 en semaine, 12h le week-end. Terrasse, boutique.

HopEra joue la carte alliant bar sympa de quartier et bistro gourmand. Ses grandes spécialités : des bières brassées sur place s'inspirant à la fois de la tradition européenne et de la modernité nord-américaine, et des pizzas fines cuites sur four à bois Panyol. La maison propose également des en-cas, des salades, des poutines, des burgers et des mac & cheese, sans oublier les plats de l'ardoise du moment. Pour se distraire et socialiser, HopEra offre une programmation incluant, entre autres, des spectacles live. On recommande !

AUBERGE DES BATTURES €€

6295, boulevard de la Grande-Baie Sud
✆ +1 418 544 8234
www.hotel-saguenay.com
Occupation double : à partir de 126 CAN $. Nombreux forfaits disponibles dont la demi-pension.

Située à 5 km de la ville et à 30 minutes du parc national du Fjord-du-Saguenay, l'Auberge des Battures offre une superbe vue sur le fjord, un accueil chaleureux, des chambres confortables (bain aéromasseur dans les chambres de luxe et les suites) ainsi qu'une fine cuisine d'inspiration boréale exceptionnelle, sans oublier un éventail d'activités nature à proximité (randonnée, vélo, quad, voile, kayak de mer ou de rivière, canoë, motoneige, balade en traîneau à chiens, randonnée en raquettes, pêche blanche, ski de fond, etc.).

TWIST CRÉATIONS & MÉTIERS D'ART

439, rue Racine Est
✆ +1 418 973 6818
twistcreations.ca
Lundi-mercredi, 10h-17h30 ; jeudi-vendredi, 10h-21h ; samedi, 10h-17h ; dimanche, 12h-16h. Boutique en ligne également.

Cette boutique du centre-ville de Chicoutimi est une véritable caverne d'Ali Baba de créations et de métiers d'art. On y retrouve de jolis bijoux, mais également des vêtements et accessoires, des articles pour enfants, des articles déco variés, des produits de soins personnels et autres trouvailles, le tout « made in Canada » et soigneusement sélectionné par l'équipe de la boutique afin d'encourager l'économie locale. Autre succursale à Jonquière dans le secteur Arvida.

CONTACT NATURE - OKWARI LE FJORD

7400, chemin des Chutes
✆ +1 418 697 5132
www.contact-nature.ca/okwari-le-fjord
Voir site web pour les horaires et tarifs. Aussi : centre de plein air, camping, pêche au saumon, pêche blanche.

Okwari Le Fjord vous fait découvrir la forêt boréale à son meilleur. Vous pourrez choisir votre aventure plein air parmi différents forfaits et savourer le plaisir de vous laisser guider. En été, prenez le large lors d'une balade en canot rabaska sur le lac Côme avec interprétation de la faune et de la flore ou encore allez observer l'ours noir dans son habitat naturel. En saison hivernale, allez taquiner le poisson au village de pêche sur glace, une expérience unique !

AVENTURE ROSE-DES-VENTS €

136, rue du Quai ✆ +1 418 675 2625
www.aventurerosedesvents.com
Tarifs variables selon le type d'hébergement choisi. Petit déjeuner avec supplément.

Lieu de rencontres, d'échanges et de partage, cette auberge, située à quelques pas du fjord, œuvre sur trois axes : auberge de jeunesse, tourisme d'aventure et plateforme culturelle. Côté hébergement, on y retrouve deux dortoirs, deux chambres privées et deux yourtes. De nombreux services s'y ajoutent comme une cuisine pour préparer ses repas, un café-bar culturel et une grande terrasse avec vue panoramique. L'auberge propose également des sorties en plein air en été comme en hiver (kayak de mer, ski nordique, pêche blanche, etc.). À découvrir sans hésitation !

SAINTE-ROSE-DU-NORD ★★★

C'est incontestablement le plus beau et le plus pittoresque village du Saguenay. De tout temps, il a inspiré les peintres - dont Marc-Aurèle Fortin -, les artistes et les rêveurs. À juste titre, ce village a été sélectionné par l'Association des plus beaux villages du Québec. On adore flâner dans le secteur du quai d'où partent des sentiers menant à des vues panoramiques sur le fjord. Quelques chambres d'hôtes et petites auberges y ont élu domicile, sans oublier son camping perché dans les hauteurs. À environ 20 km se trouve Cap au Leste, un domaine de villégiature quatre saisons offrant une expérience grande nature à la québécoise.

CAMPING LA DESCENTE-DES-FEMMES €

154, rue de la Montagne
✆ +1 418 675 2581
campingsaguenay.com
Ouvert de début juin à mi-octobre. Tarifs journaliers : 28 CAN $ (tente seulement) à 35 CAN $ (site avec services).

Ce terrain de camping propose une cinquantaine d'emplacements en pleine nature, tous répartis sur trois paliers et dominant le fjord et le village, offrant ainsi une vue superbe depuis son petit nid douillet. Le camping propose plusieurs services et activités sur place : randonnée pédestre, laverie, bloc sanitaire (douches payantes), bois sec pour feu de camp, etc. À noter qu'il est à proximité de tous les services et attraits du village de Sainte-Rose.

NAVETTES MARITIMES DU FJORD

213, rue du Quai
✆ +1 418 543 7630
www.navettesdufjord.com
De fin juin à début septembre. Voir site web pour les tarifs. Service de navette maritime entre toutes les destinations.

Elles offrent la possibilité d'explorer l'un des plus beaux fjords de la planète, le fjord du Saguenay, en reliant les municipalités et attraits qui bordent ce colosse de la nature. Les croisières et excursions proposées permettent de naviguer au milieu de paysages à couper le souffle, mais aussi d'en apprendre plus sur la nature, la culture et l'histoire de la région. Consultez le site web pour connaître toutes les destinations couvertes par les navettes maritimes.

CAP AU LESTE €€

551, chemin du Cap à l'Est
✆ +1 418 675 2000
www.capauleste.com
Hébergement en chambre, suite, chalet et grange (maison en forêt). Restaurant, location de motoneige.

Situé au cœur de la forêt boréale, surplombant le fjord du Saguenay, à plus de 200 mètres d'altitude, le site invite à la détente et à la découverte. L'hébergement se fait en chambres de différentes catégories dans de magnifiques chalets construits dans la plus pure tradition québécoise. De nombreuses activités sont offertes sur place et dans les environs (canoë, baignade, croisière sur le fjord, motoneige, raquette, traîneau à chiens, sports de glisse, etc.). Un bel endroit pour déconnecter de la routine, prévoir au moins deux nuits.

EXODE EN NATURE €€

1516 route de Tadoussac
✆ +1 418 540 455
exodeennature.com
Chalet en occupation quadruple : à partir de 213 CAN $ la nuit. Tarifs pour 1, 2 et 3 semaines également.

Exode en nature, c'est un nouveau site d'hébergements atypiques et écolos, le tout en forêt avec le bruit du ruisseau et le chant des oiseaux comme trame sonore. Deux chalets communicants - parfaits pour les grandes familles et les groupes - sont en location sur les quatre saisons et peuvent accueillir jusqu'à six personnes chacun. Tout est conçu dans une optique de respect de l'environnement, comme en témoignent les produits écolos pour le corps ou encore les toilettes au compost. Bonus : une très jolie déco et une aire extérieure très agréable.

LE SENTIER DE LA PLATEFORME

Route de la Montagne
Accès gratuit.

Pour y accéder, prenez la route de la Montagne jusqu'au stationnement (le site est bien indiqué). Aménagé dans les pins, le sentier mène à divers belvédères dominant le fjord du Saguenay, dont le plus haut culmine à 517 mètres. Il va sans dire que la vue y est tout simplement extraordinaire, et une petite aire de pique-nique aménagée permet de faire une pause dans ce cadre sublime. Le point d'observation le plus proche se trouve à 15 minutes du stationnement.

LES SENTIERS DU QUAI

Rue du Quai
Accès gratuit.

Le secteur du quai municipal est hautement fréquenté par les visiteurs, un point de passage obligé lors d'une virée à Sainte-Rose. L'endroit regroupe un stationnement, des boutiques et de la restauration rapide (vous trouverez ici des traces du passage de Pierre Richard suite au tournage du film *Le Bonheur de Pierre*). Depuis ce point, trois sentiers - qui en rejoignent trois autres - permettent de faire une petite escapade en forêt. Des points d'observation en bordure du fjord sont accessibles depuis ces sentiers et offrent une vue panoramique à couper le souffle.

SAINT-FULGENCE ★★

Entre eau et montagne, Saint-Fulgence est la principale destination ornithologique du Haut-Saguenay. Un arrêt aux battures permet d'observer ces nombreuses sauvagines (oiseaux aquatiques sauvages) de plus près. Un festival de la bernache s'y déroule d'ailleurs chaque année en mai. Cette municipalité sert également de porte d'entrée au parc national des Monts-Valin (suivre le chemin Saint-Louis), en plus d'héberger un parc d'aventures fort réputé, Cap Jaseux. Outre ses nombreuses activités, dont les parcours aériens qui font la réputation des lieux, l'endroit propose de prolonger l'expérience avec toute une gamme d'hébergements insolites.

PARC NATIONAL DES MONTS-VALIN ★★

360, rang Saint-Louis ✆ +1 800 665 6527
www.sepaq.com/pq/mva
Ouvert toute l'année. Accès quotidien : 9,25 CAN $, gratuit pour les 17 ans et moins.

Dominant le paysage du Saguenay, le parc national des Monts-Valin possède les plus hauts reliefs de la région, dont le pic de la Hutte (980 mètres). Ce territoire de montagnes offre paysages, richesses cachées et majestueux points de vue. La présence d'eau et l'abondance de la faune et de la flore vous offriront de nombreuses activités en toute saison. En hiver, il ne faut pas rater le spectacle qu'offre la Vallée des Fantômes.

Le centre de découverte et de services est ouvert toute l'année, mais avec un horaire réduit à certaines périodes (les toilettes restent accessibles). Consultez le site web pour les horaires complets selon la saison. À savoir qu'un service de transport de bagages et de ravitaillement est offert dans le parc, été comme hiver.

- **Hébergement :** chalets, chalets Nature, chalets EXP, pavillon Antoine-Dubuc, camp rustique, refuges, camping rustique et aménagé, camping d'hiver.
- **Location d'équipement :** embarcations nautiques, vestes de sauvetage, gamelle, réchaud, matelas de sol, bâtons télescopiques, crampons, peaux de phoque, raquettes.
- **Activités :** canoë, surf à pagaie, pêche à la truite mouchetée (permis de pêche du Québec obligatoire – séjour avec hébergement possible), pêche-camping, randonnée pédestre (dont des circuits de longue randonnée), expédition dans l'arrière-pays, observation de la faune, fatbike, ski nordique, ski de fond, raquette. Navette en minibus sur chenilles pour la Vallée des Fantômes et les hébergements en montagne l'hiver.

GÎTE DE L'ARTISAN €€

119, chemin de la Pointe-aux-Pins
✆ +1 418 674 1344
gitedelartisan.ca
Occupation double : à partir de 125 CAN $. Un minimum de deux nuits est requis.

Cette superbe maison canadienne toute en bois sise sur un site verdoyant entre fjord et montagnes. Vos hôtes, Linda et Pierre, vous y accueillent comme à la maison et vous proposent un hébergement champêtre et douillet, tant dans les belles chambres du gîte que dans un des lofts entièrement équipés (possibilité de jumeler les deux lofts). Plusieurs services sur place : wifi et stationnement gratuits, laverie payante (5 CAN $), aire de jeux, joli salon d'été extérieur dans un gazebo. Un lieu hors du temps, magnifique en toute saison !

PARC AVENTURES CAP JASEUX

250, chemin de la Pointe-aux-Pins
✆ +1 418 674 9114
capjaseux.com
Juin à octobre. Tarifs selon l'activité choisie. Hébergements expérientiels, cabines en bois rond et camping.

Cap Jaseux est avant tout réputé pour son parc aérien, lequel propose divers parcours pour tous les âges et tous les niveaux, sans oublier son circuit de tyroliennes géantes. Les plus aventureux iront tester leurs talents de grimpeurs sur la via ferrata alors que les peinards opteront pour le kayak de mer sur le fjord, un massage sur la plage ou une partie de pêche. Prolongez le plaisir dans l'un des hébergements expérientiels (sphères suspendues, dômes, etc.).

SAINT-DAVID-DE-FALARDEAU ★

C'est un peu après le milieu du XIXe siècle que les sociétés de colonisation des curés de Chicoutimi et de Charlevoix portèrent fruit et permirent le peuplement de ce coin de pays. Et quel cadre : au pied du majestueux massif des Monts-Valin. Saint-David-De-Falardeau ouvre donc la porte à un vaste territoire d'activités de plein air et d'aventure, le parc national des Monts-Valin étant d'ailleurs à proximité. Les adeptes de sports de glisse iront faire un tour au Valinouët, une station de ski qui bénéficie de superbes conditions d'enneigement. Pour des nuits étoilées en tout confort dans le secteur, on suggère fortement les yourtes d'Imago Village.

IMAGO VILLAGE €

180, rue du Massif
✆ +1 844 424 6246
www.imagovillage.com
Ouvert à l'année. Yourte : à partir de 150 CAN $ (max 4 personnes). Forfaits disponibles. Restauration sur place.

Pour une expérience grande nature dans les environs des Monts-Valins, Imago Village met à votre disposition des yourtes 4 saisons. Une petite mezzanine accueille un lit double et un simple alors qu'au rez-de-chaussée, on retrouve un coin salon, salle à manger et kitchenette, une toilette à compost ainsi qu'un foyer aux granules pour vous tenir au chaud. Des forfaits jumelant l'hébergement à des activités sont également proposés (spa, croisière aux baleines, motoneige, etc.). Ajout récent : des prêt-à-camper de type dôme appelés Kamook.

DISTILLERIE DU FJORD

48, chemin de Price
✆ +1 418 673 1012
www.distilleriedufjord.com
Boutique ouverture du lundi au samedi. Boutique en ligne également. Visite guidée offerte en été, sur réservation.

Première micro-distillerie de la région, elle met le terroir en bouteille alors qu'elle puise à même les ressources environnantes pour la création de ses spiritueux. Son produit phare est sans conteste le gin km12 qui renferme entre autres du poivre des dunes et des bourgeons de sapins baumiers, et une version au concombre nordique est également disponible. À cela s'ajoutent le gin 48 Chemin Price issu de la fermentation de moût de bleuets ainsi que la Liqueur Lily qui se décline en deux versions : thé des bois et menthe sauvage, et thé du Labrador.

LE VALINOUËT

200, route du Valinouët
✆ +1 418 673 6455
valinouet.qc.ca
Ouvert de décembre à mars ou avril, en journée uniquement. Voir site web pour les tarifs de ski et de glissade sur tube.

Situé au cœur du massif des Monts-Valin, le Valinouët bénéficie d'excellentes conditions d'enneigement : 6 mètres de neige par an en moyenne ! Un pur plaisir pour les amateurs de ski alpin, surf des neiges et télémark. Vous trouverez ici une trentaine de pistes, 6 remontées mécaniques, un snowpark, de la glissade sur tube, des pistes de ski de fond et un sentier pour la raquette. Nombreux services sur place : hébergement, restaurant-pub, location d'équipement, services et sentiers pour motoneigistes, centre de santé L'Éternel Spa, etc.

ALMA ★

Cette ville fondée en 1854 doit son nom à la bataille de Crimée que les troupes franco-britanniques venaient de remporter sur l'armée russe. Tout d'abord centre agricole et forestier, son industrialisation commença avec l'implantation de la papeterie Price, puis du complexe hydroélectrique de l'Isle-Maligne et se consolida à partir des années 1940, avec l'installation de l'aluminerie de la société Alcan, appartenant dorénavant au groupe Rio Tinto Alcan (visite sur réservation). Vie culturelle et artistique, quartiers patrimoniaux, nombreuses activités de plein air, plus de 42 km de plages : Alma est la capitale jeannoise au « pays des Bleuets » !

JARDIN SCULLION

1985, rang 7 Ouest
L'ASCENSION-DE-NOTRE-SEIGNEUR
✆ +1 418 347 3377
jardinscullion.com
Mi-juin à début octobre : lundi-dimanche, 9h-18h. Adulte : 26 CAN $. Restaurant, pépinière, boutique.

Magnifiques jardins regroupant 2 000 espèces végétales provenant des quatre coins du globe. Empruntez le sentier de sous-bois, visitez la tourbière et le camp forestier d'époque, puis admirez la fresque géante sur la biodiversité régionale. Les tout-petits ne sont pas en reste car une mini-ferme et une aire de jeux les attendent. À voir : le jardin de conifères, l'un des plus grands au monde avec plus de 275 variétés et cultivars provenant des régions nordiques de la planète, et le pont à voûte de 35 mètres s'inspirant des grands jardins d'Angleterre.

QUARTIER PATRIMONIAL DE RIVERBEND

À 15 minutes à pied du centre-ville d'Alma, vous découvrez ce qui fut la plus petite ville d'Amérique du Nord dans les années 1920. En effet, quelques dizaines de maisons d'architecture nord-est américaine furent bâties, entre 1924 et 1926, afin d'accueillir les cadres supérieurs anglophones de l'entreprise Price Brothers. Elle deviendra un quartier de la Cité d'Alma après la fusion des villes de 1962. Riverbend possède un héritage culturel qui fait partie du patrimoine almatois.

L'ODYSSÉE DES BÂTISSEURS

1671, avenue du Pont Nord
✆ +1 418 668 2606
www.odysseedesbatisseurs.com
Horaires variables selon la saison. Adulte : 16,50 CAN $. Tarifs réduits hors saison. Boutique sur place.

© L'ODYSSÉE DES BÂTISSEURS

Ce parc thématique propose une expérience vivante démontrant l'importance de l'eau dans le développement de la région. Découvrez-y l'exposition « Au-delà de l'eau » et marchez sur une carte géante illustrant le vaste territoire d'eau régional. De juin à septembre, vivez l'expérience *La Mer intérieure*, un film immersif à 360° projeté dans le réservoir du château d'eau et qui se veut une œuvre dramatique et poétique. Du belvédère, observez la ville d'Alma, ses cours d'eau et les installations hydroélectriques à l'origine du développement industriel.

DAM-EN-TERRE €€

1385, chemin de la Marina
✆ +1 418 668 3016
www.damenterre.qc.ca
Ouvert toute l'année. Voir site web pour les tarifs et forfaits. Food-truck au camping, théâtre d'été, marina.

En bordure de la rivière Grande-Décharge, le Centre de villégiature Dam-en-Terre, sauvage et boisé, offre hébergement et large choix d'activités. L'endroit propose du camping, des condos, des suites-appartements et des Coolbox. Activités en été : minigolf, cyclotourisme (pas de location sur place), pataugeoire chauffée, plage aménagée pour la baignade, marina, etc. En hiver : raquette, patinoire de 1,5 km dans un sentier boisé et glissade sur neige, avec tous les équipements en location. Vous n'aurez pas le temps de vous ennuyer !

ANANAS MON AMOUR €€

487, rue Sacré-Coeur Ouest
✆ +1 418 769 1326
Horaires variables selon la saison. Terrasse.

Certains connaissent la fameuse sauce piquante Ananas mon amour, une des sauces concoctées par La Boîte à Sauce d'Alma. Quelques années après sa création, c'est le petit resto-buvette qui a vu le jour au cœur du centre-ville. Si à la base le restaurant faisait plutôt dans les tacos et les quesadillas, le menu a évolué depuis avec des plats gourmands dans lesquels les produits du Québec ont la cote, notamment les fruits de mer en saison. La carte des vins est vraiment sublime, présentant des crus d'ici et d'ailleurs. On aime !

SAINT-GÉDÉON ★

Saint-Gédéon-de-Grandmont a littéralement les pieds dans le lac Saint-Jean. Ses belles plages, ses campings, son centre de villégiature et ses marinas font le bonheur des petits et des grands lors de la saison estivale. De nombreuses activités de plein air y sont praticables en toute saison, comme le vélo (la Véloroute des Bleuets passe au cœur du village), le kayak de mer, le surf à pagaie, le golf, le ski de fond, la motoneige, la pêche blanche, etc. On recommande chaudement aussi de goûter aux saveurs locales à la microbrasserie du Lac Saint-Jean, énorme terrasse avec bar en prime, ou encore à la fromagerie et boulangerie Médard.

ÉQUINOX AVENTURE

750, rue Price Ouest
✆ +1 888 668 7381
www.equinoxaventure.ca
En opération toute l'année. Autre base d'activités à Saint-Gédéon (Auberge des Îles).

Cette entreprise décline ses aventures sous trois grandes catégories. Premièrement le nautisme avec les sorties en kayak de mer, l'initiation au surf à pagaie, les formations en kayak de mer en eau calme ou encore la location d'équipements nautiques. Puis vient le vélo (location sur place) avec les différents circuits auto-guidés tout compris pour découvrir le lac Saint-Jean et le Saguenay. L'hiver la motoneige vole la vedette avec la location et les excursions guidées. Bonus : des hébergements insolites flottants sont offerts en location en été comme en hiver.

AUBERGE DES ÎLES €€

250, rang des Îles
✆ +1 418 345 2589
www.aubergedesiles.com
Occupation double : à partir de 146 CAN $, petit déjeuner inclus. Forfaits disponibles. Base d'Équinox Aventure en été.

Elle déploie ses charmes dernier cri dans un décor de rêve, avec le lac Saint-Jean à ses pieds. Dans un esprit resort de luxe, tout est fait pour passer un séjour agréable : une vue imprenable sur le lac depuis la plupart des chambres, une jolie plage très tranquille et une multitude d'activités en toute saison. D'importants travaux de modernisation ont donné naissance au restaurant-terrasse le Rang 9, sans oublier l'ajout d'un gym, d'une piscine et d'un spa intérieurs, etc. Pour une expérience différente, optez pour un séjour sur la plage dans la Westfalia !

VÉLOROUTE DES BLEUETS

1692, avenue du Pont-Nord
✆ +1 418 668 4541
www.veloroutedesbleuets.com
Officiellement ouverte de mi-mai à mi-octobre, accès gratuit. Maisons du vélo ouvertes tous les jours en été.

Circuit en boucle qui ceinture le lac Saint-Jean sur 256 kilomètres. Il donne accès au parc national de la Pointe-Taillon et à des municipalités pittoresques situées sur les routes périphériques. Le circuit offre des occasions multiples pour la visite de sites naturels, la restauration, le camping, l'hôtellerie et le gîte du passant. Il relie aussi de nombreux attraits touristiques et surplombe les rivières tributaires du lac Saint-Jean. Pour de l'information sur les services disponibles ou pour se reposer, faites une halte à l'une des Maisons du vélo.

MICROBRASSERIE DU LAC SAINT-JEAN

120, rue de la Plage
✆ +1 418 345 8758
microdulac.com
Bistro ouvert de mai à fin septembre, boutique ouverte toute l'année. Grande terrasse avec bar.

Aux abords de la Véloroute des Bleuets, elle propose des bières artisanales goûteuses, bien équilibrées et ayant remporté de nombreux prix. Côté bistro, on retrouve les bières maison, des alcools du terroir et un menu gourmand comprenant une foule de délices comme le plateau de fromages et charcuteries, le burger de poulet mariné ou encore la poutine Tao (menu en constante évolution). Bonus : la microbrasserie s'est dotée de la plus grande terrasse de la région !

FROMAGERIE MÉDARD

10, chemin de Quen
✆ +1 418 345 2407
www.fromageriemedard.ca
Horaires variables selon la saison. Boulangerie Médard sur le même site.

Fromagerie familiale qui produit entre autres du cheddar vieilli, du fromage en grains frais du jour, du fromage à tartiner et le réputé 14 Arpents, un fromage fermier à pâte molle que l'on reconnaît par sa forme carrée et sa croûte lavée orangée. Goûteux, sa pâte crémeuse dégage une douce saveur de noisettes. Pour ceux désirant un goût plus doux, le Rang des Îles s'avère un excellent choix avec sa pâte molle d'une belle tendreté. Du côté de la boulangerie, pains, viennoiseries, pâtisseries, cafés de spécialité et produits régionaux garnissent les étalages.

DESBIENS ★

Ce village fut un centre de rassemblement des nations innues au XVIIe siècle, puis poste de traite des fourrures à partir de 1676 - on recommande une visite au CHAM pour en savoir plus - et une mission jésuite. Il doit son nom à Louis Desbiens, fondateur de la première papeterie, en 1896. Il est surtout connu pour sa grotte, le Trou de la Fée, un lieu converti en parc et offrant des activités de spéléologie, des tyroliennes, des passerelles, des sentiers pédestres, un spectacle immersif, etc. La rivière Métabetchouane est un lieu de prédilection pour pêcher la ouananiche, un succulent saumon d'eau douce, ou encore vivre l'expérience du rafting.

PARC LE TROU DE LA FÉE ★★

Chemin Trou de la Fée, 7e Avenue
✆ +1 418 346 1242 - parcletroudelafee.com
Ouvert tous les jours de mi-juin à l'Action de grâce. Adulte : 31,25 CAN $ (caverne, parc et expérience immersive).

C'est un site naturel exceptionnel regroupant plusieurs attraits, à commencer par la tumultueuse rivière Métabetchouane avec ses chutes, ses cascades et la diversité de son couvert forestier. Explorez son canyon et profitez de la promenade de la conduite d'amenée d'eau, un rappel historique de son patrimoine industriel qui mène aux vestiges d'une centrale hydroélectrique. Marchez à 8 mètres au-dessus de l'eau, sur des passerelles ancrées aux caps de roc sur une distance de 205 mètres. Amateurs d'adrénaline, traversez le canyon sur deux tyroliennes totalisant 350 mètres de longueur à 50 mètres de hauteur au-dessus de la rivière. Pour les contemplatifs, ne ratez pas l'expérience immersive *ÉCHO, la mémoire des pierres* avec ses effets sonores et jeux de lumières au cœur d'un amphithéâtre naturel sans égal au Québec, taillé dans le granit du Bouclier canadien. Puis vient la caverne, un phénomène unique au Canada de par sa formation dans ce fameux granit vieux de plus d'un milliard d'années. Elle est l'endroit idéal pour vivre une première expérience de spéléologie : facile à visiter, elle offre un encadrement sécuritaire. Également sur place : 4,5 km de sentiers de randonnée. Non recommandé pour les personnes à mobilité réduite et les moins de 5 ans. Chaussures de marche obligatoires, tenue sportive et chandail conseillés. Durée : 3h-3h30 pour la visite complète du parc et de la caverne. Voir le site web pour tous les tarifs des activités. A noter que la société récréotouristique gère aussi le Camping Plage Blanchet.

H2O EXPÉDITION

125, rue du Quai
✆ +1 418 346 7238
www.aventure-expedition.com

En opération de mai à octobre. Tarifs variables selon l'activité ou l'expédition choisie.

Compagnie d'aventure spécialisée en écotourisme et en descente de rivière, H2O Expédition propose différentes excursions en rafting avec guides expérimentés sur les rivières Shipshaw, Métabetchouane et Mistassibi. Des expéditions de 2 à 7 jours sur les rivières Batiscan et Ashuapmushuan sont également proposées. Il est aussi possible de descendre des rivières avec une luge et des palmes, de vivre des sensations fortes dans un parcours de canyoning ou encore de pratiquer le surf à pagaie tout paisiblement. Les réservations sont impératives.

CHAMBORD ★★

C'est le point d'arrivée de la route 155 et l'accueil est plus que grandiose : le lac Saint-Jean s'ouvre ici sous nos yeux, après une longue route en forêt en Haute-Mauricie. Plusieurs parcs et aires de repos permettent d'ailleurs de contempler cette mer intérieure une fois le périple complété. La municipalité de Chambord est surtout connue pour son Village historique de Val-Jalbert, ancien village fantôme reconverti en site touristique et historique de grand intérêt. Véritable témoin de l'histoire du temps des pulperies, on pourrait aisément y passer toute la journée, voire plus grâce à ses unités d'hébergement réparties au cœur du site.

CHALETS & SPA LAC SAINT-JEAN €€€

109, chemin du Parc Municipal
✆ +1 418 342 1111
www.chaletsetspa.com

Tarifs variables selon le type d'unité choisi. Un minimum de deux nuits peut être exigé.

Sur les rives du lac Saint-Jean, ce complexe de villégiature haut de gamme propose l'hébergement dans de beaux chalets ou unités de condo en bois rond. Certains appartements sont communicants, l'idéal pour les excursions en famille ou en groupe. Pour les groupes plus nombreux, le grand chalet Épicéa peut accueillir jusqu'à 20 personnes en tout confort. Après une longue journée d'activités, vous pouvez opter pour les installations du spa nordique ou un massage au centre de santé.

VILLAGE HISTORIQUE DE VAL-JALBERT ★★★

95, rue Saint-Georges ✆ +1 418 275 3132
www.valjalbert.com

Ouvert toute l'année. Accès général : 33,05 CAN $ par adulte. Services et activités selon la saison (voir site web).

Construite en 1901, la pulperie de Val-Jalbert produisait chaque jour 50 tonnes de pulpe mécanique pour la fabrication du papier, pour être ensuite exportées vers les États-Unis et l'Europe. Le moulin à pulpe faisait vivre une population de 950 habitants. Le village était considéré comme très avancé sur le plan de la modernité et comparé à Boston aux États-Unis dans les années 1920 car il était doté de plans d'urbanisme, de bornes d'incendie, de l'eau courante, des sanitaires, de l'électricité et du chauffage à air propulsé. Suite à une demande croissante pour le papier et non plus pour la pulpe, et ne pouvant pas se moderniser, économiquement parlant, l'usine fut contrainte de fermer ses portes en 1927. Tributaire de l'usine, la population quitta graduellement les lieux. Pendant près de 60 ans, les maisons qui avaient autrefois abrité les familles des ouvriers sont restées à l'abandon, tel un village fantôme. Aujourd'hui, elles sont toujours authentiques mais restaurées et animées d'habitants en costumes d'époque. Vous pourrez visiter le moulin désaffecté, le couvent-école et le magasin général. Il est conseillé de monter au sommet de la montagne par un escalier de 764 marches ou en téléphérique (inclus dans le tarif d'entrée), afin d'apprécier la vue sur l'impressionnante chute Ouiatchouan d'une hauteur de 70 mètres et le majestueux lac Saint-Jean. C'est un vrai dépaysement que cette remontée dans le temps, un rien nostalgique. De surcroît, le site est vraiment superbe. Sur place, des services de restauration sont offerts ainsi que de l'hébergement (camping, mini-chalets, chambres rénovées dans les maisons d'époque et 14 nouvelles habitations haut de gamme avec vue sur le lac Saint-Jean). Si l'histoire de Val-Jalbert s'est terminée en 1927 avec la fermeture du moulin à pulpe, l'ancien village de compagnie est devenu une destination touristique incontournable dans la région du Saguenay-Lac-Saint-Jean ! C'est d'ailleurs une destination idéale pour les familles. On y retrouve une foule d'activités pour tous les goûts : belvédère avec plancher de verre au cœur de la chute, animation historique, téléphérique, sentiers pédestres, sentier thématique La Dompe, spectacle immersif multi-sensoriel, restaurant au moulin (cuisine du terroir, options végétariennes et sans gluten offertes), café-terrasse au magasin général, resto sur le pouce au camping, boutique cadeaux, événements spéciaux et plus encore, sans oublier la programmation hivernale. Un must !

LAC-BOUCHETTE

Lac-Bouchette est situé au sud de Chambord, à un jet de pierre de la route 155 qui relie la région du Lac-Saint-Jean à celle de la Mauricie. On doit son nom à l'arpenteur Joseph Bouchette qui explora les environs en 1828 en vue d'une colonisation. Au début du XXe siècle, une petite chapelle y sera érigée par l'abbé Elzéar Delamarre, dédiée à saint Antoine de Padoue. Les premiers pèlerins suivront vers 1912 et une autre chapelle sera bâtie trois ans plus tard, cette fois consacrée à Notre-Dame de Lourdes. Puis, en 1948, les capucins érigent un monastère qui sera considéré peu après comme un sanctuaire national, l'Ermitage Saint-Antoine.

ROBERVAL

L'arrivée du train et l'ouverture de l'Hôtel Beemer ont marqué la naissance du tourisme à Roberval en 1888. Ce célèbre hôtel accueillait notamment les riches américains pour un séjour de pêche, fer de lance de l'entreprise dirigée par Horace Jansen Beemer. Cet empire touristique prit fin en 1908 suite à l'incendie de l'hôtel. De nos jours, Roberval doit sa renommée à la Traversée internationale du lac Saint-Jean. Activités culturelles, familiales et sportives entourent ce prestigieux marathon de nage en eau libre. Notons aussi le Festival d'hiver avec ses compétitions de motoneiges et le Village sur Glace, deux événements qui valent le détour.

HÔTEL CHÂTEAU ROBERVAL €€

1225, boulevard Marcotte ✆ +1 418 275 7511
chateauroberval.com

Occupation double : à partir de 145 CAN $.
Stationnement gratuit sur place.

Ce grand hôtel de 124 chambres, dont quatre suites luxueuses, dispose de toutes les commodités nécessaires pour un séjour d'agrément ou d'affaires. Parmi les services offerts à l'hôtel, notons une salle à manger pour le petit déjeuner, un atrium avec piscine et spa, ainsi qu'une salle d'exercices. Un établissement tout confort avec un très bon rapport qualité-prix et une localisation hyper centrale, au cœur des attraits touristiques majeurs de la région du Lac-Saint-Jean. Bonus : la Véloroute des Bleuets et le lac Saint-Jean sont à portée de main !

MASHTEUIATSH ★★

Créée en 1856, elle est la seule communauté autochtone de la région, blottie sur les rives du lac Saint-Jean avec un accès direct à la Véloroute des Bleuets. Les Pekuakamiulnuatsh (Ilnuatsh du Lac-Saint-Jean) vous accueillent ici selon leurs valeurs et traditions. C'est l'endroit idéal pour plonger au cœur du mode de vie millénaire des Autochtones. Un circuit patrimonial et historique permet d'ailleurs de découvrir comment les Ilnuatsh ont adapté leur mode de vie à la sédentarisation tout en conservant les coutumes et traditions de leurs ancêtres. On recommande d'ailleurs une visite au Musée amérindien de Mashteuiatsh pour en saisir toute l'essence.

MUSÉE AMÉRINDIEN DE MASHTEUIATSH ★★

1787, rue Amishk ✆ +1 418 275 4842
museeilnu.ca
Ouvert tous les jours en été (9h-17h), horaires variables le reste de l'année. Adulte : 14 CAN $.

Le Musée amérindien de Mashteuiatsh - complètement rénové en 2018 - offre un contact unique avec l'histoire et la culture des Pekuakamiulnuatsh, les Ilnus du Lac-Saint-Jean. Parcourez les expositions présentant la culture matérielle et les arts autochtones contemporains des Pekuakamiulnuatsh et des autres Premières Nations du Québec. Vous serez guidé à travers une histoire riche en savoirs et en traditions. Le musée dispose de trois salles d'exposition, d'un site extérieur et d'une salle de projection multimédia. Son site extérieur, *Nuhtshimitsh, dans la forêt*, est un joli parcours axé sur la flore du territoire. Les liens indissociables entre le territoire de la forêt boréale et les Autochtones sont ici mis en valeur et touchent des thèmes aussi variés que s'abriter, se nourrir, se déplacer ou se soigner. Des panneaux d'interprétation jalonnent le parcours et complètent l'expérience. Ouvert toute l'année, le musée offre une programmation d'activités biannuelle, soit de mai à octobre et de novembre à avril. Sa programmation comprend entre autres des animations extérieures, des rencontres avec des artistes et des artisans autochtones, des films autochtones contemporains et des ateliers de création artistique. La nouvelle exposition permanente *Tshilanu Ilnuatsh* a été inaugurée en 2020. Avant de quitter les lieux, faites un tour à la boutique qui se consacre entièrement à l'histoire, à la musique, à l'artisanat et aux arts autochtones des Premières Nations du Québec.

TOURISME MASHTEUIATSH

1516, rue Ouiatchouan ✆ +1 418 275 7200
tourismemashteuiatsh.com
Ouvert toute l'année (horaires variables selon la saison).

Géré par la communauté autochtone de Mashteuiatsh, l'office de tourisme est LA porte d'entrée sur la culture et les traditions de cette Première Nation. Tant sur son tout nouveau site web qu'à son bureau d'accueil, on retrouve toutes les informations et bons plans pour organiser son séjour dans la seule communauté autochtone de la région, celle des Pekuakamiulnuatsh. À savoir que le carrefour d'accueil ilnu est situé sur les rives du lac Saint-Jean et propose plusieurs services (wifi, documentation, coin boutique, etc.).

MUSÉE DE LA VIEILLE FROMAGERIE PERRON ★

148, avenue Albert-Perron
✆ +1 418 251 4922
museevieillefromagerie.ca
Ouvert tous les jours de mi-juin à fin septembre. Adulte : 21 CAN $.

Témoin du passé, la vieille fromagerie Perron s'est transformée en lieu d'interprétation du fromage. Au programme : visite guidée, exposition-démonstration, familiarisation de la fabrication artisanale et industrielle du fromage cheddar, dégustation des produits. Des ateliers d'initiation à la fabrication de beurre sont également offerts. À découvrir : le restaurant-boutique de la fromagerie au cœur du village, Chez Perron (leur poutine au fromage Perron est un vrai régal).

SAINT-PRIME

Localité agricole et industrielle, avec la production et la transformation laitières en tête de liste, elle est reconnue mondialement pour la qualité exceptionnelle de son fromage cheddar. À l'époque chaque rang possédait sa fromagerie et un excellent savoir-faire s'y est donc développé. Il va donc sans dire qu'un arrêt au Musée de la vieille fromagerie Perron (centre d'interprétation) ainsi qu'au restaurant-boutique de la fromagerie s'impose. Vous y dégusterez ce que les habitants du lac considèrent comme le meilleur cheddar du globe. À découvrir en septembre : le festival La Lune des Moissons à saveur de terroir, culture et transition écologique.

SAINT-FELICIEN ★★

Carrefour important de la région, cette petite ville industrielle, qui inclut aussi la localité de Saint-Méthode, est bordée par trois rivières : Ashuapmushuan, Mistassini et Ticouapé. De par sa situation stratégique, il n'est pas étonnant que le territoire de Saint-Félicien ait été jadis le complice des allées et venues des Innus. La ville est un point de passage obligatoire pour ceux suivant la route 169 ou la Véloroute des Bleuets pour faire le tour du lac. C'est aussi ici que la route 167 prend sa source avant de mener à Chibougamau. À Saint-Félicien, on ne ratera pas une visite du zoo sauvage, une des plus grandes attractions du Lac-Saint-Jean.

LA CHOUAPE

1134, boulevard Sacré-Cœur
✆ +1 418 613 0622
lachouape.com
Ouvert du lundi au samedi en été, du mercredi au samedi le reste de l'année. Grande terrasse avec vue sur la rivière.

La famille Hébert cultive sa terre et produit des céréales pour la fabrication de bières de haute fermentation, refermentées en bouteille et issues entièrement d'ingrédients naturels. Que vous soyez de la région ou simplement de passage, le salon de dégustation de la microbrasserie est un arrêt incontournable pour les découvrir. Un menu de grignotines, salades et sandwichs est aussi proposé pour combler les petits creux. À noter que vous trouverez une boutique à la ferme familiale, elle aussi située à Saint-Félicien (1070, rang Double).

HÔTEL DU JARDIN €€

1400, boulevard du Jardin
✆ +1 418 679 8422
hoteldujardin.com
Occupation double : à partir de 155 CAN $. Stationnement gratuit sur place. Promotions et forfaits disponibles.

© HÔTEL DU JARDIN

Cet établissement grand confort est situé à proximité de nombreux attraits, notamment le Zoo sauvage de Saint-Félicien. Vous bénéficierez ici de tous les services d'un grand hôtel : des chambres spacieuses et fonctionnelles entièrement rénovées, dont certaines avec bain thérapeutique double, une cuisine inspirée des saveurs nordiques au restaurant Le Baumier, un centre de congrès, des installations sportives et de détente… Une adresse fort recommandée pour un séjour mémorable à l'ouest du lac Saint-Jean, au pays des bleuets !

ZOO SAUVAGE DE ST-FÉLICIEN ★★

2230, boulevard du Jardin
✆ +1 418 679 0543
zoosauvage.org
Ouvert en saisons estivale et hivernale. Voir site web pour les horaires, les tarifs et les forfaits selon la saison.

Les humains en cage, les animaux en liberté ! Un concept unique et l'une des grandes attractions du Québec depuis plus de 60 ans. Une de ses activités les plus populaires est le fameux Parc des sentiers de la nature. Assis dans un train grillagé, vous ferez une balade inoubliable à travers le Canada d'est en ouest, parmi sa faune étonnante : ours noirs, cerfs de Virginie, loups arctiques, chiens de prairie, bisons, orignaux, bœufs musqués, etc., tous évoluant dans leur habitat naturel. Le site comprend également un zoo traditionnel situé sur l'Ile-aux-Bernard, que traverse une rivière en cascades. Cette section pédestre présente des animaux issus de la Boréalie, des montagnes et des régions froides du globe. Six secteurs géographiques sont représentés dans cette section : l'Asie, la Mongolie, la forêt mixte, l'Arctique, les Montagnes et la petite ferme. Il ne faut pas non plus rater l'habitat des ours polaires ou encore l'habitat et le pavillon d'interprétation immersif du castor canadien, lequel offre une vue unique dans la hutte du castor. Les plus jeunes apprécieront aussi de voir les habitants du zoo se régaler de leur collation (voir site web pour les heures). Également sur le site : un espace famille, un service de restauration, une crèmerie, deux boutiques (produits du terroir, artisanat, vêtements, peluches, etc.), des jeux d'eau, une salle de cinéma ouverte à tous et projetant les derniers films parus en salle (en version française).

LA DORÉ ★

À l'époque, l'industrie forestière fit la prospérité des environs. Cette épopée se découvre au site historique du Moulin des Pionniers qui propose un véritable retour dans le temps, d'autant plus que le site est animé en saison. La Doré est également un haut lieu de la chasse et de la pêche, notamment à la réserve faunique Ashuapmushuan qui se situe à quelques kilomètres au nord. Un belvédère sur la route Saint-Joseph, en direction de Normandin, offre aussi de beaux points de vue sur la rivière Ashuapmushuan. Deux événements dignes de mention : le Festival des Camionneurs (camions poids lourds) et le Rallye des Loups (courses de motoneiges).

SAGUENAY-LAC-SAINT-JEAN

LE MOULIN DES PIONNIERS ★

4205, chemin des Pionniers
✆ +1 418 256 8242
moulindespionniers.com
De mi-juin à début octobre (hébergement toute l'année, sauf le camping). Voir site web pour les horaires et tarifs.

Ce site touristique patrimonial traite de l'époque forestière. On y découvre entre autres un moulin à scie actionné par la force de l'eau datant de 1889 ainsi que l'atelier d'usinage Félix Trottier (forge d'antan). À ces installations s'ajoutent une foule d'activités pour petits et grands : tour d'observation, parcours d'hébertisme, trampoline géant, tyrolienne, jeux d'eau, sentiers de randonnée pédestre et de vélo, location de kayaks et plus encore. Il est possible de passer la nuit sur place, en camping, en chambre ou en chalet.

SITE TOURISTIQUE CHUTE À L'OURS €€

101, chemin Louis-Ovide-Bouchard
✆ +1 418 274 3411
chutealours.com
Tarifs selon le type d'hébergement choisi. Forfaits disponibles. Nombreux services (restaurant, relais motoneige, etc.).

Que ce soit pour une randonnée pédestre ou en raquettes, s'adonner à la pêche ou se rafraîchir dans la piscine chauffée, ce site touristique est idéal. Lors de la belle saison, le théâtre d'été et le cinéma en plein air promettent le divertissement. Pour ceux qui aimeraient profiter des lieux pendant quelques jours, l'hébergement y est offert en camping, en chalet (en bois rond, conventionnel ou sur pilotis) ou en chambre de type motel. Une adresse futée à 15 minutes de Saint-Félicien.

NORMANDIN

Au cœur d'immenses plaines et traversée par la Véloroute des Bleuets, c'est la capitale agricole du nord du Lac-Saint-Jean. Sur les rives de la rivière Ashuapmushuan, elle héberge un centre de villégiature bien connu, le Site touristique Chute à l'Ours. Une foule d'activités y est proposée en été comme en hiver et ses chalets sur pilotis sont vraiment chouettes. Au centre du village se trouve Bilodeau Canada, un centre d'interprétation de la taxidermie et de pelletier-bottier où sont expliqués tous les aspects de ces métiers. La fromagerie La Normandinoise mérite aussi un arrêt, notamment pour découvrir Le Péribonka, une pâte molle à saveur rustique.

DOLBEAU-MISTASSINI

Traversée par les rivières Mistassini et Mistassibi, la ville offre d'agréables plages de sable aménagées, de beaux sites naturels, des hébergements de qualité (dont Vauvert-sur-le-Lac-Saint-Jean), ainsi qu'une série d'activités et de festivals comme l'incontournable Festival du bleuet (début août). Il faut dire que la ville est la capitale mondiale du bleuet sauvage. Les amateurs de bières artisanales se donneront rendez-vous à la microbrasserie Le Coureur des Bois et au Festival des Brasseurs (en août). Quant aux gourmands, c'est à la Chocolaterie des Pères Trappistes de Mistassini qu'il faut aller. Goûtez absolument aux bleuets enrobés de chocolat !

BILODEAU CANADA ★

943, rue Saint-Cyrille
✆ +1 418 274 2511
bilodeaucanada.com
Ouvert du lundi au samedi. Boutique sur place et une autre à Québec. Boutique en ligne également.

Le métier de pelletier est associé à une ressource naturelle indissociable de l'histoire du Canada : la fourrure. La visite guidée des ateliers et de la salle d'exposition (payante) permet de découvrir les différentes facettes de ce métier. Sur place, une équipe d'artisans créatifs transforment la fourrure en bottes, chapeaux, mitaines, vêtements, coussins, accessoires de décoration et tutti quanti. Bilodeau est également un centre d'interprétation de la taxidermie, cet art animalier qui relève de la fascination pour la nature sauvage.

CHOCOLATERIE DES PÈRES TRAPPISTES

555, route du Père-François-Xavier
✆ +1 418 276 1122
www.chocolateriedesperes.com
Boutique et économusée : horaires variables selon la saison.

Autrefois une confiserie, c'est en 1944 que les trappistes en devinrent propriétaires avant d'incorporer officiellement la chocolaterie en 1978. Sa renommée dépasse désormais les frontières de la région et on vient de loin pour se procurer leurs délices, notamment les bleuets enrobés de chocolat noir, le produit phare du monastère. L'endroit faisant partie du réseau Artisans à l'œuvre, on peut donc y vivre une véritable expérience d'interprétation sur place.

PERIBONKA ★

Péribonka (signifiant « là où le sable se déplace ») se situe à proximité de la rivière Péribonka, du lac Saint-Jean et du parc de la Pointe-Taillon. On se souvient de Louis Hémon, qui a rendu célèbre ce petit village qu'il décrit dans son roman *Maria Chapdelaine*, publié en 1914. Mort en 1913 (et né à Brest en 1880), Louis Hémon n'a pas eu le temps de savourer sa gloire, puisque son œuvre fut publiée après sa mort accidentelle, survenue immédiatement après avoir présenté son manuscrit à son éditeur parisien. À Péribonka, un musée lui est d'ailleurs dédié, et sur le site se trouve également la maison qui hébergea l'auteur au début du XXe siècle.

MUSÉE LOUIS-HÉMON

700, route Maria-Chapdelaine
✆ +1 418 374 2177
www.museelh.ca

Horaires variables selon la saison (ouvert que sur rendez-vous à certaines périodes). Adulte : 11,50 CAN $.

L'exposition permanente du musée, « Maria Chapdelaine, vérités et mensonges », vous fera découvrir les vérités et les mensonges véhiculés entourant l'auteur et son œuvre. Par le biais d'objets de collection, la vie peu commune de l'auteur et d'Éva Bouchard, celle qui aurait inspiré Maria, sont racontés, sans oublier l'œuvre en elle-même. Expositions et galerie d'œuvres d'artistes reconnus également sur place. Enfin, vous retrouvez la Maison Samuel-Bédard (celle de Maria décrite dans le livre) qui hébergea l'auteur breton en 1912.

ÎLE DU REPOS €

105, chemin de l'Île-du-Repos
✆ +1 418 347 5649
www.iledurepos.com

Ouvert de fin mai à fin septembre. Hébergement en camping, chambre partagée, chambre privée et chalet familial.

L'auberge est située sur une île privée et donne sur la rivière Péribonka. Cet endroit paisible, en pleine forêt, est le lieu de séjour de prédilection pour s'adonner à de nombreuses activités, sur le site comme dans les environs (randonnée pédestre, volleyball, pétanque, plage avec baignade, kayak, pêche, etc.). Un restaurant avec terrasse est ouvert en saison et propose de bons petits plats à prix très corrects. Mais ce qui attire les foules depuis maintenant 50 ans, c'est sa salle de spectacles qui offre une programmation du tonnerre pendant tout l'été.

SAINT-HENRI-DE-TAILLON ★★

Certains disent que l'endroit aurait autrefois porté le surnom de « La Pipe » car semblerait-il que les pionniers s'y arrêtaient toujours pour fumer la pipe... Quoi qu'il en soit, Saint-Henri-de-Taillon est dorénavant une destination prisée des villégiateurs lors de la saison estivale. Il faut dire que ses kilomètres de plages (Belley, Wilson, parc national) et son énorme plan d'eau, le lac Saint-Jean, ont de quoi séduire petits et grands. C'est aussi la porte d'entrée du parc national de la Pointe-Taillon, un havre naturel de près d'une centaine de km^2. Les eaux du lac sont d'ailleurs exceptionnellement chaudes dans ce secteur, alors profitez-en !

PARC NATIONAL DE LA POINTE-TAILLON ★

835, rang 3 Ouest ✆ +1 800 665 6527
www.sepaq.com/pq/pta

Ouvert toute l'année. Accès quotidien : 9,25 CAN $, gratuit pour les 17 ans et moins. Location d'équipement.

Il offre un accès exceptionnel au lac Saint-Jean et à la rivière Péribonka, avec ses magnifiques plages de sable fin et sa piste cyclable aménagée en pleine nature.

- **Hébergement :** chalets Écho, tentes prêt-à-camper, prêt-à-camper Étoile, camping rustique et 2 services. Certains hébergements ne sont qu'accessibles à pied ou à vélo.
- **Activités :** baignade (15 km de rive sablonneuse), activités nautiques, vélo, randonnée pédestre, navette pour les îles, raquette, ski nordique, etc.

CÔTE-NORD

Elle s'étire le long de l'estuaire du golfe du Saint-Laurent, de Tadoussac jusqu'à Blanc-Sablon, à la frontière du Labrador. Cette longue côte se subdivise en deux secteurs : Manicouagan (de Tadoussac à Baie-Trinité) et Duplessis (de Pointe-aux-Anglais à Blanc-Sablon). La route s'arrête à Kegaska où commence la Basse-Côte-Nord, peuplée de communautés autochtones, anglophones et francophones, et dont les petits villages ne sont accessibles que par avion ou par bateau (circuit de la Route Blanche pour les motoneiges en hiver). La Côte-Nord plaira à tous ceux qui recherchent des vacances actives, qui sont attirés par la randonnée, le kayak, la voile, la pêche au saumon, la chasse et, en hiver, par le ski de fond, la raquette, la pêche blanche et la motoneige. À l'image de l'île d'Anticosti, la plus grande du Québec et dont une partie est classée parc national, la Côte-Nord est une destination nature par excellence.

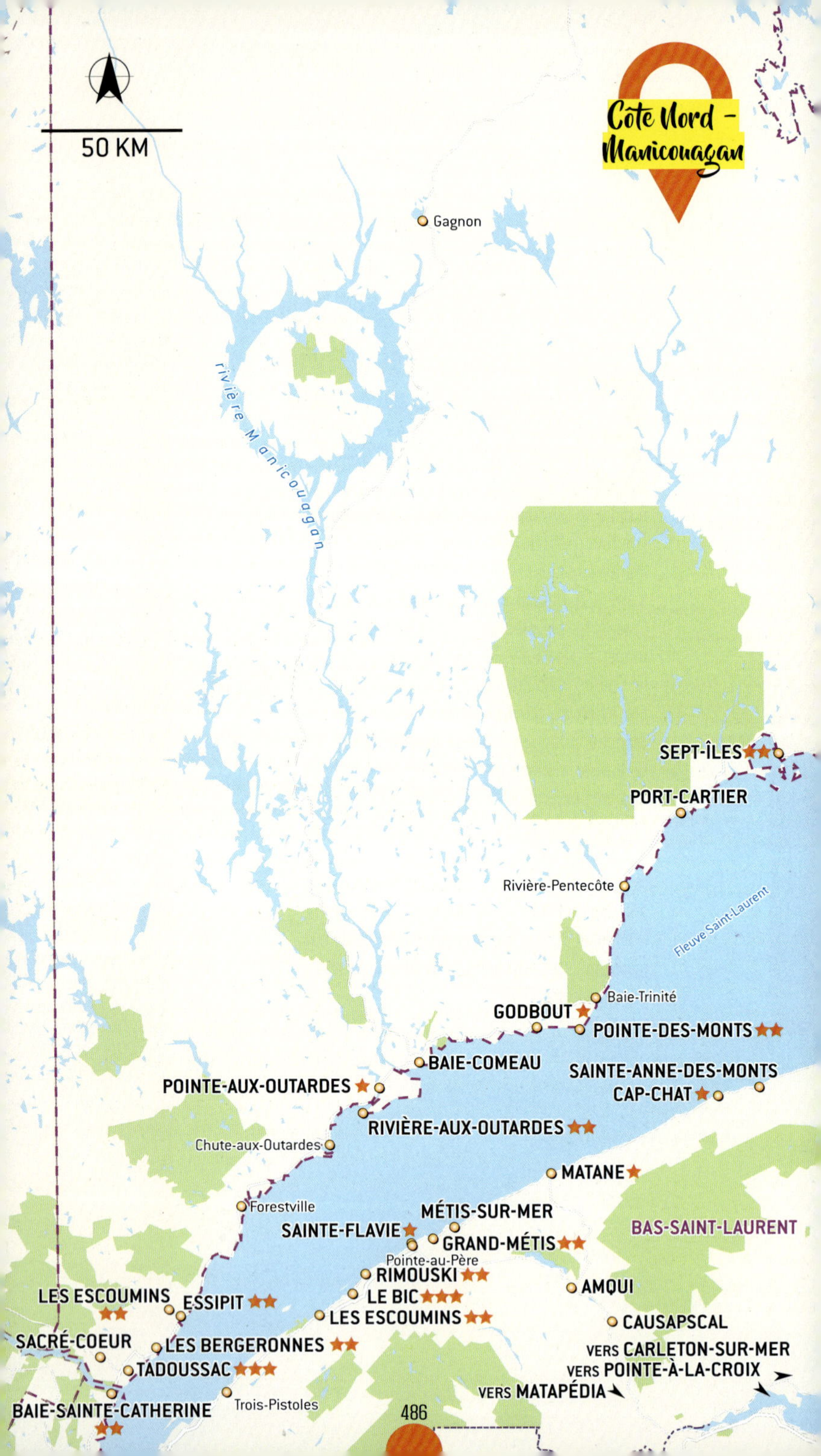
50 KM
Côte Nord – Manicouagan
Gagnon
rivière Manicouagan
SEPT-ÎLES ★★
PORT-CARTIER
Rivière-Pentecôte
Fleuve Saint-Laurent
Baie-Trinité
GODBOUT ★
POINTE-DES-MONTS ★★
BAIE-COMEAU
SAINTE-ANNE-DES-MONTS
POINTE-AUX-OUTARDES ★
CAP-CHAT ★
RIVIÈRE-AUX-OUTARDES ★★
Chute-aux-Outardes
MATANE ★
Forestville
MÉTIS-SUR-MER
SAINTE-FLAVIE ★
GRAND-MÉTIS ★★
BAS-SAINT-LAURENT
Pointe-au-Père
RIMOUSKI ★★
LE BIC ★★★
AMQUI
LES ESCOUMINS ★★
ESSIPIT ★★
LES ESCOUMINS ★★
CAUSAPSCAL
SACRÉ-COEUR
LES BERGERONNES ★★
VERS CARLETON-SUR-MER
TADOUSSAC ★★★
VERS POINTE-À-LA-CROIX
VERS MATAPÉDIA
BAIE-SAINTE-CATHERINE ★★
Trois-Pistoles
486

Côte-Nord - Duplessis
Lac Aticonac
TERRE-NEUVE-ET-LABRADOR
100 KM
Campement Mista
Saint-Augustin
Gros-Mécatina
Port au Choix
BASSE-COTE-NORD ★★★
Harrington Harbour
RIVIÈRE-AU-TONNERRE ★
LONGUE-POINTE-DE-MINGAN ★★
SEPT-ÎLES ★★
MINGAN ★
HAVRE-SAINT-PIERRE ★★
NATASHQUAN ★★
Unamen Shipu
Portland Creek
Cow Head
PORT-MENIER ★
Île d'Anticosti
Rocky Harbour
Trout River
MONT-LOUIS
MONT-SAINT-PIERRE
PETITE-VALLÉE ★

490 ●● MANICOUAGAN

Manicouagan est le lieu de rencontre de deux mondes, la mer et une forêt majestueuse. Ses 300 km de rivages bordés par le fleuve Saint-Laurent permettent l'observation des baleines dans une région privilégiée par le nombre de sites et d'espèces présentes. De nombreux sites sont identifiés comme permettant l'observation des baleines depuis la côte.

490 SACRE-CŒUR ★

490 TADOUSSAC ★★★

Ancien lieu d'échanges entre les Amérindiens, puis premier poste de traite des fourrures du Canada, Tadoussac attire de nos jours une quantité impressionnante de touristes venus voir de près les baleines. Outre ces stars incontestées, le village accueille également nombreux visiteurs lors de son fameux Festival de la chanson de Tadoussac qui se tient en juin.

495 LES BERGERONNES ★★

498 ESSIPIT ★★

C'est ici que vit la communauté autochtone d'Essipit. Extrêmement bien organisée, elle propose toutes sortes d'expériences et de séjours pour vivre la Côte-Nord des Innus. On recommande d'ailleurs fortement leurs excursions pour l'observation des baleines.

499 LES ESCOUMINS ★★

500 POINTE-AUX-OUTARDES ★

500 BAIE-COMEAU

501 RIVIÈRE-AUX-OUTARDES ★★

La démesure est ici au rendez-vous et on exagère à peine. C'est le territoire des aventures grande nature, mais aussi un pan important de l'histoire alors que l'endroit a vu naître l'un des plus importants projets hydroélectriques du Québec : le projet Manic-Outardes. La visite de la centrale Manic-5 et de son barrage vaut assurément les trois heures de route depuis Baie-Comeau.

502 GODBOUT ★

502 POINTE-DES-MONTS ★★

C'est ici que vous verrez l'un des plus vieux phares d'Amérique, véritable emblème de la Côte-Nord. On peut même loger sur place à l'auberge de la maison du gardien. Le tentement autochtone Ashini près du Gîte du Phare de Pointe-des-Monts mérite aussi la visite.

503 ●● DUPLESSIS

La région de Duplessis, un éden de la nature, s'étend de Pointe-aux-Anglais à Blanc-Sablon. Le littoral est bordé d'interminables plages de sable fin avec quelques hameaux disséminés ici et là. La nature a sculpté des décors féeriques, dont l'immense jardin de monolithes dans l'archipel de Mingan. Vous y verrez entre autres de nombreux villages de pêcheurs et des réserves amérindiennes. Les grands ports de Port-Cartier et Sept-Îles ont été créés dans les années 1950 pour permettre le transport du fer du principal gisement canadien, la fosse du Labrador, qui s'étend de 300 à 600 km au nord de Sept-Îles, à la frontière des provinces du Québec et du Labrador.

Les deux villes possèdent de grands ports et leurs quais en eau profonde sont accessibles toute l'année aux plus grands bateaux du monde. Une voie de chemin de fer relie Sept-Iles à Schefferville en traversant une partie de l'ouest du Labrador avec la compagnie innue Transport Ferroviaire Tshiuetin.

Plus grande ville de la région de Duplessis, c'est l'endroit parfait où marquer une pause. En saison, les croisières vers l'archipel de Sept-Îles ont la cote, tout comme les sorties en mer pour tester ses talents de surfeur. Et nul besoin de mentionner que les poissons et fruits de mer frais abondent ici.

C'est l'une des portes d'entrée de la fameuse réserve de parc national de l'Archipel-de-Mingan. Le centre d'accueil et d'information se trouve d'ailleurs sur le quai au Portail Pélagie-Cormier. C'est une excursion à ne pas manquer, question d'admirer de près les monolithes, grande curiosité géologique des îles.

Beaucoup connaissent ce village en raison de son enfant prodige, le chansonnier Gilles Vigneault. Pour d'autres, le village marquait la fin de la route 138 avant qu'elle ne soit prolongée jusqu'à Kegaska. En tous les cas, l'endroit vaut le détour, ne serait-ce que pour sa beauté et l'impression de vacances qui y plane en permanence.

C'est le bout du monde du Québec, dont la majeure partie est uniquement accessible par avion ou par bateau. Ses paysages sont parmi les plus grandioses de la province. C'est d'ailleurs sur la petite île d'Harrington Harbour que fut tourné l'irrésistible film québécois *La Grande Séduction*.

Située dans l'estuaire du Saint-Laurent, à 35 km au sud de l'archipel de Mingan et à 72 km au nord-est de la Gaspésie, c'est la plus grande île du Québec (7 943 km^2). Elle occupe une position clé, à l'entrée de la route maritime qui pénètre au cœur du Québec et du Canada. Jadis les bateaux la redoutaient, l'évitant autant que possible, en raison de la plate-forme sous-marine et rocheuse qui l'entoure, du brouillard épais et des violentes tempêtes qui jetaient les navires à la côte. Sa réputation de cimetière du golfe s'accompagnait aussi de récits de naufrageurs, de détrousseurs de cadavres et de massacres à faire frémir, telle la tragédie du *Granicus* en 1828. Au niveau touristique, l'endroit attire pêcheurs (truite, saumon) et chasseurs (cerf de Virginie en tête de liste) depuis des lustres. Plusieurs pourvoiries sont d'ailleurs disséminées sur l'île, sans oublier la Sépaq qui y gère de nombreuses installations ainsi qu'un parc national. À savoir qu'en 2022, l'île a soumis sa candidature à l'Unesco en tant que site du patrimoine mondial. Un dossier à suivre.

SACRE-CŒUR ★

Sacré-Cœur, sur le fjord du Saguenay, est un havre naturel exceptionnel. C'est ici que vous viendrez pour faire l'observation de l'ours noir et rencontrer toutes sortes d'animaux peuplant les forêts québécoises. À quelques minutes au nord par la route 172, le village de l'Anse de Roche (qui fait partie de Sacré-Cœur) vaut absolument la visite. Il est entouré du parc marin et du parc national du Fjord-du-Saguenay, offrant ainsi un paysage grandiose. Moins connu des touristes, l'Anse de Roche est endroit calme où il fait bon venir flâner en bordure du fjord, boire une bière à la nouvelle microbrasserie et/ou dormir dans une cabane dans les arbres.

AU SOMMET DU FJORD €

450, chemin de l'Anse-à-Pierrot
✆ +1 418 236 1083
sommetdufjord.com

Ouvert de juin à début octobre. Voir site web pour les tarifs. Cuisines équipées et BBQ à disposition.

Un endroit magnifique pour une petite pause en nature au cœur du parc national du Fjord-du-Saguenay. L'hébergement est offert selon différentes formules : en chambre à l'auberge, en chalet (avec cuisine ou kitchenette) ou alors en camping (tente et camping-car). Bonus : une chouette cuisine extérieure d'été pour préparer ses petits plats et un bain à remous pour se détendre après une journée en plein air. L'endroit organise également des soirées autour du feu en soirée et des sentiers de randonnée privés parcourent le site de l'auberge. Un gros coup de cœur !

DOMAINE DE NOS ANCÊTRES ★

1895, route 172 ✆ +1 418 236 4551
ours-noir.net

Ouvert de mi-mai à mi-octobre. Adulte : 37 CAN $. Les enfants de moins de 6 ans ne sont pas admis.

Un des rares lieux au Québec où vous pouvez approcher des ours en liberté, en toute sécurité. Le départ s'effectue deux heures avant la tombée du jour à bord d'un autobus scolaire suivi d'une petite marche de deux minutes pour atteindre le poste d'observation. Un guide naturaliste est présent afin de partager ses connaissances sur ce magnifique animal qu'est l'ours noir. Les réservations sont indispensables pour vous garantir une place. Hébergement disponible sur place à la Maison du Domaine (4 chambres disponibles à l'année longue).

CANOPÉE LIT €€

303, chemin de l'Anse-de-Roche
✆ +1 418 236 9544
www.canopee-lit.com

Voir site web pour les tarifs et forfaits. Petit déjeuner inclus. Bâtiment d'accueil avec plusieurs commodités.

Canopée Lit propose l'hébergement dans des cabanes perchées dans des arbres, en été comme en hiver. Des cabanes d'été (cabanes perchées dans les arbres avec un dôme en verre au-dessus du lit pour admirer les étoiles) et des bulles (chambre entièrement sphérique et transparente, perchée sur pilotis en forêt) sont aussi disponibles lors de la belle saison. Vous cherchez à occuper vos journées ? L'équipe de Canopée Lit vous conseillera à ce sujet et pourra même réserver vos activités. Une adresse hautement recommandée pour une expérience pleine nature !

FERME 5 ÉTOILES ★

465, route 172
✆ +1 418 236 4551
ferme5etoiles.com

Visite libre du refuge : 10 CAN $ (13 ans et plus). Hébergement (camping, studios, chalets, etc.), centre de détente.

La Ferme 5 Étoiles vous instruit sur le mode de vie des animaux se promenant ici dans leurs enclos (loups arctiques, bisons, cerfs rouges, faisans, etc.). Pour ceux logeant à la ferme, il est possible de les caresser et de les nourrir. Un large choix d'activités est proposé en toute saison : quad, pêche, kayak de mer, observation de l'ours noir, randonnée, cani-rando, raquette, motoneige, traîneau à chiens, cabane à sucre, etc. Un service de restauration est offert pour le petit déjeuner et le repas du soir (en hiver seulement, sur réservation).

TADOUSSAC ★★★

Tadoussac est la capitale de l'observation des baleines. De mai à octobre, elles viennent nombreuses dans cette partie du Saint-Laurent, très riche en planctons. On les voit depuis les bateaux de croisière ou le quai. Elles attirent, bien entendu, des cars de touristes du monde entier. Séjourner à Tadoussac demeure très agréable : la baie est grandiose et le village est des plus sympathiques. Il se trouve sur la rive nord de l'embouchure du fjord du Saguenay, qui se jette dans l'estuaire du Saint-Laurent. Pour le rejoindre, un traversier gratuit et en fonction 24 heures sur 24 franchit l'embouchure entre Baie-Sainte-Catherine et Tadoussac.

Petite chapelle et baie de Tadoussac.

CENTRE D'INTERPRÉTATION DES MAMMIFÈRES MARINS ★★

108, rue de la Cale-Sèche
✆ +1 418 235 4701
gremm.org
Ouvert tous les jours de mi-mai à fin octobre. Entrée : 15 CAN $, 17 ans et moins : gratuit. Boutique sur place.

Exposition qui, avant ou après votre excursion, vous permettra d'en connaître davantage sur les mammifères marins fréquentant le fleuve Saint-Laurent de mai à octobre : bélugas, petits rorquals, rorquals communs, etc. Des vidéos, sons et jeux, une collection de squelettes ainsi qu'un film exclusif illustrent la vie de cet animal fascinant. À voir également : le Jardin de la Grève, situé aux abords du CIMM (flore de la Côte-Nord et sculptures de cinq bélugas grandeur nature).

PARC MARIN DU SAGUENAY-SAINT-LAURENT ★★

✆ +1 418 235 4703
parcmarin.qc.ca
Géré conjointement avec la Sépaq.

Le Parc marin du Saguenay-Saint-Laurent est la première aire de conservation marine au Québec. D'une superficie de plus de 1 200 km², il s'étend dans les régions du Bas-Saint-Laurent, Charlevoix, Côte-Nord et Saguenay-Lac-Saint-Jean, et a pour mandat de conserver les espèces et les écosystèmes d'une partie de l'estuaire du Saint-Laurent et du fjord du Saguenay. Véritable richesse, tant au niveau de la faune et de la flore qu'au niveau des paysages, grandioses.

LES BALEINES

Des croisières d'interprétation et d'observation des baleines sont organisées en saison au départ de Tadoussac, de Baie-Sainte-Catherine et des Bergeronnes. Certaines ont lieu sur des bateaux relativement importants, du haut desquels vous verrez bien les cétacés ; d'autres, sur des pneumatiques (Zodiac) offrent moins un spectacle qu'un contact imprévisible et fantomatique. Dans tous les cas, un guide explique tout sur ces mammifères. Une excursion magique à condition d'être correctement équipé. Les croisiéristes fournissent pantalon et manteau imperméables et ciré, mais n'oubliez pas votre bonnet, vos gants, votre écharpe et des chaussures qui ne prennent pas l'eau.

CÔTE-NORD

PETITE CHAPELLE DE TADOUSSAC ★

Rue du Bord-de-l'Eau
✆ +1 418 235 4324
Ouvert tous les jours en saison estivale, de 9h à 12h et de 13h30 à 17h30. Droits d'entrée : 2 CAN $ par personne.

Cette minuscule chapelle de bois, blanche avec un toit rouge, appelée « Chapelle des Indiens », fut élevée entre 1747 et 1750 par des missionnaires jésuites. Elle est considérée comme la plus vieille chapelle en bois encore existante en Amérique du Nord et figure parmi les incontournables photos souvenirs de Tadoussac. Un petit cimetière la borde de chaque côté et, à l'intérieur, on y présente sous forme d'exposition la vie des missionnaires en Nouvelle-France.

POSTE DE TRAITE CHAUVIN ★

157, rue du Bord-de-l'Eau

✆ +1 418 235 4446

Ouvert de juin à octobre. Adulte : 6 CAN $.

Cette structure en bois est la reconstitution du premier poste de traite érigé en 1600 par Pierre Chauvin et qui est resté en activité jusqu'en 1850. Des expositions retracent l'histoire du commerce des peaux et du troc de marchandises entre les Français et la nation autochtone innue. On peut voir les animaux à fourrure qui étaient chassés : martre, castor, renard roux, argenté ou blanc, ours noir, rat musqué, lynx, hermine, etc., et vous êtes invité à toucher les fourrures. Intéressante projection sur la vie des coureurs des bois également.

CROISIÈRES AML

177, rue des Pionniers

✆ +1 800 563 4643

www.croisieresaml.com

Mi-mai à fin octobre. Embarquement au quai de Tadoussac. Voir site web pour les départs et tarifs.

En bateau ou en zodiac, partez à la découverte du plus beau site d'observation des baleines au monde, ici même en plein cœur du parc marin du Saguenay-Saint-Laurent. Une expérience mémorable ! Possibilité de combo avec l'observation de l'ours noir. Croisières AML opère aussi à Montréal et Québec, ainsi qu'à Baie-Sainte-Catherine (excursions d'observation des baleines) et Berthier sur-Mer (croisières assurées par Croisières Lachance, notamment pour Grosse-Île-et-le-Mémorial-des-Irlandais). Navette fluviale offerte entre Québec et Sainte-Anne-de-Beaupré.

CAMPING TADOUSSAC €

428, rue du Bateau-Passeur

✆ +1 418 235 4501 - vacancesessipit.com

Fin mai à fin septembre. Camping, prêt-à-camper et chalet maisonnette. Restaurant, casse-croûte, dépanneur à proximité.

Situé à flanc de montagne et à proximité du traversier reliant Tadoussac à Baie-Sainte-Catherine, ce camping offre la plus belle vue sur Tadoussac, au grand bonheur des campeurs. Le camping est la propriété de la communauté autochtone des Innus d'Essipit. Ces derniers vous proposent également la location d'appartements et de chalets en villégiature sur le bord du fleuve, la pêche et la chasse en pourvoirie, du kayak de mer et des croisières aux baleines en pneumatique sur le Saint-Laurent, une aventure sportive et exaltante.

NAVETTES MARITIMES DU FJORD

100, rue du Bord-de-l'Eau
✆ +1 418 543 7630
www.navettesdufjord.com

De fin juin à début septembre. Voir site web pour les tarifs. Service de navette maritime entre toutes les destinations.

Elles offrent la possibilité d'explorer l'un des plus beaux fjords de la planète, le fjord du Saguenay, en reliant les municipalités et attraits qui bordent ce colosse de la nature. Les croisières et excursions proposées permettent de naviguer au milieu de paysages à couper le souffle, mais aussi d'en apprendre plus sur la nature, la culture et l'histoire de la région. Consultez le site web pour connaître toutes les destinations couvertes par les navettes maritimes.

TADOUSSAC AUTREMENT

158, rue du Bateau-Passeur ✆ +1 418 235 3333
www.tadoussacautrement.com

De mai à fin octobre. Embarquement à la plage de Tadoussac, zone 2. Voir site web pour les départs et tarifs.

Entreprise locale basée à la fameuse auberge de jeunesse du village, elle propose des excursions d'observation des baleines en zodiac de 24 places. Autant dire que l'expérience en petit groupe permet de vivre une expérience des plus authentiques. Pour ceux qui aimeraient donner quelques coups de pagaie sur le fleuve et le fjord, des sorties guidées en kayak de mer sont également organisées en saison, sans oublier les parties de pêche. Peut-être aurez-vous la chance de voir des bélugas et petits rorquals de très, très près ! Une vraie entreprise à taille humaine !

AUBERGE DE JEUNESSE DE TADOUSSAC €

158, rue du Bateau-Passeur
✆ +1 418 235 4372
www.ajtadou.com

Hébergement en camping, chambre partagée ou privée. Bar, cuisine équipée, nombreuses activités et événements sur place.

Installée dans un ancien gîte rural restauré, cette auberge est la meilleure adresse pour loger à bon marché, le tout dans une ambiance festive et amicale. À savoir d'ailleurs que l'auberge offre les réservations sur place pour les croisières aux baleines. Après une journée bien remplie, inscrivez-vous au repas communautaire du soir, profitez des concerts au bar et allez vous « chauffer la couenne » au bord du feu de camp. Une auberge dont la réputation n'est plus à faire !

LA GALOUÏNE €€

251, rue des Pionniers
✆ +1 418 235 4380
lagalouine.com

Ouvert de mai à fin octobre. Tarifs variables selon l'hébergement choisi. Petit déjeuner inclus.

Impossible de rater cette belle maison bleue datant des années 1880 avec ses grandes terrasses de bois. L'hébergement est réparti dans trois bâtiments et compte au total vingt chambres ainsi qu'un studio : le bâtiment principal, le pavillon situé un peu en retrait et le petit hôtel La Passe-Pierre. Toutes les chambres sont charmantes, avec une déco soignée, des meubles en bois et une belle luminosité. L'endroit est aussi réputé pour son excellent restaurant ainsi que pour ses produits gourmands maison. Une adresse chaudement recommandée !

© LA GALOUINE

© LA GALOUINE

CÔTE-NORD

HÔTEL TADOUSSAC €€€

165, rue du Bord-de-l'Eau
✆ +1 418 235 4421
hoteltadoussac.com
Début mai à fin octobre. Occupation double : à partir de 120 CAN $ par personne, petit déjeuner et service inclus.

Situé juste en face de la plage et du fleuve, ce magnifique hôtel au toit rouge se repère de loin et représente Tadoussac mieux qu'aucun autre édifice. Une référence en matière d'élégance et de décor, et que dire de sa table gastronomique ! De nombreux services en font une destination de choix pour qui veut se gâter et profiter du bon temps : salle à manger, bar café lounge, terrasse, piscine extérieure, tennis, espace bien-être, club d'activités pour les enfants, boutique. À savoir que l'hôtel est à deux pas des excursions pour l'observation des baleines.

© HÔTEL TADOUSSAC

© HÔTEL TADOUSSAC

HÔTEL-MOTEL LE BÉLUGA €€

191, rue des Pionniers
✆ +1 418 235 4784
le-beluga.qc.ca
Ouvert de mai à fin octobre. Occupation double : à partir de 155 CAN $. Promotions et forfaits disponibles.

Une belle adresse située au cœur du village de Tadoussac, à proximité de tous les points d'intérêt. Les chambres, toutes entièrement rénovées et redécorées, sont munies de toutes les commodités pour un séjour en tout confort. On peut y dormir en section hôtel (certaines chambres ont leur balcon privatif) ou en section motel (toutes les chambres ont leur balcon privatif). À vous de choisir ! Profitez des forfaits croisières aux baleines ou observation de l'ours noir à prix réduits en réservant directement avec l'établissement.

DOMAINE DES DUNES €

585, chemin de la Rivière-du-Moulin-à-Baude
✆ +1 418 235 4843
www.domainedesdunes.com
Camping en saison, chalets toute l'année. Location de vélos et piste d'hébertisme finlandaise sur 2 km.

Un charmant domaine de chalets à 2 km du centre de Tadoussac, dans un bois de bouleaux près des dunes de sable. Des chalets pour deux à six personnes sont en location, dont ceux pour deux personnes avec bain à remous, foyer et vue imprenable sur le fleuve, sans oublier les emplacements pour tentes, roulottes et motorisés, les tentes « prêt-à-camper » avec vue sur le Saint-Laurent, le tipi 3 saisons et le chalet rustique. De nombreux sentiers pédestres partent des chalets et diverses activités sont proposées, notamment la piste d'hébertisme (tarif en sus).

CASSE-CROÛTE LE CONNAISSEUR €

452, rue du Bateau-Passeur ✆ +1 418 514 8945
www.cassecrouteconnaisseur.com
Ouvert de mai à fin septembre. Carte : moins de 15 CAN $. Autre resto aux Bergeronnes. Food truck mobile également.

Roulotte à patates bien connue de Tadoussac - et même au-delà -, elle est hautement réputée pour ses frites dont le savoir-faire remonte à plusieurs décennies. Tous les grands classiques du casse-croûte figurent à l'ardoise, des burgers au fromage (ultra populaires) au grilled cheese, en passant par la poutine déclinée en une dizaine de versions. Mais on le répète, il faut absolument goûter aux frites, que l'on accompagne volontiers de la mayonnaise maison à l'érable. Un délice !

CÔTE-NORD

CAFÉ BOHÈME €€

239, rue des Pionniers
✆ +1 418 235 1180
www.lecafeboheme.com
Ouvert de juin à fin octobre et de fin novembre à fin décembre. Carte : 10 à 40 CAN $. Terrasse.

Sous la gouverne de nouveaux proprios depuis 2021 et logé dans une belle maison d'antan au cœur du village, ce café-bistro est une véritable institution à Tadoussac. Nos suggestions : le croque-matin ou la crêpe aux champignons et fromage brie le matin ; la baguette aux crevettes nordiques ou la poutine végane le midi ; le filet d'omble chevalier rôti, le tartare du moment ou encore la paella Côte-Nord inspirée du fleuve Saint-Laurent. On couronne le tout d'un des desserts maison (essayez l'Affogato ou les pâtisseries), accompagné d'un café bio et équitable.

LA GALOUÏNE €€

251, rue des Pionniers
✆ +1 418 235 4380
lagalouine.com
Ouvert de mai à fin octobre. Menu à la carte et tables d'hôtes offertes midi et soir. Terrasse.

Restaurant spécialisé dans les grillades et fruits de mer aromatisés aux saveurs de Terroir Boréal. Le saumon et le magret de canard fumés sur place sont succulents, sans oublier les délicieuses pâtes fraîches et sauces faites maison. On recommande l'assiette conviviale de produits maison avec, notamment, saumon fumé et séché, saumon fumé à l'érable, magret de canard mariné et fumé, mousse de foie gras aux arômes boréals, turbot mariné, confit d'oignon et fromages régionaux. Les produits fumés et ceux de la marque maison (Terroir Boréal) sont en vente sur place.

CHEZ MATHILDE €€€

227, rue des Pionniers
✆ +1 418 235 4443
chezmathildebistro.com
Ouvert de juin à fin octobre. Menu gastronomique : 95 CAN $. Terrasse. Chez Mathilde Express juste à côté.

Le petit resto de Mireille et Jean-Sébastien est considéré comme l'une des meilleures tables de Tadoussac, voire de la région. Les produits du terroir y ont la cote, particulièrement ceux de la Côte-Nord, et le tout est apprêté avec justesse et créativité. L'équipe fait affaire avec de nombreux producteurs pour se fournir en fruits nordiques, en champignons sauvages, en produits de la mer ou de la terre, etc. Une belle adresse gourmande, parfois animée de musiciens. À découvrir : le livre *Le Festin de Mathilde* dédié à la Côte-Nord, sa magie et ses produits.

À L'EMPORTÉE

164, rue Morin
✆ +1 418 235 4752
alemportee.com
Ouvert de mai à octobre ; les contacter hors saison.

Ici on opte pour la fraîcheur, la qualité des ingrédients locaux et la saine nutrition. Un seul coup d'œil au comptoir de la boulangerie fait déjà gronder l'estomac ! Question de bien commencer la journée, nous vous conseillons fortement leurs viennoiseries pur beurre dont les chocolatines aux petits fruits sauvages. Un vrai délice ! Les sandwichs et salades faits maison, sans oublier les plats à emporter, sont également une excellente option le midi. Et pendant que vous y êtes, remplissez votre panier des succulents produits régionaux en vente sur place.

MICROBRASSERIE TADOUSSAC

145, rue du Bord-de-l'Eau
✆ +1 418 980 4900
www.microtadoussac.com
Horaires variables selon la saison. Terrasse. Programmation de spectacles.

C'est face à la baie que la première microbrasserie du village a installé ses pénates. Le cadre est magnifique - belle terrasse en prime - pour savourer une de leurs bières maison. Et il faut croire que nous ne sommes pas les seuls à aimer leurs nectars, ces derniers ayant raflé huit prix lors du prestigieux concours World Beer Awards au Royaume-Uni à l'été 2021. La même année, l'équipe en a profité pour réinventer son menu gourmand, une sélection qui s'accorde toujours aux bières figurant à l'ardoise. Bonus : un espace boutique attenant.

LES BERGERONNES ★★

Petit village de moins de 700 habitants, c'est un lieu idéal pour l'observation des baleines, en mer comme sur la rive. Croisières Essipit opère depuis le quai des Bergeronnes et propose des sorties en Zodiac à la rencontre de ces magnifiques mammifères marins. Il y a aussi le Centre d'interprétation et d'observation de Cap-de-Bon-Désir qui permet d'approfondir ses connaissances sur le sujet avec des guides naturalistes. Dans les environs, on peut également pratiquer le kayak de mer grâce aux expéditions guidées offertes par Mer et Monde Ecoutours. Finalement, il ne faut pas rater une visite à Archéo Topo, centre d'archéologie consacré à cette région.

Lac des Sables, Les Bergeronnes.

CENTRE D'OBSERVATION DE CAP-DE-BON-DÉSIR ★

13, chemin du Cap-de-Bon-Désir ✆ +1 418 232 6751
www.pc.gc.ca/saguenay
Ouvert de mi-juin à mi-octobre (horaires variables). Adulte : 8,50 CAN $, 17 ans et moins : gratuit.

Situé en bordure de l'estuaire maritime du Saint-Laurent, il offre un espace privilégié pour l'observation des mammifères marins, dont le rorqual, le phoque et le béluga. Exposition sur les baleines, la station de phare et la navigation. Des activités d'interprétation et d'autres autonomes pour toute la famille y sont aussi proposées. Avec un léger supplément, possibilité d'inclure l'accès le jour-même à Pointe-Noire et au Centre de découverte du milieu marin.

CROISIÈRES ESSIPIT

498, rue de la Mer ✆ +1 418 232 6778
vacancesessipit.com
En opération de début juin à fin septembre. Adulte : à partir de 49 CAN $. Durée : 2 heures.

Propriété de la communauté autochtone des Innus d'Essipit, vous vivrez une aventure exaltante et sportive avec leurs pilotes naturalistes à la rencontre des baleines. Ils partageront avec vous leurs connaissances sur les mammifères marins et leur milieu. À bord d'embarcations pneumatiques, vous pourrez apercevoir le petit rorqual et le rorqual commun, et en août avec de la chance, le grand rorqual bleu. Montez à bord de leur pneumatique de 12 ou 36 passagers, agréable et confortable, pour une belle expérience en mer. Découvrez les baleines en formule spécialisée !

BOULANGERIE ARTISANALE LA P'TITE COCHONNE

482, rue de la Mer
✆ +1 418 617 0384
Ouvert de mi-juin à mi-octobre (horaires variables). Terrasse.

Cette petite boulangerie ne prépare que des délices, tous faits maison et issus de farines biologiques, sans produits chimiques, sans additifs ou améliorants. Pains de toutes sortes, savoureuses viennoiseries et pâtisseries (les brioches sont une tuerie !) garnissent les étalages. Pour compléter son pique-nique, des fromages fins québécois et des rillettes, pâtés et autres du genre sont en vente sur place. Bonus : de savoureuses glaces pour se rafraichir en été !

CENTRE D'INTERPRÉTATION ARCHÉO TOPO ★

498, rue de la Mer
✆ +1 418 232 6286
www.archeotopo.com
Mi-mai à mi-octobre : lundi-dimanche, 9h-17h (8h-20h en juillet et août). Adulte : 8 CAN $.

© CENTRE ARCHÉO TOPO

Remontez le temps jusqu'à la Préhistoire en Côte-Nord, région privilégiée en archéologie avec plus de 1 300 sites reconnus. On apprécie tout particulièrement la projection multimédia qui lève le voile sur les recherches archéologiques qui ont débuté au siècle dernier dans la région. Ateliers de création (poterie, capteur de rêve, bâton de parole, etc.), activité archéo-rando, causeries, coin resto, boutique de souvenirs, librairie spécialisée, sentier de la biodiversité et plus encore.

MER ET MONDE ÉCOTOURS

20, chemin Jalbert
✆ +1 418 232 6779
www.meretmonde.ca
En opération de mai à octobre. Réservation requise. Aussi présent à Tadoussac. Expéditions de plusieurs jours également.

Pour partir à la découverte du parc marin du Saguenay-Saint-Laurent, rien de mieux qu'une excursion en kayak de mer avec des guides expérimentés. À l'Anse à la Cave, trois excursions vous sont proposées : À la découverte du Saint-Laurent (demi-journée ou journée complète), Les lève-tôt pour les matinaux, et L'Éveil nocturne qui vous permettra d'écouter les mammifères marins à l'aide d'hydrophones. Le surf à pagaie est aussi proposé, tant ici qu'à Tadoussac. Hébergement à l'Anse à la Cave (camping, prêt-à-camper et refuges rustiques).

ESSIPIT ★★

« Rivière aux coquillages » est le nom innu d'Essipit, une petite communauté amérindienne située près des Escoumins. Elle bénéficie d'un des paysages les plus pittoresques grâce à une vue exceptionnelle sur le Saint-Laurent. La communauté innue d'Essipit offre toute une gamme de produits d'hébergement (condos, chalets, camping), des pourvoiries pour la chasse, la pêche et la villégiature, des croisières d'observation des baleines à bord de pneumatiques et du kayak de mer, le tout regroupé sous la bannière de Vacances Essipit. Un centre d'information et de réservation, doublé d'une boutique d'artisanat innu, se trouve au cœur du village.

CENTRE DE RÉSERVATION ET D'INFORMATION ESSIPIT

46, rue de la Réserve
✆ +1 418 233 2266
vacancesessipit.com
Boutique d'artisanat innu sur place.

La communauté innue d'Essipit offre toute une gamme de produits d'hébergement, d'activités et de services. Elle possède des terrains de camping, plusieurs chalets et un complexe de 32 appart-hôtels avec une vue magnifique sur le fleuve. Chasseurs et pêcheurs seront heureux d'apprendre qu'Essipit possède des pourvoiries avec tous les équipements nécessaires au séjour. Bonus : des croisières aux baleines à bord de pneumatiques et des excursions en kayak de mer sont aussi proposées.

CONDOS-HÔTELS NATAKAM €€

46, rue de la Réserve
✆ +1 418 233 2266
vacancesessipit.com
Occupation simple à quadruple : à partir de 161 CAN $. Tarifs dégressifs en fonction du nombre de nuitées.

La communauté innue d'Essipit offre toute une gamme de produits d'hébergement, d'activités et de services. Parmi ceux-ci, le Natakam, un complexe de 32 appart-hôtels entièrement équipés offrant une ou deux chambres fermées, un salon avec canapé convertible (et parfois un foyer), une cuisine et un balcon ou terrasse avec vue imprenable sur le Saint-Laurent. Pour un séjour mémorable, nous vous conseillons vivement une croisière aux baleines avec Essipit, un de leurs produits phares. Des vacances de rêve sur ce site idyllique, ça ne se refuse pas !

LES ESCOUMINS ★★

Le village des Escoumins demeure pittoresque dans sa baie magnifique. C'est un lieu très apprécié des amateurs de plongée sous-marine. On recommande une visite au Centre de découverte du milieu marin qui vous plongera dans les dessous du Saint-Laurent. Le centre est également un excellent site d'observation des baleines, mais habillez-vous chaudement pour en profiter pleinement. En été, les soirs de pleine lune, des concerts de jazz en plein air sont organisés au centre, directement sur les berges du fleuve. À savoir qu'il est possible de rejoindre le Bas-Saint-Laurent depuis Les Escoumins, un ferry menant à Trois-Pistoles sur la rive sud du fleuve.

KIBOIKOI

319, route 138
✆ +1 581 322 1221
www.kiboikoi.com
Horaires variables selon la saison. Plats pour emporter également. Programmation culturelle et musicale. Terrasse.

Charmant café-bar culturel au cœur du village, dans une belle maison d'époque. On y vient pour ses viennoiseries et muffins qu'on accompagne d'un mokaccino fait avec du lait au chocolat maison, sans oublier ses bons petits plats (salades, soupes, paninis, pizzas, nachos, succulents desserts...). En après-midi ou en soirée, on opte pour une bière de microbrasserie québécoise et un autre alcool artisanal de la province, le tout souvent ponctué de spectacles musicaux, d'une soirée de slam/poésie ou encore d'un tournoi de babyfoot. À essayer !

CENTRE DE DÉCOUVERTE DU MILIEU MARIN ★

41, rue des Pilotes ✆ +1 418 233 4414
www.pc.gc.ca/saguenay
Ouvert de mi-juin à mi-octobre. Adulte : 8,50 CAN $, 17 ans et moins : gratuit. Base de plongée sur place.

Découverte de l'univers mystérieux du fleuve Saint-Laurent sous-marin. Un écran géant vous permet de vivre une plongée sous-marine avec des plongeurs biologistes. On reste étonné de voir tant de couleurs au fond de ce fleuve ! C'est aussi une excellente zone d'observation des mammifères marins. Activités d'interprétation, exposition permanente, aire de pique-nique et boutique. Avec un léger supplément, possibilité d'inclure l'accès le jour-même à Pointe-Noire et à Cap-de-Bon-Désir.

COMPLEXE HÔTELIER PELCHAT €€

445, route 138 ✆ +1 418 233 2401
www.complexepelchat.com
Forfaits disponibles. Piscine extérieure chauffée, bar avec foyer, dépanneur, services pour plongeurs et motoneigistes.

Cette entreprise familiale a su développer un véritable havre de vacances : un complexe hôtelier avec toutes les commodités et un service de réservation pour les croisières aux baleines. Certaines chambres sont munies d'une kitchenette et une cuisine commune permet de concocter ses petits plats. Vous retrouverez aussi le restaurant Le Bouleau à quelques pas, lequel propose des fruits de mer - dont le homard vivant en saison -, des grillades, des repas diététiques, etc.

CÔTE-NORD

TOTEM AVIATION

14 chemin du Lac St-Onge
✆ +1 581 235 5235
www.totemaviation.ca
Survol panoramique à partir de 75 CAN $ par personne. Un minimum de deux personnes est requis. Réservation impérative.

© TRISTAN LEBLANC

Basée dans une des plus belles régions du Québec, l'entreprise Totem Aviation propose des survols panoramiques d'une beauté à couper le souffle. Le fleuve Saint-Laurent, ses mammifères marins, les villages de Tadoussac et de l'Anse-Saint-Jean, le fjord du Saguenay et même Manic-5 sont au programme selon le survol choisi. Il est aussi possible de loger sur place dans des tipis ou tentes prospecteur (15 % de rabais sur le vol lorsque jumelé à l'hébergement). Bonus : possibilité de visiter une fermette et des vélos sont mis à disposition gratuitement sur réservation.

POINTE-AUX-OUTARDES ★

La municipalité est réputée pour ses 30 kilomètres de plages et de battures sablonneuses où il fait bon se prélasser et profiter des joies de la baignade. La température de l'eau peut même y atteindre 26 °C, un fait rare dans la région. C'est aussi un spot génial pour le kitesurf et les adeptes sont nombreux, notamment lors du festival Kite Fest. L'offre touristique y est bien développée et on y retrouve, entre autres, de l'hébergement (camping, gîtes, chalets), des boutiques et des produits régionaux, des activités de plein air, des bains d'argile, et un parc qui sert notamment de refuge et de garde-manger pour plus de 250 espèces d'oiseaux.

PARC NATURE DE POINTE-AUX-OUTARDES ★

4, rue Labrie ✆ +1 418 567 4227
parcnature.com
Ouvert de juin à mi-octobre. Voir site web pour les tarifs. Tours d'observation, plage et hébergement expérientiel.

Ce parc nature est un centre d'interprétation à vocation écologique, éducative, récréotouristique, culturelle et scientifique. Vous pourrez ainsi partir avec un guide-interprète à la découverte des battures ou encore de la faune et de la flore nord-côtières. Certains préféreront la randonnée (10 km de sentiers) ou l'observation des étoiles et de la Voie lactée avec un télescope en soirée, sans oublier la chasse aux énigmes Alice au Parc Nature, très populaire auprès des familles.

BAIE-COMEAU

Le nom de la ville rend hommage à Napoléon-Alexandre Comeau (1848-1923), trappeur, géologue et naturaliste de la Côte-Nord d'origine acadienne. À part cela, Baie-Comeau est surtout un point de passage, notamment pour la visite des barrages Manic-2 et Manic-5 et pour ceux désirant effectuer le circuit Expédition 51° qui mène au Labrador et à la Basse-Côte-Nord. Nous vous recommandons de vous arrêter à Pointe-Lebel où vous verrez des plages magnifiques avec dunes et trottoirs en bois. À Baie-Comeau, le Boisé de la Pointe St-Gilles plaira sans nul doute aux amateurs de randonnée pédestre (11 km de sentiers) et de farniente (plage Champlain).

HÔTEL LE MANOIR €€

8, avenue Cabot
✆ +1 418 296 3391
manoirbc.com
Occupation double : à partir de 164 CAN $. Autre établissement membre du groupe : Hôtel Rimouski (Bas-Saint-Laurent).

Manoir de caractère construit en 1967, cet hôtel 4 étoiles se distingue par son cachet particulier et son décor élégant. La vue qu'offrent plusieurs chambres et le bistro-terrasse sur le fleuve Saint-Laurent est tout simplement magnifique. Vous retrouverez de nombreux services sur place : bistro-terrasse La Marée Haute, une salle de sport, un accès à la plage, etc. Définitivement notre meilleure adresse à Baie-Comeau, et encore plus depuis les importantes rénovations qui ont remis les chambres et espaces communs au goût du jour.

CÔTE-NORD

ST-PANCRACE

55, place LaSalle
✆ +1 418 296 0099
microbrasserie.stpancrace.com
Horaires variables selon la saison. Programmation culturelle et musicale. Terrasse.

Microbrasserie bien nord-côtière, elle propose entre autres une Witbier (bière de blé épicée de coriandre et d'écorce d'orange), une IPA (amertume à gogo), une Bitter anglaise au « crâââbe » (oui, oui !) ou encore une Farmhouse Ale (Saison forte au poivre des dunes), ainsi que les bons petits plats et coupe-faim faisant honneur aux savoureux produits de la région. À découvrir également : l'Usine Saint-Pancrace qui fait à la fois office d'installations de brassage (parcours découverte autonome offert) et de boutique pour faire le plein de bières maison.

ATTITUDE NORDIQUE

✆ +1 418 445 6673
www.attitudenordique.com
Tarifs variables selon l'activité ou le forfait choisi. Hébergement disponible sur place, dont le loft sur la plage.

Attitude Nordique, c'est avant tout une équipe passionnée du plein air, du tourisme durable et du terroir régional. Été comme hiver, les sorties encadrées permettent de découvrir les beautés de la région, le tout dans un environnement sécuritaire. Kayak de mer, planche à pagaie, escalade intérieure, via ferrata, pont suspendu et tyroliennes, pêche blanche, etc., sans oublier les camps de jour, les formations (kayak de mer, SUP, etc.), les événements et plus encore. En été, on recommande le combo kayak, tyroliennes et produits gourmands et alcoolisés du terroir.

RIVIÈRE-AUX-OUTARDES ★★

Immense territoire non organisé de plus de 30 000 km², il commence juste au nord de Baie-Comeau et se termine à l'astroblème de Manicouagan au sud de Gagnon. La route 389, qui relie Baie-Comeau à Fermont, traverse entièrement le territoire. C'est ici qu'ont été construits d'immenses ouvrages hydroélectriques dans le cadre du projet Manic-Outardes, dont le barrage Daniel-Johnson, le plus grand barrage à voûtes multiples et à contreforts au monde. Rivière-aux-Outardes offre aussi une dizaine de pourvoiries pour la chasse ou la pêche, les monts Groulx pour les longues randonnées en terre sauvage, et la Station Uapishka pour admirer les aurores boréales.

BARRAGE DANIEL-JOHNSON ET CENTRALE MANIC-5 ★★

Km 214 de la route 389 ✆ +1 866 526 2642
www.hydroquebec.com/visitez/
Ouvert de mi-juin à fin août. Gratuit. Réservation requise 48h à l'avance, pièce d'identité avec photo obligatoire.

Au nord de Baie-Comeau, les rivières aux Outardes et Manicouagan sont utilisées pour la production d'électricité. De 1959 à 1978, dans le cadre du projet Manic-Outardes, sept centrales d'une puissance de 7 567 mégawatts furent construites. À savoir qu'Hydro-Québec, la société d'État gérant le réseau hydroélectrique et son développement, est l'une des plus grandes entreprises d'électricité du continent nord-américain. Elle produit, transporte et distribue presque toute l'électricité consommée dans la province.

Le barrage le plus connu de ce projet, et même de la province tout entière, est le barrage Daniel-Johnson, un symbole du génie québécois et une grande fierté nationale. Il faut se retrouver au pied de cet ouvrage pour en saisir toute la démesure : 214 mètres de haut et 1,3 km de large, ponctué de 13 voûtes et de 14 contreforts. À ce jour, il conserve toujours le titre de plus grand barrage à voûtes multiples et à contreforts au monde, rien de moins. Près de 2 millions de mètres cubes de béton ont été nécessaires pour sa construction, laquelle s'est échelonnée de 1959 à 1964. S'en suivit celle de la centrale électrique Manic-5 qui permit une inauguration du complexe en 1968 et une mise en service deux ans plus tard. Une 2e centrale, Manic-5-PA, fut ajoutée dans les années 1980 sur l'autre rive de la rivière afin d'augmenter la puissance.

Si vous ne pouvez vous y rendre, la centrale Jean-Lesage (Manic-2) se trouve à une vingtaine de kilomètres seulement de Baie-Comeau.

LES MONTS GROULX [UAPISHKA] ★

Au km 335 de la route 389
www.amisdesmontsgroulx.com
Pour ceux intéressés par une expédition guidée : www.lesmontsgroulx.com

À 335 km au nord de Baie-Comeau, les monts Groulx, également appelés monts Uapishka (sommets blancs), regroupent une trentaine de sommets culminant à plus de 1 000 mètres. La biodiversité est saisissante : en une journée vous passez d'une épaisse forêt boréale à la taïga clairsemée d'épinettes noires, et vous finissez par rejoindre la toundra arctique. Quatre points d'accès : km 335, 349, 352 et 365 de la route 389 Nord (route Trans-Québec-Labrador).

CÔTE-NORD

STATION UAPISHKA €€

Au km 336 de la route 389
+1 418 296 8514
stationuapishka.com

Hébergement en été et en hiver. Camping, camp prospecteur, chambres en auberge et chalets. Réservation obligatoire.

Située aux abords du réservoir Manicouagan, au pied des monts Groulx, elle propose une expérience grande nature des plus uniques. En plus de l'hébergement et de la restauration, l'endroit propose plusieurs expériences guidées ou non comme, par exemple, l'ascension du mont Harfang, l'atelier de transmission de la culture autochtone, l'excursion guidée en kayak, la pêche sur le réservoir (ouananiche, brochet, truite grise, corégone et omble de fontaine), la motoneige dans les monts Groulx et la randonnée en ski hors piste ou en raquettes.

GODBOUT ★

Sur les bancs de bois face au fleuve, on passerait des heures à simplement contempler le paysage et humer l'air marin. Il est même parfois possible d'apercevoir des baleines au large ! Avons-nous aussi mentionné les belles plages de Godbout ? Et sa fascinante rivière, où s'adonner à la pêche au saumon et à la pratique des sports nautiques ? Sur la rue Pascal-Comeau, qui longe le littoral, se trouve le quai d'embarquement pour le ferry qui effectue la liaison avec Matane dans la région de la Gaspésie. C'est aussi sur cette rue que se sont installés le Musée amérindien et inuit axé sur l'art autochtone et le Centre d'interprétation des oiseaux de proie.

Godbout.

POINTE-DES-MONTS ★★

Pointe-des-Monts est un site exceptionnel pour l'observation des oiseaux de mer et de rivage. Pour s'y rendre, il faut prendre la route 138 Est, puis une route secondaire qui traverse un milieu écologique à peine touché par l'homme sur plus de 10 kilomètres. Tout au bout, le fameux phare de Pointe-des-Monts, érigé en 1830, ce qui fait de lui l'un des plus vieux du continent. Il se visite en saison et il vaut la peine de gravir les marches jusqu'au balcon de veille, ne serait-ce que pour la vue panoramique qu'il offre. Tout près on peut visiter la reconstitution du campement des derniers autochtones résidant à Pointe-des-Monts jusqu'en 1890.

PHARE DE POINTE-DES-MONTS ★★

1830, chemin du Vieux Phare
+1 418 939 2400
www.pharedepointedesmonts.com

Ouvert de mi-juin à la fête du Travail. Adulte : 15 CAN $. Hébergement sur place à l'Auberge de la Maison du Gardien.

Bâti en 1830, le phare de Pointe-des-Monts est l'un des plus vieux d'Amérique. Classé par les Monuments historiques en 1964, il est aujourd'hui considéré comme un élément majeur du patrimoine maritime du pays. Sept étages illustrent des thématiques, dont la vie des gardiens qui y ont travaillé et leur famille, la navigation et les naufrages dans les environs. Si vous n'avez pas le vertige, grimpez jusqu'au balcon de veille où s'ouvre une vue à 360° sur le Saint-Laurent et la côte.

GÎTE DU PHARE DE POINTE-DES-MONTS €€

1937, chemin du Vieux Phare
+1 866 369 4083
www.pointe-des-monts.com

Juin à fin septembre. Voir site web pour les tarifs du camping et des chalets. Galerie d'art sur place.

À quelques pas du fameux phare de Pointe-des-Monts (visite tarifée possible), une quinzaine de chalets peuvent accueillir de 2 à 6 personnes. Les commodités varient d'un chalet à l'autre ; certains sont plutôt rustiques alors que d'autres sont pratiquement aussi grands et équipés qu'une maison. Activités sur place : expédition sur la grève, randonnée sur le sentier de Charlotte et visite du tentement autochtone Ashini, observation des oiseaux, pêche à la truite et au saumon.

PORT-CARTIER

Ville industrielle nichée entre mer et forêt, Port-Cartier, nommée Portage-des-Mousses puis Shelter Bay, fut d'abord une zone d'exploitation forestière, puis un port d'expédition de produits de minerai de fer en provenance du nord du Québec à partir de 1957. Le centre-ville, formé d'îles et de chutes, s'arpente avec la promenade du P'tit Quai ainsi qu'avec le réseau cyclable et piétonnier reliant l'archipel. Pour ceux qui aimeraient taquiner le saumon, les parcs de la Taïga et de la Rivière-aux-Rochers sont l'endroit idéal, et pour le plein air, rendez-vous à la réserve faunique de Port-Cartier-Sept-Îles et à la base de plein air Les Goélands.

SEPT-ILES ★★

Sept-Îles est une ville dont le caractère maritime se reflète dans ses paysages, son patrimoine et sa culture. On appréciera de se promener dans les grands parcs ou en bordure du fleuve, de faire une excursion dans l'archipel, de goûter aux savoureux produits de la mer et de visiter le musée d'histoire régional. Pour plonger au cœur de la culture autochtone, Sept-Îles compte deux communautés innues : à Uashat, vous pourrez visiter la Maison de transmission de la culture innue ainsi que le Vieux-Poste de Sept-Îles, quant à Mani-Utenam, elle accueille l'un des plus grands événements de musique et d'arts autochtones du pays, le festival Innu Nikamu.

RÉSERVE FAUNIQUE DE PORT-CARTIER-SEPT-ÎLES ★

64, route 138 ✆ +1 800 665 6527
www.sepaq.com/rf/spc
Ouvert toute l'année.

Vaste territoire de 6 423 km², cette réserve faunique se trouve dans le secteur de la forêt boréale à proximité des villes de Port-Cartier et de Sept-Îles, d'où elle tire son nom. Lieu de prédilection pour la pratique des activités de plein air (dont la pêche sportive), la réserve regorge de plus de 1 000 plans d'eau, 15 rivières et de larges étendues sauvages. La truite mouchetée et le saumon abondent dans des plans d'eau encore vierges : 75 % des ressources des lacs de la réserve n'ont jamais été pêchés. Paysages majestueux dans un superbe cadre naturel.

Postes d'accueil : lac Walker à 27 km au nord de Port-Cartier (fin mai à début septembre) et lac Arthur (mi-juin à début septembre). Hors saison : se présenter au bureau administratif à Port-Cartier.

- **Faune :** orignal, ours noir, loup, lynx, renard, lièvre, porc-épic, castor, vison, loutre, martre et une multitude d'espèces d'oiseaux, dont la gélinotte huppée et le tétras du Canada, truite mouchetée, saumon de l'Atlantique, éperlan de lac, omble chevalier et corégone.
- **Hébergement :** chalets, chalets Modik (max 4 personnes), prêt-à-camper Étoile, camping.
- **Location d'équipement :** embarcations nautiques, moteurs hors-bord, cannes à pêche, gilets de flottaison. Vente de droits d'accès et de permis pour la chasse et la pêche.
- **Activités :** activités nautiques, chasse à l'orignal, au petit gibier et à l'ours noir, observation de la faune, pêche (à la journée et avec séjour), pêche au saumon, pêche blanche, randonnée pédestre.

ARCHIPEL DES SEPT-ÎLES ★

Au large de Sept-Îles
✆ +1 418 962 1238
www.tourismeseptiles.ca
Information à l'office de tourisme.

Lieu de ressourcement, c'est également un lieu propice pour l'observation des oiseaux et des mammifères marins. On y accède en prenant un bateau ou un kayak de mer depuis le port de plaisance situé au parc du Vieux-Quai. Sur l'île Grande Basque, 12 km de sentiers sont à disposition ainsi que de l'hébergement en camping rustique ou en prêt-à-camper. Envie de découvrir l'archipel autrement ? Séjournez dans une yourte sur l'île Grosse Boule et apprenez-en davantage sur l'élevage des moules bleues, des algues et des pétoncles avec la Ferme Maricole Purmer.

CÔTE-NORD

Fruits de mer de la Côte-Nord.

MUSÉE RÉGIONAL DE LA CÔTE-NORD

500, boulevard Laure
✆ +1 418 968 2070
museeregionalcotenord.ca
Ouvert du mardi au dimanche (horaires variables). Adulte : 10 CAN $. Boutique sur place.

Le Musée régional de la Côte-Nord est un musée d'histoire et d'archéologie qui se consacre à la conservation, à l'étude et à la mise en valeur du patrimoine régional nord-côtier. La collection du musée regroupe plus de 40 000 objets répartis dans les domaines des beaux-arts, de l'archéologie, de l'ethnologie, des sciences naturelles et de la photographie. À savoir qu'un forfait permet de jumeler la visite du musée à celle du Vieux-Poste de Sept-Îles, renseignez-vous.

VIEUX-POSTE DE SEPT-ÎLES ★

20 rue Shimun ✆ +1 418 444 0713
vieuxposte.com
Ouvert de fin juin à fin août. Adulte : 15 CAN $. Boutique sur place. Festival des Hivernants en février.

Situé au cœur de la communauté innue de Uashat, ce site d'interprétation historique présente la vie au quotidien dans un poste de traite des fourrures du XIXe siècle. Sur le site, animé par des personnages d'époque, vous retrouverez entre autres les reconstitutions d'un comptoir de traite et d'un campement innu. Il faut dire que les lieux servaient à l'époque de rassemblement estival pour les Innus qui ont commercé avec les marchands français jusqu'en 1842. Une visite enrichissante fondée sur la rencontre, au fil du temps, des cultures innue et eurocanadienne.

LES CROISIÈRES DU CAPITAINE

Kiosque sur la Promenade du Vieux-Quai
✆ +1 418 968 2173
croisieresducapitaine.com
Fin juin à septembre. Croisière découverte : à partir de 60 CAN $, navette A/R vers l'île Grande Basque : 30 CAN $.

Compagnie offrant un service de croisières (découverte, coucher de soleil, observation des baleines) et de navette vers l'île Grande Basque. Il est possible de faire des escapades sur les autres îles de l'archipel, moyennant des frais supplémentaires. En tous les cas, prévoyez de réserver à l'avance et, avec un peu chance, vous pourrez apercevoir des mammifères marins qui sont nombreux en saison. Boutique de produits gourmands et d'artisans sur place au kiosque.

AUBERGE LE TANGON €

555, avenue Cartier
✆ +1 418 962 8180
www.aubergeletangon.com
Chambre partagée : 35 CAN $, privée : 50-105 CAN $. Cuisine, buanderie, wifi, salle de séjour et salon, cour aménagée.

À quelques pas de la baie de Sept-Îles et de toutes les attractions et bonnes adresses de la ville, l'auberge vous accueille comme à la maison. Construite en 1931, cette ancienne école est inscrite au patrimoine historique de la ville. Un peu de lecture dans la superbe cour aménagée (avec foyer), des soirées enjouées au rythme des musiciens (instruments à disposition), des rencontres mémorables et une foule d'activités de plein air à proximité, c'est tout cela Le Tangon. Toute l'équipe de l'auberge vous attend dans son magnifique coin de pays !

HÔTEL BOUTIQUE ATIKUSS €€

136, boulevard des Montagnais
✆ +1 418 962 6377 - agara.ca
Tarifs variables selon l'hébergement (studios et loft sur place, maison sur la plage et condo dans le Vieux-Québec).

Située au cœur de la communauté innue d'Uashat, l'endroit héberge l'atelier-boutique artisanal Atikuss qui viend les produits des 11 nations autochtones du Québec (mention aux superbes bottes mukluks, atikuss.com). Question de financer ses activités, une partie de la maison est convertie en petit hôtel avec de jolis studios. Il y a aussi un superbe loft avec balcon privé, grande cuisine et salle à manger qui vous fera vous sentir comme à la maison. Bonus : un forfait permet de jumeler l'hébergement à une croisière aux baleines.

DOMAINE SANTÉ NATURE DES SEPT-RIVIÈRES €€

500, chemin du Club de Ski
✆ +1 418 766 2425
www.domainesantenature.com
Voir site web pour les tarifs. Promotions en basse saison (mai à mi-décembre).

Situé en plein cœur de la forêt, à proximité des pentes de ski de la station récréotouristique Gallix, ce domaine comprend de magnifiques chalets haut de gamme en bois rond. Décorés avec beaucoup de goût, ils sont tous entièrement équipés et peuvent loger jusqu'à huit personnes en tout confort. Avec les nombreuses activités offertes sur le site et à proximité, il ne vous reste qu'à profiter de votre bain à remous extérieur pour un moment de détente bien mérité.

CASSE-CROÛTE DU PÊCHEUR €

4, rue Maltais
✆ +1 418 968 6411
dupecheur.ca
Mai ou juin à début septembre. Carte : moins de 35 CAN $. Terrasse.

Difficile de rater ce casse-croûte sur les quais de Sept-Îles : il suffit de chercher une salle à manger en forme de casier à homard géant et un phare miniature. Le ton est donné et la carte est fidèle aux attentes, région maritime oblige : egg rolls aux fruits de mer (très populaires !), pétoncles panés, guédille au crabe, crevettes ou homard, fish & chips de morue... Mais comme tout casse-croûte qui se respecte, burgers, hot-dogs, poutines, frites et autres plats typiques figurent également au menu. Parfait pour un repas sur le pouce !

EDGAR CAFÉ BAR €

490, avenue Arnaud
✆ +1 418 968 6789
edgarcafebar.com
Horaires variables selon la saison. Deux terrasses.

Une excellente adresse à Sept-Îles où les produits régionaux sont à l'honneur. Situé à quelques pas de la « mer » et doté d'un espace supplémentaire au 2e étage, c'est l'endroit idéal pour savourer des plateaux de fromages, charcuteries et accompagnements, qu'on assemble soi-même. L'endroit fait également office d'épicerie gourmande avec des fromages, saucissons, baguettes, cafés, vins, etc. Côté houblon, on y retrouve que des produits « bien de chez-nous ». Des alcools fins du Québec, des vins et des cocktails se taillent également une place à l'ardoise.

LES TERRASSES DU CAPITAINE €€

295, avenue Arnaud
✆ +1 418 962 6322
dupecheur.ca
Avril ou mai à début septembre. Carte : 10 à 105 CAN $. Terrasse.

Si l'envie de poissons et de fruits de mer vous prend, c'est aux Terrasses du Capitaine qu'il faut venir ! Les lieux plongent dans l'ambiance maritime, d'autant plus qu'ils sont situés directement sur les quais. Au programme : le saumon fumé flambé, le filet de morue au beurre, le fish & chips de flétan, les pâtes fraîches au homard ou encore la généreuse assiette terre et mer. Pour se gâter, on recommande l'assiette de dégustation de fruits de mer pour deux personnes.

SURFSHACK

1025, rue Mars
✆ +1 418 444 7873
www.surfshack.ca
De mai à octobre. Voir site web pour les tarifs des cours et des locations. Boutique sur place et en ligne.

La Côte-Nord est une destination de surf « boréal » de plus en plus populaire. SurfShack propose donc des cours d'initiation pour ceux qui en sont à leurs premiers pas, adaptés pour chacun et respectant vos limites personnelles. Des cours de perfectionnement sont également proposés ainsi que la location d'équipement pour les plus autonomes. La planche à pagaie est aussi au programme, en version cours d'initiation ou location. Quant à la boutique, on y trouve de tout, des wetsuits aux planches, en passant par les accessoires et les vêtements *lifestyle*.

RIVIÈRE-AU-TONNERRE ★

Considéré comme l'un des plus beaux de la Côte-Nord, ce petit village de 300 âmes doit son nom aux grondements de sa rivière, longtemps appelée « Thunder River ». La magnifique église de bois mérite amplement une visite. Sa voûte, haute de plus de 8 mètres, est décorée d'une soixantaine de motifs tous taillés au canif. À partir de l'église, allez vous promener sur sa belle et longue plage pour admirer le paysage et humer un peu d'air salin. Et en saison, ne ratez surtout pas la cueillette de la chicoutai. Riche en antioxydants, d'une saveur acidulée aux légères touches de mangue et d'abricot, ce petit fruit oranger est cultivé depuis 400 ans au Canada.

VOYAGES COSTE

454, route Jacques-Cartier
✆ +1 418 465 2002
voyagescoste.ca

Pour planifier un séjour de rêve dans les territoires naturels uniques de la Minganie, de l'Île d'Anticosti et de la Basse-Côte-Nord, cette coopérative de solidarité en tourisme durable est un incontournable. Elle propose une multitude de forfaits s'adaptant à tous les goûts : autotours et circuits guidés, croisières sur le Bella Desgagnés avec ou sans excursions terrestres, séjours tout inclus, expéditions en motoneige, réservations d'hébergement, d'activités et de transports, etc. Bref, une agence au top qui s'occupe de tout !

LONGUE-POINTE-DE-MINGAN ★★

Sur la route menant à Natashquan et la Basse-Côte-Nord, Longue-Pointe-de-Mingan est un village charmant, typique de la Côte-Nord. Parfait pour décrocher de la routine ! La famille Loiselle en a d'ailleurs fait un havre de vacances, proposant différentes formules d'hébergement ainsi que des excursions dans les îles de l'archipel de Mingan (oiseaux et mammifères marins y sont omniprésents). Les chalets écolo Didoche sont aussi un bon plan côté hébergement. Sur la terre ferme, faites un tour du côté de la Station de recherche des îles Mingan, lieu idéal pour approfondir ses connaissances sur les mammifères marins fréquentant les eaux du golfe.

FAMILLE LOISELLE €

109, rue de la Mer
✆ +1 418 949 2307
www.tourisme-loiselle.com

Tarifs selon le type d'hébergement choisi. Forfaits hébergement-croisière disponibles. Nombreux services sur place.

La Famille Loiselle vous offre la possibilité de découvrir son coin de pays dans le grand confort de ses condos, ses roulottes bien équipées, ses petites cabines prêt-à-camper ou en camping. La plupart offre une vue imprenable sur l'archipel de Mingan et l'île d'Anticosti et nous vous avertissons, vous risquez fort bien de vous réveiller au son du souffle des baleines. D'ailleurs, elles viendront vous saluer matin et soir alors qu'elles se rapprochent du littoral... Magique ! Si le grand large vous appelle, profitez de leurs croisières dans l'archipel.

STATION DE RECHERCHE DES ÎLES MINGAN ★

378, rue de la Mer ✆ +1 418 949 2845
www.rorqual.com

Ouvert en saison estivale, tous les jours de 9h à 17h. Adulte : 10 CAN $. Visites guidées pour les groupes également.

Le Centre d'interprétation de la Station de recherche des îles Mingan propose des visites libres ou guidées par des biologistes afin de découvrir les mammifères marins du golfe du Saint-Laurent - petit rorqual, rorqual à bosse, rorqual commun, rorqual bleu, etc. - ainsi que les travaux scientifiques qui s'y déroulent. Des soirées discussions et des diaporamas sont également proposés. Il est aussi possible d'accompagner les biologistes en mer lors de différents séjours de recherche.

CHALETS DIDOCHE €€

381 rue de la Mer
✆ +1 418 949 2256
www.chaletsdidoche.com

Chalet à partir de 250 CAN $ la nuit. Un minimum de trois nuits est exigé en saison estivale.

Situés à quelques pas de la mer, ces chalets écologiques promettent des vacances inoubliables. Non seulement ils sont superbes mais ils sont aussi entièrement équipés avec cuisine et salle de bains complètes, une chambre fermée et deux lits superposés (2 adultes et 2 enfants), un petit patio, de l'ameublement extérieur, un barbecue et même une machine à café Nespresso. Pour profiter de la nature environnante, il est possible de louer des équipements de plein air sur place ou dans les environs (planche à pagaie, fatbike électrique...). Une adresse au top !

RANDONNÉE DES ÎLES

207, rue de la Mer
✆ +1 418 949 2689
www.tourisme-loiselle.com

En opération de juin à septembre. Forfaits hébergement-croisière et service de bateau-taxi aussi disponibles.

La famille Loiselle vous emmène à la découverte de l'archipel de Mingan et de ses nombreuses îles où logent des colonies de macareux : 3h de visite avec 2 escales (3 départs par jour - 8h, 11h et 15h). Lors des escales, Parcs Canada vous prend en charge et vous renseigne sur l'histoire, la faune et la flore des îles. Une activité extrêmement plaisante et enrichissante et peut-être aurez-vous en plus la chance de voir des phoques, des baleines, des pingouins et des macareux moines. Renseignez-vous également sur l'excursion à bord du *Loup Marin*.

MINGAN ★

Son nom, d'origine basque, signifie « langue de terre ». Ancien poste de traite, ce village regroupe des pêcheurs et une communauté innue qui vivent ici en harmonie. La rivière Mingan, dont une partie appartient au Conseil des Innus de Ekuanitshit qui la restaure depuis 1983, est une rivière à saumon fort réputée. On peut y admirer de magnifiques chutes (site pour pique-niquer). La petite église au centre du village vaut le détour, ne serait-ce que pour ses œuvres innues qui décorent l'intérieur. Il en est de même pour la Maison de la culture innue qui met en valeur les traditions, la vie quotidienne, la langue et la culture de ce peuple millénaire.

HAVRE-SAINT-PIERRE ★★

Le port a été fondé en 1857 par des pêcheurs venus des Îles de la Madeleine. En 1948, il s'industrialise après la découverte d'un gisement d'ilménite, minerai composé de titane et d'oxyde naturel de fer. De Havre-Saint-Pierre, vous pourrez vous rendre à l'archipel de Mingan, notamment aux fameuses îles au Marteau, et à l'île d'Anticosti. De Havre-Saint-Pierre au Labrador, les villages de pêcheurs voisinent avec les communautés innues. Le navire *Bella Desgagnés* fait la liaison entre Rimouski, dans le Bas-Saint-Laurent, les ports de la Moyenne-Côte-Nord (Sept-Îles à Natashquan) et les ports de la Basse-Côte-Nord (Kegaska à Blanc-Sablon).

BORÉALE SERVICES MARITIMES

1010, promenade des Anciens
✆ +1 418 538 2865
www.smboreale.com

En opération de début juin à début octobre. Tarifs selon l'activité ou le service choisi.

Une entreprise bien connue car elle effectue le service de navette pour les randonneurs et campeurs désirant se rendre dans l'archipel (plusieurs îles desservies). Les plongeurs ont aussi recours à ses services (station d'air sur place pour le remplissage des bombonnes). Elle offre également plusieurs croisières avec escales, principalement sur les îles Niapiskau et Quarry (droits d'accès à la réserve du parc national inclus). Finalement, elle offre un service de location de vélos.

LES CHALETS MINGANIE €€

2000, route 138 Est
www.chaletsminganie.ca

138 CAN $ la nuit (max 4 personnes). Trois nuits minimum requis. Aires de détente, foyer extérieur pour feu de camp.

Situés directement face à la mer, trois beaux chalets récents permettent un séjour au plus près de la nature. Chacun possède une chambre à l'étage avec un bain sur pied, une cuisine entièrement équipée, un coin salon et salle à manger, une salle de bain avec douche moderne et une grande fenêtre s'ouvrant sur la mer. Un abri de bois avec banquettes et coussins permet de se reposer ou de prendre l'apéro avec vue sur l'archipel de Mingan. Une terrasse avec bancs et hamacs est également à disposition. Bonus : la plage et la mer à deux pas de votre chalet !

RÉSERVE DE PARC NATIONAL DE L'ARCHIPEL-DE-MINGAN ★★★

1010, promenade des Anciens ✆ +1 418 538 3285
www.pc.gc.ca/mingan

Centre d'accueil ouvert de juin à fin septembre. Adulte : 6,25 CAN $ (plus le transport maritime vers les îles).

Le long de la côte, à moins de 4 kilomètres de celle-ci, la réserve de parc national de l'Archipel-de-Mingan égrène sa trentaine d'îles calcaires et plus de mille îles et îlots granitiques sur près de 100 kilomètres. Havre-Saint-Pierre fait face à l'île du Havre, habillée de falaises rocheuses en haut desquelles se dressent des conifères. Non loin de là, vous pouvez voir les deux îles au Marteau, la grosse et la petite, où se trouvent un phare et quelques maisons aujourd'hui abandonnées. Les îles de Mingan présentent une curiosité géologique : des monolithes ou « pots de fleurs » géants de 5 à 10 mètres de hauteur, étrangement sculptés par la mer et qui doivent leur forme à une couche supérieure de calcaire plus résistant que leur pied friable. À chacun d'eux, Roland Jomphe, le vieux poète de Havre-Saint-Pierre, a donné un nom selon sa forme. Outre les spectaculaires falaises et les monolithes sculptés par la mer - on y retrouve la plus grande concentration de monolithes d'érosion au monde -, l'archipel abrite une faune et une flore riches et diversifiées. Certaines îles sont habitées par l'orignal ou l'ours noir et dans les mers alentour, on observe de nombreux oiseaux ainsi que des cétacés. Les oiseaux de mer (le macareux moine à bec-de-perroquet et pattes orange, emblème du parc, mais aussi l'eider, le guillemot noir ou encore la sterne arctique) ne sont pas les seuls à pêcher, c'est aussi l'activité du balbuzard, un rapace commun dans les îles. L'archipel possède également une flore d'une remarquable diversité : fougères, orchidées, mousses et lichens, dont certaines espèces ne se trouvent qu'en climat arctique ou alpin. On trouve aussi des plantes rares comme le chardon de Minganie, répertorié en 1924 par le frère Marie-Victorin, fondateur du Jardin botanique de Montréal. En tous les cas, les paysages y sont carrément sublimes !

- **Services et activités** : camping sauvage, tentes oTENTik et hébergement Ôasis (prêt-à-camper), randonnée pédestre, kayak de mer, planche à pagaie, plongée, croisières, activités d'interprétation sur les îles et dans les deux centres d'accueil (Havre-Saint-Pierre et Longue-Pointe-de-Mingan).
- **À découvrir sur l'île aux Perroquets** : hébergement aménagé dans la maison du gardien, repas de fine cuisine du terroir et vins québécois, circuit d'interprétation extérieur et exposition dans le bâtiment du criard à brume, forfaits disponibles (pour plus d'informations : www.ileauxperroquets.ca).

CÔTE-NORD

Réserve de Parc National de l'archipel-de-Mingan.

CHEZ JULIE €€

1023, rue Dulcinée
✆ +1 418 538 3070
www.chezjulie.ca
Ouvert tous les jours dès 16h. Carte : 5 à 150 CAN $. Boutique du terroir au Portail Pélagie-Cormier.

Une adresse qui ne paie pas de mine vue de l'extérieur, mais bien connue des Québécois. Ouvert depuis 1977, tout le monde connaît ce petit restaurant de cuisine familiale, réputé pour sa célèbre pizza aux fruits de mer, son homard frais en saison, son assiette du chalutier ou encore sa tarte à la chicoutai. La maison prépare également des plats terre et mer ou encore poissons et fruits de mer, des grillades, des poissons, des clubs sandwichs au crabe, des coquilles Saint-Jacques, des pâtes gratinées, des pizzas variées, du poulet BBQ, etc.

LES VAGUES

1740, rue de l'Anse
✆ +1 418 553 3849
lesvagues.ca
En opération de mi-juin à début ou mi-septembre. Voir site web pour les tarifs des locations, cours et expéditions.

Jeune entreprise spécialisée dans l'activité de planche à pagaie (aussi appelée SUP - Stand Up Paddleboard). Pour débuter du bon pied, des cours de groupe y sont dispensés, de l'initiation au SUP Yoga. On peut également s'offrir une excursion guidée jusqu'à la Grosse et la Petite île au Marteau dans l'archipel de Mingan, ou encore admirer les feux d'artifice du Festival de la famille depuis le large en SUP (une date disponible par année). Si vous êtes à l'aise avec le SUP, il est possible de louer tout l'équipement nécessaire à la boutique Les Vagues.

NATASHQUAN ★★

Natashquan est le pays de Gilles Vigneault, auteur-compositeur-interprète incontournable du Québec. La maison de son enfance s'est d'ailleurs convertie en site patrimonial, lequel se visite en saison. Parmi les autres attraits du village, il faut voir, sur la pointe, les hangars de pêche traditionnels appelés « les Galets », ainsi que les chutes de la rivière Natashquan. Profitez-en pour faire quelques brasses dans les eaux du golfe qui sont particulièrement chaudes à cet endroit. Ne manquez pas non plus de faire un arrêt au Café l'Echouerie sur la plage. En août s'y tient d'ailleurs le très couru Festival du conte et de la légende de l'Innucadie.

BASSE-COTE-NORD ★★★

Elle commence là où la route s'arrête, à Kegaska. Des chapelets d'îles et d'îlots s'égrènent le long du littoral (plus de 400 km) où le sable cède progressivement la place au granit. Quelque 6 000 habitants aux origines diverses (inuite, innue, basque, française, anglaise, jersiaise, acadienne, terre-neuvienne) sont répartis dans une quinzaine de villages disséminés dans ces paysages de bout du monde. Tout au bout, Blanc-Sablon constitue l'extrémité orientale de la province du Québec. La route réunit Vieux-Fort à Blanc-Sablon, d'où on gagne le Labrador par la route 510 ou l'île de Terre-Neuve par le traversier qui franchit le détroit de Belle-Isle.

PORT-MENIER ★

Fondé par le chocolatier Henri Menier et situé dans la baie de Gamache, l'unique village de l'île a été choisi au début du siècle dernier en raison de son port en eau profonde. Avec quelque 200 habitants, il vit principalement du tourisme et de l'industrie forestière. On y retrouve entre autres le centre de découverte et de services de la Sépaq, des services d'hébergement et de restauration, un garage et un poste d'essence, un magasin général, une épicerie.

Transports

L'aéroport de Mont-Joli (Gaspésie) est la desserte officielle de l'île d'Anticosti pour la Sépaq Anticosti et la Pourvoirie du lac Geneviève qui affrètent elles-mêmes les aéronefs nécessaires (possibilité de partir de Montréal ou Québec selon le forfait). La compagnie aérienne Air Liaison dessert également Port-Menier à partir de quelques villes au Québec. On peut aussi se rendre à Anticosti en bateau à bord du navire mi-passagers mi-cargo Bella Desgagnés qui assure la liaison depuis le Bas-Saint-Laurent (Rimouski) et la Côte-Nord (plusieurs ports de départ). Il dessert Port-Menier une fois par semaine dans chaque sens (mardi soir à l'aller, dimanche après-midi au retour) et il est impératif de réserver sa place bien à l'avance si on veut une cabine à bord. L'agence coopérative Voyages CoSte propose aussi un service de navette vers Anticosti ainsi que plusieurs forfaits vacances et croisières, guidés ou non. Une fois à Anticosti, sachez que l'unique route qui traverse l'île, revêtue seulement entre l'aéroport et Port-Menier (7 km), est une piste en terre battue à emprunter avec un véhicule 4X4.

ANSE-AUX-FRAISES

Ce site est un lieu-dit qui se trouve au sud de Baie-Sainte-Claire et à l'ouest de Port-Menier, face à la mer et à l'anse du même nom. Fondé à la fin du XIXe siècle, c'était autrefois un village de pêcheurs mais il fut abandonné au début du siècle dernier, soit quelques décennies à peine après sa fondation. Il ne reste malheureusement que très peu de vestiges de cette époque, soit deux maisons ainsi que le cimetière du village. Ce dernier a d'ailleurs inhumé son dernier corps en 1920. Si vous êtes dans les environs, l'endroit vaut un petit arrêt.

BAIE DE LA TOUR ★

Cette baie est située sur la rive nord de l'île, à environ 10 kilomètres de la chute et du canyon Vauréal. Il suffit de prendre une route secondaire longue de 14 kilomètres pour y accéder. La baie de la Tour est dominée par les superbes falaises calcaires de la pointe Easton, qui tombent à pic dans la mer. Une plage de galets borde le golfe - pour ceux ayant envie de faire trempette dans les eaux cristallines - et il n'est pas rare de pouvoir apercevoir des phoques, des baleines et toutes sortes d'oiseaux marins dans les environs.

BAIE-SAINTE-CLAIRE

Située à 13 km au nord-ouest de Port-Menier, Baie-Sainte-Claire a longtemps été le plus important village de l'île. À l'origine, il s'appelait English Bay et fut rebaptisé par Henri Menier en l'honneur de sa mère. Au milieu du XIXe siècle, des pêcheurs venus de Terre-Neuve et de Nouvelle-Écosse s'y étaient installés. Martin-Zédé fut l'artisan de son développement jusqu'au jour où le village fut abandonné au profit de Port-Menier. Un four à chaux y a été reconstruit. La chasse y étant interdite, c'est aujourd'hui le lieu idéal pour observer les cerfs de Virginie.

GROTTE À LA PATATE ★

Elle fut découverte en 1980, non loin de la rivière du même nom, et sa formation remonterait aussi à l'époque de la dernière glaciation. Ses dimensions sont vraiment impressionnantes : 10 mètres de hauteur d'entrée sur 7 mètres de large et 80 mètres de long, et une galerie longue de 625 mètres se rétrécissant progressivement. C'est en fait l'une des plus longues cavités souterraines au Québec. Pour partir à l'exploration de ses profondeurs, casque de sécurité et lampe frontale sont bien entendu obligatoires (service de location à l'Auberge McDonald).

CHUTE ET CANYON VAURÉAL ★★

© ANNE RICHARD - SHUTTERSTOCK.COM

Cet impressionnant canyon de 90 mètres de profondeur a été creusé dans le calcaire par la rivière Vauréal, à 9 kilomètres de son embouchure. Le sentier - il faut compter environ une heure à pied - qui suit le lit d'un ruisseau descend dans le canyon, puis conduit au pied de la chute d'eau tombant du sommet d'une muraille de 76 mètres. On admirera les falaises de calcaire gris strié de schistes rouges et verts. Un lieu idéal pour une petite baignade dans les eaux cristallines du bassin de la chute ou pour faire un pique-nique.

PARC NATIONAL D'ANTICOSTI ★★

Chemin des Forestiers
✆ +1 800 463 0863
www.sepaq.com/pq/pan

Fin juin à fin août. Après cette date : activités et services d'hébergement restreints. Adulte : 9,25 CAN $.

Territoire insulaire de 572 km², il est d'une beauté sauvage et fascinante : falaises blanches, canyons vertigineux (canyon et chute Vauréal), grottes secrètes (grotte à la Patate), somptueuses baies (baie de la Tour). À savoir qu'en plus du parc national, la Sépaq gère un centre de découverte et de services à Port-Menier et deux centres de services (McDonald et Chicotte-la-Mer). Forfaits tout inclus disponibles (vacances d'été et pêche, chasse).

POINTE-DE-L'OUEST ★

La Pointe-de-l'Ouest est située à un kilomètre au sud de Baie-Sainte-Claire. On y retrouve le premier phare de l'île, lequel fut élevé en 1858 (la nouvelle structure date toutefois de 1967), et sa lumière porte à 50 km à la ronde. Malgré une série de phares construits au XIXe siècle, les naufrages restèrent nombreux. Depuis le XVIIIe siècle, 200 navires auraient sombré dans les parages de l'île. Près de la côte, vous pouvez apercevoir l'épave du chalutier *Le Calou*, échoué en 1982. Sachez que vous trouverez aussi une auberge de jeunesse à quelques pas.

SÉPAQ ANTICOSTI €€€

Chemin des Forestiers
✆ +1 800 463 0863
www.sepaq.com/sepaq-anticosti

Deux types de séjours : vacances d'été et pêche, chasse. Voir site web pour les tarifs des différents forfaits.

Récemment bonifiée de 1 500 km², la Sépaq Anticosti propose des forfaits en tout inclus avec transport aérien (vacances d'été et pêche, chasse), de l'hébergement (auberge, pavillon, chalet, camp rustique), des activités (plein air, chasse et pêche), des services de location, vente et réservations, etc. Les forfaits vacances sont offerts de fin juin à fin août, de septembre à décembre pour les forfaits de chasse. En plus du parc national, elle gère un centre de découverte et de services à Port-Menier et deux centres de services (McDonald et Chicotte-la-Mer).

POURVOIRIE DU LAC GENEVIÈVE

Sur la rive nord de l'île
✆ +1 418 535 0294
www.anticostiplg.com

Voir site web pour les forfaits (vacances, chasse) et les tarifs à la carte. Réservation indispensable.

Cette grande pourvoirie offre de l'hébergement en chalet, en maison ou en camp rustique et ses forfaits promettent de belles vacances. Les forfaits vacances incluent l'hébergement et le véhicule (kilométrage illimité) sur place, mais il faut assurer vous-même le transport pour vous rendre sur l'île. Il est aussi possible de louer simplement un chalet. Des forfaits de chasse au cerf de Virginie sont offerts en plan américain, européen et rustique (transport vers l'île en sus).

EEYOU ISTCHEE BAIE-JAMES

L'immense territoire d'Eeyou Istchee Baie-James couvre 350 000 km², soit un cinquième de la province du Québec. Pays d'aventure par excellence et royaume incontesté des motoneigistes, des quadistes, des chasseurs et des pêcheurs, la région s'ouvre de plus en plus au tourisme. Parmi les lieux les plus appréciés des visiteurs, signalons le village de la nation crie d'Oujé-Bougoumou, lauréat de l'UNESCO et les centrales hydroélectriques au nord de la région (Radisson, Chisasibi). Outre la baie James, qui donne elle-même accès à la baie d'Hudson, la région compte de nombreux sites naturels d'exception, comme le lac Paradis, le lac Mistassini – le plus grand lac naturel du Québec (2 335 km²) – et les réserves fauniques Assinica et des Lacs-Albanel-Mistassini-et-Waconichi. Pour organiser votre séjour dans la région, n'hésitez pas à faire appel à l'agence locale Voyages Eeyou Istchee Baie-James.

Eeyou Istchee Baie-James
100 KM
CHISASIBI
RADISSON
Sakami
WEMINDJI
Baie James
Vieux-Comptoir
Eastmain
Charlton Depot
Nemaska
WASKAGANISH
rivière Harricana
OUJÉ-BOUGOUMOU
MATAGAMI
Chapais
Waswanipi
CHIBOUGAMAU
Lebel-sur-Quévillon
Normétal
VERS RÉSERVOIR GOUIN
ABITIBI-TÉMISCAMINGUE
512

PAGES

514 ●● ROUTES 167 ET 113

Partie sud-est de la Baie-James, c'est ici que se trouve la plus grande ville du Nord québécois, Chibougamau, desservie par la route 167 Sud qui mène au lac Saint-Jean. Depuis Chibougamau, la route 167 Nord (en gravier et sans services après Mistissini) mène aux deux réserves fauniques, la 113 Sud vers l'aéroport régional et l'Abitibi, alors que la route du Nord (en gravier et sans services sur plus de 200 km) permet de rallier Nemaska avant de se terminer au km 274 de la route Billy-Diamond. Notez que le réseau de téléphonie mobile est pratiquement inexistant dans la région.

514 **CHIBOUGAMAU** ★

516 **OUJÉ-BOUGOUMOU** ★

517 ●● ROUTE BILLY-DIAMOND

Entièrement asphaltée, une denrée rare dans la région, cette route relie Matagami à Radisson sur plus de 600 km. Elle est aussi desservie par les bus de Maheux-Cree Bus Service depuis Val-d'Or, en Abitibi, jusqu'à Chisasibi, à l'est de Radisson. Avant de l'emprunter, il est important de repérer les zones de services qui ne sont pas si nombreuses. On recommande également aux voyageurs de s'inscrire au bureau touristique (km 6) avant d'entreprendre leur périple. Notez que le réseau de téléphonie mobile est pratiquement inexistant dans la région.

517 **MATAGAMI**

517 **WASKAGANISH**

518 **WEMINDJI**

RADISSON ★★

518 Ville du bout du monde, Radisson est connue pour les grands barrages et centrales hydroélectriques du Complexe La Grande, qui contient notamment la plus grande centrale hydroélectrique souterraine du monde, flanquée d'un immense barrage équivalant à une hauteur de 53 étages. Radisson est aussi la seule communauté non-autochtone de la province au nord du 53e parallèle.

519 **CHISASIBI**

Monts Otish.

CHIBOUGAMAU ★

Ses origines remontent à l'exploitation des mines d'or. Depuis, son économie s'est diversifiée et la cité de 8 000 habitants est devenue la plus grande du Nord québécois. En été, vous profiterez de sa plage et, en hiver, de ses postes de traîneaux à chiens. Côté festivals, le très populaire Festival du doré Baie-James, fin juin, est le plus important tournoi de pêche de la province. Puis en août se tient le Festival en Août où près de cinquante artistes du Nord québécois se produisent sur une scène extérieure au cœur du centre-ville. L'hiver fait majoritairement place à des événements de motoneige (courses, randonnées de motoneiges antiques, etc.).

TOURISME EEYOU ISTCHEE BAIE-JAMES

1252, route 167 Sud
✆ +1 418 748 8140
www.decrochezcommejamais.com

Pour planifier votre séjour dans cet immense territoire, le site web de l'office de tourisme est une véritable mine d'informations. Que ce soit pour visiter les installations hydroélectriques, découvrir la culture crie ou encore pratiquer la chasse, la pêche ou la motoneige, le site regorge de bons plans et d'adresses pour créer votre itinéraire. Vous pourrez également commander différentes brochures, notamment le guide touristique officiel et la carte des sentiers de motoneige.

RÉSERVE FAUNIQUE ASSINICA ★

1584, route 167 Nord
✆ +1 418 748 7748
www.nibiischii.com/fr

Poste d'accueil : la route 167 conduit à l'accueil (environ 20 km au nord-est de Chibougamau).

Ouverte de début juin à début septembre, la réserve faunique Assinica regorge d'endroits de choix pour les mordus de la pêche en quête de trophées - dorés jaunes, grands brochets, etc. - et pour les adeptes du plein air et des grands espaces. Cette réserve est exploitée par la Corporation Nibiischii, une corporation constituée par la nation crie de Mistissini. Des séjours y sont proposés en saison : le camping rustique, la pêche (journée et séjour) et l'aventure en canoë-camping.

RÉSERVE LACS-ALBANEL-MISTASSINI-ET-WACONICHI ★

1584, route 167 Nord
✆ +1 418 748 7748
www.nibiischii.com/fr

Poste d'accueil : la route 167 conduit à l'accueil (environ 20 km au nord-est de Chibougamau).

Sur ce territoire de démesure se trouve le plus grand lac naturel d'eau douce du Québec, le lac Mistassini (176 km de long, 40 km de large par endroits). Ouverte en été et en hiver, cette réserve faunique est exploitée par la Corporation Nibiischii, une corporation constituée par la nation crie de Mistissini. Elle propose plusieurs forfaits en saison, à la journée ou en séjour. À découvrir absolument : les chalets flottants dans le secteur du lac Waconichi.

CENTRE DE VILLÉGIATURE MARINA CHIBOUGAMAU €

7, chemin du Lac Chibougamau Sud
✆ +1 418 748 2720
www.marinachibougamau.ca

Camping : à partir de 30 CAN $. Chalet : à partir de 229 CAN $. Forfaits disponibles.

Posé sur les rives du lac Chibougamau, ce complexe est l'adresse parfaite pour prendre quelques jours de répit en pleine nature. On peut y planter sa tente ou s'installer avec son camper, ou encore louer un chalet entièrement équipé. L'été on s'adonne aux activités nautiques (marina et location d'embarcations sur place) alors que l'hiver, l'endroit devient un relais motoneige très fréquenté (forfaits motoneige). Restaurant-bar avec terrasse ouvert à l'année.

ÉCOCAMPING FAUNENORD €

512, route 167 Sud
✆ +1 418 748 7276
www.faunenord.org/fr/camping

Ouvert de fin mai à début septembre. À partir de 20 CAN $ l'emplacement (2 adultes et 3 enfants de moins de 18 ans).

Plus d'une quarantaine d'emplacements pour tentes, roulottes et camping-car, sur les rives du lac Sauvage (tarifs à la semaine et au mois aussi disponibles). Services sur place : dépanneur, buanderie, sanitaires, wifi gratuit, terrains de volleyball, fer, croquet et pétanque, parc pour enfants, sentier pédestre, bureau touristique saisonnier. Possibilité de pêcher sur place (vous devez fournir l'équipement). Important : l'eau sur le site n'est pas potable. Vous pouvez apporter la vôtre ou acheter des bouteilles d'eau au dépanneur du camping.

EEYOU ISTCHEE
BAIE-JAMES
DÉCROCHEZ
COMME JAMAIS
Culture autochtone, paysage infinis,
nature sauvage!
bonjourquébec
Wachiya!
Vivez l'attrait du Nord
Eeyou Istchee Baie-James est
une région touristique du Québec
attraitdunord.ca

MAÎTRE RENARD

473, 3e Rue
✆ +1 418 748 7631
Horaires variables selon la saison. Terrasse. Programmation de spectacles.

Ça y est ! Depuis 2021, la région d'Eeyou Istchee Baie-James a enfin sa toute première microbrasserie. Les quatre acolytes derrière le projet misent sur le local avant tout, que ce soit le mobilier construit par Chantiers Chibougamau, les œuvres d'une artiste-peintre du coin qui ornent les murs ou encore les ingrédients qui composent les bières, lesquels sont récoltés par FaunENord. En plus des bières maison, l'endroit possède un superbe cellier de vins en importation privée, sans oublier les spiritueux québécois et le menu gourmand qui plaira à tous les palais.

INSTITUT CULTUREL CRI ★

205, Opemiska Meskino
✆ +1 418 745 2444
creeculturalinstitute.ca
Horaires variables selon la saison. Droits d'entrée. Boutique sur place.

L'institut culturel cri, avec son espace architectural unique et magnifique, abrite un musée, un centre d'archivage, une bibliothèque, un lieu d'enseignement et un centre culturel. C'est le principal complexe de préservation et de conservation de documents, médias et objets de la nation crie de la Baie-James. L'art, la musique, les légendes, les artefacts et les coutumes de la nation sont ici partagés avec vous. Des visites guidées sont offertes sur réservation. Une expérience unique au cœur d'une nation fière de sa culture et de ses traditions !

CHIBOUGAMAU AVENTURE

23 chemin du Lac Caché ✆ +1 418 770 8726
www.chibougamauaventure.com
Tarifs variables selon l'activité ou le forfait choisi. Forfait sur mesure également. Hébergement disponible sur place.

Véritable petite base de plein air, Chibougamau Aventure se spécialise dans les sorties guidées en motoneige et snowbike hors-piste dans une région hautement réputée pour ses belles conditions hivernales. L'entreprise propose également la location de motoneige, snowbike, quad et vélo de montagne électrique pour explorer les environs. Cerise sur le gâteau, on peut y dormir dans un des dômes (glamping), chacun muni d'une terrasse privative avec barbecue et bain à remous. La location d'un dôme inclut aussi le prêt de kayak et de planche à pagaie. Le top !

NUUHCHIMI WIINUU ★

74, rue Opataca
✆ +1 855 745 3888
voyageseibj.com
En opération toute l'année. Tarifs variables selon l'activité ou le forfait. Réservation indispensable.

Site d'écotourisme géré par la communauté crie. On y propose de l'hébergement en chalet ou en habitations traditionnelles cries pour une expérience unique et une immersion dans l'environnement culturel de cette nation. En été, il est possible de pratiquer le canotage et autres activités nautiques ainsi que la randonnée pédestre. L'hiver fait place à des excursions en raquettes, de la pêche sur glace, du trappage/piégeage et de l'artisanat traditionnel. La gastronomie crie est également au programme et plusieurs autres activités peuvent être organisées sur demande.

OUJÉ-BOUGOUMOU ★

Oujé-Bougoumou, qui signifie en cri « le lieu où se rassemblent les gens », est une communauté autochtone blottie sur les rives du lac Opémiska. La nation habite la région depuis longtemps mais le village est plutôt récent : les Cris d'Oujé-Bougoumou ont dû le quitter à sept reprises pour faire place aux activités minières. De nos jours, l'endroit est réputé pour son institut culturel, son artisanat, son hébergement, ses repas et activités traditionnels ainsi que ses visites guidées. Notons que la communauté a reçu un prix de l'UNESCO pour sa construction selon plusieurs critères de développement durable, ainsi que pour son architecture traditionnelle.

AUBERGE CAPISSISIT LODGE €€

1, Wastawshkootaw Meskino
✆ +1 418 745 3944
Occupation double : à partir de 95 CAN $. Stationnement et wifi gratuits.

L'Auberge Capissisit propose un hébergement tout confort dans des chambres de différentes catégories, toutes équipées d'un téléviseur à écran plat, d'Internet et d'une salle de bain privée. Notre coup de cœur va à la belle suite sur deux étages avec grand lit kingsize. La table de l'auberge, ouverte du matin au soir, propose une cuisine régionale, avec un menu du jour, dans une grande salle boisée avec de nombreuses fenêtres et une cheminée en pierre. Le tout sur les rives du lac Opémiska et à deux pas de l'Institut culturel cri !

MATAGAMI

Territoire occupé depuis des siècles par les Cris, il servait de lieu de traite des fourrures avec les Anglais de la Baie-James et les Français de l'Abitibi-Témiscamingue à l'époque de la colonisation. Matagami, qui signifie « la rencontre des eaux » en cri, s'est développée grâce à l'exploitation minière. Porte d'entrée de l'ouest de la région, la ville est désormais une destination nature en raison de ses nombreux plans d'eau et de l'abondance de la forêt. C'est ici que commence la route Billy-Diamond qui permet de rallier le nord de la région, notamment Radisson. Au km 6 se trouve le bureau touristique de la région Eeyou Istchee Baie-James.

WASKAGANISH

Située sur la rive sud de la rivière Rupert, la communauté de Waskaganish est un lieu rempli d'histoire et de traditions. C'est ici que fut implanté un des premiers postes de traite des fourrures du Canada (Compagnie de la Baie d'Hudson) et sa première communauté s'y installa il y a 350 ans. Région renommée pour ses cours d'eau, elle est le théâtre chaque année d'un événement traditionnel où les jeunes Cris, guidés par les aînés, forment une « brigade de canots » pour se familiariser avec le mode de vie cri traditionnel. Si vous êtes amateur d'ornithologie, sachez que la localité est une des principales voies migratoires des oiseaux d'Amérique du Nord.

ÉCOGÎTES DU LAC MATAGAMI €€€

10, chemin de la Baie Anita ✆ +1 819 739 8231
www.ecogiteslacmatagami.ca
Voir site web pour les tarifs. Supplément pour l'accès au bain en cèdre et au sauna baril. Location d'équipement.

Véritable « resort » écologique nordique en bordure d'un lac avec accès à la plage, loin du tourisme de masse. Tout sur place a été construit selon des normes environnementales très strictes, sans pour autant négliger un confort plus contemporain. Il est composé de trois chalets en bois avec bain nordique et de deux yourtes, le tout sur un magnifique site en pleine nature. Nombreuses activités y sont proposées avec supplément ou en forfait : retraite yoga & SUP & découverte du terroir boréal, récolte de champignons sauvages, etc. Une bien belle adresse !

KANIO KASHEE LODGE €€

7, rue J.S.C. Watt
✆ +1 819 895 2005
kaniokasheelodge.com
Accès par la route Billy-Diamond, pavée et bien entretenue. À partir de 170 CAN $ la chambre. Forfaits sur demande.

En logeant dans ce lodge, vous êtes à proximité d'une des régions les plus primitives du Nord canadien, rien de moins. Située en bordure de la rivière Rupert, l'auberge est un endroit chaleureux, un camp de base pour vos activités grande nature dans la région. Parmi les services offerts, notons une navette pour l'aéroport régional, le wifi gratuit, une salle de conférence et un restaurant ouvert du matin au soir avec une grande ouverture digne d'une cathédrale. Une excellente adresse pour plonger au cœur de la nation crie et vivre une expérience différente.

Matagami.

WEMINDJI

La localité de Wemindji est née suite à la relocalisation du village qui était situé sur une île de la baie Old Factory. Son nom vient du cri et signifie « collines peintes » ou encore « les montagnes ocres ». Le territoire de Wemindji se divise en deux : la terre réservée crie et le territoire de la municipalité de village cri homonyme. Pour plonger au cœur de la culture et des traditions locales, différents tours guidés sont proposés, allant de la visite de la communauté crie aux croisières écotouristiques dans la baie James, sans oublier les excursions en canoë et en kayak. Pour en savoir plus, visitez le site web de la nation de Wemindji.

WIINIPAAKW TOURS

✆ +1 819 895 2121
wiinipaakwtours.com
Tarifs variables selon la croisière écotouristique choisie. Un minimum de passagers est requis. Réservation impérative.

Cette coopérative de solidarité propose de prendre le large sur la baie James lors d'une croisière écotouristique. Les départs se font depuis Wemindji (demi-journée ou journée) ou Waskaganish (journée). Vous pourrez non seulement admirer la faune et la flore nordiques mais également fouler le sol de certaines îles et découvrir les communautés cries qui bordent le littoral de la baie. À savoir que la coopérative prévoit de développer un camp de base où vous pourrez loger dans des tentes prêt-à-camper Creetopia, conçues sur mesure pour la Nation crie.

SÉJOUR GRANDEUR NATURE

Le nord de la province est réputé pour son grand potentiel de chasse et de pêche, mais aussi pour les activités de plein air. Les pourvoiries de la région proposent des séjours de villégiature, des expéditions en motoneige, des safaris photo, des forfaits aventure, sans oublier la chasse et la pêche. De nombreux services tels que la location d'équipement, de chalets, le transport par hydravion, la vente de permis, le service de restauration, etc., y sont proposés. Plusieurs forfaits sont disponibles et il est possible d'inclure le transport depuis Montréal (ou d'autres villes). Dans un endroit si éloigné des grands centres, les pourvoiries sont un choix judicieux !

RADISSON ★★

La ville a été fondée en 1974 pour accueillir les travailleurs des grands barrages et centrales hydroélectriques du Complexe La Grande, dont la centrale La Grande-1 et l'aménagement Robert-Bourassa (LG-2), la plus grande centrale hydroélectrique souterraine du monde. Son immense barrage, équivalant à une hauteur de 53 étages, vaut à lui seul le déplacement ! Quelque 185 000 travailleurs ont séjourné dans la région, de 1950 à l'aube des années 2000, pour bâtir ces complexes hydroélectriques. Il va sans dire que la visite guidée gratuite de ces installations monumentales proposée par Hydro-Québec est une des attractions de taille de la région.

AMÉNAGEMENT ROBERT-BOURASSA & CENTRALE LA GRANDE-1 ★★

66, avenue des Groseillers ✆ +1 800 291 8486
www.hydroquebec.com/visitez/
Ouvert de début juin à fin août. Gratuit. Réservation requise 48h à l'avance, pièce d'identité avec photo obligatoire.

Hydro-Québec est l'une des plus grandes entreprises d'électricité du continent nord-américain. Elle produit, transporte et distribue presque toute l'électricité consommée dans la province. La quasi-totalité de sa production provient de centrales hydroélectriques, dont près de la moitié du complexe La Grande. Ce dernier est composé d'une série d'aménagements hydroélectriques dans le bassin versant de la Grande Rivière mais aussi d'autres rivières de la région administrative du Nord-du-Québec.

Deux de ses installations se visitent dans la région de la Baie-James, à commencer par l'aménagement Robert-Bourassa qui constitue la plus grande centrale hydroélectrique souterraine au monde et le plus grand site de production d'énergie du continent. Son barrage est impressionnant, atteignant l'équivalent d'un édifice de 53 étages, lequel surplombe un escalier de dix marches - chacune équivalant à deux terrains de football - aux dimensions titanesques. On se sent bien petit face à un tel ouvrage !

La centrale La Grande-1 est, quant à elle, le dernier chaînon de cet immense complexe. La quantité de béton nécessaire à sa construction équivaut à la longueur d'un trottoir entre Montréal et Miami, c'est tout dire.

Pour voir ces chefs-d'œuvre de plus près, rendez-vous au Complexe Pierre-Radisson d'où partent les visites guidées en saison. Il héberge notamment un centre d'interprétation des milieux naturels et humains du territoire de la Baie-James ouvert toute l'année.

AUBERGE RADISSON €€

66, avenue des Groseilliers
✆ +1 819 638 7201
www.aubergeradisson.com
Tarifs sur demande. Petit déjeuner continental gratuit.

L'Auberge Radisson est située au centre-ville et elle est le plus gros complexe hôtelier du nord de la Baie-James avec une quarantaine de chambres et suites confortables, toutes rénovées il y a quelques années. Sur place, le restaurant propose une cuisine bistro et familiale avec notamment le doré au beurre citronné, la pizza aux fruits de mer ou le contre-filet au fromage fondant. Pour l'apéro ou le digestif, le Lounge 53 est l'endroit idéal où se retrouver en soirée (ouvert au grand public, fermé le dimanche). Aussi sur place : buanderie, stationnement, wifi.

CHISASIBI

Vous voilà tout au bout de la route. Située sur la rive sud de la rivière La Grande, la municipalité de Chisasibi (« grande rivière » dans la langue crie) compte environ 5 000 habitants de la nation crie. Ici se rencontrent la forêt boréale et la toundra, la baie James et la baie d'Hudson. Si l'endroit peut vous paraître plutôt moderne, c'est que les habitants ont été relocalisés ici entre 1978 et 1980, depuis l'île de Fort George située à 10 km à l'ouest à l'embouchure de la rivière La Grande. D'ailleurs, chaque été, le festival culturel Mamoweedow se tient pendant une semaine sur cette île où vous assisterez au pow wow de la nation crie de Chisasibi.

CHISASIBI HERITAGE AND CULTURAL CENTRE

2 Fort George Road
✆ +1 819 855 3311
chisasibi.ca/?page_id=160
Ouvert en semaine de 9h à 12h et de 13h à 17h.

Moderne et doté d'une construction rappelant la maison longue, ce centre de la culture et du patrimoine propose une exposition bilingue fort bien montée qui présente tous les aspects traditionnels de la vie quotidienne et des traditions de la nation crie de Chisasibi. Des ateliers et des activités spéciales explorant les valeurs ancestrales y sont également organisés au fil des saisons. Question de rapporter un souvenir des plus authentiques, faites un saut du côté de la boutique.

WAASTOOSKUUN HOTEL €€

1 Aschishtuu Road
✆ +1 819 855 3333
waastooskuun.com
Chambre à partir de 185 CAN $, petit déjeuner continental et wifi inclus. Laverie, café gratuit, petit gym (à venir).

C'est définitivement le nec plus ultra en matière d'hébergement dans toute la région. Une quarantaine de chambres modernes et tout confort sont proposées aux hôtes, dont quelques-unes équipées d'une kitchenette pour les plus longs séjours. Si vous êtes ici pour affaires, trois salles de conférence (celle avec la mezzanine et l'ouverture sur trois côtés est tout simplement superbe) et un centre d'affaires sont à disposition. Le soir, installez-vous devant les grandes baies de la mezzanine pour observer les étoiles et les aurores boréales.

Chisasibi.

PASSPORT

NUNAVIK

Le Nunavik couvre plus de 500 000 km². Ses 14 000 habitants, majoritairement Inuit, vivent dans 14 villages, dont la majorité est située sur la côte, à l'embouchure des rivières. Son territoire est constellé de lacs et parcouru par d'innombrables rivières, qui se jettent pour la plupart, dans la baie ou le détroit d'Hudson et dans la baie d'Ungava. Il recèle de fabuleux phénomènes naturels, dont les plus hauts sommets du nord-est du continent (monts Torngat), le cratère météoritique des Pingualuit et son eau d'une pureté unique, ou encore les marées exceptionnelles du bassin aux Feuilles à Tasiujaq. Ne manquez pas le Musée et Centre de transmission de la culture Daniel-Weetaluktuk à Inukjuak, avec plus de 400 objets anciens et contemporains. À noter que la langue maternelle des Inuit est l'inuktitut, mais la jeune génération utilise aussi l'anglais et même le français. N'hésitez donc pas à apprendre quelques mots avant votre séjour !

522

Mer du Labrador
KUUJJUAQ

KUUJJUAQ ★★

Située au-delà du 55e parallèle nord juste au-dessus de la ligne des arbres, Kuujjuaq, centre administratif du Nunavik, compte plus de 2 500 habitants, dont au moins 75 % sont des Inuit. C'est LA porte d'entrée de cette ô combien magnifique et dépaysante région de l'Arctique québécois, et c'est d'ici que partent la majorité des séjours d'aventure qui vous mèneront vers les plus beaux sites naturels du Nunavik. Aujourd'hui le village est un centre important où sont concentrés de nombreux services : un aéroport, deux gros hôtels, deux autres plus petits, un restaurant, deux cantines, deux pubs, trois magasins généraux, un dépanneur et une banque.

Histoire

Le premier contact entre les Européens et les Autochtones est survenu en 1811 alors que des missionnaires moraves arrivèrent à un campement inuit qui se trouvait en bordure de la rivière Koksoak. Ils y ont établi une mission afin de convertir les Inuit au christianisme. En 1830, la Compagnie de la Baie d'Hudson y installa un poste de traite, marquant le début du commerce des fourrures au Nunavik. Plus tard, en 1942, les Forces armées américaines érigèrent la base Crystal 1 à l'endroit actuel du village de Kuujjuaq (base qui fut cédée au gouvernement canadien après la Seconde Guerre mondiale), ce qui accéléra le développement du village. Vinrent par la suite une mission catholique, un poste de soins infirmiers, une école et une station météorologique.

Transports

Le Nunavik n'étant pas relié au réseau routier du reste la province, on ne peut s'y rendre que par avion. Canadian North dessert Kuujjuaq quotidiennement au départ de Montréal. Quant à Air Inuit, la compagnie aérienne dessert la côte de l'Hudson du Nunavik de façon quotidienne depuis Montréal, ainsi que Kuujjuaq une journée par semaine depuis Montréal et Québec. Elle assure également les liaisons entre les différents villages de la région. Sur place, Air Inuit et d'autres compagnies privées, telles Johnny May's Air Charters et Nunavik Rotors, offrent des vols nolisés vers les camps de pêche, les parcs du Nunavik et toute autre destination d'intérêt pour les touristes.

LA BAIE D'UNGAVA

C'est ici que se trouve Kuujjuaq, l'une des portes d'entrée principales de la région. C'est aussi d'ici que l'on pourra partir à la découverte du parc national Kuururjuaq et celui des Monts-Torngat. Nous vous recommandons fortement de faire affaire avec un pourvoyeur ou un producteur d'aventures afin d'organiser votre séjour et de vous déplacer au Nunavik. Les distances étant grandes, la langue différente (inuktitut) et le climat rigoureux, nous ne conseillons à personne d'y aller seul sans préparation. Et sans compter qu'une fois sur place, il peut s'avérer difficile de trouver un guide afin de faire des activités intéressantes.

PARCS NUNAVIK ★★

✆ +1 514 457 2236

www.nunavikparks.ca/fr

Visitez le site web pour planifier une visite dans l'un des parcs et réserver un forfait tout inclus ou en autonomie.

Division de l'Administration régionale Kativik, Parcs Nunavik protège des régions naturelles aux caractéristiques extraordinaires au nord du 55e parallèle du Québec. Le parc national des Pingualuit abrite un cratère d'impact météoritique de 3,4 km de diamètre et d'une profondeur de 267 m. Le lac qui occupe ce cratère contient une eau parmi les plus pures au monde. Le parc national Kuururjuaq, très connu des aventuriers en raison des monts Torngat, veille sur les plus hauts sommets de l'Est continental de l'Amérique du Nord. Le parc national Tursujuq, le plus grand du Québec avec une superficie de 26 107 km², est situé près de la côte est de la baie d'Hudson, près d'Umiujaq. Son territoire spectaculaire comprend le lac Tasiujaq (ou lac Guillaume-Delisle, une immense mer intérieure reliée à la baie d'Hudson par un étroit goulet et bordée de cuestas), ainsi que le lac Wiyâshâkimî (ou lac à l'Eau Claire) qui abrite une population rarissime de phoques d'eau douce. La plus jeune addition au réseau est le parc national Ulittaniujalik, situé dans la majestueuse vallée glaciaire de la rivière George et de la rivière Ford ainsi que sur les hauts plateaux environnants. C'est le seul parc qui compte une pourvoirie de pêche inuite sur son territoire, soit la Pyramid Mountain Camp, établie depuis les années 1950. Un autre projet de parc est également en cours : celui de Iluiliq à l'extrême nord du Nunavik, entre les communautés de Ivujivik et de Salluit. Il abrite notamment une des plus grandes colonies de guillemots de Brünnich au monde.

TOURISME NUNAVIK

✆ +1 819 964 2876
www.tourisme-nunavik.com
Site web très complet sur le Nunavik et le tourisme dans la région. Envoi sur demande du guide touristique officiel, lequel contient des informations sur la nature et le mode de vie des Inuit, mais aussi des adresses de pourvoyeurs de pêche, d'aventure et d'écotourisme, ainsi que de l'information sur le transport et l'hébergement, etc. Les amateurs de grands espaces apprécieront l'immensité et la beauté du Nunavik. Mais en raison des distances, de l'absence de routes et des conditions climatiques extrêmes, nous vous conseillons de partir en voyage organisé.

HÔTELS DES COOPÉRATIVES DU NUNAVIK €€

Centrale de réservation basée à Montréal
✆ +1 514 457 3294
nunavikhotels.ca/fr
Occ. simple ou double : à partir de 235 CAN $. 50 CAN $ par personne additionnelle (gratuit pour les moins de 12 ans).
À l'exception de Tasiujaq, chaque village du Nunavik compte un hôtel Co-op proposant des chambres confortables munies de toutes les commodités modernes (salle de bains privée, téléviseur à écran plat avec canaux HD, accès à l'Internet, mini-réfrigérateur, cafetière Keurig avec capsules, etc.). On y retrouve également des aires communes, dont un salon pour fraterniser avec les autres voyageurs et une cuisine entièrement équipée pour concocter ses repas.

AVENTURES INUIT

Basé à Montréal
✆ +1 514 457 3319
www.aventuresinuit.ca
Spécialiste des excursions et séjours guidés par des Inuit au sein des différentes communautés du Nunavik. Motoneige, traîneau à chiens, camping d'hiver, construction d'igloo, interprétation et démonstrations culturelles, observation de la faune (ours polaire, caribou, bœuf musqué, etc.) ou des aurores boréales, photographie et randonnée font entre autres partie des activités proposées dans les forfaits. Depuis 2022, vous pouvez aussi découvrir la ceinture de roches vertes du Nuvvuagittuq, la plus vieille formation rocheuse au monde.

AVENTURES ARCTIQUES

Camp de pêche de Tunulik II
✆ +1 514 457 6580
www.aventuresarctiques.ca
Cette entreprise offre des séjours de pêche d'exception au Nunavik depuis plus d'une quarantaine d'années. Vous pourrez donc vous adonner à la pêche à la truite mouchetée indigène et à la truite de mer au camp de Tunulik II (pêche à l'omble chevalier de l'Arctique parfois disponible, surtout en fin de saison). Les forfaits incluent pratiquement tout, dont le billet d'avion entre Montréal et Kuujjuaq et le transport jusqu'au camp, mais vous devez fournir l'équipement de pêche (voir site web pour tous les détails). Une grande référence dans le domaine !

Parcs Nunavik.

Chiens de traineaux dans la région du Nunavik.

CENTRE DE FORMATION EN SURVIE ARCTIQUE DU NUNAVIK

Basé à Puvirnituq ✆ +1 819 988 2825
www.nastc.ca/index_fr.php
Lors de votre appel, laissez un message à l'attention de Mario Aubin.

Entièrement gérée par des Inuit, l'entreprise propose des séjours d'été et d'hiver dans la région de la baie d'Hudson. Il est conseillé d'être en très bonne forme physique avant de s'inscrire, surtout pour les escapades hivernales (nuit en igloo, traîneau à chiens, motoneige, etc.). Des cours et excursions de plongée sous-marine sont aussi offerts à partir de Puvirnituq, ainsi que des formations en survie arctique sur la banquise (construction d'igloo, orientation et navigation, etc.).

INUKSHUK LODGE

Black Point sur la côte de la baie d'Ungava
✆ +1 450 324 1501
inukshuklodge.com
Tarifs variables selon le forfait choisi.

C'est sur les rives de la baie d'Ungava qu'est établi le camp de base d'Inukshuk Lodge. Ici on vous propose de vous mesurer à l'omble chevalier de l'Arctique, à la truite de mer et au saumon de l'Atlantique pour une expérience de pêche exceptionnelle dans le Grand Nord québécois. Pour une aventure plus peinarde, le lodge propose également des ateliers de photo de paysages, de la faune et de la flore arctiques dans les environs de la baie d'Ungava. À savoir que le camp ayant une capacité d'accueil limitée, les réservations bien à l'avance ne sont pas un luxe.

JOHNNY & BILLY CAIN OUTFITTERS

Estuaire de la rivière aux Feuilles près de Tasiujaq
✆ +1 617 253 6865
leafriverestuarylodge.com
Tarifs variables selon le forfait choisi.

Cette pourvoirie est nichée sur la rive de l'estuaire de la rivière aux Feuilles qui bénéficie de grandes marées, apportant avec elles d'abondants bancs de poissons, dont des saumons de l'Atlantique et ombles de fontaine, mais plus particulièrement de vigoureux ombles chevaliers de l'Arctique. Entièrement opérée par des Inuit, la pourvoirie permet de vivre une expérience de pêche authentique, alors qu'on partage avec eux leur mode de vie ancestral pendant quelques jours mémorables.

LEAF RIVER LODGE

✆ +1 418 882 6210
leafriverlodge.com
Tarifs variables selon le forfait choisi.

Située plus en amont de la rivière aux Feuilles, cette pourvoirie offre une expérience de pêche à la mouche de classe mondiale. Le défi est d'attraper de gros saumons de l'Atlantique qui fraient dans ses fosses, mais on peut aussi prendre de la truite grise de taille ou taquiner la truite mouchetée. Dans une philosophie de préservation, on pratique ici la remise à l'eau. Lorsque la saison de pêche tire à sa fin (septembre), on peut aussi observer la migration des caribous qui traversent la rivière alors que la toundra s'enflamme de ses couleurs automnales.

WEDGE HILLS LODGE

Rivière George
✆ +1 450 612 3832
wedgehillslodge.com/fr
Tarifs variables selon le forfait choisi.

Surplombant la rivière George, cette auberge est avant tout réputée pour ses forfaits de pêche au saumon de l'Atlantique, à la truite mouchetée et au touladi. Grâce à sa division Golden Peninsula Tours, des circuits guidés ou autonomes sont également proposés pour découvrir les merveilles de l'Arctique québécois et du Labrador, dans une région appelée la Péninsule d'or, que ce soit pour observer les ours polaires, faire un trek au-dessus du fjord d'Hébron, descendre une rivière en radeau pneumatique ou même sillonner la toundra en fatbike. Des aventures uniques !

ORGANISER SON SÉJOUR

Se préparer pour un séjour touristique au Québec n'a rien de sorcier. Le niveau de sécurité est excellent, la langue est la même (quoique les expressions et l'accent diffèrent) et le mode de vie est très similaire. Qui plus est, les Européens bénéficient d'un taux de change avantageux et le coût de la vie au Québec est relativement bas par rapport au reste de l'Amérique du Nord. Quant aux formalités, une autorisation de voyage électronique est requise depuis quelques années (cette dernière se fait en ligne en quelques clics) et, depuis octobre 2022, les formalités d'entrée demandées en lien avec la COVID-19 sont abolies. Plusieurs compagnies aériennes desservent la destination et les tour-opérateurs et agences réceptives proposent des séjours pour tous les goûts et budgets. Et pour ceux qui voudraient y prendre racine, la province multiplie les programmes pour travailler, étudier et immigrer.

ORGANISER SON SÉJOUR

ARGENT

La monnaie s'exprime en dollars canadiens (CAD, $ CA, CAN $ – à ne pas confondre avec le dollar US). Pièces de 1 et 2 CAN $, et 5, 10 et 25 ¢ (cents) ; billets de 5, 10, 20, 50, 100 CAN $ (ces derniers sont parfois refusés dans certains magasins). On prononce « cenne » pour cent (« je n'ai plus une cenne » veut dire « je suis fauché »). Piastre, prononcé « piasse », est synonyme de dollar. La pièce de 25 ¢ se dit aussi « un trente sous ». Selon la Banque Royale du Canada, le taux de change en janvier 2023 était de : 1 CAN $ = 0,68 € ; 1 € = 1,39 CAN $ (taux réels en succursale).

BUDGET / BONS PLANS

Pour vous aider à planifier votre budget quotidien sur place, voici trois exemples s'adaptant aux moyens financiers de chacun.

- **Petit budget :** 80 CAN $ par jour et par personne (hébergement en camping/auberge de jeunesse, repas sur le pouce ou épicerie, transport en commun ou covoiturage, activités gratuites ou à moins de 10 CAN $).
- **Budget moyen :** 200 CAN $ par jour et par personne (hébergement en chambre d'hôtes ou hôtel, bonnes tables, transport en commun ou voiture, activités payantes ou en forfait).
- **Gros budget :** à partir de 400 CAN $ par jour et par personne (hébergement en hôtel plus luxueux ou condo/chalet, bonnes tables, transport en voiture, activités en forfait/expéditions).
- **Il ne faut pas non plus oublier** que les prix de la plupart des biens de consommation et des services sont majorés d'une taxe provinciale (TVQ) de 9,975 % et d'une taxe nationale (TPS) de 5 %, généralement non incluses dans le prix affiché. Aussi, le pourboire de 15 % doit être rajouté au montant de l'addition au restaurant et dans les bars. Le pourboire aux chauffeurs de taxi, aux femmes de ménage dans les hôtels et aux coiffeurs est également conseillé (mais peut être inférieur à 15 %). Pas de pourboires dans les cinémas et les théâtres.
- **En ce qui concerne le marchandage,** ce n'est pas une pratique courante dans le pays. Les prix indiqués sont fixes et généralement non négociables. Toutefois, les commerçants peuvent parfois se montrer généreux et vous offrir quelque chose si vous leur achetez des articles pour un montant important. De la même manière, et bien que ça soit strictement interdit, les petits commerces acceptent parfois de ne pas vous faire payer les taxes si vous payez vos achats en liquide et sans possibilité de retour...

PASSEPORT ET VISAS

Les voyageurs français, belges et suisses sont acceptés pour six mois et doivent avoir complété leur demande d'autorisation de voyage électronique (AVE) en plus des nouvelles exigences requises en lien avec la COVID-19. Ils doivent être en possession d'un passeport valide, d'un billet de retour (idéalement) et disposer d'une somme d'argent suffisante pour assurer leur séjour.

Patinage sur le lac de Beauport.

L'ASSURANCE VOYAGE, LE MEILLEUR MOYEN POUR FAIRE FACE À DES FRAIS DE SANTÉ ÉLEVÉS À L'ÉTRANGER

avec le DR CÉDRIC RAMAUT, directeur médical d'Allianz Travel

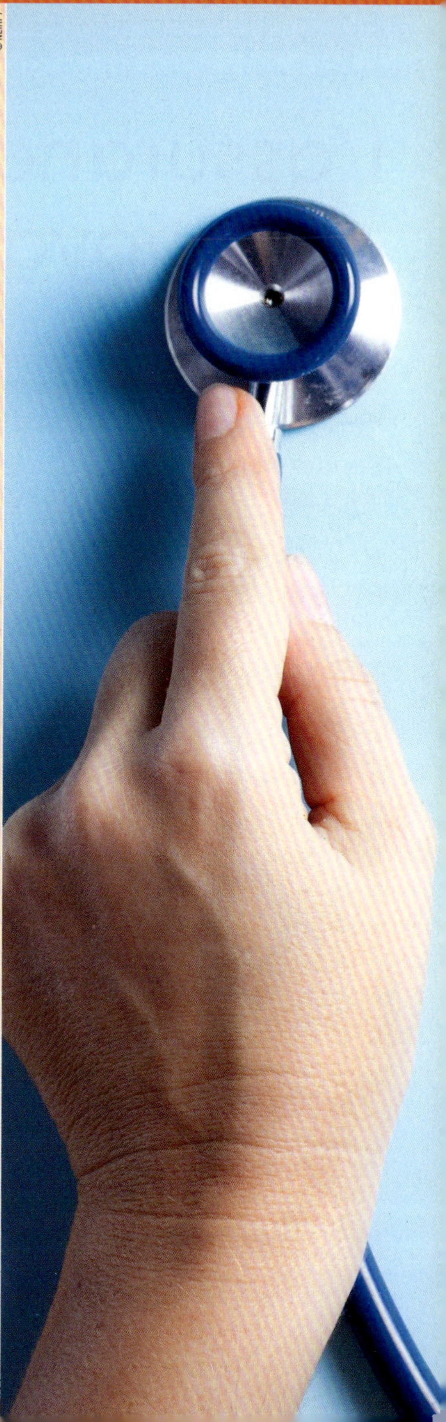
© NEIRFY

Les frais médicaux sont-ils les mêmes selon les différentes régions du monde ?

Les frais médicaux sont en général plus élevés à l'étranger qu'en France. En Australie, une consultation médicale coûte en moyenne 2 fois plus cher qu'en France. Au Canada, elle est 3 fois plus chère et aux États-Unis, jusqu'à 7 fois.

La sécurité sociale et la mutuelle prennent-elles en charge les frais médicaux à l'étranger ?

La sécurité sociale fonctionne uniquement avec les pays avec lesquels la France a passé des accords. Il faut pour cela penser à demander sa carte européenne d'assurance maladie (CEAM). La sécurité sociale et la mutuelle couvriront alors les frais médicaux à l'étranger à hauteur de leur propre barème sous certaines conditions. Il est malgré tout conseillé de souscrire une assurance voyage, car la prise en charge des frais ne sera pas la même qu'en France.

À combien peut s'élever une consultation chez un médecin généraliste ou une hospitalisation à l'étranger ?

Aux États-Unis, au Canada et en Australie, une consultation chez un généraliste peut coûter entre 200 et 5 000 dollars, si le médecin a besoin de pratiquer des examens au cabinet. Le coût d'une hospitalisation peut lui atteindre plusieurs milliers de dollars par jour !

Quelle est la meilleure protection pour faire face aux frais médicaux ?

Cela va dépendre du pays dans lequel on voyage. Dans tous les cas il est indispensable de pouvoir faire face à des frais médicaux imprévus à l'étranger, et donc d'être en possession d'une couverture assistance médicale adaptée.

Les couvertures incluses dans certaines cartes bancaires ne sont-elles pas suffisantes ?

Les garanties, et notamment la prise en charge des frais médicaux, diffèrent suivant le type de cartes. Il est donc nécessaire de bien prendre connaissance de son contrat, car la plupart des cartes proposent des couvertures qui peuvent s'avérer insuffisantes.

Depuis 2016, les visiteurs n'ayant pas besoin de visa doivent remplir une AVE (autorisation de voyage électronique) avant leur voyage. L'AVE coûte 7 CAN $ par personne (environ 5 €), et est valable cinq ans ou jusqu'à l'expiration du passeport. Cette demande en ligne permet de recueillir les renseignements personnels de base, tout comme cela est fait actuellement aux douanes à l'arrivée au Canada, et a comme résultat de passer plus rapidement à la frontière. Attention, de nombreux sites frauduleux pullulent sur la toile. Certaines compagnies, sans lien avec le gouvernement, proposent d'apporter leur aide pour une demande d'AVE. Mais celle-ci est très simple à faire (et accessible en français). Pour plus de renseignements : canada.ca/fr/immigration-refugies-citoyennete/services/visiter-canada/ave.html
Pour toute autre question concernant les formalités d'entrée au Canada et pour les coordonnées de l'ambassade du Canada en France : france.gc.ca

COVID-19. Depuis le 1er octobre 2022, toutes les restrictions à la frontière ont été abandonnées. Comme elles peuvent être réimposées à tout moment en cas de recrudescence du virus, nous vous conseillons tout de même de visiter le site web du gouvernement : voyage.gc.ca/voyage-covid

Sachez finalement que si vous comptez passer la frontière américaine pour une petite escapade, il vous faut un passeport biométrique. Ce passeport permet de bénéficier du programme d'exemption de visa pour les séjours de moins de 90 jours. Pour bénéficier de cette exemption de visa, il est nécessaire de faire une déclaration ESTA en ligne, assortie d'une taxe de 14 US$, pour les séjours touristiques aux États-Unis. Pour plus de renseignements : esta.cbp.dhs.gov/esta. Aussi, renseignez-vous bien sur les conditions d'entrée en lien avec la COVID-19 : fr.visittheusa.ca/us-covid-19-recommandations-de-voyage

PERMIS DE CONDUIRE

Les permis de conduire français, belges et suisses sont acceptés pour une période ne dépassant pas six mois ; le cas échéant, vous devrez vous munir du permis international (généralement valide d'un à trois ans). Si vous désirez louer une voiture au Québec, il faut être âgé de 21 ans, voire 25 ans pour certains modèles, et être en possession d'une carte de crédit. Un permis de conduire est également requis pour pratiquer la motoneige et le quad, et le permis moto est obligatoire pour en conduire une.
Pour connaître en un seul clic les exigences liées au permis selon le type de véhicule : saaq.gouv.qc.ca/je-conduis
Pour tout savoir sur le permis international : saaq.gouv.qc.ca/permis-conduire/permis-international

SANTÉ

Il n'y a pas de maladies infectieuses ou de risques sanitaires dignes de mention au Québec, hormis bien évidemment la COVID-19 qui affecte le monde entier. Aussi, sachez que l'eau du robinet est potable (sauf avis contraires) et gratuite, même dans les restaurants.

SÉCURITÉ

L'indice de criminalité du Québec est considéré comme étant l'un des plus bas de toutes les provinces du Canada, voire d'Amérique du Nord. La notion de « quartier chaud » n'existe pas non plus au Québec, mais on doit admettre que certains quartiers de Montréal sont un peu moins accueillants. Il n'y a donc aucune inquiétude à avoir pour les femmes voyageant seules dans la province, ni même pour prendre le métro à Montréal tard en soirée.

© ALE72 - ISTOCKPHOTO.COM

Le quartier du Petit-Champlain à Québec.

DÉCALAGE HORAIRE

Le décalage horaire avec le Québec est de 6 heures en moins, en été comme en hiver. Le changement d'heure à l'automne et au printemps ne se fait toutefois pas en même temps. A savoir que pour les Îles de la Madeleine, l'île d'Anticosti et une partie de la Côte-Nord, le décalage horaire n'est que de 5 heures en hiver (et même en été aux Iles de la Madeleine et dans les villages côtiers de la Basse-Côte-Nord, ces derniers se trouvant dans le fuseau horaire de l'Atlantique).

LANGUES PARLÉES

Au Québec, la langue officielle est le français. Il y a toutefois quelques communautés anglophones, principalement dans le Grand Montréal mais aussi ailleurs en province, comme dans l'Outaouais, les Cantons-de-l'Est ou la Côte-Nord. Dans les quartiers ethniques du Grand Montréal, vous entendrez des langues des quatre coins du globe (chinois, italien, créole, hébreu, grec...). Du côté des communautés autochtones, on retrouve une dizaine de langues regroupées sous trois familles linguistiques : algonquienne (abénaki, algonquin, atikamekw, cri, malécite, innu, mi'kmaq et naskapi), iroquoienne (mohawk et wendat/huron) et esquimau-aléoute (inuktitut). Certaines ont failli disparaître mais des efforts notables sont faits dans plusieurs communautés pour leur donner un second souffle.

COMMUNIQUER

La couverture téléphonique est excellente dans les grands centres et la plupart des régions. Cependant, dans certaines zones plus reculées, seul le téléphone satellite fonctionne, et encore. Si vous prenez un abonnement mobile au Québec, notamment auprès d'opérateurs à bas prix, vérifiez bien la couverture car elle pourrait se limiter qu'à quelques villes ou une seule zone.
Pour ce qui est du wifi, trouver une connexion n'est pas un problème au Québec. Les aéroports, gares routières et ferroviaires, établissements hôteliers (attention : les hôtels de luxe offrent souvent ce service avec supplément), restos, cafés, bars, lieux culturels, etc., sont généralement équipés en wifi, le tout offert gratuitement la plupart du temps. Des réseaux publics gratuits sont aussi disponibles dans plusieurs quartiers des grandes villes québécoises. Par contre, en région éloignée, l'accès à Internet peut être compliqué, voire quasi inexistant.
Les bibliothèques, certains établissements hôteliers et cafés mettent également des ordinateurs à disposition, parfois gratuitement. Mais les bornes Internet et les ordinateurs en libre-service tendent à disparaître graduellement du paysage...

ELECTRICITÉ ET MESURES

Courant alternatif de 110 volts avec une fréquence de 60 Hz. Les fiches sont plates à l'américaine (pas rondes comme en Europe). Munissez-vous d'un adaptateur, afin de pouvoir utiliser les appareils européens tels que rasoir ou séchoir à cheveux, et vérifiez qu'ils acceptent ce voltage. Le cas échéant, munissez-vous également d'un transformateur de courant.
Au niveau des mesures, les choses se gâtent. Bien que le Québec ait adopté le système métrique depuis une quarantaine d'années, les Québécois utilisent également les anciennes mesures (pouce, pied, livre, once, pinte, gallon, etc.). Pour y voir plus clair : metric-conversions.org/fr/
Quant aux pointures de chaussures, le 38 femme correspond au 7 (qui équivaut au 39,5 pour l'homme). Pour les tailles des vêtements, le 40 femme correspond au 12 ; le 44 homme devient le 34.

BAGAGES

Les étés sont chauds, particulièrement dans le sud-ouest de la province. Cependant, la climatisation et les soirées fraîches à la campagne ou en montagne nécessitent des lainages et un coupe-vent. N'oubliez pas le maillot de bain, un sac à dos pour les randonnées pédestres et une lotion anti-moustique. Au printemps et à l'automne, apporter avec soi un imperméable doublé est quasi impératif et, en hiver, munissez-vous d'un bonnet, de moufles et d'une écharpe ainsi que d'un anorak, de vêtements chauds et de bottes fourrées.

S'Y RENDRE

Pour se rendre au Québec depuis l'Europe, une seule solution (ou presque) : l'avion. Il faut compter environ 7 heures en vol direct. Un vol aller-retour pour Montréal depuis Paris se vend à partir de 700 € en haute saison (été et temps des Fêtes) et à partir de 350 € le reste de l'année. Pour obtenir des tarifs intéressants, il est indispensable de s'y prendre très en avance. Toutefois, les billets d'avion pour Montréal au départ de la France font l'objet de nombreuses promotions tout au long de l'année, même pendant la période estivale, notamment avec des départs moins de 30 jours à l'avance.

Les principales compagnies qui desservent Montréal en vol direct depuis l'Europe sont Air Canada, Air France, Air Transat et Corsair (possibilité également de vol direct vers Québec). Selon la saison, des vols directs sont également proposés au départ des villes de province (Bordeaux, Lyon, Marseille, Toulouse, etc.).

AIR CANADA

✆ +1 888 247 2262

www.aircanada.com

Air Canada dessert Montréal en vol direct et quotidien au départ de Paris-Charles de Gaulle et de Bruxelles ainsi que plusieurs fois par semaine depuis Genève, sans oublier des départs de province en saison. Air Canada cumule de nombreux prix chaque année et a remporté huit fois le prestigieux prix de la « meilleure compagnie aérienne en Amérique du Nord », décerné par Skytrax. Ce même organisme a également décerné 4 étoiles à Air Canada, ce qui en fait l'un des seuls transporteurs nord-américains à avoir obtenu cette récompense.

AIR TRANSAT

✆ 0 800 872 672 83

www.airtransat.fr

Air Transat propose au moins un vol quotidien et direct au départ de Paris Charles de Gaulle à destination de Montréal. En saison, des départs sont aussi offerts depuis Bordeaux, Lyon, Marseille, Nantes, Nice et Toulouse. Départs aussi offerts depuis Bruxelles et autres villes européennes. Air Transat figure depuis près d'une décennie sur la liste des meilleures lignes aériennes de voyages vacances au monde. La compagnie a même remporté quatre fois le titre lors de la remise de prix annuelle des *World Airline Awards* de Skytrax, dont le plus récent en 2021.

AIR FRANCE

✆ 09 69 39 36 54

www.airfrance.fr

Air France ne dessert que quatre villes au Canada en vol direct. Des vols quotidiens et directs sont offerts entre Paris et Montréal ainsi que quelques vols hebdomadaires vers Québec, mais il est aussi possible de partir depuis d'autres villes de France (Bordeaux, Lyon, Marseille, Nice, Strasbourg, Toulouse, etc.) ou d'ailleurs en Europe (Bruxelles, Francfort, Genève, etc.). Une correspondance ou un trajet en train est alors requis, et le vol en Europe peut être assuré par une compagnie partenaire membre de l'alliance SkyTeam, comme KLM.

CORSAIR

✆ 39 17

www.flycorsair.com

Pensez à adhérer au programme de fidélité Le Club Corsair. Service Client ouvert tous les jours de 7h à 23h.

Corsair assure des vols directs de mai à fin octobre de Paris en direction de Montréal (horaire sujet à changements). Possibilité de départ depuis la province avec connexion à Paris avec TGV Air. Le site web de la compagnie offre la possibilité de s'enregistrer 24 heures à l'avance, de choisir son siège, d'éditer sa carte d'embarquement et même de commander des repas « à thème ». Le client peut aussi réserver en ligne les produits qu'il souhaite acheter en duty free à bord de l'avion avec des réductions pouvant atteindre les 40 %.

SÉJOURS ET CIRCUITS

Si certains aiment organiser leur voyage de A à Z, d'autres préfèrent confier la logistique à une agence spécialiste de la destination. On peut choisir de partir en groupe organisé ou alors seul, en couple, entre amis ou en famille, avec un forfait clé en main ou conçu sur mesure.

L'offre est grande pour le Québec, proposant tous les incontournables tels que la route des baleines, le tour de la Gaspésie, les virées urbaines à Montréal et Québec, les séjours de chasse et pêche en pourvoirie, les forfaits multi-activités en été comme en hiver, etc. On peut aussi choisir de sortir des sentiers battus avec une expédition dans le Grand Nord québécois, une croisière dans la Basse-Côte-Nord ou bien un séjour traditionnel en territoire autochtone. Des combinés permettent également d'aller explorer la capitale canadienne, Ottawa, sans oublier les grandes stars que sont Toronto et les chutes du Niagara.

66° NORD

1220, chemin du lac clair
LES MARCHES
✆ 04 81 68 56 00
www.66nord.com
Ouvert sur rendez-vous. Autre agence à Les Marches près de Chambéry.

Cette agence spécialiste propose divers forfaits tout inclus dont un circuit hivernal de 8 jours au Québec, « L'appel de la forêt », où vous pourrez faire de la motoneige, du traîneau à chiens et de la raquette, avec une journée de visite libre à Montréal. On vous suggère également « La Gaspésienne », un autotour de 15 jours mettant en vedette la Gaspésie mais aussi Montréal, Québec, Charlevoix, la Côte-Nord ou encore le Bas-Saint-Laurent. De nombreux autres circuits sont offerts dans la Belle Province ainsi que dans le reste du Canada.

GRAND NORD - GRAND LARGE

30, rue Saint-Augustin
PARIS (2e)
✆ 01 40 46 05 14
www.gngl.com
Ouvert du lundi au samedi de 10h à 18h.

Ce spécialiste des voyages en terres polaires propose de nombreuses formules de voyages au Québec et dans le reste du pays. Que ce soit pour l'observation des baleines dans le Saint-Laurent, du canoë-camping sur la rivière Bazin, un raid en traîneau à chiens ou en motoneige dans les forêts du Québec, ou encore de la randonnée dans les régions de Québec, Charlevoix et au Saguenay, toutes les expéditions sont programmées avec soin par des spécialistes. Voyages à la carte également et possibilité d'achat de billets d'avion et de location de voitures.

IMAGINE CANADA BY JMB VOYAGES

Ancienne École
ASPRES-LÈS-CORPS
✆ 04 92 50 98 57
imagine-canada.fr

Cette agence propose des séjours au Canada – plus particulièrement au Québec – permettant de découvrir aussi bien la nature et les magnifiques paysages ruraux que les métropoles. Elle propose des voyages sur mesure et des séjours à un rythme adapté. Enfin, pour vos voyages en groupe, entre amis ou pour le travail, l'agence propose des séjours de *team building*, dont la destination est secrète jusqu'au départ et qui vous offrent de nombreuses activités et challenges à faire en équipe.

NORD ESPACES

35, rue de la Tombe-Issoire
PARIS (14e)
✆ 01 45 65 00 00
www.nord-espaces.com
Informations et prises de contact en ligne.

Nord Espaces est spécialiste des destinations nordiques et programme des séjours au Québec été comme hiver. En été, la Gaspésie est à l'honneur dans un circuit accompagné de deux semaines « Des chutes du Niagara à la péninsule gaspésienne ». En hiver, un séjour d'une semaine sur la banquise des Îles de la Madeleine permet d'aller observer les bébés phoques. Sinon, on ira pratiquer la motoneige, le traîneau à chiens et la raquette du côté des forfaits multi-activités. Plusieurs circuits individuels avec voiture de location sont également possibles au Québec.

PROMOVACANCES

✆ 01 55 33 44 44

www.promovacances.com

Promovacances est une agence de voyage en ligne qui propose de nombreux séjours touristiques, des week-ends, ainsi qu'un très large choix de billets d'avion à tarifs négociés sur vols charters et réguliers, des locations, des hôtels à prix réduits. En plus de cette importante offre, n'hésitez pas à guetter en ligne des promotions de dernière minute et les bons plans du jour. Enfin, des informations pratiques sont à consulter en ligne pour préparer votre voyage : santé, formalités, aéroports, voyagistes, compagnies aériennes.

AVENTURES INUIT

Basé à Montréal

KUUJJUAQ

✆ +1 514 457 3319

www.aventuresinuit.ca

Spécialiste des excursions et séjours guidés par des Inuit au sein des différentes communautés du Nunavik. Motoneige, traîneau à chiens, camping d'hiver, construction d'igloo, interprétation et démonstrations culturelles, observation de la faune (ours polaire, caribou, bœuf musqué, etc.) ou des aurores boréales, photographie et randonnée font entre autres partie des activités proposées dans les forfaits. Depuis 2022, vous pouvez aussi découvrir la ceinture de roches vertes du Nuvvuagittuq, la plus vieille formation rocheuse au monde.

ALTAÏ CANADA

7735, boulevard Saint-Laurent

MONTRÉAL

✆ +1 514 634 5000

canada.altaibasecamp.com/fr

Cette agence réceptive s'est donné pour mandat le projet ambitieux de réaliser les rêves des globe-trotters désirant découvrir le Québec ou le Canada. Elle propose une multitude de forfaits et de circuits pour tous les goûts, sans compter les nombreux autres services (sur mesure, location de voiture...). En toute saison, des forfaits de rêve vous transporteront au cœur des magnifiques régions du pays. Vous voulez « goûter » à toutes les activités pratiquées en hiver ou en été ? Les séjours multi-activités sont la solution parfaite !

BONJOUR NATURE

✆ +1 450 834 8088

bonjournature.ca

Envie de vous évader de la ville sans tracas ? Bonjour Nature est la solution idéale ! Cette jeune entreprise offre des virées d'une journée ou plus avec transport guidé de Montréal jusqu'aux plus beaux spots de la région de Lanaudière. Été comme hiver, une panoplie d'activités de plein air au menu, mais aussi des aventures urbaines, des escapades gourmandes ou encore des séjours insolites. Une occasion en or pour découvrir les nombreux attraits et grands espaces de la région ! Des forfaits individualisés et autonomes sont également au programme.

AUTHENTIK CANADA

7680, rue Saint-Hubert

MONTRÉAL

✆ +1 514 769 0101

www.authentikcanada.com

N° Vert depuis la France : 0 805 080 113.

Une agence spécialiste du Canada qui propose des séjours et circuits qui plairont à tous les publics : individuels, familles, couples et groupes. Parmi les forfaits disponibles, notons les itinéraires en voiture (location de voiture et camping-car également), les raids en motoneige, les divers séjours en pourvoirie. On apprécie aussi l'originalité des activités proposées comme les rencontres avec un trappeur, la pêche sur glace, les bains nordiques, les séjours en glamping, etc. Les séjours s'adaptent aux goûts et aux besoins de chacun.

LES CARAÏBES NORDIQUES

✆ +1 514 447 6300

www.caraibesnordiques.com

Nouvelle agence québécoise proposant des expériences authentiques permettant de plonger au cœur de l'épopée des coureurs des bois mais aussi, et surtout, de la culture et des traditions autochtones. Que ce soit sur la Côte-Nord, dans le Bas-Saint-Laurent ou encore au Nunavik dans le Grand Nord, vous vivrez pleinement la nordicité québécoise dans un décor sauvage et démesuré. Au programme, des séjours tout inclus de chasse éthique, de pêche durable, d'aventure et d'écotourisme ainsi que de villégiature. On recommande chaudement !

KARAVANIERS

4035 rue Saint-Ambroise
MONTRÉAL
✆ +1 514 281 0799
www.karavaniers.com

Cette agence à taille humaine et à grande conscience sociale et environnementale guide les voyageurs sur les plus beaux sentiers et cours d'eau de la planète. Cela dit, elle fait également découvrir les joyaux du Canada et du Québec, et ne manque pas d'incroyables destinations pour les amoureux des grands espaces et du plein air. Eté comme hiver, en kayak de mer comme en raquettes, les expéditions guidées de Karavaniers sortent des sentiers battus et promettent une expérience de grande nature plus que mémorable. On recommande chaudement !

PARCOURS CANADA

400, avenue Atlantic
MONTRÉAL
✆ +1 514 373 1934
www.parcourscanada.com

Été comme hiver, cette agence réceptive à taille humaine propose des voyages sur mesure qui emmèneront les nouveaux venus découvrir les grands classiques du pays ou permettront aux fins connaisseurs du Canada de sortir des sentiers battus, en s'embarquant pour des périples insolites (séjour en hydravion, dans le Grand Nord, etc.) ou en faisant étape dans des hébergements originaux (un hôtel des Premières Nations, une cabane perchée dans les arbres, etc.). L'agence privilégie un contact personnalisé avec les clients, mais aussi avec ses prestataires locaux.

VOYAGES COSTE

454, route Jacques-Cartier
RIVIÈRE-AU-TONNERRE
✆ +1 418 465 2002
voyagescoste.ca

Pour planifier un séjour de rêve dans les territoires naturels uniques de la Minganie, de l'Île d'Anticosti et de la Basse-Côte-Nord, cette coopérative de solidarité en tourisme durable est un incontournable. Elle propose une multitude de forfaits s'adaptant à tous les goûts : autotours et circuits guidés, croisières sur le Bella Desgagnés avec ou sans excursions terrestres, séjours tout inclus, expéditions en motoneige, réservations d'hébergement, d'activités et de transports, etc. Bref, une agence au top qui s'occupe de tout !

EASYVOYAGE

✆ 08 99 19 98 79
www.easyvoyage.com

Le concept peut se résumer en trois mots : s'informer, comparer et réserver. Des infos pratiques sur plusieurs destinations en ligne (saisonnalité, visa, agenda...) vous permettent de penser plus efficacement votre voyage. Après avoir choisi votre destination selon votre profil (famille, budget...), le site vous offre la possibilité d'interroger plusieurs sites à la fois concernant les vols, les séjours ou les circuits. Grâce à ce moteur performant, vous pouvez réserver directement sur plusieurs bases de réservation (Lastminute, Go Voyages et bien d'autres).

JETCOST

www.jetcost.com

Jetcost compare les prix des billets d'avion et trouve le vol le moins cher parmi les offres et les promotions des compagnies aériennes régulières et *low cost*. Le site est également un comparateur d'hébergements, de loueurs d'automobiles et de séjours, circuits et croisières. L'interface du site Internet est très simple d'utilisation. Après avoir lancé la recherche, on peut affiner les résultats en fonction de ses choix afin de trouver le vol le plus intéressant, la durée du trajet, les éventuelles escales ou encore l'aéroport d'arrivée.

QUOTATRIP

www.quotatrip.com
Voyages sur mesure.

QuotaTrip est une nouvelle plateforme de réservation de voyage en ligne qui met en relation des voyageurs à la recherche d'expériences authentiques et uniques et des agences de voyages locales sélectionnées pour leurs compétences et leur sérieux. Le réseau de QuotaTrip couvre près de 200 destinations dans le monde entier. Le but de ce rapprochement est simple : proposer un séjour entièrement personnalisé aux utilisateurs. QuotaTrip promet ainsi l'assurance d'un voyage serein, sur mesure, sans intermédiaires et sans frais supplémentaires.

INTERVIEW

LE VOYAGE-SUR-MESURE

AVEC STEVEN LE CHEVALIER ET MATHIEU VALLY DE QUOTATRIP

Quel est le concept de l'agence QuotaTrip ?

Quotatrip est la première plateforme de mise en relation entre voyageurs et agences locales. Grâce à elle, les voyageurs peuvent enfin échanger en direct avec des agences qui sont sur place et concevoir un voyage unique, au meilleur prix et 100% personnalisé.

Pourquoi voyager avec des agences locales ?

À l'inverse des agences traditionnelles, les agences locales sont des expertes de la destination choisie. Ce sont aussi les mieux placées pour concevoir des séjours qui sortent des sentiers battus. Elles sont ainsi en mesure de répondre à l'ensemble des envies, le voyageur rentre dans l'univers de l'equi-tourisme = le tourisme sans intermédiaire.

Quels sont les autres avantages pour les voyageurs ?

Il y a une multitude d'avantages. Cela permet notamment de ne pas voyager comme tout le monde, d'organiser de manière simple et rapide un séjour sur mesure et au meilleur prix. Fini les mauvaises surprises, les voyageurs posent toutes les questions qu'ils souhaitent et bénéficient d'un accompagnement sur mesure, de la conception du projet jusqu'à sa réalisation en toute sécurité car les agences référencées sont sélectionnées et recommandées par les journalistes des guides du Petitfute en toute impartialité.

Les démarches sont-elle simples à effectuer ?

Les sites de voyage en ligne font perdre beaucoup de temps aux internautes sans pour autant répondre entièrement à leurs désirs. QuotaTrip propose un formulaire simple et rapide qui permet de décrire les souhaits, les envies et les besoins. L'internaute reçoit aussitôt gratuitement et sans engagement les offres de trois ou quatre agences locales avec qui il peut ensuite échanger afin de personnaliser son projet grâce à la messagerie mise en place.

Quelles sont les destinations proposées ?

Notre plateforme propose plus de 21 000 projets de voyage sur plus de 100 destinations à travers le monde. De l'Amérique latine en passant par l'Asie et l'Afrique, nos mille agences partenaires sont là pour répondre à vos projets de voyage.

Décrivez votre projet de voyage.
Échangez en direct avec les agences locales et partez au meilleur prix.

***Plus d'informations** : quotatrip.com*

© D.R

© D.R

© D.R

SE LOGER

Au Québec, les formules d'hébergement sont nombreuses, allant de l'hôtel classique au ranch ou au chalet, en passant par les motels, les grandes chaînes internationales, les auberges de jeunesse, les chambres d'hôtes, les pourvoiries et les campings. Et depuis quelques années, les hébergements insolites ont le vent en poupe. Ils proposent la nuitée dans une roulotte, une maison dans les arbres, un tipi amérindien, un sous-marin, une yourte flottante et même une maison de hobbit.

Pour trouver son petit nid douillet, consultez le site web des offices de tourisme régionaux. Ces derniers publient également chaque année un guide touristique officiel gratuit qui comprend, entre autres, une liste d'établissements avec coordonnées, fourchettes de prix et services proposés. Le site web de Tourisme Québec regorge aussi d'excellentes propositions (bonjourquebec.com/fr-ca/se-preparer/ou-dormir). Il est conseillé de réserver, surtout en été.

ÔRIGINE ARTISANS HÔTELIERS €€

✆ +1 514 861 4024

www.originehotels.com

Coopérative hôtelière, Ôrigine Artisans Hôteliers regroupe une quarantaine d'auberges et d'hôtels indépendants dans une quinzaine de régions touristiques de la province. Chacun offre entre autres un hébergement de grande qualité et une table gourmande mettant en vedette les produits régionaux du Québec. Le site web permet de dénicher son séjour de rêve par expérience (détente, gastronomie, plein air, etc.) ou encore par forfait. Un programme de fidélité est aussi proposé.

CAMPING QUÉBEC €

✆ +1 450 651 7396

www.campingquebec.com

Application disponible pour smartphone : GO Camping Québec.

L'Association des terrains de camping du Québec est une association privée sans but lucratif dont le mandat est de promouvoir cette industrie dans la province, sa croissance et son développement, sans oublier la représentation des exploitants de terrains de camping auprès des différentes instances gouvernementales. Elle est la plus importante association de ce genre au pays avec plus de 800 membres provenant des secteurs privé et public. C'est également elle qui se charge de la classification des campings pour le ministère du Tourisme.

AUBERGES SAINTLO €

saintlo.ca

Réservation en ligne ou directement par téléphone auprès de chaque auberge.

Anciennement membres du réseau Hostelling International (HI), les auberges du Québec et de l'Ontario sont dorénavant réunies sous un nouveau collectif : les Auberges Saintlo. Qu'elles soient au cœur de la ville ou blotties en bord de mer, elles offrent des lits en chambres partagées, des chambres privées ou familiales, des sites de camping et même des hébergements insolites, sans oublier la panoplie de services proposés, allant de la cuisine équipée pour concocter ses repas aux sorties organisées pour socialiser. La manière la plus cool de voyager !

WECHALET €€

wechalet.com

Réservation en ligne uniquement.

Pour s'évader le temps d'un week-end ou prendre une semaine de vacances bien méritée, WeChalet est la plateforme de location à court terme idéale ! À la manière d'Airbnb, WeChalet propose des maisons, condos et chalets un peu partout au Québec et vous met en relation directe avec le propriétaire. Cela dit, cette entreprise se démarque avec des frais de réservation inférieurs à son compétiteur en plus d'être une plateforme web bien québécoise. Bonus qui nous fait chaud au cœur : pour chaque réservation effectuée, WeChalet plante un arbre pour vous.

SE DÉPLACER

Les distances sont grandes au Québec et, en fonction de votre itinéraire, la location d'une voiture peut s'avérer une excellente option, d'autant plus qu'elle permet une véritable liberté. Aussi, afin de rallier les deux rives du Saint-Laurent ainsi que certaines îles, plusieurs services de ferry sont offerts. Sinon, malgré le fait que plusieurs petites compagnies aériennes opèrent dans la province, les tarifs sont pour l'instant exorbitants. Cependant, pour vous rendre aux confins de l'Arctique au Nunavik, vous n'aurez pas d'autre option. Outre le train VIA Rail qui dessert quelques régions du Québec, la province bénéficie d'un grand réseau de bus interurbains, quoique chers et peu fréquents, voire inexistants dans certaines municipalités. La ligne Montréal-Québec est toutefois très prisée avec de nombreux départs par jour. Bon plan : le covoiturage, très populaire et surtout hyper abordable.

BELLA DESGAGNÉS

✆ +1 800 463 0680

relaisnordik.com

Hebdomadaire, d'avril à mi-janvier. Navire semi-cargo semi-passagers, réservation à l'avance obligatoire.

Le navire *Bella Desgagnés* effectue la desserte maritime en Moyenne et Basse-Côte-Nord ainsi qu'à l'île d'Anticosti, un parcours s'étirant de Rimouski à Blanc-Sablon. Le voyage qui nous y mène s'avère une expérience en soi, rythmée par les vagues du Saint-Laurent, une nature sauvage intacte et des communautés plus accueillantes les unes que les autres. Possibilité de forfait incluant l'hébergement en cabine et les repas, excursions terrestres offertes par Voyages Coste disponibles avec supplément. Un voyage inoubliable en terre de démesure !

CTMA

✆ +1 418 986 3278

www.ctma.ca

Voir site web pour les horaires et tarifs.

Liaison par bateau entre Souris (Île-du-Prince-Édouard) et Cap-aux-Meules, toute l'année sur le CTMA Traversier (réservation indispensable en haute saison). On peut aussi partir de Montréal : le CTMA Vacancier effectue une croisière hebdomadaire depuis Montréal avec escale à Gaspé, de mi-juin à fin septembre. Quelques croisières thématiques sont proposées pendant la saison (peuvent inclure d'autres destinations) ainsi que des forfaits (vélo, saveurs, art et culture). À noter que les croisières sont suspendues jusqu'à nouvel ordre.

SOCIÉTÉ DES TRAVERSIERS DU QUÉBEC (STQ)

✆ +1 877 787 7483

www.traversiers.com

Accessible aux fauteuils roulants.

Découvrez la province grâce à 13 services maritimes reliant des municipalités pittoresques en bordure du fleuve Saint-Laurent, du fjord du Saguenay et même du golfe du Saint-Laurent. Que vous soyez piéton, cycliste, motocycliste ou automobiliste, les traversiers (ferries) faciliteront vos déplacements. Partez à la découverte du Québec et de ses régions riveraines et maritimes ! Pour les traverses, horaires et tarifs, consultez le site web de la STQ.

TRAVERSE RIMOUSKI - FORESTVILLE

✆ +1 418 725 2725

www.traversier.com

Service saisonnier (mai à septembre).

Effectue la traversée entre Rimouski (Bas-Saint-Laurent) et Forestville (Côte-Nord) à bord du catamaran *CNM Évolution*. Selon la période, il y a d'une à trois traversées par jour, lesquelles durent une heure trente. À noter que les camping-cars ne sont pas autorisés à bord. Pour les tarifs passager et véhicule, consultez le site web. Réservation hautement conseillée, surtout en juillet et août. Se présenter 45 minutes avant le départ si vous embarquez votre véhicule.

TRAVERSE TROIS-PISTOLES - LES ESCOUMINS

✆ +1 418 851 4676
www.traversiercnb.ca
Saisonnier (fin mai à mi-octobre).
Effectue la traversée entre Trois-Pistoles (Bas-Saint-Laurent) et Les Escoumins (Côte-Nord). Selon la période, il y a d'une à trois traversées par jour, lesquelles durent une heure trente. On retrouve un comptoir-lunch et des articles souvenirs à bord. Pour les tarifs passager et véhicule, consultez le site web. Réservation hautement conseillée, surtout en juillet et août. Se présenter 60 minutes avant le départ pour ne pas perdre sa réservation.

ORLÉANS EXPRESS

✆ +1 833 449 6444
www.orleansexpress.com
Horaires, tarifs et réservations en ligne et par téléphone.
Orléans Express est LA compagnie de bus interurbain pour la liaison Montréal-Québec. Il y a de nombreux départs tous les jours, dans un sens comme dans l'autre. Orléans Express dessert également les régions du Centre-du-Québec, de Chaudière-Appalaches, du Bas-Saint-Laurent et de la Gaspésie sur la rive sud du Saint-Laurent, et Lanaudière et la Mauricie sur la rive nord, en plus d'assurer une liaison avec l'aéroport Montréal-Trudeau ainsi qu'une autre avec Ottawa/Gatineau. Réservation conseillée dans les heures de pointe. Wifi gratuit à bord.

INTERCAR

✆ +1 418 547 2167
intercar.ca
Horaires, tarifs et réservations en ligne et par téléphone.
Intercar dessert les régions de Québec, de Charlevoix, du Saguenay-Lac-Saint-Jean et de la Côte-Nord (uniquement jusqu'à Havre-Saint-Pierre). Cet autocariste se rend également jusqu'à Chibougamau dans la région Eeyou Istchee Baie-James. Il est possible de partir de Montréal avec un transfert à Québec (retour à Montréal également possible, toujours avec un transfert à Québec). Wifi à bord de certains bus (aucune garantie). Renseignez-vous sur les Interpasses, des forfaits économiques pour ceux qui voyagent souvent sur le réseau.

VIA RAIL CANADA

✆ +1888 842 7245
www.viarail.ca
Le train Via Rail dessert notamment l'Abitibi, la Mauricie, Québec, le Saguenay, la rive sud du Saint-Laurent jusqu'en Gaspésie (vallée de la Matapédia), les Maritimes (Nouveau-Brunswick et Nouvelle-Écosse), Ottawa et le sud-ouest de l'Ontario (couloir Montréal-Windsor), sans oublier le reste du pays. Une multitude de pass sont proposés aux voyageurs fréquents, mais aussi pour les courts séjours et les escapades dans le pays par le biais de cartes-voyages. Plusieurs services à bord : wifi gratuit, service de repas et boissons, etc.

MEGABUS

ca.megabus.com
Au Canada, Megabus dessert principalement l'axe Montréal-Kingston-Toronto pour un prix modique, quoique malheureusement bien plus cher qu'avant la pandémie. Ces bus à deux étages (avec wifi gratuit) desservent aussi la grande région de Toronto, la péninsule de Niagara et quelques villes américaines depuis le pays, avec ou sans correspondance (Buffalo, Rochester, Syracuse, New York, Philadelphie, Baltimore, Washington...). Megabus est également présent aux États-Unis (plus d'une centaine de villes desservies, pour la plupart dans l'est du pays) et au Royaume-Uni.

BSP AUTO

✆ 01 86 26 90 80
www.bsp-auto.com
Site comparatif accessible 24h/24.
Il s'agit là d'un prestataire qui vous assure les meilleurs tarifs de location aux conditions les plus avantageuses auprès des grands loueurs de véhicules dans les gares, aéroports et les centres-villes du monde entier. Le kilométrage illimité et les assurances sont souvent compris dans le prix. Avec BSP Auto, vous pouvez réserver dès maintenant et payer seulement cinq jours avant la prise de votre véhicule. Autre bonus du courtier BSP : pas de frais de dossier ni d'annulation (jusqu'à la veille). La moins chère des options zéro franchise.

VANLIFE MTL

2716, rue Lapierre
MONTRÉAL
✆ +1 514 903 1995
www.vanlifemtl.com
Les contacter pour prendre rendez-vous pour visiter les vans, du lundi au vendredi de 9h à 16h.

Le voyage en mode nomade a définitivement le vent dans les voiles et c'est exactement ce que propose cette entreprise montréalaise. On peut y louer - voire même acheter - un campervan aménagé pour toutes les saisons et qui peut accueillir entre 1 et 5 personnes tout confort. Des Jeep avec tente sur le toit sont également en location. À noter que les départs se font toujours depuis Montréal et qu'un minimum de 4 jours est exigé (sauf pour le forfait Ski In - Ski Out en basse saison). De quoi vivre un *road trip* inoubliable en toute autonomie !

TAXI COOP MONTRÉAL

MONTRÉAL
✆ +1 514 725 9885
www.taxi-coop.com

Compagnie de taxis bien connue dans la métropole montréalaise. On peut réserver son taxi par téléphone, sur le site web (formulaire en ligne) ou encore utiliser l'application mobile disponible en téléchargement sur App Store et Google Play. En dehors des heures de pointe, il faut compter au maximum une quinzaine de minutes d'attente. Taxi Coop offre aussi le transport depuis/vers l'aéroport Montréal-Trudeau (tarif fixe de 41 CAN $ avec le centre-ville) et des services de dépannage (survoltage, déverrouillage de portières, etc.).

TAXI COOP QUÉBEC

QUÉBEC
✆ +1 418 525 5191
www.taxiscoop-quebec.com

Compagnie de taxis bien connue à Québec. On peut réserver son taxi par téléphone, sur le site web ou encore utiliser l'application mobile disponible sur App Store et Google Play. En dehors des heures de pointe, il faut compter au maximum une quinzaine de minutes d'attente. Taxi Coop offre aussi le service vers l'aéroport international Jean-Lesage de Québec (tarif fixe de 15,40 CAN $ pour Sainte-Foy et de 35,10 CAN $ pour le centre-ville). La compagnie offre également des tours de ville personnalisés (réservation au moins 24 heures à l'avance).

AMIGO EXPRESS

✆ +1 877 264 4697
www.amigoexpress.com
Réservation en ligne ou par téléphone. Réservation d'une place : 5,50 CAN $. Tarifs variables selon la destination.

Amigo Express est une compagnie de covoiturage desservant principalement le Québec, mais aussi le reste du pays et les États-Unis. En réservant via le site web, vous avez accès à une foule d'informations sur les conditions du trajet (espace disponible pour les bagages, fumeur ou non, animaux bienvenus ou non, etc.) ainsi qu'à l'évaluation des passagers ayant voyagé avec ce conducteur. Toujours sur le site web, une section « Communauté » comprend des articles de blog ainsi qu'un forum qui sert tant aux passagers qu'aux conducteurs.

COVOITURAGE.CA

www.covoiturage.ca
Réservation en ligne. Frais de réservation et tarifs variables selon la destination.

Covoiturage.ca est une compagnie de covoiturage desservant principalement le Québec, mais aussi le reste du pays et les États-Unis. Ses activités sont réparties entre le covoiturage local et longue distance. En réservant via le site web, vous avez accès à une foule d'informations sur les conditions du trajet (espace disponible pour les bagages, fumeur ou non, animaux bienvenus, etc.) ainsi qu'à l'évaluation des passagers ayant voyagé avec ce conducteur. Toujours sur le site web, une section comprend des articles de blog mais il n'est toutefois pas très à jour.

EVA

✆ +1 514 543 3667
eva.coop

Plutôt que de faire appel aux services d'une compagnie étrangère comme Uber, on vous recommande cette coopérative locale de mobilité et de covoiturage. Le service est pour l'instant offert à Montréal, Mont-Tremblant, Québec et Saguenay, et il faut télécharger l'application sur App Store ou Google Play afin de se créer un compte. Eva dessert également les deux aéroports internationaux de la province (Montréal et Québec). Finalement, la coopérative est désormais incluse sur l'appli Transit qui permet de savoir si des voitures sont à proximité.

S'INFORMER

Parce qu'il y a tant à voir dans cette province démesurée, et qu'on veut vous partager le meilleur du Québec, on a inclus ici plusieurs ressources fort précieuses afin de vous aider dans la planification de votre séjour. Des médias spécialisés sur la destination à l'office du tourisme officiel de la Belle Province, vous y trouverez sans nul doute une foule d'informations utiles et d'idées vacances. Envie d'un séjour en pourvoirie, d'une expérience autochtone authentique, d'une aventure d'écotourisme au coeur de la forêt boréale, d'un hébergement insolite dans un parc national ou encore d'une tournée des meilleures adresses gourmandes du Québec ? Ça aussi, on y a pensé ! Et pour de l'information supplémentaire sur les différents médias de la province (web, radios, journaux et magazines, etc.), consultez également notre fiche pratique « Vie quotidienne » dans le chapitre « Inspirer » en début de guide.

BONJOUR QUÉBEC

www.bonjourquebec.com

C'est le site officiel de Tourisme Québec, lequel recense à peu près toutes les expériences possibles dans la province. Que vous désiriez connaître les meilleures saisons pour voyager au Québec, vous informer sur les formalités requises, trouver un hébergement, découvrir les festivals et événements qui animent la province, faire le plein de bonnes adresses pour le plein air ou les plaisirs gourmands, ou encore préparer votre itinéraire grâce aux circuits touristiques proposés, tout y est ! Une section est également dédiée au tourisme accessible.

POURVOIRIES QUÉBEC

www.pourvoiries.com

Le site web de la Fédération des pourvoiries du Québec est idéal pour organiser votre séjour de pêche, de chasse et de villégiature dans la province. Il vous donne accès au plus vaste réseau d'hébergement en milieu naturel avec plus de 330 pourvoiries réparties aux quatre coins du Québec. Le moteur de recherche permet de filtrer presque à l'infini afin de dénicher votre perle rare. Vous y trouverez également bon nombre de forfaits (pêche, chasse, vacances famille, villégiature, etc.). La nature à volonté et les grands espaces à portée de main !

PARCS CANADA

30, rue Victoria

GATINEAU

parcs.canada.ca

Parcs Canada protège et met en valeur des exemples représentatifs du patrimoine naturel et culturel du Canada tout en les rendant accessibles au grand public. Au Québec, on compte trois parcs nationaux (Archipel-de-Mingan, Forillon et Mauricie), une aire marine de conservation (parc marin du Saguenay-Saint-Laurent - géré conjointement avec la Sépaq) ainsi qu'une trentaine de lieux historiques nationaux. Sur place, activités de plein air ou d'interprétation, vidéos, expositions, conférences et autres activités éducatives permettent de les découvrir.

QUÉBEC AVENTURE PLEIN AIR

www.aventurequebec.ca

Résultat d'une alliance entre Aventure Écotourisme Québec et les Parcs régionaux du Québec, c'est de loin le site le plus complet traitant du plein air dans la province. Pour bien planifier votre séjour actif, vous pouvez effectuer une recherche par région ou encore par types d'activités. On y retrouve également une rubrique entièrement dédiée aux plaisirs d'hiver et une autre à l'hébergement, sans oublier la section « Découvrir » qui renferme une foule d'informations pratiques.

REFRAIN

MONTRÉAL

lerefrain.com/fr

Le REFRAIN (*REgroupement des Festivals Régionaux Artistiques INDépendants*) est un site Internet qui regroupe l'ensemble des petits et moyens festivals dans la province du Québec et qui permet de trouver des événements d'humour, de danse, de cinéma, de musique ou encore de théâtre (entre autres). Et tout ça selon plusieurs critères comme : la saison, le type d'événement, votre géolocalisation, à vélo, avec votre chien, seul ou en famille... Il y en a pour tous les goûts. Un outil complet et très bien fait pour dénicher des pépites à Montréal et partout au Québec !

SÉPAQ

2640, boulevard Laurier

QUÉBEC

https://www.sepaq.com

Les 24 parcs nationaux du Québec (plus ceux gérés par Parcs Nunavik ; à noter que le parc marin du Saguenay-Saint-Laurent est géré conjointement avec Parcs Canada) sont gérés par la Société des établissements de plein air du Québec (Sépaq). Puis viennent les 13 réserves fauniques, lesquelles forment un territoire de près de 41 000 km² de nature sauvage où la pêche et la chasse sont à l'honneur. Finalement, la Sépaq gère aussi huit centres touristiques ainsi que la Sépaq Anticosti. Pour plus d'infos sur les activités et les hébergements, consultez le site web.

QUÉBEC LE MAG'

www.quebeclemag.com

Grand spécialiste de la destination, *Québec Le Mag'* propose des bons plans à profusion et des articles fort intéressants. Le site renferme également des informations pratiques pour planifier son séjour en sol québécois (formalités, prix d'un voyage, agences, voyages thématiques, etc.), les meilleures adresses par catégories (que faire, où loger, où manger), sans oublier les podcasts et les bons plans sur d'autres destinations au Canada. Un site web incontournable ! À découvrir également : son superbe guide *Québec L'Essentiel*, un recueil de coups de cœur.

TASTET

tastet.ca

Tastet (prononcer « tastè ») est le nom du critique gastronomique du réputé journal *Le Devoir* : Jean-Philippe Tastet. Fier de plus de 30 ans d'expérience dans le domaine, il s'est associé à sa fille, Élise, afin de créer ce site qui fourmille de bonnes adresses gourmandes. Si la ville de Montréal est particulièrement bien représentée, plusieurs régions sont aussi au rendez-vous. On aime particulièrement leur rubrique « Les meilleurs » qui répertorie les établissements « best of » dans des catégories précises. Un site qui plaira assurément aux épicuriens !

LE QUÉBEC MARITIME

www.quebecmaritime.ca

Portail de promotion touristique des régions du Québec maritime, soit le Bas-Saint-Laurent, la Gaspésie, la Côte-Nord et les Îles de la Madeleine, ce site Internet vous fera découvrir un Québec hors du commun. Il contient une foule d'informations comme les moyens de transport pour s'y rendre et sur place, des idées de circuits et de séjours, les activités à faire selon vos goûts (vacances nature, sports et plein air, culture et découvertes, hiver), bref tout pour planifier votre séjour dans une ou plusieurs de ces régions et ce, peu importe la saison.

TOURISME AUTOCHTONE QUÉBEC

tourismeautochtone.com

Un site fort utile pour ceux désirant découvrir la culture autochtone du Québec. Nations, histoire et culture, légendes et traditions, tout y est ! Question de planifier votre séjour ou votre expérience, vous y trouverez une foule d'excellentes adresses, le tout classé par nation ou région. À lire : *Origin(e)*, le magazine touristique autochtone (disponible en ligne ou par commande postale via le site web). Votre porte d'entrée sur les communautés autochtones !

Le phare de l'île Havre-Aubert, îles de la Madeleine.

RESTER

Le Québec attire beaucoup de gens pour s'y installer, de façon temporaire ou alors permanente. L'arrivée au pouvoir du parti de la Coalition Avenir Québec en 2018 a toutefois apporté son lot de changements, à commencer par une réforme du système d'immigration afin de l'arrimer davantage aux besoins économiques de la province qui vit actuellement une importante pénurie de main-d'œuvre. Si les seuils d'immigration ont alors été réduits par le gouvernement, la CAQ vise un rattrapage graduel du nombre de nouveaux arrivants accueillis au cours des prochaines années, pour la plupart issus du Programme régulier des travailleurs qualifiés du Québec (PRTQ) et du Programme de l'expérience québécoise (PEQ). Donc pour bien vous informer sur les différentes avenues qui s'offrent à vous, les démarches à entreprendre et les coûts reliés à chacune des étapes, ces sites web sauront répondre à toutes vos questions, ou presque.

AEFE

23, place de Catalogne
PARIS (14e)
✆ 01 53 69 30 90
www.aefe.fr

Cette agence, sous tutelle du ministère des Affaires étrangères, anime et gère un réseau de près de 500 établissements d'enseignement français à l'étranger, dans près de 140 pays. 370 000 élèves fréquentent ces établissements. Offres d'emploi à l'international pour les titulaires de la fonction publique et informations sur la politique pédagogique, la scolarité et l'orientation émaillent le site Internet de cet organisme qui soutient également l'association Anciens des lycées français du monde et le Lycée Français International Georges Pompidou à Dubaï.

CIDJ

www.cidj.com

Le Centre d'Information et de Documentation Jeunesse a été créé en 1969, sous la tutelle du ministère de la Jeunesse et des Sports. Le site Internet est bien fait et très complet. La rubrique « Partir à l'étranger » fournit des informations pratiques aux jeunes qui ont pour projet d'aller vivre à l'étranger. Il y a une rubrique spécifique dédiée à chacun des thèmes suivants : travail, étude, stage, volontariat international et séjours linguistiques. Pour vous aider dans vos démarches, vous pouvez avoir un entretien gratuit avec un conseiller du CIDJ.

CFQCU

www.cfqcu.org

Le Conseil Franco-Québécois de Coopération Universitaire (CFQCU) s'occupe de la coordination institutionnelle entre les organismes et ministères français et québécois concernés par la coopération universitaire. Sa mission est de soutenir cette coopération, notamment en établissant un dialogue permanent entre la France et le Québec dans ce secteur, en harmonisant au maximum les droits de scolarité et en mettant en place des programmes qui visent à établir des partenariats stratégiques en matière d'enseignement et de recherche.

BUSINESS FRANCE CANADA - MONTRÉAL

1010, rue Sainte-Catherine Ouest
MONTRÉAL
https://www.businessfrance.fr

L'Agence pour le développement international des entreprises françaises travaille en étroite collaboration avec les missions économiques. Cette structure est née de la fusion entre Ubifrance et l'Agence française pour les investissements internationaux. Forte d'une équipe biculturelle de professionnels de l'export répartis sur deux sites (Montréal et Toronto), cette mission économique accompagne les entreprises françaises dans leurs projets de développement sur le marché canadien.

NOURRIR
ÇA VEUT DIRE
SOIGNER
UNE PERSONNE MALADE PEUT RAPIDEMENT SOUFFRIR DE MALNUTRITION.
SAVEZ-VOUS QUE LES MALADIES SONT L'UNE DES PRINCIPALES CAUSES DE LA FAIM DANS LE MONDE, FRAGILISANT ENCORE L'ORGANISME DES PLUS FAIBLES ? ALORS NOUS ŒUVRONS DIRECTEMENT AUPRÈS DES POPULATIONS POUR PRÉVENIR ET SOIGNER, AFIN QU'ELLES PUISSENT RETROUVER UNE VIE ET UNE ALIMENTATION NORMALES.
Action contre la Faim – SIRET 318 990 892 00065 – geometry global – © Guillaume Binet
ACTION CONTRE LA FAIM
C'EST BIEN PLUS QUE NOURRIR.

CLUB TELI

Les Clarets
SAINT-PIERRE-D'ENTREMONT
✆ 04 79 85 24 63
www.teli.asso.fr
L'adhésion est à 45 €.

Le Club Teli est une association d'aide à la mobilité internationale créée voici bientôt 30 ans, forte de 4 000 adhérents en France et dans 65 pays. Si vous souhaitez séjourner à l'étranger, quel que soit votre projet, vous trouverez par le biais de ce club des infos et des offres de stages, de jobs d'été et de travail pour francophones. Si vous avez besoin d'aide pour envoyer des candidatures, le Club peut vous aider à mettre votre CV aux normes du pays où vous souhaitez partir. Pour bénéficier de ces aides et informations, il faut adhérer.

IMMIGRATION, RÉFUGIÉS ET CITOYENNETÉ CANADA

✆ +1 888 242 2100
www.canada.ca/fr/services

Le site officiel du gouvernement canadien renseigne sur les grands thèmes que sont visiter, étudier, travailler et immigrer. Toute l'information pour présenter sa demande d'immigration, de citoyenneté ou d'asile s'y trouve, ainsi que la liste des différents programmes offerts au fédéral ainsi que dans les provinces et territoires canadiens, les adresses des bureaux au Canada et à l'étranger, les services offerts aux nouveaux immigrants à travers le pays, etc.

IMMIGRANT QUÉBEC

immigrantquebec.com

Organisme à but non lucratif, il informe, sur l'immigration et la vie au Québec, toute personne étrangère désireuse de s'y installer, de façon permanente ou temporaire, ou d'y étudier. Par le biais de son site web, il offre gratuitement de l'information documentée et un point d'accès unique à un ensemble de références, ressources et services s'adressant aux immigrants : démarches administratives, formalités, travail, etc. Immigrant Québec produit également une collection de guides gratuits et organise le Salon de l'immigration et de l'intégration au Québec.

OFQJ

11, passage de l'Aqueduc
SAINT-DENIS
✆ 01 49 33 28 50
www.ofqj.org

L'Office franco-québécois pour la jeunesse (OFQJ) accompagne et oriente les jeunes âgés de 18 à 35 ans dans leurs démarches de mobilité au Québec (emploi, insertion sociale et professionnelle, entrepreneuriat et développement économique, coopération culturelle, engagement citoyen, mobilité étudiante). On trouve notamment sur le site Internet une banque de stages ainsi que toutes les informations pratiques pour pouvoir organiser son départ vers le Québec (permis de travail, assurances, entente de sécurité sociale, ateliers d'information, etc.).

IMMIGRATION, FRANCISATION ET INTÉGRATION QUÉBEC

✆ +1 514 864 9191
www.immigration-quebec.gouv.qc.ca

C'est le site web officiel du ministère de l'Immigration provincial. Cas unique au pays, la compétence en matière d'immigration est partagée avec le gouvernement fédéral. Sur son site web, on retrouve toute l'information pour s'expatrier temporairement, immigrer et s'intégrer à la société québécoise. Des services électroniques y sont aussi offerts comme l'inscription à une séance d'information sur le Québec, des cours de français en ligne de niveaux intermédiaires et avancés, etc.

VIE - VOLONTARIAT INTERNATIONAL EN ENTREPRISE

✆ 04 96 17 26 50
mon-vie-via.businessfrance.fr

Le VIE est destiné aux jeunes de 18 à 28 ans. Il s'effectue en entreprise, dans une ONG, dans une collectivité locale ou dans un service de l'État – allant de l'ambassade à l'établissement culturel en passant par le consulat. Par ailleurs, il peut durer de 6 à 24 mois et être renouvelé une fois, de deux ans au plus. Enfin, sa rémunération mensuelle est constituée d'un salaire fixe de 749,33 € et d'une indemnité supplémentaire dont le montant varie selon la mission.

INDEX

EDITION

Directeurs de collection et auteurs : Dominique AUZIAS et Jean-Paul LABOURDETTE

Auteurs : Valérie FORTIER, Baptiste THARREAU, Juliette SOULEZ, Benoît HOCQUET, Juliette COURTOIS, Amandine GLEVAREC, Héloïse LEUSSIER, Christophe DENIAU, Justine HARBONNIER, Les Editions NEOPOL, Jonathan CHODJAÏ, Jean-Paul LABOURDETTE, Dominique AUZIAS et alter

Directeur Editorial : Stéphan SZEREMETA

Rédaction Monde : Laure CHATAIGNON, Morgane VESLIN, Pierre-Yves SOUCHET, Natalia COLLIER

Rédaction France : Briséis CREAC'H-MENUT, Audrey VEDOVOTTO, Marie VIGNERON, Nicolas WODARCZAK, Mélanie PEILLET

FABRICATION

Maquette et Montage : Romain AUDREN, Julie BORDES, Delphine PAGANO

Iconographie et Cartographie : Anne DIOT, Julien DOUCET

WEB ET NUMERIQUE

Directeur Web : Louis GENEAU de LAMARLIERE

Technical Project Manager : Hervé MARION

Développeurs : Guillaume BARBET, Adeline CAUX

Intégrateur Web : Mickael LATTES, Antoine DION

Webdesigner : Caroline LAFFAITEUR

Community Traffic Manager : Alice BARBIER, Noémie LE SAUX

DIRECTION COMMERCIALE

Directeur commercial : Guillaume VORBURGER

Coordinatrice des Régies commerciales : Manon GUERIN

Account Manager Marketplace : Leila ROUGEOT

Responsable Régies locales : Michel GRANSEIGNE

Responsables Développement régie inter : Jean-Marc FARAGUET, Guillaume LABOUREUR et Camille ESMIEU

Assistante commerciale Régie internationale : Leila ANTRI-BOUZAR

Chefs de Publicité Régie nationale : Caroline AUBRY, François BRIANCON-MARJOLLET, Perrine DE CARNE MARCEIN, Jonathan TOUTOUX,

Régie QUÉBEC : Audrey LORANS GARBAY, Anne Moy

DIFFUSION ET PROMOTION

Directrice des Ventes : Bénédicte MOULET assistée d'Aïssatou DIOP

Responsable des ventes : Jean-Pierre GHEZ assisté de Nelly BRION

Relations Presse-Partenariats : Jean-Mary MARCHAL

ADMINISTRATION

Président : Jean-Paul LABOURDETTE

Directrice des Ressources Humaines : Dina BOURDEAU assistée de Sandra DOS REIS et Eva BAELEN

Directrice Administrative et Financière : Valérie DECOTTIGNIES

Comptabilité : Guillaume PETIT, Aminata BAGAYOKO, Jeannine DEMIRDJIAN et Adama DIABY

Recouvrement : Fabien BONNAN assisté de Sandra BRIJLALL

Responsable informatique : Elie NZUZI-LEBA

PETIT FUTÉ QUÉBEC

LES NOUVELLES EDITIONS DE L'UNIVERSITE
18, rue des Volontaires - 75015 Paris.
✆ 01 53 69 70 00 - Fax 01 42 73 15 24
Internet : www.petitfute.com
SAS au capital de 1 000 000 € - RC PARIS B 309 769 966
Couverture : Musher © gillmar - Shutterstock.com
Impression : IMPRIMERIE CHIRAT - 42540 Saint-Just-la-Pendue
Achevé d'imprimer : mars 2023
Dépôt légal : 28/04/2023
ISBN : 9782305090597

Pour nous contacter par email, indiquez le nom de famille en minuscule suivi de @petitfute.com
Pour le courrier des lecteurs : info@petitfute.com

IMPRIMÉ EN FRANCE